賽尚

食悟

萬般風情在巴蜀小吃

最難忘的美味在童年，最道地的風情在小吃

向東 ◎著

出版序

飲食生活的成份複雜，有滋味、歷史、文化、傳說、典故、民風、食俗、回憶，還有各種工藝與烹調秘技！《食悟》——因食而悟，悟的是什麼？

向東，來自聯合國教科文組織認證的世界美食之都——成都，心裡有著每一老成都人都有，與「吃」難解的情。兒時母親在廚灶邊忙活時的隱香不時地挑動他的心弦；遠離家鄉在外地工作時，故鄉小吃總讓他流涎；當了媒體工作者又和「吃」攪和在一起，四處采風，探詢著小吃的傳奇，卻總為那傳統、樸實之風情與濃濃的真味動情；現在退休了，旺盛的「食」情讓他天天勤奮筆耕，而悟出了巴蜀的萬般風情盡在「小吃」，小吃與川人的回憶、生活、鄉風鄉情有著共同的味道。悟出了最難忘的美味在童年；最道地的風情在街頭小吃。

作者一改過去以「點」的方式，只從單一角度介紹巴蜀小吃、典故、文化、風情、傳奇等，而是運用川人擺龍門陣的奇巧為讀者帶來「面」的新趣味，將巴蜀小吃之精髓，匯史實、資料、收藏、閑閱、趣味等串在一起，讓讀者在精彩如故事般地訴說中，透過一道道小吃體會並發現巴蜀的萬般風情。全書述說百種巴蜀小吃，即使三十五萬多言，讀來卻是一環扣一環，讓人一讀就停不下來，就如小吃，一樣接一樣百吃不厭。

作者透過筆墨，譜出《食悟》三部曲，首部曲是《食悟——千滋百味話川菜》，為大家擺上經典佳肴、特色滋味和巴蜀食風食俗。二部曲是《食悟——萬般風情在巴蜀小吃》，小吃在巴蜀地區不只是吃好玩的，更是用嗅覺、視覺、味覺、觸覺、聽覺等五感體驗巴蜀風情的最佳途徑。最後回歸飲食的原始目的——強身健體、延續生命。巴蜀地區是強調自然與養身的道教發源地，對日常的吃，可是有獨到的健康概念，運用簡單飲食就能養身，壓軸的第三部曲《食悟——百姓飲食即養生》，將是您最佳的生活飲食指南。

發行人 蔡名雄

2011/12/5 於台北

談吃開篇（代序）

向東

四川地區在距今二萬五千年前開始出現原始文明，三千七百年左右逐漸形成了以「三星堆」和「金沙遺址」為代表的高度發達的古蜀文明。距今三千年前，成都都邑文化已經達到古蜀文化早期的鼎盛階段，形成古蜀王都。

先秦時期四川地區曾建立了多個國家，其中最強大的有兩個：一個是川西地區以古蜀部落為中心建立的蜀國，一個是川東地區（今川東地區和重慶地區）以古巴部落為中心建立的巴國，所以四川地區古稱「巴蜀」。巴國占山為王，蜀國臨水而居，幾千年來世代承襲，形成「巴山蜀水」之分佈格局。後來秦朝統治四川後，四川逐漸融入中原文化，並在中國歷史上佔有重要的地位。

到宋朝咸平四年（一〇〇一年），宋真宗下詔書分川陝轉運使為益州路、梓州路、利州路、夔州路，故宋人合稱其為「川峽四路」，後人簡稱為「四川」。至此，以混合、多元為主體的巴蜀文化，便逐漸形成川西人「尚文」，川東人「尚武」，川南人「尚仁」之「三分天下四川人」。

天府樂國——

四川素稱「天府之國」，所謂「天府」，原是一個官職，主要掌管人間珍寶。其後，《戰國策・秦策一》有解：「田肥美，民殷富，戰車萬乘，奮擊百萬，沃野千里，蓄積饒多，地勢形便，此所謂天府，天下之雄國也。」

秦時，蜀郡「省長」李冰及子二郎修建了都江堰水利工程之後，有了成都平原的富庶，「水旱從人，不知饑饉」，成為華夏中央王朝的主要糧食供給基地和賦稅的主要來源，加上盆地在冷兵器時代，具有易守難攻的特殊戰略地位，巴蜀之地因而避免了歷史上多次戰亂的破壞，得到了一個相對安定的社會環境。

歷史上許多有眼光的戰略家，如張良、諸葛亮等都把四川當作可以立國的根基之地。尤為是三國時的孔明，獎勵農耕、發展生產、興修水利等，對成都平原的農業是一次重大的推進，達到了「道不拾遺，夜不閉戶」的昇平景象，使天府之國的名聲得以傳播。唐朝，成都已達繁榮之鼎盛時期，號稱「揚一益二」。李白的一首詩「九天開出一成都，萬戶千門入畫圖，草樹雲山如錦繡，秦間得及此間無。」使「天府之國」就此而享譽天下。

天府休閒——

天府蜀地，生活閒適，她的寬容與休閒令西方人為之動容，送給了她「東方伊甸園」的桂冠。常是天下饑荒四起、餓殍千里的時候，這裡卻是旱澇保收、豐衣足食。天府子民感恩著上天的眷顧，依戀著一杯花茶，一道小吃的悠閒生活。走在成都街上，你很難看到路人之行色匆匆、憂怨疲憊。古往今來無論窮富，成都人向來是小富即安、知足常樂，只要悠悠閑閑過日子就行了，時世變遷、天災人禍，依然改變不了成都悠閒安逸的氣質。

最能體現川人悠閒的是喝慢茶、品美食、打麻將。成都府河、南河每天下午，特別是秋冬時節陽光明媚的日子，河岸邊都坐滿了喝慢茶、擺龍門陣、曬太陽的男男女女，五元錢的一碗茶，你可以在這裡喝到日落西山都沒有人趕你走。坐在這裡，你能深深地感受到每一個人的悠閒與愜意。而成都，就以這樣濃濃的生活氣息吸引著每一個熱愛生活的人。喝茶與美食是成都最顯著的特色，茶館之於成都，如同巴黎、羅馬的咖啡館，是這個城市的景觀、靈魂和生活標識。充滿韻味的休閒方式中喝茶是首選，而道地的「蓋碗茶」更是一絕。置身茶館，品茗、讀書看報、掏耳朵、聽評書、看變臉、噴火等傳統民俗表演，你就可盡情享受這座都市休閒帶來的安逸與舒適。

成都不僅因悠閒的生活氣息吸引著人們，更以深厚的歷史文化底蘊讓所有人駐足。在歷代詩人眼裡，成都一直是漢唐以來最舒適和悠閒的城市。王勃譽之為「宇宙之絕觀，優遊之天府。」李白贊曰：「九天開出一成都，萬戶千門入畫圖。」在成都，文物古蹟比比皆是，莊重肅穆的武侯祠記錄了蜀漢丞相諸葛亮鞠躬盡瘁死而後已的不朽精神，幽靜樸素的杜甫草堂展現著一代文豪的清雅境界，熱鬧非凡的寬窄巷子、琴臺路、文殊坊、錦里小街描繪出清末民初的市井生活。

美女天府——

常言道：「依山出俊男，臨水出美女」，四川江河從橫，湖堰密佈，風調雨順，物產豐富，山清水秀，人傑地靈。有道是女人是水做的，水，不僅使四川成為魚米之鄉，自然也是美女如雲。中華「四大美人」之楊貴妃便是出自成都崇州。

成都的獨特氣候條件，造就了這裡的女性從直觀上令人賞心悅目的特質，也正是因為這裡獨特的一方水土，養育了川西平原的女子特有的性情和風韻，溫婉的容顏和麻辣的個性。這應該與古代巴蜀自由奔放的婚戀傳統不無關聯。四川出土的大量表現男女自由戀愛的漢代畫像磚便清晰地表明四川女子的傳統個性。卓文君生於富貴人家，新寡之後心無旁騖。一旦遇到司馬相如，文君可以拋開優越的生活，跟愛人一起私奔成都，開小店賣酒，一起過苦日子。地理上四川雖然遠離海洋，僻處內陸，但是這裡自古以來就有一種開放的胸懷。

成都女孩最大的特點，就是五官分明、清豔秀麗、白皙水嫩、嬌小玲瓏、聲音甜美、性情乖張、待人熱情。成都氣候常年潮濕，多陰雨，故而女人們尤喜辣麻，以祛寒除濕，辣麻吃得多，川妹子性情也就香辣酥麻，卻令人魂牽夢縈。

她們的美既不像上海美女那麼精雕細琢、小家碧玉；也不像江浙美女般雲淡風輕、簡靜如水；更不似北方美女那樣濃墨重彩、姿意潑灑；也不像重慶美女那樣張揚火辣、心高氣傲；在她們的身上，有著一種獨特氣質的性感，舉手投足有不由分說之勢，眼波掃蕩之間令人心旌神搖。倘若有丈夫同事、朋友來家，美女主婦殷勤招待，入得廳堂，熱情大方；下得廚房，飯菜飄香；贏得滿堂喝采。等到客人一走，美女便往沙發上一躺，邊看言情大劇邊吩咐：「老公，剩下的事嗎該你了，碗洗了，地拖了，把房子打掃乾淨，垃圾拿下樓去，然後過來給我揉揉肩膀。」這就是成都美女。「到了成都才發現結婚太早。」這句中華男士盡人皆知的坊間戲言，倒也從說明了成都女孩的漂亮、聰穎、優雅、溫柔、能幹與賢淑。

就連川大姐、大嬸們，外表看起來都要比實際年齡小許多。北方女人四十歲已是人老珠黃，草樣年華。而四川女人仍舊是面容姣好、風韻猶存。

有一年，某傳媒搞過一次「中國那個城市的女人最漂亮」的中國美女大比拼，最後剩下的北京、上海、廣州、重慶、成都幾個城市，結果成都力克幾大競爭對手，被冠以「中國紅粉第一城」的美譽。成都女子不僅美，且有才，不僅在商界施展才幹，影視圈的人才亦如雨後春筍，選秀、探星、模特兒，甚而環球小姐、世界小姐大賽都在成都辦得一浪熱過一浪，一時間彷彿某個成都妹兒一不注意，就會成為明星一樣。

回望這幾年轟轟烈烈的超女和快男造星運動，星光最為耀眼的地方無疑是四川：李宇春、張靚穎、何潔，譚維維、江映蓉、黃英、郁可唯、張傑、王錚亮……。在這一個個閃亮的名字當中，李宇春、張靚穎趕上了超女最輝煌的時代，紛紛成為「選秀」的標誌人物，也造就了四川這座選秀大本營的名號。

風雅天府——

四川人的日常生活不僅過得閒適，且很是幽默風趣。其語言便是一種突出文化品質的再現，在地方語言中，四川方言的幽默是無與倫比的。川話有一種與身俱來的幽默感，這種幽默充滿了市井智慧和大智若愚的風情雅趣。不管是遇到像五・一二大地震，還是六・五成都公車燃燒事件，儘管很多四川人心有餘悸，但卻不會改變他們幽默風趣的一面。越是在困境的時候，越是輕鬆自如地調侃。還記得大地震後那個北川的陳堅嗎？被壓了三天，在廢墟中還跟記者說：「我可能是世界上第一個身背三塊預鑄水泥板的人」。哪個被從廢墟中挖出來的少年薛梟，回到人間的第一句話是：「叔叔，我要喝可樂，冰凍的哈！」讓多少人在悲傷中破涕為笑。還有那個跳樓自救的小女孩，在哭訴失去的爸爸時說：「嗚嗚嗚，我爸爸長得好帥哦……」。北川一老大爺，被俄羅斯救援隊從廢墟中救出來，一看周圍全是金髮碧眼的老外，大爺就慌了張：「狗日的地震硬是凶喲，一下把老子都震到外國來了哈！這下咋個回得去呢！」

是的，四川人在日常生活中，創作了許多笑死人不買單的經典段子，什麼「不在地震中升天，就在公車上坐化」、「去年豬堅強，今年豬瘋狂」，「成都人看餘震的心情，就像一個初戀的少女看自己的情人，既怕他不來，又怕他亂來。」「成都人出門必帶的三樣東西：啤酒瓶——防地震，到一個地方就拿出來倒立放起，一有動靜就開跑；紅外線體溫計——防ＳＡＲＳ，測到距離自己一公尺內的人有體溫超高者，立即遠離並打１２０；榔頭——防公車自燃，一燃起來拿出榔頭敲碎車窗玻璃，逃生幾率大」等等。

四川的幽默還源於其方言獨具特色。然而，網上不少川語配音的影視劇，特別是網路惡搞，將幽默風趣四川方言以低俗不堪，難以入耳的方式推向世人的眼中。事實上，川話古樸雅致、詼諧而不低俗，表意豐富而又感情色彩濃郁。

吃喝天府——

在巴蜀子民的生命歲月中，吃喝玩樂是人生之大事。用他們的話說來便是：「吃喝嫖賭」前二為要，「酒色財氣」後二為重。單說一個「吃」字，在巴蜀之人的口中，那確實是學問深邃，名堂繁多。巴人蜀民把個「吃」字硬是用得相當鮮活生動、幽默風趣。尤為是在被聯合國授名為亞洲唯一「美食之都」的成都，就不僅僅是一日三餐，那更是「吃」字當先，「吃」遍藍大。

縱觀天下，不知還有哪座城市能像成都這樣，大大小小的街巷佈滿食肆，飄逸出誘人的香味。調和五味的美食練就了成都人刁鑽的舌頭，也造就了能吃會道的嘴巴，講究享受與情趣的成都人是用舌尖優雅地品味生活，用美食書寫著快樂人生。而對外地人來說，只要到市區內幾條美食街轉一轉，就能體會那「吃在中國，味在成都」的韻味。

名導演張藝謀說：「成都是一個來了就不想離開的城市。」很多外地人不信，說也太誇張了哦。要我說，成都是一個來了就走不脫的城市。因為在成都哪怕是小待一陣子，不知不覺地你就會上癮。

最讓人激動和留戀的就是吃，在吃喝上，成都絕對是中國第一聖地，所以來了就走不脫，走了就吃不到那麼巴適，那麼有情趣的美食。許多人夢想「生活在別處」，而成都人就在成都把一切吃穿享受發揚光大，進而形成巴蜀特色。成都的不想出去，外地的不忍離開。我曾體驗過世界上許多的都市風情和風光，品味一座城市，除了用「腳」去丈量，你還可以用「心」去感受，用「眼」去觀察。但對於成都這樣一個很特別的地方，還得用「口」才能真正品味到它的神韻。這就如同到巴黎，不品嘗下紅酒與塞納河岸的咖啡館，就不能感受到法國的悠閒與浪漫。這與成都的小吃與蓋碗茶如出一轍。

民以食為天，一個城市如果對飲食文化異常講究，那麼也就能充分證明這個城市的居民是非常善於享受生活的。成都人很好客，而好客的標誌之一就是請吃飯、請喝茶，外地朋友一到，屁股還沒坐熱，成都人便會領他滿大街地轉，走一路吃一路。什麼擔擔麵、韓包子、譚豆花、郭湯圓、葉兒粑、夫妻肺片、麻婆豆腐等等，單聽那名字，你就暈了。讓你一下子就明白，何以成都人一提起別的地方，尤其是北方的飯菜就嗤之以鼻。生活在「天府之國」這塊風水寶地上的成都人，似乎對吃有一種特殊的興趣。成都人好吃、善吃、精於吃，可謂吃出了情趣，吃出了文化，吃出了財富，吃出了千般風味，萬種風情。「民以食為天」這句話在成都算是得到了淋漓盡致的體現。

因為休閒，故而輕鬆，在成都人的口語中更是吃情萬千，赴席宴叫「吃油大」；被請吃叫「吃大富」；有小姐陪喝叫「吃花酒」；坐享其成叫「吃安胎」、「吃福喜」；一人吃叫「吃獨食」；買特價處理貨叫「吃相因」；佔便宜叫「吃裹攬」；順手牽羊叫「吃混糖鍋盔」；渾水摸魚叫「吃抹合」；

管閒事叫「吃多了」；責怪別人做錯事或出了餿主意叫「吃錯藥」；沾某人或某事的光叫「吃巴片」；說某人精打細算叫「吃刁巧」；輪流請客叫「吃轉轉會」；冒名頂替叫「吃冒詐」；貪心獨吞叫「吃整籠心肺」；沒得搞、完了叫「吃鐽鐽」；受到莫名指責數落叫「吃燜炮」；無可奈何叫「吃睜眼虧」；壓力大受不了叫「吃不梭」；脾氣大、態度粗暴叫「吃鐵吐火屙秤砣」；臉皮厚叫「吃寬麵」；火氣旺叫「吃炸藥」；門道多關係廣叫「吃得開」；有臉面有威望叫「吃乾了」；連接吻親嘴都叫「吃一口」、「吃粉子」若此等等。就是成都人聽來也常是忍俊不禁，外鄉人則是莫名其妙，一頭霧水。甚而說是與成都人爭吵、辯論，對方笑嘻嘻的把你罵得狗血淋頭，洗刷得一絲不掛，旁邊人笑得彎腰捧腹，你卻茫然不知所以。這便是巴山蜀水「吃」字當頭，好吃、善吃、能吃之鮮明特性。

現今可不能再說「吃在成都」了，看一看這座城市，就知道應該是「成都在吃」！東南西北大大小小的館子超過三萬多家，百分之九十九的成都人都是美食家、好吃嘴，追新求奇、品新嘗鮮就是成都人的生活，大凡成都流行吃什麼，那麼半年一年後，北京、上海等地也會流行起來。接著，剎那間風靡大半個中國。在同時，「食・悟」之間，無論是食者、烹者亦或看家和讀者，都同樣會發現：原來吃喝也可以是風情萬種，烹調亦是精彩紛呈，菜點與風味更是如此優雅多姿。誠如孫中山先生之言：「夫悅目之畫，悅耳之音，皆為美術（藝術），而悅口之味，何獨不然？是烹調者，亦美術（藝術）之一道也。」看來，吃吃喝喝不僅是生活瑣事，烹飪調味也不單是一門學問，本身就是屬於藝術的境界。

在巴蜀美食中，川菜、火鍋、小吃營造出了巴蜀人民一日三餐豐富多彩的美滋美味，其中之「小吃」，雖說「小」，卻是三十多萬言也說不完，遠比川菜、火鍋的風情滋味悠長，也是最早走出巴蜀，為人們所熟知且稱道的「川食」。

話不多說，整起！

目錄

老腊肉
各种野菜
炒菜烧菜
电话:0835-2317006

萬般巴蜀風情盡在一小吃

川菜、火鍋、小吃是巴山蜀水味美天下的奇葩。

巴蜀之地，自古就有句老話，叫做「走州吃州，走縣吃縣」。其意為，任隨你走到巴蜀哪個地方，無論是城市還是鄉鎮，你都會發現、品嚐到風味誘人、風情動人的特色地方美食和小吃。在街邊巷口、繁華鬧市，或擺攤、挑擔，或推車、提籃，或小店、堂館；不管颳風下雨，還是烈日炎炎，無論數九寒天，還是三伏酷暑，一年四季從早到晚，那悠揚的叫賣聲、梆子聲，那隨風飄蕩的美味香氣，總會讓人不由自主的來下深呼吸，隨之口水滴答，吃情食慾油然而生。當你一經品嘗，便會不能自己，那味、那情，不僅和腸娛胃，更會讓你留念終生。

小吃，能讓人憶起一座城市的味道；小吃，亦可窺見到一座城市的靈魂；小吃亦能感受到一方水土之習性，一地民眾之風情。電影《四海兄弟 Once Upon a Time in America》中有句經典臺詞：「我喜歡街上的味道！」是的，街上的味道，總是無聲無息地飄溢出一段段令人醉生夢死的往事與夢囈。

滋味辛香源遠流長

「尚滋味，好辛香」是川人飲食生活最鮮明的特點，是川菜亦是小吃的風味特徵，其歷史可以追朔到上古時期。成書於戰國時期的《山海經．海內經》記載：「西南黑水之間，有都廣（即廣都，今成都）之野，蓋天下之中，爰有膏菽、膏稻、膏黍、膏稷，百穀自生，冬夏播琴（播種耕植）。」可見，成都人很早就開始對野生穀物加以馴化改良，是培植農作物的先驅者之一。北魏賈思勰的《齊民要術》記載：「青芋稻，六月熟；累子稻、白漢稻，七月熟；此三稻，大而且長，米半寸，出益州。」說明成都人培育的優質稻米早已名揚天下。東晉訓詁學家郭璞在注解「爰有膏菽」一句時說：「言好味，滑如膏。」換句話說，成都人馴化穀物的目的是為了改良品質，使其滋味如脂膏一樣甘腴香美。而正是這點，昭示著「尚滋味」的西蜀飲食文化雛形。

第一個有名有姓的四川老饕應該算是彭祖。《華陽國志》記載：「彭祖本生蜀」，並說「彭祖家其彭蒙（即彭亡城，今彭山境內）」。到清嘉慶年間的《四川通志》亦有記載。傳說彭祖歷夏朝至商末，活了八百歲。本來彭祖命短，老天只給他十個壽元。彭祖的母親擺了一桌酒席，請攝魂魔卒無常吃喝。無常徇私

舞弊，私自在「十」上添了一撇改成「千」壽。然而，彭祖孝母不周、面對「三光（太陽、月亮、星星）」大小便，被各減一百壽，故壽八百歲。晉人葛洪《神仙傳》說：彭祖「少好恬靜、不恤世務，不營名譽，不飾車服，惟從養生沾身為事」，醉心於烹調，後被尊為廚神之一。彭祖展現烹調創新天賦，以五味烹調野雞羹，並獻給天帝而受到重獎。屈原《天問》歎曰：「彭鏗（即彭祖）斟雉帝何饗？」意思是：彭祖烹調的野雞羹天帝為何樂於品嘗？自然是彭祖善用五味調和，改變了食物無滋無味的歷史。彭祖的故事雖是傳說，但它在蜀地代代相傳，反應出四川人尚滋味的歷史。

而第一個有文獻記載的成都老饕是揚雄。班固、潘嶽、任昉等眾多漢魏兩晉時期的學者皆說揚雄好滋味。揚雄從不諱言吃，在《蜀都賦》中更是對成都人的宴飲濃墨重彩：「乃使有伊（伊尹善烹調）之徒，調夫五味，甘甜之和，勺藥之羹，江東鮐鮑，隴西牛羊，糴米肥豬……」以及「五肉七菜，百味六珍。可以頤精神、養血脈者，莫不畢陳。」成都大戶家族，每逢吉日良辰，「置酒乎滎川（小溪）之閒宅，設坐乎華都之高堂」，恣意地品嘗著飛禽走獸和魚。蜀太守張載《登成都白菟樓》則這樣描述：「鼎食隨時進，百和（百味調和）妙且殊。披林采秋橘，臨江釣春魚。黑子過龍醢（肉醬），果饌逾蟹蝑（蟹醬）。芳茶冠六清（酒水），溢味播九區。」而且盛讚美食成都是「人生苟安樂，茲土聊可娛！」的樂土。左思《蜀都賦》亦言：「金罍中坐，肴槅（音同格，格子盤）四陳，觴以清醥（酒），鮮以紫鱗（魚），羽爵競執（頻頻舉杯），絲竹乃發，巴姬彈弦，漢女擊節」，淋漓盡致地渲染成都人宴飲之精美和情調之高雅。五代時，蜀主孟氏父子更是十足的饕餮之徒。宋人陶穀

《清異錄》記載：「孟蜀尚食，掌《食典》一百卷。」僅後蜀宮廷食譜就達百卷之多。可惜孟蜀《食典》已失傳，給西蜀飲食文化史留下巨大的遺憾。

《中庸》曰：「人莫不飲食也，鮮能知味也。」因此尚滋味無疑是四川最具魅力的文化傳統之一。蘇東坡就是個知味者，宋人邵博《聞見後錄》記載：常州士人善烹河豚，邀請東坡品嘗。河豚有毒，然味極佳，烹調不當則傷人致死，許多士人不敢冒此風險吃它。東坡卻不然，入席後只顧大吃，直到飽餐後才放下筷子說：河豚之美，值得拼死一嘗。他把四川人尚滋味的性情演繹到了極致。又一次，東坡與友人出遊，腹腸已饑，走進一家食店，一人一碗麵食。其味極差，友人棄之不食，東坡則吃得乾乾淨淨。友人好奇：「如此惡味，何以下嚥？」東坡回答：「我吃時沒有咀嚼，所以惡味大減。」東坡吃河豚與味差的麵食，把生存與享受分得很清楚：吃下食物是為了生存需要，而對滋味的追求則是超越生存的享受。與東坡一樣，明人楊慎、清人李調元以及張大千、郭沫若、李劼人等眾多西蜀老饕，都把品嘗美食當成人生的愉悅方式。

千姿百態風味紛呈

一千多年前，四十六歲入川，在巴蜀之地生活了九年光陰的南宋大詩人陸遊，老年回到家鄉後，每當吃飯一舉筷，便情不自禁眼淚汪汪地思念起川鄉美味來，且時常「夢飲成都好事家」，「自怪無端一念差」，後悔離蜀返鄉。他一生留下了諸多讚美與懷念巴蜀美食佳釀的詩話。而早在陸遊之前的杜甫更是因巴蜀美食遊樂之豐盛而向世人發出「少不入川」之警示。至於原本就是川人的蘇東坡、李白這兩位名揚華夏的美食老饕就更不必多說，其頌揚川食美味與風情的詩篇讀不勝讀，也是「四川小吃中天下」所無可取代的文化底蘊。

巴蜀小吃源遠流長，風情萬種，極富濃鬱的地方特色與風情。如包子，古稱「饅首」，據傳便是三國蜀漢丞相諸葛亮所發明，供軍士們行軍打仗時食用的。李白、杜甫、蘇軾稱頌的「槐葉冷淘」，即與今之涼麵類似。更有「饊子」，尤被東坡先生這個大文豪、大吃家描寫的鮮活生動，字裡行間香風四溢。其詩曰：「纖手搓來玉樹尋，碧油輕蘸嫩黃深。夜來春睡濃於酒，壓褊佳人臂纏金。」蘇老先生的一首詩，二十八字就將饊子說透，他從廚娘纖手揉麵到油溫火候，從顏色深淺到饊子形態都一一描寫得活靈活現、色香味形沓然紙上。今日四川民間之饊子的做法和風味特色依然如此。

至於宋朝之《東京夢華錄》中所記載其時在京都的「川飯店」所售賣的「插肉麵」、「大澳麵」、「西川乳糖」、「獅子糖」等，則說明一千多年前川味小吃就已走出盆地，名聞天下了。

天府蜀地，物產甚豐，五穀雜糧，蔬菜瓜果，五禽六畜，河鮮水產將人人之一日三餐，零食閒吃，裝扮得千滋百味。尤其是以大米為主食的巴蜀，米製食品自然豐富多彩，花樣百出。除傳統的葉兒粑、凍糕、蒸饃、賴湯圓、珍珠圓子、蒸蒸糕、三合泥、油茶、油糕、粽子、醪糟粉子、糖油果子、三大炮、糍粑、米涼粉、米粉之外，還有銀芽米餃、三鮮米餃、鳳凰玉餃、一品燒麥、鮮蝦玉盒、海參芙蓉包等多不勝舉的精美席點。

麥麵原本是北方人的主食，以饅頭、包子、餃子、餛飩、麵條為主要特徵。然而，在巴蜀各地雖僅把麵粉類食品作為零食小吃，卻是做得多姿多彩，百格百味。僅以麵條而言，巴蜀各地之麵條便是一地一格，一方一味，名品佳餚倍出。像擔擔麵、豆花麵、爐橋麵、牌坊麵、宋嫂麵、青菠麵、脆臊麵、海味麵、罐罐麵、甜水麵、雞絲涼麵、宜賓燃麵、鋪蓋麵、奶湯麵、什錦煨麵、紅油素麵、小碗紅湯牛肉麵、金絲麵、銀絲麵、蕎麵、豌豆扯麵、等。巴蜀的麵條向來注重「味、湯、餡」的製作與風味，並以此形成獨自之特色。

巴蜀小吃在雜糧蔬果中亦也品種豐富，即便在禽畜肉類中也是可圈可點。像有名的夫妻肺片、紅油兔丁、棒棒雞、缽缽雞、火邊子牛肉、燈影牛肉、小籠蒸牛肉、燒鴨子、纏絲兔、麻辣兔頭、老媽蹄花等無不展現出川菜「一菜一格、百菜百味」的烹調特色。

不僅如此，從古於今巴蜀各地的風味名吃都必然彙聚到大都會成都和已是直轄市之重慶。尤其是一年一度的春季花會與燈會，更是巴蜀名小吃的盛大聚會。各色小吃五彩繽紛，琳琅滿目，佳餚名饌，風味紛呈，誘使萬萬之眾牽群打浪，前呼後擁，你推他擠，爭相品食，其場景之壯觀，吃情之熱烈，真真是令人歎為觀止。

舊時有成都竹枝詞把花會、燈會及小吃勝景寫得生動活潑，妙趣橫生，詞曰：「青羊花市景無邊，柳綠桃紅更媚然。縱覽難窮千里目，來春多辦買樓錢。」「出門久逛累弓鞋，三姑六姨連袂來。最喜手拉甜水麵，邊嚼邊擺坐當街。」再看燈會，亦有詞曰：「呼朋共踏錦江春，帽影鞭絲絕點塵。滿

地繁華天不夜，居然同作月中人。」「豆花涼粉妙調和，日日擔從市上過。生小女兒偏嗜辣，紅油滿碗不嫌多。」巴蜀小吃萬種風情，不是盡在其間麼！

廉巧美豐四季流香

巴蜀小吃，一地一格，一方一味，極富地方特色、人文風情與民俗文化內涵。它們絕大多數都同樣經由平常到絢麗的演繹。來自民間，也遊歷在民間，即使聲名彰顯，也依然不失淳樸天然。以四川烹飪高等專科學校杜莉教授的解析，巴蜀小吃之所以「甲天下」，千百年風味風情魅力不減，其根本原因除得天獨厚的「天府之國」地理因素外，更集中展現了「廉、巧、美、豐」的自然特色。

「廉」，即巴蜀小吃價格低廉。巴蜀大地，物產豐富，在小吃用料上不僅就地取材，順其自然，更注重日常飲食原料，不刻意追求新奇珍貴，多以米麵雜糧、時鮮蔬果、家禽家畜為原料。故而成本低，售價廉。

「巧」，意指加工製作巧妙。巴蜀小吃大多構思奇巧、烹製精妙，尤長於巧用料、巧造型、巧製作、妙調味。巴蜀小吃中，米製品類的各式美饌便在中華美食中獨樹一幟。像米包子、米餃子、米抄手、米涼粉、湯圓、珍珠圓子、凍糕、葉兒粑、油茶、糖油果子、三大炮等，無不色香味形各具特色。

「美」，巴蜀小吃，色香味形百態千姿，獨有其美。無論麵點、糕點、酥點、肉品、蔬品、果品、粥羹、蒸品、煮品、煎炸、燒烤、涮燙、醃滷、燒燉、炒拌等，均是獨顯巴蜀風情風俗特色的美形、美味、美名、美器，使人不僅產生美味遐想，亦也感受到巴蜀的無盡風韻。

「豐」，是巴蜀小吃之類別與品種豐富多滋，尤以類別齊全、品種繁多而著稱。清末時僅成都的小吃品種已有數百種之多。現今更是以千計。僅以麵條為例，在向以米飯為主食的巴蜀，各式麵條就多達二百餘款，且名品眾多。從唐宋時代就出了名的「桄榔麵」、「插肉麵」、「大澳麵」、「槐葉冷淘」（涼麵）、雞絲麵、三鮮麵、棋子麵（小麵塊），到當今的擔擔麵、紅湯牛肉麵、宜賓燃麵、甜水麵、雞絲涼麵、豆花麵、宋嫂麵、青菠麵、砂鍋麵、金絲麵等。更不用說包子、餃子、抄手、燒麥、燒餅等麵點。就連以麵食為主的北方民眾亦口服心服，自歎不如。

巴蜀小吃，不僅具有很強的休閒性、娛樂性，不只是男女老少休閒、打間、吃耍的零食，本身亦有十分明顯地季節性、時令性。春夏秋冬，因時應市，品種繁多，花樣奪目。春暖花開，清明前後，有春捲、青蒿饃、三大炮等；夏日炎炎，酷暑之季，有綠豆羹、冰粉、涼糍粑、涼粉、涼麵、冷淡杯等；金秋時節，天高氣爽，燒鴨子、蓮米羹、蜜汁釀藕等又悄然上市；寒冬臘月，陰風冷雨，羊肉湯鍋、羊肉火鍋、蘿蔔牛肉湯鍋、油茶、茶湯及醪糟粉子等糯米食品又成為食尚。當然，更多的小吃是四季興旺，晝夜不收。

每逢節令來臨，時令小吃又競相上市，諸如春節吃湯圓、糍粑、臘肉、香腸；清明吃春捲，端午粽子，中秋鴨子，冬至羊肉湯鍋、羊肉火鍋等。成都的節令小吃製作十分講究，極富時令習俗特色。

像粽子，中華各地都不乏有名品種，但巴蜀的粽子又別有一番風味，有灰水涼粽、椒鹽豆粽、洗沙粽子、紅糖白粽，有熱有涼，澆上紅糖水裹黃豆粉吃得，也有在火爐口烤得油香油亮的，風味不同，吃法各異。

巴蜀小吃，不僅供人們閒吃單品，還有小吃套餐，花錢不多品種卻不少；尤其是成都小吃，非但進入筵席配合菜肴上桌，還可組合以小吃為主，菜品為輔的小吃宴席，使客人能在一席之中盡情地將成都名小吃盡攬入口。

二〇一一年六月六日，在高雄舉辦的「四川・成都大廟會」上，成都小吃成了高雄市民逛廟會的「重頭戲」，幾乎人人都要意猶未盡地品吃幾道成都小吃。有吃擔擔麵的，有吃酸辣粉的，有品鐘水餃的。小朋友們更喜愛三大炮、蒸蒸糕、葉兒粑、蛋烘糕、糖畫和吹糖人，目不轉睛地看著手指頭大

的一團糖心，在吹糖人師傅的手裡和嘴裡，東捏西轉，轉眼間就變成了活靈活現的猴子、老鼠及各種人物卡通形象，孩子們驚訝地拍手歡呼：「好可愛！」「好特別！」而女孩子們則被擔擔麵、傷心涼粉辣得一臉興奮，紅霞飄舞。其他的小吃像賴湯圓、夫妻肺片、天主堂雞片、牛肉焦餅等好幾十個品種，在預展當天就有不少就賣到斷檔，給高雄市民留下了深刻而美好的印象。

而在成都市，被文化部授予「全國文化產業示範基地」的「錦里」小吃街，全長三百五十公尺，寬約四公尺，街道遍砌青石，建築風格以明、清為主，青堂瓦舍鱗次櫛比，傳統茶館、客棧、酒樓、戲臺與現代酒吧、咖啡座，地方風味小吃、工藝品、土特產與聲光電遊戲竟然如此和諧地交匯，不能不說這是一個很好的策劃和創意。

錦里「好吃街」其實是成都市民間小吃的縮影。成都人「尚滋味」、「好辛香」，小吃講究調味，常見味型有麻辣、紅油、椒麻、家常、鹹鮮、蒜泥、芥末、糖醋、鹹甜、香甜、怪味等味型。一種味型又可細分，譬如辣味，就可細分香辣、鮮辣、麻辣、酸辣、糊辣、魚香辣、紅油辣……名小吃還格外講究烹調方法，根據小吃特點，分別選擇蒸、煮、煎、炸、烤、烙、燒、炒、燴、烘、醃、漬等多種烹製方法，像治德號小籠蒸牛肉，所用蒸籠直徑僅七公分，現蒸現賣，成熟快速保鮮，蒸前已調味，蒸熟後按顧客需要進行二次調味。

「好吃街」，其實是成都市民對小吃集中區的昵稱。到了「好吃街」只逛不吃，那非得有「坐懷而不亂」的高深定力不可——擔擔麵展現出小巧潑辣的豐韻，譚豆花炫耀著嬌嫩欲滴的臉龐；樸實無華的白麵鍋盔和窩子油糕等候成年人光顧，鮮美的雞汁鍋貼和花俏的花式蒸餃則誘惑貪嘴孩童。清風送來鮮花餅特有的玫瑰、玉蘭、菊花或桂花的馨香；隨之飄拂開去的，還有金玉軒醪糟的甜蜜、酥皮蔥餃的酥香和芥末春捲辛辣的誘人香味呢。

你再看看，沸水裡翻滾著渾圓雪白的賴湯圓、小巧玲瓏的鐘水餃、晶瑩剔透的龍抄手或色澤清爽的青波麵；騰騰熱氣的大小蒸籠裡有花式蒸餃、麥邱燒麥、破酥包子、懷遠凍糕。再瞅瞅，珍珠圓子恰似肌膚皎潔珠環玉繞的瓷器娃娃大阿福，玉帶酥更與舊時官人腰帶上的佩飾別無二致，艾蒿葉兒粑渾身透著「憶得綠羅裙，處處憐芳草」的詩意，三義園牛肉焦餅也散發出劉關張三結義的豪情。

最為另類的恐怕要數「三大炮」，不僅挑動人的視覺、嗅覺，還以刺激人們的聽覺為能事，用獨特聲響效果吸引顧客——大鐵鍋裝著糯米糍粑，傾斜度約十八度的鑌鐵板上分兩行排列十二個兩兩相疊小銅盞。一精壯漢子從鐵鍋裡扯出三團糯米糍粑，一個緊接一個地用力摔到鑌鐵板上，發出「砰砰砰」三聲巨響；糍粑團撞擊鑌鐵板時順帶引起小銅盞的相互碰撞，更增強了「炮聲」的威懾力。但見三顆「炮彈」跌跌撞撞滾進鑌鐵板下的簸箕裡，渾身粘滿炒熟的黃豆麵後被揀進一個小盤子裡，澆上紅糖汁撒上熟芝麻，就做成香噴噴、甜蜜蜜、軟綿綿、熱乎乎的「炮彈」。食客不分男女老少，就連不少洋男洋女，也樂呵呵、笑盈盈地甘願被「糖衣炮彈」擊倒，真好個嗚呼哀哉！

然而，現今成都小吃的經營品類的全面化、綜合化現象頗值得深思，單就經營而言，每家名小吃店都是一樣的綜合小吃套餐，是否真的提高了經營效益？方便了食客大眾？這恐怕得另當別論。但無容置疑的是，一百多年來，成都眾多風味別樣，獨具特色的名小吃，都成為「清一色」，由「共性」取代了「個性」，遍地開花的「小吃套餐」，使各自的風情、風味特色蕩然無存，更由於製作供應的風味小吃過度集中，致使其風味品質大大變樣。這對於一個「亞洲美食之都」而言，一個具有上千年飲食文化傳統和風情，享譽海內外的天府古都而言，是喜還是憂，是樂還是悲？

西蜀成都小吃

牛肉蕎麵　邛崍奶湯麵

坨肉　西昌燒烤　邛海醉蝦

峨眉玉米粑　龍抄手　賴湯圓

焦餅　珍珠圓子　痣鬍子龍

子　豆湯飯　鍋魁王國　蛋

甜水麵　三合泥　滷肉夾

糟　艾蒿饃饃　師友麵　米

怪味麵　華興煎蛋麵　一只

冒菜　麻辣燙　串串香

糖糍粑　糖餅兒　糖畫兒

崇州天主堂雞片　查渣麵

鍋魁　雅安嗟嗟麵　彝家坨

豆腐乾夾絲絲　蘇稽蹺腳牛

擔擔麵　韓包子　郭湯圓

涼粉　小龍蒸牛肉　肥腸粉

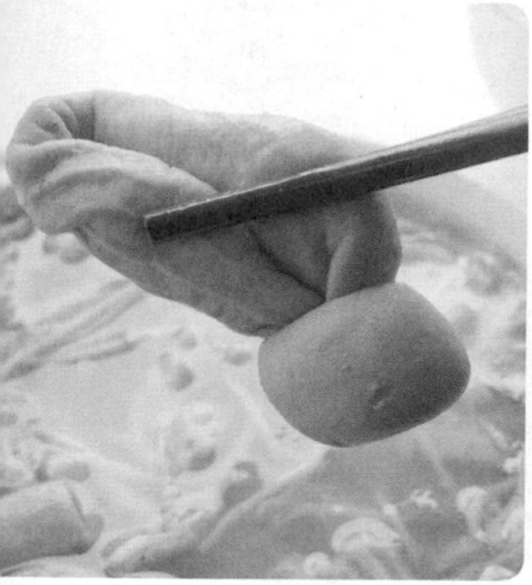

鍋魁　雅安嗟嗟麵　彝

腐乾夾絲絲　蘇稽蹺腳

麵　韓包子　郭湯圓

小龍蒸牛肉　肥腸粉

糖油果子　三大炮

鍋燒麥　蒸蒸糕　粉子

豆花與豆花麵　雞絲涼

粉　豆花飯　連山回鍋

芥末春捲　銅井巷素麵

粑　桂花糕　懷遠三

奶湯麵　缽缽雞　彭州

邛海醉蝦　樂山豆腐

龍抄手　賴湯圓　鍾水

圓子　痣鬍子龍眼包子

飯　鍋魁王國　蛋烘糕

歷史上的西蜀，也就是「川西」，指的是四川盆地西部邊緣地帶，包括盆地和再往西的山區、高原，即今天的阿壩藏族羌族自治州和甘孜藏族自治州。而川西平原，則指成都、都江堰、樂山、雅安等地區，因其獨特的自然地理條件孕育了獨特的人文景觀和風俗習慣。川西平原，四川人習慣叫川西壩子，也專指成都平原。在這一馬平川的富饒之地，「琴棋書畫詩酒花」、「油鹽柴米醬醋茶」在這裡演繹得十分地淋漓盡致。尤為是吃喝玩樂在這川西壩子裡，更是一種細膩的飲食文化，一種令人流連忘返的人文風情。

成都歷史悠久，有「天府之國」、「蜀中江南」、「蜀中蘇杭」的美稱。據史書記載，大約在西元前五世紀中葉的古蜀國開明王朝九世時將都城從廣都樊鄉（今双流縣）遷往成都現址，構築城池。關於成都一名的來歷，據《太平環宇記》記載，是借用西周建都的歷史經過，取周王遷居岐山「一年而所居成聚，二年成邑，三年成都」而得名成都。五代十國，後蜀皇帝孟昶偏愛芙蓉花，命百姓在城牆上遍植芙蓉樹，花開時節，成都「四十里為錦繡」，而被稱為芙蓉城，簡稱「蓉城」。漢代，蜀錦甲天下，色染濯錦江，錦里為錦官，人曰錦官城，又名錦城。二〇〇一年出土的金沙遺址，已經將成都建城歷史從西元前三一一年提前到了西元前六一一年，超過了蘇州，成為中國唯一近三千年不變其址，未更其名，現在居住著一千四百萬人口的獨特大都市。

這裡商貿繁榮，民風古樸，三千年前三星堆古蜀人的浩蕩遷徙，揭開了這片土地萌動的序幕，金沙人盛大的祭祀昭示著這片土地文明與興盛。自古文人多入川，浣花溪畔還流傳著卓文君的逸事，薛濤箋上的詩篇還散發著芳香，杜甫久居的茅屋依然掩映於竹林，李白行吟的瀟灑隨錦江水涓流至今。元稹、岑參、黃庭堅、陸遊來過這裡，司馬相如、王褒、揚雄、陳子昂、李白、蘇東坡三父子、吳玉章、李劼人、張大千、郭沫若、巴金生於斯地，他們是天府之國的傑出名人。

這裡美景如畫，風景秀麗的龍泉山如蛇亙東方，靜謐清淨的武侯祠滿懷著幽思，煙霧繚繞的青羊宮充盈著虔誠，神秘的青城山上依然可尋仙風道骨，秀美的峨眉山依然梟梟梵音雲繞。

這裡的江山不僅有江南的嫵媚，更有西部的豪情，貢嘎山、四姑娘山如巨人般守衛著她，長江、嘉陵江滔滔河水逝者如斯。「九天開出一成都，千門萬戶入畫圖」，詩仙李白走遍神州，他的讚歎為天府之國的山水平添了一分書卷氣。

現今的成都市包括：青羊區、錦江區、金牛區、武侯區、成華區、高新區、溫江區、新都區、龍泉驛區、青白江區、郫縣、双流縣。成都市更於二〇一〇年二月獲批加入聯合國教科文組織創意城市網路並被授予「美食之都」稱號。

「成都是一座來了就不想離開的城市」。這裡生活舒適悠閒，從容不迫，萬事不憂，百事不愁，她的寬容與休閒被西方人目睹，送給了她「東方伊甸園」的桂冠。成都人民感恩著上帝的眷顧，眷戀著清茶、小吃、川菜、火鍋、農家樂的閒適生活。正如舊時的一首《竹枝詞》所吟誦：

日斜戲散歸何處？宴樂居同六合居，
三大錢兒買好花，切糕鬼腿鬧喳喳。
清晨一碗甜漿粥，才吃菜湯又麵茶。
涼糕炸糕聒耳朵，吊爐燒餅艾窩窩。
叉子火燒剛買得，又聽硬麵叫餑餑，
燒麥餛飩列滿盤，新添掛粉好湯糰。

001 龍抄手

抄手，北方稱餛飩，華南、廣東一帶叫雲吞、包麵。巴蜀之人依其包法與形狀而稱為抄手。論起源，一般認為餛飩的是由餃子衍生而來，但事實上卻是先有餛飩後有餃子。據《通雅．飲食》記載，這種麵食是由渾氏和沌氏所發明，故取二者之姓轉而叫為「餛飩」，後來又將其包製成月牙形，便成為餃子了。然而，按道家之意，餛飩作為麵與餡料之包和，在沸湯中似雲朵飄忽、翻滾、如「渾之一氣，陰陽不分」「以合和為貌」，稱其為「陰陽渾沌」，轉化為食旁亦特指為食物。

餛飩最初是民間用來祭祀的食品，出現在西漢時期。唐宋時代，都市內就有了餛飩專營店，還有沿街走巷的挑擔餛飩，不時吆喝著：「餛飩——開鍋啊！」作為一種風味民間小吃，南北朝時有史書記載曰：「今之餛飩，形如偃月，天下通食也」。可見，在南宋之前，餛飩就已傳遍大江南北。於今，中華各地皆有不少餛飩名品，像北京致美齋的雙餡餛飩、天津之錘雞餛飩、紹興蝦肉餛飩、上海大餛飩、無錫王興記餛飩、廣州魚肉雲吞，成都當然就是龍抄手。就巴蜀而言，除了龍抄手，還有矮子齋葉抄手、老麻抄手、重慶吳抄手、溫江程抄手、內江的雞茸抄手等都是熱門抄手品牌。

然而抄手這一叫法雖流傳於巴蜀，但多數川

人都搞不清其含義，多是望文生義。有說類似人將雙手包抄在胸前一般，故而幽默形象地稱為抄手；另又說，餛飩皮薄易熟，抄手之間就已煮熟；最有趣的是民間對「龍抄手」的解讀，說是安史之亂，唐明皇「南狩」成都，思食餛飩。可當地廚師不知餛飩什麼形狀，手足無措，後見唐明皇負手踱步，急中生智，將餛飩製成雙手交合之形狀，美其名曰「龍抄手」，唐明皇聞之大喜，遂重獎廚師。

俗話言道：山不在高，有仙則名；水不在深，有龍則靈。名冠巴蜀小吃之首，享譽海內外的成都龍抄手，年過七旬，依然是風風火火，聲名興旺，穩居成都餐飲經營業績之霸主。小小一碗連湯帶水的抄手，何以如此了得？竟在成都最為繁華的春熙路上，幾十年笑傲江湖而成為東方不敗之小吃大王。這，恐怕還得從頭說來……。

龍抄手於一九四一年開業在成都悅來場，五○年代初遷至新集場，六○年代後方遷到春熙路至今。初建店時，主創辦人張武光與幾位股東在當時的「濃花茶園」商議開店之事，切磋店名時，便靈機一動，借用茶園之「濃」字，取其諧音為「龍」，藉以寓意開店吉祥，生意興隆，龍之傳人，代代相傳。如是，一個著名餐飲品牌就此應運而生，他們幾位當然也決未有料到，「龍抄手」會享譽華夏，名揚海外。

「龍抄手」開張時，特請了當時四川大學文學院院長書寫紅底金字的店名招牌，並且是兩條金龍圍邊，書法蒼勁，入木三分，成為當時成都飲食招牌中的經典。現今的店招則為其後四川著

名書畫家趙蘊玉先生補書。

「龍抄手」的幾位股東十分注重抄手的品質和特色。他們得知，餛飩自唐宋以來就很是注重皮薄精緻，講究湯清餡細。於是便廣泛吸取南北名家餛飩的經驗，用雞、鴨、豬蹄及棒骨吊製成白濃香鮮的原湯；採用肥瘦相間的精豬肉調製成細嫩香美的餡料；麵粉加蛋清，手工細搓慢柔，擀製成薄似紙、細如綢之半透明狀麵皮，使其柔韌爽滑，湯汁清澈，餡心細嫩。風味特色上除清湯、原湯、燉雞抄手外，還因地制宜開發了紅油、酸辣、海味抄手等。由於龍抄手品質精道，風味獨特，加之價廉味美，很快便在川西壩子傳揚開來。

已作為國營飲食店的龍抄手於一九六〇年遷至春熙路後，擴大經營範圍，增添了糕餅、點心等品種，並由川中著名麵點大師張青雲、劉龍貴主廚。現今的龍抄手店，已發展為經營面積達四千多平方公尺，集三百餘種巴蜀風味名小吃於一堂的大型綜合小吃酒樓。其就餐環境古樸典雅、舒適大氣。一樓大廳，以知名大眾小吃、時令小吃、小吃套餐為主，適合大眾消費，以及中外遊客品嘗；二樓則供應中檔特色小吃、特色川菜，適合家庭餐聚、宴請親朋好友；三樓為園林風格、中西融合的裝飾格調，傳統民樂伴奏，專供高檔小吃席宴，適合商務宴請、貴客嘉賓。

龍抄手自建店起到現今，一直保持生意興隆，天天爆滿，不提前預定就得排隊侯等的餐廳，是飲食業中十分少見的。現今在成都市區已有十家分店，是唯一可以與「洋速食」叫板、較勁之大型中式速食店。二〇〇六年，龍抄手全年營業額達四千多萬元人民幣，再次被大陸商業部認定為「中華老字號」品牌餐飲，並進入中華餐飲一百強企業。

二〇〇七年八月二十八日，紅火了半個世紀的中華老字號龍抄手總店搬新家了。位於成都繁華鬧市春熙路南段的「龍抄手」總店門前人潮湧動，嗩吶聲聲，一直以來懸掛在這裡的「鎮店之寶」——「龍抄手」金字招牌在該店所有員工和路人的注視下被緩緩卸下。經過仔細擦拭後，由四名老員工抬到了距原址五百公尺外、位於春熙路中山廣場東側的新店內再度懸掛起來。龍抄手第三代傳人馮朝貴，已經退休在家的他，專程為了見證「喬遷」的這一刻，來到現場。現任龍抄手總店經理的杜勇說道：「現在人們都講究品小吃、吃川菜、喝川酒、飲川茶、看川戲，以後的龍抄手就希望能向著這個方向發展，讓大家走到這裡，就可以欣賞所有這些令人叫絕的東西。」

二〇〇七年十二月十八日，身著一身傳統大廚的行頭，身披綬帶，來自龍抄手總店的劉朝新、張伐兩位廚藝大師。在掌聲中接過了象徵該店傳人地位的金麵杖和銀柄刀，正式成為龍抄手第四代傳人，並面向龍抄手金字老招牌鄭重宣誓，將致力於保護和發展龍抄手的傳統飲食文化。劉、張二人都可謂身懷絕技，其中，四十四歲的劉朝新，自一九九一年進入龍抄手總店以來，練就了金絲麵和抄手皮兩手絕活。行家品評劉大師做的金絲麵是「細如絲、綿如線、能穿針、能點燃」，抄手皮則「薄如紙、質如綢、色如玉、能透字」。張伐今年三十六歲，年輕有為的他可雙手同時用四把菜刀「閃電剁餡」，在五分鐘內將一公斤豬肉剁成細茸。張大師更是崇尚「物真料美，重本味，慎調料」，他製作的奶湯、清湯本味突出，鮮香宜人。兩位傳人在二〇〇二年連袂製作的龍抄手小吃宴被中國烹飪協會評定為「中國名宴」。

當然，除了龍抄手，巴蜀各地還有不少名牌抄手。另有一家位於成都金牛區北巷子的葉抄手，掛著木牌匾的老字號，生意火爆得很。特別是用餐時刻，衣著光鮮的男女擠滿了座堂。特別是他的雞湯抄手，味道鮮明，餡香湯醇，一點也不輸龍抄手。而且論歷史，葉抄手還在龍抄手之先，它的木招牌可是成都名流徐孝剛所寫。出了成都市，四川各地也都有名鎮一方的抄手，如瀘江程抄手、內江雞肉炒手、自貢牛肉炒手、綿陽原汁抄手、重慶過橋抄手、自貢老麻抄手等。至於小街小巷裡的名抄手店就更多了，售賣口味也更多元，如豆瓣炒手、酸辣抄手、燉雞抄手、紅油抄手等，無不風味獨特，吃口舒爽。

002 賴湯圓

湯圓，也就是「元宵」。川人川語向來是通俗易懂、幽默生動，尤其是在小吃的名稱上，更可見一斑。從趣名到美味，再加上一個美麗的傳說，總是讓人印象深刻，回味悠長，難以忘懷。

巴蜀百姓，男女老少都愛吃湯圓，特別是每年的春節其間，不僅要從初一吃到十五，十五當天吃湯圓鬧元宵，又稱之為「搶元寶」，含有新的一年諸事圓圓順順、甜甜蜜蜜之意。

早期到了春節前，幾乎家家都要把石磨洗刷乾淨，準備推磨湯圓粉子。記得兒時，只要是母親開始泡糯米、洗石磨了總會隨口叮嚀我一句：「放學早點回來哈，要推湯圓囉。」推磨時，我要麼緊握磨把和母親一起推，要麼往磨眼裡添加糯米或水。到大年初一，更是早早地就起了床，和母親一起包湯圓。弟妹們有時也參與進來，大家就要比誰做得快，誰搓得圓，誰做得皮薄餡大。有時還悄悄的包進一個硬幣、水果硬糖或棗核，哪個吃到了大家便是一陣哈哈大笑，十分好玩、也非常溫馨。至今仍時常懷念那樣的歡樂情景，當然也更懷念母親做的，那加有核桃仁、花生仁、芝麻、橘皮，用豬油炒成的紅糖心子，又甜又香又沙。

還記得小的時候，有次父親牽著我去到總府街的一家湯圓店，令人難以忘懷，抬頭就看見一塊很大的黑漆金字招牌，「賴湯圓」三個大字很

是醒目，剛讀書的我居然理直氣壯地念成了「懶湯圓」！然而，這湯圓確實讓我留戀一生。一碗四個湯圓，四種形狀，圓圓的、橢圓的、一頭尖的、橄欖形的，分別是四種心子哩，芝麻、玫瑰、棗泥、冰橘。湯圓一個個夾開，湯中上馬上浮現出一串黃亮亮的油珠子。夾起一塊後蘸上小碟中的芝麻醬、白糖，送進嘴裡，那湯圓是細嫩滋糯，不沾筷、不粘牙，更有那雞油香、芝麻香、玫瑰香、冰橘香、棗泥香在口舌間恣意亂竄，一股香香甜甜的暖氣蕩漾在五臟六腑，溫馨了好幾天。從此，「賴湯圓」便深深地烙印在我心田。這恐怕也是我於今為止依然喜愛吃湯圓的原由初衷吧。

據民間傳言，成都的賴湯圓原先有兩個，一個是清朝末年姓賴的小販，早晚挑擔走街串巷賣湯圓，味道很不錯，吃客都叫他「賴湯圓」。但此人不知後來是賺了錢另謀好事，或是蝕了本改了行當，還是天災人禍丟了小命，在不知不覺中銷聲匿跡了。

另一個「賴湯圓」，始創於一八九四年，本人名叫賴源鑫，原本是四川資陽東峰鄉三元村的莊戶人家。因父母雙雙先後病故，十五歲的他跑到成都，在東大街城隍廟內棲身，靠幫人家推板車、挑水、劈柴、打雜混口飯吃。當時城隍廟裡住了幾十個無家可歸，吃了上頓沒下頓的苦力人，這一情形引起了賴源鑫的注意，他便籌畫起賣湯圓這個小本生意來。他在城門口的城牆邊租了一間破舊房子，買來一副擔子，一頭挑砂鍋，一頭挑湯圓粉子和糖油佐料賣起湯圓來。

賴源鑫經營的湯圓生意，主要以販夫走卒等苦力人為對象，於是他在一個「早」字上做文章，天不亮就把擔子挑出門，走城門口，城隍廟一帶，扯起嗓門大喊：「奈湯圓，熱和，大坨的奈湯圓！」本來川南人口中的「奈」就是熱絡的意思，但因為他本人就姓賴，吃客就乾脆叫他「賴湯圓」，並漸漸出了名。那些販夫走卒早晨去下苦力需要先填飽肚子，賴湯圓不僅賣的早，湯圓大坨，心子多，又相因（便宜的意思），所以生意很好。

此後，賴源鑫每天起早摸黑挑著擔子，又在成都太平街、暑襪街、總府街一帶人流較多的地方，「湯圓，大碗的熱湯圓！」叫賣起來。賴源鑫的湯圓擔子，一頭是熱氣騰騰的鼎鍋，一頭是湯圓料的櫃子，櫃面又權當食客的桌子，一根油黃發亮的竹筒就繫在擔子兩頭權當食客的坐凳，點一盞油燈在黑夜中既招攬顧客又兼做烹飪照明。一副簡單的湯圓擔子在那個年代給了多少人的溫暖，解了多少人的疲憊。

成都賣湯圓的多不勝數，賴源鑫是個精明人，他深知要想立住腳做出名，風味品質是命根。他給自己暗定「三點」：一是利看薄點，二是態度好點，三是品質高點。如此，雖說開店後他用了四、五個鄉下的親戚幫忙，但買原料、製粉子、炒心子都是親自出動，親自動手。

起初，賴源鑫賣的也就是鄉村傳統的紅糖芝麻心子和白糖附油心子。由於風味道地，鄉風濃郁，圍著擔子吃湯圓的城市人也漸漸多起來。但他發現這兩種心子太單一，於是細心專研，獨出心裁地做出了粉色的玫瑰心子、黑色的黑芝麻、紅色的棗泥、黃色的冰橘心子。為了口感香美滋潤，他特地選用上好豬板油調製。為了便於識別不同心子的湯圓，於是他的湯圓鍋裡便出現了圓的、桃形的、尖形的、橢圓的。一碗四個湯圓，寓意四季熱鬧，季季發財，四個形態、四種風味，吃來不僅十分有趣，更是味美多滋，賴湯圓一下就口碑四傳。

其後賴源鑫便每日早晚挑著擔子與妻子一同出去叫賣。當時，有個叫陳月舫的年輕人，後來是有名的學者和書法家，四川省文史館館員，春熙路之名就是他取的。其時，他從蓬安來到成都，報考留學日本的官費生。一天他早早地起來出去散步，要走出窄巷時，霧靄中出現一盞燈籠，一個「賴」字晃悠忽悠，再看是對年輕夫婦在賣湯圓。那砂鍋裡的滾滾熱氣，香甜的氣味，一下勾起他的食慾。便要了一碗坐在爐火邊吃起來，那四種心子，吃到嘴裡香甜沁心特別的舒適、溫暖、愜意。

之後他一連好幾天都早起趕去吃賴湯圓。有次快走到攤子前時，十分意外而驚訝看見，那年輕婦女坐在長條凳上，亮出一隻嫩白的大腿，褲子挽到腿根，一隻手抱著小孩兒餵奶，另一隻手在大腿上團著湯圓，團好一個就扔進砂鍋，動作之麻利、嫺熟、優美，簡直可作單獨的藝術表演欣賞，也讓人倍感溫馨。她丈夫則站在鍋邊煮湯圓。此情、此景、此味，讓陳月舫一生都難以忘懷，留日回來後，曾被聘為四川省政府秘書長，賴湯圓也伴隨了他一生。

有個冬雨天，天氣十分寒冷，賴湯圓在東大街屋簷下賣湯圓，從風雨中急沖沖走來一個人，一來躲雨，二來吃碗湯圓驅寒。賴湯圓十分熱情的接待這位渾身濕透的顧客。那人吃湯圓的時候，賴湯圓把他的帽子在爐子上的火上烘烤，閒談中，彼此竟是資陽同鄉，原來此人是四川省建設廳房地產科長羅遠輝。那時成都青羊宮花會是川西壩子老百姓踏青春遊的好去處，那裡商家雲集，遊人如織，熱鬧非凡。商販想要在其中占得一個黃金口岸很不容易。管理花會分配地皮的恰好就是羅遠輝。他有心提攜資陽同鄉賴源鑫，便在花會中行人必經之處，劃了一塊地皮攤位給賴湯圓搭棚擺攤。口岸好生意自然非常紅火，每天賣出湯圓上千碗，高興得賴湯圓幾次增添夥計幫忙。羅遠輝又在賴湯圓棚後設棚，作為處理公事兼他的休息之所。有羅遠輝坐鎮怯邪，一般流氓地痞都不敢到這裡肇皮、自討沒趣，一季花會下來，賴湯圓的荷包就硬鼓起來了。

羅遠輝是古道熱腸之人，手中又掌有權力，成都搞房地產買賣的都要到他那裡「過」一道，他明白買房子更能賺錢，便勸賴湯圓莫要存錢，買房子更穩當，賴湯圓欣然聽從。羅便在大牆後街給他買了幾間房主急於脫手的低價房屋，做了安身之所，從此賴湯圓也就從東門的城門洞搬到了鬧市區。

當賴湯圓的生意日漸興隆之時，妻子不幸病逝。他孤身一人力量單薄，便請鄉下姑媽的兒子劉雙全到成都幫他。劉雙全為人厚道，讀過幾年私塾，粗通文墨，便負責買進賣出，管理么師堂倌、小二伙計，成了賴湯圓的管家。由於兩老表經營有方，生意越做越紅火。羅遠輝又幫他們在總府街謀得一間單間鋪面，賴湯圓結束了擺攤經營，轉為坐堂營業。這樣賴源鑫便結束了挑擔叫賣、四方遊走，受風霜雨雪、烈日暴曬的叫賣生活。有了店還需有名，有老熟客建議取「源鑫記」，又有說叫「源鑫老號」，賴元鑫想了想說：「啥子老號，雅名都不要，不就是賣個湯圓嘛，還是叫賴湯圓算了」。自此，一個享譽川內外的小吃品牌就在天府平原發展起來。

賴湯圓賺了不少錢，已非昔日可比了。在羅遠輝的策劃下，由劉雙全潛回資陽清水河，神不知鬼不覺的把他姨媽的女兒劉小姐接到成都與賴湯圓完婚。有了劉小姐這個閒內助，賴湯圓更無後顧之憂。然而沒過幾年亦也生病亡故，後經介紹又與一位叫伍潔貞的結婚，又生了三子一女。

賴源鑫不吸煙、不喝酒、不打牌，生活簡樸、從不在外喝酒吃飯，為人也低調，只想一心一意地做好湯圓。這時的賴湯圓，因其湯圓用料更加精到，做工也更精細，皮薄餡豐、細膩柔糯、香甜味美、質優價廉，又添加了花生、核桃、果仁、桂花、櫻桃等多樣品種，再搭配麻醬及白糖蘸碟，吃法獨特頗為食客讚賞。

民國十幾年的成都，已有三十幾萬的居民，

日常生活所需的糧油數目為量不小。賴湯圓就夥同朋友做起糧油生意來，再將所賺之錢通過羅遠輝的關係四處買房，再轉租出去。如此這般，在先後二十多年間，賴湯圓在九獅巷，大牆東街，大牆後街，後子門買了上百間房產，還在東城根街買下一座精緻漂亮的四合獨院公館。錢賺錢最容易，他經營的米糧莊在德陽、金堂、灌縣（今都江堰市）、彭縣、華陽、仁壽、江油、綿竹、什邡等十三個縣開設了十四個分號，生意越做越大，越做越精。民國三十年前後，賴湯圓躋身於成都富翁的行列。

賴湯圓經營米糧生意賺了大錢，搞房地產生意又使他利滾利加番。為了保住招財進寶的招牌，他和劉雙全商量，乾脆做個虧本生意，把湯圓品質搞的更好一些，讓顧客給他傳名。劉雙全和店夥計反復磋商，要讓湯圓好吃需用雞油，這樣吃起才香美。他把商量的主意告訴賴湯圓後，賴湯圓連聲叫好，給改進後的湯圓取名叫「雞油四色湯圓」。

賴湯圓在鄰近華興正街雞鴨魚市場包下了宰殺後的雞油，每天派夥計收購，有多少收多少，隨行就市，每兩雞油價格多個三分五分錢都沒有關係。他的雞油四色湯圓是：冰桔，棗泥，玫瑰，附油桃仁，一碗四枚，玲瓏乖巧，味美香甜。每碗湯圓外加一碟白糖芝麻醬，頗受到食客讚賞。尤令食眾津津樂道的是，其雞油湯圓夾開後，心子裡只流出兩滴黃亮的雞油，絕無第三滴，每個如此，為食客們叫絕。這也成了懂行道的人看賴湯圓做得是否資格道地的標準。賴湯圓因此而名冠巴蜀，成為四川湯圓中最負盛名的風味小吃。

一九三九年，賴源鑫應資陽同鄉會之邀回鄉觀光，聽說家鄉要籌建一所中學，感於沒讀書不識字之苦，賴源鑫捐贈了一百五十石穀子（約一．〇六萬公斤）作辦學資金。此事廣為傳揚，於是，賴湯圓賺大錢，捐錢助學的名聲也便很快口碑傳揚。

然而，俗話說：人怕出名豬怕壯。一九四七

年的一個夏夜，一夥歪戴帽子斜穿衣，持槍拿棍的人沖進賴家，口稱「檢查」，翻箱倒櫃，東照西找，最後拿出個錫箔紙和吸管，硬說賴源鑫是毒品販，將他抓進監牢。這種明目張膽的敲竹槓，賴源鑫自然是心知肚明。後經在什邡任縣長的親戚羅成基多方周旋，交了一筆重金方才獲釋回家。

一九四〇年代，是賴湯圓的鼎盛時期。那時，彙聚成渝兩地的全國各地來的達官貴人、名人學者、文學大家、藝術家、表演家等，幾乎沒有人不品吃賴湯圓的。然而，當時賴湯圓依舊只有一間店堂，四、五張桌子，使得像郭沫若、田漢、張瀾，以及吳祖光、秦怡、等名人也只好排隊侯等。而這一名人效應，更使賴湯圓名揚中華，享譽海外，成為一塊貨真價實的金字招牌。

然而，世事難料，那時成都的湯圓行當亦在悄然發生變化，致使賴湯圓由盛轉衰。成都北門一家「郭湯圓」悄然崛起。而就在賴湯圓店背後的華興街，也有個叫「羅蕎麵」的老闆開了家「集賢春」餐館和「滿天星」湯圓店。羅蕎麵是個很有心計且精明能幹的人，他見賴湯圓生意好得不得了，便暗自觀察琢磨偷經取藝。於是他的湯圓也是「四形、四色、四味」，湯圓心子採用雞油、豬油；他還嚴格員工勤換水，禁抽煙，煮湯圓時凡破皮漏糖的要立即撈起；此外，所配的麻醬白糖碟子也分量充足，加之餐具的美觀和環境衛生，寬敞明亮的店堂，使得那時仍是門面狹窄、店堂桌凳陳舊的賴湯圓相形見絀。如此，許多賴湯圓的老主顧都跑到滿天星去了。一九五〇年代初，大陸政府實行減租退押（減低佃農租用農地租金並退還農地押金），羅蕎麵忙著回老家賣屋退押無法管理生意，「滿天星」便潮起潮落，無聲無息地隕落了。賴湯圓因此而躲過了一場「生死劫」。

賴源鑫則是一次全退全清，獲得當時政府頒發的「開明資本家兼地主」之稱，賴湯圓再次名聲鵲起。不久，他又將自己辛苦一生創建的金字招牌交給了政府，公私合營，終止了自己紅火風光，頗有價值的湯圓人生。然而，讓人失望地是，到一九八〇年代後，賴湯圓已不是原先那一碗四個形態的風格，夾開湯圓，瞪大眼睛，老半天也不見一滴黃亮亮的油珠子滴出來，風味特色盡失，與街市上大多湯圓已是無甚區別了。

現今屬成都市飲食公司所有的賴湯圓，在公司合營後擴大了店堂規模，生意依然興旺。一九九〇年代後，賴湯圓已擁有湯圓心子和粉子的加工廠，品種有黑芝麻、雞油、麻醬、冰橘等，產量都在二百萬公斤以上，行銷海內外三十多個城市與地區，並獲大陸商業部優質產品「金鼎獎」。還建立了以賴湯圓為首的四川名牌小吃冷凍食品加工企業。作為一家「中華老字號」名店，賴湯圓目前是一家集川味小吃於一堂的綜合小吃餐館，仍在最繁華的春熙路口之總府街上，默默地注視著擁堵的車流、熙攘的人群，向南來北往的海內外遊客無聲地敘述著他那傳奇般的香甜而苦澀的動人故事。

賴湯圓軼事

賴源鑫挑擔擺攤叫賣的頭幾年，十分的艱苦，一個人要推湯圓粉子、炒製心子，還要到龍泉去買酒米、芝麻、山雞油。一個寒冬臘月天，賴源鑫收攤摸黑趕到龍泉買料，見到一個讀書人倒在路邊，趕緊將他攙扶起來，背進一家客棧，請來醫生診看，又親自熬藥，走時還把買貨的錢拿出一些給這個青年，並叮囑店老闆多加照看，叫這青年小夥子安心養病，到了成都來吃他的賴湯圓。

過了兩年，一天成都新任府官就職，府衙門口貼出告示，新官大人不收禮，只愛吃賴湯圓。於是乎賴源鑫的門口一下就排起了長隊，一條街擠得水泄不通。而府衙門口送湯圓的也是絡繹不絕。殊不知送進去後，府官又叫差人悄悄送回給賴源鑫，賴自然感到十分奇怪，然不得其解。

過了幾天，府官請賴源鑫做了一大盤湯圓到府衙。他一去，只見府官早已在門口恭迎，賴一見，府官正是他救助的那個讀書人。府官親熱地拉住他的手說道：「恩人啊！我吃你的湯圓來了。」賴源鑫親自下廚煮好湯圓，府官請其上座，賴源鑫不敢，府官雙膝跪在他面前說道：「恩人不上坐，本官就不起來了。」賴源鑫感動、緊張得眼淚直流，急忙扶起府官就坐，兩人如親兄弟般邊品湯圓邊敘舊情。此事一傳出人們方才明白，那張告示的用意是在報答賴湯圓救命之恩。從此，賴賴湯圓之生意一發不可收拾，名聲遠播。

後來又有兩件事，使「賴湯圓」的名聲更是家喻戶曉。一是有輛時髦的洋車撞了「賴湯圓」的攤子，撞死了一名吃湯圓的人，賠了幾百塊銀元，當時的報紙連續幾天報導，引來了許多人看現場；二是此後不久賴家租賃了郭姓人家的鋪面，「賴湯圓」店重新開張後，郭姓房東的女兒也來幫忙跑堂，有人投稿報社，說「賴湯圓」聘用摩登女郎跑堂服務，消息登報後顧客紛紛前來看摩登女郎，「賴湯圓」的名氣愈發深入民心。

003 鐘水餃

餃子，是北方的主食之一，大凡逢年過節必是餃子為主角，接客待友亦是以餃子請吃。餃子也是中華較為悠久的傳統美食之一。據史料記載，早在三國時期就已有了餃子，到南北朝時，已是「天下通食」。唐宋，餃子已遍佈街市，成為大眾食品。北方很早就有除夕吃餃子的習俗，有「更年交子」的意思，大年初一吃餃子當然也就寄予了新年交好運的企盼。這一食俗一直沿襲於今。

然而，餃子傳到巴蜀，卻僅作為巴蜀人口中之小吃和零食。且巴蜀之地，大年初一也不是吃餃子，而是吃湯圓。與北方之餃子個兒大壯實比之，巴蜀之餃子多是小巧精緻、靈秀飄柔。雖在餡料種類上不及北方餃子豐富，但在風味口感上卻又特色獨具更甚一籌。

然巴蜀之地，餃子的風味品種之多，也足以讓人品不勝品。有水餃、酥餃、煎餃、鍋貼餃、蒸餃、米餃；以風味看，則有豬肉、雞肉、羊肉、牛肉、海鮮、三鮮、白菜、韭菜、芹菜、蘿蔔、南瓜、四喜等；名小吃中有滴油水餃、紅油水餃，當然更有譽滿華夏之鐘水餃。

就成都而言，較早出名的是凍青樹街一家叫「忙休來」麵食店的「抗餃子」。老闆及主廚姓抗，後傳至其子抗青雲，到一九三〇年代末歇業。再說成都的鐘水餃，最初是在北門草市街、文武路一帶，有個推木製小車沿街叫賣的鐘水餃。這個姓鐘的人臉上有幾顆白痳子，家住白雲寺街。他通常中午十二點推車轉街，午後兩點賣完回家，晚上七點又出去，差不多二更以後收拾生意。「油鏇子、雞肉包子、紅油水餃！」他習慣用手掌作擴音器，偏頭仰脖這樣一叫喊，顧客就三三兩兩紛至遝來。他賣的紅油水餃，就僅是那紅油，便讓過往行人鼻翼噓噓，發出「好香，好香！」的讚歎聲。有的更禁不住聞香止步，吃上一碗才過癮，連那剩下的小半碗佐料都要喝乾淨，方才嘖嘖而去。

後來這個麻子鐘水餃卻突然沒了蹤影，出現的倒是先前跟他學做餃子的另一個胖子鐘，叫鐘少白，也不知道是不是親戚關係。鐘胖子起先在南門瘟祖廟賣醪糟蛋及銅鍋掛麵。他是川北人，總把「就是」說成「豆是」。顧客說：「醪糟放甜點哈。」他便回應：「豆是」，顧客說：「多放點糖，不要豆豉。」他又回口：「豆是，豆是。」顧客急了：「給你說，你不聽，哪有醪糟放豆豉的嘛！」後來弄清楚了，總引起一片哈哈大笑。

一九三一年成都發生戰亂，胖子鐘的水餃車車在兵亂中拖垮了。於是他乾脆在暑襪北三街租了間鋪面開了水餃店，請人取名為「協森茂」。不久又移到近旁的荔枝巷。先前食客們都還是稱呼「鐘水餃」，其後便叫之為「荔枝巷鐘水餃」。

開了店後，鐘少白一個人忙不過來，就把在給別人幫廚的堂兄鐘燮林請來主廚。兄弟二人十分注重風味品質，當時賣的還是紅油水餃和清湯水餃。尤其是紅油水餃已成招牌，鐘燮林來後做了些改進，用双流東山「二荊條」乾辣椒、川西壩子菜籽油煉製成紅油辣子；用成都太和醬油再加香菇、百草、紅糖煉製成複製甜紅醬油，用溫江柳城獨蒜製成蒜泥汁；此三樣調味料便成為鐘水餃風味致勝的法寶，使其水餃鹹辣甜並重，醬香、蒜香濃郁，加上芝麻更是鮮美香醇，多滋多味。

餃子皮則用上等精白麵粉，手工擀製成薄透柔韌的麵皮，以精選淨豬肉調製成細嫩肉餡；一兩麵皮包成十個形如月牙的花邊餃，使其皮薄、餡豐、汁濃，柔軟細嫩，淋上調料，便是鹹辣甜並重，醬香蒜香濃郁，加上芝麻更是鮮美香醇，齒頰留香。再佐以椒鹽酥餅，風味更是獨特。

和一般的紅油水餃不同，鐘水餃誘惑人的並不僅是川人一貫喜好的麻辣口感，也不是餃子的餡料和個頭，考究的做法和獨特的風味口感成為鐘水餃的獨門絕活。尤其是新鮮出鍋的水餃，在

紅紅的蘸料中打幾個滾，頓時香氣四溢，令人食指大動。有食客稱道：「紅油的絕對比白味的有吃頭，皮筋道、餡鮮美，尤其那個微辣帶甜、香濃可口，甚至可以直接端起來喝的佐料，香美可口得很，簡直找不出哪家能超越它！」

一九五〇年代後，鍾水餃擴大經營規模遷到提督街。一九八〇年代後，經營範圍進一步擴大，開發了餃子宴席和小吃筵席，成為一家以「紅油水餃」為特色的綜合小吃名店。一九九〇年代後，鍾水餃又開發出紅油水餃、甜水麵及白肉的袋裝調料包投放市場，同時還將其當家品種和其他名小吃工業化生產，製成冷凍食品，以滿足更多更大的市場需求。

經過百餘年的發展，鍾水餃於一九九五年被國內貿易部授為《中華老字號》名店；一九九七年，中國烹飪協會認定為《中華名小吃》；一九九九年，國際商貿部又授予《中國名點》稱號。

鐘水餃後話

如果你來到成都，向成都人打聽鐘水餃或龍抄手，大多會笑嘻嘻地說：「你也太ＯＵＴ了吧！」現在的鐘水餃早已不是原先那味道了。是的，小吃原本就生於民間。就拿鐘水餃來說，它源於民間，終又回歸民間。在東郊建設路八二信箱宿舍那兒，猛追灣河邊上一個單位宿舍裡的小院子裡的鐘水餃，就是原來鐘水餃退休的老員工開的。八二信箱宿舍那家主人姓高，退休後和老伴一起利用家裡空閒房子開了小店，大點的房間擺了六張條桌，小點兒的房間大概可以擺三、四張條桌吧。一進門，太婆一看我挎著的單反相機，立刻衝出來大聲吼：「不准照像！不准照哈！就害怕你們弄到網上，整得忙都忙不贏，不准拍照哈！找得到就來吃，找不到就不要吃，記到哈！」看到我一臉窘色，她語氣和善了些：「開這個不是想賺好多錢，就是要把老味道保留下來，不要丟咯。」

我點了二兩鐘水餃、一碗涼麵，附送一小碗白水煮蓮白，不一會兒就上來了。涼麵的味道非常市井，道地的成都涼麵味道。鐘水餃的確是當年老店水餃的味道，肉餡鮮香，嫩中略感彈牙，一定是用的上好的豬肉精心調製的，拌料正宗，諸味調和，厚重濃香，把煮蓮白沾著鐘水餃拌料吃尤其美味。老太太脾氣比較倔，相當小心仔細的維護著她的鐘水餃的的品質，在沒有教會你怎麼煮她家打包外賣的冷凍餃子（附拌料）之前，

你再怎沒央求，她也不會賣給你的。她還說：「我又不是為你一個人服務！」「不要惹我哈！」「你們下次打包生餃子就早點！拿回家就煮，不要臭了怪我餃子歪！」老大娘雖然有點凶，嘴巴子厲害，但還是蠻可愛的。品嘗著、看著這小小的家庭小院子，我有種莫名地感動，源於民間的美味小吃，還是在民間方能得到真心地呵護。

在成都，還有款純民間的怪味水餃，怪味水餃二塊五一兩，咋一瞄好像是鐘水餃，細一看，外形上是一種小巧豐滿的北方家常造型，上面還看得見手印，是道地的手工餃子，比那扁而長的鐘水餃更討人喜歡。那小半碗紅油，裡面是蒜茸和芝麻，咬開一隻餃子，結結實實的芹菜豬肉餡，本身就有滋有味，沒有紅油也很可口了，再配上麻辣鮮甜的紅湯，口口感超爽，奇怪的是，看著紅彤彤怪嚇人的，吃起來卻十分地溫柔，一兩有十只，吃二兩差不多就飽了。

從某種意義上，怪味餃子其實是鐘水餃的升級版。通常成都人自己是不會在春熙路之類的地方吃龍抄手、鐘水餃這些「名小吃」的，那是專供外地人吃的。成都人有自己的蒼蠅小店。像太婆的鐘水餃店，怪味餃店，方才是貨真價實價，風味道地，那紅油、複製醬油、蒜泥，特別香濃，口感超爽。這就是成都人好吃、善吃、懂吃之精明之處。

還有家新起之秀，典型的「青出於藍而勝於藍」的春陽水餃，發跡於四川師範大學那條著名的好吃街，經受住了學生們刁鑽的味蕾的考驗，終於在成都的大街小巷發揚光大了，一連在成都開了好幾家分店。而春熙路香檳廣場這家因為地理位置得天獨厚，人氣特別旺。最常來的應該算是各個商場的工作人員了。中午來這裡小撮一頓，簡單快速，最重要還很美味。而晚上也有不少逛街的男男女女到這裡吃上一碗，了個久聞的心願。

春陽水餃的餡和鐘水餃一樣，也是純肉餡的，調製得很精到，一點也不顯得油膩或粗糙。餃子皮很薄，但韌勁十足；調料也不外乎就是紅油、糖、甜紅醬油、蒜茸等，但只因其調味料的品質把握得特別精確和得當，所以味道便超乎尋常，吃起來香辣適口，回味無窮。除了水餃，這裡的抄手也不錯。抄手在北方被叫做餛飩，餡和餃子餡一樣是純肉餡，但剁得更細膩。或許抄手餡裡更多加了雞蛋之類的，顯得更滑嫩點。但它的皮卻比水餃皮要滑嫩很多，幾乎是入口即化。

成都人都知道，鐘水餃勝就勝在調味上，鐘水餃以乾撈淋料的做法，料雖僅是複製醬油、紅油、蒜泥區區三樣，看似簡單，卻內中卯竅深沉。複製醬油，選用上等醬油，加紅糖、薑蔥、香料小火濃縮至原體積2／3～1／2而成，鹹中有甜，香中帶鮮，而且濃稠也極易附味；紅油辣椒，選用成都特產的二金條辣椒，炒香磨碎，用熱油潑勻，密封保存二十四小時以上，色澤紅亮，辣而不燥；蒜泥，必須要選溫江特產紫皮獨蒜，而非它地所產瓣蒜。紫皮獨蒜香味濃郁，蒜味突出，入口悠長。有如此精料和精細之加工，味道豈能不好！故而，要維持一個名小吃的風味特色並不是難事，難在經營者之意識和心態。「鐘水餃」，願君一路走好！

004 擔擔麵

麵條，大約始於我國漢代時期，稱為「湯餅」、「索餅」。古早之湯餅，實際上就是煮麵皮，到晉代才變成細條狀。唐時，把這種麵條又稱為「不托」，到宋代改叫為麵條。元代，義大利旅遊家馬可．波羅將中國麵條和鍋魁的製作技藝帶回義大利，方才有了日後享譽世界的義大利麵條與皮薩餅之歐洲經典美食。當然，千百年來，麵條在大華人區的發展亦演繹得風味萬千，且有不少吃麵條的風情與食俗。

四川的麵條亦是歷史悠久，唐代之「槐葉冷淘」，即涼麵，在長安就已聞名遐邇。宋代之京都，川味插肉麵、大澳麵、雞絲麵、三鮮麵等亦是聞名天下的風味川食。現今，在巴蜀之地數百款各式經典麵條中，惟擔擔麵一直名登榜首。來到巴蜀，不品吃麵條當是一大損失；而到了成都、自貢、宜賓，你若是沒品嘗擔擔麵和宜賓燃麵的話，那損失更是保險公司所理賠不起的。

巴蜀之擔擔麵各地皆有，但堪稱道地、正宗者則是成都擔擔麵，自貢擔擔麵及重慶現今位於八一路口，與山城小湯圓毗鄰的正東擔擔麵。三地之擔擔麵雖同出一門，但風味特色各異。

擔擔麵之淵源

所謂「擔擔麵」，是特指過去那種沿街走巷，挑擔叫賣的麵條擔子。擔擔麵的挑擔是很講究的，前頭是個一門關進分三格的木櫃子，漆成紅黑色，上面兩櫃是抽屜，一個

裝麵條、抄手皮，一個裝碗筷；最下面一格稍寬大些，用來放各種調料、臊子缸缽。櫃頂則寬出一截，形成一個小方桌面。桌面上還豎起一框架，釘上幾顆大釘子，用作掛筷子籠、撈麵竹簍及油燈。另一頭形狀相同，只是桌面中央有個圓洞，下面櫃子上格裡面是一個焦炭火爐，下格放著吹火的風箱和焦炭，桌面圓洞上則放有一隔成兩格的銅鍋兒，一格燉雞湯或豬蹄豆芽湯，一格燒著水煮麵條。

擔擔麵遊走四方，吆吆喝喝送麵上門，一有人要吃麵，立馬將擔擔放在街邊，擺開行頭，呼啦呼啦抽動風箱，火旺水開麵下鍋，片刻撈麵入碗，放上調料、臊子就搞定，很是嫻熟精幹。待客人吃完兩、三下就收拾好，挑起擔擔吆喝一聲：「擔擔——麵咧！」又開走了。

那時，擔擔麵分別賣有雞絲豆花麵、紅油素麵、臊子麵、素椒雜醬麵、清湯雜醬麵及抄手。到清末民初，僅成都這種挑擔吆喝的「擔擔麵」就有數百個，清早夜晚，陋街深巷裡都能見到其身影，看到那忽悠忽悠的油燈。其中有在自貢擔擔麵製作基礎上添加了肉臊子，其麵條細薄、柔韌爽滑、臊子酥香，鹹辣酸甜、香鮮味濃，吃口舒爽而名聲大噪，從眾多擔擔麵中脫穎而出，獨享「擔擔麵」之美名。

而雞絲擔擔麵，則是專門為那些公館裡，有錢大戶，搓麻將搓到半夜三更餓了的太太小姐們預備的。雞絲擔擔麵擔子的兩端分別置燉老母雞湯和下麵條的爐灶，小販挑著走街穿巷。冬夜裡一盞油燈的火苗在爐灶的霧氣裡忽幽忽幽地閃著，公館大門吱呀一聲，一個妙齡丫鬟用托盤端著幾只江西青花瓷碗從公館的大門裡走出來，小販的生意就來了。這種麵每一份量很少（約一兩），麵條煮斷生就挑進碗，取其有韌力。碗裡的作料僅放鹽、胡椒、少許資中冬菜末、小蔥花、豌豆尖，然後再舀一大瓢香氣襲人的雞湯澆進麵條，再放些撕得很細的雞肉絲，這便是典型的雞絲湯麵。白色的麵條配上金黃色的雞湯，外加碧綠的豌豆尖、小蔥花，不用說，這是一道精緻可口，營養味美的清淡典雅小吃。

擔擔麵的由來說法不一，但川菜派系中的老師傅普遍認為，應該是源於川東地區。原因很簡單，川菜三大派系，上河幫（成都菜）、小河幫（鹽幫菜）、下河幫（重慶派）各自用辣椒的方法不一樣，而擔擔麵中的辣椒用法是下河幫的用法。其中一樣主要的原料即川東人叫的老鹹菜，是在達州一帶的特產。自貢宜賓範圍用得是芽菜。所以說擔擔麵是出自川東達州一帶亦有一定道理。

民間傳說的擔擔麵最早是清朝末年，大約在一八四一年，自貢一個名叫陳包包的人創製。當時自貢的夜市上有不少賣炒米糖開水、油醪糟粉子、涼麵素麵及涼粉的擔擔。陳包包想獨樹一幟，賣一種風味獨特的麵條。他反復試製，以雞蛋、井鹽和內江白糖調和擀製麵條，使其柔韌勁道滑爽；調味用敘府芽菜、資陽口蘑醬油、自貢太源井醋、威遠乾紅辣椒煉製紅油辣子，自貢特產之小香蔥，井鹽與化豬油；麵煮熟後撈入竹簍甩乾，一兩麵盛三碗，再分別放上佐料，這樣吃來濃烈鮮香，柔綿爽口，成為一種風味獨特的，沒有肉餡的擔擔紅油素麵。此後，陳包包每晚出門，擔子上掛盞油燈，四處遊走，隨叫隨停，現買現煮、現調現吃，風味獨到、方便價廉，一下在夜市中鶴立雞群，人們稱其為「陳包包擔擔麵」，其後傳到成都和重慶，又叫為「自流井擔擔麵」。

後來，自貢擔擔麵中最有名的就要數李信元擔擔麵了，它是自貢市一位名叫李信元的著名川劇演員始創於解放前。也因最初是挑著擔子沿街叫賣而得名。過去，走街串巷的擔擔麵，用一銅鍋隔成兩格，一格煮麵，一格燉牛肉或燉蹄膀。現在重慶、成都、自貢等地的擔擔麵，多數已改為店鋪經營，但依舊保持原有特色，尤以自貢的擔擔麵風味最佳。

擔擔麵傳到成都，原是成都人宵夜的經濟小吃。每逢傍晚，成都街頭都會有小販挑著一副麵擔，敲著竹梆，沿街叫賣。擔擔麵從所用的鍋灶到輔材料都別具風味。早先走街串巷時，小販煮麵也多用銅鍋，一口鍋隔成兩格，一格煮麵，燙青菜尖；一格燉著鮮美的雞湯或蹄膀。擔擔麵的調料十分考究，用花椒、紅油、醬油、芽菜末、醋、蔥作調料。麵條煮好盛於碗後，再加上肉渣，味道鮮美可口。小販們有的賣小碗雞絲豆花麵、清湯雜醬麵、原湯麵，有的賣鴛鴦麵、素麵、甜水麵，還有的並不賣麵而賣清湯抄手、紅油水餃等，各樣都以量少質精，味美價廉來吸引顧客。

成都人一向講究味感，也不大愛吃「素麵」，於是有賣擔擔麵者以雞蛋清、鹽和麵擀製，煮麵輔以豌豆尖，調味後加香酥肉臊，將擔擔麵提升到葷麵條的檔次，形成成都擔擔麵之風味特色。重慶與自貢則保留了平民市井風味，依然「素麵」朝天，後來做出名後，便乾脆更名為「重慶小麵」。

一九五〇年代後，隨著飲食網點的擴大，銅鍋麵、豆花麵等幾種擔擔麵，被列為成都名小吃。而擔擔麵的經營方式也由早期的沿街叫賣變成坐店經營，但人們仍然習慣稱為擔擔麵。提督街還有一家麵食店，專門把招牌取名為「擔擔麵」。在這裡，每天都供應小碗的有酥脆肉渣的擔擔麵、清湯雜醬麵、素椒麵、白油燃麵。從早到晚顧客盈門，絡繹不絕。

擔擔麵之變遷

擔擔麵在成都賣出名後，更是被演繹得五花八門，風味多樣。有在面裡加芝麻醬的、有加碎末花生的、有加香油的、有加花椒粉的、有加蒜泥的，有用柳葉麵的、有用細棍麵的，有用豬肉臊的、有用牛肉臊的，有加酸菜肉絲的，現今還有加鮮青椒末的所謂「雙椒」擔擔麵。其後亦有不少擔擔麵賣出了名，便先後開店坐堂經營，挑擔售賣者也就漸漸少了。

據成都知名老美食家羅亨長先生回憶，一九二〇年代，有個叫薑子洪的安嶽道賢鄉農民跑到成都謀生，就做起擔擔麵的生意來，他別出心裁地在挑擔上掛個木牌，自己用毛筆斜斜歪歪地寫了個「子洪春擔擔麵」的招牌。每日挑擔在那些有錢人家的公館門口叫賣。他經營的「擔擔麵」品種有清湯雜醬、紅湯雜醬、素椒雜醬和清湯、紅湯抄手，尤其是素椒雜醬麵味道非同一般，用的是牛肉脆臊，酥香脆爽、麻辣酸甜、醬香濃醇，特別受女士的喜愛，尤把公館裡的太太小姐們吃得如癡如醉。

一九五〇年代後，大陸實行公私合營和米、麵、肉、油等物資統購統銷，同時也把挑擔售賣和開小店的個體商販組織成合作店，加之對衛生及經營許可的規範管理，挑擔經營便基本絕跡了。一九六〇年代初自然災害期間，大多像擔擔麵這樣的飲食麵店都關門歇業了。

一九六三年，經濟情況好轉，成都市飲食公司決定恢復「擔擔麵」這一傳統名小吃，於是，在提督街的「四季春」餐館，集中了廖權、施維林、何崇富、解光華等經營過挑擔售賣和麵食生意的老師傅，在麵條加工、臊子炒製、調料風味上認真研究，集眾家之所長、把「擔擔麵」重新塑了起來。擔擔麵不僅恢復了昔日的風味特色，且口感更為細膩豐厚，得到食客的擁戴，生意十分興隆，每天站隊候座，供不應求。筆者曾有此經歷，在後堂看到哪盛麵的小碗就堆得如小山般，數百個青花瓷碗幾乎沒有一個是碗邊完好無缺的，可見其生意之瘋狂。隨之，擔擔麵又獨自設店，以「國營成都擔擔麵」為店招，成為成都擔擔麵之正宗。

一九九〇年代後，隨著城市規劃改造，擔擔麵店亦東遷西搬，最後在市體育中心後子門建成「成都擔擔麵總店」，並開設了西門店、羊西店、武侯祠店至今。現今，滿城都都有「擔擔麵」，雖說也不太難吃，但其風味品質就很難說了。其中也有個別私家自創的「擔擔麵」亦很有味道，如前些年轟動成都的「牛王廟怪味麵」和後來的「勾魂麵」就屬此類。

擔擔麵之風韻

成都擔擔麵名正言順體面登堂後，其麵條的品質與風味特色亦成為擔擔麵界的標準。川味麵條向來講究「餡、味、湯」三大要素。如擔擔麵即需用上等精白麵粉，加雞蛋清和川鹽，手工擀製切成柳葉麵條；臊子的炒製應用上好肥瘦豬肉，宰成綠豆顆粒，用化豬油、甜醬、醬油、川鹽、料酒炒製到水乾吐油、香酥脆嫩、色澤金黃；調味要用中壩口蘑醬油、成都優質二金條乾紅辣椒、漢源花椒、閬中保寧醋、宜賓敘府芽菜，再加白糖、鮮湯；煮麵條時必需不渾湯、不斷節，撈起麵條後要甩乾水，搭配燙熟的豌豆尖，再加好湯，一兩一碗。這便是成都正宗擔擔麵之風味標準。

一碗道地的擔擔麵嘗起來應該是：麵條柔韌滑爽、臊子酥香脆嫩、吃口辣麻酸甜、芽菜香濃、滋味豐厚。尤其敘府芽菜是不可少的，成都人認為沒有芽菜的擔擔麵，就是歪擔擔麵，不夠資格。

此外，更為重要的是那不起眼，絕對不能少的豌豆尖，就是取豌豆苗頂端『掐』得下來的那一小截水嫩嫩的豆苗尖，洗淨了放滾湯裡燙二、三秒鐘，趁熱吃個鮮嫩清香。在擔擔麵裡，豌豆尖是墊碗底的寶貝，川人吃麵實際上最愛的就是碗底這點拌和了麻辣調味料的鮮葉子蔬菜。成都人多將碗底那半生半熟的豌豆尖看得比麵條本身更貴重，嚼得津津有味，顧客在點擔擔麵時往往吩咐堂倌『青重呀！』（多放點青呀）這『青』，正是墊碗底的豌豆尖。過了季節，沒有了豌豆尖，也要用其他的綠葉蔬菜代替，最常用的就是青筍葉和小白菜。

成都擔擔麵品種以擔擔麵打頭，另有擔擔白油燃麵、素椒雜醬麵、豆花雞絲麵等傳統麵品。成都人吃擔擔麵，很少有只吃一碗的，一小碗麵兩、三夾，剛吃出感覺就沒了。因此至少是兩碗，一碗麻辣味的擔擔麵，一碗鮮香味的白油燃麵方才過癮。

早在一九五一年，川廚出身的曾科澄就在香

港創建「麥香村」麵館，掛的是擔擔麵招牌，賣的是紅燒牛肉麵。然而生意卻十分興旺，每天至少要賣二、三百碗。不到半年光景，周邊竟然陸續開了好多家擔擔麵館。

二〇〇〇年五月，香港舉辦首屆「四川美食節」，特邀川菜大師肖建明出馬。美食節中之「擔擔麵」不僅賣到五十港幣一碗，且香港人為品嘗正宗之擔擔麵蜂湧而至，每天數百上千碗仍是供不應求。更有早早就預定的高檔席宴亦要求配上擔擔麵。

二〇〇二年四月，成都市飲食公司受邀參加臺灣「高雄中華美食展」表演正宗川菜及風味名小吃，特設名小吃表演獻藝專場。成都小吃大師們精心表演以「擔擔麵」為代表的十二個名小吃。臺灣各地的烹飪專家、美食品論家及烹飪學者，對四川小吃精湛的製作工藝，美妙的風味口感驚歎不已。尤以擔擔麵之風味特色與口感，金絲麵美輪美奐之工藝讚賞有加。更有原籍四川的老鄉一邊品嘗麵條，一邊感動得熱淚盈眶。

二〇〇〇年九月，成都擔擔麵參加了中國烹協在寧夏銀川舉行的「第二屆中華名小吃認定」，被審定為「中華名小吃」。同年十月四川省政府授予成都擔擔麵「四川餐飲名店」稱號；二〇〇六年，四川省商務廳授予「四川老字號」名店。二〇一一年，成都擔擔麵的場景出現在美國「夢工廠」三D動畫電影「功夫熊貓二」中，就此登上國際舞臺向全世界展現起風韻。該片藝術總監 Raymond 還專門到成都寬宰巷子老街，在做了二十幾年擔擔麵的楊師傅的指導下，親手做了一碗擔擔麵，送給在場的朋友們品嘗。而他自己則捧著楊師傅親手做的擔擔麵大吃起來，邊吃邊誇：「tasty」。

一百七十年間，「擔擔麵」歷經蒼桑，晝夜辛勞，在挑擔之中、在深街陋巷、在大雅之堂、在豪華酒樓間，無聲無息地向世人奉獻著自己的風姿與芳香，顯露出一方水土之風情風味魅力……。

005 韓包子

包子，古時稱為「饅首」，且源於一個有趣的傳說。據《事物紀原》和《三國志》記載，諸葛亮出兵南征孟獲，班師時行到瀘水，邪神作怪，風浪橫起，兵不能渡。蠻南人習俗，須用七七四十九顆人頭及黑牛白羊祭之，方可平安無事。諸葛亮不願枉殺百姓，便命軍士宰牛馬、和麥麵，做成假人頭，有鼻有眼，內包以牛馬肉，稱為「饅頭」以祭河神。於是雲收霧卷，風平浪靜，大軍安全渡江。

此後，饅頭就成為祭祀用品，尤在春季陰陽交接之時，祭以饅頭，為禱祝一年風調雨順，這一習俗一直延續至今。到宋代這種有肉餡的饅頭便有人稱為「包子」。其後，人們就把無餡的叫饅頭或饃，有餡的叫為包子了。

包子作為一種風味麵食，在中華各地不凡名品佳作，雖形狀大同小異無甚變化，但在餡料和風味口感上，卻是花樣百出。像天津「狗不理包子」、上海「南翔小包」、綠波廊「素菜包」、江蘇「文樓湯包」、湖北「四季美湯包」、湖南「鹽菜水晶包」、廣東「叉燒包」、四川「龍眼包子」和「韓包子」。

韓包子之軼事

在巴蜀小吃數十種風味特色各異的包子中，韓包子近百年來一直佔據著無可撼動的地位，可說是家喻戶曉，老少皆知。甚至名揚海內外，享有「北有『狗不理』，南有『韓包子』」之美談。一位中華著名書法家更書贈一副對聯贊韓包子：「韓包子無人不喜，非一般餡美湯鮮，之他怎做？成都味有此方全，真落得香回口暢，賺我頻來。」形象生動地描繪出了韓包子的特色與風味，以及在成都小吃中之地位和品嘗時的歡愉。

在近百年前的一九一四年，溫江蘇家渡有個麵食行的手藝人叫韓玉隆，在鄉場上經營麵食生

意。他手藝出眾，所賣麵點味道獨特，在當地頗有名氣。但畢竟農村貧寒，生意清淡而難以維持生計。他決定到成都去謀發展。一九一七年，韓玉隆攜妻帶子來到成都，在市中心的南打金街租了半間鋪面，掛了個「玉隆園麵食店」招牌，早堂賣湯圓，午間賣包子、麵條和水餃，生意還可以。韓玉隆的大兒子韓琢之初通白案技術作為幫手；小兒子韓文華剛十二歲，聰明靈醒愛動腦筋，很受老韓器重，在店內學手藝當小工。韓玉隆十分注重麵食的製作工藝和風味口感，尤以芽菜餡的包子別具一格，成都只此一家。三、四年後，芽菜包子就成為該店的品牌，在成都有了相當的名氣。

一九二一年，韓玉隆望子成龍，就把小兒文華送進私塾讀書，指望他學有所成，謀得一官半職，也免了做小生意之辛勞。然而，連年軍閥混戰，韓文華書亦讀不下去，仍回到店裡幫助父兄經營生意。不多幾年，韓文華已是一把好手。一九三五年後，他父親與兄長相繼去世，玉隆園就全靠他主理。

韓文華看准自家的包子很受食眾喜愛，便決定以包子為品牌。他在繼承父輩手藝的基礎上博采眾家之長，在包子皮麵、餡料及風味口感上大動腦筋，精心調試，歷經數年終於創製出風味獨特、口感絕佳的「南蝦包子」、「火腿包子」和「鮮肉包子」而名聲大噪，口碑傳揚，生意迅速崛起。一九四九年，韓文華砍掉店裡其他品種專做包子，並打出「韓包子」這一品牌。果然是青出於藍勝於藍，「韓包子」之聲譽遠遠超過了先前的「玉隆園」。

韓包子在經營上也別出心裁，雖說當時大凡包子店，都要隨包子送上豬骨熬的「口湯」，但韓包子的「口湯」卻是雞湯，喝起來尤為鮮香味美。以前，吃包子的食客對「口湯」特別講究，在吃包子前，必先喝一口湯「潤口」，因為早上起來大都口乾，要不先喝點湯滋潤下口舌，包子就很難咽下，喝了「口湯」，包子吃起來自然有滋有味，潤腸滑肚，配上雞湯就更加鮮香美口，故而深為食客稱道。

一九五〇年後，韓包子隨之轉為國營店，但仍按傳統方法製作和經營，傳承並保持了一貫的風味特色。「文革」其間，韓包子店自然也受到衝擊，包子被迫改為豬肉蓮花白大包，其味道簡直就跟大眾伙食團的包子無二。於是生意逐漸蕭條，以至虧損。「韓包子」品牌亦名存實亡。

一九八〇年後，「韓包子」重振其鼓，專門調來盧全海老師傅，與韓文華的徒弟王善濤、王永華兩位技師，很快恢復了原有的風味味道和經營特色，「韓包子」如鳳凰涅槃，浴火重生，再次受到八方食客的擁戴。

一九九〇年韓包子被授予「成都名小吃」稱號。現今，「韓包子」已由過去的包子專賣店改為綜合小吃店，亦發展為擁有十餘家分店，集餐

飲娛樂為一體的餐飲連鎖企業。然而也失去了固有之特色，這究竟是一個遺憾還是與時俱進？只好任人評說罷了。

韓包子之風味

雖說成都的包子並不是其所長，但又是一方口味。像韓包子，其風味特色增一分則太大，減一分則太小，多一分則過厚，少一分則太薄。且都以精麵加老麵製成皮，加入少許豬油使之潤滑噴香，再加丁點兒糖調出麵粉的香味；餡料就更來得精彩，將豬肉與蝦仁剁細，用雞汁和醬料拌勻，再用花椒引出肉餡的鮮甜，真是無法用言語去形容它的美味，無論是皮的軟和可口，還是餡的麻香甜美，都令人歎為觀止！吃了韓包子後，再喝上一碗清鮮淡雅的海帶絲湯，或綠豆、或荷葉稀飯，實在是舒心暢快。

「韓包子」自推出南蝦包子、火腿包子、鮮肉包子以來，從早到晚，四面八方的食客紛至遝來，絡繹不絕，經常是客打擁堂，排隊候等。成都不少家庭亦以韓包子接客待友，顯示成都人之口福和驕傲。韓包子一向是當街亮鋪，現做現蒸現賣，既可觀賞，又吃得資格。也有不少賣包子的人專門來察看品嘗，想偷點經、發現點卯竅，但無一成功。

「韓包子」三種包子，三個風味，各具特色，讓人百吃不膩。

南蝦包子，是採用從當時成都南河（錦江）打撈出的鮮蝦，去皮擠出蝦仁，與鮮豬腿肉一道剁碎，加醬油、香油、花椒、胡椒、薑汁、料酒等調料，用鮮燉雞汁調拌成餡心。包好後的包子是皮薄餡豐，餡料外露成鳥籠形，包子花紋清晰醒目，十分受看。味道是鮮香濃郁，味美多滋，吃口酥爽，特別是老人、小孩，是愛吃到不行。

火腿包子，所用火腿非市面上一般火腿，乃韓家自製，以多種香料精心醃製後，先是把火腿剁成細末，再和剁細的鮮豬肉拌合，輔以多種調料調拌成餡心，蒸好後的包子，風味獨特，濃香美口，味道悠長。

再說鮮肉包子，即是韓家最早賣的包子，也是韓包子之代表，經韓玉華改進，選用四川南路來的小個頭、肉質細嫩的豬種，且只用腿夾肉剁碎，先取一半在鍋中熵酥炒香，再與另一半鮮肉調合，用甜紅醬油、胡椒粉、薑汁水、花椒粉、料酒、雞汁等十餘種調料拌勻。包子蒸熟後皮薄而泡，柔嫩適口，尤其是包子中央露出的肉餡濃郁鮮香四溢，十分誘人。

「韓包子」之包子不僅風味特異，其豬棒骨和雞熬製的「口碑湯」，尤為食客稱道，色乳白、味香濃、鮮美可口，邊吃包子，邊徐徐品湯，那滋味、那美感、那享受，會讓你一暈二眩，似醉非醉……。

一九八〇年代初，我那兒子剛一歲多點，奶奶常把他抱來坐在腿上，兩婆孫面對面，奶奶拉著他的小手拍著巴掌，一仰一合地唱到：「扯鋸還鋸，家婆門口有本戲，請外孫來看戲，沒得啥子吃的，牛肉包子夾狗——屁！」逗得剛會說點話的兒子哈哈兒滾落一地。那時，我和妹妹家就在位於打金街的韓包子附近，每到星期天，要麼我家，要不就妹家，我們那兩個一九八〇後的兒子就吵著要吃韓包子，於是下午些便跑去排上一個小時左右的隊，買回幾十個熱騰騰的鮮肉包子。兩個娃兒幾乎是一口一個，吃得津津有味，喜笑顏開，韓包子成了他倆童年生活的一部分。我亦吃在口裡，美在心底，感到這一大家子人，小日子還是過得蠻快樂，幸福多的哩。

然而，大約二〇〇〇年後，不知為什麼，便再也沒去吃過韓包子了，也沒見韓包子門口排長隊之盛況。倒是後來有家叫府河人家的鮮肉大包，在成都簡直是賣得瘋瘋狂狂，大清早、傍晚些就排起了長蛇陣，比當年韓包子之盛景還要刺激人。但韓包子似乎不為所動，穩坐釣魚臺，穩吃老品牌，想來這個百年品牌也足夠吃了吧。

006 郭湯圓

提了成都名小吃「賴湯圓」的風流趣事，就要再說說近幾十年間成都百姓中興起的一句關於湯圓的老話，叫做「賴湯圓的皮，郭湯圓的心」。意為賴湯圓的湯圓皮子做得好，郭湯圓的湯圓心子做得妙。因此，過去成都不少市民愛到賴湯圓買湯圓粉子，再到郭湯圓去買湯圓心子，巧妙地把這兩大名湯圓之優融合在一起，吃來更加風味可人、和腸娛胃，由此可見成都人吃口之乖巧。

從年歲上看，郭湯圓比賴湯圓小得多，自然沒有其悠久而廣大的名聲。然而郭湯圓仍不凡是後起之秀，初生之犢不怕虎，敢與賴湯圓叫板，最終在成都另樹一幟，獨霸北門笑傲江湖。

郭湯圓的由來

清末民初，在成都近郊喇嘛寺一帶，有片自然形成，以經營挑擔湯圓生意為主的「行業區」，他們大多都是從中江縣來的農民。每日天不見亮就從這裡挑擔出發，遊蕩在城裡的大街小巷叫賣湯圓，半夜過後方才陸續返回。來自中江蟠龍寺的郭永發便是其中之一。

郭永發六歲隨兄來到成都，因年齡小便在喇嘛寺的湯圓作坊裡打小工學做湯圓。當時的挑擔湯圓賣的都是一種鄉村風味的「滾貨湯圓」。顧

名思義，即是將泡脹、晾乾、舂細的糯米粉用籮篩篩出細粉子，平鋪在竹簸箕裡面，再把紅糖芝麻餡切成小方塊，放進有糯米粉子的竹簸箕裡，手端簸箕旋轉搖動，使心子隨之滾動，搖、滾期間，不時將裹上糯米粉的心子取出灑水再放回竹簸箕裡滾，直到心子裹上較厚的糯米粉，形成圓球狀湯圓就算做好了。

郭永發幼年讀過一點書識得些字，加之頭腦靈醒，小小年紀就掌握了「滾貨湯圓」的製作技術。隨後便跟著哥哥進城一道賣湯圓，以便熟悉街道學習經營。稍長他就獨自挑擔開始在成都北門一帶沿街叫賣了。

由於滾貨湯圓心子單一，糯米粉粘裹又不均勻，煮時還要渾湯，因此不太受人喜歡，生意時好時疲，漸漸地就不好賣了。當時城裡的湯圓，已在使用石磨推製的吊漿粉子，心子亦有紅糖、芝麻、洗沙等品種。郭永發便立馬轉向，學會並改用吊漿粉子做湯圓，也增添了芝麻、洗沙心子。郭永發在玉帶橋、青果街一帶現煮現賣，還尋求食客意見不斷加以改進。他知道成都人吃東西特別講究口感，因此十分注重湯圓心子的風味、滋味。他用上等豬板油、內江白糖、龍泉芝麻，精心炒製湯圓心子。這樣他的湯圓皮子和心子就越做越好，形成皮薄心實、香甜滋糯、滑爽適口的特色，得到眾多食客的認可，漸漸地小有了名氣。

到了一九二三年，郭永發見生意日漸好做，更加起早貪黑地挑擔賣湯圓，日夜的艱辛讓他賺到了一小筆錢財，他便決定開店經營，於是在北門草市街買了一間房，取名「郭湯圓」。他除了賣湯圓還賣八寶飯。同時，為照顧以前挑擔時的老食客，又請來幾個幫工，一早一晚挑起擔擔在東珠市街、玉帶橋一帶賣擔擔郭湯圓。郭永發賺了錢，正所謂財大氣粗，淨想在其他生意上加以擴展，先是投資戲院，一無所獲；後見由於兵荒馬亂，米價飛漲，糯米價格也不斷上漲，郭永發見做湯圓沒有做米生意來錢，就關了湯圓店改做米生意，結果天不從人願，一次販米途中被土匪搶個精光，還差點把小命耍脫。郭永發就此又一貧如洗，無奈之下，他便狠下心借高利貸重操舊業，在北門火神廟一帶再次賣起了「擔擔郭湯圓」，重新開始了他的湯圓生涯。

此時，郭永發的女兒郭隆華已十三歲，原本很想讀書，但家境困難未能如願，便與父親一道決心把家業重整起來。郭隆華天資聰慧，學到了一手過硬的湯圓製作工藝，從製湯圓粉子、心子、配料、釀製蜜餞、調和餡料、煮湯圓，以至挑擔售賣樣樣能幹精通，加之乖巧和氣討人喜愛，生意很快就恢復元氣。一九四〇年代，郭氏父女又在北門老地方把「郭湯圓」的招牌再次立了起來。

南賴北郭之說

重塑招牌後，郭氏父女一心一意做好湯圓，繼續在心子上不斷鑽研，加之女性的細膩之心，郭隆華把湯圓製作得更加精巧，在口味口感上標新立異，採用了當時江浙一帶盛行已久的「洗沙」做餡料，這不單在成都是首創，還特別迎合成都人講究餡料細膩、滑爽的口感要求，一下子就火爆了。此外，「郭湯圓」還注意到川人有喜歡蘸著調料吃的愛好，開發了一種蘸著白糖、芝麻醬吃的湯圓。這些改革凸顯了「郭湯圓」不重複別人，不跟在別人後面的經營理念。在其招牌心子「洗沙」的基礎上，陸續創出了黑芝麻、麻醬、水晶、冰橘、玫瑰、棗泥、五仁、八寶、雞油等十餘個品種。每種心子風味口感各異，味道爽口舒心，香甜而不膩，油富而滋潤；湯圓皮子則色白嫩滑、軟糯柔韌、不沾牙筷、不渾湯水。郭湯圓名氣大振，口碑四傳，於是便有了「南有賴湯圓，北有郭湯圓」，以及「賴湯圓的皮，郭湯圓的心」之說。兩家名湯圓自然形成南北對局的雙雄之勢。

一九五六年，郭湯圓經公私合營轉成國營企業，不久被確認為「成都名小吃」。其後，原手工製作的湯圓心子，也依據配方開始了工業化批量生產。深得父親真傳的郭隆華則先後在青羊宮的市飲食公司綜合餐廳、榮樂園、少城餐廳、市政協小吃部、玉龍餐廳等處專門從事郭湯圓的製作和傳授技藝。

一九六〇年代，郭女士還專為朱德、劉少奇等親手製作湯圓，受到熱忱讚揚。一九九〇年代，為滿足南來北往的海內外遊客品嘗郭湯圓，除東城根街老店，市飲食公司在武侯祠又開設了「郭湯圓小吃餐廳」，供應名小吃套餐，承辦中高檔小吃宴席。

一九九〇年，郭湯圓心子獲「亞運會專利產品」，同年榮獲「天府食品博覽會金獎」，一九九二年獲「中華名小吃」稱號，一九九五年，被大陸貿易部認定為「中華老字號」品牌。

一九七〇年代，我工作的地方離北門草市街郭湯圓很近，只要路過，就禁不住要進去吃一碗方才心安。我最愛吃黑芝麻心子和花生及五仁心子。有時還想起汪曾祺先生的一篇寫吃湯圓的事。很有趣。講汪先生和同事來成都辦事，同事被辣椒辣得受不了。一進湯圓店，就跟麼師傅說別放辣椒。麼師傅白了他們一眼說：「我們的湯圓從來不放辣椒哈！」

一九七〇～八〇年代，郭湯圓是一棟兩層樓的門店，是座角高高挑起的飛簷、四梁八柱式的老建築，在頂層屋簷下的正當中掛著一塊大黑匾，上書三個金字「郭湯圓」，外觀上比「賴湯圓」氣派多了。店堂分樓上樓下兩層，擺放著中式硬木桌子和方凳，與「賴湯圓」的國營標配一比，顯出不同的裝飾風格。除了湯圓也還有「烘米糕」、「八寶飯」、「紅油豆花」外，還有一種鮮豬肉餡，可蘸著紅油味碟吃的肉湯圓，亦是郭湯圓之原創，特別受到四門食客的推崇。

一九七〇年代，年年過春節我都要到郭湯圓去買幾包心子，都二十多歲的人了，有時還忍不住將心子當作點心吃耍，那香香甜甜的滋味真使人回味良久。一九九〇年代後，郭湯圓店因城市改造而拆遷，也不知到哪裡去了。從那以後至今，就再也沒有吃過郭湯圓，美味香風亦也成為追憶。

再說郭隆華女士於一九九〇年代後年近七十退了休，她不僅對父女二人歷盡艱苦辛勞，嘔心瀝血創出的「郭湯圓」品牌依戀不舍，更為了不讓郭湯圓的傳統製作工藝走樣與失傳，老人家硬是在住家附近的雙柵子街開了個湯圓心子店，專門製作售賣郭氏家傳湯圓心子，或許是為了區別那已國有化及機器生產的「郭湯圓心子」，她將自己仍以手工製作的心子重新取名為「郭家湯圓心子」，當家品種依然是「洗沙」。郭女士對「郭湯圓」之情著實讓人感懷，她保存了這一深受幾代食客喜愛的傳統名小吃之製作工藝，也為人們提供了品嘗正宗郭湯圓美味風情的機會。

007 牛肉焦餅

「巴巴掌，油煎餅，你賣胭脂我賣粉，賣到成都蝕了本……。」這首不知從什麼時候唱起的童謠，祖祖輩輩一代代的吟唱著。

一九五〇年代母親搖著竹椅唱給我聽，以後又唱給弟妹聽，到了一九八〇年代，她又常把小孫子放在腿上，拉住他的一雙小手，一邊搖一邊唱，直到我那小兒子會唱了，她才笑盈盈地住了口，好像完成了一樁人生大事一樣。童謠裡的「油煎餅」，就是成都家喻戶曉，老少皆知的——牛肉焦餅。

舊時的成都，在走馬街口有一家極狹小的單間門面，名號「三義園」，專賣牛肉焦餅，只兩、三個人在店內經營。焦餅的皮用燙麵製作，即麵粉加城和熱開水揉和成的「熟麵」，其加入開水的量，往往隨春夏秋冬季節的不同而有所不同。麵皮的起酥，則須將牛油熬熟，再按比例加生菜油製成油酥，放在涼水或冰中使之凝固，抹在麵團上，叫麵裡酥。牛肉餡則須加醪糟、鹽、胡豆瓣、豆豉、紅豆腐乳汁、醬油、花椒、生薑、五香粉等拌好後，再加進蔥花拌勻。平底鍋煎炸出的焦餅酥脆清香，入口化渣，算是清真名食一絕。

一九六〇~七〇年代，還在讀中師，即成都第二師範學校的我，週末都要從學校回家，每當走到東大街，離牛肉焦餅店尚有一百多公尺遠，就聞到了一股股混合著麻辣、牛肉、蔥子味道，油潤而濃郁的香風美味。誘得人不由自主地加快了腳步。到了牛肉焦餅店，包裡有點小錢自然會毫不猶豫地買上一個細品慢嘗，若是錢不足或沒錢，也會站在那兒觀賞好一陣子，一邊看著揉麵、包餡、煎炸，看著淡黃色的牛肉餅一面一面地變得焦黃、棕紅，一邊貪婪地吸著那撲面嗆鼻的濃香，不斷地吞咽著如泉湧的口水，心裡暗自盤算，回家父親給了趕車的五角錢，明天返校寧可走路，也要省下錢來吃一個。

牛肉焦粑曹啞巴

過去，在每年的青羊宮花會上，都有不少從成都周邊縣來的油炸焦粑擺攤售賣，這種焦粑有的是用新鮮豬肉加香蔥和椒鹽調和做餡料，有的則用剛過了年的臘肉，切成大片包在麵粉裡，沾上蔥花煎炸，其形如小鍋魁，但更薄些，用新鮮菜籽油煎炸出來是色澤金黃、皮酥內嫩、香鮮味濃、吃口極爽，因而很受花會遊人的喜愛，幾乎每個攤攤都圍滿了人。

那時，在城裡的皇城壩也有一個賣這種焦粑的，叫「三興號」的小店。它以新鮮牛肉加川鹽、辣椒粉、花椒粉、蔥花等調製成餡心，用混合油煎炸，亦是色澤金黃、皮脆肉嫩、尤其是帶著麻辣味的蔥油香，人們稱為「皇城壩焦粑」。

其時，在成都一些大街小巷，也不時可見一個高大健壯的啞巴挑著擔子，敲梆叫賣一種牛肉焦粑。他現做、現煎、現賣，走一路香一路，男女老少都禁不住那美味的誘惑。他的焦粑棕紅油亮、皮酥肉嫩、熟而不生、嫩而不老、脆不頂牙、鬆軟化渣，加之啞巴雖不能說話，但為人老實厚道，童叟無欺，因此，不僅廣受市民喜愛，亦受到達官貴人的青睞，他姓曹名大亨，大家都叫他曹啞巴，稱焦粑為「啞巴焦餅」。

清末民初，成都有個叫王靜庭的與兩個朋友打夥開了家麵食店，借劉、關、張「桃園三結義」，取店名為「三義園」。該店專門經營牛肉焦粑、牛肉麵、牛肉湯及煙燻牛肉，生意也還過得去。

王靜庭見曹啞巴人忠厚可靠，手藝精道，焦餅獨具特色，便想把啞巴請到店裡來做。王靜庭打聽到啞巴住在署襪南街，家裡開了個剪刀鋪，於是就提著禮品找到啞巴父母，啞巴開始不答應，經王靜庭一再誠懇勸說，他父母也想到一個不能說話的啞巴，每日每夜在外敲梆梆賣焦餅，日子長了怕受人欺負，再說，成天走街串巷很辛苦，生意也不穩定，颳風下雨就賣不成，到店堂裡這一切就不用擔心了，於是，曹啞巴一家人也就同意了。

牛肉焦餅三義園

當時，三義園位於成都走馬街路口，那時還沒修建春熙路，走馬街亦算是一條不太鬧熱的小街，街道兩邊也都是帶鋪板的青瓦平房。三義園店不大，僅十多平方公尺，煎焦餅就在鋪面門口，爐子後頭是個較大的案板，揉麵，包餡料，四張條桌和長板凳一擺，就顯得十分窄小、擁擠。但對曹啞巴來說，能進入麵店餐館一顯身手，做起焦餅來原材料更充足方便，條件比在自己屋裡好多了。因此，他十分滿足，安下心來全心全意地做好牛肉焦餅。

按王靜庭和一些客人的意見，曹啞巴對焦餅製作了些改進，首先從牛肉的選料上，用鮮嫩豐腴的牛腿肉，剔盡筋條絲膜，再剁細剁茸；然後加幸細的油酥郫縣豆瓣、豆豉、漢源花椒、薑末、川鹽、醬油、醪糟、五香粉、紅豆腐乳汁、適量的燉牛肉清湯拌合，再放香蔥花調勻，製成焦粑餡料。

再說麵粉的揉製又有另一番講究，用上等精粉加城，用鮮開水將麵粉燙熟糅合成為「燙麵」，然後鋪在案板上起酥；再用熬熟的牛油、菜油混合油，冷卻凝固後均勻地抹在麵團上，反復揉搓成條，扯成若干個小塊，一一壓扁包進餡料，然後如包湯圓般搓圓，用食指、中指、無名指輕輕一壓，粑上就蓋上了一個「川」字，放在一邊待煎炸。

爐子上稍淺的平底鍋注入菜油，燒熱後再依次把焦餅放入煎炸，同時觀察其質地與色澤，兩面翻動，不斷澆油，焦餅逐漸由金黃變為棕紅，粑面漸漸清晰地顯現出「川」字凹印來，牛肉焦粑就好了。此時此際，一陣陣混合著麻辣、牛肉、蔥子、牛油等各種味道的香風四處亂竄，散佈在大半條街的空氣中，真個是：「焦餅煎時滿街香，風味撲鼻口水淌。色香味美價又廉，誘的行人心慌慌」。

曹啞巴牛肉焦餅的特色就在一個「焦」字，焦而不生、焦而不老、焦而不糊、焦而不散，集焦嫩、焦脆、焦酥、焦香於一體，形成獨特的風味口感。如此，三義園一下名聲大噪，響遍四門。有人叫「啞巴焦餅」，亦有人叫「三義園焦餅」，生意好得天天打擁堂。

每天一早，餅「滋滋」吟唱時，那誘人的香風美味就吸引不少客人圍觀、品吃。按三義園之經營特點，現做、現煎、現賣，兩餅一盤加免費紅白茶一杯，有的食客則要一碗牛肉清湯，當然就要算費用了。還有不少食客是一盤焦餅，再來碗紅燒牛肉麵，咬一口熱燙焦餅，麻辣多滋、酥脆化渣、鮮香潤口，再吃一口紅燒牛肉麵，又是麻辣鮮美、肉美麵香、湯醇汁濃，那真是吃得美滋滋、喜洋洋。當年我亦是這種吃法，在較長的一段歲月中，這成了我的最愛和口福之樂。

牛肉焦餅坎坷事

一九四五年前後，王靜庭因病去世，店子由王妻高氏經營，仍由曹啞巴主製作焦餅。曹啞巴站在走馬街口爐子旁做焦餅，一做就是六、七十年，且盡心盡職，從不馬虎。他做的焦餅大小、份量、牛肉心子、色與味、火候等幾十年如一日，不論颳風下雨，酷暑嚴寒，都一心一地專注他的工作。他也是個樂觀，親善的人，遇到熟人老買主，他比劃著手式跟你打招呼，給人一種特別的溫馨。

進入一九五〇年代，三義園牛肉焦餅更入佳境，加之春熙路之崛起，其店一帶成為成都最繁華地段，小小店鋪常常是食客擠滿，熱鬧非凡，一時間成為成都飲食的一道亮麗景觀。於是，三義園便遷移到街對面不遠的上東大街，使經營更加得心應手。曹啞巴依然站在爐子邊勤懇踏實地工作，後來年歲大了，眼力也不好了，人們從東大街過也很少再見到這位老人，打聽之下，方知他已經退休了。

年復一年，正當三義園生意「達三江」、「通四海」之際，一九六〇年代初，特大自然災害劈頭蓋來，大饑荒讓百姓墜入饑餓的深淵。三義園油亮香酥的焦餅就此香消玉殞，取而代之的是一大鍋黏糊糊的鹹米泥。三年過後，物質終又充足，有吃有喝了，牛肉焦餅再次光亮登堂。曹啞巴不時被派到成都金牛賓館和錦江賓館，為鄧小平、陳毅、賀龍等中央領導製作牛肉焦餅。沒過兩年，一場更大的人禍如海嘯般席捲中華大地，十餘年間，三義園及牛肉焦餅也被衝擊得銷聲匿跡。

一九八〇年代初，見報紙上說「三義園牛肉焦餅」在下東大街的義學巷口重新開張，我樂不可支地趕忙騎車去會會這個久違了的舊愛，一下就賣了十幾個，想一大家人痛痛快快地享受下口福，然而，總感覺其色香味與過去相去甚遠，說不好是什麼風味，那種遺憾與失望真是讓人難過了好久。沒過多久，因城市改造拆遷，三義園又沒了蹤影，但牛肉焦餅卻悄然傳承下來，在花會燈會上現身，雖說不再是三義園的啞巴焦餅，也完全沒有那風味美韻，但畢竟它也存留了下來。後來，還有川菜大師將其引進作為席桌「中點」，對皮和餡料都作了改進，使其成為了「陽春白雪」，更名為「纏絲焦餅」。

同時卻也使人們對「曹啞巴」有所想念，尤其是他做的焦餅，他的敬業，他的溫馨。一九九二年底，曹啞巴以八十四歲高齡過世了，真是若有所失！成都小吃中的一塊瑰寶從此便深埋在巴蜀大地之泥土中。

到了二〇一〇年的春節，閒逛文殊坊廟會，我一下發現小吃街上有家牛肉焦餅店排起長隊，一股股熟悉的香風美味迎面撲來。吃客們都在傳：「呀，好香啊！就是原來東大街那家的哈！」隨之進入眼簾的是古色古香的「三義園」店招，我心中一陣驚喜，擠進去看那現煎的焦餅，一個個在油鍋中隨著色澤地加深，餅中哪個手指壓的「川」字漸漸凹凸顯現。我又進到店內一邊又看又聞那餡料、包製，一邊與店主張玉民閒聊，方知他原就是三義園曹啞巴的傳人，張玉明夫妻倆把三義園牛肉焦餅傳承了下來，我聽了十分感動和欣慰。張家店鋪也是僅有十幾平方公尺，店內外共擺了五張小桌條凳，仍是老規矩一盤兩個焦餅，配有清燉牛肉湯和紅燒牛肉麵，外購一人限五個。那滋味、那香風著實讓我感到滿足，不為別的，只為這消失了二十多年的，成都名小吃的老味道——三義園牛肉焦餅。

008 珍珠圓子

在人的一生中，有些很不起眼的小事，竟然會讓你留戀，甚而感懷終生。四川美食家協會的會長，一九九〇高齡的李樹人老先生跟我聊天就動情地談道：「人到老年，總有些懷舊的情緒，我有時就特別想吃珍珠圓子，但跑了好幾個地方，都沒找到，心裡鬱悶了好久啊。」

豈只是李老先生有如此之感歎，多少四川人，尤其是土生土長的成都人，多少背井離鄉的遊子，一提起像珍珠一樣晶亮剔透、香甜不膩的珍珠圓子，都忍不住想再嘗一嘗，重溫一下兒時從媽媽那裡要到一兩毛錢去解一下饞的甜蜜溫馨的滋味。

珍珠圓子往事

珍珠圓子，又叫「酒米圓子」，酒米是川話，也就是糯米。珍珠圓子事實上是湯圓的另一種形式，湯圓是煮熟，珍珠圓子則是蒸製的。

清末民初，灌縣（今都江堰市）有位鄉村廚師叫張合榮。農村常辦田席，亦叫壩壩筵，但凡有紅白喜事，便在竹林壩或自家曬壩，請來專門操辦田席的廚師，擺上十幾桌，四鄰父老鄉親一起熱鬧熱鬧。張合榮操辦田席，喜歡在幾道大菜後上一道甜食調節口味。他將紅糖芝麻湯圓沾裹上一層蒸至半熟的糯米，大火快速蒸幾分鐘取出，每個湯圓再放上一顆紅豔豔的櫻桃。蒸出的湯圓，皮面上的糯米粒晶瑩透亮，加之櫻桃陪襯，十分喜人，很受鄉親們喜愛，張合榮的蒸湯圓亦就四方聞名。

一九一〇年，張合榮被邀請到灌縣城裡的「榮樂園」飯店主掌白案，專做筵席甜點。張合榮做出的比一般湯圓大兩、三倍的蒸湯圓，上面沾滿了顆顆雪白亮麗、晶瑩剔透的米粒，頂上一個鮮紅櫻桃，顯得很是吉祥如意，吃到嘴裡，香甜滋糯、柔美爽口，今人叫絕。其後，因不單賣，不少大戶就沖著張合榮的這道甜品來定宴席，榮樂園的席桌生意好的非同一般。

時間一長，有老食客向張合榮建議：你的蒸湯圓如果單獨經營，一定能做出名堂來。張合榮原本就是手巧心靈，聽後他反復觀察了飲食業的行情，決心孤注一擲，乾脆到省城去闖一闖。於是變賣了全部家當，又借了一筆債，攜家帶眷來到成都，在會府西街（今忠烈祠街）租了一間鋪面，經營蒸湯圓和八寶稀飯。

會府西街一直都是成都有名的舊貨古董交易中心，是古玩商們的集中之地。人們都愛吃新鮮，見這個蒸湯圓都還很有點意思，便競相品嘗，一吃發現與成都的賴湯圓、龍抄手、擔擔麵、鐘水餃等名小吃大不一樣，獨具特色、別有風味。這樣，張合榮的生意就迅速紅火起來。

當時，張合榮的甜食店還沒有名號，古玩商們大多都有些文墨。見那蒸湯圓又大又圓、粒粒糯米、晶瑩閃亮，亦如珍珠；鮮紅靚麗的櫻桃恰似紅寶石。大家一合計，便送它一個雅號：「珍珠圓子」，有諳熟書法的又送上字幅。「珍珠圓子」的招牌一掛起，沒幾天就門庭若市，起先一天只賣四百餘個珍珠圓子，後來增加到一千個。每天是好幾個大蒸籠輪番蒸製，顧客仍得要排班站隊，不到中午十二點便售賣一空。張合榮只好天天向買主致歉：「對不起哈，明天請早！」。珍珠圓子一下名聲鵲起，口碑頌傳。

珍珠圓子風情

張合榮到成都後，也對成都人的飲食喜好做了瞭解。他放棄原先的紅糖心子，改為黑芝麻，其後又去吃了生意盛旺的賴湯圓，受到很大啟發，便陸續將珍珠圓子的風味增添了豆沙、棗泥、桂花、玫瑰、蜜餞、冰橘；珍珠圓子的皮

子，也用七成上等糯米與三成大米混合推磨、吊漿製成。為使「珍珠」更加出神入化，他採用雪白通圓的西米，蒸出後愈發晶瑩透亮，酷似珍珠。如此，張合榮的珍珠圓子，風味多樣、香甜多滋、糯而不粘、吃口舒爽，食者無不嘆服。

為時不久，張合榮想到品種再多亦都是甜品，他按照葉兒粑甜鹹雙味的風味，又別出心裁地添製了鮮肉、金鉤、雲腿、臘肉、口蘑等鹹味珍珠圓子，香鮮美口、滋味豐腴，甜鹹搭配，吃時配免費紅白茶以便吃後清口，如此一來更是廣受歡迎。同時，張合榮不僅重視珍珠圓子的風味品質，還把日積月累積攢的錢投入到店堂的裝修裝飾和餐具的品位更新上，把店堂內外裝修得十分雅潔，杯盤碗碟一律用景德鎮瓷器和福州黑漆筷子，給人以高雅舒適、清爽潔淨的感受，生意當然就越來越興盛。

一九一八年，主政四川的熊克武將軍路過忠烈祠，一個叫劉亞林的幕僚對他說，這兒附近有家小吃店的珍珠圓子，名氣大得很，連外國人都喜歡去品嘗。熊一聽，欣然帶著僚屬們進到店內，一看很是雅致，他一連吃了兩個甜的、兩個鹹的，覺得還真是名不虛傳，很高興地叫來張合榮，倍加稱讚勉勵，並叫侍從拿出一百銀元獎賞給張合榮。這一來，張合榮連同珍珠圓子一道名揚四川。不僅如此，軍政工商各界上層人士設宴待賓，都要派人去訂購珍珠圓子，為筵席添色增彩。珍珠圓子的生意自然紅火風光，連那些黑幫、混混、丘八（四川早期對兵痞的貶稱）也都不敢打張合榮的歪注意。

一九五〇年後，張合榮眼見珍珠圓子遠比當初自己的「雄心壯志」發展的更好，加之年紀已大、身體不好，便功成身退，把店交由兒子張光禮及媳婦周國榮經營。一九五六年公私合營後，為滿足越來越多的省內外慕名前來品嘗的食客需求，珍珠圓子與以經營葉兒粑為主的「永祥甜食店」合併，仍用「珍珠圓子」為招牌，以珍珠圓子、八寶粥、葉兒粑三大甜食精品為特色，生意依舊火爆，品吃者絡繹不絕。

一九五七年，張合榮病逝後，張光禮曾調到「郭湯圓」工作。一九六〇年的三年天災，由於物質緊缺，原材料斷貨，珍珠圓子名存實亡，在春熙路改賣燴麵和三合泥。「文革」十年，珍珠圓子悄然消失。直到一九八一年方才在東風路大慈寺旁的一座古典式建築重新亮相，改名為「珍珠圓子餐廳」，由珍珠圓子第三代傳人張興濤主持，並將珍珠圓子由蜜餞櫻桃改用車里子（櫻桃的一種），除傳統經營中的八寶粥、葉兒粑外，還增添了四十餘個其他風味小吃。大廳底樓賣零點散客，二樓經營小吃套餐和小吃筵席，經常亦是門庭若市。

儘管一九九〇年珍珠圓子獲名特小吃金獎；一九九二年獲「成都名小吃」稱號；一九九五年被國內貿易部授予「中華老字號」名店。但一九九〇年代後，那座古樸典雅的建築被拆了，代之而起的是一座高樓大廈，珍珠圓子再一次消遁，不知去向何方。

珍珠圓子後話

打珍珠圓子出名後，眾多甜食商家趨之若鶩、爭相模仿，於是成都及巴蜀不少地方都有「珍珠圓子」，雖仍以成都珍珠圓子為正宗，但也出現了另有特色、風味別樣的珍珠圓子，形成川西、川東以及民間「珍珠圓子」三個主要風味流派。

川西「珍珠圓子」皮胚通常要加雞蛋液、乾豆粉揉製，多以芝麻為餡心，蒸熟後的成品頂部放半個櫻桃，有的則是在頂部印個類似櫻桃的紅圓印，色澤淺黃、糯米粒晶亮、滋潤香甜。

川東「珍珠圓子」多用西米粘裹，以洗沙、玫瑰為主、蒸熟後同樣放半顆蜜櫻桃，成品晶瑩透亮、形似珍珠、香甜可口。

另一種是鮮肉餡心的珍珠圓子，用肥瘦豬肉、芋菇、雞蛋液加調料製成餡心，湯圓則粘裹上陰米（蒸透後乾製的糯米），蒸熟後的成品色澤亮麗、珠子晶瑩、餡肉鮮美、細嫩滋潤。

巴蜀民間的「珍珠圓子」，多用鮮藕、肥瘦豬肉剁細，加調料拌合成藕餡；湯圓則粘裹彩色陰米蒸製，成品色澤豔麗、餡心香鮮滋潤爽口。

川中風格風味各異的「珍珠圓子」，在當地都是風味名食，深受食眾喜愛，它也是一種智慧和靈氣的反映，是地方飲食文化的展現。值得一提的是，川中「祖孫三代」小吃王之中國烹飪大師、川菜大師、小吃大王，人稱儒廚的張中尤老師，親手創製的「八寶珍珠圓子」，以糯米、西米、桃仁、花生仁、瓜仁、蜜櫻桃、冬瓜條、葡萄乾、芝麻、白糖等製作的八寶餡心，及其優美、雅致的裝盤造型，將珍珠圓子提升到高級筵宴精美席點的層次。

009 痣鬍子龍眼包子

在四川美食中，有款獨一無二的美味佳餚，因其創製者面部長有幾顆麻子，而被食客大眾親昵地稱呼為「陳麻婆」，她的招牌絕活亦順理成章地叫為「麻婆豆腐」。

無獨有偶，成都另有一個美食，同樣因其創製者臉上有顆帶長毛的黑痣，川人叫著「痣鬍子」。於是他的招牌小吃亦被稱為「痣鬍子龍眼包子」。沒想到，這一女一男臉面上那無足輕重的特徵，卻無意間成就了兩個名冠天下、享譽四方的美食品牌。

一九二〇~三〇年代，成都春熙路大華電影院旁有家小籠包子店，該店雖也賣麵條抄手，但大多顧客都是沖著他的小籠包子來的。該店的包子是以籠賣，每格小籠四個包子，以「半湯包」為特色，即用口蘑香菇拌合肥瘦豬肉餡，湯汁豐富，吃來比一般包子更滋潤，更可口，吃完包子，再喝賣包子附送的一碗骨頭湯加蔥花、醬油、香油而成的「口湯」。這便是一直到一九九〇年代春熙路改造前，都名冠成都的資格半湯「小籠包子」。現在大多的小籠包子，僅是小籠蒸的包子而已，並不是「半湯包」，遠沒有那種鮮香和滋潤的口感。

再說一九八〇年代初，成都青龍街三醫院附近，有家只有一間鋪面的包子專賣店，堂口雖小，名氣卻很大，生意好得出奇。店內幾張餐桌，經常是客滿為患，座無虛席；店外更是早、中、晚都要排成一字長蛇。要想吃這家的包子，真還得費些功夫、耐點心才行。

一天，店門口掛出一塊小黑板，上面用粉筆歪歪扭扭地寫了一則啟事：「本人現已回店整頓口味和品質，堅決薄利多銷，請君品嘗。」一落款是：「痣鬍子本人啟」。門口排隊的、路過的男男女女一看這啟事，立馬議論紛紛，讚揚褒獎之聲不絕於耳。有人不禁要問，不就是包子麼，這

「痣鬍子」何許人也？怎麼在顧客中享有如此高的聲譽呢？

痣鬍子的包子情緣

其實，痣鬍子姓廖名永通，老家在成都華陽縣中興場，祖輩都以殺豬為生。廖家人口眾多十分貧窮，常是吃了上頓愁下頓。一九三五年，一場火災又把廖家燒毀一空。廖永通的父母無可奈何，只好帶著一家老小，到成都投靠永通的寡婦二姐。當時只有十三歲的廖永通經二姐托一位老鄉介紹，進了春熙路「漢口樂露春」餐館做一名不開工錢只管吃飯和分點小費的學徒。廖永通年幼懂事，知道家裡就指望他了，於是勤懇工作、勤奮學藝，逐漸掌握了一些麵點技術，從此便與麵食業結下不解之緣。誰知不到兩年餐館倒閉，廖永通也隨之失了業，只好靠著到東一家、西一家餐館打點零工和師兄們的偶爾周濟聊以度日。

一九三八年春的一天，正當他饑腸轆轆在街頭躊躇的時候，已小有名氣的騾馬市廚子抄手店的大師兄，約他到青羊宮花會上打夥開設個麵食攤，大師兄做抄手他做包子，本錢則由大師兄先墊支，廖永通自然是求之不得。當時正值抗戰時期，國民政府黨政軍機關紛紛遷入成渝兩地，江浙一帶的商賈文人也大批湧入成都。廖永通在春熙路那家餐館學得了製作蟹黃湯包的手藝，正好投合這些人的口味。他和大師兄通力合作，精心製作，一個抄手，一個蟹黃湯包，很快在花會上名聲崛起，食客紛至遝來爭相品吃。很多人一進青羊宮，就打聽和尋找那個下巴上長有一顆大黑痣、做湯包的小夥子的攤子，認定要吃他們的抄手和包子。

花會上興隆的生意以及食客對湯包的認可，大大地增強了廖永通的勇氣與信心。他開始充滿希望，要以自己這一技之長，在饑餓與生命線上闖出一條活路來。於是花會結束後，廖永通立馬用賺來的錢置備了一副挑擔，一頭是麵團、餡料、調料的紅漆木櫃；一頭是鍋、籠、爐灶。就此，不管是數九寒天，還是三伏盛夏，人們都能在成都半邊橋看見一個清瘦修長、下巴上有顆黑痣的小青年，繫著潔淨清爽的圍腰，從早到晚在攤子前忙碌著，一邊嫻熟地揉麵捏包子，一邊笑嘻嘻地接待顧客。他現做、現蒸、現賣的蟹黃湯包的場景和鮮香美味總讓人不由自主地停下腳步來，買幾個包子下肚或帶回家。這樣，廖永通的湯包就隨著美味香風傳播開來。

痣鬍子與龍眼小包

然而，當時的成都，各種小吃名食滿城皆是，僅有名的包子就是好幾家。廖永通幹這一行心裡自然十分明白，要立住腳、創出品牌、生意長盛不衰，就得獨出心裁追新求異。他仔細研究了各種有名包子的特點，認真瞭解和揣摩了大眾的口感需求，決心在包子的形色味上創製出一種獨具特色與風味的包子。他在蟹黃湯包的基礎上反復研製，精心調味，用上等精白麵加白糖、化豬油製麵胚，揉製得如綢緞般細軟；用豬腿肉除盡筋絡，剁成碎末，加德陽醬油、漢源花椒、薑蔥細末、慈姑、香菇等多種調味料，用雞汁攪拌成鮮香撲鼻的肉餡；它以一兩麵做成十個拇指頭大的小包子，每個包子還鼓出一坨粉嘟嘟、油亮亮的餡肉，放進竹子小蒸籠大火蒸熟後，連籠一塊上桌，揭開籠蓋，熱氣升騰、鮮香四溢，一個個又圓又泡、小巧精美的小包，十分逗人喜愛，那粉姿油亮的餡心有如龍眼一般，很是誘人食慾。

廖永通的小包攤子只要一擺出，立即就要吸引大批過往行人的眼球，人們嘖嘖歡呼，驚喜不已。特別是那些中小學生，總要圍著攤子你呼他叫：「小包子好香啊，好香啊！」，流連徘徊垂涎欲滴而不忍離去。小籠湯包隨即獲得「龍眼包子」的美名。更有些家境較好的孩子，一回家書包一甩，吵著父母要吃龍眼包子，硬拉著大人來賣，一口一個吃得歡天喜地。大人亦順便品嘗一兩個，這一吃不打緊，結果從此就難以收口。於是凡是嘗過龍眼包子的，無不稱讚它小巧精美，皮薄餡多、鬆軟柔嫩，肉汁已浸透了皮，散發出濃濃的肉香，一碗骨頭湯，湯很濃很香，是清亮的橙黃色，越吃越覺滋味香美。廖永通的龍眼包子一下就如潮水般傳遍四門。

那時，半邊橋的龍眼包子就成為成都人談吃道飲的時髦話題，更成了有錢人家接客待友，饋贈親朋特色美食。尤其是那些公館裡的太太小姐們，不斷打發傭人前來，一次十幾籠的購買。廖永通的攤子一下就應酬不暇了，街邊上每天他還沒有出現就排起了長隊。於是，他忍痛花高價從當地地頭蛇手中租得半間鋪面，由老父老母和一個弟弟當幫手，龍眼包子店不久就在半邊橋街奪開了。

開張那天，師兄弟及老食客都來祝賀，有師兄問到：「廖師兄，你鋪子咋個還沒有招牌喃？」另有食客說道：「還要啥子招牌嘛，廖師傅下巴上那顆黑痣不就是招牌噻，食客都認那顆痣的。」廖永通一想，對啊！乾脆就叫「痣鬍子龍眼包子」。如此，在成都美味小吃林立的市場上，一個響噹噹的美食品牌就欣然登場。

痣鬍子的美味人生

掛起了招牌，廖永通總算實現了自己的願望，一家老小的日子也好過多了。然而他一點也沒放鬆，反而更加全心地做好包子。他把精力投入到風味品質和經營中，仍不辭辛勞地親自選購原輔料、堅持自己動手加工製作，誰知竟因勞累過度，耽誤了醫治耳疾而喪失了聽覺。

一九四七年，眼見店面實在太小，造成經營和食客諸多不便，廖永通便把店遷到了青龍街。不僅店堂擴大了，經營上以增添了叉燒包子、金鉤包子、素菜包子和雞湯抄手、圓盅仔雞、翡翠燒麥和各式川味菜點，豐富多彩的精美麵食使食客樂享口福。

廖永通也是個秉性耿直的人，始終以其誠懇踏實，謙遜和氣的態度對待每位顧客。他始終堅持維持質量、薄利多銷，因此而贏得食客大眾的信賴與喜愛，生意自然興盛不衰。

一九五〇年代後，社會環境日漸穩定，因有廣大食眾的擁戴，在政府的扶持和幫助下，痣鬍子龍眼包子店擴大了經營規模，店堂內外裝修一新，一應餐炊器具也煥然一新，更加精緻。顧客一進店，隨著熱氣騰騰的一籠籠肉香麵軟汁多餡大的包子上桌，便送上一碗鮮香濃郁，油珠歡跳的免費棒骨豆芽湯。嚐包子，喝豆芽湯，風味、口感格外舒爽，吃得一個個食客喜笑顏開，滿意而去。尤其是在冬天吃起，那熱燙鮮香一下就溫暖了身心，熱熱的、蠻有幸福感的！

其間，成都市飲食公司還請他作為技術顧問，安排他傳經教學、培訓學員，讓他精湛的麵點技術廣泛傳承。十年動亂中，廖師傅被打入冷宮，發配到一家小食店當火夫，痣鬍子龍眼包子店也被迫歇業。一九七九年初，在廣大成都民眾的呼籲下，痣鬍子龍眼包子方又重新恢復。此時，年邁耳聾的廖永通激動得老淚湧流，他抖擻精神，決心重整旗鼓，把他的一手絕技毫無保留地奉獻給對龍眼包子不離不棄的老成都人。

痣鬍子龍眼包子很快就恢復了昔日熱鬧繁榮的動人場景。不久亦因供不應求，又分別開了三家分店。且先後獲得「少城名小吃」和「成都名小吃」殊榮。他常告誡徒弟們的一句話就是：「做生意決不能摳買主，得罪了買主就等於得罪了我的先人」。

現在，雖說龍眼包子在成都舉目可見，在成都文殊坊街、十二橋街、賓隆街、太升路、武侯祠等都開有專賣店，除傳統龍眼小包，還經營有叉燒包子、金鉤包子、素菜大包等，但仍沒有一家能在風味口感上可以與痣鬍子龍眼包子媲美。這，是廖永通的美味人生，也是他一輩子的驕傲。

010

洞子口張涼粉

成都人的幸福真是濃得連陽光都透不過，與其說成都人吃口挑剔，還不如說是成都傳統市井小吃的風情魅力，把成都人的唇齒口舌養得如此靈敏。在成都，有的小吃甚至連個真正的「字號」都不曾有過，但卻是數十年如一日的被街坊四鄰所熟悉和喜食，依然保留著那份樸實和親切，滋味也一如既往的好，涼粉就是其間可親可愛之一。

記得小時候，只要一看見挑擔賣涼粉的，一同玩耍的小夥伴們，就你一句我一句的要唱：「白涼粉、黃涼粉，紅油辣子多放點；辣呼兒、辣呼兒又辣呼兒，嘴上辣個紅圈圈兒。」民間還有竹枝詞唱得更為深動：「豆花涼粉妙調和，日日擔從市上過。生小女兒偏嗜辣，紅油滿碗不嫌多。」「端來涼粉兩、三盤，味調宜辣複宜酸。腮旁嘴角紅猶在，就向街前念戲單。」

涼粉吃情

涼粉在巴蜀之地，尤其是在成都，可謂是最草根、最民俗的大眾小吃。它與平民百姓所結下的深厚情緣，恐怕在巴蜀數百上千款風味小吃中是難以比擬的。特別是在老少女士的生活中，倘若沒有涼粉，那人生該是何等的寡淡和無趣。正是如此，在巴蜀大地，無處不見涼粉身影，花會燈會、端午龍舟會、食品博覽會、美食節、節假日，那涼粉店、涼粉攤、涼粉擔擔總會在你的視野中游蕩，赤裸裸地挑逗著你的吃情食慾。

巴蜀的涼粉，按顏色分有白涼粉、黃涼粉和綠涼粉；按原料則有米涼粉、豌豆涼粉、蕎涼粉和綠豆片粉；以地方名品看有成都張老五涼粉、洞子口張老二涼粉和張涼粉，還有龍泉傷心涼粉、毛婆婆涼粉，南充川北涼粉和綿陽梓潼片粉等。這些涼粉可切為大片、小片、長條、方塊、圓條、粗絲，或涼吃或熱吃，形式多樣。像米涼粉和蕎涼粉便多是熱吃，即燙熱後加調料拌吃。

成都人最喜吃的一種叫「鏇子涼粉」。所謂「鏇子」，是指賣涼粉者用一罐筒鐵皮製成的，打成若干圓孔的涼粉刮子，放在白涼粉上輕輕地順勢一刮，筷子粗半透明的涼粉圓條就從圓孔中湧出來，然後抓進碗裡放上各種調料就可吃了。另一種就是米涼粉，通常是把米黃色的涼粉切成拇指頭大的方塊，放進湯水鍋中稍煮過心，撈起瀝乾水後倒進碗裡，再放上油酥豆瓣、豆豉醬、紅醬油、紅油辣子、花椒粉、蒜泥、撒上芹菜碎末、芽菜即可。

別看涼粉土哩巴嘰的，四川人吃涼粉卻是少有的講究，十分貪戀它的風味與口感，其間的關鍵字便是「辣麻香」。特別是對女士來說，涼粉不辣，就等於是姑娘不粉；涼粉不麻，好似女人不媚；涼粉不香，就等於素顏淡妝；那簡直就沒得啥意思了。在她們口中，辣不出一身汗，麻得周身不酥軟，香得不盪氣迴腸，就不能算是一碗好涼粉。

過去，花會中的涼粉攤子，大多打著洞子口的招牌，涼粉也是黃白兩種。黃涼粉色深黃，切成勻稱的條或片，一刀挨一刀，刀法細緻準確，白涼粉則用鐵皮鏇子鏇下的。盛在藍花瓷盤中黃白相間，各占一半。另一排藍花瓷碗，內裝醬油、紅油辣子、保寧醋、內江白糖、溫江獨蒜泥、香蔥花、芝麻等。尤其是那花椒，事先浸泡在油碗裡，用時撈出來，用一木製帶圓頭柄的小磨缽，當著顧客研磨擂碎，倒在涼粉上，這種花椒吃來方才清香鮮麻，這甚至成了辨別是否正宗洞子口涼粉的標誌。

再看看在涼粉店、攤，那些坐著的、站著的、蹲著的豆蔻少女、時尚女郎們，端著一碗涼粉，筷子熟練地不停拌合，嘴裡已是口水洶湧，夾起幾根「滋溜」一下吸進嘴裡，涼涼滑滑，香辣酥麻之味立時在口中炸開，頭皮上萬千毛孔迅速擴張，微微癢痛，像小蟲子在咬卻很是舒服；接著汗水似泉湧淌，熱淚奪眶而出，甚而鼻涕亦也出竅，臉蛋兒也開始山丹丹開花紅豔豔了；吃到最後，更是張大著嘴哈氣，那嘴唇上的紅圈圈兒就不必說了，但仍是鍥而不捨，連剩下的紅亮湯汁也要倒進嘴裡方才是甘休。在她們眼裡，不是說非要辣得死去活來，閉了氣撥打一一九，但若是辣麻得沒有這樣的感受，那涼粉一定是不道地、不正宗。

涼粉還有幸登上大雅之堂，老一輩川菜大師曾國華，曾用白涼粉創製了一道川菜名肴「涼粉燒鯽魚」，連當年的美國國務卿舒爾茨也聽說了，專門到在紐約的「榮樂園」品嘗曾師傅的拿手名菜，亦吃得舒爾茨先生辣呼兒、辣呼兒的。民間亦有不少涼粉流行菜肴，像涼粉拌鴨腸、涼粉拌環喉、涼粉雞片等，都是借用涼粉的風味特色和大眾百姓的喜聞樂吃應運而生的。因此，對川人而言，正是為了追求這份道地、這份滋味，這種感受、這樣的吃情快意，故而成都洞子口張涼粉才成了姑娘女士的最愛。

張涼粉以鏇子涼粉、煮涼粉及甜水麵堪稱三絕。鏇子涼粉辣麻酸甜，別具一格，味道超級可口；煮米涼粉真叫個爽，佐料豐富，吃口豪爽，在大冬天吃一碗冒著熱氣的煮涼粉，辣辣的回味讓人在享受到美味的的同時，感受到冬日的溫暖。而張涼粉店的甜水麵那才叫個勾魂啊！尤為是張老二涼粉店的甜水麵更是超級霸道，麵條筋道彈口，甜辣多滋，越嚼越辣，越辣越香。張涼粉系列和甜水麵、涼麵、鐘水餃等，非但味道正宗，且分量價格都比較公道，人均消費六、七元，即可美美地盡情品享。可以這樣說，洞子口張涼粉百年來，是成都老字號名小吃中少有的，風味始終如一的名小吃。

近人名士徐艾有詩云：「紅男綠女來品嘗，涼粉家家愛姓張，鬧市閒遊歸去晚，口邊猶帶辣椒香。」你看，好個涼粉吃情的真實寫照。

涼粉三張

在成都北郊有個小場口，叫「洞子口」，以其涼粉而名揚天下。「洞子口涼粉」素有「華夏第一涼粉」之美譽。最早的洞子口涼粉創始人叫趙金山，清光緒九年（一八八三年）出生於洞子口鄉長久村。二十歲以後，他開始製作涼粉，挑著一個涼粉擔子到洞子口場鎮上叫賣。他的涼粉擔子，前後均有一個木製的掌盤，前擔的掌盤上放著醬油、醋、蒜水、豆豉醬、紅油辣椒等調味品；後擔的掌盤上裝著涼粉和涼麵，掌盤上用潔白的紗布覆蓋。擔子的水桶裡用清水浸泡著綠豆芽，擺攤時通常撐一把藍布太陽傘。

趙金山的涼粉分為白涼粉、黃涼粉、蕎涼粉

三種。調料不同，風味各異。切涼粉用的是一把長約三十公分、寬約八公分的薄型刀，刀的兩面光亮鑒人沒有絲毫鏽跡。切涼粉時，先在刀刃兩面抹點涼水，如此切下的涼粉就片片光滑互不粘連，粗細均勻長短一致，吃來口感風味特別舒爽。趙金山的涼粉很快就名傳四方。

洞子口涼粉麻辣味濃，細嫩綿實，滑爽適口，夾入白麵鍋盔內更增風味，逐漸成為洞子口風味名小吃。一九三〇年以後，趙金山在成都老南門大橋開了家涼粉店，正式打出「洞子口趙涼粉」的招牌，將涼粉品種增加到六個，添了米涼粉、煮涼粉、鏇子涼粉。有的冷吃，有的熱吃，兼營素椒、雞絲涼麵和甜水麵；並每年在青羊宮花會上擺出涼粉攤，大受歡迎。

到了一九四〇年代，新人竄出，每逢趕場，洞子口最熱鬧的就是張氏三兄弟的涼粉攤攤，因其涼粉光韌滑爽、調料道地、風味獨特而頗受民眾喜食。三兄弟從小跟著早在一九二〇年代，就在成都開飯館帶賣涼粉的父親哪裡，學到了一手精道的製作涼粉的手藝。其後三兄弟在洞子口各樹一面旗幟，上書「洞子口張涼粉」，一把大傘下，幾根條木矮凳就圍成了一個小食攤。三弟兄年輕力壯、手足麻利、操作嫻熟，一隻手能端好幾碗涼粉同時調味，立等即吃，加之吃口香辣酸美、味道正宗、價廉物美，故而生意十分鬧熱，成為一方名食。

三兄弟中，尤以排行老五的張成民最為出色，他不僅調味有方，且經營有道。他的涼粉調味，採用自己複製的紅醬油、香醋、油酥豆豉醬、精心秘煉的紅油辣椒、漢源花椒粉等，故其味是爽辣酥麻、奇香誘人。張老五調味還有個訣竅，早中晚風味各異。他認為，早上食客需要打開胃口，涼粉的味應重點；中午食客已有饑餓感，味道就應該淡些；晚上吃了要休息，則應鹹淡適中減少辣味。這一調味方法既科學又符合人體飲食需求，很為食客稱道。

經營上，張老五獨具眼光，他最早把招牌打進成都。每年的花會燈會、賽龍舟、逢年過節，他都要將那面藍底白字的「洞子口張老五涼粉」的招牌旗幟插到現場，遊客食眾老遠就可看見。這樣，從那時到於今，張老五涼粉就是人潮湧動排隊候吃，甚而成為花會燈會中不可少和缺的一道川西民風民俗的動人景觀。幾十年間，成都人說吃涼粉，那絕對是「洞子口張老五涼粉」。張老五的特色招牌有：鏇子涼粉、黃涼粉、米涼粉、甜水麵及涼麵，款款味美、個個正宗，成為姑娘、女士、外來遊客的最愛。

其後，張氏三兄弟都在成都大展拳腳，各顯神通。張老二在文殊院對面開有一店，幾十年未移其址，生意長盛不衰；張老三則在人民公園附近開店，亦是生意興隆；而張老五在成都玉帶橋和提督街開有兩家店。三兄弟比翼齊飛，招牌打夥用，生意各做各，互不影響共同發展。如果說，川西壩子是洞子口張涼粉的天下，倒也不怎沒誇張。

一九九〇年亞運會期間，張老五涼粉被選為「四川名小吃」到北京展銷，轟動京城，榮獲好幾個獎牌；同年底，又被市政府授予「成都名小吃」稱號。一九九四年，作為受邀的四川風味小吃之一，張老五涼粉在北京北海公園再次引起轟動，供應場景異常火爆，給北京市民和南來北往的遊人留下了美好而深刻的印象。

011 小籠蒸牛肉

在川西壩子平民百姓的一日三餐中，多以豬牛雞鴨兔魚為主要肉食。過去成都的牛肉市場和牛肉餐館大多都集中在皇城壩（今天府廣場）一帶。因為這裡是以滿族為核心的聚居地，故而清真牛肉館子很多，以售賣犛牛肉、黃牛肉、水牛肉為主。各牛肉館子所賣的有：清燉牛肉、紅燒牛肉、粉蒸牛肉、乾拌牛肉、醬牛肉、滷牛肉、煙燻牛肉、麻辣牛肉乾等；大眾餐館裡日常供應的亦多是乾煸牛肉絲、蘿蔔燒牛肉、芹菜炒牛肉、牛肉豆腐、牛肉豆花、燒牛雜、牛肉圓子湯等；小吃裡則有：紅燒牛肉麵、牛肉脆臊麵、牛肉包子、牛肉水餃、牛肉炒手、牛肉焦餅等。而粉蒸牛肉中，有款小籠蒸牛肉最為有名，尤以「治德號」的小籠蒸牛肉廣為受寵。

治德號與治文號

一九二八年，在皇城壩附近的順城街，有家賣紅燒牛肉麵和牛肉脆臊麵的麵館，通常中午賣麵，下午和晚上賣杯杯酒及滷牛肉、滷豆腐乾等，冬季添賣粉蒸牛肉。老闆叫王炳章，店牌叫「治文號」。因其麵條和牛肉味道好、價低廉、經濟實惠，每天中午僅有一間鋪面的店堂擠滿了食客，常常是忙得前腳踢後腳，於是王炳章就把同門師弟姚樹成叫來幫忙應酬生意。

姚樹成，一九〇六年十月生於成都外北洞子口一個貧苦家庭，十二歲就進城在飲食行道做學徒。當時，三倒拐有一家賣小籠蒸牛肉的，店主叫曾固，生意也不錯，但就是聞起來香吃起來不香，姚樹成有時也去照顧他一下。去了多次，慢慢的看會了他的做法，覺得這中間頗有值得研究可以改進的地方。十九歲那年他離開了學手藝的那家麵店，另外幫人當大師傅了，在做白案（麵食）之外，就兼做小籠蒸牛肉。到了一九三四年，又到魁星樓街口幫「治文號」做小籠蒸牛

肉。儘管他的操作在那時已經能招徠買主，可仍然是聞著香吃著不香，他自己也覺得很傷腦筋。

後來，王師兄想擴大發展，就把「治文號」頂給師弟姚樹成，另到青石橋街開大館子。當時姚樹成手上只積存有九個大洋，但他對於改進小籠蒸牛肉的意願正濃，也朦朦朧朧有點門路了，便四處找朋友，硬是湊了一百個大洋把生意頂了下來。

經過一段時間的摸索試驗，姚樹成終於在一個偶然的機會裡找到了突破點。原來有幾位四川大學的教授（當時川大的文法學院是在皇城裡）是他的熟買主，其中曾任法學院長的吳君毅是位美食家。他得知姚樹成的想法後，向姚建議，用雞湯煨口蘑加進去可以提鮮增香。姚過後試了一下果然不錯，大喜之餘便不惜多花本錢選用好口蘑，用吊子（頂鍋）熬。這樣一來，他的小籠蒸牛肉不但聞起來香，吃起來也香了。但是為了競爭他必須保密，連對這幾位教授也沒有多說。店上除了他弟兄夫婦外，只有一個徒弟，所以別人也無從知道其中之奧秘。

生意蒸蒸日上，姚樹成改進的信心和勁頭更足了，他又用海星、大棗泡酒作料，再加入「太和號」的好豆油，「口同嗜」的好豆鼓，清溪的花椒，龍潭寺的辣椒粉，在調味上大下功夫，同時也特別注意香料的分量，不能讓它們壓了牛肉的香味。不想生意正大有起色的時候，麻煩也就來了。原來那位姓王的大師兄在青石橋開大館子折了本倒了號，整得垂頭喪氣。他見姚樹成把「治文號」經營的有聲有色，就紅了眼，藉口「治文號」這面招牌是他的要收回去自己經營。於是就在姚樹成麵店的斜對面也開了一家麵店，把「治文號」的招牌取了過去掛起。這一來開姚的生意大受影響，真是啞巴吃黃連有苦說不出。

姚樹成只好在牛肉麵條的風味品質，在誠信經營上努力提高，生意又逐漸紅火起來。當然師兄弟之間的競爭也日趨公開化。王師兄認為是招牌的原因，便以契約上「只頂鋪子」為由，非要師弟另立店招。舊時店招就是營業執照，沒有店名就不能營業。這就大大苦了目不識丁的姚樹成。他一籌莫展之時，一天蹲在店門口冥思苦想，見一小孩在小販攤子買東西，拿回家後因短斤少兩，大人又找來理論，雙方就吵了起來，路人都說小販欺老哄少，做生意缺德。姚一聽心想「對呀，做人要講誠信，做生意更要有德噻。」他靈機一動，把「治文號」僅改一字變成「治德號」，不就是新招牌了麼。於是他立馬請書寫先生刻立字牌，黑漆金字的「治德號」便掛了起來。一九三三年，長順街就出現了「治德號」、「治文號」兩家牛肉麵館。

治德號和蒸牛肉

「治德號」招牌立起後，為了區別於「治文號」，突出自家特色，姚樹成便以「小籠蒸牛肉」為當家品種，以「紅燒牛肉麵、牛肉脆臊麵」等為輔的經營特色。尤其在蒸牛肉上，它以當天宰殺的黃牛腰柳肉、腰窩肉及腿子肉為原料；在米粉及調味上則按季節時令的變化，增減用量和口味輕重；且用直徑約十公分、高五公分的竹製小蒸籠蒸製。蒸熟後的牛肉再撒辣椒粉、花椒粉和香菜。

如此，他的小籠蒸牛肉不僅新穎獨特，且當街大灶大鍋，小竹籠立在蒸鍋上，一如塔林，熱氣騰騰，香風四溢，十分誘人；籠中牛肉色澤金黃油亮、濃香妙味撲鼻，吃到嘴裡麻辣鹹甜、滋味豐厚、柔嫩軟和，口感異常美妙。於是，每日中午時分，前來品嘗的食客紛至遝來，攜碗帶盆買回家吃的亦是絡繹不絕，店內店外人聲鼎沸。治德號小籠蒸牛肉的名聲不脛而走，很快傳遍成都市區。

治德號小籠蒸牛肉自開張，就一直保持著他的製作和經營特色。一隻破舊大汽油桶製成的爐灶，一口大鍋和幾十個已變得紅黑油亮的竹製小蒸籠矗立在店門口，現場製作當眾表演，熱氣翻捲滿街飄香。隨著蒸肉濃郁的香味，老遠就看見門前大灶大鍋上，幾十個重重疊疊似塔林般的，雲霧繚繞的小籠蒸牛肉，使過往行人無不放緩腳步，頗感新鮮好奇。那蒸騰飄逸地熱氣，香美濃郁的氣味，更讓人胃腸蠕動垂涎欲滴，非飽餐一頓方可心安！無論你是獨食獨享，還是做東請客，花費不多卻美味盡啖，吃來是軟糯滋潤、辣麻香濃，倘是酌點小酒，細品慢嚥、悠嘗閒嚼，你必定會忘乎所以，不知身在何方。治德號小籠蒸牛肉，幾十年來，無疑已成為成都的一道生動的市井風情。

名氣大振、生意興盛並沒有使姚樹成止步，他知道自己剛立住腳跟，還得加把勁不能歇氣。很快他在小籠蒸牛肉的基礎上推出了「小籠蒸肥腸」、「小籠粉蒸雞」、「小籠粉蒸兔」、「刨花豬肉」等品種，還專門請人在店裡做「白麵鍋魁」，用來夾小籠蒸牛肉吃。吃情食趣更加濃郁，「治德號」的生意亦火爆非常。而「治文號」在如此強勁地競爭情勢下，一籌莫展無力抗爭，在一九四〇年代抗戰尚未結束前就關門歇業。

姚樹成是個定了心就要一竿子插到底的人，他決心要把「治德號小籠蒸牛肉」做成品牌。常在經營上動了不少腦筋。抗日戰爭時期，姚有一個朋友是放電影的，當時電影是個很新鮮時髦的玩意兒，有錢人家都爭相觀賞。他便請這位朋友幫忙把「治德號」的經營品種、特色、招牌、地址「打玻璃」（放幻燈片）做廣告宣傳。同時，他還給對風味品質和服務提出意見與建議的顧客減價或免單。這麼一來，「治德號」的生意和名聲就在滿成都炸響開來。

一九三七年，張大千先生攜家眷來成都舉辦大型「抗日畫展」，成都文化界首領，著名藏書家嚴谷孫設宴款待，大千先生提出要吃「籠籠粉蒸牛肉」，嚴老命人就近買回一家也較有名的，大千嘗後嫌太粗糙，不正宗。非要吃治德號的不可，結果從治德號端回來一嘗方稱讚不已，但大千先生仍覺味不夠濃，在他的指點下，添加了現舂的辣椒粉、花椒粉和香菜，又叫人到德勝街買回有名的「葉鍋魁」。大千用這椒鹽鍋魁夾入粉蒸牛肉，方才吃得興高采烈。

一九八一年過大年，張大千在臺灣宴請張學良及夫人趙一荻等，十六樣菜肴中，就有「籠籠粉蒸牛肉」。臺灣那時沒有成都這種小竹籠的，大千在海外就改用一般大蒸籠。粉子則用玉米粉拌合牛肉上蒸。不過，張大千一生仍然很懷念成都治德號的小籠蒸牛肉。

治德號的小籠蒸牛肉，多年來征服了成都的食客，也振撼了南來北往的老饕。著名的電影藝術家謝添，一九八九年剛抵成都，就不顧旅途勞頓，走街串巷尋覓他的故知——成都小吃的芳蹤。當那黃澄澄、香噴噴、麻辣鮮嫩、粑糯爽的小籠蒸牛肉呈現在他的眼前時，謝導演禁不住驚嘆起來：久違了！治德號幾十年來生意常盛不衰，真名小吃也！

治德號之新生

一九四〇年代後，「治德號」的生意達到鼎

盛，「生意通四海，財源達三江」。發了財的姚樹成開始買田置地，拿現今之話說，就是投資房地產，成為成都頗有名氣的大戶。如此，一九五〇年後姚樹成被劃定為工商業兼地主，但仍在公私合營後歸屬成都市飲食公司的「治德號」店裡主持業務，傳授技藝。治德號一直在長順中街經營到一九五八年，不久便遷到提督街，一九六三年又遷到祠堂街人民公園右側，一九八四年因修建東西幹道，便再次遷到西幹道市政府對面，一九九六年又因擴建天府廣場而關店歇業，一九九九年在成都金絲街路口恢復經營。

久違了的治德號小籠蒸牛肉，使市民們欣喜不已，爭先恐後，蜂擁而至，一品味快。儘管姚樹成已經不再是「治德號」事實上的主人，但他有理由感到由衷地欣慰，這畢竟是他傾其一生的心血之結晶啊！曾跟隨姚樹成學藝的川菜大師劉曉旭說道：「姚師傅不僅有一套精湛的技藝與訣竅，更有難能可貴的廚德，他對製作精益求精，每個環節一絲不苟，選料、配料、拌料、調味及加工十分嚴謹。即便在物質緊缺的年代，他也是「寧缺毋濫」，絕不以次充好。現今雖年事已高，關鍵工序仍是親自把關。難怪成都市歷屆名特小吃評選鑒定，治德號的小籠蒸牛肉總是名列前茅。」

一九九九年後，重獲「新生」的「治德號」更上一層樓，小籠蒸牛肉先後榮獲四川省第二次烹飪大賽熱菜一等獎；全國第四屆烹飪大賽金獎，姚樹成的徒弟，時任「治德號」廚師長的倪聖中喜獲「中華最佳廚師」稱號；二〇〇〇年，「治德號」被授予「四川餐飲名店」；二〇〇二年，「小籠蒸牛肉」被大陸貿易部認定為「中國名菜」；二〇〇六年，四川省商務廳正式認定「治德號」為「四川老字號」名店。

但早在一九八三年，為人親切、善談，喜歡每天飲一二兩小酒的姚師傅就去世了。近八十載之風風雨雨，姚樹成與治德號的小籠蒸牛肉一路走來，在動盪中不屈不撓，在順境中兢兢業業，固守著美味與純真風情。

012 肥腸粉

在美食江湖，一家不起眼的街邊簡陋小店，在經歷了數十年的事易時移後，依然如故，食者潮湧，那他必定總會有那麼一款讓人常吃常戀、黯然銷魂的獨特美味，肥腸粉便是其中之一。

肥腸，即豬的大腸小腸。肥腸粉流行於川西壩子，是民間的一款極普通的閒吃間食。正宗的肥腸粉選用的是上等紅苕粉、煮熟的豬肥腸、二金條辣椒粉、漢源或茂汶花椒粉、保寧醋等原料；底湯則是用煮肥腸及豬骨頭熬製而成。肥腸粉紅油飄香，芽菜、榨菜星星點點，炒黃豆焦黃渾圓，油酥花生香酥脆爽，粉條柔滑糯軟，滿口留香，夾起顫巍巍的肥腸送入口中，只覺滷香細膩，滑爽耐嚼，不斷條不膩湯，吃來別有一番風味。

早期的肥腸粉大多是「擔擔肥腸粉」，通常是在晚飯後挑擔出門至深夜，或走街串巷吆喝叫賣，或定點擺攤，以賣肥腸粉為主兼賣酸辣粉，賣完收擔。坐堂售賣的肥腸粉店除賣肥腸粉、酸辣粉外，同時還要售賣鍋魁、油條，尤其是軍屯

鍋魁，這是成都人約定成俗的一種吃法。肥腸粉長期以來一直與軍屯鍋魁相隨相伴，軍屯鍋魁金黃油亮、外酥內嫩，用豬肉或牛肉為餡，鹹鮮香麻、酥脆爽口，與肥腸粉軟滑柔韌相得益彰、口感鮮明。吃完粉絲，再用鍋魁或油條醮著湯汁吃，那又是別有一番滋味在心頭。

肥腸粉通常分為紅味與白味，即麻辣味和鹹鮮味；前者為年輕女士所愛，後者為老年所喜。女士們大多還要加醋，於是就成了酸辣肥腸粉。你看那肥腸店，坐著的、站著的、蹲著的，「滋溜、滋溜」吸食粉絲的聲響不絕於耳；一張張臉蛋紅霞爛漫、香汗珠滚，快意吃情顯露無遺。即使是在炎熱的夏天，很多漂亮妹妹們冒著長痘痘的危險，也要一碗再一碗的吃個痛快。不少陪同女士來吃的男人們，則多半要在粉裡添加一兩個帽結子肥腸，吃個軍屯鍋魁方才如意。

老成都男人吃肥腸粉通常是：一碗肥腸粉、兩個帽節子、一個鍋盔。肥腸上桌，用筷子將碗中的帽節子與各種調輔料攪拌混合，然後俯下身，伸長嘴輕輕吸口湯，潤潤口舌，再挑起滑爽富有彈性的粉絲一吸，柔滑細嫩滋溜一聲飛流直下肚囊。這時再夾起帽節子，送進口中慢嚼細咽，那豐腴的肥腸，在牙齒間滋滋吐油，細嫩柔韌，讓你吃得神采飛揚，而後再咬口油亮酥脆的軍屯鍋魁，滿嘴溢香，最後連湯帶汁一點不剩的傾倒入腸，方才氣定神閒心滿意足矣！

肥腸粉之風情

在四川，肥腸粉可以說是最為草根、最為民間的甚至帶有濃厚鄉土氣息的地方風味小吃。在繁華鬧市、簡樸鄉鎮、華街陋巷無處不見其身影，空氣中隨處都可嗅到那麻辣酸香、濃郁撲鼻的味道。但幾十年間，仍以双流白家肥腸粉、青石橋復興肥腸粉、朱記肥腸粉、高記肥腸粉最為人們所愛。

白家肥腸粉出自成都市双流縣白家鎮，是白家鎮的傳統特色小吃，源於清朝末年，至今已有一百多年歷史。其粉成名後，旋即跟風起哄鬧騰不已，一時鎮上店鋪林立，都以白家肥腸粉為招牌。其實，正宗的是白家高記肥腸粉，如今的高記肥腸粉店主張華林是第四代傳人。白家高記肥腸粉的特點是：粉絲晶瑩剔透，紅白分明，麻辣鮮香，口味雋永，回味悠長。一九九八年被評為成都市著名商標。白家高記肥腸粉以從最早的街邊小攤發展成了集小吃、中餐、茶藝為一體的大型酒樓，以及分佈在川西各地的連鎖肥腸粉店。

走進白家，簡直就是個肥腸粉鎮，一家家店節次鱗比，店旗飄舞，個個都是「正宗」。再看站在門面街邊的男男女女，甩手弄姿，大聲吆喝，招呼著過往行人與車輛。吃的人是前呼後擁，根本找不到座位，前面碗裡還有少許，後面等的人都遞了半個身子上凳了。還有沿街站著端碗吃的，蹲下身子吃的，坐在階沿邊吃的，真是熱鬧得讓人瞠目結舌。而在成都，真真假假的白家肥腸粉店不下一兩百家。沒有孫猴子的火眼精金，是難以在風味上辨別出真偽的。

成都市內，青石橋的復興肥腸粉則是後起之秀。在這個西南最具名氣和規模的花鳥蟲魚及海鮮水產市場，集中了一大堆各式名小吃。復興肥腸粉自一九八五年開店至今，算是青石橋的小吃霸主，二十餘年長盛不衰，食客盈門。復興肥腸粉原先僅只一間鋪面，啥時候都是吃客打堆，吃情盛旺。四門而來的食客，要想吃碗紅味或白味肥腸粉，需要有極大地耐心侯等。有時去得早，趕上小夥計正在「打粉」，在「啪啪啪」一串響亮的拍打聲中，只見細長的粉絲就從有漏眼的水瓢裡流瀉出來，在團團熱氣之中蕩漾，徐徐遊進滾開翻泡的水鍋中，變得晶瑩柔軟。另一口大鍋則煮著豬肥腸、帽節子、心肺等，乳白色的濃湯洋溢出股股鮮美香味，讓人不能自己。

一九八〇～九〇年代，在下常陪同夫人去過癮，就是對我耐心的一大考驗。那紅苕水粉，晶瑩剔透，圓渾有勁，盛在熬得濃白的骨頭肥腸湯中；紅油飄香，芽菜、榨菜、酥黃豆、酥花生、豌豆尖點綴其間；唇齒間豌豆尖清爽宜人，榨菜的滋味回蕩喉間，黃豆的香氣直頂上顎，光滑的粉條襯托著酸香麻辣的滋味，充盈五臟六腑；各種滋味輕重緩急，錯落有致的撫摩著你的味覺；倘是再輕泯口酸辣湯汁，頓覺溫暖舒爽，周身通泰。而作為那個年代的象徵，復興肥腸粉的吃情壯景已成為這座城市與市民的美好記憶。杜甫曾說「少不入川」，就只是這肥腸粉，不知已讓多少善男信女迷惘在天府了。

朱記肥腸粉亦是成都一家老字號名店，清末民初從通江縣來到双流開設朱記粉店，後移店成都，於今已是三代經營。記得一九八〇年代初期，經過染坊街小巷子，常會見到有家不起眼的簡陋小吃店，就是「朱記肥腸粉」。老式的瓦頂平房，房裡就一口大灶和幾根長條木凳圍起的小木方桌。灶上支著一口碩大的鐵鍋，沸騰中隱約看得見肥腸，鍋裡散發著一陣陣的香味，每次經過時，都會不禁駐足。一有客人叫來碗肥腸粉，只見老闆立馬按分量抓把苕粉放入竹簍裡，再抓上一把綠豆芽放在裡面，放進滾燙的肥腸湯鍋裡燙起，接著開始往碗裡打佐料，待粉熟了後倒入打好佐料的瓷碗裡，放一小撮切碎的肥腸，一碗香噴噴的肥腸粉就好了，如果再加一兩根「冒節子」（豬小腸），那就更有吃勁。在當時，通常不加肥腸的素粉價格一塊五一碗，加肥腸的二塊一碗，冒節子五毛一根。那時吃肥腸粉加帽結子，已經是比較奢華的了。

前兩年，聽說在西門有一家朱記肥腸粉，一去打聽，是那家的妹兒開的，也打聽到了老朱記搬到了二環路外一個菜市附近，興沖沖的趕了過去，人還是那個人，老了很多，銀絲已經爬滿了頭，聽說是以前的老主顧，老人親自給我做了一碗端上來，品著熟悉的老味道眼眶不禁有點濕潤起來。

見到故人，不免拉上幾句家常，原來這位朱大爺是做肥腸粉的世家，幾代人都做粉。說起年輕時，老人不免有些激動，可以想像當年的輝煌。可談到現在，他也不免有些傷感，兒女都大了不願意再做這個行當。「現在的年青人，都不願意做這個了，太累了，不過……」說著老人指了指正在忙碌的幾個年輕人。原來，很多外地人慕名找到了他想學這門手藝，剛開始老人還一千個不願意，可後來一想就想明白了，祖宗傳下來的東西總是要有人去做的，可不能讓這門手藝砸在自己手裡。「能傳多少傳多少吧」老人無奈的說到。聽老人說已有不少徒弟在外地開店了，且生意都很興隆。

肥腸粉是鄉土風味和市井風情極濃的特色小吃，除了這較典型的三家，其實在成都四門的小街小巷，在川西壩子各鄉鎮都有不少佳粉名吃，亦有眾多癡迷粉絲，在都市、在鄉鎮展現出一道道令人驚歎地靚麗吃情與風情。

尤其是在鄉鎮，你不難發現，每家店堂門口的大爐灶和大鐵鍋，下面燃燒得通紅的焦炭，呼呼地吐著藍幽幽的火苗，舔著灶口上的鐵鍋鍋底，沖得一大鍋濃白的湯翻尖打浪地滾開，鍋中的肥腸如衝浪一般上下起伏翻騰。「碳火直顧沖，湯鍋莽起開，香味飄散去，買主聯翩來。」這首民間打油詩可以說就是「肥腸粉」店的生動寫照。

更可怕的是節假日營業高峰時間，家家店內人滿為患，吃完的剛一起身，貼身站在一旁候等的立馬坐下去。跑堂的一迭聲招呼：「得罪！得罪！」、「燙倒！燙倒！」在人群中左閃右躲，把一碗碗粉端到顧客面前。只見那粉，或乳白或紅亮的濃湯油花閃閃，玻璃般透明的根根水粉，粉面上漂著十幾塊小肥腸，蔥花、芽菜浮面，綠豆牙點綴其中，紅油略帶點糊辣香味，讓人的味覺神經為之一振。入口一嘗，粉條帶勁、耐嚼，肥腸微軟化渣，搭配的節子頭脆得可口，咬斷節子頭，輕輕一吸，一股熱油滿嘴流竄，香啊！再倒少量香醋，喝一口熱湯，頓感酣暢淋漓，全身放鬆，實在是太爽。看著個個食客咂著舌頭先品湯味鹹淡和涼熱，再夾塊肥腸細細地嚼，然後稀裡呼嚕，一碗腸腸粉就順流而下，從嘴滋潤到腳，張嘴大口哈幾下氣，這個口福之欲就算是滿足了，雖然等了那麼長時間，但沒人覺得不值！

013

帽節子／豆湯飯

四川人尤愛吃肥腸，當然多數是男人。川菜中有款名菜叫「軟炸班指」，就是一道傳統肥腸菜。肥腸經清洗，稍煮後加調料蒸熟，再入油鍋炸成金黃，切成一．五公分長的節子裝盤，配生菜和糖醋味碟，也可配蔥醬碟或椒鹽碟，還可以淋糖醋芡汁或魚香芡汁。此菜因形似古時弓箭手戴在手指上的「扳指」而得名。不僅在國內列為名菜，海外亦享有美譽。

而在家常肴饌中就有更多肥腸名品，像紅燒肥腸、粉蒸肥腸、涼拌肥腸、爆炒肥腸、滷肥腸、肥腸湯，以及鍋魁夾肥腸、肥腸麵、肥腸豆湯飯和肥腸粉等，帽結子便是其中一個獨具特色的品種。

不過，成都現今很多「帽節子肥腸」店的店名實際上是錯的。帽節子，特別是帽節子肥腸粉，是成都很出名的地方小吃，究竟是「冒節子」還是「帽節子」？可以肯定地說是『帽』而不是『冒』。舊時，為了便於清理豬腸子，人們習慣把腸子綰一個結。實際上，「帽節子」即一段打了結的豬小腸。以前男人普遍戴一種帽子，叫『瓜皮帽』。這種帽子的頂上有一個結，那是由很多細繩線綰起的一個突出的小『揪揪』，比李子還小一點。而肥腸綰個結，其狀就像瓜皮帽上的『帽節子』，故而稱為帽節子肥腸。」

成都過去另有一種小吃叫冒飯。「冒飯」實際上就是燙飯，它既是一個名稱，又是一種烹飪方式。但這個「冒」字是動詞。那時家戶人家都是燒柴火，懶得為熱點飯去燒鍋，於是就端碗冷飯去冒，什麼都不買只出冒飯的錢，店家也要給你加上醬油、蔥花、芽菜、油辣子等。一九五〇年代，有幾年我們兄弟妹的午飯就是這樣解決的。成都人把這種燙法稱為「冒」，過去的擔擔麵、擔擔抄手、擔擔粉及豆湯飯館、麵店、粉店都有此種服務。因此，這裡的「冒」就不再是

「帽節子」的「帽」了。是兩個不同的字，也是兩種截然不同的做法，不可混為一談。

帽節子

大多肥腸館子、豆湯飯和肥腸粉店，通常在店門口當街支一大鐵鍋，翻滾糾纏著令人垂涎的肥腸，雪白的濃湯冒著熱氣，飄出肥腸特有的香味，人們老遠的就被這氣味引誘。因為肥腸通常被視為「豬下水」，是下里巴人吃的，難登大雅之堂，故而最早這種帽結子肥腸多是擔擔肥腸和街邊小飯館售賣，以豆湯飯、紅燒帽結子、蒿筍燒肥腸、涼拌肥腸、拌心肺、肥腸豆湯為主，至今仍是如此。

過去挑擔售賣帽結子的，稱為「擔擔肥腸」，還兼賣豬肺片、豬臉泡子肉，並配備有冷飯。那些拉車、背貨、搬運等下苦力的人，便多吃這樣的「冒飯」。即售賣者將冷飯盛在竹撈子中，放進煮有肥腸、豬肺及豬臉肉的湯鍋中燙熟，客人可選擇加帽結子或豬肺片、豬臉肉，一兩分鐘搞定，倒進碗裡，加醬油、蔥花、芽菜、油辣子即可，吃來是熱嚕嚕、油滋滋、香噴噴，既解饑又解饞，價低廉且實惠，大受平民大眾的喜愛。帽節子既可作夜後的間食，又可做晚餐之用，帽節子的吃法和製法是古時燙飯的簡化形式，現今十分流行的冒菜便是這一傳統的延續。

一九六〇～七〇年代以前，華興正街榮盛飯店的招牌菜之一，就是紅燒帽結子，配有蒿筍或紅白蘿蔔同燒，入口滿嘴油膘，彈性極好，柔韌軟糯，十分爽口。一九八〇年代，成都紗帽街「溶新飯鋪」劉大爺，賣了一輩子肥腸和帽節子，他的紅燒帽結子肥腸和粉蒸帽結子肥腸遠近聞名，連歐美洋人都慕名前去品嘗。如此，帽結子肥腸用在豆湯飯、肥腸粉中那是必須的。倘若哪家肥腸粉店不賣「帽結子」，很難想像生意能做得好。

肥腸粉始於成都双流縣白家鎮，當年口味最好的是朱記和羅老十。朱記以香辣的紅油辣椒和帽節子肥腸粉見長，他家的辣椒的特色是比較焦

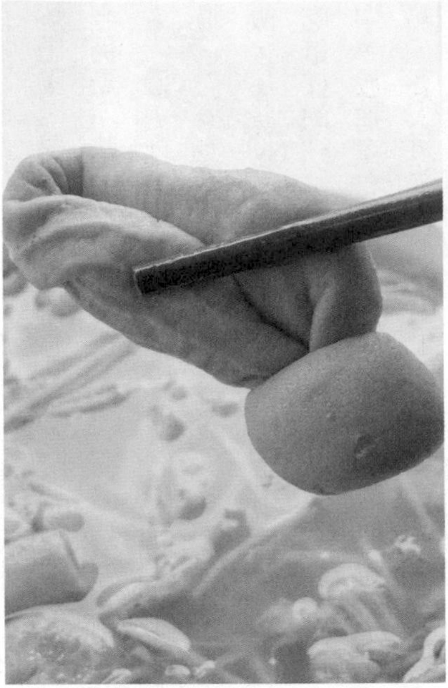

香，製作的時候油溫較高，辣椒略帶糊味。羅老十以醬香味濃，口味適中見長。

帽節子肥腸粉不是簡單的加入調料即可，而是採用香濃的、特製的肥腸豬骨湯燙煮粉條，在煮的過程中湯汁的鮮香亦浸入粉絲內，再以紅油辣椒、花椒粉、醬油、油酥花生、酥黃豆、芽菜、榨菜、小蔥花、芹菜花等調味，加上綠豆芽或豌豆尖，一碗香氣襲人，滋味豐富的肥腸粉方才成就。

豆湯飯

成都最本土的飲食除了肥腸粉外就算豆湯飯了，而豆湯飯和肥腸粉又是相輔相存，肥腸配上紅薯粉絲就成了肥腸粉，配上𤆵（音同趴）豌豆加白米飯便是豆湯飯。成都有不少專賣豆湯飯的便飯館。所謂豆湯飯，就是加了切碎的肥腸和蒸得酥爛的豌豆及煮肥腸、心肺的湯泡飯，客人也可冒一碗肥腸豆湯或者再加一兩個帽節子，也可來分涼拌肥腸，再吃上一碗老乾飯，一樣十分地過癮。

肥腸豆湯是肥腸柔韌、豌豆酥沙，味道很鮮很香，泡飯吃來更是香口美舌。你看那乳白的濃湯、酥軟的黃豆、翠綠的蔥花、香脆的芽菜……想起都流口水。豆湯飯不僅味道好，價錢還很便宜，一碗也不過幾塊錢。在成都賣豆湯飯的館子幾乎都是「蒼蠅館子」，高檔大飯店有的將它作為特色小吃提供。但成都人就是偏愛到這些「蒼蠅館子」吃豆湯飯，才有那種特別的感受。因此，雖說是平民百姓的便飯館，但卻是蹬三輪兒的、拉板板車的和開著賓士、奧迪去吃的不分彼此，同坐一桌共用廉價口福。

說到豆湯飯，不得不細說這「豆湯」和𤆵豌豆。因為這是獨一無二、成都最獨特的小吃。𤆵豌豆是老成都人尤為喜愛的食品，很難講它算是主食、湯料還是佐料，它既可以用來直接食用，也可以熬湯或是當菜肴及小吃的配料。𤆵豌豆的製作在豆湯飯的所有元素中，當數最精細，最講究的了。是用乾豌豆經過泡脹、蒸熟軟、壓搗碎，再經豬油炒至香酥等複雜工序製成。

老成都的家庭主婦幾乎都會做，先將乾的豌豆泡發脹後，加雞湯或肉湯蒸至熟軟，至豌豆爆開，且呈金黃，將豌豆取出稍微壓搗幾下，讓豌豆有的成爛泥狀，有的仍豌豆粒狀，不粘手，不滴水即可。製成的𤆵豌豆口感酥沙，有濃郁的豆香味。在任何菜市場裡，賣豆腐、豆乾處都有賣𤆵豌豆的，竹篩裡用紗布蓋著一大塊黃澄澄的𤆵豌豆，論斤出售，非常便宜，秤好後，小販將豌豆包在紗布裡楸裹成團，壓成餅狀，用包裝紙或菜葉、荷葉包起就成了。𤆵豌豆在熬湯時要先用豬油炒至酥香，可適量加入蔥花和鹽以提味。由於𤆵豌豆已成輕微糊狀，所以熬湯時不用打碎或長時間燉煮，便可以有歐式「濃湯」的效果。

常在江湖漂盪，為食而四方求索，八方奔忙，勢必歷盡風雨，癆腸寡肚，難得吃上一頓好飯。此時，如果來一碗豆湯飯，肯定一下子會滋潤到你心窩裡頭。成都的豆湯飯館按傳統，只賣肥腸豆湯，涼拌剔骨肉、拐子肉及素菜，有的買些燒肥腸，粉蒸肥腸，通常不賣炒菜。想想看，那肥腸美、豆子香、豆湯燙，配上涼拌菜、白米飯，是又香又暖，一冷一熱，一辣一鮮，相互交替烘托，該是何等地美味。算了，不能再寫了，越寫越餓，乾脆今晚就去海吃一頓。

豆湯情

時下，成都坊間最受美譽的當數海椒市的老字號「溫記府廟豆湯飯店」。此店開在海椒市已有不少年頭，店面已經擴展到四、五個開間串聯，穿過門臉房，後面還有一大片露天院子。這家店的生意好到只做午飯買賣，早早賣完了便關門休息。現在晚上也可以去享用，只是稍晚一點菜差不多便賣光了。

溫記府廟豆湯飯只是出售豆湯和涼拌菜，不做炒菜和其他任何菜式。涼拌肉菜主要是剔骨肉、豬拐肉和豬雜，也有蒜泥白肉、拌心片、舌片、肺片、肚條等，也可以任點兩種合拌。素菜一般也是拼盤，稱「素拼」，依時令不同，有藕丁、熗炒萵筍尖、黃豆芽、青椒炒榨菜、洗澡泡菜等。拌菜味道正宗，紅亮麻辣，辣狠了再喝一口熱騰騰的豆湯，將豆湯和米飯混合便是豆湯飯，那更是美味，呼呼的扒一碗入腹，絕對的舒服過癮。女士在這裡吃兩碗白米飯也不是稀奇事。而肥腸豆湯飯加洗澡泡菜是成都人最標準的大眾吃法。這家小店店，味道霸道，份量十足，吃過一次保證念念不忘，的確相當的勾魂。

通常兩個人可以一人點一碗豆湯，再來兩個涼拌肉菜，一個素拼和白米飯。豆湯可以無限量加湯，當然只能加素豆湯。每到中午用餐時間，店旁便停滿了各色轎車、摩托車、電瓶車、自行車、三輪車、嬰兒車……夥計們兩手可以端六、七碗飯，卻還是忙不過來，所以點菜催菜、加飯加湯只有振聲高呼或者巧取豪奪。不然就要等很久了。這裡有一個小訣竅，若是久呼夥計不應時，叫一聲「收錢啦！」很快便有人過來了！這一天你會感到心滿意足，小日子過得還舒服。

愛好肥腸在成都是一件再自然不過的事情，肥腸在成都除了有最海量、龐大的食友，也確實有很妙的味道和食趣。想要親昵肥腸的風采與吃情，開車到成都近郊双流九江鎮的「茅屋大酒店」去。在那裡從加工到上桌，都可以看到、嘗到你所能想到的關於肥腸的一切。

這家鄉村肥腸店，幾十年來生意再好也不裝修房子，屋頂還是茅草的，老食客便戲稱這裡為「茅屋大酒店」，老闆也還真的在草房頂上掛了個「茅屋大酒店」的牌子。當街的店門口支著一口諾大的鐵鍋，日夜不休地煮著那粉白色的肥腸與心肺，走進去以後就如時光倒流五十年，烏黑挑高的廊柱，寬大的圓形拱門，屋簷上還有依稀可辨的雕花，暖水壺、舊糖罐，以及辨不清年代的古董般的桌椅板凳，打鬧的孩子的歡笑聲，雞鳴狗吠聲不時在竹林院壩中迴盪，空氣中彌漫著肥腸和柴草的氣息。

進來的每一個人就可以看到這裡的肥腸被清洗得有多麼乾淨。從燒肥腸、拌肥腸、蒸肥腸、爆肥腸、煮肥腸、到肥腸豆湯、肥腸粉一樣樣做出來，吃一口到嘴裡真的非常清爽，完全沒有意識中的「那種味道」，只有像雲彩一樣綿厚柔軟的脂肪和韌性十足的腸皮。煮肥腸有著牛奶般雪白的一盆湯，墊底的新鮮豆芽清香四溢，跟肥腸甘美的脂肪香氣混合在一起，老遠就可以聞到，吃的時候蘸上秘製的調料，會讓你朵頤大快，欲罷不能。

點了菜之後，老闆娘的丈夫會笑吟吟地用單手托著一個已經變形的搪瓷托盤，裡面裝著大碗的豆湯和幾盤切得如喂雞一般細的泡菜，外加辣椒堆得像一座小山的涼拌菜，遊刃有餘地從每張桌子之間穿過。

這裡的豆湯飯跟別處不同，豆湯和飯是分開上的，需要自己動手湯泡飯。豆湯裝在款式已經不能統一的青花大碗公裡，三元一大碗，共有八款，分別是肥腸豆湯、蹄花豆湯、肘子豆湯、剔骨豆湯、腸頭豆湯、帽節子豆湯、素豆湯、腦花豆湯、心肺豆湯等，有著勾人食慾的淺黃色或濃白色，飽滿的豆香讓人不由自主聯想起富足兩個字。喝一口下去，竟然是天然純情的鮮美香濃，粑豌豆酥沙，入口即化，只感覺到純粹的豆的鮮美，完全像隱居深山的世外高人的養生秘品。就著米飯、涼拌菜和素泡菜拼盤邊曬太陽邊吃，不期然的聊天之間，還會發現這裡的食客多數中午自帶著啤酒，花不到二十塊錢，坐在這裡安逸地享用正午歡樂吃情的美好時光。

豆湯飯對於我來說簡直就是一種不可抵禦的美食，簡單、美味、實惠。從讀書到工作，從單身到成家，豆湯飯、豆花飯幫助並伴隨著我度過了那些艱難而窘迫的歲月，也留下了難以磨滅的美味印記。大凡到過成都的人就一定會被成都隨處可見的獨特小吃肥腸粉和豆湯飯所吸引，那誘人的味道，真的會讓人食情綿綿，難以忘懷的。

014 鍋魁王國

如果說，成都是個「鍋魁王國」，應該不算是誇大其詞。僅從一件小事，即可窺見一斑。前些年，成都主流媒體上出現了關於鍋魁名字的爭論。有說應該是「鍋盔」，有說是「鍋魁」，一個「魁」和「盔」字，弄得滿城雄辯爭論不休。其後，四川烹飪雜誌從專業及學術角度仔細查證，明確說清「鍋魁」與「鍋盔」為兩個東西不同概念。前者是四川及西南地區的一種類似北方「燒餅」的麵食；後者是清真回族食品，於秦嶺以北的陝西、山西、河南等地的麵食，且兩者做法、大小、風味亦不盡相同，尤其是後者，其個兒頭，小如古代士兵之頭盔，大則如抵擋刀劍的盾牌，故而稱為「鍋盔」。

四川人稱之所以稱為「鍋魁」，且有其悠久的淵源。相傳最早的「鍋魁」叫「鍋饋」。據載：三國時，諸葛亮初出茅廬，助劉備火燒博望坡，回新野前令關羽帶兵一千鎮守博望。此時正逢秋旱，博望地高缺水不能煮食，關羽無以為計，派親信於新夜趕赴新野向諸葛亮求教。諸葛亮隨即修書一封置於錦囊，令親兵急馬送回。關羽接到錦囊，急忙拆開細細一看，乃是當地一種麵食製法，寫道：「製此食物，當用乾麵，摻水少許，合成硬塊，大鍋炕之，得食為饋，香酥可口，適宜儲存。」關羽立馬令軍士如法炮製，食之香不可言，於是士氣大振。隨後撤出博望時，關羽又令每人攜帶三日鍋饋到白馬河突襲曹軍，反守為攻逆轉戰局。

此後，鍋饋傳入民間，人們發現這一白麵鍋饋，還可用作盛器，掰開後裡面是空心，可夾各種葷素菜肴，亦能攜帶四方；並且這種鍋饋在四川所有的類似煎烤麵餅中個兒頭最大，於是便稱之為「鍋魁」，餅中之「魁首」是也。

鍋魁品種

在舊時的成都，鍋魁是一種極為普通的簡易食物。那時成都的大街小巷到處都是打鍋魁的小店和攤子，許多麵館、涼粉店亦隨時都可一魁在手，價格也極其低廉。儘管如此，像我們這樣窮家貧戶的小娃娃，也不是想吃就能吃到的。因此，每當從鍋魁鋪子傳來擀麵棒敲擊案板的打鍋魁聲，以及從爐膛中飄出的一股股麥麵的清香時，總不免為之垂涎，巴不得就有一塊熱燙的鍋魁立刻入口。

成都人通常所稱的鍋魁，多指純麵粉不加任何調味料，外酥內軟、鬆脆化渣、麵香回甜的白麵鍋魁。但市面上鍋魁的花色品種卻很多。從形狀上看，有扁圓、長方、三角、牛舌形、半圓、卷瓦等形狀；從風味上，即有白麵鍋魁、椒鹽芝麻鍋魁，麵中混合有紅糖的混糖鍋魁，還有長方形包有白糖心子的白糖鍋魁、紅糖鍋魁，三角形加蔥、鹽的蔥油鍋魁，方形的微甜酥鍋魁，以及鹹味的鏇子鍋魁、鮮肉鍋魁、怪味鍋魁、酒米（糯米）鍋魁、新鮮玉米做的玉米鍋魁等。另還有一種叫黑麵鍋魁，是用麥麩子粉與麵粉各半混揉，色澤灰黑，厚實硬朗的鍋魁，由於粗糙，吃來是滿口鑽，於是多在裡面夾有辣豆瓣和鹽菜以便於吞咽，價格更為低廉，專門賣給進城賣小菜、挑糞水等下苦力的農民吃的。白麵鍋魁還演繹出花樣豐富、風味紛呈，夾有各式葷素菜肴的夾餡鍋魁。若是從巴蜀大地來看，那鍋魁之品種就多得難以細數，至少也有四、五十個品種，最有名的當數彭州的軍屯鍋魁。

鍋魁風情

過去，老成都製作鍋魁，多用一大竹籮筐，裡面用耐火的泥土糊成肚大口小的空間，一個圓形平底鍋，這便是煎烤鍋魁的工具。再配上一塊案板，一根擀麵杖，就可以開張了。後來則多用一個去掉頂蓋的廢舊氣油桶製作爐子。製作鍋魁一般是兩個人，一人負責在案板上揉麵，不斷將一團團發酵的麵在手中搓弄，直到覺得滿意後，再放在一旁醒起；另一個則根據顧客的需要，甜就加糖，鹹則加好椒鹽，放在一邊。打鍋魁的人則一個個拿起來，把手中的擀麵杖敲打的震天響，一邊擊打案板，一邊揉擀麵團，差不多了，便「啪」的一聲將麵團扣在案板上，三兩下擀圓，擀平，最後再搖動一鐵皮盒子，盒子的底部被鑿成了篩狀的孔，盒子裡面裝著芝麻，多幾下少幾下，都可隨意。另一個便將擀製好的麵胚，放在泥爐子上，抹有少許菜油的平底鍋中稍煎片刻，然後端起鍋，將一個個麵餅夾進爐火通紅的爐膛內壁烘烤，片刻又端起鍋，把爐膛裡的鍋魁翻個面，大約也不過三兩分鐘，師傅便輕輕地從爐膛裡夾出烤熟了的鍋魁，直接遞給候在一旁的食客手上。這時候的鍋魁，外焦裡嫩，香脆鬆軟，口感勁道，拿著似乎有點燙手，吃著卻特別地香噴可口。

以前，無論是鍋魁店還是鍋魁攤，打鍋魁的大師傅都是頭裹白帕子，腰系藍色土布圍腰，家織土藍布短衣，大襟大袖，腳穿線耳子草鞋，手握一根圓木棒，如梁山好漢草莽英雄一般。打鍋魁有一套技術，要講究節奏韻律。通常在小桌或案板上，先把發好的麵團用刀切成約二兩大小的麵塊，拿起擀麵棒，在麵板上先劈劈啪啪打出一串長短相連又有停頓和間歇的、節奏感很強的震耳聲響，就像戲要開場先敲打一陣鑼鼓一樣製造氣氛，廣而告之。其後，便是右手一邊敲打，左手同時揉麵，待麵均勻成團之際，擀麵棒突然如滾雷般一陣急打：——嗒嗒嗒嗒——緊接著「砰」的一聲，將左手上的麵團甩向案板上壓下去，發出一個柔中帶剛、剛中帶柔的悅耳之聲。最後是邊擀邊轉動麵團，兩、三下一個圓圓扁扁的鍋魁胚子就成了，再放進平底鍋中，兩面輪流煎一會兒，然後提起鍋，一個個放進火爐中兩面翻動炕熟。這一連串的動作環環相扣、一氣呵成，令人震耳欲聾，眼花繚亂。

更有些技術嫻熟的，打起鍋盔來亦如雜耍表演，十分精彩，吸引得路人圍堆觀賞。他像鼓手一樣，長短快慢、抑揚頓挫地敲擊出清脆悅耳的聲響，手中的木棍上下左右舞動著各式花樣，令圍觀的人不由自主地發出讚歎之聲。尤其是在花會、燈會上，那更是熱鬧非常，大凡打鍋魁的地方，總是圍觀人群最多的。此時，大師傅更是格外來勁兒，在舞動各式花子的同時，還會把手中的擀麵棒突然甩向空中，甩得高的有十幾公尺，甩得低的也有好幾公尺，木棍在空中急速旋轉落下，手一接住又是一陣「啪啪叭叭」急打，這時圍觀的人群中就爆發出一陣歡呼的掌聲，買鍋魁者自然是前擠後推。人們相信，擀麵棒耍的如此精彩的師傅，鍋魁一定做得好吃，這便是精彩表演所招來的經營效益。當然這也是花會、燈會不可或缺的風情景觀。甚至成為一種鄉音與鄉情，隨著歲月的流逝，深深地印在人們的腦海中。

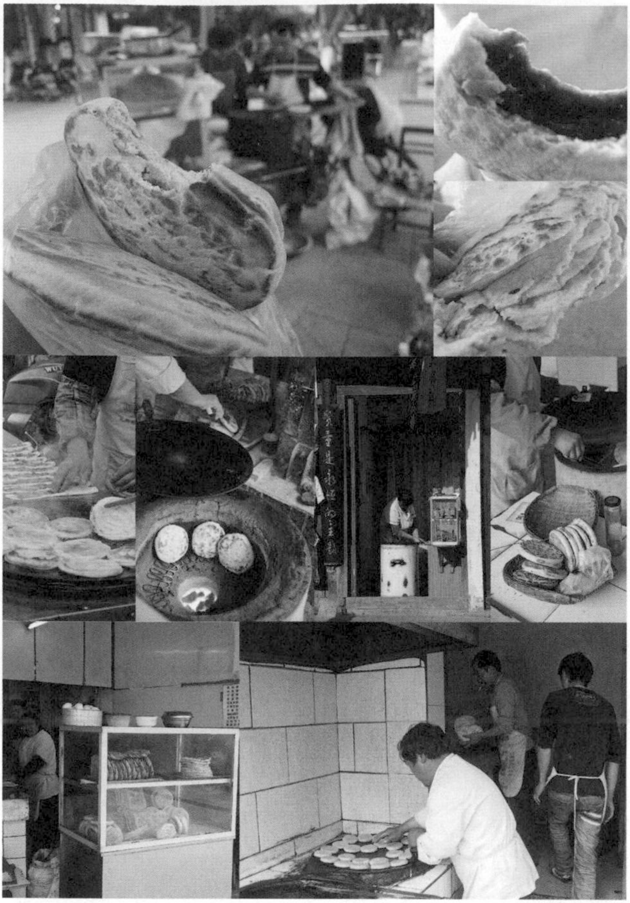

可別小看這樣的打鍋魁，十多年前，在成都五丁橋有個姓彭的農村小青年，就在路邊邊打邊賣，兩、三年後就打出了一個小飯館，幾年後發展成為北門最有名的「西北酒樓」，如今其

「興熙北大酒店」遍佈成都四門。而現今成都金絲街的「邱二哥鍋魁」，因堅持傳統鍋魁的老做法、老品種、老風味，夫打妻賣，又成為成都的鍋魁明星。

二〇一一年，成都附近的德陽市，出了個紅遍網路的打鍋魁的姑娘。每天早晨和傍晚，她的鍋魁攤子前就排起了幾十人的長隊。有很多人心甘情願地排隊，並不完全是為了買鍋魁，只是想看看和觀賞她打鍋魁的姿態及清脆甜美的聲音。當「嘭嘭，啪！」的敲擊與甩鍋魁的聲響，從一個留著齊眉劉海，細細眉眼，白皙皮膚，青春靚麗、時尚乖巧的姑娘手中發出時，儘管帶著一幅大口罩，你也會驚訝地發現，這的確是個真正的美女。「要兩個鍋盔嗎？已經好了，請拿好！」女孩清脆悅耳的聲音，熱騰香噴的鍋魁，讓人心裡感到十分地溫馨。

不少排隊候等的人有時會故意發問，逗姑娘開口說話，「嗨，小妹，那個鍋盔可以加巧克力餡嗎？」姑娘老老實實地回答：「加巧克力餡就不是正宗肖記鍋魁了。」人群中發出一陣開心地笑聲，姑娘也不再做任何解釋，只是嫻熟地忙著手中的活，打著鮮肉鍋魁、麻辣牛肉鍋魁，用鐵鉗夾著一個個鍋魁，上煎鍋煎烤，再放進爐膛內烘脆。

這位名叫肖莎，擁有大專財會專業文憑的二十四歲的姑娘，原在蘇州一家單位工作，為照顧身體不太好的父母，便辭職回到了德陽，她不忍心看著父母每天早出晚歸，那麼辛苦地打賣鍋魁，就決定幫助父母賣鍋魁。開頭是兼職，後來賣出名就離不開了，成了專業鍋魁師。肖莎的青春陽光、純樸孝順不僅深深感動了人們，也讓世人看到了一個與平時所見小商小販完全不同的清純和本色的美。如此，大家送她一個親切的昵稱「鍋魁西施」肖莎。

鍋魁吃情

鍋魁的吃法在川西壩子可以說有「N」種，自然也是吃情萬象。就說白麵鍋魁吧，鍋魁鋪或攤子不像其他小吃，他從不吆喝叫賣，單憑手中的擀麵棒的敲打聲吸引顧客。老成都人都懂得起，鍋魁要吃熱，方才能品味到麵香、酥柔和鬆軟的風味。於是，只要鍋魁一開打，就有人站在爐子邊等候，專買剛出爐拿起還很燙手的鍋盔，哈哈氣就送進嘴裡舒舒服服地咬上一口。

再說成都人最愛的白麵鍋魁，因只有麵粉的本味，所以成都人就將它吃出百態百味來，其中最普遍的是在鍋盔裡麵夾入各式菜肴，像最簡單樸實的鍋盔夾大頭菜絲子、涼粉夾鍋魁、夾涼拌萵筍、夾炒蓮花白絲、麻辣筍絲、豆瓣拌大蔥等下里巴人的吃法。尤其是「大頭菜絲子夾鍋魁」，不知伴隨了多少代人的成長；而「涼拌萵筍夾鍋魁」、「蓮花白絲子夾鍋魁」，又不知讓多少苦讀寒窗的窮學生熬過了多少個冷清的冬夜。

記得一九六〇年代中期，讀中學的我每到熱天，下午放學後總要和同學在錦江大橋南河裡板澡（游泳）。這時，必定會看到一個讓人歡喜，又讓人驚詫的場景。一個賣大頭菜絲子夾鍋魁的中年男子，把賣鍋盔的木架子與竹籃頂在頭上，另一隻手舉起脫下的衣服，踩著「假水」渡過河來。那時的南河又寬又深，少說也有兩米深吧，大家夥驚歎地看著他走入河水中，卻不慌不忙、悠悠然然地踩水，不久就穩穩當當地上了岸，在一棵大樹下，擺好架子，放上籃子，我們就一窩蜂跑過去，兩分錢買一個茶碗蓋大小的白麵鍋魁，夾進細細的，用辣椒粉、花椒粉、糖、醋、鹽和芝麻拌合的大頭菜絲，那是辣麻甜酸香脆爽，很有吃勁，特別是游泳後饑餓之時，吃來特別地趕口和鮮香。那時在我的心中，總覺得這是天底下最可口的美味了。

在家裡，母親有時要買兩個白麵鍋魁炒回鍋肉。因那時憑票證每人每月半斤豬肉，我家四口總共只有兩斤，就只有一月吃兩次，而且需得盡可能割肥肉來熬油，肉熬過油後也就沒有多少片了，於是就用白麵鍋魁切成小塊混在肉裡一起炒。這就是民間回鍋肉系列中有名的「鍋魁回鍋肉」。

到了寒冬臘月，衣服穿得單薄，常冷得縮成一團，有時父親便會買幾個白麵鍋魁，叫母親煮醪糟鍋魁給我們三兄妹吃。看著母親把鍋魁切成小塊，放進燒熱的豬油鍋中翻炒，然後加水、醪糟、白糖煮開就舀在碗中，鍋魁綿軟，醪糟香甜，一家人吃的臉紅汗冒，周身發熱，一整天都不會感到冷。現在每每想起，心裡也總是甜甜的，酸酸的，然後就不知不覺地流下淚來……。

鍋魁食趣

鍋魁，對成都人而言，多半是作為小點零食吃耍打閒的。雖是很簡單的一種麵點，但成都人卻賦予了它諸多的吃情食趣。像冬天，剛出爐的白麵鍋魁，夾入家製的「辣菜」、「沖菜」，趁熱咬一口，立即那股比芥末還「沖」的氣味，沖得你眼淚、鼻涕双流，其後，周身又會感到十分地舒爽、通泰。

夏天，倘若吃上一塊滾熱的紅糖鍋魁，那就更有趣了。過去的紅糖鍋盔夾的糖量很足，從爐膛中夾出來，若心心慌慌地一口咬下去，裡面滾熱的紅糖，要麼會燙得你揉著心口、肚子跳，要不稍不留意，紅糖就會順著手腕流到手肘。吃的人往往忙不迭地去舔，等舔到手肘，手上拿著的鍋盔已舉過了頭，結果鍋盔裡的紅糖又滴到了背上。因此，老成都有句口頭語：「小心吃鍋盔燙到背」。

再看看涼粉夾鍋魁，對姑娘、女士來說，這是一年四季都離不了的美味零食。在涼粉攤、涼粉店，不少美眉拿著涼粉夾鍋魁，邊吃邊逛，邊看邊吃，口中不時發出嘘嘘之聲，還時而用手抹抹嘴角，結果嘴唇還是上留下一個個熟油辣子印上的紅圈圈。而在鐘水餃店，不少男女都要一邊吃水餃，一邊手掰椒鹽鍋魁蘸著紅油蒜泥湯汁細嚼慢品；在涼麵小店，大多女士則把涼麵夾在鍋盔裡面，不慌不忙慢慢品嘗。

在華興街，以醃滷著名的老字號盤飧市，每天買滷肉的顧客都不是立等可得，旁邊小賣部兼賣的滷肉夾鍋魁，百年間不知讓多少時刻吃得如癡如醉。就是現在，六元錢一個的滷肉夾鍋魁，男女老少拿在手裡依舊是濃香撲鼻，咬一口，油滋滋、香噴噴，一不小心熱嚕嚕的滷汁便會滴到手上，一些女士和小孩，亦如嬰兒般把個手指含在嘴裡吸得嗞溜嗞溜響。

除了滷肉夾鍋魁，成都治德號小籠蒸牛肉也兼賣鍋魁，不消說，白麵鍋魁夾入熱騰騰帶有濃郁麻辣與香菜味道的蒸牛肉，吃來是多麼愜意。而夫妻肺片夾鍋魁，那種麻辣鮮美、連肉帶汁的濃香，總是吸引一潮潮帥男靚女。我自己在一九六〇~七〇年代，每逢週末從家裡返回學校，都要到夫妻肺片店，把父親給的趕公車的幾毛錢省下來，買個夫妻肺片夾鍋魁吃，方才心安理得。

現今，這種民間下里巴人的快樂美味和食趣，亦被高檔餐館與酒樓所吸收，於是一系列鍋魁美食出現在席桌筵宴上，像：鍋魁夾粉蒸肉、夾回鍋肉、鹽煎肉、夾青椒肉絲、夾蒜泥白肉、夾紅油耳絲、夾鹹燒白、夾麻辣兔肉絲、魚香肉絲、蒜薹炒臘肉等花樣風味百出，雖然採用的是白麵小鍋盔，但吃來還是蠻有滋有味的。

在繁華的春熙路，像「樂來鍋魁」、「其樂鍋魁」這樣的專賣小店，十幾種風味紛呈的葷素菜肴仍你挑選，在幾乎是世界各地美味小吃薈萃的春熙路上，依然吸引了不少遊人，尤其是成都美女和大學生，踏進春熙路極少有不吃這一世代無聲沿襲的草根美食。

015 蛋烘糕

在巴蜀飲食江湖，可以說從來都不缺少傳奇和驚喜，而在川西小吃中，恐怕再沒有哪款民間小吃能像「蛋烘糕」，從創製出世到今朝，一百餘年來依然如故。它既登大雅之堂，給席桌筵宴添輝增彩，又推車遊蕩，無聲無息現做現賣，仍是小孩、老人、學生娃娃口中的最愛。至今仍隨時可在大街小巷見到它秀麗的身影，嗅到它那濃妝淡抹，鹹甜怡口的芳香。

蛋烘糕，形如晚霞映托的半月，秀美優雅，溫馨可人，金燦燦、香噴噴，綿軟滋潤、柔嫩酥鬆。在中大型餐飲酒樓的筵席高潮中，送上「鴛鴦蛋烘糕」、或金鉤、蟹黃、火腿等為餡心的蛋烘糕與銀耳羹，烘托營造吃情食趣，讓客人流連忘返。而在蛋烘糕專賣店則有十餘種風味，芝麻、什錦、蜜棗、八寶、玫瑰、果醬、洗沙、花生、核桃、櫻桃、水晶、冰橘、鮮肉榨菜、雞米芽菜、泡菜碎肉等品種。

一個淒涼美好的傳說

蛋烘糕，是純粹下里巴人創製，雅俗共賞的風味小食。它的出世頗具戲劇性，既有一絲淒涼酸楚，又蘊含著濃濃的溫馨和芳香。

清・道光年間（一八二一年前後），成都文廟街石室書院（原四中，現石室中學）附近，住有一姓師的老漢常年在南河拖船拉縴為生。有年錦江洪水氾濫，師老漢拉船閃了腰被迫回家養傷。他年過半百方娶妻得子，如今斷了生計，一家三口窮愁潦倒無以為計，師老漢成天愁眉苦臉哀聲歎氣不已。

一個風雪天，老夫妻倆夾著烘籠（竹編籃

子，裡放瓦缽，燒木炭取暖用），商量想法謀生。老妻安慰老漢說：「天無絕人之路，諾大個成都府，只要勤動手腳還愁餓飯？守著個書院，這麼多學生娃娃，還想不到辦法嗦。」正說之間，只聽門外雞籠裡的一隻母雞生了蛋咯咯叫喚，老妻起身去撿，卻見那五歲的頑皮小兒已將雞蛋打破，抓了些麵粉和紅糖在碗裡亂攪，要和鄰家的小孩子們打夥辦「姑姑筵」。師妻一見氣不打一處來，欲追打小兒，娃娃便嚇得抱頭閃躲，又撞翻了門邊放的小銅鍋，老妻一不留神，一腳又把銅鍋踩扁。於是大人叫罵，娃兒哭鬧，蛋打雞飛，亂作一團。

師老漢扶著腰趕忙出來，一邊安慰老妻一邊哄小兒。他撿起踩扁的銅鍋，牽著兒子：「莫哭、莫哭，我們來煎蛋餅吃。」老漢便將銅鍋放在烘籠炭火上，把小兒加有麵粉、紅糖的蛋液攪勻，舀了一勺蛋液在鍋內，把鍋端起晃了晃讓蛋液均勻鋪在鍋中，像烤春餅一樣很快烤好，便撿起一邊疊上。兒子一吃破涕為笑，連說：「好吃好吃，好香！」老漢一高興便連煎了幾張，和老妻共嘗，只覺得香香甜甜、酥鬆綿軟，十分可口。老妻也轉怒為笑說道：「那就對了哈，就做這個賣噻！」

接連幾天，師老漢把忍饑挨餓積存的雞蛋全拿出來，摸索著加發麵和糖的比例，火力大小的把握以及銅鍋的改製。反復試製後，他又趁熱送給經常照應自己的左鄰右舍品嘗。眾人吃後讚不絕口，紛紛鼓勵老漢擺個攤攤做來賣。還有人說：「你家師婆婆的醪糟也做得好，何不就賣這個雞蛋餅和醪糟嘛！」老兩口一想：「對頭，守住這麼多讀書人，還愁掙不到衣食錢嗦。」於是鄰居們又幫忙湊了些錢，拿出些桌凳，師老漢便在家門口擺起了小攤攤賣起了雞蛋煎餅和粉子醪糟來。

一個絕世小吃的誕生

從此，有了生計，一家老小也就有了希望。師老漢每天趕早到南門萬裡橋早市去買雞蛋、麵粉、糯米、紅糖。晚上和妻子蒸醪糟，白天就擺攤。老夫妻倆掌灶當爐，老實勤快，為人厚道，攤子雖說簡陋，倒也乾淨衛生，所賣雞蛋煎餅和醪糟粉子味美價廉。書院學生常在上午課間和晚上偷跑出來打間充饑。特別是冬天，煎餅入口、醪糟下肚，既香甜爽口，又生熱禦寒，再回房攻讀甚有精神。於是師老漢的生意日漸紅火。

殊不知雞蛋醪糟皆能滋身養體、和血補腦、護肝益脾、滋陰壯陽。兩、三個月下來，學生們個個紅頭花色、精神氣足，學業大有長進。師老漢又送了些到書院請學究先生們品嘗，一個個吃得津津有味、搖頭晃腦，讚美有加。於是便網開一面允許學生在課間、晚自習時到師老漢家補充熱能。

見生意很好加之手頭也較寬裕了，師老漢又不斷嚐試，增加了黑芝麻、花生、核桃、鮮肉榨菜餡心，並根據其做法和色香味形取名「蛋烘糕」，還請人做了副「師記蛋烘糕」的小布招。而學生們也是越吃越愛，不少在週末或節假日放假，打包攜帶回家和饋贈親友。於是文廟街師記蛋烘糕就傳揚四門、名聲崛起。

一天，正是孔子月祭之日，四川省主管教育的學臺大人要來石室書院參祭。此先生是個食不厭精，膾不厭細，極好飲食的人，聽聞文廟街有個稀奇美食，便提出要品嘗「師記蛋烘糕」。學院趕緊告知師老漢精心準備，小心伺候。

快到中午時分，師老漢在宴請大廳正中擺放的八仙桌上，並排放置了八個小火爐，八隻晶亮小巧的紅銅小鍋，旁邊瓦盆、缸缽內盛著雞蛋麵清，幾個青花瓷碗裝著幾種餡心。另一稍大火爐上的大銅鍋，則煮著一鍋醪糟，缸缽中盛著粉子。師老漢刮了鬍修了面，衣冠整潔地站在桌前，氣定神閒地用紫銅小勺舀出麵漿，依次緩緩淋入銅鍋內，快速挨個晃動，再放入餡心，隨即加蓋烘烤。然後又手腳麻利的三兩下把糯米粉子扯進醪糟鍋中，回轉身用白銅小刀，從第一鍋到第八鍋，把烤熟的蛋烘糕對疊成半圓，兩個一盤，又舀出醪糟粉子，分別盛在精緻玲瓏的青花小碗中，示意席宴主管送上檯面。

學臺大人和書院的學究們，看師老漢操作表演猶如布兵擺陣，眼勤手快，腳步輕盈、不慌不亂、井然有序，從心底嘆服。再一品嘗蛋烘糕和粉子醪糟，前者色澤金黃、香甜撲鼻、鬆軟怡口；後者滋糯甜美、清醇可心，二者共用，美口潤腸，實在是妙不可言。席上讚歎之聲四起，學臺大人拍案叫好。此時，師老漢第二輪風味別樣的蛋烘糕又送上了席桌，學臺大人和學究們已是甩開斯文大啖快品，桌上書院廚師精心準備的各式佳餚無人動筷。正當學臺學究們吃情高昂之時，卻見師老漢收鍋檢碗，滅火蓋爐，眾人甚是驚訝。學臺大人正滿懷期待，見此便忍不住發問，師老漢垂首稟告：「大人，烘糕系蜂糖入麵，調和蛋液，醪糟粉子均為上佳補品，四塊蛋烘糕，兩碗醪糟粉子，已是足夠，多則傷胃虧身，故而撤爐不進，請大人見諒。」

一聽，學臺拈鬚大笑：「沒想到你不僅擅作美味，且很有見識，可喜可賀，實該獎賞。」並告知：「明日，有位老先生到北郊祭聖，我托他到你處巡視品評，並致謝儀。」第二天，在書院學究和學生們的簇擁下，一位白髮皓首、老態龍鍾的書院訓導顫巍巍來到師老漢店攤，幾塊蛋烘糕入口，無需咀嚼，香甜異常；一碗醪糟下肚，口舒身爽，耳熱面紅。老學究連連擊掌，眉飛色舞道：「耋長八旬，無此口福，食之晚矣！真乃天宮珍肴味，人間哪得幾回嘗。」當即取筆揮毫蝕了副對聯，贈予師老漢。聯曰：「齒留蛋香，錦繡文章增異彩；口留酒憩，龍鳳巨椽生奇花。」

學臺大人品吃、獎賞，以及老學究的對聯趣話，一時間在蓉城視為佳話廣為流傳。師記蛋烘糕的美名更是家喻戶曉，四面八方前來品嘗者絡繹不絕。師老漢夫妻倆依靠自己的雙手和心智，不僅還清了舊債還置了家業，並把手藝傳給了兒子。其後又收了學徒，一心世代相傳。每逢花會、燈會、喜慶之日，師記蛋烘糕都會被邀請擺攤設點，成為川西壩子一款不可或缺的精品小吃。於一九九〇年，正式榮獲「成都名小吃」稱號。

記得我小的時候，還有一種挑擔售賣的「扯紙蛋烘糕」，售賣者不以個計賣，而是在擔子邊伸一木板，上放一碗清水，另有一根鐵絲，上串著厚厚一疊小長白紙條，紙上用白礬水寫有一至十不等的數字，代表蛋烘糕的個數。買者只要交兩分錢，便可隨意扯下一張紙條，放進清水碗裡，紙條上立即顯示出數字來，小販就根據其數目給幾個蛋烘糕。這是一種憑運氣的買賣，很受小孩兒們喜歡。扯紙蛋烘糕比平常所賣的要小一半，配料與餡心也要差些，大人們把這種扯紙蛋烘糕稱作：「哄娃娃錢的。」然而在我們小孩子眼裡，就覺得很好玩，扯得多扯得少，都會帶來一陣歡樂，食情樂趣盡在其間。

現今，雖說蛋烘糕廣為流傳四處可見，但在老吃客心中都知道，真正好吃的蛋烘糕，還是流動車車賣的最道地。成都眼下最牛的蛋烘糕便有兩家，雖依然是手推車擺攤售賣，但卻是出自名門正宗。一家是在工人村擺攤設點的「陸記蛋烘糕」，中午出來擺攤，三四點鐘收車，往往是車還沒推出來，購買的就已排起了長隊。

另一家那就更是無巧不成書了，也就在當年師記蛋烘糕處，成都石室中學正門旁邊的「賀記蛋烘糕」，卻是名冠江湖，享譽蓉城，成為成都蛋烘糕的正宗風範。從百多年前創制蛋烘糕的師老漢，到現今被譽為正宗傳人的賀大爺，在同樣的地方名揚古今，這讓人不得不驚訝地感歎美味之緣，真是奇妙萬千。

賀大爺本是綿竹人士，一九八〇年代

來到成都幹起了建築業。一九九〇年代初，已是包工頭的他不堪行業內三角債的困擾，突生豪情，毅然放棄包工頭之業務，交了五千元拜師費向一位蛋烘糕師傅學手藝。賀大爺決心單打獨鬥，勇闖江湖，由最初的一連串失敗，到面向四壁苦研勤練三百六十五個日夜，倒掉了不知多少餡料與麵粉，在食不果腹，捉襟見肘之時，終於修煉得道，其蛋烘糕得到食眾稱道。於是，賀大爺便開始了長達十七年，除颳風下雨外，每日推著三輪車賣蛋烘糕的獨行俠生涯。

如今，「賀記蛋烘糕」已在當年師記蛋烘糕之處開店售賣。賀大爺之蛋烘糕技藝尤是爐火純青，更讓食客推崇備至的是他那多達數十種風味口感的各式餡料，有榨菜乾、大頭菜、芝麻糖、牛肉臊、豬肉臊、肉鬆、火腿、涼拌三絲、洋芋絲、泡豇豆碎肉等，以及頗具時尚風味的煉乳、沙拉醬、草莓醬、巧克力醬、花生醬、奶油等，每天吃一種，一月不重複，倘若是兩三種交叉搭配，那就更是一年之中天天都是新口味。於是乎，賀大爺的蛋烘糕成了老老少少十分神往、一往情深的傳奇美味。

甚而，有位上海的食家癡迷賀大爺的蛋烘糕到了醉生夢死的地步，今年國慶日不惜打飛機到成都來一解心中之饞情。不巧好事真也多磨，賀大爺亦關門休假，這位仁兄更是追到了大爺家裡，方才心滿意足，臨走還拎了一大包，賀大爺也不忘叮囑他，下次來先給我打手機，我好給你預留哈。

還有位居住在成都的外地美眉，尤為喜愛賀記蛋烘糕。春節回北方老家，當一家人圍坐在紅豔溫暖的火爐旁時，她拿出一個帶支架的小平底鍋，精心地為她的爸媽烤出從賀大爺那兒捎帶的一個個有泡菜肉末、核桃花生餡的金黃燦燦、鹹酸鮮美、香香甜甜的蛋烘糕，看到父母品嘗時那滿足舒心的神態與表情，那一刻，覺得自己幸福極了。她想，人世間真正至上的的美味佳餚也不過如此吧！

016 美女與兔頭

熟悉古典音樂的人都知道約翰·史特勞斯有一首膾炙人口的圓舞曲叫《美酒、音樂、女人》。借鑒這個說法，我覺得成都也有美食、美景、美女三大主題。關於成都是一座「粉礦」資源和儲量都很豐富的「紅粉之城」的傳說，這早已是不爭的事實。客觀上講，川菜美味、山水美景、錦城美女之成都風情三元素，也讓外鄉人來了便捨不得離開。

成都女人溫情柔美似水。這種溫情不似蘇杭美女的呢喃細語，也不似北國紅粉的癡情望歸。成都女人的柔美就像流經這座城市的錦江水一樣婀娜綿遠，在不張揚中緩緩注入了世人的血脈，滋潤了人們的心田。也有人說，成都女人熱情如火鍋，對自己心儀的男人，總是盡情揮灑著暢快淋漓的麻辣情感，上演著色香味俱佳的飲食人生。在家裡、在廚房續寫著，攜手一生的幸福和熱情似火的愛情麻辣燙。尤其是成都滿大街上，當美女和美味融合於一體時，那成都女人的萬千風情，更讓人心醉不已。有學者說，成都人的閒散、舒適制約了成都經濟的發展步伐。可作為一個老成都人，我卻不以為然。在全中國都以深圳速度發展經濟的年代，成都還能悠然保有自己的休閒特色和風韻，這是多麼難得、可貴而又令人嚮往。

在成都，無論女人也好，美食也罷，夠麻夠辣都是一種享受。誰也不會去想夫妻肺片，其實也不過就是些「下腳料」的牛心、牛肚、牛舌、牛筋等，在乎的是能拌成香噴噴、火辣辣、麻酥酥的美味；而被稱做「最具動感」的成都名小吃「三大炮」也不過就是三個普通的糯米團子拌上的黃豆粉和濃濃的紅糖漿的成都小吃，但就是普通得讓人舒服，甜蜜得讓人吃上一口就無法忘記。特別是那些成都女人鍾愛的小吃，其個中吃情與滋味，若不是對成都有相當地瞭解，是難以感悟到其間的味中之味，味外之味的。

兔頭趣話

你品過成都那些大娘、老媽、大孃做的麻辣兔頭嗎？你見過成都的美女靚妞是怎樣啃兔頭的嗎？相信，你如是個女孩子，一身臨其境，甚或有幸感受一番，你定會佩服得五體投地，羨慕乃至嫉妒得心尖尖發癢……。

五香兔頭、麻辣兔頭在成都民間小吃中已有相當的歲月。只是在近十餘年間又悄然風行，成為一道看來不起眼，卻又引人注目的小吃景觀。一九九〇年代後期，當肯德雞的炸雞腿，麥當勞之漢堡包盛行於青少男女之際，在成都，每天午後不難見到大娘、大媽、大姐、小妹坐在街頭巷口，守著一個被隔成兩部分的玻璃匣子，一邊盛的是五香滷兔頭，一邊是麻辣兔頭。起初是五毛錢一個，隨後賣到一元、一元五，現今則是三、五元錢一個。

同時，在繁華鬧市中心，尤其是商場、超市、電影院、歌舞廳不時也可見到架著自行車，後座上托著盛滿兔頭的玻璃匣子。有趣的是，大多外地遊人很是困惑不解，這形像醜陋，骨多肉少的兔頭怎麼會有人吃呢？更讓人大跌眼鏡的是，買兔頭吃的幾乎全是名揚天下的成都漂亮美媚、時髦女郎。這些個外鄉人是腦殼都摳爛了也想不通，美醜反差如此這般巨大。這美女與兔頭怎會這般親密，在大街鬧市連吻帶啃。殊不知，在成都人的口語中，男女之間的接吻，就叫「啃兔腦殼」。

一兩千年來川人就以「尚滋味、好辛香」著稱於世。而蜀地美媚、靚女的乖巧、漂亮和風情，有多半亦是由其秀麗白靜的臉蛋上那張「香香嘴」吃出來的。成都女子非但溫婉嬌嗔，且是快嘴利舌、言語靈俐，尤其是吃香喝辣的功夫，這大千世界恐怕是選不出其他美女來ＰＫ！記憶中，從一九五〇年代到今朝，在成都女子的五香小嘴裡不知吃出了多少流行名品美食。從紅油涼粉、甜水麵到酸辣粉；從麻辣兔塊、滷鴨腳到兔腦殼；從炒小龍蝦、辣子田螺到串串香、缽缽雞等。特別是後幾個街頭閒食，甚而傳染了大半個中國，成了多數姑娘們的休閒或愛情佳餚。

兔頭吃情

閒看天府女子，大凡逛街，或三、五相邀，或情侶夫妻相伴，必定是吃香香、看手飾、逛時裝。而美女們則幾乎沒有不買兔腦殼啃的。倘若男友或先生稍有遲疑，美女便立馬臉蛋一沉，小嘴一撅就發飆了：「啥子嘛，一個兔腦殼都捨不得嗦，就把你吃心痛了哈！」那溫良點兒的也是

臉色一變假裝生氣，嬌嗔表情一上臉，不溫不火地說一句：「算了，不逛了，簡直沒得意思，還不如回去睡覺」。此情此際，可以說沒有哪位男士不渾身酥軟，腿肚子打閃，滿臉堆笑趕緊買來奉上。

美女們啃兔頭的動作、神情，以及男友、先生的殷勤配合，那真是一道夢幻情景。那一隻粉臂三根嫩指輕握兔頭，另一玉手翹起兩只粉指，先是輕輕剝下兔臉上指甲大小的兩片臉腮肉，紅唇微張、粉舌稍伸、悠然入口、輕嚼慢品、緩吞細咽，一時間，兔頭與美女都漾溢出一股麻辣滋味來。吃完兔臉肉，美女還如幼兒般把幾根手指頭吸吮得「滋滋響」，然後再輕輕板開兔嘴，不緊不慢甚是老練地吃兔唇、兔舌及兔腦來。此時，美女長長的漂亮指甲也派上了用場，輕巧地挖出兔頭間的腦花、嫩肉吸進口中，吃完了，再把兔頭翻個身啃兔皮、嚼兔骨，不多一會，一隻兔頭就被美女啃得光溜，嚼成一堆骨渣。這時的美女真個是彩霞滿臉、笑容燦爛，與一手拿飲料

瓶，一手拿盛骨渣的塑膠袋或衛生紙，陪在旁邊侍候美女的男伴那木癡癡、瓜兮兮、不聲不吭的神態真是對比鮮明。其實，別看男士表面雖是無奈，內心卻想得很實在：「唉，我要是那兔頭就巴適了，任隨她這般專心專意亂啃亂咬，嚼成渣渣也千值萬值。」

再說美女們吃完了，接過男伴遞上的飲料暢喝幾口，從男士手中扯幾張餐巾紙擦擦嘴和手，去到有水的地方洗漱乾淨，再從小挎包裡摸出鏡子照照紅顏、理理秀髮，掏出唇膏輕抹，便沖著男士嫣然一笑算是回報，然後輕挽男士手臂，依偎肩頭緩悠悠向下一個目的地——時裝或飾品店信步走去。

兔頭風情

五香兔頭，麻辣兔頭一直就是成都地區傳統民間風味小品。成都的涼拌兔丁都是只取兔肉丁拌合，兔頭則滷製成五香和麻辣風味單賣。別看小小一個兔頭，經川妹子的香香嘴一啃，便可成就大業。前些年成都双流有個擺攤的「老媽兔頭」，硬是被蓉城美女們吃成了豪華農家樂酒家和連鎖餐飲企業，鄉村老媽子也一夜變成了大腕富婆。

老媽兔頭起源於二十年前一位慈祥的半老媽子，在双流縣城開的一間麻辣燙小吃店，老媽的乖兒從小愛吃兔頭，那時候成都賣兔頭的店很少，媽疼兒，便在麻辣燙的鍋裡煮給兒子吃。加了母愛的兔頭不僅讓兒子解饞了，更上癮了。兒子天天都要在店裡啃兩、三個兔頭，那吃兔頭的神情模樣，仿佛一塊招牌，吸引了登門的客人，也要買兔頭啃，這一啃就不打緊，一傳十、十傳百，麻辣鮮香的兔頭吸引的人越來越多。聰明的兒子建議媽媽將小店擴大專賣兔頭。因為因街坊和食客都親切地稱她老媽，店名乾脆就叫——「双流老媽兔頭」。而城裡人亦聞風而動，發瘋似的驅車去品吃搶購，活生生地把一顆老媽兔頭啃成了「金元寶」。

另一邊，溫江萬春鎮的魚鳧橋頭明芳居兔頭

店，其五香麻辣兔頭也是讓女士們吃得如癡如醉。尤其是週末，高檔車、低檔車前呼後擁，在橋頭河邊紮堆堆的啃兔頭、喝啤酒盡興過癮；還連吃帶打包，把原本只有一個玻璃櫃售兔頭的小攤攤吃成一個遠近聞名的酒家。如今成都麻辣五香兔頭是前赴後繼，什麼宣兔頭、蓉記老媽兔頭等風頭真是不可一世。

成都人吃兔頭一般每人最少五香麻辣的各來一個，胃口大的那就沒有數了。做得好的兔頭那味真是浸入骨髓，很有嚼頭，兔臉頰肉雖說僅有指甲般大小，卻是鮮嫩香美無比；眼眶肉軟而滑溜，香辣而不燥，鹹鮮而不腥；加之兔舌細嫩、兔腦似乳，故而深受成都男女老少的喜愛。你還不難見到小娃兒在父母的幫助下一邊吃兔頭，一邊辣得眼眶裡含滿熱淚，卻也是手、嘴不停。男人們則直接用手撕扯著吃，邊啃邊撮口小酒，真是酣暢淋漓豪情滿懷。

麻辣兔頭、五香兔頭也幾乎成了成都美女靚妞們的專利美食。然而有趣的是別看兔頭長得很奇怪，但是味道真的很棒，麻辣的很入味，五香的回味無窮。外地來的美眉們只要看著成都靚女們的吃情，鼓足勇氣啃了一個兔頭，其後便深陷情網不可自拔，筆者便給上海的一個美女朋友送了好幾次兔頭。

非但這樣，差不多每年成都周邊地區舉辦的旅遊文化節上，都要舉行美女啃兔頭比賽。像二○一一年清明後溫江美麗田園旅遊文化節上，站在賽臺上的一排美女當中，只見一美女在比賽信號一發出，便快速掰開一個兔頭，很是利索地把兩邊的下巴肉吃了，然後是上半部分的舌頭、腦花，三下五去二就把一個兔腦殼啃得乾乾淨淨，轉眼間三個兔頭就變為一盤骨渣。這位美女僅用三十五秒輕鬆奪冠。這種靚女美媚的魅力，普天之下惟成都才有此般飲食風情。

二○○一年，成都有個周大姐麻辣怪味兔頭，以獨特的麻辣甜鹹香嫩鮮贏得好吃嘴們的厚愛。這款兔頭亦是是當年成都美食節川菜比賽中的獲獎菜品；在二○○二年四川國際美食節中周大姐麻辣、五香怪味兔頭及兔腿均被中國飯店協會評為中國名菜。二〇〇一年六月二七日周大姐麻辣怪味兔頭在成都商報上以「這個兔腦殼要賣五十萬」的醒目標題廣而告之，其兔頭的技術轉讓價位，一時間引來一片譁然。

然而正是這魅力、這風情，讓杜甫這位大詩人早在一兩千年前，似乎便有所感悟而發出「少不入川」之感歎。時至今朝，如果說對男人而言，天堂，就是美女加美食，那成都的確堪稱天堂。男人來到成都，通常會嫌自己胃口太小，更要哀歎結婚過早。而女人之到成都，恨嫁之心由然而生，花樣年華則成了草樣年華。是的，成都之美食五彩繽紛、美滋美味。成都的女孩，風情別樣，十個姑娘九個美，剩下哪個是超美。

美食與美女使成都從一兩千年前唐宋時代就名冠天下的「揚一益二」，到二〇一〇年被聯合國授予亞洲唯一「美食之都」，依然是天底下最為閒適舒心、最富情趣的吃喝玩樂之天府，一方來了就難以離開的樂土。

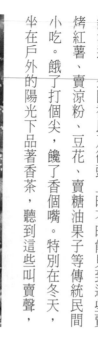

017 糖油果子

「糖油果子！」、「豆花！」……，在蓉城的錦江邊、公園裡以及街頭上時不時能見到這些賣烤紅薯、賣涼粉、豆花、賣糖油果子等傳統民間小吃。餓了打個尖，饞了香個嘴。特別在冬天，坐在戶外的陽光下品著香茶，聽到這些叫賣聲，能讓你在緊張之餘享得片刻休閒。這些叫賣聲猶如市井生活的背景音樂，飄浮在鋼筋水泥樓房、玻璃瓷磚幕牆之間，又消逝在處變不驚的尋常日子裡。

「糖油果子三大炮，一紅二白好熱鬧；糖油鍋裡滾幾滾，咚咚三聲打得跳。」這是兒時經常掛在嘴邊的歌謠。糖油果子和三大炮，雖說是同宗同門，但卻是兩個做法、吃法、風味迥然不同的街頭小吃。「糖油果子」雖說是通紅油亮，卻總是竹籤子一穿，靜悄悄地躺在街邊巷口，侯等客人的光顧。「三大炮」原本貌不驚人，色不出眾，但到是不甘寂寞喜出風頭，哪兒熱鬧往哪兒鑽，那兒人多就在哪兒又鬧又跳，就像四川人說的「人來瘋」。

糖油果子、三大炮，是巴蜀歷史悠久的傳統風味小吃，甚至悠久得無法溯源尋根，誰也弄不清它的來歷和創始人。早在一千多年前的宋代就有糖油果子，叫焦堆。唐代著名的白話詩愛好者王梵志和尚有一句詩曾提到「貪他油煎堆，愛若菠蘿蜜」。糖油果子舊時在成都花會上最盛，因糖油果子味甜皮脆，酥香內軟而不膩是其特色及風味。糖油果子以串售賣，一串為五個。許多人都拿著用竹籤串著的糖油果子邊吃邊走，賞花看燈。現在成都的街邊小巷裡，花會、廟會時仍靜悄悄地顯露其芳影。

糖油果子以糯米、紅糖和芝麻為原料，將糯米粉團在紅糖油鍋中炸至金紅，裹上白芝麻，再用竹籤穿起來，一串有四、五個，每串約一、二元錢。糖油果子渾圓光亮，咬下去皮脆內軟，裡面是空心的，焦脆香甜的外皮和著白芝麻嚼在嘴裡越吃越香。

川西壩子做糖油果子，通常把糯米要先浸泡幾天，磨成粉漿以後用布口袋裝著滴乾水分（行話叫「水磨吊漿粉子」），然後將糯米粉揉成核桃大小白白胖胖的實心圓球，與湯圓一樣，這就是「果子」了。此時將菜籽油倒到一口大鍋裡，在油微熱時便按照大約油糖比為三比一的比例加入紅糖，不停的攪拌並保持中小火直到紅糖完全融化成糖油。

待油燒到八分熱的時候，就可以把搓好的小球們順著鍋沿溜下去了，數十個「果子」下鍋以後，要趕緊用漏勺不斷的攪動，讓果子在油中附著上紅糖汁，顏色逐漸變深紅，並開始膨大，待顏色轉為紅棕色時即可撈出油鍋了。撈起來的果子還需要瀝一下油，再將果子倒在盛著白芝麻的圓竹箕裡，嘩嘩的轉兩圈，芝麻就粘到果子表面上了，穿上竹籤就成了。

糖油果子以其形狀又叫「天鵝蛋」。最初便是不加心子的糯米湯圓，放進紅糖菜油混合的油鍋中不斷翻炒、炸製而成，行業裡頭則稱為「炒油果子」。糖油果子適合在熱的時候吃，這種狀態下果子皮是脆的，裡面的糯米團充滿了空洞，綿軟香甜。但是在涼了以後外皮會變硬，嚼起來卻更綿。糖油果子有糖有油，故形像地叫為「糖油果子」。有人說和糖油果子和麻圓是同一種食品，其實不然。有夾甜心餡的是麻圓，且色澤金黃。糖油果子多是炸好穿好，堆在簸箕裡或玻璃櫃中售賣，是小孩、學生、趕路的上班族最愛的街邊美食之一。

糖油果子情

許多人都還記得兒時那由遠及近再慢慢消失的聲音，「賣糖油果子——賣糖油果子！」我小時候最幸福的事情就是等著一位五十多歲的老大爺擔著擔子在路邊賣糖油果子、一毛錢一串，美滋滋的咬上一口、那香脆酥軟、甜而不膩的味道讓我至今難以忘懷，每每吃完以後，嘴角上還留著少許的糖漿，舌頭一伸再舔一舔、那道地而美好的滋味留在嘴裡久久不能散去。「糖油果子三大炮，娃娃吃了哈哈笑」小時候常唱的這首童謠，飽含了多少童年美好記憶啊！

糖油果子一直都是成都青石橋的小吃三絕之一。然而在成都武成大街二醫院旁的一片低矮的棚戶區，院牆內，有一處寬約一公尺半的「簡約小店」，兩把大遮陽傘組成「屋頂」，桌上僅擺著一個玻璃匣子，貼有醒目的「糖油果子」四個紅字便是小店的招牌。一張桌子一口鐵鍋，一對中年夫妻近十年來做出的糖油果子，牽起了許多成都人記憶中小時候的味道。聽說這家無名糖油果子店要搬家，不少常來光顧的顧客都來排隊購買，就連「賓士姐」、「跑車婆」、「卡宴哥」也要專門在鋪子面前「剎一腳」，買幾串糖油果子帶回家。

二〇一一年七月二十六號，傳說中拆遷的最後一天，下午二時許第一批糖油果子早已告罄，儘管距離下一批糖油果子起鍋還有一小時，小店外卻排起了五、六公尺的長隊。廚房就在院牆內，十多平方公尺的院壩裡，一張木桌上鋪著紗布，鐵鍋裡的油已經開始翻滾。「天氣太熱了。」老闆顏世平露著膀子，擦了擦額頭汗水，有些不好意思。妻子則在一旁將和好的麵捏成球形，顏世平繫上圍裙，將丸子倒入鍋中不停翻炒，十幾分鐘後，一鍋糖油果子就出鍋了。

糖油果子剛一出鍋，紅糖和著芝麻的香味就彌漫在空氣中，引得食客們一陣「騷動」。糖油果子二元錢五個。顏世平說「平均每天都要做近千個果子」，生意好時一天能賣五百元，最差也能賣三百元，由於全手工製作，供應能力有限，「每天賣完了也就沒有了。」

顏世平過去曾在伙食團工作，參加廚藝培訓後，就擺起了糖油果子店，時間一晃都快十年了。「大家都說果子好吃，其實秘訣很簡單。好油、好米、紅糖、冰糖，只要用料足就能做出正宗的糖油果子。」

在顏世平看來，每一顆糖油果子都應該渾圓光亮，呈棕紅色，不僅要有焦糖香味，表面也要有噴香的白芝麻，咬下去皮脆內軟，這樣才能讓微帶酸味的粘軟糯米和焦脆香甜的外皮和著白芝麻嚼在嘴裡，越吃越有味道。「簡單說來就是『色香脆甜化渣』。」而要做到這一點，經驗的累積也很重要，「一定要還原紅糖本色。」

老成都人張立於兩年前，偶然路過這家糖油果子店，「沒想這家的味道和小時候吃過的差不多。」此後，他就經常光顧小店，前兩天看到牆上的公告後，張立有些感傷「就連這家店也要搬了」。當天城南有位女士聽說這家糖油果子店快搬了，就開著賓士車專門驅車至小店，只為買十塊錢的果子。而就在她排隊時，一名開著保時捷卡宴的中年男子也將車停在路邊，加入排隊行列。

「如今，只有在這家才能吃到兒時記憶中糖油果子的味道。」張立口中喃喃的說著，吃糖油果子其實是對老成都味道的一種懷念，「記得小時候最幸福的事，就是等著老爺爺擔著桶在馬路上吆喝賣糖油果子，拉著爸爸的手要五毛錢，就能買到一串香甜可口的糖油果子。那外脆裡軟、甜而不膩的味道讓我至今難忘懷。」

「世界上任何地方都存在著美食，世界上任何地方都有人喜愛美食，但是世界上絕沒有第二個像成都一樣的城市，每一個人都因為美食而瘋狂。我對這樣的城市太好奇，所以我來了。」Discovery 探索頻道王牌節目《Bizarre Foods with Andrew Zimmern》（《古怪食物》）主持人安德魯・席莫二〇一〇年來到成都，尋訪成都獨具特色的美食。吃遍了世界美食的安德魯坦言：「成都美食給了我太多驚喜，我每吃到一樣成都菜，就會恍惚覺得這是世間最棒的美食。」安德魯激動說道：「還有成都的甜甜圈，圓圓的，和傳統的西式甜甜圈完全不一樣，但是卻非常美味，我一連吃了好幾個。」安德魯說的甜甜圈便是成都的糖油果子，他誤以為是甜甜圈。安德魯一提起美食就滔滔不絕，至於在其中選一樣最愛的，他說：「沒法選，沒法選，成都菜品太多種多樣了，而且每一樣都很有特色，我完全沒有辦法取捨。我真的很為美國人遺憾，因為他們在美國能吃到的川菜就那麼幾樣，他們實在不能瞭解川菜其實大有學問。」

018

三大炮

「三大炮」，在小吃王國裡是最有聲色的了，屬表演型的美食。每年傳統的青羊宮花會，各種小吃與春花爭香比美，熱鬧非凡。此時，也正是「三大炮」大顯身手之時。越是人多的地方，它越有號召力。因為它除了能挑動人們的嗅覺外，還可以挑動人們的聽覺。未嘗味，先聽聲。當別的小吃還在靠賣力地吆喝以吸引食客眼球的時候，「三大炮」已經用「咚咚咚」連帶銅盤淅瀝嘩啦的聲音，把一大批擁躉、粉絲招來圍觀，真可謂「先聲奪人」。中外遊人無不驚訝四川小吃的奇妙，成都竟然將小吃做的這樣鮮活生動，真是讓人大開眼界。

三大炮，是用經泡脹、蒸熟的糯米飯團，擂茸製成糍粑，再扯成乒乓球大小，最後裹上炒酥的黃豆芝麻粉，淋上紅糖汁即可吃，軟糯香甜，口感舒爽，實際上就是「涼糍粑」或「紅糖糍粑」。然而三大炮的風味特色，並不在於吃，而是它那無所顧忌，隨心所欲的「街舞表演」，吸引著眾多男女老少，人越多越瘋鬧。過去，三大炮平日裡是很難見到的，只有在花會和燈會時才出現。因此，他的聲響，他的表演總會吸引成堆的遊人，成為一年一度花會燈會上最耀眼的明星，與糖油果子、洞子口張涼粉並列為花會燈會的三大食霸。

街舞之星

三大炮，無疑是巴蜀成百上千個小吃中，最具表演才能的街邊小吃。只要它一出現，無論在哪兒，一旦開始「打炮」，那「炮聲」立馬就會吸引來一大堆人觀賞。在花會、燈會、美食節、節假日，它總是小吃街、小吃城、小吃展裡風情最濃、鋒頭最盛的小吃，中外遊客無一不被他所誘惑。

過去的三大炮表演、售賣，大多是兩根長條

木凳，放上一塊木門板，像是小時候孩子們自家搭的小乒乓球桌一般。木板一頭支個板架，插著藍底白字，繡著「三大炮」的布旗杆，斜立著一個大大的帶圓邊的淺底竹簸箕，裡面撒上米粉，緊挨著又是以較小的圓簸箕，盛有炒的酥香黃豆芝麻粉，兩邊的木板上分別放著一大盆保溫的熱糍粑，另一邊放有一缸紅糖汁和一大疊盛三大炮的瓷盤，接下來就是兩排八個或十二個造聲勢的銅盤，操作者大都是光頭，身穿土藍布褂子，腰系一根白圍腰，高挽袖口，站在另一頭，身旁的案板上放著一大坨糍粑，左手抓坨糍粑，右手拋甩，就開始操作了。那高高飄舞的藍布旗招，砰砰的「炮聲」，老遠就能聽到。

現在的三大炮，則有個專用「炮車」，車頭上固定有一塊大木板，頂部貼有「三大炮」的招牌，也有在旁邊插支布旗的，車身上是盛有炒酥磨細的黃豆芝麻粉的帶邊條的木框，再又是一塊空處，專門用來擺放一、二個銅盤，兩個一疊平行相對，車板前面空出一部分，下面則是保溫爐子，上面便是不銹鋼盆或桶、鐵鍋，裝滿作「炮彈」用的糯米熱糍粑，以及一缸子紅糖汁。

只要男女「炮手」車前一站，袖口一挽，就要準備「打炮」了。他（她）左手從盆裡抓起一坨糍粑，在手裡團一團，輕輕地一擠，手心裡即冒出一個白白的糍粑球，右手扯下握在手中，後退幾步，揚手一拋，甩出頭上約十幾公尺高，伸手一接住，腰身一彎手臂一揮，那白色的「炮彈」就如離弦之箭，「砰」的一聲打在立著的木板上，車身上的銅盤亦隨之被震得發出「哐啷、哐啷」的金屬碰撞聲，就在圍觀人群驚魂未定時，隨之又是「砰、砰」兩聲炮響，兩個糍粑團連滾帶爬地滾進簸箕裡，通體粘裹上一層黃豆粉，而後無聲無息地躺在那兒不動了。站在一旁的副「炮手」，便將糍粑揀起放入小盤或小碗中，淋上紅糖汁，溫溫熱熱地便送到客人手中。於是這裏上糖衣的「炮彈」，立馬成了又滋又糯、香甜酥美的「軟蛋」。

快樂吃情

通常這種紅糖糍粑是三個一份，故而「炮手」一出手便是「三炮」，如此人們稱之為「三大炮」。要是食者越多，炮手也就越來勁兒，那便是「炮彈」連發，「炮彈聲」、銅盤聲，「砰砰砰砰、稀裡嘩啦」，急風驟雨，震耳欲聾，人群中呼歡四起，爭相品吃。在花會、燈會、廟會、小吃展、美食節中，大凡有「三大炮」圍觀的地方，總有不少金髮藍眼、黑膚捲髮的男女老少圍在其間，津津樂道的觀賞、品吃，中外遊人全都心甘情願挨這三炮，被這「糖衣炮彈」「打倒」為快。

在成都製作售賣「三大炮」的店家多不勝數，因其做法都一樣，風味上亦無太大差異，只是看誰的糍粑更滋糯柔軟、不膩不沾、耐嚼化渣，若是黃豆粉更酥香，紅糖汁不濃不稀、不清不淡，吃來更為舒爽可心。但最為重要的則是，哪家的「炮手」厲害，表演可以更精彩。

三大炮裡面是沒有餡的，就是一坨糯米團，吃起來較綿柔，不粘牙，帶著飯米香味，澆在面上的紅糖汁甜而不膩，吃完了滿嘴都是芝麻、黃豆粉的香味。你看男女老少樂呵呵地品嘗著，吃在嘴裡是熱嚕嚕、甜蜜蜜、香噴噴、滋糯滋糯的。你不得不感慨成都人懂得生活，麻麻辣辣的川菜麻透了舌頭之後，來個美味的甜點，既解辣又溫暖，這樣的吃法真是恰到好處！吃，真的是一門藝術，成都人將它運用得淋漓盡致。倘若你花點心思研究它的來源，它的做法，它的市井風情、吃情食趣，再用你的口舌胃腸去感受和體悟，所產生的愉悅舒適，絕對是一種堪稱極致的享受。

以前成都有家叫「福祿軒耗子洞」的三大炮在成都享有盛譽，一九九〇年被認定為「成都名小吃」。而成都双流機頭鎮李長青三大炮，祖輩傳承，正宗道地，被視為「三大炮」之絕品。一九八九年就受邀到廣州獻藝表演，聲震五羊城。一九九〇年亦被認定為「傳統名小吃」。

倘若你去到城邊的双流縣，走進李長青「三

143 三大炮

大炮」店，舉目望見的是最裡邊放著一個盛滿了芝麻粉、黃豆粉和花生粉的大竹簸，竹簸的旁邊是一張極其普通的案板，案板上擺放著十幾個銅盤，兩兩相疊，分排而置。案板的旁邊是一口熱氣騰騰的鐵鍋，裡面裝著舂好的糍粑。食客會高叫一聲：「老闆來兩份三大炮！」一名小工面帶微笑，應聲而至：「請稍等！」

待「三大炮」隨一杯「老鷹茶」端上桌，夾起一坨，輕輕地咬一口，立即口舌香甜，唇齒歡愉，感覺柔糯爽滑，不膩不粘。吃完「三大炮」再喝一口清香厚實的「老鷹茶」，除去口中的滋糯與甜膩，煞是舌清齒爽，真是舒心愜意，韻味綿長。

三大炮，這一出自鄉間，浸潤著濃郁鄉土氣息的風情小吃，既給人們帶來淳樸的香甜美味，也給人們帶來無盡的情趣與歡樂，以它的清純及生動表演展現出一方水土的靈與魂。

為了幫二〇一一年九月三日在成都體育中心舉行的「張惠妹出道十五周年全球巡迴演唱會成都站」宣傳造勢。張惠妹與近百位歌迷互動，又是獻歌又是與歌迷共食小吃，大走親民路線，現場氣氛HIGH到爆。而現場製作表演，寓意阿妹「一鳴驚人、排山倒海、饕餮盛宴」的「三大炮」，尤讓這位台灣卑南族原住民的姑娘激動得淚花跳躍。她表示，很喜歡成都，抵蓉後第一件事就是去吃麻辣火鍋，「很麻辣，就像你們給我的感覺。」交流互動間，兩位頭戴高角禮帽的師傅搬著一隻桶和一個大簸箕走上舞臺。「三大炮是成都名小吃，今天，兩位師傅將在現場做三大炮，用『咚咚咚』三聲送上對張惠妹的祝福。」阿妹當即喜出望外，閃到舞臺一邊觀看師傅的表演。果然，「咚咚咚」三聲響後，師傅「喊」出對阿妹的祝福，「希望你的演唱會一鳴驚人、排山倒海、饕餮盛宴。」這一別出心裁的「見面禮」讓阿妹超級興奮，阿妹連呼：「這是我見過的最可愛的小吃耶！」

019 油茶

油茶，是中國少數民族的一種大眾風味美食，瑤族、侗族、苗族、土家族、藏族等都有不同風味特色的「油茶」。油茶並非是一般的茶飲料，而是以茶葉、蕎麵粉或青稞麵粉、米粉、加花生或核桃等，以鹽、薑末、蔥花等原料經炒製或炸、煮或沖泡而成，亦可加糖做成甜品油茶。因成品多為茶色黏糊狀態，故稱為「油茶」。通常既可做主食，又可當小吃接客待友。像藏族的酥油茶、侗族的打油茶等。

在我國北方地區，亦把這種小吃稱為「麵茶」。麵茶是一種以小米粉為主料的粥羹。用熟芝麻、麻油、麻醬、鹽和小米粉煲成粥羹狀。也是太原市、晉中地區的一種傳統的麵類小吃，一般冬、春季食用最多。麵茶還可加白糖製作成甜味麵茶，一般常作為早點、夜宵。麵茶在北京小吃中多在下午售賣。有詩說：「午夢初醒熱麵茶，乾薑麻醬總須加。」麵茶很講究吃法，吃時不用筷、勺等餐具，而是一手端碗沿著碗邊轉圈喝，非老北京人恐怕無此吃法的，這與品嘗麵茶的風味有關。

四川的油茶，是以糯米粉與大米粉為主要原料製作，在風味和口感上與別的油茶大不一樣，帶有濃郁的川味特色。油茶在巴蜀各地是秋冬之際，尤為是夜晚和清晨的一款價廉物美，廣受歡迎的風味小吃。過去大凡秋冬時節，凌晨的屋外寒氣襲人，此時此刻溫暖的被窩是最讓人依戀的。半夢半醒之際，寂靜的室外，一陣陣悠長的擔擔叫賣聲由遠而近地輕飄入耳：「吃油茶——哩——熱油茶！」起初，那誘惑尚能抵禦，緊接著連叫幾聲，此起彼伏、抑揚頓挫，就漸漸地讓人口舌生津，饑腸咕嚕，隨即拋棄溫暖的被窩，翻身而起。

擔擔油茶

舊時的成都，挑擔售賣油茶的很多，總在夜晚和清晨出來。晚間，寒風四起冷冷清清，一聽見擔擔油茶的叫賣聲，老遠就聞到那冒著熱氣的擔子上飄來的陣陣香味，就覺得身心一下暖呼呼的，忍不住要「宵個二道夜」（川話「宵夜」即吃晚飯）。特別是那些上夜班回家的更是不會錯過。食者多不拘一格，端回家的、蹲著或站著的，當小販和藹地問清了各自的口味，麻辣的、五香的後，只見他用一竹提子，從瓦罈子中舀出米糊糊倒進瓷碗裡，嫻熟地放上紅油、花椒粉、撒上幾顆酥黃豆和榨菜末、鹽、蔥花等佐料，然後抓上幾根脆饊子捏碎堆在油茶上，再放上一根小湯匙就可吃了。那油茶熱燙香美，麻辣多滋，加之黃豆、饊子酥脆可口，一入口便是香氣亂竄，一進肚則立即周身暖和，好不舒爽，好不愜意。

擔擔油茶，除麻辣香燙外，還有五香、椒鹽、鹹鮮等風味。這是一種極易消化的素食小

吃，大可不必為腹飽影響睡眠而擔憂。成都許多人亦將油茶作為秋冬最適宜的早餐，尤其是上班一族和學生們。記得在我讀大學的幾年間，一到秋冬油茶就是我的首選早點，甚至是在夏天，心裡一想起那滋味，就盼望秋去冬來，好品賞油茶的美滋美味。吃一碗熱熱鬧鬧的、麻辣香鮮的油茶真可暖和一整天。

我讀小學時的成都東府街和南府街的小吃，如油茶、三合泥、油炸散子、麻花、豌豆糕、蒸蒸糕、甜鹹豆花、滷肉夾鍋魁、湯鍋蘿蔔等滿街飄香，給我童年留下了不少難忘記憶。這條街有三家賣油茶的攤攤，這些攤攤都是下午擺在街沿邊，一直賣到晚上。油茶是米粉炒熟、加水，再加熟清油和鹽，在鍋裡攪拌煮熟而成。一碗油茶上面灑點蔥花、大頭菜顆粒、搓碎了的油炸饊子和勻，吃在嘴裡香香的，吃了一碗還想第二碗。價格也不高，記得才四分錢一碗。每到晚上來吃油茶的人更是不少。這條街上還有一家專門賣油炸饊子、麻花和豌豆糕的商鋪，因那裡的東西炸

得好，除了零售外還有專門提藍子的小販來批發。這些小販提著籃子到茶館或沿街叫賣。滿街油炸饊子、麻花、豌豆糕飄香。儘管後經幾次變遷，什麼也沒有了，但這條小街還是曾給老百姓帶來許多溫馨和樂趣。

油茶風味

成都過去也有不少油茶店，堂面不大，簡單樸實，在油茶的製作上，比擔擔油茶要講究得多。大多是當街一口大灶和大鐵鍋，把糯米粉、大米粉加水調開，鍋中放香料粉炒熟炒香，再加進菜油、鹽和水熬煮成醬色，再將米粉水沖入煮成稠糊糊的模樣，那面上油光發亮，不斷鼓泡冒著縷縷白霧，如雲卷雲舒般漂浮在清晨的霧靄中。然後一大鍋油茶以微火保溫，若有食者，即舀一勺徐徐倒進碗中，撒上油酥花生、黃豆、大頭菜末、榨菜末、蔥花，再掰一把饊子在上面就成了，這就是五香油茶。麻辣油茶則是在五香油茶的基礎上，撒上辣椒粉、花椒粉即可。

油茶店堂內大多是黑乎乎的，卻滿屋子熱騰騰、香噴噴的氣味，擺有幾張小方桌和長條矮凳，你依我靠吃的熱鬧。有的老食客有時還要高喊一聲：「三桌的，多加把饊子哈！」，有的則叫道：「一桌，加根油條！」灶頭上打料的順聲音瞄一眼回道：「曉得了，等到起，馬上就來！」那油茶端來後，用湯匙一攪合拌勻，舀一勺緩緩送進嘴裡，那嚼饊子的「嚓嚓」脆聲滿堂盡響；隨之花生黃豆的酥香，大頭菜的鹹香，蔥花的清香，伴隨著滾燙油茶的米麵香味，真是讓人吃了還想兜著走。有人似覺香味不足，則要加根剛出鍋的、濃濃香酥的油條。若是麻辣味的，那更是麻辣之味入口，頓時臉紅筋漲、大汗直冒，更有甚者還嫌不夠厲害，則自個把放在桌上的辣椒粉碟子舀一勺，拌合起來，方才吃的過癮。吃完了的，一走出去，個個是紅光滿面，精神氣足，一副自在安逸的神情頗為讓人注目。

川東還有一種叫豬油茶的，可算是一種葷油茶了吧。這種油茶，既不同於藏族的酥油茶，也有別於新疆的奶油茶，按照川東山鄉人家的說法，「趕場不喝茶，半夜回家路上爬；下坡不喝茶，腳杆打閃路更滑。」可見人們對豬油茶的依賴程度了。川東的豬油茶是用化豬油、新鮮茶葉炒香，加清水小火煨熬三個多小時端開，用木瓢將鍋底茶葉壓揉成末，然後濾掉茶葉渣；鍋洗淨下骨湯，放入肉粒、鹽、冷水調和好的豆粉、麵粉，放豬油、香油小火燒開即可。吃時盛於碗中，散上十餘顆油酥黃豆。豬油茶色澤金黃、茶味濃醇、油而不膩，很是醒腦提神。

當然，無論什麼油茶，從營養的角度來看，算不上高檔滋補食品，但它經濟實惠方便快捷，從秋冬禦寒的功能而言，確實是一款美口暖身的佳饌，更主要的是，他從根本上滿足了川人「吃香喝辣」的飲食喜好，故而廣受男女老少的喜愛，成為經久不衰的傳統風味小吃。

於今，雖沒有了挑擔油茶和油茶專賣店，但在綜合小吃店大都有油茶賣，特別是花會、燈會、廟會、小吃展、美食節中，幾乎家家小吃攤點都在賣油茶，雖有鹽味卻無滋味，雖不難吃卻也不好吃，全無過去的那種風味與風情，吃情氛圍更是相去甚遠了。

油茶是比芝麻糊更早的一種麵羹食品。雖說叫油茶，但四川之油茶卻是與「茶」毫不沾邊，其實這才是真正古香古色的「茶」呢！據陸羽《茶經》記載，唐朝時期的茶就是用茶葉碾細作餅，與薑、棗、橘皮、蔥、鹽和煮而食之。再早些，按皮日休《茶經序》之說，可上溯到周朝，那時的茶本是平民百姓用來填肚子的菜羹羹，所謂「渾以烹之，與瀹蔬而啜者無異」。這「渾」，大至就是把茶與澱粉一類混煮成麵糊糊之意。以此觀之，油茶雖說不上是「遵古炮製」，但說是「仿古」亦也過得去，它雖已沒有解渴的功用，但卻有充饑飽肚之效益。

020 甜水麵

「甜水麵」很容易讓人產生像「水煮牛肉」一樣的味覺誤導，你若以為這是道四川不辣的甜食，拿成都話來說，你就遭燒瓜了。甜水麵，是巴蜀地區達兩、三百款各式麵條中，獨具個性與風味特色的一款麵條。所謂「甜水麵」，其風味以甜辣味為主，不帶湯水，只有調味汁，麵條也不是一般常見的粗棍麵、細棍麵，柳葉麵、韭菜葉子麵、寬麵或麵皮，而是比大竹筷子還要粗的長麵棍。通常一碗只有約三根粗粗的麵條，長的亦有達一公尺，有的一碗甜水麵只有一根麵條盤在碗裡。以前成都紅廟子街有家甜水麵，就是只有一根粗粗的長麵條盤在碗中，甚是壯觀而賣出了名。

甜水麵的主要原料為手擀的麵條，比筷子頭還粗，具有筋力和彈性。作料有辣椒油、花椒粉、甜紅醬油、紅糖汁、蒜泥、芝麻醬、醬油、芝麻粉或花生碎末，是一種完全由調料拌和出的麵條。甜水麵使用四川最辣的自貢朝天椒，是所有四川帶辣小吃裡的辣之最，即使耐辣度相當高的人，也會被辣得淚汗滿面，卻又不忍放棄那美味殘羹。

甜水麵的特點充分發揮了甜辣和複合紅醬油及芝麻醬的濃香。有趣的是，如果將甜水麵中的辣、甜、紅醬油、芝麻醬、蒜泥中任何一種調料去掉，都會變得使人食後有厭膩感或燥辣感，加之麵條柔韌且富有彈性、勁道十足、很耐咀嚼，一碗麵吃下來，縱然是銅牙鐵齒也會嚼得兩邊腮幫子發酸。

與成都眾多小吃小巧精緻相比，甜水麵尤顯粗狂，帶有一股江湖野性，躺臥在碗中雖不言語，卻很是霸氣。甜水麵如此陽剛豪放，這般濃烈滋味，自然吸引得姑娘、女士對他一往情深愛慕不已。故而無論在甜水麵攤子、挑擔，還是甜水麵店、涼粉店（兼賣甜水麵），津津有味吃甜水麵的多是靚女美眉。過去，川人還把甜水麵還稱為「愛情麵」，大凡談情說愛的青年男女，男方沒有懂不起的，總會請女友吃甜水麵。一來女士喜好，吃甜水麵可寓意女子性情，雖「麻辣火爆」但也香香甜甜，那日子就像甜水麵一樣耐吃耐嚼，過的長久；二來價格便宜，花錢不多殷勤十足，女友則吃得樂樂呵呵、爽口舒身心情舒暢，甚麼話都好說了，如此美事男士又何樂而不為呢！如果你有心，常常會在茶園、公園、景點或商場，不時會聽到成都女孩嬌滴滴地給男友說：「嗨，人家想吃甜水麵了，你去給我買一碗來嘛。」一聽到這樣的「溫柔指令」，男友跑腿是辛苦，心頭卻比吃了甜水麵還甜滋滋的啊！

在巴蜀大地於古至今，涼粉、酸辣粉、甜水麵就被視為「三大愛情小吃」。早在一九二〇～三〇年代，成都就有一首著名竹枝詞唱曰：「出門久逛累弓鞋，三姑六姨連袂來。最喜手拉甜水麵，邊嚼邊擺坐當街。」便是對姑娘女士鍾情甜水麵的深動寫照。近年來，雖然又有了新的像「串串香」、「麻辣燙」、「缽缽雞」等「愛情小吃」。但甜水麵、涼粉和酸辣粉在女性心中的地位依然是舊愛新歡喜而納之。

銅井巷甜水麵

甜水麵大約出現在清末，一九四〇年代最著名品牌是成都白雲寺「擔擔甜水麵」。作家蕭軍在抗戰初期訪問成都，吃甜水麵就上了癮，他對甜水麵奇特的配方是這樣評價的：「你們的甜水麵我不大理解，你們在麵中加的紅醬油都是甜味，這在我吃過全國的麵食中，也是少見的。甜味中加上辣椒，這就更奇特了，但是吃在口裡，卻很受吃，好吃，有回味，別的地方沒有這樣的做法。」雖然不大理解卻還是留戀不已，闊別五十四年後再訪成都的這位東北老人，居然專門去小店連吃三碗甜水麵，而遲到出席以他做主角的座談會。

近百年間，成都最有名的甜水麵就兩家，銅井巷甜水麵和張涼粉的甜水麵。但銅井巷的名氣最早源自一家以素麵（無肉臊、葷料）享譽成都的陸家素麵，店子先開在西門燈籠街，鋪面窄小，生意較清淡，後移至市中心的銅井巷，人稱「銅井巷素麵」。

無獨有偶，真個是「廟小神靈大」，在銅井巷這條深宅陋巷中，除了陸家的素麵，居然還有個無名無性的甜水麵驚動了四方食眾。在巷子裡的一家破落公館內，住著一個挑擔擔賣甜水麵的窮苦人家。平常中午和晚上，都要挑起擔擔到新南門、致民路一帶叫賣。他通常在擔子前面一塊大約兩尺見方的木板上揉麵、擀麵，麵皮厚薄擀勻稱後，再用擀麵棒卷起，右手拿把小刀，從上到下，切成粗細長短極其精准的長棍麵條，夠一碗分量，便抓入擔子另一頭的熱水鍋中煮起，熟後挑進碗中，澆上熟油辣子、蒜泥、甜紅醬油、芝麻醬、散上花椒粉和熟芝麻，就這幾樣簡簡單單的佐料，吃來卻是麻辣鹹甜，醬香蒜香濃郁，滋味香美味道悠長。

當時，新南門致民路那一片集中了華西大學、金陵大學、齊魯大學、濟川大學，每當甜水麵擔子一出現，這些學校的女學生就穿梭似地跑出來，把擔擔團團圍住，她們吃完甜水麵後還會將自帶的冷飯拌在佐料裡，吃得美滋美味，不亦樂乎。

於是這個擔擔甜水麵的名氣很快傳開了，女學生們的吃情快意也感染了不少過往及周邊的年輕婦女，甚至許多太太小姐也蜂擁而至，一條街便時常造成擁堵。還有很多老吃客乾脆就約定到他家裡面去吃。這樣，在他家住的院壩裡，他把擔擔擺在牆角，順牆邊安放了兩、三張小桌矮凳，就算做開店生意了。食客上門仍然是一碗甜水麵，一碗冷飯，一碗蔥花醋麵湯，吃得美滋滋笑呵呵。這家擔擔甜水麵還分冷熱兩種吃法，冬天熱吃，將麵條拉扯成條棍後進鍋，煮熟後澆調料；夏季冷吃，是把拉好下鍋煮熟的麵條撈在案板上，灑上菜油或香油使其不沾，晾冷後裝在竹篩箕內，食客要一碗抓一碗澆上調料即可。

這個簡陋但卻味美的擔擔和院壩甜水麵，出人意料的震動了偌大個成都，使陋巷破院門庭若市熱鬧非常。儘管大家都鼓勵他當街租間鋪面正兒八經開個店，甚至還有人要資助他，結果這家人不為所動，以不變應萬變，依舊是酒好不怕巷子深的味道。

不知什麼時候，這家悄然出名的甜水麵，亦無聲無息地消遁了。而巷子口上原本就很有名，且極善調味的銅井巷素麵館，早就把這家甜水麵看在眼裡、吃在肚裡、想在心中，不聲不張地在店裡反復研製。巷子裡的甜水麵失了蹤，但食客仍是絡繹不絕地來尋找。於是銅井巷素麵館的甜水麵隨即隆重推出，食客一吃便一發不可收拾，口碑四傳，風味不遜原先那家，且還做得更加精美。這樣，「銅井巷甜水麵」最後就名正言順地成為陸家繼「銅井巷素麵」之後的又一招牌麵食。

張涼粉甜水麵

張涼粉是成都涼粉品牌中的魁首，以涼粉、涼麵、甜水麵著稱於世。其甜水麵亦是成都一道極富風味魅力的傳統名小吃。手工拉扯出的麵條，根根粗壯均勻、油亮勁道、柔韌爽滑、耐吃耐嚼；風味是色澤紅亮、香辣微甜、蒜香醬香、滋味悠長，特別挑逗味蕾。一當吃進嘴裡，慢嚼細品麵條那結實柔韌，勁道爽滑的口感，令人精神為之一振快意陡生；隨之而來的又是紅油辣子那強烈地刺激，複合醬油的鹹鮮香甜，濃郁的蒜味，芝麻醬的醇香，一股腦兒地在口舌之間無情地戲弄著你的味蕾，使人紅霞滿臉心曠神怡。當然，品吃甜水麵不僅消化系統要健康，還得要有一口銅牙鐵齒才能盡興品味。

一九八〇年代，我父母居家附近就有家張涼粉分店。我那夫人尤愛甜水麵，無論冬夏，每個週末回家看望父母，總要去打上一大缽，好幾碗的甜水麵，痛痛快快地過把癮，吃得呼兒嗨喲，紅光滿面大汗淋漓。兩歲多的兒子亦辣得眼淚汪汪，大口踹氣，你以為這下他不敢吃了，可喝了半杯水欻欻口後還搶著要吃。

張涼粉的甜水麵與其涼粉、涼麵堪稱絕世伴侶、美妙搭配，佳好組合。涼粉的晶瑩滑溜、細嫩爽口；涼麵的油滑柔韌、清爽宜口，甜水麵的硬朗結實、耐嚼耐品，形成味道近似，風味各異，吃趣橫生的動人風情。至今張涼粉三家店的甜水麵，仍是成都人和遊客品吃成都甜水麵的首選。在敲打這篇文章時，我特意在相別十餘年後，又去張涼粉品吃了甜水麵，雖風味味道仍是八、九不離十，但在香辣與色澤上總還是差了些，可卻也算是當下成都最贊的甜水麵了。近百年之久的文殊院老字號張老二涼粉的甜水麵仍舊吸引無數「香香嘴」們蜂擁而至。

一次，在蒲江還偶遇一家叫「巧姑甜水麵」，其甜水麵十分有特色，一打聽，原是世代祖傳，這位「巧姑」竟然是位七十多歲的戴婆婆，差點沒讓我驚詫得掉下眼睛。然而戴婆婆做起甜水麵來，從合麵揉麵、拉麵扯麵到煮麵，到各種調味料的調配，心靈手巧非常講究細節，她參照川北涼粉的風味對甜水麵的味道進行了改進，調製出獨特的風味口感，以滑爽綿韌、麻辣鮮香、滋味濃厚、口感悠長為特色，而使吃者印象深刻流連忘返。

想來，銅井巷甜水麵雖早早地淡出人世，但有張涼粉及戴婆婆之類的，仍在不遺餘力地傳承和弘揚著這一情深味長的經典美味，無疑會讓眾多食客感到無比欣慰。二〇一〇年，聽說原成都市飲食公司一些下崗離職的老職工搞了一家叫「老成都小名堂擔擔甜水麵」的小吃店。以過去的擔擔風味甜水麵、擔擔涼粉、擔擔麵為主打，因其風味十分傳統、道地，做工精細，價格便宜，一下廣受老成都人和外地遊客的熱捧，一年間，那黃底黑字招牌的連鎖店就已遍佈成都四門八方。筆者慕名品吃後亦甚為感動。這傳統風味小吃並不是做不出來恢復不了，而是看你怎麼做，態度決定一切。像擔擔甜水麵一樣，這一極具美食文化風情的地方小吃，仍以頑強地生命力與美味風情笑待八方賓朋。

巴蜀風情龍門陣 1

閒情吃趣冷淡杯

自一九九〇年代初開始，每年的初夏至晚秋，成都有數不勝數的餐飲店鋪和個體攤販，開始把吃喝生意做到了街邊馬路、河邊走廊、院壩廣場。這些飲食「大排檔」和攤子大多售賣一些鹽煮花生、毛豆角、激胡豆、熗黃瓜、油酥花生、煙熏或香滷豆腐乾、滷雞翅、滷鴨腳、滷豬蹄、滷豬耳、炒田螺、炒小龍蝦、泡雞爪等家常小菜。供應一些冰啤酒、紮啤（純生啤酒）、各式泡酒等酒水飲料。

每當夕陽西下，這些排檔、食攤的客人紛至遝來，大多是中青男士，一會兒就人聲鼎沸，喧鬧四起，乾杯聲、劃拳聲、吃喝聲、喊叫聲，此起彼伏，熱鬧非常。這一戶外露天吃情食景要持續到午夜兩點左右，蓉城市民稱之為「冷淡杯」或「夜啤酒」。甚而有的夜啤酒還開成了夜啤酒廣場，幾千人豪吃狂飲，完全就是美食的海洋；有專啃兔頭的，有專吃麻辣燙的，有專剝小龍蝦的，有專嚼小燒烤的，賣夜蹄花的等，滿城成千上萬家。前些年，轟動北京的小吃夜市一條街上，賣的幾乎全是成都冷淡杯中的香辣炒小龍蝦、炒田螺。

大凡到過成都，吃過成都夜食的人，幾乎沒有不被成都的冷淡杯、夜啤酒所腐蝕。因為，浸潤在成都美食生活中的不僅是一種美食滋味的浪漫享受，更多的是成都人對於享受人生樂趣的癡迷，是成都人與生活的心心相印，是成都人在現實與夢想之間展現凡人百姓對美好、快樂、閒情願景的追求。

冷淡杯的由來

對於上了點年紀而又有點酒興的成都人來說，過去那大街小巷口的冷酒館更是宵夜的好去處。冷酒館一般店堂不大，門邊的條櫃上往往成排擺列著大大小小的酒壇，儘管以紅布包裹的石塊壓著壇口，但那酒香仍細細地從壇中飄溢而出，令人未飲先醉。下酒之物很是簡單，一截滷排骨、一碟豬耳朵，一塊滷豆腐乾，一塊炸得黃酥酥的豌豆油糕，便可供人有禮有信地怡情小酌或開懷暢飲。酒客中有吃了飯出來的，也有餓著肚子的，後者乾脆就以酒當飯了。

一九五〇～六〇年代，我尚讀小學，宵夜的經歷不多。父親那時愛上錦江劇場看川戲，夜闌回家之際往往會捎回一捧帶著體溫的糖炒板栗，或是用清香的乾荷葉包著的滷雞鴨翅、腳板等「雜拌兒」，叫醒我們犒勞一番。這既是表彰我們在父母出去時不擋路、不吵鬧、聽話，也是美食不忍獨享，要讓家中的孩子分享分享他外出娛樂宵夜的餘與。

現今成都人都早已不說宵夜這樣的話了。但作為享受夜生活的一種傳統仍繼續存在，惟燈光更明亮，環境更現代，內容更豐富而已。悠悠長夜，仍是一張成都人樂此不疲，流連光景，愉快續寫光陰故事的溫寢。

「冷淡杯」一說，原本是成都的市井俗語。所為「冷淡」並非為人處事冷漠寡淡。用在此處含義既深刻又不乏幽默風趣。遣詞造句、戲弄辭藻是成都人的天賦，君不見成都人常掛在嘴邊的「紮起」（支持、幫忙之意）、「臭坤」（擺臉色、不悅之意），以及全國人民都已熟知的足球場上的專用詞「雄起」、「下課」等。「冷淡杯」之「冷」，是指冷菜冷酒，冷吃冷喝，而「淡」，則指粗茶淡飯，簡單方便。「冷」字於此是個概念詞，而「淡」卻是個寓意詞，不熱烈、不鋪張、不奢華。所以成都人請客，即便是豐盛席桌，亦會說：「粗茶淡飯，不好意思哈！」而有某人請客，人堆中也會有說法：「請得鬧熱，吃得淡泊。」如此，「冷淡杯」之「冷淡」，無論從飲食還是形式，從花費還是氣氛，體現的是平民大眾的一種簡單生活，淡泊人生的態度，是一種淡而有味、淡中求樂、淡中見真、淡中見情、淡而不薄的生活態度與境界。

成都人無論過去還是現在，也不管是窮還是

富，都會想方設法把日子過得相對閒適愜意。像舊時的成都，多數平民家庭每天只吃兩頓飯，上午十點左右吃一頓，下午五點左右吃一頓。到了晚上，即使你肚子再餓，也只能「打個尖」，臨時吃點東西，這就叫「間食」。到了夏天，市民們喜歡傍晚在院壩裡或街沿邊，擺張小方桌或小方凳，端來一碟煮花生、毛豆角、豆腐乾、滷豬蹄、臘肉香腸之類的下酒菜，就著老白乾或自泡的「跟斗酒」，邊搖著大蒲扇乘涼，邊泯酒「打尖」。若是左鄰右舍也到外面來乘涼了，那主人往往會熱情相邀，讓其隨意坐下來喝兩口，吃點「冷淡杯」。有時鄰居也會從家裡端點小菜小吃，把各自的小桌拼在一塊兒，邊飲酒邊擺「龍門陣」。若有別的四鄰、朋友前來，主人都會自謙地說吃點「冷淡杯」宵夜。

幾十、百多年前的成都，大街小巷亦有不少小酒館，行業稱其為「冷酒館」，百姓則叫為「冷淡杯」。其意指這類冷酒館不賣熱菜麵飯，只賣「杯杯酒」。當街的門梁上掛滿了一串串煙熏

的豆腐乾，專供那些晚間剛下苦力活的男人們過酒癮、閒聚、解乏，也如坐茶館一般。下酒菜大抵是花生米、胡豆、酥黃豆、豆腐乾之類的乾貨零食。

這種冷酒館，有的門口還擺有燒臘攤子，一個方桌略向外傾斜的木架上，擺滿了紅亮亮、油嚕嚕的滷豬頭肉、排骨、心舌肝肚及醃滷鴨、兔、雞翅、鴨腳等葷菜。有錢的酒客未進店便先在攤子上切點，用乾荷葉攤起進店再打酒。這些燒臘攤子後來還做成了醃滷酒館名店。像原城守東大街的「香風味」、南大街的「利賓筵」，現今依然紅火的華興街「盤飧市」。

然而，絕大多數貧窮百姓都是打一兩或二兩燒酒，兩分錢買堆炒花生，要麼便是一塊豆腐乾，一顆一顆，一點一點地就著酒慢慢品，輕鬆聊。也有手頭稍微寬裕點的，買個鴨翅或兔頭，若是能切盤豬耳朵或砍四分之一燒鴨子的，就已經是相當奢華了。

記得一九五〇年代初，父親常在傍晚時分牽

著我來到街頭的一家冷酒館，把我抱上靠桌的高長凳上一坐，要一、二兩酒，有時買把花生，或是一塊半張撲克牌大小的豆腐乾，分一半給我吃，便邊喝酒邊和同桌的酒客擺龍門陣了。因為彼此即是街坊鄰居很熟識，酒老闆偶爾還會切一小片豬耳朵招待我，於我而言，簡直就是享口福了。這樣的「冷淡杯」小酒館一直持續到一九六○年代自然災害時期，因物質奇缺，一應生活用品均憑票證限量供給，方才自然消失。

冷淡杯的延續

到一九九○年代，隨著餐飲業的振興和市場的開放，滿街遍地的「蒼蠅館子」（家常小館子）、「雞毛店」（最簡陋的小店）生意日漸興隆。那個時候人們剛度過了一九八○年代的發財衝動和股票狂熱，雖說一聽見某人是個「萬元戶」，眾人就會驚訝得舌頭伸出來就縮不回去的模樣，但人們掙錢找錢相應較輕鬆容易些了，多少身上也有了些閒錢。有了錢，對成都人而言，首先想到的便是吃，古訓「民以食為天」，成都人是理解得最為透徹的。

於是，到了夏天，宵夜就成為時尚，像冷淡杯之類的「鬼飲食」便應運再生。加之那時大多家裡還買不起或買不到空調、電視機，這樣每當日落西山，「卡拉ＯＫ」、錄影廳（簡陋的小型電視電影院）、歌舞廳以及大百貨商場就熱鬧非凡，伴隨著冷淡杯、麻辣燙、串串香、燒烤攤，把整個悶熱的夏夜攪騰得五光十色。尤其是有足球賽或歐洲錦標賽、世界盃那更是天翻地覆，冷淡杯甚而可以擺滿天府廣場。成千上萬的男男女女喝冰啤酒，吃鴨腳、撕雞翅、啃兔頭、剝鹽水煮毛豆、嚼油酥花生，邊喝酒邊擺龍門陣，上至天文地理、國際國內，下至名星醜聞、名人豔事、市井趣聞無所不談，無所不擺。談情也好，說愛也罷，只有在這一時候，這一場合，方才是口無遮攔，隨心所欲，自由自在，無拘無束。白日的辛勞疲乏、煩悶壓抑、憤怒不滿等等，統統宣洩在冰啤酒、涼菜、香茶、瓜子和談笑之中。

真個是成了「醉眼看世界，嬉笑罵人間」，所有的一切都在冷淡杯中淡泊而去，身心也算得到了一時的解脫，重新發現了自我，或有找到了些許自信而心安理得地享受了生活。

「冷淡杯」作為蒼蠅館子、雞毛店的延伸，白天的蒼蠅館，夜晚的冷淡杯，把一應桌椅，吃的喝的從室內搬到戶外，牽幾盞燈，場面大點的再掛幾串滿天星裝飾彩燈。如果說「串串香」大抵是女士俱樂部，那「冷淡杯」便是男人之「夜總會」。再講究的人，來到冷淡杯也不那麼講究，也可說是無法講究了。蒼蠅館子裡白天飛舞的蒼蠅，晚上也回家休息了，即便上夜班的蚊子們出來，也是人喝冰啤，蚊飲熱血，自然而然，各有所得。

「冷淡杯」其實就是現今的夜啤酒，多設在人口密集社區或較偏的路邊空壩、街邊人行道、橋頭河畔，往往一家連一家，比鄰而開，形成「冷淡杯」一條街。一到傍晚六鐘左右，桌椅板凳一路鋪開，夜幕初降，華燈閃亮，食客便接踵而至，各家小工攬客聲此起彼伏，招呼落座，上菜斟酒，一時人頭攢動，熱鬧喧天。除啤酒外大多還備有老闆自家浸泡的青果（青橄欖）酒、枸杞酒或其他滋補藥酒，成都人稱為「泡酒」，酒以兩計，竹筒小酒提一提一兩，古風猶存，饒有情趣。啤酒則多半不用杯盛，舉瓶仰首滴酒不漏已半瓶入肚，戲謂「吹號」。桌椅板凳極似幼稚園所用，小方桌高僅尺半，靠背椅則與幼稚園無異。一桌四、五人，若人多，以數張小桌拼搭，或長或方，機動靈活。食客多青年人，呼朋喚友，成群結隊。絕無顧影自憐向隅獨酌者。畢竟已非巴金小說《家》、《春》、《秋》之年代，食客中不乏女輩，善飲者常令蜀中大將甘拜下風乃至落荒而逃。

目前的「冷淡杯」菜品豐富多了，除了常規菜品，亦有綠豆稀飯、八寶粥、涼粉、涼麵、粉子醪糟、醉八仙（什錦水果醪糟）、滷牛肉、醃肉、醬肉、香腸、辣子雞、青椒拌皮蛋等數十上百個品種。至十點多，「冷淡杯」漸入佳境，酒

客食客大多已酒酣耳熱，腦滿腸肥，醉酒的、亢奮的、打赤膊的、裸露上身的，旁若無人高談球經者，吆五喝六猜拳行令者，低聲吟唱或引吭高歌者交織在一起，真正是男鬼女鬼們的「鬼飲食」樂園。

在「冷淡杯」場合的小工多是農村來的男孩，很少有年輕女孩，特別是長得乖的妹兒會敢在這樣的地方拋頭露面，姑且不說有啥危險，就是這陣仗也足以把她們嚇得半夜三更驚叫喚。成都一些賣出名了的「冷淡杯」，生意好時往往要占快車道幾近一半，故一旦有車過，喇叭聲不絕於耳，司機捶胸頓足罵不絕口。人聲、車聲、喇叭聲混聲鼎沸，蔚為壯觀。

當有大型足球賽事像世界盃，那在成都市體育中心、沙灣會展中心、天府廣場等設有大型電視螢幕的地方更是通宵達旦，吃冷淡杯，觀賽事的男女們猶如煮大鍋餃子般，人頭翻滾、人浪起伏，歡呼聲、歎息聲、叫罵聲震耳欲聾，要有一個堅強的心臟和不高的血壓，方能支撐住。外來之人不免駐足而瞠目結舌，惟嘖嘖稱奇爾，成都人真有本事，把一個「世界盃」變成了超級「大排檔」。

二〇〇〇年後，隨著城市加大改造規模和市政管理的規範化，「冷淡杯」自然成為清理打擊，整頓規範占道經營和髒亂差及飲食衛生的重點對象。露天隨意經營的現象得到有效遏制，戶外「冷淡杯」大幅減少。隨之是規模更大，經營更規範的，更集中的大型「冷淡杯廣場」，也叫「夜啤酒廣場」，其他的則大多重新搬回到店堂內。這時，成都人的生活品質也隨著經濟水準得以提高，擁有了私家車。於是每逢週末或節假日，一大家人或三朋四友邀約而行，驅車到都江堰河畔夜啤酒廣場去吃「冷淡杯」，有的甚至開到樂山、宜賓、雅安等大江邊去享受成都所沒有的「冷淡杯」食情吃景。

「冷淡杯」不是一個單一的小吃品種，作為一種融入了美食美味，民風民俗，以及地方風情與文化的獨特飲食形式與大眾百姓的生活形態，是成都人結合地理特性和人文情懷，把一日三餐中「涼菜」的吃法發揚到了一個非凡的境界。其生命力無疑是強盛的，猶如「田席」一般，它會隨著社會的發展和現代化，不斷調整自己與時俱進，繼續展現出獨有的人文景觀，為這座古老城市的風情與人民的和諧添輝增彩。不僅如此，這二十年間，在四川盆地這塊平原大地上，好吃、喜吃、善吃的成都人創造出了諸如「冷淡杯」、「串串香」、「麻辣燙」、「農家樂」等獨具吃情食趣和風情特色的美食勝景，且很快飛出巴蜀，風風火火大鬧九州。

021 三合泥

一九四〇年代，在四川大學校園裡曾流傳一首順口溜：「九眼橋頭看稀奇，羊肉醪糟三合泥。三合泥攤名氣旺，男女約會之寶地。一勺一口甜如蜜，心心相印在心底。」說的就是當時九眼橋頭湯香肉美的李記羊肉湯，香甜滋糯的呂家醪糟湯圓，以及同樣香甜滋糯、味美可口的黃記三合泥。

我小時候極中意的九眼橋三合泥，後來改在「古月胡」甜食店販賣，以糯米、黑豆、黑芝麻磨粉過篩，拌和糖汁製成坯料，賣時用豬油白糖熱鍋小火翻炒，加入焙製過的核桃仁、花生仁、芝麻仁，甜糯酥香油潤適口，但因其重油厚糖，不合今日之飲食原則，故現在市面上道地正宗的三合泥已不大看得到了。

所謂「三合泥」，是指通常所用的三種主要原料，糯米和大米，黃豆或黑豆，以及芝麻炒熟後磨成粉，再加進多種輔料炒製成甜米泥。若是用黃豆加白芝麻，炒出來便是黃褐色，如用黑豆加黑芝麻，則成品則是黑色。三合泥是川西地區廣泛流行的風味甜食，以其香酥油潤、甜而不膩、滋糯爽口、營養豐富而廣受男女老少的喜愛，尤為老人小孩特別鍾情。在成都，最有名氣的便是歌謠中所唱的九眼橋「黃記三合泥」，以及後來的「古月胡三合泥」、「雪園三合泥」及廣漢的三合泥。其實後兩個三合泥，依然源於「黃記」，與「黃記三合泥」有著直接或間接的「血緣」關係。

人們對三合泥的懷念也就是在喝紅白茶的一剎那。在成都，一般的餐館飯前飯後免費奉送的茶品大都是紅白茶。因為這種茶清淡、解油膩。而在若干年前吃三合泥，紅白茶就是三合泥的配套茶點，始終與之相隨相伴。這還是幾十年前九眼橋邊那個專賣三合泥的小食攤之原創。三合泥，一個「泥」字就已經和鄉土氣息沾親帶故，它取材簡便，物美價廉，泥甜糯、茶清淡，能讓缺乏油水的口舌和腸胃，被富於營養而又鮮香甜膩的芝麻花生核桃們滋潤著、安撫著，不用再潾腸刮肚地算計著哪天去館子裡打一頓牙祭。可人終究是最薄情的，在天天錦衣美食、時時為減肥瘦身而焦慮的今天，早把當年三合泥的鄉風濃情忘得一乾二淨了。

黃記三合泥

三合泥大約在一九二〇年代中期，出現在成都九眼橋頭，由一個叫黃樹山的人家所創製。起初黃樹山每天在家中炒製好，用缸缽裝起放在竹籃中，再用瓷壺泡上紅白茶，在橋頭叫賣，每逢端午節還添賣涼糍粑。時間不長，他的三合泥就賣出了名氣，在家中炒製亦是供不應求，也忙不過來，他便在九眼橋頭擺個攤子現炒現賣，生意愈加興隆應酬不暇，後來乾脆就租了間小門面，開店售賣，取名「黃記三合泥」。

黃記三合泥，原本是黃樹山老婆家中祖傳的養生間食。一供打間宵夜，二為滋補養生。後來家道衰落，母親吳氏便把女兒嫁給了黃樹山。黃家亦也貧窮，於是黃樹山老婆便與丈夫製作這一甜食來賣以維繫生計。按祖傳秘方和養生原理，選用糯米、黑豆、黑芝麻、再加苡仁、蓮米等，炒熟後打磨成粉製成原料。吃時再加碎花生仁、核桃仁、白糖等，用水調和成較乾的泥團，放進豬油鍋中炒香即可食用。黃樹山妻子小時身體虛弱，便常吃且學會了製作。祖上把這叫做「養元粉」，有健脾潤肺、補中益氣、養心安神、清熱利濕的功用。

黃樹山與老婆都是知書識禮之人，開起小店後，對傢俱用品、鍋瓢碗盞比較講究，所謂美食美器，尤為注重清潔衛生，接人待客亦也溫文爾雅。他又考慮到按老方子炒製成本較高，吃的大多是窮苦學生和貧民百姓，於是就不再用苡仁、蓮米，而是在選料、加工、炒製上精益求精。花生核桃都要用開水泡脹去衣，剁成碎粒；糯米、黑豆、黑芝麻仔細篩選，炒熟後打磨成細粉；豬板油挑去油膜，洗淨晾乾水分，再煉製成純淨化豬油；炒製時堅持用小鍋小炒，老年人吃，就炒得滋糯些，年輕人吃，則炒得酥一些，略起鍋巴，但不糊不焦，下油的多少亦根據客人喜好。炒好後，用細瓷青花小碗、小勺，再送上一碗濃淡相宜的紅白茶，以供吃完三合泥後清口。

如此，開店後的黃記三合泥，不僅是學生們必不可少的風味小吃，也成為青年男女大獻殷情，卿卿我我、香香甜甜、談情說愛的風水寶地。黃記三合泥的名聲不脛而走傳遍四門。不但尋常百姓紛至遝來，不少達官貴人、文人學士亦慕名一品為快。一時間，黃記三合泥就成了雅俗共賞，上得廳堂下得街坊的名食。

古月胡三合泥

在四川，以姓氏為店名的多如牛毛，尤其是小吃，而將姓拆開後又合攏取為店名的，則僅有「古月胡」一家。「古月胡」原是一九四〇年一家抗戰時從北方內遷來的甜食店，在市中心商業場設店，經營有油條、豆漿、百合稀飯、豆漿稀飯、八寶粥等，尤以油條金黃、泡鬆脆香、個兒頭大、根根挺直、輪廓清晰，觀感與吃口都很爽而著稱。但一九五〇年代初遷移到順城街，沒多久就關門歇業，老闆則改行賣小菜。

一九五七年在成都安樂市恢復經營後的「古月胡」，與黃記三合泥合二為一，黃樹山便被調到「古月胡」甜食店，掛出「黃記三合泥」的招牌。同時依照「古月胡」師傅的意見，在三合泥的炒製上又做了些改進，添加了冬瓜糖、橘餅等水果蜜餞，使色澤美觀、更加滋潤可口，吃來口感更豐富多滋。這樣黃記三合泥搖身一變成為「古月胡三合泥」，仍是黃樹山親自製作，同時也帶徒傳授技藝。一九七一年黃樹山去世，「古月胡三合泥」便由他的高徒黃明權主持。不久因文革內亂而被迫歇業。

到一九八〇年代初，消失了十餘年的「古月胡三合泥」又在紅旗商場旁邊，一間窄小的單間鋪面悄然掛牌。一張長桌，一個大爐子，一口大鐵鍋，擺在鋪面外靠牆的階梯下面，鋪面門口則是收錢售票的服務台，裡面安放了四、五張長條桌及長條凳，總共也就三、四個工作人員。看上去雖然有些簡陋，但仍是食客盈門。筆者便就是其中之一，常去品享，一邊吃一邊站在臺前，觀賞著三合泥的炒製，看著、聞著、品著，仍還是十分道地。又過了些年，因拆遷而不知轉移到了何處。有時一動心特別想吃，找了好幾天也音訊渺無。

偶然遇到閒歇後的黃明權老人，看上去還矍精神的，只是背稍駝，常坐在門口的一張竹椅上曬太陽，現在也應該快九十歲了！記得當年去他店裡吃三合泥，見他總是含著一支自裹的葉子煙，很是夠勁，一隻煙要抽個一兩天。

同樣在一九八〇年，黃樹山的兒子黃志榮，憑著十多歲就跟著父親學到的技藝和祖傳配方，又帶著他的兒子另立旗號，重新在家業發祥地之九眼橋頭，支起了「黃記老號三合泥」的招牌。這款半個世紀來，廣受成都男女老幼喜愛的美味甜品，又像當年一樣，在川大學子的鍾愛下笑迎八方賓朋，重溫父輩時黃記三合泥的甜美、香濃、溫馨與風情。但不幸的是，一九九〇年代後期這家老號三合泥又關門歇業，這一雅致的精美小吃也隨之默默地告謝人間。現今的三合泥除了僅是三種原料的標示，甜而油外，那種特有的香濃、滋潤、油而不膩亦是蕩然無存了。

在經歷了一九六○年代到一九八○年代末的極盛而衰之後，又於一九九○年代初隨著舊城改造搬遷而關門停業，一九九○年成都市首屆天府食品博覽會上，古月胡三合泥僅露面一天就消失，從此在業界再無蹤影。古月胡的老東家，成都市飲食公司有關人士也表示，高油高糖是古月胡三合泥最大賣點，可消費習慣卻日趨走向低脂低糖。於是由於銷量銳減，舊城改造拆遷後「古月胡」沒有再選址開張。「古月胡」後人及當初的員工，也因經時隔久遠而無法聯絡了。

然而，至今古月胡三合泥仍有眾多的喜食者，更有不少外來遊客，四處打聽古月胡的蹤影。即便是現今四、五十歲的成都人，只要一提起三合泥，就會立即想起當年紅旗商場門前的「古月胡」——遞上三毛角票，師傅便削一片糯米、黃豆、棗子打成的胚料丟入鍋中，然後將核桃、花生、果圃各趕一點下去，幾分鐘後一股甜香便從豬油翻炒的滋滋聲裡竄出來。在食糖、糧油都限量供應的年代，一塊三合泥入口滿嘴的酥甜油潤，「那才叫正宗、那才叫過癮，想起來都饞」。

「古月胡」的另一個姊妹店，在成都文化宮提督街的「雪園甜食店」，亦得到當年黃樹山的技藝傳授，在黃記三合泥的基礎上，在用料、制味及口感上，進行了些改進，與「古月胡三合泥」一道，成為「成都名小吃」。

「三合泥」後來流傳到川西壩子各地，但以廣漢的三合泥最為食客讚賞。現在，凡在花會、廟會、節假日小吃展，以及在熱門旅遊景點，特別是錦里、文殊坊、寬窄巷子等景區，都在賣三合泥，良莠混雜，只要不是難以下嚥，也就將就了，反正現在大多食者也不知道，道地正宗的三合泥究竟是甚麼風味特色，還是「不知為不知」是好。

022 滷肉夾鍋魁

雖然鍋魁的花色品種、風味特色各有千秋，但從過去到現在，成都人最愛吃的還是滷肉夾鍋魁和軍屯鍋魁。關於後者，放在後面再講，先說說這滷肉夾鍋魁，究竟有何風味魅力，能把好吃嘴吃，在口味上向來很叼俏的成都人迷住呢。

滷肉夾鍋魁，滷肉是關鍵字兒。川菜中的「滷」，作為一種烹飪方式，分為「紅滷」和「白滷」。紅滷，即注重成品的色澤，需在滷水中加糖色、醬油等，使其成品色澤紅亮，如滷雞、鴨、兔、牛肉，滷豬肉、豬蹄、肥腸及心肝舌肚等；白滷，即不加糖色、醬油，成品色澤淡雅多為本色，如滷花生、豆腐乾、白滷雞等。滷製葷素菜品的關鍵是滷水的製作。從一般技術上講，人多廚師和餐館都可以，也都有滷製菜品，但要做到色香味俱佳的則又不多。成都遍街都有滷肉專賣店、滷肉攤點，舉手可得，但以滷肉成名的卻也不多見。

滷肉味美鮮香、柔和滋潤、風味醇厚、口感悠長，加之方便好吃不貴，故深為大眾百姓喜吃。記得小時候，那時滷肉攤子講究用乾荷葉將買好、切好的滷肉包起來，乾荷葉包滷肉不僅不浸油和滷汁，還有荷葉的清香。父親就常叫我去滷肉攤買滷豬頭肉下酒，我最喜歡幹的就是這事兒，每當父親叫我去買，就會跑得瘋快，因為可以在拿回家的途中偷吃一兩塊，大人多半是不會發現的。幾十年過去了，至今我仍保持著吃滷豬頭肉的喜好，它浸潤著童年生活的諸多樂趣與回憶。那時候，就常聽父親說，成都滷肉做的最好的是一家叫「盤飧市」的酒樓。果然，差不多近百年來，「盤飧市」一直就以滷肉和滷肉夾鍋魁享譽川西壩子。

盤飧市滷肉

天府成都街頭，人們三三兩兩泡茶鋪，進街

頭路邊小食店打間休閒、品冷淡杯小樽小酌的場景很容易見到。這種習俗無從知曉它起於何時，不過，唐朝詩聖杜甫的《客至》詩卻記錄了這一情景：「舍南舍北皆春水，但見群鷗日日來。花徑不曾緣客掃，蓬門今始為君開。盤飧市遠無兼味，樽酒家貧只舊醅。肯與鄰翁相對飲，隔籬呼取盡餘杯。」這詩，也似畫，更似白描。它真實地描繪出一千二百多年前，成都人朋友往來，薄酒淡飯，賓主悠閒自得的畫卷。同時也勾畫出成都人「尚滋味」的飲食習俗。看來，成都人好休閒的歷史確實還有點長。

到西元一九二五年的一天，有牟茂林、楊漢江、冷遠舉三人在茶園吃茶閒聊，細數成都餐館的風味特色。三個不僅是吃香喝辣的名嘴，亦是行業中人。談到成都的醃滷攤子雖然很多，但專業的醃滷店卻是屈指可數。於是三人心血來潮，不謀而合，當下決定開一家專業滷肉店。

果然沒多久，一家古樸典雅的滷肉酒家就在華興街粉墨登場，店名便是借杜甫之詩句：「盤飧市遠無兼味，樽酒家貧只舊醅。」意即「因集市太遠，盤中菜肴並不豐盛；因家中貧寒，杯中酒只有陳年舊釀」，這家餐館名即取自此句前三字，定名「盤飧市」。這家滷肉酒家，無意間創造了成都餐飲業的三個第一：第一家專以滷肉為特色和招牌的餐館；第一個直接從杜詩中截句作店名的酒樓；三是建店至今，雖也經歷世事動亂，卻不易其址不變其名，為數極少的酒樓。有趣的是，「盤飧市」之「飧」字，本應讀「孫」，但不少食客卻誤讀為「盤餐市」，流傳下來，至今依然如是。

「盤飧市」的滷製食品，迎合了成都人吃香喝辣的飲食習俗。普天下之人，都說成都人嗜好麻辣，此言似對也非對。其實，成都人不管男女老少，骨子裡最喜好的是吃「香」。君不知，成都人稱好吃者為「五香嘴」、「香香嘴」，稱吃零食為「吃香香」麼。然而，此「香」非彼「香」，亦非單純的香料之香。任何食料只要不香，成都人就會輕蔑地說：「沒得吃頭」！包括麻辣在內。不香的麻辣，在成都人眼中便是「乾辣燥麻」。麻辣乃是一種自然屬性，大凡辣椒皆辣，花椒皆麻，但要達到香辣、香麻，這就要考手藝了。中華其他吃辣椒的地方不少，但都認可沒有四川的辣椒香，尤其是「紅油辣椒」、「熟油辣子」。殊不知這「香」就是成都人吃喝之最大追求。對醃滷食品而言更是這樣。

盤飧市便巧妙地抓住了成都人這一特性，由牟茂林、牟再田兩兄弟親自主廚，滷製的雞翅、雞爪、雞腎、鴨肝、鴨翅、鴨腳、鵝掌，以及滷雞、滷鴨、滷鵝、滷豬肉、豬蹄、豬尾等，用料精細、滷製獨到、火候精准、柔軟滋潤、鮮美味醇，出售時再刷上香油，因此，盤飧市的滷製品無一不香風襲人、香美誘人、香味醉人，比市面上大多滷製品的色香味要高出幾個品位，故而一經面世，便轟動全城。其高雅的店名和絕佳的滷品，一時間成為成都人的美談，每天顧客盈門排隊候賣。加之又緊鄰錦江川劇場，「盤飧市」就成了中上階層男士女賓的「食堂」。

其後，經這些淑女、紳士的口碑，住在公館裡的達官貴人、名流雅士亦也成了座上賓。「盤飧市」便一舉成名，享譽四方。很多食客，先是聞其店名，品嘗了各種滷品，方被其品質與滋味所折服。「盤飧市」成了真正名副其實的「知味停車，聞香下馬」的風味酒家。

滷肉夾鍋魁

「盤飧市」的滷製品出了名，按四川人的飲食習俗和吃法，自然就推出了「滷肉夾鍋魁」，方才完美。其時，成都也有幾處頗有口碑的滷肉夾鍋魁。像

祠堂街「精美處」，其滷肉亦是皮色紅亮，肥瘦相連，口感柔糯，香美怡口。每天下午滷肉一出鍋，隨風飄蕩的香味，就要把附近的人家引誘出來，趕忙去買幾個白麵鍋魁，再跑到「精美處」買塊熱嚕嚕的滷肉切片夾起，澆點鮮香撲鼻的滷汁，猛咬一口，細嚼慢咽，搖搖擺擺一路吃回家去。這種享受才被成都人視為口福。

然而，「盤飧市」推出的滷肉夾鍋魁，不僅風味佳美，也特色獨具。請來手藝高超的打鍋魁大師傅，隨堂烤製白麵鍋魁。食客選好肥瘦相連的滷豬肉後，切成薄片，再把鍋魁用小刀花開，夾進滷肉，澆上香味濃醇的滷汁，放在火爐邊稍加熱，然後就可大快朵頤了。此時此際，無論你是饑腸轆轆，還是腦滿腸肥，此滋此味亦讓你垂涎欲滴，欲罷不能。送進嘴裡，鍋魁皮酥內軟、滷肉滋糯芳香、滷汁鮮美潤口，令人十分快意，既作主食，又是零食，還便於攜帶，故而幾十年來，「盤飧市」的滷肉夾鍋魁，就一直是成都市民流連忘返的美味小吃。

一九三〇~四〇年代，「盤飧市」的滷肉夾鍋魁，是大公館裡太太小姐們每日夜晚打牌、玩麻將必不可少的香美夜宵。四川軍閥劉湘的幾個姨太太，每天都要早早地派下人去買好幾個滷肉夾鍋魁放起，半夜打牌餓了，便拿出來烤熱解饞，其風味亦如剛買回來一般美不可言。當時川軍第七師師長陳國棟，特別癡愛盤飧市的滷肉夾鍋魁，常命軍士趁熱買來跑步送回府上享用，不時還以此佳饌招待賓客。據傳他有次驅車，前呼後擁地到郊外視察，突然嘴饞，叫司機繞道趕往盤飧市，叫來兩個滷肉夾鍋魁，一邊吃一邊趕路，在軍界和食界傳為美談。

一九五〇年代後，盤飧市同其他餐飲名店和名小吃一樣，幾經沉浮，所幸的是其滷肉技藝得到很好的傳承，經營特色也很快恢復。

筆者也是十分愛吃盤飧市的滷肉，尤其是滷豬耳朵和豬尾巴。記得五〇年代，父親有時會帶回用乾荷葉包上的滷豬頭肉或滷排骨，偶爾還有幾隻滷鴨腳，說是盤飧市的。一打開荷葉，那滷香味、肉香味就滿屋亂竄，誘得人心慌意亂。每逢此時最興奮、激動的莫過於我們三兄妹，就像要過年一樣。雖說父親或許成天幹體力活很累很疲，買點滷肉下酒解乏，但一上桌，父親母親看桌我們三兄妹餓癆兮兮的饞像，也就象徵性地吃兩、三塊，大多都分夾在我們的碗裡。儘管這一美餐一年頂多也就兩、三次，卻讓我終生難忘。

一九六〇年代中期，某天父親帶著十來歲的我，第一次路過盤飧市，我瞎猜了好一陣，也認不准中間那字，但從店裡飄散出滷製食品的香味，誘得我饞涎欲滴。我纏著父親一定要買滷肉夾鍋魁。父親拗不過我，答應買一個讓我解饞。我走進店鋪窗口，只見一師傅在隨堂烤製的酥脆白麵鍋魁。另一師傅用刀將烤製好的白麵鍋魁從邊沿半剖。滷鍋放爐上，用小火燒製保持滷水微沸，把半肥瘦滷肉切成薄片，在滾燙的滷水中冒熱後夾入鍋魁內，再舀入適量滷汁即成。我拿著滷肉夾鍋魁，三兩下就進了我的肚子，當時那美滋滋的感覺，至今都餘味嫋嫋。

現今想來，那幾分錢的大頭菜絲子夾鍋魁，一元的滷肉夾鍋魁都成為過去了，現在的鍋魁名堂繁多，什麼「雞米芽菜」、「回鍋肉」、「蒜泥白肉」、「榨菜肉絲」、「豇豆牛肉」……等，真的是花樣百出，雖說味道也還不錯，不過於我而言，還是喜歡那傳統、純樸的大頭菜絲和香美滋潤的盤飧市滷肉鍋魁。

一九八〇年代後期，盤飧市在原址重新裝修一新後完全恢復，一九九二年，其「滷肉夾鍋魁」被授予「成都名小吃」稱號，一九九五年，盤飧市被大陸貿易部認定為「中華老字號」名店。二〇〇六年，再次被國家商務部認定為「中華老字號」名店。如今，盤飧市在成都已開有盛隆街店、棕南店等分店。並在繼承傳統滷和滷肉夾鍋魁風味特色基礎上，又增添了川菜傳統小鍋小炒、川菜筵席、成都名小吃，形成以滷製食品為主，綜合經營為特色的多功能酒樓。

023 張麻子脆臊麵

巴蜀百姓千百年來，在「尚滋味，好辛香」的飲食習俗驅使下，大吃小吃必是「食以味為先」。據說，川人的味蕾具有某種特異功能，可以分辨最細微的味道差別，甚至，飄悠混雜在空氣中的食物味道，亦也能嗅出個所以然。於是這才吃出了個千滋百味的川菜，萬千風情的小吃。尤對成都人而言，吃自己鍾愛的小吃，就好像是談情說愛，不僅吃得專心專意，津津有味，吃完了還回味良久，甚至留戀不已，脆臊麵就是其中之一。

所謂脆臊麵，脆臊是關鍵。和普通的肉臊相比，又是另外一番風味，焦、脆、酥、香、微甜的口感會久久在你的嘴裡縈繞，吃口極其舒爽！在川人的口感中，脆臊需是「焦而不糊，色澤深黃，酥脆化渣，齒舌留香」。香酥可口的脆臊，澆在已經加了醬油、香醋、辣椒油、花椒粉、芝麻醬等底料的麵碗中，再來少許碧綠的蔥花、芽菜，一碗道地勾人口水的「川味脆臊麵」會吃得你滿口溢香，那番舒坦，從每個汗毛孔裡頭冒出來，剩下的就只有悠然回味了……。一個小麵的臊子居然都如此用心，你不得不嘆服川人之好吃情結。

記得小的時候，在冷雨綿綿、寒風颼颼的濕冬，特別是清晨和夜晚，昏昏暗暗的路燈在霧靄中忽閃忽閃的，不時響起的梆子聲、吆喝聲，悠揚揚地打破了黎明或黑夜的沉靜。深深地吸口氣，便會感覺得到，這是豆花擔、還是醪糟湯圓擔，是油茶擔子、還是麵條擔子。冷風細雨中，一副硬木製作的挑擔，一搖一晃地出現了。挑擔的一頭是火爐，爐子上一口中間劃分成兩格的銅鼎鍋，一格煮麵，一格熬著雞湯或蹄膀，鍋裡面水翻滾，熱氣騰騰；擔子另一頭是個紅漆小桌，上方掛著一盞油燈，桌面上擺放著用濕毛巾鋪蓋著的麵條，以及盛著醬油、自製的紅油辣子、花椒粉、香醋、芝麻醬、白糖、香油、蒜水、薑末、芽菜、蔥花、油酥花生末，桌子下面有一籃子新鮮的豌豆尖，一大缸子脆肉臊子。一個中等個兒頭，臉上有幾顆黑痣的年輕男子，人稱「張麻子脆臊麵」，吆喝著叫賣著。那情景，那香風，必定會讓人感動得流口水的。這時，早早就起床，坐在門邊喝茶抽葉子煙的父親，有時就會叫上一碗，吃了趕去上班。

脆臊麵傳奇

三十年代初，新都馬家場，十五歲的少年張光明來到成都黃瓦街，在舅舅劉怡和的小麵店拜師學藝。三年滿師後自己沒有本錢開店，舅舅便幫他租了副麵擔子，自己做擔擔麵生意。他上午買料、擀麵、炒臊子、熬湯，下午就在居住的西馬棚街擺攤；入夜後，便挑起擔子走街串巷吆喝叫賣。

後來據張師傅講，他做擔擔麵生意時，就賣素椒雜醬麵和紅油素麵。每天也就賣掉十來斤麵，臊子三、四斤。有一天下午，在家門口擺攤，不知什麼原因生意忽然爆好，先備的臊子很快就賣光了，但仍有不少買主等著要吃。他趕忙跑到肉鋪拿了幾斤豬前胛肉，去掉皮，切成細條，三兩下剁碎就下鍋煵炒，誰知一時心慌不知爐火太旺，臊子便炒的有些焦，他趕緊下作料，炒幾下起鍋就應酬買主。他還擔心這樣慌張弄出的焦乾臊子，擔心買主會不滿意。結果客人一吃，連稱臊子又酥又脆，嚼起很香。有的還問這

是啥子麵，以前沒吃過，張光明順口一答：「脆臊麵」。這樣每天都有不少食客專門來吃「脆臊麵」，名氣漸漸就傳開了。

生意好了，張光明一個人就忙不過來，十四歲的弟弟張光榮就從鄉下跑來幫忙打點。先做些打雜洗碗的瑣碎事，後又幫著下麵、撈麵、收錢。小兄弟手勤腳快，又善言談和招呼應酬，很是喜人，因臉上長有幾顆黑痣，顧客就都叫他「張麻子」。沒多久他就幫著哥哥和麵、揉麵、擀麵、炒臊子、調味。逐漸掌握了一整套「脆臊麵」的製作工藝。其後大凡清晨和夜晚，他就挑擔出門沿街叫賣。「脆臊麵」也越賣越出名，於是人們就乾脆叫為「張麻子脆臊麵」。

當時在成都，有三個冠以「麻子」命名的著名小吃，最響亮的便是「陳麻婆豆腐」，其次就是「痣鬍子龍眼包子」，其後則是這個「張麻子脆臊麵」。或許也是有「麻子」的緣故，「張麻子脆臊麵」很快就在成都四門傳揚，生意越來越火。這時，張家兩兄弟也有了些資本，便在長順中街開起了麵店，想到名聲都傳出去了，大家也叫熟了，乾脆就取店名叫「張麻子脆臊麵」。

脆臊麵風味

開店後，因不再淘神費事地走街串巷，兄弟倆就把功夫花在對麵條加工、臊子製作、風味調味上。麵條加工採用了雞蛋加少量鹽調和麵粉，使其擀製出來更加柔韌爽滑，粗細均勻、有勁道、有吃口；臊子選用肥瘦兼搭、無筋無渣的精肉，剁得不粗不細，用低溫小火慢炒，使其臊子更為酥香脆爽，不頂牙、易化渣；調味則以麻辣為主，滋味豐厚，用德陽醬油、自製紅油辣子、漢源紅袍花椒打磨成粉、芝麻醬、香油、蒜水、芽菜、蔥花、化豬油一系列十分精緻的佐料。麵條下鍋後，碗中打好底料，麵煮到七八分熟時，下豌豆尖稍燙放進麵碗，再挑麵入碗，舀一小勺脆臊在麵上，撒上蔥花就出堂了。

張麻子脆臊麵，麵條柔韌，吃口滑爽，蛋味香濃，辣得香醇、麻得酥爽，醬香蒜香濃郁，加之蔥香和豌豆尖的清香，臊子的酥香，張麻子脆臊麵——好一個「香」字了得！於是乎，食客蜂擁生意爆棚。與陳麻婆豆腐一樣，成為川味麻辣風味的經典美食。

一九五三年，其弟張光榮想出去見見世面，便離開了哥哥獨自去闖蕩。一九五七年進入西藏參加川藏公路修建。一九五八年，「張麻子脆臊麵」公私合營進入行業，六二年又單獨在石灰街開店，文革時期被拆除，張光明則被安排在通錦橋新華食堂工作。

一九八四年，「張麻子脆臊麵」在人民西路市政府對面，重新開始經營。半間教室大的店堂，寬敞明亮，靠街擺了個大汽油桶做的爐灶，一口大鐵鍋，堆滿了熱氣騰騰，塔林般的小竹子蒸籠，賣起了小籠蒸牛肉。當然，脆臊麵仍是當家招牌，但也增添了紅燒牛肉麵、雜醬麵、紅油素麵，同時還售賣鍋魁。那時，我不時要去吃碗脆臊麵、一籠蒸牛肉、一碗免費牛肉湯，那吃香喝辣的感受，是真正的口福啊。

然而，令人不無遺憾的是。一九九七年，「張麻子脆臊麵」再一次因天府廣場的修建而被拆除。同年，張光明師傅隱身而退，第二年，他帶著些許遺憾離開了人世。從此，脆臊麵便成為沒有父母的棄兒散落在人間。雖然在成都，大凡是麵館，也都有脆臊麵賣，而且按成都人的傳統習慣吃法，二兩紅油脆臊搭一份臊子蒸蛋算是絕配。蒸蛋是細嫩鮮香，淡雅可口；紅油脆臊酥脆香濃，麻辣多滋，一濃一淡，兩全其美。可不知為何，那脆臊麵吃來卻感覺既失去了魂，也沒有了靈……。

024 玻璃燒麥

燒麥，又稱燒賣、稍麥、稍梅、燒梅、鬼蓬頭，是形容頂端蓬鬆束折如花的形狀，一種以燙麵為皮裹餡，上籠蒸熟的麵食小吃，潔白晶瑩，餡多皮薄，鮮香可口。燒賣起源於包子，它與包子的主要區別除了使用未發酵麵製皮外，還在於頂部不封口。據史料記載：在元代，北京就有「素酸餡稍麥」售賣，是以麥麵做成薄片包肉蒸熟，與湯食之，方言謂之稍麥。「麥」亦做「賣」，「皮薄肉實切碎肉，當頂撮細似線稍繫，故曰稍麥。」或「以麵作皮，以肉為餡，當頂做花蕊，方言謂之燒賣」。不過，於今為止，僅北京、四川叫為「燒麥」，其他地方依舊稱為「燒賣」。

到了明清時代，「稍麥」一詞雖仍沿用，但「燒賣」、「燒麥」的名稱也出現了，並且以「燒賣」出現得更為頻繁些。如《儒林外史》第十回：「席上上了兩盤點心，一盤豬肉心的燒賣，一盤鵝油白糖蒸的餃兒。」《金瓶梅詞話》中也有「桃花燒賣」的記述。清朝乾隆年間的竹枝詞有「燒麥餛飩列滿盤」的說法。清代無名氏編撰的菜譜《調鼎集》裡便收集有「葷餡燒賣」、「豆沙燒賣」、「油糖燒賣」等。其中「葷餡燒賣」是用雞肉、火腿配上時令菜作餡製成。「油糖燒賣」則用板油丁、核桃仁和白糖做餡製成，南方還有一種「滷餡芽菜燒賣」。

民間關於燒麥一詞的來歷，有多種說法。一是：早年的燒麥都在茶館出售，食客一邊喝著濃釅釅的磚茶或各種小葉茶，一邊就著吃熱騰騰的燒麥，故燒麥又稱「捎賣」，意即「捎帶著賣」之意；也有人說因為燒麥的邊稍皺折如花，故又稱之為「稍美」，意即「邊稍美麗」；還有一種說法是，燒麥最初叫撮子包，因感其名不雅。又因其邊象快熟的麥穗，隨改為燒麥。

時至今日，燒賣的品種極為豐富，製作精

美。如河南有切餡燒賣，河北大蔥豬肉燒賣，安徽有鴨油燒賣，杭州有牛肉燒賣，江西有蛋肉燒賣，山東有羊肉燒賣，蘇州有三鮮燒賣；長沙有菊花燒賣；廣州有乾蒸燒賣、鮮蝦燒賣、蟹肉燒賣、豬肝燒賣、牛肉燒賣和排骨燒賣，以及臺灣的雙花燒賣、豬肉燒賣、蝦仁燒賣等，都各具地方特色。不過以前燒賣的餡分四季而有所不同：春以青韭為主，夏以羊肉、西葫蘆為優，秋以蟹肉餡最為應時，冬季以三鮮為當令。

我國燒麥最有名的還屬北京「都一處」。而都一處的燒麥以三鮮和蟹肉燒麥最為人喜愛。傳說早在乾隆三年，山西浮山縣北井里村人王瑞福，就在北京前門外的鮮魚口開了個浮山燒麥館。某年除夕夜，乾隆從通州私訪歸來，到浮山燒麥館吃燒麥，感覺燒麥餡嫩鮮香、油潤不膩，潔白晶瑩，如玉石榴一般。乾隆食後讚不絕口，回宮後親筆寫了「都一處」三個大字，命人製成牌匾送往浮山燒麥館。從此燒賣館名聲大振，身價倍增。

麥邱故事

燒麥在成都，最早作為一種由滿族帶來的清真食品，出現在少城一帶。傅崇矩在《成都通覽》一書中就記有：「各樣燒麥，大肉燒麥、地菜燒麥、凍菜燒麥、羊肉燒麥、雞皮燒麥、野雞燒麥、金鉤燒麥、素芡燒麥、芝麻燒麥、梅花燒麥、蓮蓬燒麥……」。

後來，幾乎大多數的包子店、餃子抄手店也都有賣燒麥。到一九三八年，有侯宗榮、侯宗煊兩兄弟在成都德盛街開了家麵食店，取名「中華園」。侯宗榮是簡陽縣人，從小家境貧寒，只念了一年半私塾。九歲那年由親戚帶上成都，經介紹到德盛街韓子彬包子鋪當學徒幫工。一九三一年至一九三六年又在鐵箍井街的同樂園麵食店和清華軒麵店打工。成家後便與兄弟打夥開了「中華園」麵食店。

侯氏兄弟十分精於麵食製作，他兩博採眾長，兼收並蓄，在麵點製作上力求精緻，每一款都要各具風味特色，即便是一碗下里巴人的燴麵，也烹製得美味可口。如此，開業不久便廣受食客青睞，生意蒸蒸日上。

隨著口碑傳揚，「中華園」每天食客盈門座無虛席，店堂十分擁擠，造成經營諸多不便。於是就遷店至鼓樓北三街。一天，巴蜀著名書法家李暢老先生慕名前來品嘗，吃後甚感滿意，說道：成都竟有這等美味麵食，頗有相見恨晚之意。侯氏兄弟見這位大書法家很賞識，便恭請李老先生寫個店名招牌。李老欣然說道：只是「中華園」三字尚欠雅。侯氏兄弟趕緊恭請賜名，李老允諾而去。

誰知第二天，李老就差人送來字幅。侯氏兄弟趕忙打開一看，寫的是棣書「麥邱」二字，棣情篆韻極見功力，「麥邱」之名意蘊深長，頗耐人尋味。麥者，麵粉也，點明其經營以麵食為特色；邱，則與丘同音，蘊涵「丘陵」之意，寓意麵食花色品種豐富，任君挑選。同時「麥邱」其名，還暗指生意興隆，財源茂盛，且聽起來，看上去，已十分典雅含蓄，很有品位。兩兄弟喜出望外，馬上請人做成金字橫匾，懸掛於店當門，字體蒼勁，金光熠熠，誘人眼目，生意愈發紅火，大有一經品題，身價百倍之效應。

玻璃燒麥

成都小吃歷來著名，尤其麵點更不泛名品佳作。尤為是一九三〇～四〇年代，作為巴蜀名特小吃薈萃之地的成都，已達到歷史上鼎盛時期，龍抄手、吳抄手、擔擔麵、鐘水餃、韓包子、小籠包子、銅井巷素麵、甜水麵、張麻子脆臊麵等，已是名氣生意常年紅火。一九四〇年代初，侯氏兄弟潛心研究了市場後，感到只能做沒有的，方可做成品牌。他們發現，成都賣燒麥的雖不少，但幾乎不具特色，有名的更是鳳毛麟角，於是決定製作一種獨具特色的燒麥。

侯氏兄弟原本麵食製作手藝就很是高超，加之心靈手巧，不久就推出一種，麵皮薄透似白綢、瑩潔光滑、餡心鮮嫩香美、吃口極其舒爽的燒麥，蒸熟後皮透似玻璃，可見餡心，於是取名「玻璃燒麥」。這一稀奇少見的名字立即吸引了眾多食客，一經品吃，紛紛拍手叫好。玻璃燒麥一下在蓉城名聲大噪。

玻璃燒麥成功後，麥邱的侯氏兄弟深信，一花獨放不是春，又連續開發了燉雞抄手和金鉤大包。燉雞抄手亦皮薄如絲綢，抄手盛在青花瓷碗中，飄蕩在清亮香濃雞湯中，猶如金魚戲水，晶瑩透明，滑嫩柔美；金鉤包子則用上等麵粉加白糖、化豬油和酵麵揉製，餡心用去皮豬寶肋肉、金鉤、香菌菇、玉蘭片、德陽醬油等調製成生熟餡料，蒸熟後的包子皮薄鬆泡、鮮香味美、肉嫩化渣。於是，玻璃燒麥、燉雞抄手、金鉤大包成為麥邱的三大招牌小吃，享譽川西壩子。

麥邱軼事

一九五六年，公私合營後的麥邱擴大了經營規模，經營品種也更加豐富，除玻璃燒麥、金鉤大包、燉雞抄手，還有麥邱早先的燙麵蒸餃、三菌麵、三鮮燴麵、雞絲炒麵等。同時，考慮到食客的吃喝習俗與需求，增加了家常拌菜，用椒麻搭紅的調味法涼拌蹄花、拐肉，成品紅綠白相間，色香味宜人，被眾多食客讚譽為麥邱之「又一絕招」。

經過十年的輝煌，麥邱以廚藝、誠信、招牌、特色作為作為經營宗旨。麥邱的麵食，靠的是湯和精工細作，兼營拌菜、滷菜為經營特色。作為「成都名小吃」的麥邱，更是家喻戶曉，是成都市民和外來遊客一享口福的美食寶地。然而，接下來的十年，麥邱與絕大多數餐飲名店一樣，難逃厄運，金牌被砸，店堂關閉，職工被疏散下放。從此，麥邱便沉寂銷聲在一片動亂中。

到了一九七七年文革動亂結束後，隨著成都名特小吃的逐漸恢復，候宗榮的麥邱招牌也在草市街重見天日，精神抖擻地掛起了金字招牌，由著名川菜大師，小吃大師張中尤的高徒舒國重主廚，經營特色不僅全面恢復，且在傳統特色的基礎上推陳出新，推出了如罐罐雞、罐罐肉等風味小吃。舒師傅在玻璃燒麥的基礎上，依據四季時令開發出了麥邱系列燒麥，如：翡翠燒麥、四喜燒麥、金銀燒麥、白玉燒麥、三鮮燒麥、梅花燒麥等花色品種，成為成都燒麥品種最豐富，風味品質最佳的燒麥專賣店。在省內外食客的要求下，麥邱亦還推出不同等級的小吃席宴，和各式工藝點心，展現成都小吃絢麗多滋的風味魅力。

候宗榮一直工作到一九八五年七月退休，一九八八年，麥邱因城市改造而再度停業。侯老先生也於二〇〇〇年二月以八十四歲高齡追隨「麥邱」而去。成都飲食業的一代麵點驕子，在輝煌與坎坷交織的人生中，如同他的「玻璃燒麥」一樣，胸懷坦蕩，光明剔透地為世人呈獻了一個絕世美味，創造了一個難以後繼的美食品牌。

025

蒸蒸糕

全世界的人都說成都是一個休閒之都，這休閒不僅僅是因人們喜歡曬太陽、泡茶園、打牌下棋，體現出成都人的生活的閒適愜意。其實，更為傳神的是眾多的名小吃，如蒸蒸糕、三大炮、酸辣豆花、涼粉、肥腸粉……。正是這些鄉土與市井風味濃郁的傳統小吃，雕琢出了成都及成都人特有的閒情逸致。

的確，成都是一個有著無盡誘惑力的地方，哪怕曾經只是在這裡喝過一口茶，逛過一條老街，坐過一盤三輪車，吃上一個蒸蒸糕、蛋烘糕……，就會有一種很細微的感覺牽引著你的感官，或者說是撥動著你心裡的一條弦。那種感覺像女子細嫩柔軟的小手，輕輕地拉著你，讓你一下沉浸在香香甜甜的遐想中……。

難忘梆梆聲

「梆，梆梆！」「梆，梆梆！」無論隆冬炎夏，無論黎明靜夜，在成都窮街陋巷，大街鬧市，每天一早一晚，都會聽到挑擔蒸蒸糕小販敲擊梆子的聲音，隨後便是「蒸蒸糕，熱的……」的叫賣聲。這時，便可以吃上熱燙暖和、香香甜甜的蒸蒸糕。特別是寒冬臘月的清晨，在溫暖被窩裡半夢半醒之間，那梆子聲一溜進耳朵，就把似夢非夢的東西一下趕跑。有時，一聽見梆子聲，母親就會隔著被窩拍打我的屁股，說道：「還不快起來，賣梆梆糕的都來了，一會兒上學又要遲到了。」偶爾，母親也會買上兩個，等我洗漱完了，一手把書包給我背上，一手遞給我蒸蒸糕，說：「快去上學，趁熱吃了。」

成年後，有很長一段時間，不僅那特別的「梆梆」聲再也聽不到了，「蒸蒸糕」也被完全蒸發得無影無蹤。有時一下思想起來，讓人感到一陣鬱悶和難過。小吃的往事與美味，其實就是人生中的一個故事，讓人難以忘懷而又牽腸掛肚的一段歲月。

敲擊竹板或木棒以廣而告之，兜攬生意，是一個相沿很久的古老習俗。久居都市、城鎮的人，往往能憑敲擊的聲響和節奏，分辨出是賣那種小吃的擔子。同樣是敲梆子，但其聲響與節奏卻各有其特色。賣蕎麵的擔擔，往往是連續而短促的「梆梆梆，梆！」聲，而賣蒸蒸糕的，則是「梆，梆梆！」第一聲重，第二聲輕而短，第三聲長而響亮，餘音悠悠，似乎是在呼喚著人們：「來，快來，熱嚕嚕的蒸蒸糕啊！」

在成都，還另有一種「梆梆糕」，與蒸蒸糕完全是兩種不同的糕點，雖然都有差不多一樣的梆梆聲。這種「梆梆糕」即是糯米年糕，因糕的形狀如馬蹄，故又叫馬蹄糕。賣者挑擔售賣，午後至深夜沿街巷敲擊木梆售賣。梆梆糕以熱吃為佳，因而邊煎邊賣，兩面略微焦黃，酥香淡甜，滋糯油潤，不粘手、不粘牙，作為閒吃零食老少適宜，頗受一般市民喜愛。

蒸蒸糕，是過去川西壩子城鎮裡，專供早點和夜宵的小吃。一根扁擔，前頭挑著米粉原料、食具、木盒，後頭是火爐、木炭、小鐵鍋。蒸蒸糕的蒸製不是蒸籠，而是一種小巧精緻的特製模具，看似小而簡單，但做這種模具卻是特別講究，必須用麻柳樹或泡桐樹的木料挖製而成。樹砍後須曬乾，在每年農曆九月時做成的蒸具才耐蒸耐用。麻柳樹木堅韌，受熱後蒸具不會變形，沒有明顯木味而影響糕的品質。

蒸蒸糕的原料很尋常，是大米和糯米，九比一的比例，打磨成米粉，用籮篩篩出細粉，再熱鍋炒熟。炒時的火候很重要，火候不足粉子是生的，火候過了就炒糊了。炒後還需篩一次，只取細粉裝進瓦罈中備用。蒸糕時，先用水潑濕米粉，舀入一半米粉在蒸具中，蒸具的底是活的方便頂出蒸好的蒸蒸糕。接著放入紅糖或白糖做的洗沙或玫瑰餡心，再裝入一半米粉，填滿邊沿，松松鋪滿，輕輕壓平，放點化豬油，加上蒸蓋，插進在鍋上的蒸孔上，三兩分鐘即可蒸熟。將蒸具拿出來，用蒸蓋上的木托把糕頂出，成都人也有把「頂」叫做「沖」，所以蒸蒸糕又叫「沖沖糕」。頂出的糕盛入小盤，撒上芝麻桂花糖就可以吃了。

蒸蒸糕色白泡酥、香甜可口、滋潤化渣、老少尤喜。擔子一上街，有人招呼，隨即將擔擔沿街邊一擱，梆子一敲，就做了起來，很快也就會圍上一堆人，觀賞品吃。它無需久等，清潔衛生，價廉味美，極易消化，大凡老人和小孩，只要看見蒸蒸糕擔擔，幾乎沒有不吃上一兩個的。時常是買的人太多，小孩子口饞心慌，又吵又鬧，大人有時也會說：「輪到我了噻，腳都站麻了！」小販則滿臉堆笑地回應：「快了，快了，馬上就好！」這吃情食景，讓人難以忘懷，頗能勾起多少成都人的懷舊思鄉之情。

還記得小時候成都沿街叫賣的蒸蒸糕。慈祥的大爺挑著一大鍋溫熱的開水和似乎永不熄滅的碳爐，另一頭則是各種調料和糯米粉。聽到熟悉的梆梆聲，我們便會跳躍著飛奔而出，舉著大人給的幾分錢去買熱氣騰騰的蒸蒸糕。老大爺將水燒開，熟練的在一個木頭旋製的有蓋小木罐裡加入米粉和豆麵、白糖、豆沙等東西。開水的蓋上有幾個小孔，孔中插竹子或鐵做的空心管，木罐便插在管子上借蒸汽加熱。隨著鍋內溫度的增加，糯米粉也很快變熟，我們的心情也隨著飄蕩在小巷上空的香味起伏。好吃的蒸蒸糕是柔軟滋糯，入口化渣的，小心的捧上一個在手裡，還熱得燙手，埋下頭來不停的吹著氣。小心翼翼的咬上一大口，滿口的糯米粘味、白糖甜味、豆沙香味，燻得人快樂不已。

蒸蒸糕情懷

小時候聽老人講過一個蒸蒸糕的故事。說是清朝光緒年間，成都有家蒸蒸糕鋪，那時又叫白糕。店主叫唐春漢，他做的白糕在成都府四方有名，「那白糕吃起來香酥砂甜，如蜂蜜一般，傳說半日間還餘香滿口，人們稱為「唐砂糕」。這傳聞被欽差大人知道了，他便親口嘗了嘗，果然

果名不虛傳，便將此事報告了太監總管李蓮英。其時，李蓮英正在為慈禧的食慾欠佳而頭痛，聞訊趕緊派人把唐砂糕請到京城。當慈禧、光緒嘗過唐砂糕後連連誇好，從此每天必吃唐砂糕。

不久，唐砂糕聽說英國洋人逼迫慈禧和光緒簽訂喪權辱國的馬關條約，心裡的氣不打一處來，就想要懲治一回這群賣國賊出口惡氣。一天，欽差大臣李鴻章從日本割賣領土回來，慈禧設御宴款待，慈禧請他先品嘗唐砂糕。李鴻章一吃進嘴裡，正要大拍馬屁讚美一番。誰知咬到一顆耗子屎，立馬心頭一陣惡翻，但當著慈禧、光緒的面又不敢聲張，只好強咽下肚。慈禧問道：「這糕味道如何？」李鴻章連忙拱手說道：「承老佛爺厚愛，味道好極了！」眾大臣一聽此言，立刻狼吞虎嚥地大吃起來，當然他們也都吃到了耗子屎，可無人敢妄言，一個個都喜笑顏開直誇好吃。慈禧高興得像包雞母打哈哈，咯咯咯地喜笑開懷。

慈禧心裡一樂，拿起一塊塞進嘴裡，一下就咬著了耗子屎，連忙吐出來，慈禧臉色突變，叫過李蓮英，指著桌上吐出的白砂糕罵道：「狗奴才！你把這吃下去！」李連英嚇得魂不附體，連忙說：「喳，謝老佛爺恩典，奴才擔心不得吃呢。」說著就抓在手中塞進嘴裡，滿嘴的老鼠屎味，讓他噁心不已，他一下也就明白過來，撲通一聲跪在地上賠不是，頭扣在地上像打鼓一般。慈禧下令將唐砂糕就地斬首，五馬分屍。李蓮英隨即趕到御膳房，結果不見唐砂糕蹤影，只好把御膳房管事當作唐砂糕殺了。

辛亥革命勝利後，唐砂糕又出現在成都春熙路，做起他的白砂糕生意來，直到抗日戰爭爆發，垂垂老矣的唐砂糕看淡紅塵，隱居青城山做道士去了。雖然這僅是民間之傳說，但也給蒸蒸糕增添了許多趣事佳話。

然而，成都多數六十多歲的老人都會記得，一九四〇年代，成都真還有個很有名氣的賣蒸蒸糕的師傅，叫曹瑞平，原先是新津人，在花園場做小鍋伙食，其後到成都來獨自謀生，以做蒸蒸糕為生計。他的爐子、籠鍋、蒸具都與眾不同，小砂爐子、紫銅色的蒸鍋、喇叭形的蒸具，樣樣獨具特色。曹師傅做事講究，精工細作，每道工序一絲不苟。他做出的蒸蒸糕色澤自然，造型奇異，風味多樣，香口美心。他調製蒸蒸糕米粉，通常要加化豬油或雞油，吃來更加油潤滋香，風味品種有紅糖、白糖、洗沙、芝麻、蜜餞、花生、核桃等十幾種。如此，曹師傅的蒸蒸糕，在風味和品位上要高出大多數的蒸蒸糕許多，受到成都市名的交口稱讚，其受歡迎的程度就可想而知了。

一九五〇年代後期，曹師傅的蒸蒸糕擔子已是不堪生意的重負，便在通順橋街設點專賣，不再走街串巷。一直到一九七九年，曹師傅親率弟子參加成都市西城區的名小吃表演賽，榮獲大獎，一九九〇年被市政府授予「成都名小吃」稱號。已是八十多歲的曹老師父，仍然每天在他的「蒸蒸糕店」樂呵呵地觀賞著他一手創製的，熱騰騰、香噴噴五彩繽紛的蒸蒸糕，還不時笑呵呵地招呼著老食客，拿起蒸蒸糕逗著小孩子玩。

有一天，店裡來了位白髮蒼蒼的老人，面對熱騰香美的蒸蒸糕注視良久，深深地浸沉在對往事的回憶之中。他就是旅居美國四十多年的老成都人劉世泉先生。他對曹師傅的蒸蒸糕不僅熟悉，且是一往情深。在長期旅居海外的日子，年少時成都小吃就給他的美好記憶，使他的懷念之情與日俱增。當終又如願以償之時，那激動的心情是一般人很難感受到的。他含著熱淚告訴曹老：「我在海外吃過的美味佳餚不計其數，都無法淡化我對蒸蒸糕的回憶和懷念，我甚至多次試過，不管用什麼現代化蒸具，精美的原料，都做不出那種滋味，更不用說那種特有的風情了。」

是的，如今蒸蒸糕在錦里、寬窄巷子、文殊坊裡有米粉和玉米粉做的，風味口感只能說很一般般。既沒有道地蒸蒸糕的特色吃口，更沒有了那「梆，梆梆！」的聲響，儘管依然是不甚張揚地展示著它的鄉土與樸實，但那「聞聲而動」、「聞樂起舞」的風情、吃情已遠離了我們，存留在「老成都」深情而眷戀的回憶之中……。

026 粉子與醪糟

成都人向來愛把美女靚妞稱為粉子。說少女則是花季粉子，簡稱「花粉」；說年輕女子便是淑女粉子，俗稱「淑粉」。花季粉子是說她們長得乖巧、水靈、純真、可愛。淑女粉子，這一是直接指女子們之濃妝淡抹，漂亮可人，風情萬種；另外是指像醪糟粉子一樣白淨、細膩、柔糯、滋潤，吃起來爽口可心，令人心醉神迷。在成都人的口語中，對漂亮女人的讚美依次又為：粉子、巨粉。而像是在軍隊文藝團體工作的漂亮女人稱為「軍粉」；白領靚女稱做「白粉」；遲暮美人被稱為「老粉」；成為歌影星的明星美女被稱作「資粉」（資深粉子）。成都的「粉子文化」是一種非常市井的城市特色文化，它就鮮活生動地遊弋在街頭巷尾，尋常百姓的日常生活中。

粉子這個詞可能是地方語言中形容女孩子最嫵媚、最有氣氛的詞語了，「粉」是川語漂亮的意思，「粉子」就是漂亮女孩，這也的確是很有想像力的叫法了。成都人還把談戀愛叫做「繞粉子」，「繞」這個字是那麼優雅、充滿了情趣！使談請說愛顯現的這般溫暖柔情，不由得你想起成都郊外鄉野的桃花紅杏花白的春日，想起柔緩、靜謐、悠閒的府南河及兩岸的男女茶客，想起水紅胭脂敷在美人白淨的臉頰上，還想起幸福的手臂環繞在纖細的腰肢上。成都的「粉子」就如同成都街頭那蓋碗茶一樣，熱氣騰騰，幽香撲鼻，需要細細地去品味，才能品出其幽雅、清靜、溫柔、浪漫的韻味來。

成都的氣候溫和而濕潤，少陽光、多氤氳；加之天府大地物產甚豐，四季鮮活的菜蔬瓜果的滋養，使成都女子的皮膚極其光鮮柔嫩，白淨水靈；加上喜好吃香喝辣，氣血被刺激得異常的活躍，經脈暢達而不瘀塞，於是秀美的臉蛋兒就透出鮮嫩的紅來，粉滋滋的，吹彈可破。如此而被男士們昵稱為「粉子」，成都也因此被媒體冠以

「中國紅粉第一城」的美譽。文藝作品中不也有「紅粉佳人」、「紅粉世家」之說。但成都人所引用之「粉子」，卻是源於古老的民間小吃——醪糟粉子。

醪糟和醪糟粉子

醪糟粉子，是川西壩子十分悠久的民間美食，從鄉間帶入都市，不僅吃起來柔糯滋潤，酒味香甜，連湯帶粉子喝上兩碗，還真會讓人微醺，二麻二麻的。醪糟粉子、醪糟蛋還具有生血補養的功能，一直被民間視為甜食中的上品。

再說醪糟，即用糯米蒸製、發酵的米酒，又叫「江米酒」。事實上，就是一種度數很低，未去糟滓的濁酒。因此，巴蜀百姓把日常煮飯用的大米稱為「飯米」，將糯米叫為「酒米」。「醪糟」儘管在《辭海》和《辭源》之類大部頭工具書中未留芳名，但它卻是千百年來巴蜀民間世代沿襲，且極受寵愛之美食。

用糯米蒸製醪糟，在巴蜀人家，尤其是鄉村大媽大嫂們的拿手好戲。過去，醪糟是每個家庭的必備之物，大多數城鄉人家都要做醪糟，尤其是春節前更是必須準備，因大年初一，家家都要吃醪糟湯圓，平日裡還可吃點醪糟粉子打間或宵夜。有新生嬰兒要出世了，醪糟更是初為人母必不可少的。在城裡，即使家裡沒人做得來，也要請好手幫忙做。因為，女人生了小孩坐月子，醪糟紅糖蛋就是每日的早餐。其間，還要用醪糟、花生燉豬蹄給月母子吃，既補養身子，又確保乳汁豐富。老人們常說，醪糟、紅糖是補氣血的，雞蛋是補身子的，還能豐乳通奶，醪糟紅糖蛋既溫和又不燥火。於是，「坐月子吃醪糟蛋」，就成了巴蜀民間的生育食俗流傳至今。

百姓人家蒸製醪糟，通常選用優質糯米除盡雜質，洗淨後浸泡發脹，濾乾水分，用飯甑子（蒸飯用的大木桶）旺火蒸熟，稍涼，即撒上涼開水，加入酒麯粉拌和均勻，趁熱倒進瓦缸內，放進鋪有棉絮可隔熱保溫的竹筐裡，包裹緊實讓其自然發酵。冬天約需四十八小時，夏季只需二

十四小時即可。發酵好的醪糟，汁水清亮，糟米漂浮，色白鬆軟，酒香濃郁。

醪糟粉子，是以醪糟而得名的一種小吃，兩者同出一宗，都是用糯米製成，粉子即包湯圓的糯米粉，捏成指頭大小塊，或是搓成圓形與醪糟同煮。但粉子裡包有餡心的叫醪糟湯圓，無餡心的才叫醪糟粉子。由於醪糟具有濃郁的酒香味，可活血舒筋、溫胃健脾、祛濕化痰、補血養顏，是老弱病體的佳好滋補飲食，尤宜老人、小孩和婦女產後滋養。故而醪糟粉子數百年來，一直就是巴蜀百姓最為喜愛的間食和民間小吃。

醪糟粉子，夏季大多涼吃，像冰醪糟，即是用冰粉、西瓜、醪糟組合，晶瑩剔透，紅白分明，酸酸甜甜，冰涼透心，略帶一點酒香，讓人的身心裡備感清涼。還有一種叫做「醉八仙」，也是用冰鎮醪糟粉子加多種水果製成，是夏季席桌上的最後一道舒心甜品，既可清口，亦可解酒消醉。

秋冬方是醪糟粉子當吃時節，通常有粉子

醪糟、醪糟糍粑、醪糟湯圓、饊子醪糟、油條醪糟、鍋魁醪糟、醪糟雞蛋。因為成都平原的天氣多是灰朦陰冷，尤為是寒冬臘月，那些早出晚歸的人常常是饑寒交織，能有一碗滾燙香濃、甘甜酒香的醪糟粉子下肚，立即就會寒意頓消，面紅耳赤，周身發熱，渾身舒坦。不少人往往會在寒冷的清晨或夜晚匆匆趕路時，就會聽見附近傳來「醪糟——粉子，醪糟——蛋嘞！」的叫賣聲。此時，那吆喝聲會讓人感到一陣親切、溫馨，似乎也帶著熱騰騰的，有如醪糟的那股特有的酒香味。

過去在民間，家庭製作醪糟和粉子是一件帶有喜氣的飲食習俗，故而與宰豆瓣、點豆花、包粽子、醃臘肉等一樣，成為居家過日子必不可少，老少樂呵的大事。尤其是要過年的時候，每家每戶都要把鄉下親戚送的或賣的新糯米拿出來，清水泡上兩、三天，一部分用來蒸醪糟，一部分便推磨成漿，裝入細布口袋吊乾水分，這叫「吊漿」，水差不多吊沒了，再使勁擠壓，取出來就是一大團雪白細膩的粉子。記得那時候，粉子做好了，只要一出太陽，母親就會叫我拿出一個大圓簸箕，把湯圓粉子掰碎，放在太陽下曬，這樣粉子就不會因發酵而變酸發紅。

而蒸好的醪糟，母親就會裝入一個大瓦罈裡，把罈口密封好，但再嚴實的密封依然擋不住那不時的嘴饞，有時趁母親不在家，饞得心慌了，我便會打開封口，偷偷吃一小碗，一點都不勝酒力的我，即刻就頭暈腦脹，昏昏然而不知所以。

到了冬天，川人常掛在嘴邊的美味，就是湯圓粉子醪糟蛋，大多喜歡在醪糟粉子裡打個荷包蛋，還要是糖心的。尤其是到鄉下做客，湯圓粉子醪糟蛋更是鄉里人家待客的必然，且一打就是兩個雞蛋，人一坐下，不消幾分鐘就送到你手裡。農家主婦還特地告訴你，這是老母雞剛下的蛋，且笑眯眯地問你，甜不甜，再加點糖不。這時的你還說啥好呢……。

城裡人也有喜歡把攪散的蛋液倒入燒開的醪糟中，潔白的醪糟中，飄浮著黃白相間的蛋花，加入幾粒枸杞做點綴，無論是做早餐還是宵夜，深吸一口撲鼻的酒香，腦海中只浮現一個詞——陶醉。

醪糟名店金玉軒

過去，雖然市面上有不少賣擔擔醪糟湯圓、醪糟雞蛋和粉子醪糟、醪糟糍粑的，但大多都不單賣醪糟。醪糟專賣店就更是少見。記憶中，成都只有一家叫「金玉軒」的醪糟最為有名氣。

「金玉軒醪糟店」，對於現今四〇多歲以上的老成都人來說，可真是無人不曉。「金玉軒」於一九〇二年在成都東玉龍街口開店，老闆朱金玉是從街口子上擺攤賣醪糟粉子、糍粑和醪糟雞蛋起家的。那時，成都凍青樹一帶小商小販雲集，市場熱鬧非凡。對於那些趕早市的人來說，朱金玉價廉物美、方便快捷的醪糟粉子、醪糟糍粑、醪糟蛋就成了他們習慣性的早餐。不到一年功夫，「朱醪糟」的名氣就傳開了，旺盛的生意促使朱金玉從擺攤過渡到了開店經營。

朱金玉租了一雙間鋪面，請當時中華書局的一位文人書寫店名，這位墨客亦是朱金玉的醪糟粉子食家。他以朱金玉的名字為店名，取名叫「金玉軒」，含有「金玉滿堂，吉祥如意」的寓意。起初，朱金玉還不是以醪糟為招牌，店的全名叫「金玉軒甜酒麴店」。即除了「醪糟粉子、醪糟糍粑、醪糟蛋」這「美味三寶」外，還售賣做醪糟必需的甜酒麴。那時，成都的家庭雖多有自家蒸製醪糟的習俗，但酒麴就得在市面上去買。並且，醪糟風味品質的優劣，與酒麴子的好壞有著直接關係。朱金玉的醪糟賣出了名，自然酒麴也就成了市民爭相購買的好東西。

鋪子開張後不久，生意越做越火，朱金玉的兒子朱樹生、媳婦周素珍和侄孫朱成國都一起在店操作和打理生意。朱金玉做醪糟的技術要求非常嚴謹和講究。首先要選用川西壩子的上等大酒米，用竹篩篩去雜質碎米，淘洗乾淨入籠蒸製，配上自製的酒麴，嚴格按傳統方法發酵而成。這樣製成的醪糟色白晶瑩、汁多味濃、米心空而飽滿、甘甜醇香、乳味豐厚，有濃烈的酒香味，且下鍋煮時米粒浮面，不渾湯水，常溫下可存放一年不變其味。

金玉軒的三個招牌醪糟小吃中，醪糟糍粑最為受人稱道。金玉軒的糍粑製作也頗見功夫，先將蒸熟的糯米倒進石臼裡，人工慢慢舂茸，直到不見一粒完整的米粒為止，然後捏成圓餅，待食用時，切成小方塊與醪糟一同下鍋煮熟，糍粑軟糯柔韌、滋潤爽口、味醇香濃，夏季吃涼、冬季吃熱，可口爽身、老少尤宜。

記得那時，遇到天氣很冷的時候，家裡還沒來得及做醪糟，父親一大清早便要帶我去金玉軒吃碗醪糟糍粑或醪糟粉子，那滾燙香美、滋糯柔軟、甜甜蜜蜜的酒香一入口，立馬就浸透全身，熱氣香味在五臟六腑中迴旋蕩漾，周身發熱、微汗突冒，讓人這一整天精神氣足，不畏風寒。

那時，光顧「金玉軒」的大多是中下層人士，有文化人，也有下苦力的窮百姓。特別是附近中華書局的職員，航空公司的旅客，幾乎每天早上都要來吃、來買。還有不少旅客大罐小罐的醪糟買來帶走。金玉軒的名氣傳遍四方，四門食客絡繹不絕地跑來吃醪糟糍粑、醪糟粉子，買醪糟、買酒麴。為了更好地傳播，朱金玉乾脆就把店直接更名為「金玉軒醪糟店」。

一招鮮吃遍天

轉眼之間，「金玉軒」已是年過五旬，世易時移，一九五八年「金玉軒」公私合營後，朱金玉一家全都轉為國營企業職工，所幸的是一家人仍在店裡工作，朱金玉作為私方股東代表，出任店經營主任。後來，金玉軒遷到了總府街的商業場，那裡開設了成都第一條「小吃街」，集中了龍抄手、鐘水餃、銅井巷素麵、韓包子、夫妻肺片、三合泥、牛肉焦餅等十幾家成都名小吃。

一九六一年，朱金玉和朱樹生父子兩相繼去世，「金玉軒」的醪糟便由兒媳周素珍與侄孫朱成國主製。那兩年正值大災害、大饑荒，糧食匱乏，貨源緊缺，醪糟店亦停產關門好幾個月。後來，在廣大市民要求下，為保證名小吃的基本供應，對金玉軒等名小吃店實行原輔料特供，「金玉軒醪糟」於是遷移到提督街，有了較充足的糯米和白糖等原料，方得以繼續經營。

一九七〇年代後，金玉軒醪糟店再次遷移到靠近鹽市口的東大街上，將醪糟作坊設在荔枝巷。一九八〇年代後，先後又在荔枝巷和青年路開設分店，仍保持傳統經營特色。這時已經工作了的我，仍對金玉軒的醪糟糍粑和粉子一往情深，不時逛到東大街或青年路時，那是必定要去吃上一碗，方才心安理得的；有時還要買個鍋魁或一根油條，泡在醪糟裡面吃，那滋味、那吃情，現在想來仍舊垂涎。就是這樣，從兒時吃母親做的醪糟粉子、醪糟湯圓，到吃金玉軒的醪糟糍粑，時至今日，一輩子啥酒都不沾的我，卻對醪糟一片癡情，依然是我日常早餐之一，只是再也無法感受到母親做的醪糟，以及金玉軒醪糟的那種風味與吃情了。

那些年月，金玉軒的醪糟生意達到了鼎盛。醪糟的外賣供不應求，常常是每天一大早就排起了長隊。特別是到了冬天，金玉軒的醪糟簡直就成了俏貨，往往是頭天晚上門口就有人排隊等候，次日早晨購買。「金玉軒」的全體職工加班製作，平均每天要賣一千多斤糯米的生醪糟和幾百斤糯米粉子。就這樣，有時還不得已發號限量供應。老百姓都說：金玉軒，一招鮮吃遍天。

一九八〇年代末，朱成國仍然在金玉軒精心指導和製作醪糟。跟他多年學習醪糟製作技藝的小吃技師劉維君已是該店的經理。眼看金玉軒醪糟的供不應求和廣大市民辛勤排隊，他和朱成國反復研製，推出了既保持原有風味口感，又便於攜帶儲藏的金玉軒罐裝和袋裝醪糟，一投入市場便受到廣泛地讚揚。

金玉軒醪糟，從創建至今，已是一個多世紀，其醪糟始終如一地保持了傳統風味特色。把一款鄉土氣息濃郁，市井風情厚重的民間美味做成百年美食品牌，這恐怕也當是朱家兄弟及家人的「金玉滿堂，吉祥如意」了吧。

027 艾蒿饃饃

每到陽春三月，春風拂面，陽光明媚，不知不覺透過都市的塵霧，郊外的世界已是秀麥青青、菜花燦黃、翠柳如煙；田頭間、土丘旁生發出的一簇簇，一叢叢野草、野花、野菜，亦昂首挺枝，生機盎然，恣意地吐露出股股奇特的芳香。站在田間地頭，貪婪地吸吮著這縷縷沁人肺腑的清香，腦海中也漂浮出兒時挎籃提簍，在田埂地角邊採摘野菜，悄然捉蝶，偷逮蜻蜓，追逐嬉戲的童趣；還有那天災人禍年月的饑苦和期盼；上山下鄉的酸甜苦辣，以及大跳「豐收舞」……。啊！這些不起眼的野草、野菜、野花宛若一隻尋常的鄉間小曲，悄然吟唱著幾代人的苦樂年華。

艾蒿情懷

艾蒿，又叫艾草、青蒿、香蒿，民間則多稱為「棉花草」。能採摘來吃的艾蒿只在初春才香嫩，過了清明就老了。要吃的部分是新發出的肥厚的嫩芽，粉綠粉綠的，葉片和莖杆上帶著白絨毛，沾滿清澈的露珠，開著小黃花，吐露出原野的清香味道。

在一九六〇年代初的兩年，天災人禍造成的城鄉饑荒，使得糧食匱乏，菜蔬緊缺，一應生活物資都得憑票證限量供給。那時，正處於長身體的我，最大的期盼就是能吃上一碗白米飯。清明前後，我總要挎著竹籃子，跟隨母親到新南門外的七中、工學院及華西壩一帶的田地裡、溝渠邊採摘艾蒿。這時，春意正濃，田邊地頭、溝渠河畔到處都是青枝嫩芽，很讓人驚喜。我跟著母親採摘一會兒，就在草叢和油菜花間奔跑，追逐蝴蝶、蜻蜓，直到母親叫罵我，方才又老老實實地跟著去採。

艾蒿很少成片生長的，總是混雜在其他野草

間，只有一枝枝地掐，掐斷的艾蒿，莖杆裡會流出白白的乳漿，嘗起來有一絲清香的甘甜味，一個上午就會採上一大籃。回家後，母親就會擇洗乾淨，用木頭碓窩舂茸，舀進瓦缸裡，再加糯米粉、大米粉，有時和麵粉摻在一起拌勻，捏成大約茶杯口大小、圓圓的、扁扁的，一個個放進籠鍋裡大火蒸熟，顏色碧綠綠的，油亮亮的。艾饃的風味大都是椒鹽與甜味兩種。椒鹽的是加入花椒與鹽，看起來清幽幽的，吃起來有隱隱約約的麻酥感與清香味。甜味是加入白糖或紅塘，吃起來，清香回甜。紅糖的尤其好看，也特別好吃。母親每次兩種都做些，每當母親在做時，我們都會被那清香撲鼻的香味引誘到鍋臺桌邊，嘴饞的圍著母親看著。不但我們能吃到，院鄰的大人小孩也能吃到。尤其是剛蒸好的，趁熱咬上一口，粘粘的、柔柔的，滋糯綿軟，股股清香甘甜直沖腦門。之所以我能乖乖地跟著母親去採，一是圖好玩，再就是期盼著吃上這香甜的艾饃。

然而，我最喜歡的還是母親把蒸熟的整塊艾饃晾冷後，想充饑時，拿出來切成半個手掌大的片，在放有少許菜油的熱鍋裡煎炕。往往這時，我就會借著幫母親添材加火，眼睛睜得圓圓的盯住鍋裡，看母親手裡的鏟子不停地翻面煎烤，一發現那一塊兩面差不多要煎焦黃了，便抓起一塊就往門外跑，因為很燙很燙，一邊跑一邊在手裡翻轉，吹氣，跑到院子裡就狼吞虎嚥地大口吃起來。油煎的艾蒿饃饃油綠滋糯，特別清香甜美，面上還有一層脆脆的，三兩口還沒完全吃出味來就吃完了，又趕忙跑回屋裡，再拿一塊吃。肚子裡有了一塊墊底，這塊就吃得慢悠悠的了，似乎是想好好的品一下味，這味帶給人一種每天早晚兩餐中少有的滿足感。

歲月悠悠，顯得有些無情而冷酷。父母也早已遠離我們而去。惟有的便是每年清明時節，去給雙親上墳掃墓，寄託哀思。每逢此時，總會看到鄉間路邊，農家大娘大嫂、村姑小妹在小火爐的鐵鍋上，煎烤著嫩綠清幽的艾蒿饃饃，那該激起多少人的吃情食趣啊！咬著清香甘甜的艾饃粑，誰會知道，這土得掉渣的鄉野小吃，竟會引發出陣陣潮水般的思情。

記得前些年，有次掃墓後，在鄉間小路上觀賞春天的原野風光，一陣熟悉的清香味傳到鼻裡，我又像孩童時那樣經不住引誘，尋香辨蹤來到一棵大樹下賣艾蒿饃饃的旁邊，看到那熟悉的艾蒿饃饃，腦海裡浮現出了母親一邊做，一邊看著我們的那親切、關愛的眼神。我買了好幾塊，可是那形狀與味道都沒有母親做得好，有點失望。沿途走下山路，亦有不少做艾饃的，當我又看見一個年齡與當年母親差不多的老大媽，坐在鍋邊，往燒熟了菜油的鍋裡放我熟悉的那種樣式的艾蒿饃饃，我不由自主地停下腳步。她邊放邊微笑的看著我說：「嘗一塊嘛，多好吃的。」那眼神、那輕巧熟練的動作深深打動了我。不覺站在那裡定定的看神了，似乎是站在母親的身邊，貪婪的嗅著那誘人而又熟悉的香味。我像是從母親手裡一樣，接過老大媽遞給我的艾蒿饃饃，迫不及待地吃了起來，這時耳裡又送來了她慢點吃別燙著了的關懷聲。我眼睛一下濕潤了，感覺到母親就在我身邊，我還享受著她的關愛。小的時候也吃過不少的粑粑、饃饃，像紅苕粑、玉米粑、洋芋粑、野菜粑、甚至米糠粑，但讓我最不能忘懷的，就只有艾饃粑了。一想起它，吃到它，那天然清香，甜軟滋糯的美味，就在舌齒

間回蕩，一種很親切，很溫馨的感覺在我身上彌漫開來。記憶中重複無數次的兒時平常小事，不僅僅使我又一次次地獲得那份溫馨、苦澀和惆悵，更一次次在心裡留下了飲食人生的深刻、難以磨滅的印象。

艾饃風采

生活在地球上的動物植物，無論是千年大樹，還是瞬間即逝的野草，都自然而然地相互支持著彼此的生存與繁衍。艾蒿，這種生長在原野地角溝坎，雜草叢中的小草，在人類處於饑荒而苦苦掙紮的歲月裡，在春天這個萬物復甦，生機盎然的時節，它卻把自己僅兩、三寸長的弱小身體與稚嫩的生命，無聲無息地奉獻給了人們，與其苦難同擔，風雨同舟，不知幫助了多少生命使其得以存活與延續。

在過去的日子，春天的吃食是很豐富的，沖菜、椿芽、馬齒莧、艾蒿饃饃、蒲公英……，這些美味是成都最資格的春天美食。青菜的嫩尖，曬到半乾，切細，急火爆炒，裝入碗中燜個幾天，好吃的沖菜就做好了。成都人又叫她為「辣菜」，吃稀飯的時候舀一勺，拌點鹽和紅油，味道之絕妙，不擺了。辣菜不辣，就是沖，就像芥末，但要溫柔些。沖菜配稀飯饅頭，這絕對是成都最正宗家戶人家的春天美食。小時候，一到春天，一大清早就有大娘、大嫂提著籃子，一個個院壩地叫賣：「賣——辣——菜！」一聽到這樣的叫賣聲，街坊四鄰就出門來，花上兩、三分錢買回一碗沖菜，當做下飯菜。

當然，老成都人最普遍的還是摘「清明菜」蒸饃饃。成都人說的「清明菜」就是艾蒿。清明節時節的艾蒿長得漫山遍野都是，所以就叫做清明菜了。以前家裡有人要出遠門，帶上路的乾糧就是艾蒿饃饃。艾蒿饃饃之所以今天仍然受到人們青睞，是因為他已從一種懷舊的鄉土小吃，轉變為人們眼中的天然綠色食品，一代代的人依然眷戀著它淳樸的清香。農村中更是始終保持著傳統的艾蒿饃的食俗，像包有臘肉餡的，芽菜肉末餡兒的。如炒肉臊一樣加進芽菜、蒜苗、香蔥、少許豆瓣和花椒，炒成熟後像做包子一樣包上蒸熟，做成的艾蒿饃饃，事實上亦如葉兒粑一般。城裡也有些愛好者，做成甜味，加蜜糖、加果汁、加奶油、加巧克力的，如此等等風味紛呈。

今天，艾蒿饃饃依然承載著幾代人的逝去年華與綿綿情思，出現在小吃街、美食節，現身在花會、廟會上。儘管時移世易，今非昔比，它卻依然故我，還是那般鄉土、那樣質樸；一樣的清香，一樣的甘甜，一樣的滋糯柔美。出身平凡的艾饃，亦被帶進了大雅之堂，作為席桌小點榮登包廂筵宴。當然，在大廚們的手中，艾饃的風采已與路邊街旁那種形象相去甚遠。廚師們在艾饃麵胚中加入了桃仁、花仁、蜜餞、桂花、玫瑰或其他果仁，亦有了奶油味、巧克力味、果汁味等。艾饃因此而成為高檔宴席的精典小吃。

還有些小吃店將艾饃轉製成「艾饃葉兒粑」。中國著名影視評論家仲呈祥先生就曾說道：「唐詩中有『憶得綠羅裙，處處憐芳草』之句，我卻是『憶得葉兒粑，時時家鄉情』。特別是小時候吃得那種加艾草的葉兒粑，色澤嫩綠，口感滑爽，軟糯清香，家鄉的小草溶進了食品，記憶是深刻的。」

而今，城市越來越大，鄉野越來越遠，艾饃葉兒粑也就越來越難以品享到了。記得近些年去遊新都桂湖，在新都桂城小食店，品吃到了艾饃葉兒粑，那種油綠、清香、滋糯、柔美，加上芝麻、玫瑰、果仁及鮮肉等多種餡心，吃來是那般多滋多味，風情萬種。

028 師友麵

師友麵，並不是一種麵食，而是成都不多見的一家味兼南北的著名「葷麵店」，創始於一九四〇年代初，因其店系幾個同門師兄弟合夥開辦，故取店名為「師友麵」。店址在成都北門大橋橋頭，一座格調古樸典雅的吊腳樓，窗下是一江春水，很有幾分韻味。「師友麵」與東門大橋的「陳記飯店」，南門大橋的「枕江樓」被行業內外稱為「三大橋頭堡」。

師友麵最為人們稱道的是其三個當家麵品：宋嫂麵、牌坊麵、海味煨麵。「宋嫂麵」即「魚羹麵」出自西湖船食；「牌坊麵」原為成都簡陽的擔擔麵，是道地的成都風味；「海味煨麵」則是上海幫創製的一款風味麵食。這三款麵品因獨具風味特色，品質精良，而成為名冠川西壩子的精品麵食。

宋嫂麵

「宋嫂麵」又叫「宋嫂魚羹麵」，源於杭州西湖的一個美麗傳說。相傳東京人氏宋五嫂是位烹調技藝高超的婦女，隨宋室南遷到臨安（杭州）和小叔一起在西湖以捕魚為生。一次，小叔得了重感冒，宋嫂用鱖魚及胡椒、薑、酒、醋等佐料燒了一碗魚羹，小叔喝了魚羹風寒盡除、感冒頓消，覺得這魚羹如此鮮美可口，何不就賣魚羹呢。於是宋嫂就開始做魚羹來賣，她先將鱖魚蒸熟剔去皮骨，加上火腿絲、香菇、竹筍末及雞湯等佐料烹製，成菜色澤悅目，滋味豐厚，潤滑爽口，鮮香味美，勝似蟹羹，故又被稱為「賽蟹羹」。

一日，南宋高宗趙構禪位後來到西湖巡遊，泊舟蘇堤，正值午後頗感腹中饑餓，隨員告知錢塘門外有一婦人叫宋五嫂，極善烹製魚羹，皇帝立命即刻召見。宋五嫂遂精心烹調了一碗魚羹奉上，高宗一品果然味非尋常，十分鮮美，龍顏大悅，重賞宋五嫂紋銀一百。此事一傳開，宋五嫂的魚羹名氣更大，縉紳豪貴紛紛下顧，宋五嫂便用皇帝賞銀開了家魚羹麵店，人稱「宋嫂魚羹麵」，一時全城轟動，爭相品嘗皇帝讚賞過的魚羹。後有文人墨客詩贊曰：「桃花流水鱖魚肥，南宋名羹天珍味。」宋五嫂因此而成豪門貴婦。

後又有一傳，說是清朝乾隆皇帝下江南時，有漁婦獻魚羹，味極香美，乾隆詢問其名，然回宮後僅記一「宋」字，便命御廚仿製，終不及其美，後問及杭州知府，方得知為「宋嫂魚羹」。遂命宋嫂進京，面授御廚技藝，後此法便隨之流傳於世。後有詩為證：「一碗魚羹值幾錢，舊京遺製動天顏。時人信值來爭市，半買君恩半買鮮。」

一九三〇年代初，成都暑襪北街「徐來小酒間」的廚師劉萬發仿製其魚羹作麵臊，並以川味調製，「宋嫂麵」遂應市，以其微辣鮮香，風味醇厚而大受歡迎。其後，「師友麵」吸納此麵，經改良，以鮮鯉魚肉、香菌、玉蘭片、芽菜末、蔥花、郫縣豆瓣、川鹽、醋、花椒油、胡椒等做主輔料。調製時，熱鍋後先把郫縣豆瓣炒至油色紅亮，摻進魚湯，打盡豆瓣渣，湯內下金鉤，切成指甲片的玉蘭片，水發香菇片，稍熬後改小火煨製；淨魚肉切為小片，加鹽、蛋清及豆粉碼勻，放入熱豬油鍋中炒熟，再放進已熬製好的魚湯內，加鹽、胡椒麵，燒開後勾薄芡，淋點花椒油即成。

麵碗內則放醬油、化豬油、辣椒油、花椒油、醋、芽菜和蔥花調好底味；麵條採用手工麵條，煮熟後分別撈入麵碗，澆上餡料即成。此麵魚香濃郁，魚味鮮美，麻辣鹹酸，別具一格，成為其當家招牌麵品。自從有了「宋嫂麵」後，「宋嫂魚羹」就漸漸淡出人們的視野與胃口了。

值得一提的是「宋嫂麵」後來被成都的包席館和南堂館子採用，作為席桌「中點」，並且，夏季另加泡青菜絲燴魚羹，增添了些許泡菜的酸香味，如是，又稱為「酸菜魚羹麵」。現今，位於成都春熙路的龍抄手餐廳，其宋嫂麵做得較為道地，傳承了當年師友麵的風味特色。

牌坊麵

「師友麵」的第二款招牌麵就是「牌坊麵」，聽其名便有些感到稀奇。其實「牌坊麵」

原本是成都簡陽的一款頗有風味特色的麵條。最初出現在簡陽龍王廟一貞節牌坊下。是簡陽一富戶王成均的家傳小吃。一九二九年因為家道中落，其父王壽喜為養家糊口，製了賣麵挑子，模仿擔擔麵的口味，在縣城走街過巷，賣起了「簡陽擔擔麵」。

麵攤子傳至兒子王成均，他對父親配製的素麵作了一番改良。他摸索出以雞、豬骨、鯉魚、水發金鉤製湯，鮮香無比；用肥瘦豬肉絲、火腿絲、玉蘭片絲、香菌絲和金鉤末，加豬油、料酒、川鹽、胡椒、上等醬油雞湯製成餡料；調味料之紅油，用簡陽二金條乾紅辣椒煉製，以及漢源花椒、德陽精釀醬油、保寧香醋、小磨芝麻油、冬菜嫩尖、油酥豆瓣；自己手工擀製加有豌豆粉和蛋清的麵條。吃來是滑爽滋潤、湯鮮餡香、麻辣微酸、味美多滋，一兩一碗，再配上時令綠葉鮮蔬，口味上還隨顧客喜好，可「紅重」、「味酸」，也可「乾撈」、「湯寬」，餡料還有鮮魚、雜醬、海味等，款款吃來都不是一般的爽口。

當時，四川交通不便，由成都到川東僅有一條成渝公路，人們一早從成都乘車出發，到簡陽時方才停車吃早飯。如此，簡陽龍王廟石牌坊下的王成均麵攤，就成了乘客們必吃的早點。誰知大家一吃，才感覺到這家的麵條非同尋常，香鮮異常，味美多滋，於是口口相傳，大凡從成都來的人都要打聽，石牌坊下的那家麵，隨後人們便乾脆稱其為「牌坊麵」。

到一九二〇年代後，王成均積攢了些錢，想到自己的麵大受成都來的客人喜愛，便乾脆到成都去發展。到民國十九年（一九三〇），王成均「牌坊麵」已是名冠大半個成都。後經成都《新新新聞》報撰文盛讚牌坊麵，更使其聲名遠播，享譽川西平原，各地紛紛效仿。

著名實業家盧作孚十五歲時，第一次從合川到成都求學，路過簡陽，就在這貞節牌坊下歇腳。盧作孚後來對兒子說：「同路的人步行到這裡餓了，都在這裡吃麵。不要看這是素麵，我那時候還吃不起呢。別人吃麵，我就坐在這大石灘上啃乾餅子。」

盧作孚生性簡樸，一九四一年七月，他帶兩個兒子出遠門，在簡陽停車後來到麵食攤前，盧作孚請兒子吃麵。「請給我們煮四碗麵。」兒子盧紀國對賣麵人說。「單碗還是雙碗？」賣麵的人反問，「雙碗」盧作孚代兒子回答，「嗨，來四個雙碗！」賣麵人一邊吆喝，一邊在碗裡放起佐料。

盧作孚父子三人及司機坐在麵攤前的長條凳上，等著煮麵，盧作孚給兒子解釋：「這麵味道好，遠近聞名，就是分量太少了點。」等到麵端上來，所謂『雙碗』，分量還頂不上重慶的一碗擔擔麵多，風捲殘雲，只塞了個牙縫。盧作孚又為兒子和司機再叫了三個雙碗這才勉強吃飽。飯後，盧作孚來到前面的大石灘上，非常感慨地歎道：「昨天和今日，真宛如白駒過隙也！」

二〇一〇年，筆者在簡陽找到牌坊麵第三代傳人王毓英，談及這段歷史，她說：為盧作孚先生煮麵的，應該是我父親王成均。他活了九十多歲，見過不少大人物呢。一九四〇年代曾有一個川軍軍長的太太，過兩天就要坐滑竿來簡陽吃麵，還要打包帶回去。後來軍長還給我們送過一塊金匾。可惜，金匾連同這貞節牌坊都毀於「文革」了。唯有牌坊邊那棵大黃桷樹，還默默地記錄著世間滄桑。

一九四〇年代後，師友麵的幾個師兄弟將牌坊麵引進，在做法上做了些改進，一經推出備受歡迎，成為「師友麵」的第二招牌。一九六〇年代，老成都人陳毅帶賀龍到師友麵品吃了牌坊麵後讚不絕口。現今，「牌坊麵」雖沒有了獨自的店號，「師友麵」亦不知去向，但成都有些綜合小吃店仍有牌坊麵出售，甚至在高檔席宴上，也會吃到這款精美風味麵點，至於風味如何，不知者點頭稱道，知者則一目了然。

再順便說說「師友麵」的「海味煨麵」，雖然是由上海幫創製，但師友麵的幾個師兄弟是仿製能手，「宋嫂麵」、「牌坊麵」均是巧仿妙製而成。「海味煨麵」一經他們之手，便風味別樣，特色獨具。他們採用五花豬肉、魷魚、豬肚、玉蘭片切成骨牌狀，金鉤用鮮湯發脹，倒入化豬油熱鍋中加料炒製，倒進滎經小砂鍋內小火煨一個半小時，然後微火保溫。麵碗內放奶湯、川鹽、化豬油、蔥花調勻，麵煮好後挑入碗內，再連餡帶汁澆於麵上。其味是海味濃郁、鮮香味美、麵條爽滑、湯汁可口，食者無不稱道，尤受中老年人喜愛。

後來，民間又有了「砂罐煨麵」，此麵本是四川崇慶縣（今崇州市）的風味小吃，已有五十多年的歷史。它是用小砂罐先將麵臊在火上煨好，再舀出來澆在碗中已經煮熟的麵條上做成的。由於「罐罐麵」又熱又燙，原汁原味，且湯鮮味美，故長期以來一直深受人們的喜愛。最初的「罐罐麵」只有「三鮮罐罐麵」、「海味罐罐麵」兩種，味型也僅僅局限於鹹鮮味。而如今人們已在原來「三鮮」和「海味」的基礎上，派生出了許多新的「罐罐麵」品種，如「牛肉罐罐麵」、「腸旺罐罐麵」、「酸菜豆花罐罐麵」等。味型也在原來單一鹹鮮味的基礎上，增加了家常味、麻辣味和酸辣味等。製作「罐罐麵」時需要注意兩點：一是在製作前，先要用老母雞、豬排骨、豬棒子骨等熬好一鍋鮮湯。即使是檔次較低的小餐館，也至少要熬好一鍋棒子骨湯，以供煨麵之用；二是「罐罐麵」的麵臊都要先在大鍋裡加工製熟後，再分別舀入小砂罐內。顧客來了之後只需將小砂罐上火加熱片刻，即可上桌。

「師友麵」以「他山之石，可以攻玉」的手法，創立了自家的特色品牌，在市面上頗受讚賞，名氣越做越大。後因府南河改造而停業，技術人員分配到「龍抄手」經營這三款特色麵條。一九九〇年代後在小南街恢復營業，除了三大招牌麵條外，又引進了許多成都風味小吃和麵食，卻成了與其他小吃店無啥區別的綜合小吃麵店。

現今在總府街商業場內的「師友麵」經營進一步擴展，更增加了小吃宴席和醃滷製品，與其他名小吃店一樣，成了囊括所有名小吃的綜合餐廳。令人欣慰的是，現今二道橋街和星輝路個體麵館的宋嫂麵還頗受食客擁戴，看來人們並沒有因時世變遷而淡忘了這一傳統特色小吃。

029 米涼粉與手攤攤

在巴蜀各地，涼粉是最為尋常，最有風味，也最具地方風情的民間小吃。不管是挑擔涼粉還是涼粉攤子，總是三種涼粉擺在一起賣，那就是白涼粉、黃涼粉和米涼粉。所謂「米涼粉」，是用飯米（大米）推磨成漿，加石灰水攪勻，燒開煮熟後倒進瓦缽或瓦缸，自然冷卻凝固成塊。「白涼粉」，是用豌豆泡脹推磨成漿，加白礬水攪勻，同樣燒開煮熟後倒進瓦缽或瓦缸，自然冷卻凝固成塊。「黃涼粉」，則需用新鮮豌豆連殼推磨成粉漿熬製，冷卻凝塊。

米涼粉色澤米黃，粘糯性較強；白涼粉晶瑩剔透，細嫩滑爽；黃涼粉色澤燦黃，清香滑爽，細嫩柔韌。通常米涼粉多切為拇指頭大小的方塊，調拌成麻辣醬香味熱吃；白涼粉則多用涼粉刮子，刮成筷子粗的長圓條，成都人叫「鏇子涼粉」，調拌成酸辣味冷吃；黃涼粉一般切成粗條涼拌成麻辣味，也可切成小方塊燙熱後，加上調料拌合成麻辣醬香味熱吃。白涼粉和黃涼粉拌合好後，還可用以夾鍋魁吃，就叫「涼粉夾鍋魁」。

米涼粉

米涼粉，常在秋冬季節熱吃，是一款鄉土氣

息很濃的小食，風味醇厚，頗受大眾百姓喜愛。米涼粉從鄉村流入城市，遍佈大街小巷，花幾角錢吃一碗米涼粉，既解口渴之急又能充饑，可口又實惠。由於米涼粉筋道、解渴瀉火、口感舒適，年輕人連進三碗還意猶未盡，牙口差的老年人，吃來也格外爽口。每當我看到米涼粉，就自然會想到過去在鄉下，它總是伴隨著那腳踏黃土背朝天的祖輩們，然後又跟著流落到城市，成為一款懷念鄉風鄉情的風味小吃。

米涼粉，因出現在川西壩子而又被稱為「成都涼粉」，有的地方還稱為「米豆腐」。想來並不僅僅是只有成都人喜吃這種涼粉。據考，稻米發源於中國，而成都平原又是中華稻米栽種和改良的先驅，古往今來就是盛產大米的天下糧倉。

分別在成書於戰國時期的《山海經．海內經》和北魏賈思勰的《齊民要術》中都有記載，成都人不只是很早就開始對野生穀物加以馴化改良，也是培植農作物的先驅者之一。因此東晉訓詁學家郭璞在注解「爰有膏菽」一句時說：「言好味，滑如膏。」間接說明，成都人馴化穀物的目的是為使其滋味如脂膏一樣甘腴香美。而正是這樣的淵源，在巴蜀五彩繽紛的小吃中，大米製的小吃品種佔了很大的比重，自然養成了成都平原的百姓喜食米製品的偏好。

民間還有一個有關米涼粉的傳說，從前有戶貧窮的農家，兒子是一位秀才，為了趕考，便到附近山上的一座破廟裡專心攻讀。每天，七十來歲的老母都要費力地爬坡上山，給他送飯，由於路遠，母親又走得較慢，每次送去的飯都變成了涼飯。兒子總是吃不完，母親只好每天吃剩飯，連吃兩、三天，感覺肚子很不舒服，於是就把剩下的「涼飯」壓成爛泥狀，加水熬製成米粥吃。一次這剩飯粥快熬好後，灶頭的牆上突然掉下一塊石灰塊，母親趕忙去撈，誰知石灰塊很快就融化了，母親便不再管它。傍晚時分，母親想把鍋中的混有石灰飯粥到給豬吃，結果發現飯粥已凝結成一塊，她嘗了一小塊，感覺很好吃，便把它切成小塊，煮熱後擔心石膏味太重，便切了點泡青菜絲，放上辣椒、花椒、鹽水，又把地裡栽的芹菜取嫩芽切碎，撒在上面，自己先嘗了嘗，真是好吃極了。母親大為高興趕忙送進廟裡，兒子一吃，連喊「好吃好吃」。打這以後母親就用生米打磨成粉，加石灰水熬製成米漿，凝固後就成了涼涼的米粉團。四方鄰居們吃了也都說好，稱之為「米涼粉」，家家學做，流傳開來。

米涼粉看上去土里巴嘰的，雖沒有豌豆涼粉那般晶瑩光潔，但卻十分地粘糯滋潤，尤其是冬天熱吃起來，更是風味獨具，別樣風情。成都人吃煮米涼粉十分講究，要麻辣鮮香、醬香濃郁，還要加上芹菜、芽菜的清香，吃來才感到十分舒爽。米涼粉風味味道的要緊之處是「豆豉醬」，又叫「豆豉滷」。要先把豆豉剁茸，放進菜油熱鍋中炒至酥香，加入剁細的郫縣豆瓣炒香出色，加水燒開，再添加醬油、五香粉，用太白粉水勾芡成滷汁。沒有這豆豉滷，或其品質不太好，則米涼粉的風味就要大打折扣、不傳統了。

過去，每到冬天，成都滿街滿巷都有米涼粉賣，挑擔的、擺攤的、推車的、小食店等，成了冬季不可少的風味美食。通常是先把切成小塊的米涼粉裝進竹簍子裡，放進加有醋的開水中燙熱後，分別盛入碗裡，再放紅油辣子、蒜泥、豆豉滷、香醋、花椒粉，再撒上芽菜、芹菜末或韭菜花即成。後來的煮米涼粉有的還添加了大頭菜顆顆和油酥花生，吃來則多了大頭菜的鮮香脆嫩，花生的酥香脆爽。

成都張涼粉店每到秋冬季，就要賣米涼粉，成都人都知道張家的米涼粉最好吃。一九八〇年代，在我妹住家的東門大橋橋頭，有家臨河的吊腳樓小食店，米涼粉做得尤為道地。差不多每個週末，我和娃兒他媽都要去過一下癮。有時想吃慌了，一上桌稍一拌和就趕緊吃一塊，結果吞下去燙得鑽心，按著心口揉好一陣方才舒緩過來。吃完了米涼粉，將碗裡剩下的調料湯汁再加點煮涼粉的水和醋，一起悠哉遊哉地喝下去，那才真叫個爽呃！這才是資格的米涼粉吃家。有時遇著颳風下雨，妹弟也要去端一大缽回來，一家老小吃得呼兒嗨喲，熱鬧得很，感覺這尋常人家的小日子還是蠻幸福的。

手攤攤

所謂「手攤攤」，是指涼粉的另一種民間吃法，又叫「手攤子涼粉」。過去在自家屋裡大都是吃米涼粉，外面挑擔或小攤則是米涼粉、白涼粉、黃涼粉都可以作「手攤攤」賣。記得小時候，放學回家肚子餓了，看見母親買有米涼粉，就禁不住要拿刀輕輕地切下一塊，攤在手掌上，再把罈子裡自家做的辣豆瓣舀一勺，抹在涼粉上，一口一口地吃，涼涼爽爽，鹹鮮香辣，感覺味道好極了。

而大凡有擔擔涼粉來到院子裡，我們小娃娃就要圍上去，或是纏著大人要兩、三分錢買一塊手攤子吃。手攤子的售賣是依據買者的錢多少而定，但都是同等的厚度，只是大小不一，錢多的大塊些，錢少的小塊些。一般是把切好的涼粉厚片，抹上調好的滷汁、辣醬，放在食者手掌上，吃時從邊沿近處咬斷，捲入口中慢慢品味。那時，這種手攤子涼粉大多是平民百姓家小孩子吃耍的零食。兒時，零花錢是極少的，幾近沒有，逢年過節要是能得到兩、三角錢，便是喜滋滋地，大有「發了橫財」的感覺。甚而有時上學或放學的路上，一下撿到兩、三分錢，也會興奮一整天。雖然買不上一個包子或鮮肉鍋魁，但卻可以吃上一塊「手攤攤」，小小地解下饞，

兒時，我家院子外的小街上，有個開剃頭鋪的陳大叔，他家陳大嬸便在鋪子門口擺了個攤子賣米涼粉，小條桌上除了用白紗布搭著的米涼粉，便是熟油辣椒、花椒油、豆瓣醬、豆豉醬、醋、醬油、蒜水、蔥花等碗缽。有時我手頭有了兩、三分錢，就悄悄地牽上小妹，跑到李大嬸的涼粉攤前，高高地舉起手中的錢，興高采烈地叫喊「買個手攤攤！」。小妹和我總是「互通有無」，有甚麼好吃的從來也忘不了我這個哥哥的。陳大嬸收了錢，便很認真地將菜刀在清水盆中涮涮，然後就在涼粉墩上從上往下片，很快一

張波浪形、巴掌大的手攤子涼粉就片了下來，然後她便放在手掌上，用竹片抹上熟油辣椒、豆瓣醬、豆豉醬，再撒上蔥花或芹菜花，鄭重其事地放在我伸的直直地手心上，最後還叮嚀一句：「拿好哈！不要掉到地上去了！」

更有意思的是，如果平時她特喜歡你，或是跟你母親關係好，還會把手攤子涼粉劃得大塊些，多放些辣椒油或豆豉醬。看見我牽著小妹一塊來賣，有時她也會多劃一塊，抹好調料蓋在上面，這就成了雙層手攤子。每一次我與小妹拿上手攤攤，要麼一人一半，要麼她一口，我一口，

慢慢地走，款款地吃，既要品享它的千滋百味，又要向平常一塊玩耍的小夥伴顯「洋盤」（得意）。我吃得有滋有味，似乎是在品享天底下最美的食物。小妹年幼不太吃得過辣，紅彤彤的臉上，汗水、眼淚、清鼻涕全都一股腦兒的冒了出來，可她還是一邊哈氣一邊吃。

幾十年過去了，在現今川菜大師手中，竟然還用米涼粉烹製出不少高檔大菜，像川菜名師喻波創製的「米涼粉燒鮑魚」，川菜大師肖見明創製的「米涼粉燒牛腩」，川菜名師陳天福的「米涼粉燒遼參」、菜根香的「米涼粉燒裙邊」、南台月的「米涼粉燒甲魚」等，都是風靡一時的風味名菜，將米涼粉這一鄉村土食提升到了高雅筵席的層面上。

然而，高檔歸高檔，名菜歸名菜，樸實無華的手攤攤的味道與吃情仍然存留在心裡，只要一看見或一吃涼粉，就自然地會想起「手攤攤」來，那種味道，那種風情，那種溫馨！

030 譚豆花與豆花麵

在巴蜀大地千姿百味的風味小吃中，最具鄉土風情的莫過於涼粉與豆花了。如果說涼粉是道地的「下里巴人」小吃，那豆花就該是資格的「陽春白雪」了吧。兩者都從鄉間走進城市，在風情萬種的擔擔小吃中，豆花擔子是千百年來，至今尚能在大都市中觀賞和品味到的唯一的小吃擔擔了。

豆花擔大多由前方後圓，或前後均圓的兩只大木桶組成，木桶的顏色為絳紅色，古風淳厚。通常是一隻桶盛豆花，一個桶盛水及餐具、調料。豆花擔所售豆花多以「糖豆花」和「酸辣豆花」為主。前者以紅糖熬製成清清亮亮、不淡不稠的糖汁，吃時澆於豆花碗中，甜而不膩，淡而不薄，老人小孩尤為愛食。

酸辣豆花，可說是擔擔豆花之始祖，是巴蜀風味豆花中最受歡迎的。自來民間有句俗話：正做不做，豆腐放醋。意指該做的是不做，盡做些沒用的事。但這酸辣豆花卻是偏偏要放醋，只是要放得高明、絕妙。通常都用乾辣椒加鹽和水搗碎，放油、醋和花椒粉，再加上酥黃豆、大頭菜顆顆、香蔥花和醬油，這些調料放入豆花中，其味辣而不烈、麻而不澀、酸香怡口、鹹鮮多滋，是淑女靚妞們的傳統最愛。

豆花擔子通常在午後出門，穿大街走小巷，「豆花，糖豆花兒……」，隨著挑擔一搖一擺發出的碗、調羹的撞擊聲，不時地吆喝著。豆花擔子一年四季都在轉遊，夏天吃碗涼悠悠的糖豆花，感覺特備的舒口爽心；冬天來碗熱嚕嚕，麻辣酸香的酸辣豆花，吃得微汗些許，紅霞滿腮，周身暖暖的。

在熱辣辣的夏天，街坊四鄰的男人們穿著被汗浸透的背心、短褲，女人們則是短小的輕紗薄裙，手中拿把用棕櫚樹葉做成的大蒲扇，穿著一雙拖板鞋走在大街小巷，朝著那熟悉的豆花擔子走去，然後大聲地吆喝一聲——來碗豆花麵！小販便樂滋滋，畢恭畢敬地問：大碗還是小碗？然後就忙碌起來。炎熱的夏天吃麻辣酸香的豆花麵，一身的悶汗被那熱湯辣汁激出體外，讓人感覺通體清爽，與重慶人夏天吃火鍋有異曲同工之妙。冬天吃上一碗豆花麵，則周身舒泰，只把寒氣當春風，這便是豆花麵之妙。

可別小看這一豆花擔子，俗話說：七十二行，行行出狀元。百來年間，成都豆花擔擔中就真還出了個豆花大戶，這就是名揚巴蜀的——「譚豆花」。

譚豆花

曾經座落在鹽市口成都人民商場斜對面的「譚豆花」，可算是譽滿川西的豆花名家了。說起譚豆花，還得從一九三八年說起哩。譚豆花本名叫譚玉光，四川資陽小院鄉人。一九三八年的三月，他表姐肖秀益由成都返回資陽省親，三十多歲的譚玉光對就要返回成都的表姐肖秀益說：「表姐，你帶我去成都嘛，這莊稼實在做不出名堂來，上省城去找個事幹，怕比成天挖泥巴要好些啊！」表姐聽後想了一下，說：「好嘛！那你就跟我上成都嘛。」譚玉光聽後笑了：「表姐請在埡口上等等我，回去拿幾件換洗衣服就走。」表姐說：「拿啥換洗衣服嘛，你表哥那裡有的是」。

就這樣，譚玉光空手赤腳便隨表姐到了成都。當年，肖秀益家在中山公園（現文化宮）側的三桂前街，她鋪子裡的曾慶樣、詹玉其、陳大義、督明昭等人，也都是從資陽來的親友，都在做挑擔賣湯元、豆花的生意。譚玉光一到，由表姐夫陳武鄉教他做豆花生意，熱天賣糖豆花，冬天賣酸辣豆花。其後，譚玉光就挑起擔子在提督街、鼓樓南街、太平街及忠烈祠街等一帶叫賣。

譚玉光腦瓜子很靈活，表姐夫教了幾回後，他竟能單獨操作推磨豆花，備置調料。賣了些日子，他發現擔擔豆花都賣的是「糖豆花」、「酸辣豆花」和「醋豆花」，風味、滋味也都差不多。他想自己都這個歲數了跑到成都來混，不弄點與眾不同的東西來賣，就很難混出個名堂來。於是，他邊想邊試，最終搞出了個「雙麻豆花」。

他採用嫩石膏豆花。取磨好濾渣的豆漿放進鍋中加清水燒開，用小火保持半沸騰狀，再用紅苕芡粉調入適量的熟石膏勾層薄芡後微火保溫直到凝固即成；豆花用醬油、熟油辣子、花椒粉、芝麻醬、冬菜末調好底味；當要吃時，把豆花帶汁水舀入調味碗中，面上再放酥黃豆、油酥花生碎末、脆饊子、香蔥花。由於這一豆花有濃郁的花椒麻香與麻醬香味，吃來會產生一種愉悅舒爽的感受，加之酥花生、酥黃豆、酥脆饊子的酥香，使豆花更有一種鮮嫩酥脆、麻辣醬香的獨特口感與風味，故而食客稱之為「雙麻豆花」。

一九四〇年代初，「雙麻豆花的」成功讓譚玉光大受鼓舞，為了有別於其他挑擔豆花，他乾脆就在靠近成都鹽市口的安樂市商場大門口，改為擺攤專賣「雙麻豆花」。因他的豆花風味別樣，好吃價廉，加之地處繁華鬧市，故而生意特別興隆，每天顧客都擠滿了攤子，食客們都口口相傳安樂市的「譚豆花」巴適得很。

豆花麵

生意好了，譚玉光想到品種太單一，唯恐食客久而生厭。他看見賣擔擔麵的也很受市民歡

迎，於是突發奇想何不賣豆花麵呢！這也是個新鮮東西噻。這樣，他就在「雙麻豆花」的風味基礎上，加上麵條，麻辣轉身為「豆花麵」。豆花麵以手工麵條煮製，用雙麻豆花為調味配料，使其湯色紅亮、麵條爽滑、豆花白嫩、麻辣鮮香、多滋多味，加之花生、黃豆、饊子、大頭菜的酥脆香濃，吃來口感非同一般，這種集豆花的麻辣風味與素麵的麻辣醬香於一體的吃法，當時在成都真還十分稀奇。如此，一經亮相便引起轟動，人們爭相品嘗先吃為快。後來，享譽西南的成都著名曲藝大師曾炳昆，在一段單口相聲中幽默詼諧地讚美了譚豆花，更使其家喻戶曉，生意旺盛得怨聲載道。

如此一來，譚玉光便就近在鹽市口租了間鋪面，做起了坐堂生意，仍取名「譚豆花」。開店經營後的「譚豆花」，以「豆花麵」、「雙麻豆花」、「酸辣豆花」為三大特色招牌。一九五〇年代後期公私合營後的「譚豆花」，名氣響遍川西壩子。大凡來成都的人幾乎沒有不品吃譚豆花和豆花麵的。因此，成都市飲食公司將其店堂擴大規模，裝修得古色古香，店門口一塊大大的「譚豆花」黑漆金字招牌十分引人注目。一九五六年，「譚豆花」成為成都市有史以來首批由政府認定的「成都八大名小吃」之一，一九九二年，又被市政府命名為「成都名小吃」，一九九五年，被大陸貿易部授予「中華老字號」名店。

到一九九〇年代後期因鹽市口改造，「譚豆花」方才離開了這一創業發家的風水寶地。後來又幾易其址，現在落腳西大街，四川歌舞劇院對面。如今譚豆花已是四代經營，今之店主仍為第三代「譚豆花」掌門人譚冬生。後繼之人不忘祖輩創業之道，精工細作，不斷創新，使其豆花系列已發展到四十餘種，由過去以「素豆花」為特色，演繹到葷素齊楊。幾十年間，「譚豆花」以其絕世美味滋潤和伴隨了好幾代人的成長，其風味依然如故，每日仍是座無虛席，超級紅火。只是在重新回歸譚氏之家後，由孫子輩扛起了這塊金字招牌，改名為「小譚豆花」而已。並在西大街、太升南路、西月城街開有分店。西大街那家人氣最旺，常有不少上了年紀的大爺太婆在那裡是「奮不顧身」地搶座位。看著眼裡，頗為感懷，心裡還是多溫暖的。

「小譚豆花」雖仍以豆花及豆花麵為家傳招牌，但改為綜合經營成都名小吃為特色。其冰醉豆花、饊子豆花、牛肉豆花、紅糖豆花、豆花麵、肉臊豆花麵、酸辣豆花粉等。「小譚豆花」的甜水麵做的很傳統，甜辣香美，蒜香濃郁，麵條十分有筋道；其他擔擔麵、紅油水餃、小籠蒸牛肉、紅糖粽子等，已成為川內川外好吃嘴們的最愛。尤其是熱天，那冰醉豆花尤其出彩，超級舒爽，吃到嘴裡感覺舌頭都要化了，是夏天經典避暑降溫的絕佳甜品。他家的小籠蒸牛肉亦是香辣酥麻，肥美化渣，那種恰到好處的味道，讓人吃了一口想兩口。然而，於我而言，最愛的還是傳統「老三樣」，其次則是牛肉豆花和醉豆花了。但「小譚豆花」店面不大，裝修一般，環境衛生較不理想，服務態度也很生硬，有點老國營餐館的感覺，讓人吃起來總有一些遺憾和些許失落，或許是生意太好的緣故吧。然而，豆花在巴蜀既歷史久遠，有遍地開花，任何一家再有名氣的豆花店，也不敢說就是天下第一。

像天回鎮的豆花麵也是很有歷史的，相傳當年唐明皇到天回鎮來的時候就說可把豆花麵當肉吃。現今，這裡的豆花麵一樣名氣很大。「一碗豆花，多放點饊子！」「三碗豆花麵，多放豆花！」每天中午十一點左右，一場「豆花盛宴」在天回鎮下街九十九號準時上演。豆花麵、饊子豆花、麻辣豆花、甜豆花……，熱鬧的吆喝聲中彌漫著股股麻辣鮮香。

這香味來自一家名叫「春滿園豆花麵」的小店，手藝傳了三代人。二十多年來只賣豆花、豆花麵。食客來自四面八方，開車來的、坐車來的，絡繹不絕，來得最多的還是些中老年人、夫妻結伴的、抱著孫子的、約上老朋友的，吃完豆花麵，還要來碗饊子豆花，如還不過癮，就再來碗麻辣豆花。他們說，這裡的豆花有五十年前老成都的味道。最主要的是豆花有一種久違的豆香，就像小時候吃到的味道。

成都天涯石北街亦有家豆花麵館，這裡的豆花麵非常有賣相，還沒有吃就被吸引了，湯色紅亮，上面飄著黃豆花生，還有綠色的蔥花，再加上雪白的豆花，看著那口水就流了一身，吃到口中那味道真正是舒服哈，麵有嚼頭，豆花細嫩，黃豆花生酥香，確實是難得地美味享受。開業時我就去吃過，有段時間是相當的癡迷，幾乎每天都要去吃碗酸辣豆花或豆花麵，特別是豆花麵佐料非常多，老闆真捨得放，於我而言口味偏重了些，完全可以再多加一兩麵進去，或許年輕人吃來正合適。不過，其風味已經不在小譚豆花的豆花麵之下了，而且價格很便宜，三兩才五塊，顧客盈門，生意紅火便也可想而知的了。

031 雞絲涼麵

涼麵，這個聽起來就讓人感到清爽幽涼的名字，又叫冷麵，涼吃冷吃的麵條，已有一千多年的歷史，古人稱為「冷淘」。大詩人杜甫曾寫有《槐葉冷淘》一詩：「青青高槐葉，采掇付中廚。新麵來近市，汁滓宛相俱。入鼎資過熟，加餐愁欲無。碧鮮俱照箸，香飯兼苞蘆。經齒冷於雪，勸人投此珠。」這裡，詩人所說的「槐葉冷淘」，是指用鮮嫩的槐葉榨汁加少量清水和麵，再擀薄切條，沸水煮熟，即製成碧綠麵條，拌以各式調輔料即可。宋代又有了槐芽冷淘、水花冷淘、甘菊冷淘等品種，說明那時涼麵就已是人們普遍喜食的炎夏清涼食物。

其實，世界上不少地區都有涼麵。現在超市、便利商店也售賣盒裝涼麵，當然談不上什麼很好的風情味道，只是可以吃而已，遠不及涼粉、涼麵小吃店的那種口感與氛圍。涼麵在各地有各地的吃法，各自的特色風味。如四川的紅油涼麵、酸辣涼麵、麻辣涼麵、雞絲涼麵、香油涼麵、麻醬涼麵；陝西的狗肉涼麵、山東的麻醬涼麵、廣東的雞蛋涼麵、上海的粗條涼麵、山西的柳葉涼麵、天津的打滷涼麵、北京的麻醬涼麵、素什錦涼麵、蘭州的清湯牛肉涼麵、湖北的炸醬涼麵，以及台灣的台北陳家涼麵、台中洪記涼麵、高雄崗山周Q涼麵等都是很有名的涼麵。

在大眾百姓的日常生活中，當天熱得使人對大魚大肉都失去胃口時，人們就愛做一碗多滋多

味的涼麵，挑逗倦怠的味蕾。為了讓那碗麵色彩誘人，一般多用黃瓜、紅蘿蔔切成細絲，加上芫荽和香蔥，有的還會攤一張蛋皮切絲。那些紅的、綠的、黃的細絲整齊地碼在碟子上，看著心情便蕩漾起來了。做好配料，就可以煮麵，同時把蒜和薑剁成細末放入碗中，撒上一勺辣椒粉，用另一個鍋把油燒燙潑上去，頓時，連空氣都香風彌漫。麵條煮到八成熟，用漏勺撈起後過冷水瀝乾，用一個大碗，把用熱油燙過的辣椒、蒜茸等埋在碗底，把麵條蓋上，澆上醬油、香醋，最後是黃瓜絲、細蘿蔔絲、雞蛋絲、芫荽和蔥花。如果家裡有炒香的黃豆、花生米或芝麻，撒一小把下去，這碗涼麵將會無比完美，這時口水已是波濤洶湧，就等著你快點與涼麵親吻了。

當然，這多是北方及江浙一帶的吃法。特別是在北京，夏天裡沒有幾家不吃麻醬涼麵的，因為它既省事又清涼可口，開胃舒心。那左手捧著一碗涼麵，右手拿著筷子，外加一根黃瓜，蹲在四合院門口吃一夾麵條，咬一口黃瓜的老少爺們，就成了老北京胡同裡的一道風情景觀。

現在的社會是很現實的，現代人常也不屑那幾根肉絲纖維所帶來的意淫般的肉味。想要，就要實實在在地擁有，不容許所謂的第四類情感保有那份矜持和含蓄。於是，就有了花樣百出的各式涼麵：海鮮味的，火腿腸的，培根肉的，水果味的等等，這便是現代人的涼麵概念和廚藝。然而在四川，涼麵又當是別洞觀景了。

涼麵情懷

巴蜀地區的涼麵，較早出現在「擔擔麵」一族中。那時在挑擔叫賣的麵條中，多以紅油素麵、麻辣小麵、脆臊麵、紅油燃麵、豆花麵、甜水麵、麻辣涼麵、麻醬涼麵、香油涼麵等。其後的雞絲涼麵就為巴蜀百姓開了葷吃涼麵的先河。涼麵在巴蜀，雖說是夏季消暑解燥、打開胃口的時令小吃。但持續的時間較長，一般從五月到十月，人們都能吃到涼麵。涼麵在成都有挑擔賣的、擺攤賣的、坐堂賣的，不少賣涼粉的店子都要賣涼麵。成都著名的洞子口張涼粉，其涼粉、涼麵、甜水麵就是他的三大招牌小吃。

四川的涼麵在做法上與吃法上都與別的地方不一樣，這種差別也成就了涼麵不僅成為四川風味小吃之一，也使他名揚大中華。四川涼麵多用圓棍麵條和較厚的韭菜葉子麵條，煮至七八分熟，撈出來涼在竹簸箕中，散上菜油拌和均勻以免粘連，不過涼水，天熱，可用電風扇吹涼。然後，新鮮綠豆芽淘洗淨，在麵水鍋中燙斷生撈起涼冷，分別裝於碗內墊底，有的也用黃瓜切絲墊底。然後將涼冷的麵條挑在綠豆芽上，就可以下作料了拌合著吃了。

紅油涼麵的佐料通常有：紅油辣子、香油、蒜泥、醬油、白糖等，味道是香辣鹹甜，蒜味濃郁。紅油涼麵也是其他風味涼麵的調味基礎，像麻辣涼麵，則是在其基礎上增加花椒油或花椒粉；麻醬涼麵則是以芝麻醬為主要調料，突出麻醬香味，酸辣涼麵只需加重醋的用量，突出酸辣味則可，萬變不離其宗。

成都的天氣，一到夏季便十分潮濕悶熱，使人感到很壓抑和煩躁，但也總得要吃飯吧，於是女孩子們和女士們上街閒逛多愛吃酸辣涼麵，酸辣涼粉等，特別開胃解煩，驅熱降燥。而在百姓人家，大多都要煮一鍋綠豆稀飯或荷葉稀飯，做一大碗酸辣涼麵。過去四川的女人，拌涼菜、涼麵、涼粉或泡泡菜，那簡直就像山西女人做個麵食，廣東女人煲個湯，不會做那可真是很丟人的咯。

當然實在是不會做的，就到涼粉店裡買上一鉢涼麵，既當下飯菜吃，亦可補充吃稀飯餓得快之不足。溫熱清香的稀飯，伴上涼悠悠、酸辣鹹鮮的涼麵，吃來特別有感覺，涼麵的柔軟，綠豆芽或黃瓜的脆嫩清香，稀飯的淡雅流暢，讓人吃情食趣橫生，暑熱、煩悶、口舌苦澀的感覺被稀飯涼麵消化得一乾二淨。記得小時候的我，放學回家就要跑到灶房去看有什麼可吃，只要看到母親煮的是稀飯，有時還會偷偷地站在門邊哭。因此，大凡要吃稀飯，母親一定會弄一大碗涼麵，這樣方可安定我們時常處於饑餓的心腸。

雞絲涼麵

過去，在擔擔涼麵中有一款檔次較高的涼麵，這便是「雞絲涼麵」，是在麻辣涼麵的基礎上添加了雞脯或雞腿肉絲，多了一絲鮮嫩雞肉的香味。一九二〇～三〇年代，成都華興街有家「志生麵館」，即以「雞絲涼麵」名冠蓉城。老闆叫黃子誠，精於做麵，其麵條柔韌勁道、爽滑綿軟，煮八成熟後以香油拌勻涼冷；綠豆芽去根摘瓣，開水煮斷生，放入麵碗中鋪底，再抓進涼麵，蓋上一層新鮮雞肉絲，上桌時，放上蒜泥、蔥花、白糖，澆上香醋、紅油、花椒油、複合醬油，五顏六色，鮮香沖鼻，讓人饞延欲滴。吃時一邊拌合一邊吞口水，進了嘴裡方才真正感受到那麻辣甜酸、鮮香脆嫩、爽滑柔韌的濃醇滋味，讓人愛不釋口。

黃子誠「志生麵館」的涼麵又被稱為「太太涼麵」。因其店面乾淨，座場考究，餐具高雅，加之涼麵風味味道精美，很合胃口，碗小巧雅致，麵少而精美，只一兩口就可吃光，特別受到在華興川劇院看戲的公館、官衙裡的太太小姐們的喜愛。但太太小姐們櫻桃小口，加之塗了口紅，自然吃來便是一根根慢嚼細品，斯文得多。人們開玩笑說太太涼麵的麵是吃進去了，可作料全留在嘴巴上了。但同時，黃子誠亦獲得食客大眾贈予的「雞絲狀元」的美名。

夏天，成都的涼麵攤、涼麵館、小吃檔滿城都有，涼麵品種亦也五花八門，但出類拔萃的仍然不多，現今人們仍然愛到洞子口張涼粉吃涼麵。尤其是雞絲涼麵，麻辣鮮香脆涼爽俱全，麵條清涼彈爽，哧嚕哧嚕地吃上一碗，心中的燥熱已然消除怠盡。那鮮美的雞絲、酥香花生米、脆嫩的綠豆芽，以及蔥花、芝麻醬、醬油、醋、糖、蒜泥、香油、紅油、花椒粉等配菜、調料鮮活生動與麵條交合在一起，挑上一筷入口，味蕾都會被那份極致的麻辣調動的無比敏感與豐富，令人欲罷不能，身心感到無比清爽。

後來在雞絲涼麵的基礎上，又有了「三絲涼麵」，即在涼麵中加有雞肉絲、火腿絲、豬肉絲，使其吃口更加豐富香美。至今在成都，人們仍然把「酸辣涼麵」和「雞絲涼麵」視為傳統正宗涼麵。雞絲涼麵後來被大中型餐館酒樓採用，作為筵席中點小吃，為席桌添彩增色。

雞絲涼麵作為四川的傳統小吃，不僅歷史悠久，在巴蜀地區也有很大影響，近年已流傳於全國各地，特別是北方廣大地區，無論男女老少都愛吃。

032 怪味麵

雖說是南米北麵，但提起成都的麵條，那簡直是豐富多彩，不像北方的打滷麵、雜醬麵，太黏稠；也不同於已脫離四川的重慶麻辣小麵，太寡淡；更有別於福建的沙茶麵，配料雖多卻過於甜膩，吃不了兩夾人就膩了。成都這街頭巷尾的麵館子風味多樣，餡料豐富，隨意親切，有牛肉、排骨、肥腸、雞雜、酸菜肉絲、海味、燉雞、脆臊、三鮮、煎蛋、素椒雜醬，新派的還有泡椒肚條、回鍋肉、燒肉、勾魂麵、砂罐煨麵、雞絲涼麵、甜水麵……等。你就是一個月每天中午吃麵都可以不重覆。四川人也善於做生意，每次點一兩麵也絕對是笑呵呵地招呼你，甚至可以帶來打包別家的包子、冰粉一起吃，老闆也不會多心見怪。這可是成都麵館的親民情懷，天天吃著便成了習慣，哪怕離開了成都心裡還會念著，仿佛一個烙印，通過嘴巴停在你的心裡。

成都人做麵條，吃情之意不在麵，而是食以味為先，故而調味特別講究，鋪張奢華或濃墨重彩，肆意揮灑。而品類之豐富、味道之鮮香，令人咂舌。經常是，十幾種調料刷刷刷扔進碗裡，讓人疑惑，那麵條究竟是主角還是陪襯？若你有這疑問，成都人會振振有詞開導你：「吃麵嘛，就是吃調料，吃味道噻！」看那麵條在明顯香辣或看似清淡的湯裡百轉千回、濃妝素裹，本色或許減了幾分，但百味調和的繁複、濃厚、悠長，正彰顯了川人巧奪天工、「尚滋味」的祖傳特徵。

怪味，是川菜二十四個複合味中的一個獨特風味味型。怪味說怪，就怪在什麼料都可容、什麼味都能加，也怪在巧調鹽、糖、醋、醬油、紅油辣子和花椒，妙配蔥、薑、蒜與香油、芝麻醬，調兌出奇妙怪異，不倫不類的味道，使其味多、味廣、味厚、味濃，既融諸味於一體，又能從混合的味中品味到辣、麻、鹹、甜、酸、鮮、香多種滋味，猶如家常風味大全，充分體現了「五味調合，百味鮮香」的特色。

怪味在川菜中多用於涼菜和沾裹類的小吃，如怪味雞、怪味兔丁、怪味胡豆、怪味花生，也有用於熱菜，像怪味開邊蝦、怪味蹄花、怪味魚片等。但用於麵點類的卻是鳳毛麟角，僅有「怪味鍋魁」較為人所知。故此怪味麵一應市，隨即一鳴驚人。

怪味麵將調料的濃郁豐厚推向了極致。怪味麵之「怪」，在於它是幾種不相干味系的集大成者，這種不循規蹈矩的雜糅法，很需要推陳出新的勇氣、不拘一格的思路，和怪中求美、亂中取勝的掌控能力。後者尤其重要，否則，很可能把一碗麵糟蹋得五味雜陳。一碗好的怪味麵，是各種口味的疊加與昇華，一筷子入口，肉臊的辛辣脆香、紫菜的厚重海味、燉棒子骨的肥甘豐腴，還有炒花生的乾脆、香菇的細膩……不同的味道與口感紛至遝來，卻又不混淆雜亂，呈現得層次分明，更是成都人鍾愛怪味麵的原因。

怪味麵吃情

一九九〇年代初，成都東門大橋不遠的牛王廟街，突然冒出了個讓人感覺新鮮好奇的招牌——「吳記怪味麵」，是位「老三屆」返城的知青吳眼鏡，自謀生路所創製的風味麵條。而成都人在吃上天生就好追新求奇，這家麵館雖在老街邊，僅有兩個不大的門面，環境簡單得不行，但自打出「怪味麵」的招牌，生意好得讓人難以忍受。尤其是是中午，就像是不要錢大家都可以白吃一樣，擁擠得一塌糊塗，為搶位占位爭吵動手都成了見慣不驚的事。

我第一次中午慕名去吃怪味麵，只見牛王廟那條雜亂的街邊，有一破舊的長條型的堂面，廚房和店堂合二為一。門口街邊就停滿了汽車、自行車，生意好得令人望而生畏。吃麵的人擠在兩、三張小桌子上，桌子不夠，老闆還準備了一高一矮兩種凳子，食客自己到店裡牆角去提出來，放在街邊過道上，高凳子當桌放碗，人就坐在矮凳子上，還有更多找不到座位的人就端著碗或蹲或站，或靠在梧桐樹下，立在街沿邊上，閉眼不見滿地的垃圾，腳下汙濁的髒水，一個勁兒只顧埋頭吃傳說中的「吳記怪味麵」。

這「吳記怪味麵」確實好吃，難怪被食客譽為「成都第一麵」。其麵妙在調味精細，鹹甜麻辣酸香味味俱全，和諧柔美，滋味豐厚濃醇，加之餡料精緻，煨爛的剔骨肉、脆嫩的香菌增添了鮮美之味，和著花生的酥香吃來口感極爽。更為煽動吃情，挑逗食慾的還是店子裡的服務小夥的吆喝。吃的人越多吆喝的越精彩，一開始讓人聽得莫名其妙，明白之後則捧腹大笑。小二哥一張嘴就朝堂子裡高喊：「妖怪，二怪」，原來成都人愛把「一」說成「么」，由於與「妖」字同音。於是，「妖怪、二怪」便是「一兩怪味和二兩怪味」之意。

吳記的麵品種僅有四款：怪味麵、海味麵、脆臊麵和多味牛肉麵，簡稱「海、怪、牛、脆」。一兩海味叫「一海」，一兩脆紹叫「一小脆」，一兩牛肉叫「小牛」。客人一般都是每樣點一兩，也就是一小碗，就可多品嘗一兩個品種，口感更舒服。於是乎，這些麵一到了小二哥嘴裡，就變成了「海怪各一」、「妖雞、妖牛」、

「妖海妖怪」、「三妖怪，一小牛」，意思是你點了三個一兩的怪味和一個一兩的多味牛肉，聽起來十分逗趣。

吳記的海味麵亦是海味濃郁，在怪味餡料的基礎上加了淡菜和蝦米，很是鮮美可口；脆臊麵用油酥過的爛肉紹子脆嘣嘣的，和著蔥花硬是香得很，一兩只有一小碗，三、四口就幹完一碗，吃完了抹著嘴邊的油，邊走還在邊嚼口中的肉渣渣回味；多味牛肉麵果真是多滋多味，當那碗麵端上來的時候，光是那一層紅油就已經讓人迫不及待了，牛肉臊子和著香蔥花，吃口超爽，讓人回味良久。

吳記怪味麵生意之火爆，居然一天要賣一千五百多公斤麵條，這確實讓牛王廟街上的飲食商家饞延欲滴。於是原先賣燒菜的、賣酸辣粉的、賣包子饅頭的、以及便飯館紛紛更換招牌，打起「牛王廟怪味麵」的旗號賣起麵來。兩、三年間，牛王廟變成了成都響噹噹的怪味麵有一條街。而此時的怪味麵祖師爺吳眼鏡，已經是成都首批買賓士開的「翹腳老闆」（休閒老闆）了。

怪味麵風韻

吳記怪味麵紅火後不久，牛王廟西面的牛市口也冒出一家「牛市口怪味麵」。很多人也喜歡到那裡去吃麵，很誇張的是，在這裡你就可以見到這一幕——本田、豐田、歐寶、寶馬、賓士等，都停在這小小麵店的門口，單是汽車就會讓十字路口那一頭的停車場好賺一筆，更不用說騎著自行車從城西頭跑過來的男男女女了。不過這家怪味麵店裡不光只賣怪味麵一種，什麼刀削麵、牛肉麵、渣渣麵等等什麼都賣。

這家店的吆喝聲更是嚇人，除了「妖怪、妖雞」，還有有「牛刀」、「排刀」、「雜刀」呢。第一次聽到還真讓人毛骨悚然，隨時準備轉身開跑。也不知道成都人長了什麼樣的鋼牙鐵齒，合金胃腸。一仔細觀察，吃完麵再向跑堂夥計一打聽，才知道「雜刀」原來就是「雜醬刀削麵」，「牛刀、排刀」亦是這般，好不讓人啼笑皆非。

而「牛市口怪味麵」的名聲確實也很牛，中午你若想在那裡安心好好吃一頓幾乎是不可能的。你要是想吃得安穩，不想別人擠靠在你身邊，死死地看著你的嘴候等座位，那就一定要錯過用餐時間才行。由於店面小，桌椅都不多，所以附近中小學生就會整齊地站在店外吃，統一的服裝加上一樣的年輕臉龐和一致的吸麵聲音，那可是壯觀得不得了呢。再看看坐在門口賣票的店主非常有個性，不管多少人圍擠在他面前，都是鎮定自若地喊著單：兩個「妖怪」，二兩「牛刀……」。

牛市口怪味麵雖然店面極小，但是在成都市區裡卻開了好幾家分店，而且每一家分店嚴格地保持著店小名聲大的傳統，都在不起眼的小街裡，吃麵的人卻可以長長地排到街道外面去。最佩服的就是煮麵與送麵的小二，他們天天在那裡聽著店主扯著嗓子一通「妖怪」的亂喊，卻從不會出現煮錯麵、端錯麵的事情，真不知他們的腦子是用什麼做成的。因為常有不少人或幾個朋友

一起去吃的時候，自己都會把自己叫的麵的品種忘掉或搞錯，難為人家托著大盤子在人群裡鑽來鑽去的小二還能記得清清楚楚的。

一九九〇年代後期，牛王廟及牛市口大規模改造，整條街拆得一乾二淨片瓦不剩，「吳記怪味麵」一下不知去向。人們都似乎顯得有些失落，有如尋找失蹤兒童一般相互打聽。不多久，成都遍地就都是「牛王廟怪味麵」店，良莠混雜，確實就成了「資格怪味」。但有時候心裡卻也掛記著那正宗的怪味麵再也吃不到了。

後來終於聽說書院街有家叫「吳記怪味麵」，不曉得是否是牛王廟那家。我趕忙跑去發現重新裝修了，門楣上掛著「吳記怪味麵」的店牌，下面幾個小字特別注明「原牛王廟」，並貼著「別無分店」的告示，顯示著它的「怪味正宗」。雖然戴眼鏡的吳老闆早已隱退江湖，但這裡依然延續老店的風格，連收錢那個小櫃櫃還是以前的，新老闆說是從牛王廟帶過來的。麵的品種也還是「怪味」、「海味」、「多味牛肉」、「脆臊」四種，跑堂的一樣簡稱「海、怪、牛、脆」。因為其店隔壁就是成都有名的「新華職業學校」，這一代還是成都傳媒集中之地，故而每到中午依然是人潮湧動，吃情激昂。

「吳記怪味麵」雖為正宗，但也不是一支獨秀。二十多年間，在磨子橋成都七中對面的大街邊上，有家「怪味麵」和隔壁的「徐老八原汁麵」在吃客口碑中頗有盛名。它也幾乎成了七中學子的美味食堂。每週一至週五的中午，全是那些被那寬鬆大胯，十分難看的期一校服裝扮得全無青春朝氣的學生，拿飯盒的、端碗的、打空手的，把個原本就不大的店堂擠得水泄不通，如麻雀般嘰嘰喳喳吵鬧，只是在這時怪味麵才讓他們露出了燦爛地笑容。我那在七中混了六年，一向不太喜吃麵食的兒子，也不知在哪兒吃了多少回怪味麵，那味道，那吃情，想必也深深地烙印在了他的心中，成為追憶。

033 華興煎蛋麵

在成都市中心繁華鬧市的一條不大的背街上，有家極為普通的麵館卻是名聲在外，如雷貫耳。還未走進麵館，就聽得堂館小二韻味十足的成都話喊堂：「來客兩位，哥子倆個，一臉青、一臉紅，湯寬，青重哈！」寥寥數語，言簡意賅，全是行話。這「臉青、臉紅」卻不是形容顧客色相，而分別暗指「清湯、紅湯」，「湯寬、青重」則是要「湯多、青葉菜多」。

人一坐下，不多一會兒，面前立即端來看似尋常的番茄煎蛋麵。番茄汁熬出的濃湯紅豔豔地冒著熱氣，乳白的細麵條和翠綠的菜葉躺在其間，一塊兩面煎得金黃油亮的雞蛋蓋在面上，撒著白綠相間的蔥花，那叫個誘人啊，真真是口水滴答。趁熱先挑起一夾麵條送進嘴裡，「滋溜溜」一吸進去，一股獨特的鮮香美味直往口裡串，細細的麵條滑爽柔韌，煎雞蛋外酥內嫩，木耳菜、青葉菜的脆嫩，加上鮮美的番茄味，真讓人爽到了心底。吃完煎蛋麵，若是吃情盛旺，還可在來個紅糖粽子或一碗粉子醪糟，鹹鮮或香辣之後，加點甜點，那滋潤、舒心真個是非同一般。

此著名麵店即「華興煎蛋麵」，位於成都華興街的一專賣煎蛋麵的麵食店。華興街是地處成都最為繁華的春熙路、商業場背後的一條小街。舊時就因這一優越的地理位置，加之由成都著名的「悅來劇場」（川劇院），彙集了「龍抄手」、「夫妻肺片」、「鐘水餃」、「賴湯圓」、「盤飧市」幾家著名小吃，以及「竟成園」、「市美軒」等川菜名店，使華興街成了成都有名的吃喝玩樂一條街。到了一九八〇～九〇年代，這裡又成了燒菜、蒸菜、便飯、小吃等「蒼蠅館子」一條街，每到中午、晚上，便是人流如潮，幾十個店，家家爆滿，華興煎蛋麵便位列其間。

華興煎蛋麵館，除了煎蛋麵，也賣些涼菜滷菜和水酒，一到晚上，街沿邊，密密麻麻的塑膠小凳上，坐滿了男男女女的屁股。現在叫華興煎蛋麵的夜吃館子，在成都的東南西北，不知有多少家。我有一個搞音樂評論、順便也做點音樂經濟的北京朋友，每次帶樂隊到了成都，晚上從酒吧出來，總要迫不及待地打車去吃華興煎蛋麵。

他常常說，為什麼不在北京開一家？而且，應該就在他家的樓下。其實，華興煎蛋麵白天賣麵，晚上就是遍佈成都的「冷淡杯」夜店之一，只不過多了一碗熱騰香美的番茄煎蛋麵，讓人在一夜的狂歡之後，可以吃上一大碗熱氣騰騰、又酸又辣的番茄煎蛋麵，回到家裡方能心滿意足地睡個安穩好覺。

華興煎蛋麵之由來

別看煎蛋麵簡單平常，卻是四代傳承，華興街煎蛋麵的歷史，最早可以追溯到一九〇一年。據華興街煎蛋麵現任老闆傳治義回憶，一九〇一年，他的爺爺傳如竹在長順街二一三號以家為鋪，專門特製銅鍋、銅鼎、銅瓢、銅勺，始創「銅鍋煎蛋麵」。「煎蛋麵其實就是我們家的家常麵。我外婆是客家人，客家人好客嘛，但凡有遠客來，我外婆、母親就會先奉上一大碗『煎蛋麵』，也叫『打間』（指錯過時間的飲食），客人一邊吃煎蛋麵，一邊嘮家常，然後外婆、母親再殺雞燉膀，盛情款待客人。煎蛋麵亦菜亦湯亦麵亦飯，不失格、有排場也符合規矩。」傅治義深情地回憶到，也因此麵館開張納客之時，隨即受到少城內八旗遺老遺少、官宦富紳子弟、豪宅庭院閨秀的熱捧。「傅家銅鍋煎蛋麵」成為成都首創之風味麵條一絕。

而將華興街煎蛋麵真正發揚光大並家喻戶曉的，是傅治義的父親傅松成。傅松成是成都飲食業鼎鼎大名的白案大師，他於一九三二年將「銅鍋煎蛋麵」遷址東大街，此店於一九三八年毀於日軍轟炸。同年，他又在春熙路南段（原址華華茶廳）重新開張，一直經營至一九四八年。一九四九年後落戶華興街，後因公私合營轉為國有。一九八三年傅松成退休後，自己創業選址華興正街六號，華興街煎蛋麵重新開張直到現在。

華興街煎蛋麵的興盛，與悅來戲園的繁榮一脈相承。一九五〇年代，聲名鵲起的悅來戲園是整條華興街的軸心，當時的川劇名角、梨園票友都喜歡吃煎蛋麵當宵夜。川劇名丑周企何先生，曾題詞「看戲猶記華興街，好吃勿忘煎蛋麵」，更有口碑相傳的名聯「看戲尚憶悅來場皆來華興街，好吃豈問串串香獨往煎蛋麵」。華興街煎蛋麵隨著悅來戲園的繁榮，再次興旺起來。

那時的華興煎蛋麵，將雞蛋、麵條、番茄層層碼成金字塔形，擺在店門口，由顧客自由挑選；還擺起大灶檯，當街表演銅鍋、銅勺、銅瓢、銅鼎的交響樂。「具有很好的觀賞性，具備表演藝術的價值。」傅治義說，而現在，由於街道的規範，這些具有表演性的行為都轉到了後堂。最正宗的華興街煎蛋麵有紅味與白味，細細的麵條、燙燙的湯、紅紅的番茄外加一個黃白相襯的煎雞蛋；白味鹹鮮香美，紅味酸辣鮮香，吃辣不吃辣，味道都格外地爽口。

一九九〇年代末到二〇〇〇年後的幾年，我在四川報業集團工作，大樓下面就是華興煎蛋麵。差不多這十年間有一半的中午，都是靠煎蛋麵、燉雞麵、排骨麵、雞雜麵度過的。儘管店房破舊、鋪面狹小簡陋、環境糟糕，但那生意與吃景，足以打動任何紳士淑女，只要好吃，能一享口福之樂，哪還管那麼多斯文與面子，你還生怕搶不到座位，占不到位子呢！

煎蛋麵絕唱

二〇〇三年後，華興街的整體改造與拆遷，迫使煎蛋麵面臨何去何從的問題。不少老食客亦以同樣的心情關注著「華興煎蛋麵」的存亡和去向。臨到營業的最後一天，老顧客們都不約而同地來了，想享受一下這「最後的午餐」或晚餐。

「聽說今天最後一天營業，我中午來吃之後，晚上又來吃。」華興街煎蛋麵迎來了許多老顧客。趙師傅不停地招呼每個熟客，十八年前，當趙師傅還是一個十六歲的小夥子，便從老家來到華興街煎蛋麵打工，挑麵、放料、喊堂他都很在行，也認識了很多老顧客。看見他，都親熱地掏出香煙，喊一聲「來，抽起。」「哎呀，都長這麼高了，好帥個小夥子！」老顧客羅先生帶著老婆、兒子來吃麵，趙師傅興奮地大喊。他樂呵呵地拍著羅先生兒子的肩膀，一邊比劃一邊感歎說，「唉，以前來吃麵的時候，你才這麼點兒高，還是個娃娃，看嘛，現在長得比我還高了。」

「老闆，二兩要辣椒，加蛋。」「要得，就來！」伴隨老成都的喊堂聲，銅鍋煮麵，銅鼎吊湯，銅勺煎蛋，銅瓢炒料，清一色的男夥計吆喝著端麵上桌，香濃飽蘸的紅番茄汁，翠綠養眼的木耳菜，象牙白的銀絲掛麵，燦金酥香的煎蛋，再用木筷輕輕一撥，星星點點的蔥花和碎米芽菜，帶著馥郁的鮮香直沖喉頭，華興街最後一碗熱騰騰的煎蛋麵端出。老闆傅治義手扶一個木箱，接過十元鈔票，熟練地從木箱子裡找了三．五元，然後，「碰」地合上。而這最後一天營業，傅治義對許多老顧客都免單，拉扯很久，堅決不收錢，他激動地說：「吃了幾十年我們的麵，最後一天了，就算我請客。」由於市政拆遷，起源於清光緒年間的成都名小吃——華興街煎蛋麵成為絕唱。

然而，最讓傅治義不捨的，是跟隨他多年的老員工，「這個月只上了十多天班，工資發整月的，明天我就給他們發錢」。在賣出最後一碗麵之後，他們將鋪子裡的鍋碗瓢盆、桌椅板凳收拾打包，搬到了附近屋子裡，華興街六號煎蛋麵店便成為兩間破破爛爛的空房。

煎蛋麵之新生

在華興煎蛋麵成功崛起的那些年月，成都四門都不難見到「華興煎蛋麵」，其中也還有賣出名了的，像玉林的一家煎蛋麵就成了那些年玉林「鬼飲食」的夜宵明星。當然大多煎蛋麵雖都打著華興煎蛋麵的牌號，但與「華興老號」毫無關係，經營方式也不盡相同，多以家常小菜、燒滷炒拌為特色，煎蛋麵也僅是其中一個品種，風味特色也只能說可以吃而已。面對這種情形，拆遷歇業後的幾天，傅治義都在忙著找鋪子，他不想讓華興街煎蛋麵就此隱退江湖，魚目混珠，被壞了祖傳名聲。幾經周折，最終在華興街附近的梓潼橋街，一座新建大廈的底層給「華興煎蛋麵」安了個新家。

新店鋪大門和窗戶全是木製鏤空樣式，走進店內，地面是用青灰色的大理石鋪就。傅治義說：「過去只能擺下八張小桌子，如今有十六張實木的方桌。店內牆上掛有馮水木先生收藏的老成都照片。最早的照片是一九五六年猛追灣市民戲水的情景，最晚的照片是一九六五年天府廣場國慶的場景，總共有十張。「在其他地方已經看不到了。」傅治義喜滋滋地又說道：「新店整體裝修風格突出一個『古』字，因為是百年老字號，老風味，要讓顧客在裝修後能感受到古風古味。」

店面擴大了，傅治義增添了一些祖上的家傳小吃。從新製的菜譜上看，「華興街煎蛋麵」不僅繼續賣麵和粽子，還新增了鹽茶蛋和粉子醪糟等小吃。「我的父親傅松成曾是成都飲食業界的白案大師，包子、餃子、涼麵、甜水麵也是別具風味。」傅治義說，預計明年會向顧客推出小吃系列。重獲新生的華興煎蛋麵裝修典雅漂亮，出品美觀精緻，甚至推出了套餐，裡面有煎蛋麵、燉雞麵、紅糖粽子、醪糟粉子荷包蛋等。而最受食客稱道的還是煎蛋麵與紅糖粽子。

前不久，請朋友吃了酸辣煎蛋麵，吃後再品嘗兩個紅糖粽子，他一個勁兒地稱贊，那感覺真不擺了！聽老闆講，前些時候超女火爆，柯以敏來成都也品嘗了華興街煎蛋麵。「天府早報」登載後，無數「小吃粉絲」紛紛向店老闆索要照片，把店老闆整慘了，生意好得不得了！

現今「華興街煎蛋麵」的第三代管理者傅強，是傅治義的侄兒。「我們在新店鋪裡使用自動收銀機，加快工作效率；還裝了監視器，有了攝影記錄就可以保障顧客財物不受損失。」傅強說：「且一九九三年『華興街煎蛋麵』已經註冊了自己的商標，二○○六年完成了『四川老字號』申報，也建立了網站，以後店鋪會進行專業化管理。」傅強不無自豪地告訴我。是的，我當然確信「華興煎蛋麵」新的發展前景。在我非常認真地吃完了一碗煎蛋麵和一個紅糖粽子後，味道雖還是和以前一樣，但不知為什麼總讓人感覺得少了些什麼，環境的改變雖說是必然，但卻讓人多少有些失落感。

現在，經歷了一百一十年的世易時移，華興街煎蛋麵世代傳承，傅治義始終堅持傅氏祖傳秘方正宗廚藝，老成都叫賣喊堂在店裡亦保留至今。一個麵店的興衰，一個家庭的傳承，一個城市的味道，在萬變不離其味的一碗麵條中淋漓盡致地展現出來。

034 一隻優秀前蹄

美食於成都人而言，是一種人生，即美食人生。沒有了美食，人生將會是多麼地不可想像，那會是怎樣的超級可怕啊！最低限度也是一個無滋無味的人生。以成都人的話說來便是「這輩子還有啥子活頭呢？」「這輩子算是白活了！」正因為如此，美食在成都亦是個江湖，不時都有新奇的吃法，獨具特色的風味，恣意挑逗著成都人的食趣吃情。成都人對別的事常多嫌麻煩，惟有說起吃，便是不顧一切，追新求奇，樂吃不疲。

正是成都人的這一癡情吃意，硬是把當年還是蒼蠅館子、路邊攤攤的溫江舒燉肉、双流老媽兔頭、郫縣廖排骨、灌縣梁雞肉、玉林串串香等吃成了餐廳酒樓，並且還全國各地聯了鎖。別看「蒼蠅館子」難聽，它既是成都人天生幽默，辭彙生動的一種體現，更含有特別的意義。所謂「蒼蠅館子」，大體是一九八〇年代，成都人對街邊巷裡那種店面小、環境簡陋、衛生差、蒼蠅亂飛的小餐館的戲稱。但另一方面，也是指這類餐館如蒼蠅般，可隨時被發現和吃到的可口美食。通常若有同事朋友說：「走，今天去吃蒼蠅館子。」那多半是他又發現一家好吃的小餐館。當然，事實上川菜傳統名菜中有不少即出自這些「蒼蠅館子」，像回鍋肉、宮保雞丁、魚香肉絲、水煮牛肉、夫妻肺片、麻婆豆腐、肝腰合炒等不可細數。

有外地朋友如是說：「就算三百六十五天，見天換，成都的小吃你也吃不全。那些享譽全國的龍抄手、賴湯圓、鐘水餃、夫妻肺片等中華老字號往往因名聲在外，刻意追求上規模，上檔次，提升經濟效益，綜合小吃套餐，小吃席桌，結果搞的味道並不怎麼樣，成了徒有虛名。反倒是僻街陋巷那些個體經營的蒼蠅兒館子，沒準兒某一小吃會令你影響深刻，終生難忘」。

在西御街和半邊街的交接口子上，有一個廖老媽，把自己燉的豬蹄花，擺到口子上賣。老媽燉的蹄花，湯白肉糯，加在裡面的雪豆，燉得開花開朵，香濃的湯汁裡，撒上香蔥花，再加上自己做的家常剁椒豆瓣做蘸水碟子，叫人一坐下，就恨不得馬上狼吞虎嚥，稀裡嘩啦。雖然，是在路邊街沿，可無論酷暑寒冬，吃蹄花的人就像一堆蒼蠅。後來，大媽買了部運鍋碗瓢盆、桌椅板凳的箱型車，在裡邊也擺張小桌子，吃客們幽默地叫它「雅間」。就是現今成都人都知道的「廖老媽蹄花」。成都有名的館子中，叫大媽老媽的特別多，老媽兔頭、老媽火鍋、張大媽串串香、周大媽夕陽紅酒樓……，成都的大媽老媽，大多做得一手好菜，這倒也不假，所以成都人深信，只要是老媽、大媽弄的，那不用說一定有點名堂。

老媽蹄花

蹄花，叫也豬蹄、豬手、豬腳。四川人尤愛吃豬蹄，吃的方式也很多，燉的、燒的、滷的、粉蒸的、涼拌的、熱拌的等，但尤以燉豬蹄最為川人所喜愛，像雪豆燉豬蹄、黃豆燉豬蹄、青蒿燉豬蹄、南瓜燉豬蹄、醪糟花生燉豬蹄、砂鍋豬蹄煲等。因豬蹄，尤其是豬前蹄，白淨、肥美、結實，砍為兩半或砍成四塊，經燉、燒、蒸製熟後，豬蹄鬆軟，皮嫩肉綻，豐腴滋糯，肥而不膩，亦如花狀，故川人形象而風趣地稱其為「蹄花」，如燉蹄花、燒蹄花、粉蒸蹄花、薑汁蹄花等。惟有滷製的還是完整一隻故仍叫滷豬腳。

通常城鄉人家，每到秋冬季節就要燉豬蹄，

中老年人特別愛吃。若是家裡有女兒或媳婦生了小孩坐月子，婆婆、媽媽就必定會用汶川雪豆或黃豆，或用醪糟、花生加紅棗、枸杞燉蹄花，一是滋養身子，益氣生血，產婦身體恢復快；二是豐胸健乳，催乳通乳，兒樂母喜的上好哺乳美食，況且還能美膚養顏。因此兒女們就把這一太婆、老媽燉的蹄花稱之為「老媽蹄花」、「太婆蹄花」，聽起來既溫馨又親切。

二〇〇〇年前後，成都餐飲市場達到繁榮鼎盛時期，千姿百味，風情萬種的各式美食小吃一浪趕一浪。成都半邊橋街的廖老媽在子女們的慫恿下，也把她最拿手的雪豆燉蹄花亮相市場。她和子女們上午買料、下午燉，晚上九、十點鐘後開賣。很快就被愛好「蒼蠅館子」和「鬼飲食」的好吃嘴們發現，像風一樣傳播開來。於是開高檔車的、騎自行車的、打計程車的、散步的，前赴後繼，奮勇向前，那真是個喲，吃得老媽喜笑顏開，哈哈兒的心都飄到了半天空。

生意興隆則吃情激憤，「老媽蹄花」的小二哥們也心情舒暢，格外殷勤，一有客人落座，若是男性立馬高喊一聲：「來隻性感前蹄！」要是女性則高喊：「一隻優秀前蹄！」逗得堂內坐的，街邊坐的吃客一陣歡笑，吃情食趣蕩漾其間。於是，「一隻優秀前蹄！」「一隻性感前蹄！」這一句話至今仍在蹄花專賣店流行。待到蹄花端上來時，你會不覺得怎麼樣，跟家裡燉的也差不多，就是白白的湯，開花的蹄，再配一碟辣醬。誰知一吃就欲罷不能，湯又濃又鮮，蹄花又軟又糯，入口即化，連雪豆也燉得酥爛，難怪生意打湧堂。尤其是冬天去吃，熱騰騰的一大碗，軟而不爛，肥而不膩，滋糯香美，味道相當趕口。夏天後半夜天涼了去吃蹄花的人亦也不遜白天。女士們同男性一樣，雖是深更半夜，一樣熱情高萬丈，尤其是美眉淑女都懂得起，吃蹄花好處多，美容養顏補益身體，吃完蹄花雪豆，再把湯一喝，那美滋滋的感覺真是不錯哈。

一般到這個店子來的多是熟客，無論男女，都會先要上一隻優秀前蹄，作為喝酒的餐前點心。蹄花已燉到最佳狀態：用筷子撕下一塊，豐豐滿滿的肉皮在紅油中打個滾，送到口中，一泯即化。老媽蹄花中的蹄筋微微綿軟，有點筋道，像是要化開的軟糖正合口感。然後可以吃點雪豆喝些湯。老吃客吃了蹄花潤了口，便舉杯暢飲，有蹄花滋潤，酒再多也不會傷心傷胃。

從烹飪專業角度看，老媽蹄花功夫極佳，那湯色濃白、鮮香味醇，蹄花滋糯、爛不離骨，雪豆細軟、吃口舒爽，配上油酥豆瓣或香辣醬味碟，吃來尤為滋潤爽口。尤其是那種環境，那種氛圍，吃的人不僅可吃出蹄花的千滋百味，萬般風情，更能發現原來生活可以是如此美滋美味，這般輕鬆愜意。

一種美味吃情

老媽蹄花在成都已有好多家，正宗的仍是先入為主的半邊橋廖老媽蹄花，雖幾經遷移，風味始終如一，一直是吃客如雲。鳳凰衛視總裁劉長樂如是說：「除了工作以外，我們大家到成都的另一個目的就是品嘗成都美食。一下飛機，我就帶所有人去品嘗了『老媽蹄花』……」不少明星也前來「追星」，「捧殺」老媽，豪啖蹄花。

有位上海朋友因工作在成都小住了一些日子。自打我帶他去品嘗了後，「老媽蹄花」就成了他吃宵夜的首選。有一回晚間請客戶吃飯，錯過了吃蹄花，到了半夜，他說他實在是想念「老媽蹄花」，難以入睡，就開車違章抄近路躥到半邊橋老媽蹄花店，那小二已經很熟了，張口就來：「大哥，一個優秀前蹄兒。」，他豎起兩根指頭說：「倆！」那小二笑著調侃道：「大哥功力見長哈。」店堂裡善意的笑聲四起，他心裡方才感到格外地踏實和溫暖。

成都人說吃「蹄花」，其語音語調都甚為誘人，說到：「走！吃蹄——花兒！」這個詞時，不僅悠悠揚揚，還要在「蹄」字後稍拖延，再發出「花兒」的音來，真有點「花腔」的韻味。還未走到蹄花店，已經從這音調中感受到了蹄花的輕柔綿軟，白嫩肥美之誘惑。而僅是為了這一聲

吆喝：「一隻優秀前蹄！」「一隻性感前蹄！」也會讓許多靚女美眉為之傾倒，眾多男士們豪情滿懷。

燉蹄花看似簡單，然而，確是極需功夫的。選料當選豬「前蹄」，既要「優秀」亦需「性感」，經清水浸泡，仔細刮盡毛渣，直到看起來口淨清爽，然後砍成兩半或四塊，入開水鍋中稍煮撈起，涼水沖洗一下，與洗淨泡脹的雪豆一起放進砂鍋中，燒開後打盡浮沫，放蔥節、拍破的薑塊和少許料酒，改為小火慢燉約三個小時，放點淡鹽即可。蘸蹄花的味碟也很重要，可依個人口味喜好，調製薑汁味碟、香辣或麻辣味碟。按川人傳統吃法，多是取剁細的油酥郫縣豆瓣或香辣醬、紅油、花椒油、香油、蔥花調拌。

燉好的原湯蹄花，那濃稠釅白的奶湯，鮮香醇厚，不油不膩，白嫩嫩、顫悠悠的蹄花，柔嫩滋糯，豐腴肥美，看著就夠優秀性感，夠養眼的了。吃蹄花亦有講究，可先喝一小碗加蔥花的熱湯，開胃提神，激發吃情，然後筷子輕輕一動，夾下一塊肥嫩的皮肉，蘸了紅亮調料，慢悠悠地品味，那口感似乎連舌頭也要隨著那香美的滋味蕩漾開去，讓人朵頤歡愉，吃情悠然。

不過，說起吃蹄花，大抵可分為豪放與婉約兩種風格。豪放者多為男士，雙手持之，在味碟中滾幾滾，如狼似虎直啃得湯汁四濺，紅油塗唇；婉約者則多是女性，以筷子輕挑皮肉，如蜻蜓點水在味碟中一蘸，小嘴微張，舌頭一伸，輕咬一口，細嚼慢品。一樣的滋味，兩種吃情，同樣能體會到蹄花帶給味覺神經的快感。

成都人對蹄花的不同做法，亦生動幽默地賦予了不同的趣味。海帶燉蹄花叫「穿過你黑髮的我的手」，蹄花裡加入黃花、木耳稱為「水上芭蕾」、「花樣游泳」，有放香菜在蹄花上的，被稱作「走在鄉間的小路上」等。而蹄花的做法更是多采多姿，蓮米、百合、白果、薏仁、南瓜、鮮藕、豆芽等均可隨意加入，有的店家可做出數十種蹄花。不少百姓人家，有時嫌豬蹄骨多肉少，愛將豬蹄上面一段帶肘的一起買來燉，叫燉蹄膀，吃來更為有肉感。

如果說吃蹄花是一種享受，那麼能夠享受到蹄花的各種吃法就更是一種絕佳的口福。按老吃客的說法，就是去吃蹄花的心情，恰似去赴一個舊情人的約會。許多人搞不清楚成都人為什麼那麼愛蹄花，卻不知成都之所以能成為天府之國，就在於這裡的美食美味是無窮的。哪怕是在後半夜，路過陝西街，也會看見有成群的男女坐在老媽蹄花店的人行道上，小方桌矮板凳，一桌挨一桌，在晃悠忽悠的燈光下和喧鬧聲中，期待著與蹄花的零距離約會。只是，現在豬肉價格上漲，原來一個八元或者十元的蹄花，大概要貴出三、五元了，只能期望和漲價前一樣的優秀。

在老媽蹄花店，倘是在淩晨一時後，你不時還能看到另一精彩場景，忽地開來兩、三輛車，執法人員趕到達現場，看著那數十張簡易桌凳，幾乎佔據了一半的道路，上百名食客吃蹄花吃得呼兒嗨喲。幾家「老媽蹄花」的老闆趕緊招呼小工「收錢！收錢！」，「快收桌子板凳！」食客們一哄而散，城管人員隨後開始收繳桌椅板凳，甩到卡車上，交警則給違法停放的車輛開罰單。大約半個多小時整頓完畢後，執法人員繼續趕赴其他地點。淩晨三點，執法人員一個回馬槍又再次殺向了「老媽蹄花」，讓老媽把「蹄子」縮進去，並處以老媽蹄花五千元的罰款。因為兩個小時前才整頓過的街道，居然又回復了之前的繁雜和熱鬧！這午夜吃情還是多生動的咯！

035 傷心涼粉

在成都提起「傷心涼粉」，那真是老少皆知。這個成都近郊龍泉洛帶古鎮的傷心涼粉，十年間一不留意，竟然成了中華涼粉第一品牌。每到週末洛帶古鎮的廣東會館裡都會人山人海，牽群打浪的人來這裡，不是為了欣賞這棟古色古香的建築和它沉重的移民史，而是為了這碗小小的涼粉，為了想痛快淋漓地傷傷心。

無論何時，慕名而來的食客都排成長龍，購買傷心涼粉的人在焦灼的等待中充滿了對這個傳奇小吃的無限嚮往。於是從開始等就「傷」起心來，當一碗由醬油、醋、滷醬、熟油辣椒、小米辣椒、蒜泥、花椒粉、香油、糖、蔥花、花生仁碎等調和而成的涼粉，吃得你唏呼唏呼大呼過癮時，汗水、淚水、甚而鼻涕，全都攪合在一起，真是一把鼻涕一把淚，你就感到實在是「傷心透了」。好在還配有開心冰粉、涼糕，幾勺吃下去，那被辣得冒煙的口腔頓時就被甜蜜清涼浸潤，達到先傷心，後開心的理想效果，一個近乎完美的美食體驗！

「客家傷心涼粉」的店堂不過三十平方公尺。一塊木製招牌、一個全開放的廚房、五個員工、六張木桌，整個小店看上去清爽、素雅、樸實無華。店主賣的東西樣樣都有一個有趣的名字：傷心涼粉、開心冰粉、媽媽涼麵、阿婆涼糕，另外搭賣八寶粥。通通論碗，每碗兩元。春夏秋冬，從早到晚客人總是絡繹不絕，在中午和下午就餐高峰時間更是排起長隊。每個客人通常都要吃兩碗以上，先來傷心涼粉，再來開心涼糕或開心冰粉，甜辣搭配，陰陽相沖。有店員會自豪地告訴你：「傷心涼粉，做得傷心、等得傷心、辣得傷心、想得傷心！」啊！傷心涼粉，真的很傷心！誰還擔心傷不起呢！

傷心傳說

傷心涼粉原是四川安嶽縣周禮鎮的一種風味名小吃，起源於清朝。在周禮鎮，每逢趕集，在菜市的街道口總會看見一個用塑膠布撐起的篷，篷的下面是兩、三張簡易的方桌，旁邊是一個正忙活著的中年女人。這個攤子所賣的便是傷心涼粉。說它是攤，是因為沒有一間固定的門市。別看這個毫不起眼的小攤，其生意的火爆令人歎為觀止。

一大早，賣菜的小販們就吆喝著：老闆來一碗傷心涼粉！中年婦女隨聲應著：「要得，馬上就來。」中年婦女的「馬上」很不好解釋，因為吃涼粉的人太多，而她僅有一雙手，有時一等就是半個小時，甚至個把小時。她每天只賣兩盆涼粉，不管有多少食客都是如此，賣完就收攤，害得很多慕名而來的吃客常常空腹而去，感歎不已，不得不耐心地等到下一個趕集日。也有人曾問過這女人，為什麼這麼好的生意不多做一兩盆。女人說她做的涼粉是全手工製作，一天只做

得了這麼多。然而這不僅沒有影響到她的生意，反而使她的傷心涼粉聲名大噪。

據縣誌介紹，傷心涼粉起源於清朝。二十世紀初，周禮鎮廚師文江源在保持原有黃涼粉傳統風味的基礎上，著重研製出其獨門調料配方——鹹滷醬，進一步突出了涼粉的「麻、辣、香、脆」特色，使其更加香辣可口。從此成為遠近聞名的「傷心涼粉」。「傷心」二字事出有因，一為文江源先祖是湖廣填四川時從廣東移居四川的客家人，每次做涼粉時都情不自禁地想起了家鄉及親人而傷心落淚；二則指傷心涼粉特辣，吃了涼粉的人都會被辣得淚眼汪汪，不知情的人見了，還以為遇到了什麼傷心事。

傷心涼粉的主要原料為豌豆，以手工加工精製而成。營養豐富、色澤鮮亮、味道純正、質地柔軟香脆，爽滑可口，入口即化，兼具川味的麻、辣、辛、香、脆。吃起來讓人一把鼻涕、一把淚，外加一頭汗。要是患上個小感冒，碰巧出了這身汗，一碗傷心涼粉，立馬七竅通泰，感冒就不治而愈了。

百多年以來，「傷心涼粉」以其獨特的風味，不但成為周禮鎮及其附近人民喜愛的席上佳餚，也成為逢年過節、廟會、走親訪友所必備的美味小吃。目前，「傷心涼粉」已經被評為「安嶽縣名菜」、「資陽市名小吃」，並申報了國家專利，更註冊了商標，成為「中華老字號」的著名品牌。

再說龍泉洛帶的「傷心涼粉」。洛帶古鎮八十五%以上居民都是客家移民的後裔，主要來自廣東、江西、湖北、湖南等省的客家聚居地。洛帶古鎮歷史悠久，相傳漢代即成街，名「萬景街」。上千年的悠久歷史和多種文化相互交融，留下眾多民間傳說、歷史遺物、古老建築及客家會館。保存完好的有千年老街、明清民居、客家會館建築群和金龍寺等眾多歷史古跡。一年一度的「水龍節」、「火龍節」、「桃花節」更是幾百年來客家人傳承下來的特色民俗活動。洛帶鎮是著名歷史文化名鎮，是中國西部最大的也是唯一的客家古鎮，因此又被世人稱之為「世界的洛帶、永遠的客家」。

客家人是一支發源於中原，系漢民族支系的東方遊民，經過了幾百年背井離鄉、流離失所的滄桑生活。他們每天日出而作，日落而息，晚上，辛苦了一天的人們圖的就是圍在一起「折飯」（客家語「吃飯」），其中有道菜就是那催人淚下的涼粉，每每這時，因倍感思念遠方的親人而涕淚俱下，洛帶「傷心涼粉」就是源於此。

傷心往事

然而，洛帶「傷心涼粉」的創始人楊明卻並不是客家人。十年前的一天，空中飄著淅瀝的小雨，楊明心情悽楚難受。他苦心經營了三年的茶樓，竟因一夜大火毀於一旦。他帶著妻子，懷中揣著僅有的一萬塊錢，從四川內江輾轉來到洛帶古鎮，開了家小川菜館。然而，生意冷淡難以維持，楊明便在洛帶廣東會館改行做小吃，學著古鎮上的人賣涼粉。

二〇〇二年三月，第一批涼粉做出來，這種街邊小吃並沒有為會館帶來客人。因為涼粉不能過夜，楊明每天要倒掉大量涼粉。二〇〇二年四月，連續一個多月陰雨連綿，楊明平均每天都倒掉幾百斤的涼粉，妻子心疼自己辛辛苦苦做出的涼粉，非但沒有賣錢，反而養肥了鄰家的豬。看著傷心痛哭的妻子，楊明反到有了個新的想法，他聯繫到自己屢屢賠錢的傷心經歷，決定給自己的涼粉起個名字。他告訴妻子：「我們的生意在廣東會館做得很傷心，涼粉也做得傷心，乾脆取名『傷心涼粉』。」遊客會想「傷心涼粉，為什麼傷心呢？」再加上價錢不貴，自然就會品嘗。加之味道以川味的「麻辣酸甜」為主，尤其是「辣」要獨具特色，就會受到食客歡迎。

其後，楊明和妻子結合全國各地，特別是西南地區各地涼粉的風味特色，對「傷心涼粉」的製作和調味進行了很大改進。涼粉的原料主要是紅薯粉和豌豆粉，用老牛石磨推出來，香味濃郁，柔嫩化渣。小小一碗「傷心涼粉」，要放十三種佐料才上桌，且熱涼粉和冷涼粉的佐料不同，風味各異，十三道佐料哪些先放、哪些後放也很有講究。

楊明的「傷心涼粉」不用醬油和醋，而是自家秘製的調味鹹醬，其次是紅油，經過了特殊的工藝，香辣之味非同尋常。紅紅的鮮辣椒末（客家人稱芥椒）最後壓陣，雖然辣椒辣得你跳腳，花椒麻得你冒煙，但會感到渾身通泰，十分舒爽。故謂吃得「傷心」、爽得開心、回頭放心。

果然，傷心涼粉推出後，食客漸多，回頭客也漸漲。食客邊吃涼粉邊流淚。有一次一位歲數較大的婆婆來吃涼粉，可能是被辣椒嗆住了，一碗還沒吃完，就不斷地流眼淚，還咳個不停，滿臉通紅，滿頭是汗。這一下把楊明嚇住了，但也讓楊明受到啟發。不久他便開發出了「開心冰粉」，涼涼的、甜甜的，可以中和涼粉的麻辣。同時，吃一碗涼粉，再來一碗冰粉，銷量也上去了，食客很是讚賞。「傷心」賺錢，「開心」也賺錢。楊明又相繼開發出了媽媽涼麵、阿婆涼糕、阿公鍋盔等典型的客家小吃，不僅如此，他還把涼粉做成了熱的。

這樣，楊明的「傷心涼粉」也漸成體系。在楊明看來，「傷心涼粉」的含義有三層：一是客家人離鄉背井，游離文化的「傷心」；二是川人喜食麻辣，涼粉裡加了特製辣椒，又麻又辣，食客們一邊吃一邊流淚「傷心」，三則是聯想到人生先苦後甜的經歷，傷心過後才能開心，有道是：不經風雨怎見彩虹。

二〇〇三年十．一期間，楊明迎來了第一個轉捩點。大假期間遊人特多，那幾天最多時傷心涼粉一天能賣出去一萬多份。從二〇〇三年開始，成都市政府花鉅資打造洛帶古鎮，當地旅遊業的發展給楊明帶來了新的商機。日益增多的客流量讓楊明的傷心涼粉越賣越多，每天的銷量基本維持在數千碗，成了會館的主要收入來源。二〇〇八年，政府再次投入鉅資重新打造洛帶古鎮，楊明的傷心涼粉總店不得不搬離廣東會館，隨後在會館旁邊重新開了總店和旗艦店，生意依舊火爆。

目前，楊明打算把所有的粗糧都用來嘗試做成涼粉。現在人們吃的東西越來越精細，粗糧對於人們的身體健康而言是很需要的。口味方面，楊明也想繼續加強。總之，他的下半輩子仍然跟涼粉「槓」上了。他也因傷心涼粉被譽為「民間廚神」。

楊明的經歷很傳奇，他曾有過十多年的戎馬生涯，還做過刑警。粗中有細的他又喜歡字畫，傷心涼粉總店的辦公室裡，擺放著筆墨紙硯，工作不忙時他就在紙上揮揮灑灑。

二〇〇三年以前，大概連楊明自己也沒有想到，此生會與一份極其下里巴人的小吃，結下如此之深的淵源。

傷心體驗

一個週末，借給父母上墳的機會，來到洛帶，想品味下傳說中的傷心涼粉。還好那天人不是太多，沒等多久一碗「傷心涼粉」就端在了手裡，仔細一瞧，碗中那涼粉上堆有小米辣、芽菜、紅油辣子、花椒、黑黑的醬料、香菜末……細細品嘗一番，終於領悟到為什麼會傷心。「一碗傷心粉，兩眼淚汪汪」，應該是紅油和小米辣的混合作用，一時之間我的雙唇無法合攏，舌頭上火辣、酥麻的感覺恣意串流。但不知為何，越是這樣「傷心」，越想盡情地吃，吃得也就越是痛快，這個傷心的感覺卻越是發揮的瀟瀟灑灑，淋漓盡致，或許讓辣的感覺來得更加猛烈些會更好吧。

倘若你的內心正被什麼傷心的事所纏繞，亦不妨吃一碗這傷心涼粉。將千般愁，萬般怨都溶入這美味之中。屆時，你可以借辣椒之名痛快的流淚，盡情地傷心，不會有人用詫異的眼光來看你，問你怎麼啦。待傷心淚落盡流乾，漫不經心地的說一句：「這辣椒也太凶了哈。」然而，不少時候，或許我們需要的正是這樣一個契機，一種可以任意宣洩和釋放自己的理由。

這「傷心涼粉」確實一語雙關，別有用心。

表面上說是辣得可以讓人流淚，內在還有一個意思，背井離鄉的人思念家鄉，常常會傷心。不管和當地人處得多麼融洽，不管新到的地方有多麼富庶，不管經歷了多少代人，遊子的心裡永遠裝著家鄉。所謂「傷心深處有離別」，這傷心涼粉，剛剛端上來就聞到一股撲鼻的辣椒香味，在它的辣還沒有刺激你的味覺之前，就先聲奪人，觸動了你的嗅覺。一口下去，它的辣味直撲嗓子眼，眼睛在瞬間會有潮濕的感覺。相信背井離鄉的人品嘗了這種味道，應該會百感交集，落下思鄉的淚水。當然羅，傷心則是要流淚的，不流淚怎算傷心呢？倘若是傷心得涕淚双流，欲罷不能，吃碗「開心冰粉」，立馬就破涕為笑了。

當味蕾充分體驗了麻辣滋味後，擦擦額頭上的汗，趕緊吃了幾口開心冰粉。那冰爽甘美的滋味瞬間就在口中蔓延……這種感覺好似漫步在沙灘，享受著涼爽的海風。冰粉在四川是一種很常見的小吃，製作方法比較麻煩，但味道卻是妙不可言。

●洛帶毛婆婆涼粉。

冰粉，是將木瓜籽包在紗布裡，在清水中不斷揉搓，最後漸漸凝成水晶一樣晶瑩透亮的膠狀物，這就是俗稱的木瓜水晶涼粉即冰粉了。輕輕舀出一小塊，盛入碗中，加入冰塊、紅糖水或是各類果蔬汁和時鮮水果等，那模樣鮮鮮活活的誘人極了。

冰粉喝起來更覺花香蜜甜，入口清涼，鮮嫩滑潤，可輕嚼、可吸飲，口感極佳。若是悲傷時吃下傷心涼粉可以使人更加的「傷心」，那麼這開心冰粉，也應該可以讓人產生更多快樂的因數。試想一下，當你被辣的「痛哭流涕」之時，吃上幾口開心冰粉，那種舒爽的感覺是無法比擬的。一碗涼粉竟然使我的情緒承受了前所未有的感受，能把「傷心」與「開心」如此美妙地融合在一起，把辣麻酸甜做到這份上，倒也真是奇特！

在龍泉洛帶，出了名冠川西壩子的「傷心涼粉」，還有家「毛婆婆涼粉」也是遠近聞名。其涼粉依然是白涼粉、黃涼粉、米涼粉，風味各異，自有特色。但其煮涼粉尤為受到食客推崇，辣味十足、口感極爽，越辣越想吃，越吃是越香，若是辣得快要閉氣了，也不用怕，有解藥，吃碗冰粉，又涼爽又解辣。告訴你吧，這就是成都美女吃涼粉的訣竅。

036 豆花飯

在巴蜀數千款風味美食中，恐怕沒有哪一款能像豆花、豆花飯那樣，與巴山蜀水的平民生活如此親和，有如百姓人家的么女兒，一日不見如隔三秋。而每當提起豆花飯，許多年輕人也許會感到陌生，不屑一顧。但老一輩人卻很親切，看過、吃過，甚至親手做過。特別是豆花飯的清香甘美，讓他們實在難以割捨和忘懷，總會勾起一樁樁的陳年往事來……。

豆花飯美

豆花飯原是巴蜀農村辦喪事，出殯之前主人招待來幫忙的親朋好友的一頓便飯，以今日之話，就是簡便速食。豆花之簡便，只是一碗清水豆花加一碗香辣的蘸醬，備有甑子飯。簡約清爽，賣的人高興，吃的人爽口又實惠。過去，也就是兩、三毛錢，現在充其量也不過兩、三元錢吧，一頓午餐或晚餐就美美地解決了。四川各地的豆花飯都有個共同的特點，只賣豆花錢，不收飯錢，買了豆花，米飯隨便你脹幾大碗都免費，反正脹死店家不擔責的咯。

過去，也就是一九九〇年代前，一大清早你會看到不少街邊小飯館，在門口架著一口熱氣騰騰大鐵鍋，門楣上掛著一塊「河水（或「過橋」）豆花」的牌子，鍋裡堆著雪白的，淹在泹水裡劃成小方塊的像豆腐一樣的東西，這就是百姓大眾的美食——豆花。走進小飯館，一邊叫嚷著：「老闆，來碗豆花飯。」一邊就自己在擺滿作料的桌子邊忙活起來。豆花飯美就美在這個佐料碟：蔥末、薑末、蒜末、花生、芝麻末、榨菜碎末、醬油、醋、花椒粉、油辣子、紅油豆瓣、油酥豆豉醬，端著香噴噴的作料碟回到桌前，老闆娘早已送上了盛在土碗兒裡的一方豆花兒和一碗白米飯，開整！吃完再喝上一碗豆花泹水，抹抹嘴，放一塊錢在桌上，邊起身邊對老闆娘

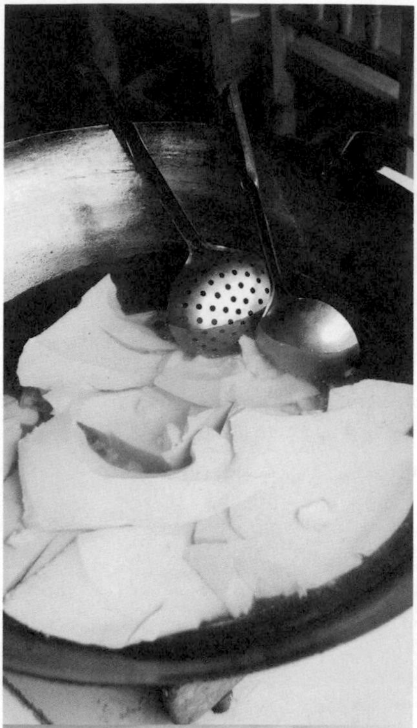

說：「錢放那兒啦。」回音便是：「莫來頭，慢走哈！」

一九八〇年代讀大學那幾年，幾乎大多數的午飯我都是靠豆花飯解決的，因為吃豆花飯便宜省事，坐下就能吃。一碗豆花配上一碟麻辣香濃的蘸碟，再來一小盤洗澡泡菜，吃得稀裡糊塗滿頭冒汗，豆花快吃完了，就把豆花渣渣刨進飯碗裡，再把蘸水碟子一併倒進飯裡，筷子一拌合，紅亮紅亮的，幾口就一掃光，再夾一塊泡菜清清口，然後把豆花碗裡的豆花水一飲而盡，肚兒便就鼓鼓的了。真比吃大魚大肉還要香，還要滿足，這一頓飯也就三、五毛錢。

在城鎮裡，有的豆花飯館門口還掛有一塊「豆花開堂」的牌子，不明白的人大都以為這是一道特色菜，毫不猶豫就點上一份，果端上來卻是一碗清水豆花，甚是覺得莫名其妙。但一經品嘗，比覺清香甘甜，十分可口，越吃越覺得好吃，後來經愛上了吃這種豆花飯。有時手頭稍有點寬裕，還可要一碗豆花，一小盤蒜泥白肉，配以麻辣蘸碟，葷素齊備，白肉肥而不膩，豆花清淡味美，既佐酒又下飯，特別是被麻辣得唇木舌燥時，喝一口豆花水，一股天然樸素的清香入口，靜心去火又清涼，那感覺真是舒爽極了。

過去大凡逢年過節，母親也要推豆花，調蘸水則按鄉村和城裡的吃法來調，可謂是城鄉結合。食用豆花飯時再配上一碗蒸臘肉或香腸，那真的就是饕餮大餐了。我們三兄妹會興奮得口水長流。豆花和蒸臘肉的葷素搭配口感特別美妙，如能再配有玉米飯，一碗新鮮泡菜，那更是錦上添花，美味無盡。

在四川鄉下，豆花更是桌上佳餚。來客人時，最盛情就是招待豆花飯。只須取出黃豆磨漿、燒開、加鹵水，一個時辰豆花就可端上餐桌。那一碗白嫩清香的豆花和一碗金黃色的窖水，伴著一小碗鄉里人家自製的紅豔豔的辣豆瓣，或是從地頭摘的鮮青椒，在柴火灰裡炕熟剁成細茸，加剁碎的新花椒和泡菜鹽水拌合成豆花蘸水，配上綠油油的切成顆狀的小蔥，擺在桌上那色彩搭配就叫人胃蠕腸動，食慾倍增。一入口，鮮嫩清爽、香辣酥麻，很是可口，在嘴裡一滑溜便咽了下去，再慢嚼細品鄉下自家煙燻的老臘肉，喝點老白乾酒，擺點陳年老龍門陣，說些小時候在鄉下的諸多滑稽可笑的趣事，一桌人吃得喜笑顏開，老老少少開心的笑聲在青瓦房裡滿屋打滾。

豆花飯真

過去，巴蜀各地的豆花飯館一般有三類，一是鄉鎮豆花便飯館，以豆花為特色，備有小菜，味美家常經濟實惠。二是中型豆花飯館，仍以豆花為主，兼有燒燉炒拌家常菜。三是大城市中的豆花飯店，雖豆花仍為特色，但其他菜肴更豐富，可承辦宴席。像過去成都的小竹林、吳豆花、清潔食堂、榮盛飯店、市美軒豆花館；重慶的高豆花、白家館、泉外樓、蜀東飯店，以及富順河水豆花，灌縣導江豆花店等，都是很有名的豆花飯店。這類豆花飯館最顯著的特點，便是在店堂門口放置一大爐子，上有大鐵鍋，爐中微火陰紅，鍋裡豆花雪白熱燙。既張顯特色又廣告宣傳。這類只有四川才有的豆花飯館，過去大多只售豆花、小菜、米飯。食客進店，一碗豆花、一碟蘸料、一碟小菜或泡菜，一碗米飯加上一碗豆花水，湯菜飯都齊備，既便宜又好吃，十分實惠，頗受平民百姓青睞。成都的豆花飯館，如清潔食堂，多用口蘑豆油、豆豉油、油煵辣椒、芝麻醬、花椒粉、蒜泥、香蔥花等。

後來，一些豆花館向飯鋪看齊，在經營中也逐漸增加了一些燒菜、炒菜，豆花品種也有所增加，有了渾湯豆花、清湯豆花、酥肉豆花、臊子豆花等品種。現今，大城市中這種豆花飯店幾乎已沒有了，代之而起的是更為堂而皇之的豆花酒樓。近十餘年間，較為有名的是石磨豆花莊、神仙豆花莊、天府豆花莊等。豆花品種及豆花菜肴亦也多達幾十上百，甚而豆花宴、豆花全席。但鄉鎮中的豆花飯館仍依然如故鄉風依舊。

再說大城市中餐館酒樓的豆花菜肴，雖作為一種風味所配置，但品種也還不少，像豆花鮮魚、豆花肥腸、豆花牛柳、豆花牛蛙、豆花鱔魚、豆花魚片、豆花甲魚；以及別具特色的蓋碗豆花、鐔子豆花、蟹黃豆花、蟹肉豆花、金鉤豆花、鮮貝豆花、瑤柱豆花、魷魚豆花。高檔酒樓還有海參豆花、魚翅豆花、鮑魚豆花等。這類葷素結合的豆花在川菜中素來便有，如一九六〇年代成都著名豆花飯店清潔食堂，便創製有酸辣雞絲豆花、家常臊子豆花、三鮮豆花、金銀豆花、什景豆花、嫩蛋豆花、豆花鯽魚，甚而還在冬天增添燉雞豆花火鍋、三鮮豆花火鍋、什錦豆花火鍋，頗具特色風味。

然而，真正美味的還是鄉鎮上的豆花飯館，它依然還是那樣的樸實無華，簡約清純，黑鐵鍋裡飄出的是不變的清香甘甜，蘸碟裡洋溢出的鄉土味道。豆花煨在大鐵鍋裡，要老點的可以，要嫩點的也成，一碗豆花端上來，豆子的清香迎面撲來，清亮淡黃的豆花水裡，雪白的豆花還微微地打著顫；從那大瓦缽裡剜出一勺紅紅的辣醬，摻一點點醬油，再往上淋小勺紅油，翠綠雪白的蔥花一灑就是蘸碟了。夾坨豆花輕輕蘸一下，放進嘴裡，嫩滑綿軟，輕輕一抿，直下肚腸；再說鄉鎮上的米飯，豆花店絕不會從電飯鍋裡舀出米飯來。那當年收的穀子，新米飯都是用大木甑子蒸熟的，從這古樸的純天然炊具中舀出米飯，是那樣清香淡甜，滋口潤腸。

在巴蜀各地，幾乎沒有那款美食小吃，能夠像豆花這般普及。無論走到巴山蜀水的任何一個鄉鎮，你都會觀賞到豆花飯的風情，品味到她的風韻妙味。其中最富豆花風情與美味的還是富順豆花。

富順，滿城飄著豆花（兒）香的縣城。一年四季，無論颳風下雨，日晴月缺，從早到晚皆可尋到豆花店，享用豆花飯。如果在富順小住，早晨，邀上數人，去王二豆花店吃早豆花。要上數碗豆花，幾碟糍粑辣椒加魚香，不妨再要幾兩白乾。喝酒下豆花，擺著花邊趣聞，電視新潮，新歌舊曲。看牆上介紹豆花由來，猜漢武帝孫子——淮南王劉安怎樣發現豆花？直吃得挽袖敞領，大汗淋漓。酒罷，一碗大米乾飯，下洗澡泡菜。酒足飯飽，最後，喝上一碗清亮如琥珀的豆花水。微甜中，管你一天神清氣爽，管你一天諸事順遂，管你一天激情如縷。

再說隆昌的豆花飯亦是很有特色，是川味家常小吃中的名品，隆昌豆花燒在鍋裡不壓，喜歡吃老的就舀下面的，喜歡吃嫩的就盛上面的。當然多數人都喜歡吃嫩的，那像豆腐腦一樣的豆花一入口就化，別有一番滋味。隆昌豆花飯的沾碟，既簡單又講究，醬油、糍粑辣椒、花椒粉、香油這是基本調料，吃的人可以自己按口味加入新鮮辣椒、豆豉醬、豆瓣醬、蔥花和蒜泥等。看似簡單的這些佐料，調和在一起就形成了一股特殊的美味，似滷非滷、似辣非辣、鹹淡適中搭上豆花的清香，吃到嘴裡只覺得齒頰留香，仿拂吃的不是一碗豆花，而是那傳說中神仙才可享用的羊脂玉膏。隆昌賣豆花飯的地方一般都有蒸籠渣（指粉蒸菜）賣，一般有肥腸和牛肉兩種，配上豆花，葷素結合，亦如「大喬小喬」，簡直美得人心癢癢的。

當然，豆花既在蜀水歡歌，亦在巴山起舞，尤以川西、川東、川南的豆花風味各具特色。像川南瀘州的豆花飯、蜀南竹海的竹筒豆花飯、川東的河水豆花飯等。總之，在巴蜀大地，堂館酒樓的豆花飯、豆花肴是貴族、豪華；街邊豆花飯館是簡約、實惠；鄉村豆花飯是親情、是鄉味；寺廟、道觀豆花飯是超凡、脫俗；家庭豆花飯是溫馨、幸福，是生命中那份難以忘懷的情感。

俗話說：好吃不過故鄉飯，好喝不過家鄉水，好看不過故鄉景，好聽不過家鄉音。在每個人的生命過往中，誰不愛故鄉呢？最是那淡淡的薄霧，最是那濕濕的空氣，最是那紅紅辣辣的氣息，最是那揮之不去的鄉情鄉味，鄉愁離緒！身在異鄉的那幾年，小小一碗豆花飯就讓我無比的魂牽夢縈。

037 連山回鍋肉

二〇一〇年，聯合國特別授予四川成都為亞洲唯一「美食之都」的殊榮。想來不僅是川菜早已味冠全球，征服了那些金髮碧眼的老外們的胃，更因成都的美食，準確地說是成都的小吃，亦早已升格為一種食趣、一種快樂、一份閒適甚而是一種文化和風情。被譽為「巴蜀第一菜」的回鍋肉就是很好的佐證。

言四川美食，必以辣麻出眾，宛若川西平原上的姑娘；而言肉，必曰回鍋肉。回鍋肉，在川人心目中之所以能有如此崇高的地位，全仗她的色鮮、香濃、味美、回味無窮。尤其當你餓的心慌的時候，或幾天不見油水，給你來上一大碗香噴噴、熱騰騰的白米飯，一大盤回鍋肉——那肉，醬紅油潤、鹹鮮微辣、肥瘦相連、婀娜多姿地卷伏在深綠色的蒜苗之間，點綴著黑色的幾粒豆豉，夾一塊到米飯上，伴著被染得油紅的米飯撥進嘴裡，閉上眼，你輕輕的咀嚼，那個香，那個滋潤啊！

回鍋肉，一般可按配料的不同來細分，諸如「蒜苗回鍋肉」、「青椒回鍋肉」、「蓮白回鍋肉」、「蒜薹回鍋肉」等。主料，不外是「二刀」、「寶肋」、「五花」，佐料大都是郫縣豆瓣、永川豆豉、紅醬油、甜麵醬、白糖、料酒、老薑、蔥白幾種。回鍋肉在巴蜀，幾乎是是家家能做，人人會炒。但總體上人分為三大流派：川西壩子的傳統回鍋肉（蒜苗回鍋肉），川東的旱蒸香辣回鍋肉，再者，便是廣漢連山回鍋肉了。

位於成都以北約四十多公里處的廣漢，不但有著名的三星堆文化，而且還有很多特色土產，如纏絲兔、漢州板鴨、廣味香腸、麻辣黃牛肉、京醬肉都是你旅遊回來的饋贈佳品。市中心的美食一條街可以吃到價廉味美的道地小吃，套餐一般八元一份，品種有很多。廣漢主要的特色小吃有全蛋金絲麵，紅油水餃，玻璃抄手等，玻璃抄手分紅湯和清湯兩種，清湯味香，紅湯麻辣。一般二～三元一碗，最低的是套餐，五元一套，可以嘗七、八種小吃。

然而，廣漢最出名的還非連山大刀回鍋肉莫屬。連山鎮在成綿高速公路旁，成都乘車去只需四十多分鐘，每逢週末，有不少食客會專門駕車去該地品嘗「連山回鍋肉」。到成都不去吃「連山回鍋肉」，就不能說吃過川菜！價錢公道，每片六元。武松是三碗不過崗，這裡藐視沒能吃上三片回鍋肉的猛男豪女。

相傳連山回鍋肉發源於宋朝，民間又稱「熬鍋肉」，在油鍋裡混合青椒翻炒，肉香四溢，百步飄香。現連山鎮都還流傳著聞名的傳說，「敖秀才夢遊太虛豬八戒傳授食經」，「熬」與「敖」字諧音，這也是「熬鍋肉」名字的來源。

廣漢「連山回鍋肉」，是連山供銷社飲食店廚師兼負責人代昌明兄弟在傳統回鍋肉基礎上，通過精心研究，取其精華，特別在烹炒和調味上進行了改進，以片張大塊，滋味濃醇而得名「連山回鍋肉」。

「連山回鍋肉」以其獨到的特色：肉片大且薄，手掌來寬，三寸有餘，肥而不膩、瘦而不綿、鮮香微辣、醬香濃郁、色澤紅亮、吃口舒爽，是色、香、味、形俱全的經典家常美味。一九八六年廣漢物資交流會上，戴氏兄弟推出「連山回鍋肉」這道佳餚，一舉轟動廣漢飲食行業，廣大食客們亦大為稱譽。「連山回鍋肉」從此遠近聞名，成為雅俗共賞的一道新派回鍋肉名菜。

連山回鍋肉最強悍的是它的視覺衝擊力——長可近尺（不會短過半尺），寬可三寸有餘，卻又可薄如厚紙。端上桌來，只見那一張張的醬紅肉片，透迤卷伏在大磁盤中，如果是第一次見到，那衝擊和震撼力估計不會亞於一眼看到自己夢中的漂亮姑娘。一款大眾家常菜肴，到了這個份上，夫複何求！這種回鍋肉，雖說也是尋常的回鍋肉，然而那誇張的肉片，已是完全摒棄了昔日回鍋肉那秀美精緻。男男女女吃起來，亦如梁山好漢李逵、林沖、孫二娘般，大口喝酒、大塊吃肉的豪情壯舉，連山回鍋肉簡直就是綠林好漢們之經典佳餚。

回鍋肉情懷

在廣漢，若說起代昌明，恐怕鮮有人知，但提起「代木兒」，那就婦孺皆知了。一九八〇年，不到三十歲的代氏兄弟在廣漢連山供銷社飲食店主廚。為提高營業效果和知名度，代木兒想在人人都喜吃的最家常的回鍋肉上打點啥主意。但要改變回鍋肉幾百來的風味味道，是絕對不行的。於是他決定把它做得特別大片，超級誇張，讓人一見就與眾不同，留下深刻印象。但為了又要入味，滋潤化渣，吃口要好，他便在選料、調味上認真研究，反復試製。到一九八八年，代氏兄弟真正是面壁八年終成正果，回鍋肉已達到片張薄大、肥而不膩、瘦而化渣、香美可口、吃口豪爽的境界。連山回鍋肉一經推出便震撼市場，味道江湖。昔日名落孫山的連山鎮，一下揚名四方熱鬧非凡起來。這一美味迅速走出連山鎮，由廣漢至成都，並走向華夏四面八方，因由代昌明兄弟創製，故又稱廣漢「代氏回鍋肉」。

在所有成品肉食中，連山回鍋肉才是絕對配得上用「張」這一個量詞的，又長又寬又薄，沒有深厚過硬的刀功，是肯定切不出來的。如果功力不夠，需得先把煮過的肉冷凍過了再切，不過這肉味也就大打折扣了。一份成功的回鍋肉的標準，是肉要成「燈盞窩」。而大片的肉食很難起

「燈盞窩」的。但當連山回鍋肉擺在你面前時，必將會顛覆你的視覺，大片大片的肉在盤中逶迤卷伏，風生水起，活色溢香。如此一盤大肉擺在面前，怎不叫人熱血沸騰，大呼「整起！」

不過要一口吃完這麼一片大肉，是需要有大無畏之英雄氣概的，尤其是平日裡較溫文爾雅，且櫻桃小口的美眉淑女，一小口一小口地吃，那一頓飯恐怕也只能吃完一片了。在下箸之前，你最好做個試驗，試試你的嘴巴能不能包住三個乒乓，若不能，你最好一張肉分兩次嚼，否則那香香濃濃的肉油會順著你的嘴角流下來。若是同樣在咀嚼香肉的美眉在隔桌看到紅油穿過你的黑鬚流過了你的嘴角，她准會先捂住嘴嫣然一笑，而後放聲大笑。這情景也許會連同那大片的回鍋肉，常常出現在你半睡半醒中。

連山回鍋肉的主配料除了蒜苗、青椒、郫縣豆瓣、永川豆豉、甜麵醬之外，還有一樣不可少的東西——煎炸鍋魁。連山回鍋肉的配料亦因時應季而定，可以是蒜苗、青椒、蒜薹、鹽白菜、乾豇豆、甚而泡菜，但鍋魁是必須配的，它是連山回鍋肉的一大風味特色。豬肉炒好了，起鍋前放進煎炸好的小塊鍋盔，合轉起鍋。吃的時候，一片大肉包塊三角形的鍋魁同嚼，滋潤乾香的肉和酥脆的鍋魁，軟脆相間，紅油流溢，加之蒜苗香豔，青椒鮮甜，滋味微辣，口感之爽，那是人間難尋。

二〇〇四年九月二十五日至十月一日，廣漢連山鎮舉辦了首屆「美食文化周·回鍋肉大賽」，代木兒、代術兒兄弟倆在家門口擺擂台挑戰川西壩子名師大廚。不少成都人也聞風而動，下班後專程駕車來連山吃正宗回鍋肉，回家還要「打包」。結果創下連山場鎮一天售賣數千份回鍋肉的紀錄。「回鍋肉」成了連山對外招商的「招牌」。不僅如此，大會還發起「尋找連山回鍋肉祖師爺」的活動。「詔書」一下，在當地引起軒然大波，一時間連山籍大小廚師或電告，或登門向組委會推薦連山回鍋肉的「祖師爺」，於是一大堆祖師爺紛紛下山，亮相江湖。

四十八歲的胡光前，連山老街某餐館老闆，弟子十餘人，拿手菜品是「連山香脆回鍋肉」，現止開發「連山鴛鴦回鍋肉」。胡光前說：「肉質、輔料、火候是關鍵。一頭肥豬，頂多能割出五公斤肉，炒出八份菜。翻炒時掌握好肉的出油率，油出多了肉則焦，油出少了肉則膩。」

張成才，四十四歲，有著二十二年廚齡，出道時在連山柴市壩經營小餐館，後外出闖蕩，現為成都某酒家大廚，主炒「連山大刀回鍋肉」，他以「刀」功出名。張放言，閉上眼睛都能切出標準的回鍋肉片，「切肉不能胡來，要看瘦肉的紋路，一刀准，肥瘦厚薄均勻。」

倪小軍，四十一歲，十九歲操刀掌勺，起初在連山第一磚廠供職，後於廣漢市政府餐廳主刀。現為連山鎮場口某餐館老闆，招牌菜為「野菌連山回鍋肉」、「金葉連山回鍋肉」。倪小軍透露了一丁點佐料秘密：「用老乾媽豆豉、香辣醬炒出的連山回鍋肉最正點。」倪小軍還說，「野菌連山回鍋肉」是他做麵臊子時突發靈感想出來的好菜，選用青杠木菌和牛肝菌，炒出來的回鍋肉清香無比。

現在的代氏兄弟已經分了家，各自在連山鎮開了一家回鍋肉的飯店。創始人代木兒開在老川陝公路旁，其弟代術兒在連山場新街開了個「代術兒回鍋肉」。但其生意終究不敵哥老倌，畢竟還是代木兒原創。原先最紅火的時候，兩兄弟曾經在德陽、廣漢同時開了好幾家店，可惜都做垮了，唯一的成果就是把連山回鍋肉的招牌打響並推廣開來。

038 冒菜

冒菜，既是一種菜式，也是一種烹飪方式，更是一種街邊市井小吃，是從火鍋、串串香中分離出來的一種另類美食。

當你穿越在大街小巷時，多半都會有一陣香辣氣味不經意間撲面而來。嗅著香風展開視覺，你不難發現附近街面上一定會有一口大號湯鍋穩坐在蜂窩煤火爐上，鍋裡絳紅色的湯料咕嘟咕嘟地冒著熱氣，湯面上漂浮的乾紅辣椒歡快地翻滾。一圈掛在鍋邊，浸泡在湯中的只只錐形竹簍裡，裝滿了各種葷素菜品。約莫兩、三分鐘，店家便把竹簍提起，將燙熟的原料倒進碗中，舀勺香油，散上芹菜花、蔥花，一碗熱騰騰、香噴噴的燙菜就OK了。倘若作為外地人，你要問這是什麼菜，賣家或買者，一定會多少有些詫異地回答你：「冒菜噻！」

「冒菜」應該是成都人對迷你版火鍋的一個稱呼吧，也是成都美女的專利和永不能釋懷的愛。「冒」就是在沸湯中燙一下。一大鍋熬得老遠就能聞到香味的老滷湯放在店門口，隨你顧客的喜好，或素或葷、或葷素搭配。配菜有二、三十種，成都美女們愛「冒」的通常有：（按點菜率大到小）馬鈴薯、藕、苕粉、珺肝、珺把、鴨腸、腦花、木耳、鴨血、鴨腸、毛肚、黃喉、涼粉、豆芽等等，或脆嫩、或綿軟；冒好的菜上再加點豆豉、蒜末、蔥花、香菜節、芹菜節等，最後淋點香油，美極了！有些厲害的小妞，還要加紅油辣子，或辣椒粉、花椒粉碟子。當你饞火鍋了，但又只是一兩個人的時候，來碗冒菜絕對能滿足心中的欲望，所以在生意好的冒菜店很容易碰到單身的成都美女，不信試試？但理不理睬你，就是另一回事了哈！

冒菜源流

冒菜，這一川西壩子獨有的特色菜式，以其

獨特的風味味道和方便實惠贏得大眾百姓的喜愛。冒菜葷素兼備，麻辣鮮香，脆嫩多滋，價格低廉，具有濃郁的火鍋與串串香的風味，既可佐酒又能下飯，亦可閒吃；還可依據各自喜好隨意點取，添料加味，是大多中小學小女生們吃午飯的首選。

冒菜，雖說是近十多年前從火鍋、串串香中脫穎而出，但單就一個「冒」字而言，縱然談不上源遠流長，但這種食俗也當算十分地悠久。「冒」，是成都平原一種獨特的民間烹飪方式，其實就是把生或熟的原料放進滾湯鍋中浸熱或燙熟。過去成都人吃肥腸粉就叫為「冒碗粉」或「冒兩個帽節子」，其他還有「冒鴨腸鵝腸」、「冒烤鴨燒鴨」等。但「冒」的真正源頭還是來自於「冒粉」和「冒飯」。

幾十、百把年前的老成都，一早一晚的晨風中，暮靄裡，一股股混合著辣椒、花椒、鮮豬雜等香味的氣息在瀰漫著。在那香味的源頭，一盞昏黃的油燈罩在團團乳白色的熱氣中，影影綽綽地有好些人在晃動。剁剁剁，菜板在響；嘩啦啦，筷子筒在搖。有人在喊「毛根油條！」，有人在答：「要得，就來！」，有的則喊：「加點滷湯，多點椒水！」，「算事，來囉！」，這一喊一答煞是熱鬧，打破了黎明或黑夜的寂靜。好一幅舊時成都市井專賣冒腸腸粉的挑擔攤子的日常畫面。

而在一些素麵館、腸腸粉店、牛羊肉湯鍋店，則專設有一個服務專案：代客冒飯。像圖元麵館的代客冒飯，便是將顧客自帶的冷飯倒進竹簍中，放進麵湯鍋裡或煮肥腸的鍋中燙熱盛在碗裡，放一小坨豬油，勾兩勺醬油，撒點芽菜、蔥花，就可以吃了。在五六十年代就收幾分錢。若自己還有些錢，則可加點切細的肥腸花，或心肺片。這種店一大清早開店很晚才關門，是平民百姓、小生意人、小職員一日三餐常來常往之地。

此外在成都還有專門的「冒飯館」，食者不用自帶冷飯。過去成都有家叫「爐橋麵」的，就靠賣「冒飯」出了名。一九五〇年代，成都最繁華的商業場附近，也有家破舊的小店專賣冒飯。幾張小桌小凳常坐滿了那些下苦力的人和小職員。鍋灶面街，熱氣雲繞，桌案上放著一大簸箕冷米飯，幾大盤煮熟切碎的肥腸、豬心肺，另有大碗豬油、醬油、蔥花、芽菜等。飯鋪就兩人，一個掌勺，一個跑堂。掌勺的站在大鍋前，將一碗碗冷飯倒進漏勺裡，在煮過肥腸、骨頭，翻滾開的湯中冒幾下，再倒進碗裡，然後抓一撮肥腸、心肺放進漏勺裡，在湯中稍冒就倒在飯面上，加一小坨豬油，一小勺醬油，撒點蔥花芽菜，跑堂的便手腳麻利的端給顧客，總共不過三兩分鐘即成。

這種冒飯，雖說沒有蔬菜大肉，但對那時的普通百姓而言，已經是美味大餐了，鮮香熱騰，又有油葷，既解饞又解癆，吃完再喝碗免費骨頭湯，雖說不是腦滿腸肥，但打個飽嗝卻也是油嚕嚕的。冒飯也自然成了成都街頭小食的一大特色與風情。我畢業之後，雖說有了不錯的職業，但仍還是改不了窮酸習慣，中午在外吃飯，不是豆花飯、豆湯飯，就是這冒飯。

記得一九五〇年代後期，剛讀小學的我，每天母親要去上班，下午方才回家。我中午放學後，端起留在桌上的一大碗冷飯，牽著弟妹就到街上一家肥腸粉店去冒飯，因為與店家很熟，飯冒好了，除了按常規放豬油、醬油、芽菜、蔥花外，還要額外添加點肥腸。回到家裡，把飯平分，再從罈子裡舀碟豆瓣或是撈碗泡菜，兄弟妹三個就美美地吃開了。我為長兄，一碗飯當然不夠吃，妹則弱小，常把自己碗裡的飯舀給我。那有著豬油香、肥腸香、醬油香，加上芽菜蔥花，一碗飯簡直就香得一場糊塗。以至過了好些年，有時小妹還吵著要吃這種「油油飯」。

冒菜故事

現今的成都，在大街小巷、農貿市場、居民社區裡，冒菜的身影與香風舉目皆是。冒菜店無需太大地方，有的僅在店門口擺張桌子，放上各種葷素菜品，一個火爐帶鍋滷湯就可兼賣冒菜了。冒菜專店也只有十～三十平方公尺大小，幾張桌子凳子則可。買主大多都是冒了端回家吃，學生妹要麼圍著堆，要麼邊走邊吃。稍有些規模的則立有一個三、四層木格架，每層擺有一排塑膠籃子，放著各種菜品。素菜大多是豆芽、豆腐皮、藕片、花椰菜、冬瓜、馬鈴薯、海白菜、海帶、大白菜、米涼粉、豬血、鴨血、水發苕粉等，葷菜有鴨腸、鵝腸、腦花、環喉、肥牛肉、豬肉、腰花、魷魚等。食者自選自取，交到負責冒燙的人手中，依次等候。通常是素菜三元錢，葷菜六元錢。

冒菜味道好不好，完全取決於鍋中的湯料風味。雖然大體都差不多，但仍有個中卯竅。通常冒菜湯料是用郫縣豆瓣、乾辣椒、花椒、多種香料和肉湯熬製，但有的還要加火鍋料，加滷汁，甚至加些食者不得而知的中藥材。這就形成了冒菜火鍋風味和滷汁風味兩種風格。這兩種自然比一般的風味更濃郁，其間又要看誰家的底料即老料熬製的優或劣。通常冒出點名堂的，更要標榜什麼「祖傳秘方」、「私家秘笈」等來誘惑客人。

冒菜，雖然是純粹的「下里巴人」，難登大雅之堂，一招鮮卻也能吃遍天。殊不知這簡陋的小湯鍋中居然也冒出了大名堂。不經意間便出

了有留學碩士當家的「朱林世家冒菜」連鎖店，「竹簍記」、「巴蜀風」、「毛記和意」冒菜店等，不僅店堂裝修得像模像樣，且是鳥槍換炮，餐桌廚具亦比較新穎。像「毛記和意冒菜」，那生意之好著實要嚇你一大跳，每天買冒菜的排起幾十公尺長隊。

而「朱林世家冒菜館」的現當家，卻是在英國取得電腦專業碩士和工商管理碩士學位的年輕人，學成歸來接手家業，用網路「咆哮體」語言，借「歐巴馬」、「蠟筆小新」來宣傳和招攬生意。這位叫林維菘的少東家，在成都海椒市街的直營店推出雷人店招：歐巴馬「咆哮」：「吃餿水油，傷不起！」而「蠟筆小新」則發嗲：「我要吃冒菜，不要吃餿水油！」招惹得一九八〇～九〇後的帥男靚女蜂擁而至。

更有趣的是，二〇一一年食友們稍不留意，忽然間成都雙柵子街就冒出了個「冒菜西施」。一位叫邵靜的姑娘，三、四年前同夫君開起了冒菜店。二十六歲的她皮膚白皙、細嫩臉蛋，五官精緻，清純秀美，瀏海捲髮顯現出青春時尚，被客人稱為「冒菜西施」而火爆網路。不少網友看了照片驚為天人，都興奮得像炸開了鍋，邀約一波又一波食友去吃冒菜，觀美人，生意火爆得令人驚訝。

據邵靜自己講，二〇一〇年四月一家電視臺找上她，為她拍了那張在微博上瘋傳的黑白藝術照。她說生意早在二〇〇九年就好起來囉。平時一個人既要招呼客人又要收錢，都沒得時間精力來打扮，為了生意暫且素麵朝天。聽到別人叫我「冒菜西施」，掌鍋的丈夫倒是很有些得意，我卻有點不好意思，總有點難為情的咯。

成都冒菜的麻辣鮮香之中所蘊涵的溫情與快樂是平凡而深刻的。誠然，冒菜沒有火鍋的大氣和壯觀，沒有串串香的熱鬧快意，但它卻不卑不亢地將其獨特的風情展現在市井街巷。冒菜，對於尋常百姓而言，就是一種生活姿態，不浮誇、不卑微，實實在在，就像「冒菜西施」一樣，讓人感到悅目賞心，回味無盡。

039 麻辣燙

「麻辣燙」，是從火鍋演化出來的一種街邊小吃，後又有叫做「串串香」的，兩者既有相似之處，亦有各自的特色風格。麻辣燙源於重慶的「夜火鍋」，到成都後按成都人的品味，從粗放豪爽型演變為秀氣多姿，故又稱之為「小火鍋」。如果說「火鍋」是燈紅酒綠，大雅之堂中的「迪斯可」，那麼「麻辣燙」則是露天壩子，馬路巷口裡的「嘻哈街舞」。

「麻辣燙」，是巴蜀大地最為草根化的街邊美食，簡陋環境、占道經營，簡直就草根得有些「污染環境」、「影響市容」，而成為城管可任意檢查、踐踏，勒令整改的對象。但它仍生生不息，在「遊擊戰」和「持久戰」中頑強奮鬥，不僅在四川地區枝繁葉茂，更在華夏各地開花結果，成為受到中華兒女廣泛擁戴的風情小吃。更有不少從「遊擊隊」發展壯大成「正規軍」，在典雅店堂中大模大樣地坐店經營。

麻辣燙寫意

「麻辣燙」可謂是「簡裝版火鍋」，只是把各種葷素食料都穿在竹籤上，吃的時候將一大把穿好的食料的竹籤放進翻滾的紅湯滷汁中涮、燙、煮熟。通常的吃法不是一串一串的吃，而是抓一大把，用筷子輕輕一撫，竹籤上的菜就紛紛掉落蒜泥香油碟中，然後沾裹著那混合有辣椒粉、花椒粉、酥黃豆粉和酥花生碎末的乾蘸碟開懷大吃！

吃火鍋所使用的食材在「麻辣燙」中亦應有盡有，但麻辣燙則給食者提供了更為快捷方便，更為自由自在，隨心所欲的閒吃氛圍和情趣。雖沒有豪華優雅的裝修，沒有裝盤精美的菜品，沒有著裝整潔的餐廳領班，甚至連一塊像樣的招牌都沒有。一排菜品、兩個灶台，幾張桌子，滿地的竹籤，餐巾紙、瓜子殼，然而辣味香風，滿屋彌漫，就這樣圍著一堆堆人，吃得有滋有味，熱熱鬧鬧，氣壯山河，那感覺就是兩個字：「超爽」！

麻辣燙作為平民化的美食，將大自然中一應時令鮮蔬、動物內臟、水產禽蛋、豆製品、午餐肉等等串而燙之，完全可以說，除了有翅膀的飛機，有腿的桌椅外，幾乎無所不燙，一股腦兒地穿在竹籤子上，沒頭沒腦地往紅豔滾燙的鍋裡堆，真正是赴湯蹈火。然後是豪商貴婦、平民百姓、販夫走卒、三教九流、不分彼此地湊在了一塊兒，共同享受那麻、辣、鮮、香、脆、嫩、燙的舒爽口感和快意吃情。

成都的「麻辣燙」招牌、店名也獨具特色，除了「么妹兒」、「超哥」、「婆婆」、「大娘」、「眼鏡」、「跛子」等名字外，還有更刺激的，像「紅辣椒」、「辣妹子」、「小辣椒」、「小尖椒」、「辣不怕」、「朝天椒」、「小霸王」等店名。頗有讓人聞之喪膽，望而生畏之氣勢。

說起來，「麻辣燙」的流行，與成都的民俗文化及成都人的性情是分不開的。喜歡小打小鬧，小富即安，精打細算，又愛繃面子的成都人，在吃「麻辣燙」中找到了美好生活感覺和優越。特別是有美女在一起吃時，那男主角拿菜的時候尤顯無所顧忌，大把大把的抓上滿滿幾籃子，很是豪爽大氣。燙涮當中，特別是看到長得乖的服務小妹，那些小夥子吃客更是過場格外地多，

一會兒高喊「小妹兒摻茶！」一會兒大叫「妹兒加湯！」一會兒厲聲招呼「小妹兒打泡子！」。倘若店主是年輕或有些姿色的姑娘，則是一會兒喊「老闆，提五瓶啤酒來！」，「美女，拿幾瓶飲料過來！」「桂花，加個乾碟！」如此等等，硬是要把老實巴交，不諳世事的農村小妹弄得跑斷腿、跑斷氣，臉紅筋漲，氣喘噓噓的。這些個「大丈夫」們使白日裡心氣不順的自己，在「麻辣燙」中嘗夠作上帝的滋味。結帳時還要裝腔作勢，粗聲莽氣地大吼「老闆，數簽簽！」實際上爆大一堆簽簽，再怎沒吃也就三、五毛錢一串，全中國最低價。把個小妹或女老闆的手都數僵了，也不過幾十塊錢。成都人且自鳴得意地說：「要的就是這種效果噻！」「玩的就是這種格哈！」

也正因為有如此氛圍，如此吃情，麻辣燙才會以「星星之火可以燎原」之勢發展壯大，並迅速向大江南北輻射漫延，讓無數靚女帥男樂吃不疲，一往情深，甚至成為談情說愛的專利美食。更有甚者，還出了部有周華健、高圓圓、徐靜蕾等大腕明星主演的「愛情麻辣燙」電影。而在大陸各地麻辣燙明星店亦層出不窮，北京泡泡燙骨湯麻辣燙、四川樂山牛華麻辣燙、黑龍江楊國福麻辣燙、浙江吉阿婆麻辣燙和上海周氏麻辣燙、濟南骨湯麻辣燙，以及武漢、深圳、廣東、南京等地都不乏麻辣燙明星店。

傳統麻辣燙市場的發展，二十年間，經歷了自行車式、三輪車式、地攤式及小店式排擋經營，發展到店堂式規模化連鎖經營，已成為服務行業，飲食行業一支不可或缺的社會業態。這一業態同時也成為一種享樂飲食文化，真實而生動地反映了一個地方、一座城市的人文風情。正是這一風情方使成都成為公認的「一座來了就不想離開的城市」。

成都的「麻辣燙」，無時無刻不在展示著這座城市特有的風情魅力。任隨你在城市的哪個角落，出得門來不到三、五十公尺，就必定會看到「麻辣燙」的風姿。那一鍋鍋紅湯燒得沸沸騰騰，湯鍋中厚厚的紅油上，翻滾著一群紅尖椒、一枝枝青花椒，麻辣景象令人又愛又恨；再看那些三、五一夥圍坐在紅鍋旁，白淨水靈的成都妹兒，擁著歡樂熱騰的湯鍋，優雅地撈出串串美味，愜意地慢嚼細咽，粉臉香汗，一圈紅唇，伴隨著歡聲笑語，你便會明白，這底下什麼才是「巾幗豪情」、「絕世美色」。

然而，「麻辣燙」的誘惑遠不止此，它已成了大中華的一大美食景觀，一道讓人歎為觀止地靚麗夜景。「麻辣燙」在武漢，鍋中雖不再是那令人敬畏的通紅油亮，卻也會把你辣得唏嘘汗淌，倘若一不留心吃到一顆青花椒，那或許會麻得你舌頭發顫、五官扭曲、表情錯位，好似變形金剛！

「麻辣燙」漫步上海灘，麻辣味就變得溫柔多了，其間還帶有一絲番茄醬的酸甜，上海的時尚女郎們一樣吃得有滋有味。然而，也有的「麻辣燙」堅持著成都辣妹麻姐的風采，全然不理會海派靚妞們的矯揉造作，把一個個美眉辣得死去活來，麻得暈頭轉向，稍一清醒便連聲稱快。

毋容置疑，自西元二〇〇〇年以來，「麻辣燙」以它特有的風味特色和吃情食趣征服了大陸各地的飲食男女。它所傳播的這種市井美食風情，恐怕連神仙下凡也絕不會錯過這獨一無二的「人間煙火」。

040 串串香

前些年，串串香還是成都麻辣燙的別稱。然而當樂山的牛華串串香出現在成都的時候，串串香在成都人心中的概念一下就被顛覆了。在麻辣燙麻辣全川，燙遍巴蜀，其風頭勢不可擋之時，向來腦瓜子靈醒，善打小算盤的「下里巴人」們，便把串串從麻辣燙中分離出來，自成一統，結果是令人意想不到地如疾風暴雨席捲天府大地，成為一種新的流行吃食。

現在成都的「串串香」已不等同於「麻辣燙」，最明顯的區別是前者無需自己動手「燙」，即是賣家已將各種葷素串串燙好，裝在盛有麻辣、五香、酸辣、香滷等味汁的缸缽或瓦盆中，選妥後放在盤子裡或碗裡，蘸上麻辣乾碟吃；再有一種是你選好各種串串後，依次排隊等候商家在一口大鍋中替你燙好放在餐盤中，端上桌再配上辣椒粉、花椒粉、黃豆花生末的蘸碟，即可開吃。後者的「麻辣燙」則需一口麻辣燙鍋，燒開後自己邊燙邊煮，蘸香油蒜泥味碟吃。「串串香」的含義較廣，既有熱串串、冷串串、缽缽串等，又有燒烤串串、香滷串串，以及餐館酒樓裡的各式串串菜肴。與麻辣燙並列的事實上就單指「火鍋串串」。

串串香抒情

作為「麻辣燙」的「姊妹」，「串串香」更是一種草根美食，甚至比「麻辣燙」更平民、更市井。一九八〇年代中期的成都，重慶的毛肚火鍋大舉挺進成都平原，麻辣之風席捲蓉城。然而總有一些老百姓被捲在門外，於是街頭巷裡、菜市場、商場、影劇院、娛樂廳、錄影廳等地方，就出現了推自行車的、拉三輪的、擺攤子的「串串香」。

當時的「串串香」非常簡單，老闆只需準備一個小蜂窩煤爐，爐子上放著一口鋁鍋，鍋裡裝著自製的，帶有火鍋風味的「麻辣燙」滷汁，旁邊還放著一張小桌子或一張小方凳，上面放著一個託盤，盤子裡裝著一些用竹籤穿起來的串串香食材，旁邊放著一個裝有鹽、乾辣椒粉和花椒粉的圓盤。有食客光顧，挑選好後，小販便將串著食材的竹籤放入滷汁湯鍋裡燙熟，遞給買主，食者拿起串串在調料盤中打幾個滾，沾滿紅紅一層辣椒花椒粉，邊走邊吃開來。這種「串串香」一毛錢一串，豐儉尤己，因此特別受到那些放學的小女生，下班回家的女士們的喜愛。到後來，便開始出現了固定的攤點，一個很小的門面，一口大鍋煮著傳奇的食材，一張長條桌，擺上三個裝有麻辣湯汁的大缽，浸泡著一把把燙熟後的串串，生意就這樣做開來了。

吃串串香多是三、五成群的男女同夥，邊吃邊喝邊聊八卦。或是戀愛、准戀愛之癡男情女，吃吃喝喝調情逗樂，那才是真的有滋有味，還可以嗑嗑瓜子、喝喝冰鎮啤酒、擺點時尚話題，說點張哥李妹，或冰冰、Lady GaGa 的花邊新聞。

亦有家人聚會同樣吃得興高采烈，親情洋溢。一九八〇年代，我們一大家人大凡週末或節假日，三個兒子就常吵著吃串串香，圖的是好吃好耍。老老少少十來口一吃就是兩、三個小時，要吃幾大桶竹籤，好幾箱飲料。娃兒們是吃一會兒就跑到街上去耍一會兒，再回來接著吃。我那兒子吃串串香從來就是「老三篇」：馬鈴薯、午餐肉、火腿腸，飲料是一瓶又一瓶地往肚子裡灌，吃完後那小肚皮鼓得像氣球。

「串串香」通常是冬天賣熱串串，與麻辣燙並無多大區別，有的叫「麻辣熱」，同樣可隨心所欲地燙涮各種喜歡食材，短短幾秒至幾分鐘後就能食用。既能像燒烤那樣穿成串燙熟，讓人一把把地拿著吃，又能裝在碗或者砂鍋裡，大口饕餮，亦能像火鍋店一樣，做成迷你小火鍋麻辣燙，串簽麻辣燙等。夏秋則大多是冷串串，又稱之為「麻辣冷」。

如今，走在成都的大街小巷，隨處可見大大小小的串串香鋪子，紅漆的矮方桌、小凳子和熱氣騰騰的一鍋紅湯以及那一大把的竹籤把葷的、素的往竹籤上一穿，頗有孩童辦「姑姑筵」的童趣，構成了成都特有的街市一景，也串出了火熱至今近二十年仍高溫不退的一種特有飲食風情和業態。

串串香的食料更是與食俱進，從傳統的海帶、馬鈴薯、冬瓜、貢菜、海白菜、大白菜、豌豆尖、木耳、香菇、魔芋、黃花、藕、空心菜、豆腐皮、豆腐乾、豆筋、鵪鶉蛋等，到豬肉片、肉圓、排骨、肥牛、毛肚、環喉、鴨鵝腸、香腸、火腿腸、兔腰、雞珺、雞翅、雞腳、黃辣丁、鱔魚、鯽魚等，又不斷增添了像魷魚、基圍蝦、蟹柳等海味品種。且是一串素五毛錢、葷一塊錢，朋友、家人三三兩兩圍著小桌，各人自挑自選。

打從串串香一出現，就受到市民百姓的擁戴，成為中青少女性的十分鍾情的休閒美食。很快就把本為「蒼蠅館子」小吃店攤，吃成了規模店堂，甚至演變為「發展公司」。從較早的「王梅串串香」、「玉林串串香」，到後來的「袁記串串香」、「樂山牛華串串香」，以及時下被稱為成都最牛的「康二姐串串香」等，其場面蔚為壯觀。通常都是幾十上百桌地沿街邊鋪展開來。在這裡，或許也只有在這種特殊場合，方才沒有了高低貴賤貧富之分，也沒有了優雅斯文，人人都自然而然地顯現出飲食之本性。儘管沿街邊停有克萊斯勒、賓士、寶馬、奧迪，但觀其場景與氛圍，已與奧拓、QQ、奔奔，甚至和成堆的自行車，電馬兒無本質上的區別，眾人同堂歡聲笑語，同吃同樂。

「串串香」的誘惑還遠不止此。世人皆知成都美女甲天下。成都的小吃，尤為是流行小吃大多是成都美女那乖巧的「五香小嘴兒」吃出名的。但世人亦有所不知，成都的美女並非是好吃懶做，只要你稍微注意一下，冷不丁就又冒出個「XX西施」來。這些年間不就出了「鍋魁西施」、「冒菜西施」、「蒸菜西施」、「排骨西施」、「砂鍋西施」麼！這「串串香」裡自然也少不了一位「串串西施」的，只要你到成都雙楠少陵路「辣丁丁串串香」去逛一下，就會大覺大悟什麼是「秀色可餐」。資格的成都美女張吟開的這家串串香店，簡直就完全顛覆了串串香所堅守的傳統模式。一個典型的時尚潮妹兒，憑著專業的裝潢設計本領，把個串串香店裝扮得明亮華麗，半透明的玻璃廚房，現代餐廚器皿，麥當勞式的概念服務，牆上液晶電視隨時播放的歐美流行音樂MV；再回看那樂山牛華串串香為基礎配上楊枝甘露、芒果黑糯米、木瓜冰淇淋及小巧玲瓏，精美典雅的各式糕點。這種土洋結合的美妙搭配與吃法，像極了時下成都妹兒的性情，故而開張不到一個月，就成了時尚新潮的少女少男，靚妞帥哥的約會聖地，「好色者」們的大觀園，預定座位，排隊候等，火爆異常，「串串西施」張吟亦也名冠江湖。

看來「串串香」不僅串起了快樂美味，也串起了傳統和時尚，串起了美食與美色。

吃喝玩耍農家樂

由《中國國家地理》發起的二〇一〇年「圈點新天府」評選活動，成都平原不論在網路手機投票中，還是在專家評審團的投票中，均佔據榜首，無可爭議地成為這次評選的耀眼名星。終審委員會的評語，多集中於成都平原的富饒、生態良好、安居樂業，人類與自然、農業文明與工業文明和諧相處，發展適度與可持續，擁有健康的生活方式。

是的，千百年來，天府之國的成都平原，一直以多姿多彩的生活方式彰顯著它無盡的魅力。早在西漢、西晉時期，楊雄、左思都以《蜀都賦》描寫當時成都之遊樂宴飲、音樂歌舞的盛行場景，它反映了成都經濟興盛，人們安居樂業，享受生活的繁榮景況。

唐初，陳子昂《上蜀川軍事書》提到：「蜀中乃國家之府藏所在、經濟支柱。」因為經濟上富足，使遊樂之風大盛。韋莊《河傳》還記下了那個時代成都人的春遊：「春晚，風暖，錦城花滿，狂殺遊人」。農曆二月踏青時節，男女老幼「緹幕縱歌，散在四郊。歌聲唱和，宮庭民間宴飲，音樂每日不斷。」

宋代時，遊樂習俗和遊樂之風更盛，文獻記載，北宋時期，成都遊樂之風甲於天下，一年中從正月起至陰曆的九月中旬都有持續的遊樂活動，規模之大，隊伍之盛，世所少有。那時，官員都要帶頭領著群眾出遊，稱為「遨遊」。那時的遊玩中心是成都西郊浣花溪，「百姓傾城而出，官府艦船載來官府庫藏的酒，人之一升，直到滿城皆醉待旌旗。」

陸遊亦曾有詩云：「當年走馬錦城西，曾為梅花醉如泥，二十里路香不斷，青羊宮到浣花溪。」就是說成都人愛踏青的。他還寫道：「客報城西有園賣，老夫白首欲忘歸。」聽說成都西郊有農家園子要賣，曾打算買下來住下，老來不歸故里了。

在一千多年後的今天，如果說這世上有什麼能讓華夏驚羨，讓世界為之感歎，那就是成都平原的農家樂（即所謂休閒農莊、觀光果園）。

農家樂之神話

有位臺灣學者談了他對成都的四大印象：一、成都的私車多，週末愛出城享受；二、成都人愛曬太陽愛喝茶，成都的水質好；三、成都的夜雨多，隨風潛入夜，潤物細無聲；四、成都的美女多，水靈秀麗。當然，除了地理、氣候因素影響這座城市的性格外，文化上的傳承和交融也奠定了成都特有的城市特質。

不錯，成都正是以這種特質，創造了千姿百味的川菜，萬種風情的小吃，更創造出風靡中華大地的串串香、魚頭火鍋、鬼飲食、冷淡杯，以及如今遍佈大江南北的——農家樂。

一九八〇年代中期，成都近郊郫縣友愛鄉農科村的鄉民，利用自己栽種花卉苗木的優勢，逐漸吸引了大批城裡來的遊人。種植大戶徐世元將自己的農家院子，改造成棋牌客房，利用院壩餐館接待遊客，之後該村農家紛紛效仿。一九九一年四川省政府官員視察農科村時，特為徐世元的院子提字「農家樂」。自此，「農家樂」這一概念便應運而生。很快破土而出的農家樂如雨後春筍般迅速擴展開來。到一九九〇年代中前期，龍泉山果林區的農家樂休閒避暑旅遊興起，這一鄉村遊樂吃喝的新形式，如一股強勁的春風迅疾吹遍巴蜀大地。

從那一天開始，原先祖祖輩輩日出而作，日落而歇的農民，不再滿足於春播秋收的傳統勞作，他們把鄉村的綠色自然資源和人文資源作為新農村經濟的爆發力量，顛覆了城裡人的休閒生活方式。這樣，城裡人從此便週末早上出城，找一處鄉居農舍，賞農家景、吃農家飯、住農家屋、采農家果、學做農家活，體驗農家生活、感受田園風情。時近中午，農戶主人利用自己種養或當地的瓜果魚肉、山養雞鴨、臘肉香腸、豆花泡菜等弄出一桌桌熱氣騰騰的農家鄉味菜肴。酒足飯飽之餘，遊客們再四處賞花、觀景、釣魚、喝茶，待到夕陽西下方才心滿意足地打道回府。這是鄉村遊的最初模式，也是最為普遍的休閒方式。它讓更多的人得以領悟「春觀花、夏品果、秋賞菊、冬讀梅」的季節變化和詩情畫意，更多

的人得以體驗麥青稻黃、雞鴨嬉戲、菜花瓜果、嫋嫋炊煙的鄉野田園風情。人們明顯感受到一個歷史性巨變——「鄉村遊」已成為一種新的休閒生活時尚，如一幅絢麗的山青水秀的鄉野畫卷優雅地舒展開來。

到二〇〇〇年，農家樂通過形象建立，打造品牌，創辦成集鄉村觀光、休閒餐飲、娛樂購物於一體的鄉村旅遊綜合配套服務，到二〇〇五年，郫縣農科村、錦江區紅砂村花鄉農居、龍泉驛區與龍鎮萬畝觀光果園、都江堰市青城紅陽獼猴桃綠茶基地等，被大陸旅遊局評為大陸工農業旅遊示範點。至二〇〇五年末，成都市已有農家樂五千五百餘家，能接待住宿遊人近二十萬人，直接從業人員五萬八千人，帶動相關產業就業人員二十九萬人，創造旅遊收入七．三億元，拉動相關產業發展實現收入十六．三億元。更有一些農家樂迅速成為週末和節假日農村旅遊經濟發展的典範。如錦江區三聖鄉的「五朵金花」，溫江區的萬春鎮，龍泉驛區萬畝觀光果園及桃花

節，新津梨花節，青白江的櫻花節，雙流的枇杷節等。

之後不久，大陸旅遊局正式向成都授予「中國農家樂發源地」，向成都「三聖花鄉」授予大陸AAAA級旅遊區的榮譽。成都作為全國農家樂、鄉村遊的始創者和領跑者，以其全新的旅遊休閒模式，春夏秋冬一年四季，引領著中國鄉村休閒旅遊的新潮流。春有桃李，夏有荷塘，秋有菊園，冬有梅林，江家菜地月月皆宜，成都人將四季生活創造得浪漫多彩，有滋有味，濃淡相宜。

農家樂之春

春天，萬物復甦、生機盎然，成都人最嚮往的地方是城東的龍泉山。龍泉山方圓幾十公里，漫山遍野種滿了桃樹、梨樹、李樹和枇杷樹，向來就是成都人的花果山。

龍泉山離成都十八公里，半個小時的車程，每年三、四月油菜花、桃花盛開的時候，便是成都人外出踏青、賞花的最佳時節。此時的龍泉山，數萬畝桃花爭奇鬥豔，綿延百餘里，如雲似煙，令人目不暇接。二千多萬株桃花迎春怒放，漫山遍野，燦若紅雲；山腳下成片的梨花、李花如白雪鋪撒大地，加上金黃燦燦油菜花，把整個龍泉山打扮得姹紫嫣紅，春意蕩漾。無論乘車疾馳而過，還是徒步漫遊徜徉，恍若置身於花海桃林的夢幻仙境，讓人心曠神怡，魂魄彷徨。

每年三月下旬的桃花節，通常有數十萬人從四面八方奔向龍泉。男女老少在桃花樹下，一張張桌子擺起，瓜子花生、糖果水果、茶水飲料、滷雞腳、兔腦殼擺滿一桌，稀裡嘩啦的麻將聲伴隨著人們的歡聲笑語此起彼伏。而山上幾乎每戶農家就是一處「農家樂」，一些農戶每年接待遊客的收入甚至超過栽種果樹的收入。到了六、七月份，蜜桃豔紅、枇杷金黃，人們又一次湧向農家樂，分文不取在樹下隨摘隨吃，悠哉樂哉，那真是神仙過的日子啊！可以說，到龍泉驛看桃花早已成為了成都人不可少和缺的春天生活美景。

龍泉的書房村、山泉桃花故里、桃花溝等著名賞花景點，也總是人比花多，花落人間。尤其是週末，清明前後那幾天，各種檔次的車從成都二環路一直擁堵到龍泉，一千多家農家樂的停車場車滿為患。而龍泉的農家樂更是早早就打出了廣告：「客房裝修了，車位增加了，臘肉熏好了，香腸灌好了……。」

在成都所有的花事中，龍泉山的桃花是一年中開得最早、最豔的，觀賞桃花的歷史亦是最久，名聲最大，人氣也最旺。每年春節一過，人們就像盼望另一個盛大節日一樣，期待著這一年一度的桃花「豔遇」……。

普天之下，對桃花的鍾愛恐怕要以成都人為最了。整個陽春三月，無論男女老少，成都人都在為桃花而陶醉。陽光燦爛也好，淡淡霧靄也罷，有事沒事人們都要找個理由，跑到城東約二十公里外的龍泉山，觀賞桃花，啜杯花茶，品桃花酒。桃花謝後，人們又開始守候那香甜可口的水蜜桃、白花桃、肥城桃、油桃、蟠桃和雪桃了。邀上同事夥伴，或是同學會、戰友會，或是攜家帶小驅車前往，選個枝繁果茂的桃林，採摘、嘗鮮、打包……而後，便開始期待下一年的三月春來，桃花盡開，垂柳依依……。此時新津的梨花、崇州的李花、蒲江的櫻桃花，還有漫山遍野的油菜花都也爭先恐後，相繼開放。諸大成都的春天就是一個處處翠綠，時時有花看的洞天福地。

蘇東坡詩云：「春江水暖鴨先知」，其實先知的豈止是「鴨」，真正體會到春天的應該是風、是草、是木、是花、是人的心情。爛漫花叢中，閉目養神，全身放鬆，懶散發呆，享受大自然之天然有氧ＳＰＡ。老人們嫻靜品茗，好朋友暢快交談，采果摘菜，悠然垂釣，孩子們開心追逐……所有人都沉浸其中，盡享其樂。猶是一幅水墨山水畫，將成都人休閒散淡、舒適安逸的生活表現得淋漓盡致。

成都人對幸福生活的享受，總是與大自然相依相隨。成都人之先輩，絕大多數來自周圍郊

縣、鄉村，天生有著很濃烈的田園情結。雖然其後代已在都市工作、生活多年，但血脈裡始終流淌著鄉土的因子。春暖花開、萬物復甦的時候，那骨子裡的鄉村情意也蓬勃湧動，呼喚著人們返璞歸真，親親田園。

這現像被專家學者稱為成都人的「桃花生活方式」，代表了成都人生活特有的鮮活。長久以來，對動植物的熱愛、親近，已經植入成都人的基因，於是才衍生出「桃花生活方式」來。況且多和植物、山水、花草、動物接觸，人的心境會平和很多，有利緩減壓力。都說成都是座休閒城市，其實是成都人在緊張工作和繁雜生活之間找到了很好的平衡。這是大智若愚的生動體現，在賞花的同時，人們得到一種性情的陶冶，攜手出遊，和親友聚會，又拉近了人們之間的關係，人情味很濃。

農家樂之夏

六、七月份，吃完了龍泉的水蜜桃和枇杷，

成都人又把消夏避暑心情，投向了荷塘蓮花。成都三聖鄉的荷塘農家樂便成為成都人消夏避暑，賞花休閒的首選。

夏天，成都大多潮濕悶熱，天氣都是淡淡的，陽光懶散地撒在地上。這時，成都人就更要追求閒適的心境，平和的心態，悠然的心情。拿成都人自己的話講便是：太陽不鹹不淡鋪在地上，鑽進竹林樹叢，屁股不偏不倚地窩進籐椅，一杯清茶不熱不涼，報紙放在桌子角順手處，川劇花臉咿咿呀呀的唱腔鑽進耳朵，呷一口竹葉青，清清喉嚨，再把中國足球、王家衛電影、章子怡、范冰冰、劉曉慶之類排起隊的幽默一番，洗刷（調侃）一遍，這個酷暑也就躲過了。

向成都東南方出行五公里，就是錦江區的三聖鄉。十多年前，這裡還是無人問津的窮鄉僻壤，如今，卻是聞名遐邇的「三聖花鄉」鄉村旅遊樂園。每奉週末鄉裡鄉外就人流如織，黃金周度假高峰遊客竟然曾達到五十餘萬人。這裡的五個村：紅砂村、幸福村、駙馬村、萬福村、江家堰村，過去是種糧吃不飽，賣菜不賺錢。二〇〇〇年後，在政府的規劃下，五個村子完全拋棄了傳統農耕方式，轉向鄉村遊的經濟發展模式。到二〇〇三年，五個昔日的窮鄉村華麗轉身，美麗巨變，以文化潤色農業，以特色營造環境，以文化提升經營，充分利用花卉產業優勢，開創性地打造出「花鄉農居」、「幸福梅林」、「東籬菊園」、「荷塘月色」、「江家菜地」這有如「五朵金花」的農家樂休閒招牌。「荷塘月色」便是夏季成都人的夢裡水鄉、鄉間別墅。

這時，人們總會你邀他約一窩蜂跑到三聖鄉農家樂去賞荷塘月色。一家老小，或親朋好友，可開車、騎車、亦可乘公車，去賞荷花、吃農家菜、抓蜻蜓、挖蚯蚓、逗小鳥。每人一

天三十元，可打一天的麻將、喝茶、一頓午餐和簡便晚餐，還能吃到老臘肉、土雞三吃（一般是火鍋、涼拌、泡椒雞雜）等佳餚；釣魚、棋牌、放風箏、茶水，還有那滿院的陽光微風、花草、果木全都是免費提供。不少中老年人，躺在籐椅上，來一碗現磨的豆花、喝一口農家自釀的桂花酒，眯著眼享受掏耳朵的樂趣，周圍不時傳來丁丁糖、涼粉涼麵、豆花、棉花糖等富有特色的叫賣聲，工作的煩惱、經濟的壓力就此消散，入耳入眼的都是人們的笑聲、笑臉。那一天你會覺得彷彿又回到了童年，心靈與大自然如此貼近，生活竟然也可以這般輕鬆美好。

走進荷塘月色，映入眼簾的是遠至邊際的大片荷田。白荷、粉荷、紅蓮、黃蓮競相盛開；荷葉似海，隨風波浪，柄柄傘葉如綠色華蓋輕搖慢曳，陣陣清香撲鼻而來。出淤泥而不染的蓮荷婷婷玉立，雨後的蓮荷更是一塵不染，葉綠花豔，這出水芙蓉堪比貴妃出浴；濺落的雨珠晶瑩透明，在陽光的照射下似顆顆鑽石托於碧玉盤中，閃閃發光隨葉滾動；朵朵荷花或紅或白點綴其中，肉質豐頤潔淨的花瓣層層漸開，惹得蜂顛蝶狂，縈繞其上；葉下水清如鏡，小魚兒不驚不恐，歡快遊蕩。

走進荷塘深處，臨近驚起隻隻白鷺，撲騰雙翅展開優美的身姿劃過頭頂，棲落在不遠處的翠蓋上；蓮荷之中，鋪有木棧深入塘中，便於遊人漫步荷塘中心；置身其間，紅男綠女，彩傘頂頂，羅裙飄舞，白腿閃爍；荷塘碧海綠浪中，人人心襟蕩漾，爭先恐後，搔首弄姿，暢留倩影。

老人相互攙扶著，小孩快樂得蹦蹦跳跳，情侶手牽手相依相偎，靜靜享受荷塘帶來的美好與寧靜，好似天人合一的人間仙境。

傍晚了，吃了荷葉稀飯、荷花煎餅、饅頭花卷、涼拌小菜出來，人還未到荷塘邊就聞到荷花淡淡的清香，令人神清氣爽。滿塘碧綠的荷葉，晚霞中的荷花，雪白的、粉色的、玫瑰紅的、淺黃色的，都披上了一層薄透的金紗，一朵比一朵嬌豔。

天色漸漸暗了下來，荷塘四周的燈光也亮了，遠處一輪彎月，格外的明亮，把荷塘也映照得銀光流瀉，再回頭一看，怎麼另一邊還有一輪圓月？待走進一看，原是荷塘之月。此時此際，能夠在月光下欣賞荷塘的另類之美，遠比朱自清那篇著名的散文「荷塘月色」更加鮮活生動。

農家樂之秋

八月桂花遍地香，千姿百媚菊花芳。金秋時節，鄉村呈現出一派豐收的喜悅景象。在「東籬菊園」，更是一片菊花喝彩，桂花獻香。愛花惜花的成都人，自然不會放過這美好的景致，三聖鄉又成了中秋節前後賞菊拜月，聞香食桂的理想佳境。

東籬菊園，位於成都錦江區駙馬村，從成龍路到東籬菊園的路程僅一公里，交通十分便利。景區內地形以淺丘臺地為主，當地的村民世代都依靠種植菊花為生，形成了獨有的四季菊園景觀。景區內有用菊花紮製而成，憨態可掬的大熊貓，隨風轉動的七彩風車，滿載鮮豔菊花的帆船，富有傳奇色彩的駙馬橋等眾多景觀，人們在這裡可感受魅力非凡的鄉村田園風光，體驗在花海中漫遊的無盡樂趣。

那一畦畦的菊花，白的整齊端莊，黃的舒卷飄逸，紫的纖細秀麗，各種花草爭嬌鬥豔，千姿萬態。花在人潮裡競放，人在花海中悠遊。菊園裡，到處是這種充滿成都特色的「農家樂」，生意興隆，吃喝玩樂，一應俱全。逛完菊園，任選一家農家樂坐定，來一頓豐富的菊花肴饌，農家小菜。下午就在此休閒小憩，喝菊花茶、玩棋牌、吹牛聊天、隨心所欲自得其樂！菊花節期間，各式文藝演出、皮影戲、陶藝、花轎、糖畫等豐富多彩的民俗活動輪番上場，而各農家樂還推出以菊花為作料的菊花席宴。成都人，那真不愧是天生享受生活的料啊！

在東籬菊園的農家樂裡，幽靜的林盤屋舍中，也可以小住一晚。倚著樓柵賞月，清風中微拂，含著淡淡的桂花香。月光從天井漏下，藍瑩瑩的，瀰漫著整個客棧。身披藍色的月光，面對朦朧中的天井，伴著沙沙竹樂入眠，聽著唧唧鳥鳴醒來——。

清晨漫步在四合院的天井裡、竹林盤，你會感到是那麼熟悉，那樣親切；青石板、青石缸、青石磨、竹籬笆、竹斗笠……每一樣、每一件似乎都深藏著我們的一個夢；晨光從天井中灑下來，一縷一縷的，讓這天井和青瓦房生氣盎然；那上頂蒼穹、下俯地面，懸之於空的天井，怎讓人不心生喜愛？和煦的陽光溫暖地掉在小方桌上的茶碗中，泛著粼粼的柔光。這難道不是家的感覺，是最熟悉的家的味道嗎？

「采菊東籬下，悠然見南山。」秋高氣爽陽光燦爛的日子，菊花散發出陣陣香味，東籬菊園不正是陶淵明筆下的那幅田園風光嗎？它契合了現代人返樸歸真，回歸田園的內心願望，以其淳樸典雅的農家客棧，為城市人、旅遊者、退休老人提供了一個可供長期包租亦可短居的「鄉村別墅」，人們紛紛在這裡品味快樂的鄉村休閒時光，享受田園生活的美妙情趣。

農家樂之冬

冬天，對成都人來說雖多數時候並不太寒冷，但仍感覺得很壓抑。因為成都平原冬季日照較少，燦爛的陽光便成了人們的奢侈之物，故而有了「蜀犬吠日」之說。大凡遇著陽光明媚的日子，成都人就興奮起來，必定要出去曬太陽，享受冬日陽光的溫暖。而整個冬天，也是「幸福梅林」最幸福的日子，擁有華夏最大規模和最多品種的梅花基地，在陽光地照射下，該是何等地浪漫啊！

位於成都市成龍路西段的「幸福梅林」，因所處的幸福村而得名。幸福村名字起源於優美的民間傳說，相傳很久以前，在這個沒有名字的村落中，鄉民們過著安居樂業的生活。村中有位美麗善良的姑娘梅子，非常喜歡梅花，茅屋四周種滿了各種梅花樹，每當盛開時節，梅花的幽香可以傳到十里之外。有一年，許多村民都得了一種疾病，為尋找醫治這種疾病的方子，「梅子」爬山涉水走過了一個個小山村，終於找到了一個能醫治此病的老巫婆，但她要梅子獻出自己的心才肯醫治村民。為救村民梅子用尖刀挖出了自己的心臟。巫婆受到感動，到村中治好了生病的村民。為紀念梅姑娘犧牲自己給大家帶來的安康，村民們在村中栽滿了姑娘喜歡的梅花樹，栽種的梅花很快成林，人們就把這裡稱為「幸福梅林」。從此，栽種梅花的傳統亦世代相傳下來，如今在這裡，還可看到生長良好的高齡梅花樹。

「幸福梅林」景區佈局精巧，頗有川西特色。以一個一百二十四畝水面的生態湖為中心，環湖遍植梅花，一個個農家樂散建在一千五百畝梅林花間，草木蔥蘢，竹樹掩映，青瓦白牆的「川西民居」尤顯得古樸典雅、秀麗清朗，襯托出梅林的秀麗與典雅。影影綽綽望去，湖光凝煙，花頭滿枝，人花共舞，景色秀麗，勝似春光。走進臘梅樹林，暗香浮動，沁人心脾，感覺就是兩個字：幸福！

幸福生活是幸福村的村民創造的。村民世代以種植梅花為生，他們與時俱進，開發出二百多個梅花品種，約五十餘萬株，並將梅花種植與「梅文化」結合，打造觀賞梅花、陶冶性情的鄉村休閒農家樂。幸福村的人也豪爽地把幸福分享給了城裡人，每家各戶集餐飲娛樂為一體的農家院子，供遊客休閒玩耍。「梅依水畔」、「淩波小築」、「湖光島影」、「幸福常春」、「麒麟閣」等等，單聽這名字就讓人對這裡的梅林農家樂心馳神往了。

梅林碧綠如洗，小徑通幽，梅詩長廊豁然立在路邊，長廊的牆壁上鑲嵌著歷

代詩人詠梅的佳句，尤其林和靖的「疏影橫斜水清淺，暗香浮動月黃昏」的詩句最為經典，真不負他「梅妻鶴子」的飄逸稱號！每首詩前都相應擺著一盆梅花，象王冕的《墨梅》，盧梅坡的《雪梅》，蘇東坡的《紅梅》等，一首首讀下來，腦中便是古代文人「賞雪詠梅」的圖畫，聯想到他們「曲江流飲」的高雅遊戲，真讓人觸景生情，感歎不已。詩廊牆上還刻滿了不同朝代、不同主題、不同字體的詠梅詩詞，細細讀過，讓人的心靈也輕盈起來。每年元月的梅花節，更是一片蔚為壯觀的梅花盛典，「歡喜漫天雪」、「俏也不爭春」、「古梅林下是我家」、「歲寒三友」……各式各樣的梅花盆景，或大氣，或娟秀，或清雅、或華麗，讓人歎為觀止，美不勝收。

逛完梅林，再逛一逛熱鬧的集市，路邊的小吃很多，太婆醃滷、太婆麵食、宣兔頭，麻辣的味道飄散在空中，和著臘梅的幽香，奇妙極了。尤其是那宣兔頭，麻辣、五香、火鍋味的都有，常常人滿為患，不少淑女、美眉站在路邊就專心專意地和兔腦殼「親密接觸」。如果運氣好的話，還可以遇見推車叫賣玉米粑粑和村民製作的麥芽糖、花生糖、米花糖、烤紅薯等民間風味小吃，十分鄉土，道地市井。

家家插梅，戶戶飄香，是蓉城冬日傳統生活方式。從元旦到元宵，每日有數萬人在幸福梅林觀梅賞梅、飲梅花酒、梅花飲料、吃梅花糕和梅花宴。花農出售的剪梅也很便宜，小的五元一捆，大的十五至二十元一捆，吸引了絡繹不絕的遊客。還有太婆、大嬸、小妹用棉線穿起來的臘梅花，一元錢一串，戴上這色彩清麗的臘梅花項鏈，周身都浸透了臘梅的清香，人群中也飄溢著濃郁的芬芳。臨走時，幾乎人人都要買幾大把臘梅回家，喜氣洋洋。開車出遊的市民，更是把大捆的臘梅枝拴在車頂，帶回家插花，少說也要香上十天半個月。整個冬天，成都人就浸泡在臘梅花香中，瀟瀟灑灑地過了冬。

農家種菜樂

「小隱於林，大隱於市」。位於三聖鄉江家堰村，距成都市區僅十五分鐘車程的江家菜地，是一年四季城裡人遠離都市喧嘩，追尋人性回歸的絕佳去處。這裡自然環境優越，鄉村景色純樸，農耕文化濃厚，是城市蔬菜種植基地。當地的村民長期從事蔬菜種植，經驗非常豐富，「江家綠色蔬菜」品牌知名度極高。江家菜地景區面積達三千餘畝，以時令蔬菜、花果種植為主體。漫步「江家菜地」，放眼四周都是綠油油的田園美景，紅的蕃茄、紫的茄子、青青的辣椒、綠綠的萵筍、長長的豇豆……，還有客棧裡那滿滿一桌香噴噴的鮮蔬佳餚……，無不構成了「江家菜地」特有的田園牧歌式風光。再看看生活在此的那些鶴髮童顏、寧靜安詳的老人們，那種欣喜和感動便油然而生了。

更妙的是，你還既可以自己選擇一塊地認種，體驗農耕樂趣，享受收穫的喜悅，亦能在清靜閒適的鄉村院舍小住，感受農家淳樸生活，領略鄉土民情，傾聽人與大自然和諧共鳴的聲音；與鄉民一道禾鋤挖地、栽苗澆水、除草收菜，體驗鄉村生活的愜意與悠閒、辛勤與汗水。遊客融入田園，自得其樂於瓜前李下的自在，純樸的鄉土氣息令人陶醉其間。這種「農家生活」已不再飽含農耕的艱辛，而是超越了種瓜得瓜、春播秋收的單純農業生產價值，轉變成現代都市人體驗生活、修身養性的極佳生活方式。

市民認種菜地，農民代種蔬菜，每年只須繳一次費用，每分地（約六十六．六七平方公尺）約800元的認種費，就享有農民提供的種子、農藥、農具、肥料和種植、看護等農業技術服務，並享有土地的產出收益。這塊「自留地」平時可交給當地農民代為打理，市民可在空閒時前往參與挖地、澆水、施肥等勞動，既可單獨勞作，也可全家齊上陣；既可鍛煉身體，又可充分享受豐收的喜悅。到蔬菜收穫時，自己吃不完的還可委由當地蔬菜銷售商進行代銷。

此外「江家菜地」還推出鄉村客棧的經營模

式，借助靠近市區邊緣郊外的地利之便，把田園生活打造成一種比較適合老年人的修身養性的生活方式，提供給那些既想擺脫城市喧囂、又不想遠離城市生活的「銀髮族」。他們時而居住在城市的高樓大廈，時而如同遷徙而來的「候鳥」棲息在「江家菜地」，享受完全屬於他們自己的快樂時光。

有哪一種果實，比自家樹上的更甜？有哪一種蔬菜，比自家栽種的更美味？當遊客在這裡擁有了一塊屬於自己的土地，便可在假日週末時前往，或種或收不亦樂乎，在自然中釋放心情，在種植中寓教於樂，在體驗農事中分享收成，把田間耕作的過程，變成一種時尚健康的休閒。在耕種勞作中，老年人可以養生，中年人可以怡情，青年人可以養性，小孩兒可以煉志。今天的江家菜地已是許多中小學校的教育基地，孩子們在這裡摘農家果，收田園菜，融於自然樂於自然。農家莊園裡，從春季出苗吐青、夏季開花結果、秋季採摘品享，感受大自然的恩賜，領悟大自然之美妙。

花和菜、果與蔬融合在一起，既是一種自然景觀，也是一種生活情趣。田間地頭有李白、杜甫、蘇東坡詩歌的菜地，在中國廣渺的田野上肯定不多見，而「江家菜地」就是這樣一塊菜地，碧綠的竹叢，隱藏著菜農的房子，高高的石碑，鑲嵌著木板古詩。鄉村、田園、歷史、文化，就定格在江家菜地的天地間。

長久囿困於都市，羈絆於喧囂，人們期盼偷得浮生幾日閒，朝飲木蘭之露水，夕餐落英之繽紛，那是何等恬靜淡然？農家樂恰是一個心靈回歸的桃源佳境，讓你找回在都市中迷失的生命律動，在天與地之間，小草與野花之中，感受著自然的平和與安詳。此時的都市遊客，不會只留下過客般淺淺的足跡與匆匆的平淡。

「農家農家樂複樂，不比市朝爭奪惡。」八百多年前，著名詩人陸遊所讚美過的成都平原鄉村農家之樂，時至今朝，依然鮮活生動……。

041 叮叮糖

舊時，按傳統習俗，農曆臘月二十三或二十四要送灶神上天，謂之送灶神；除夕再迎回，謂之迎灶神。灶神亦稱灶君，老百姓俗稱為灶王爺。傳說灶神是一家之主，他要在每年臘月二十三或二十四這天夜裡到天宮，向玉皇大帝稟報人間善惡之事。老百姓害怕被灶神冤枉，亂打小報告，於是這一天就要供祀灶糖來粘住灶王的嘴巴，以防他胡亂說。灶糖系用麥芽糖充當，味道甜蜜，黏性很強，它既可使灶王的嘴巴甜蜜蜜的，專講好話，又能粘住他的嘴巴而不講壞話。

過去民間還有一首題名《灶君怨》的打油詩，用的是灶王的口氣，頗為生動，詩曰：「一年沒吃一點啥，臨走灶糖粘嘴巴。你這一家好人家，叫我咋給玉帝誇？」這正應了俗話：拿人家的手短，吃人家的嘴軟。正因為麥芽糖的黏性，故早就有人把它叫做膠牙糖。至今，祭灶神的習俗已少見，但麥芽糖卻仍為人們所喜愛。麥芽糖也被川西壩子的人俗稱為白麻糖，有首兒歌唱道：「叮叮噹，賣麻糖，敲得娃兒心頭慌，麻湯甜，麻湯香，沒得吃的心頭慌」，於是，在小娃兒嘴裡又被叫做叮叮糖。

叮叮糖或白麻糖、麻糖，成都人愛把「糖」說成「湯」，於是在大人娃兒口中，就成了「白麻湯」、「麻湯」。白麻糖真是個好東西，看上去潔白綿軟，可你若用刀去切，那是怎麼使勁它也無動於衷，非得敲，一敲它就裂開，掉下一塊來。有如人一樣。柔韌的白麻糖是否也有一種氣節，寧可「玉碎」也不願「瓦全」。

好的白麻糖，乳白香甜、耐嚼化渣，黏柔滋糯。賣白麻糖的人總是把那鐵鏨子敲得鏘鏘響，那清脆的聲音引得小孩子們一窩蜂地圍上前去。有零花錢的自然就按耐不住地要掏出三、五分錢來買上一塊，沒錢的就看著同伴得意地嚼著，自個兒口水長流。相互間玩的好的，還可從夥伴手裡分得一丁點，很高興地分享那綿綿地甜蜜。

叮叮糖，充滿著童年的快樂，記憶裡那塊叮叮糖，每每都是從父親手裡接過，然後伸出舌尖輕輕的、小心翼翼地添著，甜甜的味道一下子從舌尖蔓延開去，甜蜜到了心裡。小時候，父親總是買叮叮糖給我吃，他卻從不吃，不是他不喜歡吃，是他喜歡看著我吃糖時的滿足。其實那何止是父親的幸福，也一樣是我童年的幸福啊。記得很小的時候，恰好換牙，結果一吃麻糖，竟黏掉一顆牙，還哭了一場。現在，偶爾看見或聽到「叮叮噹、叮叮噹」的聲音，孩兒時代的歡樂與情景便浮現在腦海中。

叮叮噹白麻糖

糖，是五味中最迷惑感官的一種東西。糖，還代表著生活中美好甜蜜的感受。在苦多甜少的歲月裡，叮叮糖成為童年時常渴望的對象，企盼著聽見那「叮叮噹」的聲響。舊時成都走街串巷賣白麻糖的小商販都有一種特製的行頭——一把小釘錘，一塊鐵鏨板，既是分割麻糖的專用工具，又是招徠顧客的特殊道具。成都人以它們敲打出來的「叮叮噹」的諧音，將白麻糖起名為「叮叮糖」，不僅形象生動且富有音樂美感。過去，還有專收廢品，也叫收破爛的，家裡不能再用的鐵鍋鋁煲，破銅爛鐵，他們收；玻璃瓶子、雞毛鴨毛鵝毛、舊書廢報、破爛衣物等也收。他們頭上帶頂破草帽，脖子上紮條髒汗巾，一根粗扁擔挑著一對大籮筐。籮筐裡堆著收來的各種各樣的破舊東西。另一籮筐上有個圓簸箕，上面蒙著一塊乾淨白布，裡面便是他們自己做的白麻糖，雪白雪白的，滿滿一大塊，要的時候拿其小鐵鏟，舉起小鐵錘，按錢的多少，「叮鐺」一聲，就敲下一小塊來。

這種糖近乎白色，很硬很甜，入口後轉為綿柔。那個時候，窮百姓家的孩子極少有零食，糖果就更少了，偶爾之偶爾能有一隻棒棒糖吃就很是顯擺了。最有機會吃到的就是這種叮叮糖。所以，一有收破爛的人，或專賣叮叮糖的小販進院子，後面就跟著一群孩子，吱吱喳喳的，一雙雙大眼睛直直看著那個麻糖偷偷吞口水，連院壩裡的狗也搖著尾巴，伸著長舌頭，東聞聞西嗅嗅，像是也知道有好吃的東西一樣來湊熱鬧。

印象中常來我們院裡的是個收破爛的老人，背有點駝，又黑又瘦，滿面皺紋。他們很少大聲叫嚷，一路走來就抄起小鐵錘，輕敲小鐵鏟。於是「叮叮鐺」清脆之聲，高一聲低一聲，伴著挑擔深一腳淺一腳，斷斷續續地響遍窮街陋巷。這聲音不象風鈴響，也不似木魚聲，大家一聽就知道是「叮叮糖」來了。

每當「叮叮噹、叮叮噹」的聲音，從我住家附近的城牆坡上由遠而近地傳來，我們就要停下手中的耍玩，叫喊起來：「買麻湯囉！買麻湯囉！」，當挑擔或提竹籃的賣麻糖大爺或大嬸的身影停留在院壩裡，我們就要不約而同地圍上去。然後有的跑回家纏著母親要兩分錢，有的就小心翼翼地把藏了好久的牙膏皮子，街上撿來的罐筒鐵皮拿出來，有的則是在家裡東翻西找什麼平日曬乾的橘子皮、廢書、空玻璃瓶子等。那時的麻糖，除了直接用錢買，還可以用牙膏皮子、罐筒鐵皮、空玻璃瓶、橘子皮、雞毛鴨毛、舊書、廢銅爛鐵等來換。老頭一手一塊鐵片，瞄一眼你手裡用來交換的物件，一隻手的鐵片放在糖粑的邊緣，另一隻鐵片「叮叮」一敲，崩出一小塊糖塊來。崩出的糖塊大小決定了你物件的價值多少。孩子們總是不滿足的懇求：「太少了！再添點嘛！」老頭總是慈祥一笑，「叮叮」又崩出一塊細如發絲的糖塊，於是大家歡蹦而散。

有一次我饞得真是心心慌慌的，在家裡的牆角床下都翻找遍了，也沒發現什麼可拿去換的，正當十分地無賴和失望時，突然看見洗臉架上的牙膏快用完了，我毫不猶豫地把大約還剩有1／4的牙膏擠掉，終於換來一塊麻糖吃。吃叮叮糖是一件十分有趣的事情，我在大多的情況下都是一兩口將其吃完，而我家小妹卻喜歡將糖用手慢慢的往外拉，將一塊雪亮的叮叮糖被拉成了很細的糖絲，儘管拉的時候或許是手尚未洗過，小糖線變成了黑呼呼的樣子，但這並不影響她津津有味的、一小段一小段的、慢悠悠地吃著那細細的糖絲線，最後吃完的時候，還將十根手指反復的吸吸允一番，直到那手指慢慢的發白。結果兄妹倆糖吃完了還高興著，母親帶著弟弟回來就發現了，狠狠地打了我一巴掌，雖然臉上火辣辣的痛了好一會兒，但我仍無怨無悔覺得很值。

白麻糖，是用糯米或麥芽發酵熬製成的糖，顏色乳白略黃，清香純甜，又香又脆，又甜又黏。有時我們三兄妹或父親肺熱咳嗽，母親就會買一大塊麻糖，這時不僅可以正大光明地吃，更讓人興奮的是，能看著母親剝核桃、炒花生，然後與麻糖一道蒸熱。融化了的麻糖夾著花生核桃，簡直是好吃得很，非同一般地可口。母親說吃了可以清肺熱、治咳嗽。我經常是嘴都吃麻了還想吃，直到把碗裡的渣渣都舔乾淨了，嘴上、鼻子上、臉上黏糊糊地一片白……！幾十年過去了，那脆香甜爽的味道，現在似乎都還甜絲絲地存留臉上。

賣白麻湯的小販有的挑擔，用竹簸箕裝著一大塊麻糖，上面撒一層細白米粉和芝麻，用細白布或紗布遮蓋著；有的則背上背個盛有白麻糖的竹背篼，手裡提個裝有小塊麻糖的竹籃子走街串巷。有買主時，就放下擔子或籃子，將麻糖一小塊一小塊地敲下來，放在秤盤裡稱出斤兩，再用一小片乾荷葉，或是學生們做作業的廢本子紙包起來就可以了。一九八〇年代後，就很難得看到這種場景了。

後來當我兒子兩、三歲時，有次帶著他逛街，驚喜地發現一位鄉下大嫂，背著竹背簍叮叮噹當地賣麻糖，我一下心血來潮牽著兒走過去，看著有位年輕女孩在問：「這是啥子糖嘛？」大嫂回答說：「白麻糖噻！」然後瞧見了我便說「買一點嘛，給娃娃嘗嘗。」我心裡猛地一怔，難道是一種巧合，還是生命的一種暗示？她籃子裡是乎裝的並非是麻糖，而是我的整個童年時光啊！我於是毫不猶豫地買了一些。兒子吃了一小塊，或許是太黏，就不願再吃了。而我也沒能吃出兒時的滋味。我一邊輕輕地咀嚼著，一邊細細地想，是啊！逝去的終將逝去，倒是那些留下的記憶仍還依舊美好鮮活，可以供餘生慢慢回味。

叮叮噹新麻糖

成都平原會做「叮叮糖」的民間匠人很多，名氣最大的要數早年在成都忠烈祠南街設店的「李記叮叮糖」，傳人李國安做的飴糖食品種類頗多，有他自編自唱的叫賣歌謠為證：「圓啾圓啾櫻桃糖，四四方方薄荷糖；一根竹籤棒棒糖，長梭長梭是薑糖，止咳化痰白麻糖。」在「割資本主義尾巴」的年月，李國安師傅無法在成都做生意，只好回新繁老家，白天種地，夜晚偷偷做「叮叮糖」。改革開放後，叮叮糖重新煥發青春並長足發展，彷佛就在一夜之間，成都市街頭就新開張了十多家「李記糖果叮叮糖」連鎖店。

原《大公報》記者、八十高齡的評論家唐山特地為此賦詩：「猶記童年叮叮糖，潤肺生津祖母講。百年李記又相逢，應笑老翁垂涎長。」瞧瞧，連耄耋之年的老報人也難以忘情於「叮叮糖」，足以證明即使歲月的流逝，也抹不去對孩提時曾經享用過的帶悅耳聲響的美食的懷念。

四川各地都能製作叮叮糖，原本就是鄉村人家發明創製的。傳統工藝的「叮

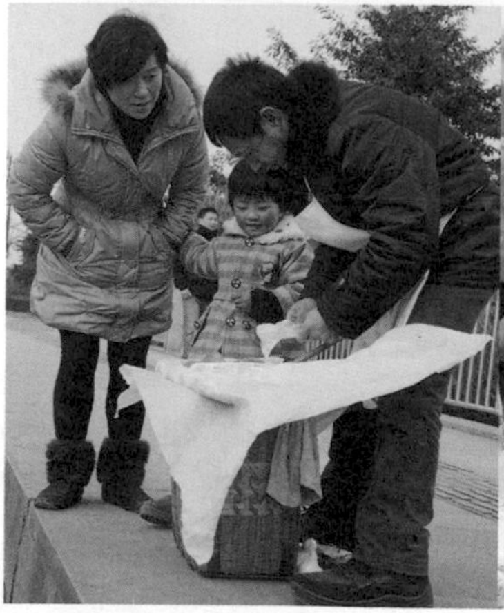

叮糖」以麥芽、糯米、芝麻、白糖為原料，原材料品質的優劣是做出好糖的前提條件。製作過程中掌握火候非常重要，火太小，味道就會偏酸，火太大，就熬不成糖稀。各個環節都做好了，再掛在架上猛力拉扯，直到糖膠由咖啡色漸漸變成閃亮的銀白色。農村中也有用玉米、糯米、紅苕等為原料精製而成的糖，玉米做的白裡透出黃玉色，糯米做的則為乳白色，紅苕做的則帶黑紅色，這樣，裹滿香酥黃豆粉的叮叮糖就可以上市了。

叮叮糖爽脆不硬，香甜粘糯，聞起來香，吃起來甜而且粘牙，具有滋補虛寒、健脾和胃、潤肺止咳、緩氣止痛、補氣斂汗、寧神安眠的作用，中藥價值很高。這種完全用天然食料，手工製作的麻糖，沒有色素、香精、防腐劑等玩意兒，那滋潤而輕柔的滋味，透出大自然的親切與醇厚，恰似空靈的詩行飄逸在心靈深處。每逢我不經意聽到遠處街頭穿來兒時熟悉的「叮叮噹」的聲音，就會陶醉在美妙絕倫的韻律裡，思緒立刻回到塵封已久的歲月。母親當年的關愛悄然湧上心頭。

成都另一家「陳記叮叮糖」，亦有近百年的歷史，發源於新都並世代相傳，以挑擔走街串巷為經營方式。與當初不同的是，今天的叮叮糖，已成為一種民間糖果點心系列的代名詞。在賣叮叮糖的大小店鋪中，有中式糕點、各類糖果、乾果、粘的、脆的、鹹的、甜的，黑的、白的、黃的、綠的。不但視覺上給人以新奇感，味道上也獨具一格。

如今，當我有時看見賣麻糖的，仍是那副行頭，不知是害怕驚擾市民，還是驚動城管，反而很少聽到那叮叮噹當悅耳的音韻、熟悉的節奏、親切的聲音了。有時還看到帶著小孫子的老年夫婦，迎著賣麻糖的小販，給孩子講解著什麼，更饒有興致地牽著孩子觀看小販叮噹叮噹地敲下塊塊麻糖來，掰下一小點喂進孫子的小嘴裡。看著小傢夥吃得口水長流，老人的臉喜得樂得像一朵燦爛的牡丹花。

042 老8號顆顆酥

以評點《水滸傳》、《西廂記》聞名於世的清初文人金聖歎，時人稱他：「少有才名，性放誕」，且「博學多通，好美食」。金聖歎《病中無端極思成都憶得舊作錄出自吟》：「蔔肆垂簾新雨霽，酒壚眠客亂飛花。餘生得至成都去，肯為妻兒一灑衣！」金聖歎甚至不惜別妻離子，想到成都來。然而，事與願違，清順治十八年（西元一六六一年）二月，金聖歎參加反對縣令增征糧賦的活動，被處以死刑。他臨刑前把兒子叫到跟前耳語了幾句，便被砍了頭。監斬官好奇，叫住金聖歎之子，詢問金聖歎說些什麼。其子回答：「父親說：成都豆腐乾拌著花生吃，勝似火腿。」可見味覺是一個人最深刻的記憶，成都的花生也會給人留下至死難忘的印象。司胖子花生和八號花生便是其中之代表。

司胖子花生

成都人有張「香香嘴」，尤喜炒貨。成都女子嗑瓜子的本領是很強的，一顆葵瓜子或南瓜子、黑瓜子於紅唇上輕輕一碰，牙齒和舌頭便在瞬間完成了分離瓜子殼瓜子仁的工作，配合之默契，速度之神速，足以顯出成都女子的利索。

豈止女子喜好炒貨，成都男子也喜歡用炒貨下酒佐茶。茶鋪裡、酒館裡的茶客酒客要一碗花茶或一杯薄酒，再來點炒花生、沙胡豆，品茗泯酒，嚼花生胡豆，好不悠閒愜意。過去最有名的炒花生是司胖子的，他炒的花生紅衣猶在，而且總是溫熱的，據說秘密就在於他那竹籃底部有一塊熱石，花生放在上面，再捂上厚厚的毛巾，他的出名就在茶鋪裡。有竹枝詞曰：「炒和晴沙香滿城，蜀中佳果落花生。宜茶宜酒宜羹味，莫作燈油點不明。」一九四〇至一九六〇年代中期，成都順城街的「司胖子花生米」，店招上題有兩行字：「蓉城小吃甲天下，胖子花生最有名」。它的花生米分甜鹹兩味，花生仁全是選擇

過的，粒大均勻，無黴爛，確乎顆顆都是「胖子花生」，

司胖子在開店出名前，曾走街串巷賣炒花生米。順城大道至玉帶橋、草市街、北門金華街、城隍廟的茶館，鹽市口、東大街、春熙路、商業場等處的商鋪，都有他的足跡。雖是走街串巷，但因花生米品質好，所到之處立即引起茶客、商家食慾大增，紛紛購買。生意越做越火紅，最後在順城街買房，前店後廠，十分紅火。一次去買花生米，偶見其小夫人在鍋邊操作，只見她雙手搖動拴在梁下的大鐵鏟，不斷鏟動大鐵鍋內的沙子和花生米，汗流滿面煞是累人。

順城街上的曉園、春和、九遠及玉帶橋的北一等茶鋪，不少茶客是生意人，談生意時喜歡買上一包司胖子花生米助興；「請會」的人邀約同行鄰里一起湊資，請會者即「首會」者，往往也會買一大包司胖子花生來，招待湊資者。談情說愛的情侶，男方也愛在茶桌上擺一包司胖子花生米。一九五〇年代初父親常帶上我在茶館喝茶，

有時也買一大包司胖子花生米。因此我也吃了不少花生米，因口乾，用蓋碗茶的茶蓋喝父親茶碗中的茶水。殊不知此後喜好花生竟成了我一生的習慣，尤其是開篇談到金聖歎至死難忘的「豆腐乾拌花生米」，更是我的私家絕活。

還有次吃了晚飯，父親牽著我去春熙路的錦春茶樓聽竹琴唱書，正聽得起勁，突然，樓梯一響，一個胖子提著裝有瓜子、花生米的竹籃，走進書場。他走向每張書桌，只要座客用手指在茶桌上一敲，胖子便把一包瓜子一包花生米擺到你面前。不一會兒，幾百包食品便擺在各個茶桌上。我打開一包瓜子。還有微熱，喲，顆顆都是脹鼓鼓、白生生的南瓜子。咦，嗑起來，都是鴉雀嘴，又酥又香。花生米更是耐看，香味撲鼻。每顆包著嫩嫩的桃紅裡衣，像少女臉上的紅芸芸。花生米米胖嘟胖嘟的，個個一樣大小，裔子一點沒破，可見炒烤的功夫，吃起來不鹹不淡，香脆可口。父親看我停不下口就說：「這就是司胖子的花生米，成都的名小吃。」父親還說司胖子的花生、瓜子進料有嚴格的篩選章法，一起烘炒的籽粒要選一樣大小，司胖子親自掌灶下鏟，連燒火的柴也有講究，火候掌握更見技巧。我聽得半懂不懂，只覺得不一會兒，場子裡品花生米的、嗑瓜子的，議論琴技、唱唱腔，談論曲目內容的各種聲音，如同蠶房蠶兒嚼桑葉，悉悉索索，喳喳直響。

父親退休前很愛飲酒，一日三餐都要喝上兩杯，也最愛買一小袋司胖子花生米下酒。我與小夥伴有時在我家玩藏藏貓，倘遇父親飲酒，大傢夥兒團團站在桌前，不約而同雙眼緊盯桌上花生米。父親開初一人一顆地發，幾圈下來見我們不散去，仍圍在桌前，於是忙說：「沒得了、沒得了！我還要下這杯酒的」。大家只好悻悻離去。

司胖子大夫人賢慧但無生育，她協助其夫生意成功後，又善待小夫人的兒女，視他們為己出，兒女們也喜歡她，見面必喊大媽。大媽也常給兒女零花錢，並要他們好生讀書。一九五六年公私合營後，「司胖子」作為成都市名牌掛牌經營。記得當年「司胖子花生米」紅底黃字、行楷結合的木招牌粉墨登場，掛吊在門前貨櫃上方。花生米有白味、鹹味和甜味等品種，生意也相當不錯。不少外地人出差來蓉，都要買些回去給親朋好友品嘗。「文革」後，司胖子花生米消失了。儘管現在超市各品牌花生米不少，味道也尚可，但對老成都市民來說，仍懷念當年的司胖子花生米。

八號花生

提起八號花生，很多成都人對其鬆脆可口的美味，以及前些年排長隊爭相購買的情景還記憶猶新。八號花生已有近八十年的歷史，是成都八號花生食品廠第一任廠長廖善之老先生的父親一手創出的牌子。抗戰時期，位於新南門的廖家八號鋪炒出的花生，深受成都市民喜愛，因其沒有招牌，市民口碑相傳，就以其門牌號代之，從此以後，八號花生美名遠播。

據廖善之老先生回憶，那時，每日早上六、七點開始到深夜不停地炒，還是供不應求，很多援華的外國飛行員也慕名前來購買，用汽油桶裝起，寄回國去。一九五〇年後，因歷史原因，廖善之老先生曾一度放棄了八號花生的經營，他的三個兒子也沒繼承炒花生的手藝。一直到一九八〇年二月，為瞭解決殘疾人就業問題，在蓮花池街道辦事處反復邀請下，廖善之才決定重新出山，組建了成都八號花生食品廠，任第一任廠長，並無償把家傳的品牌獻出，以集體的名義註冊了「八號花生」。

此後，企業蒸蒸日上，到一九九一年，年銷售已近一千萬元人民幣，利潤一百多萬元。八號花生在當時成都的炒貨行業中可謂盛極一時。然而，一九九五年後，企業的銷售開始逐年下滑。八號花生的正宗傳人廖善之老先生看在眼裡，急在心裡，不得不拖著七十六歲高齡的身子找到華西都市報，希望幫他呼籲一下：八號花生離垮杆不遠了！傳了幾十年的牌子要砸了！據瞭解，廖善之老人一九九〇年退休後，每月從廠裡領取五百多元的退休金，廠裡還有幾十個殘疾人。如果八號花生經營不下去了，這些人今後的生活將沒有著落。

而事實上，八號花生經營不善的原因主要是市場原因，一九八〇年代市場商品單一，八號花生是皇帝的女兒不愁嫁，但進入一九九〇年代後，面臨各種各樣小食品的激烈競爭，八號花生就像很多企業一樣，一時難以適應。要想保住這一名牌，認准炒花生一條道不行，還要從多樣化方面求發展。而成都八號花生食品廠屬於集體性質的街道福利企業。時任廠長曾志瓊系殘疾人，自一九九〇年從廖善之手中接班後，連續擔任了七年廠長，到一九九七年第二任期滿後，街道辦一直沒有給出一個明確的說法，於是曾志瓊就處在「幹也不是，不幹也不是」的兩難狀態，廠裡的很多事不敢負責。這種情況下，企業的管理漏洞很多，新產品的研製開發、市場的開拓都嚴重滯後，直接導致了八號花生的衰落，加之八號花生的產品基本都是老面孔，產品積壓報廢嚴重。好不容易請一些專家來開發幾個新產品，也因為費用的問題遭到很多非議。另外，廠裡引進人才也阻力重重，全廠僅有的兩個大學生，因為待遇問題，一個走了，一個請假回家。

到二〇〇〇年後，由於體制的徹底改革，在政府的支持下，八號花生的全體員工決心齊心協力，把這一蓉城人民最喜愛的小吃品牌發揚光大，再現輝煌，經過近兩年的奮鬥，八號花生終又以其顆粒飽滿，色澤鮮美，入口化渣、香酥脆鮮而深得消費者的親睞。先後獲得「四川群眾喜愛商品」、「99市場暢銷品牌」、「四川省著名商標」等多種榮譽稱號。現今的八號花生已是一個現代企業，採用優質原料生產的八號炒貨系列，其花生系列有：鹹花生、甜花生、怪味花生、麻辣花生、香草花生、蜜汁花生、廣味花生；豆類系列有：沙胡豆、怪味胡豆、甜豌豆、青豌豆、多味黃豆、黑黃豆；瓜子系列有：白味葵瓜子、中藥葵瓜子、黑瓜子、南瓜子。「八號花生」再次成為蓉城市民和各地遊客最喜愛的休閒小吃。

老8號顆顆酥

一九七八年，成都市東城區王家壩街道辦事處所屬的五金生產組瀕臨停產，為繼續維持幾十號人的生計，辦事處決定將其與同轄區的高壓膠管廠合併，然而不久仍面臨生死存亡。天無絕人之路，組內有一叫羅蜀仁的職工，以前曾在「八號花生」當炒工，後來自己也開店做過炒貨生意，店名叫「顆顆酥」。他提議改行做炒貨，專賣炒花生。大家一議，覺得既然人員技術是現成的，投資又不多，就經濟效益來說，也是吹糠見米，立竿見影的事情。即便是不成功，無非就是損失幾個篩子、籮筐和幾把鐵鏟而以。

就這樣，一九八〇年十月五日，成都又一個花生品牌「老8號顆顆酥」應運而生，在成都東升街口，紅星路四段二二三號門前的街沿上開始營業了。然而，開張的場景的確是夠寒磣的，街沿邊上擺了兩張舊條桌，擺上四個竹簸箕，一個裝鹽花生米，一個裝甜花生米，一個盛五香葵瓜子，另一個則放著包裝好的花生瓜子。桌子旁邊還放有白、黃及粉綠色的包裝紙。並用一張大紅紙寫上「老8號顆顆酥」，用麻繩穿起懸掛在門板上，算是廣告宣傳。

別看設備簡陋，但為了生存，為了創品牌，全體員工辛勤認真，嚴把品質關，精選原料、分鍋炒製，稍有糊爛的則一律丟棄，花生、瓜子堅持熱炒熱賣，每天定量生產、限量售賣，不留隔夜貨。很快，「老8號顆顆酥」以其香、酥、脆三大特色，口碑四傳，名聲崛起，享譽蓉城。一九八一年的春節，其花生、瓜子成為成都市民過節必備的搶手貨，進入千家萬戶，成了好吃香香的成都人喝茶、打牌、聊天，晚上看電視，結婚辦喜事，招待回贈親朋好友的必選的特色小吃。

那時，從小就在父親言傳身教下，養成好吃花生的我，看電視更是必吃，娃兒他媽則是喜好瓜子，因此那些年，隔三岔五我都要去買「老8號顆顆酥」的甜味花生和白味瓜子。

一九八二年五月，當時成都新興的五家炒貨：「老8號顆顆酥」、「八號花生」、「錦江花生米」、「錦城花生」和「青年花生米」，同時被邀請到八寶街的紅光商場搞展銷，「老8號顆顆酥」採取叫賣和先嘗後買的促銷方式，贏得眾多顧客，創造了當年銷售達一萬八千多元的記錄。到一九八四年，「老8號」的銷勢更加喜人，甚至出現頭天晚上就有不少人拿起凳子排通宵候買，臨近春節，成都四門的人和不少外地人要趕回家的，更是冒著風雪，牌桌上強米的長隊等著購買。亦有不少大單位，廠礦、企業、機關、部隊，還特地拿著蓋有大紅印章的介紹信前來聯繫購買花生瓜子。此時的「老8號」也已是鳥槍換炮，進出貨物都用貨運火車裝，汽車運了。

到一九九〇年代，「老8號」已被列為成都名小吃和重點企業。「顆顆酥」的系列產品，不但成為電影電視閒食、招待食品、饋贈禮品、旅遊美食，更是商務旅遊後回去時必要攜帶的土特產品。其銷售網點遍佈全川，並被邀請到北京、深圳等地展銷。

043 烤紅苕

紅苕，是一種極為鄉土的粗雜糧，川滇黔湘鄂幾地皆稱紅苕，但到了山東、福建便稱地瓜，而北方一帶紅薯卻沒紅起來，故叫白薯，廣東一帶又名番薯，甚而還有少數地方叫山芋的。別以為紅苕老土，廣東叫法中那一「番」字兒現了端倪，可是個洋玩意兒呢。此物與玉米、花生、煙草等同，皆原產美洲，後傳入南洋一帶，明萬曆年間傳入閩粵，至清康乾間逐步推廣，北至直隸，東至山東，西至陝甘，遍植全國。

紅苕情

紅苕以塊根為食，可蒸、可煮、可烤，又可煮熟後切片或條曬乾，為紅苕乾。紅苕乾再炒製，則為脆生生的川中鄉間雜拌兒（零食）「紅苕片兒」。還可磨漿製成紅苕粉。紅苕粉簡稱苕粉，又可分寬細兩種。寬粉條、細粉條皆可入菜燒湯等等，巴蜀火鍋裡燙來食的，就是寬苕粉。蓉城名小吃酸辣粉、肥腸粉用的即細苕粉。

紅苕藤藤兒也是一菜蔬，當然是取其嫩葉炒食或涼拌，老藤是收了剁碎喂豬的。常有鄉人把紅苕嫩葉紮成一把把兒的「紅苕尖兒」當菜賣，價極廉。在鄉下時，每逢收紅苕，娃娃們最高興，一放學便跑到剛收過紅苕的地裡，揀那些漏掉的小紅苕或鋤頭挖掉的半截紅苕。撿到、刨到的紅苕，要麼在地邊溝渠裡把泥土洗掉，或在衣服上擦幾下就生吃，黃皮紅心的比紫皮白心的好吃。揀得多了，就幾個孩子湊在一起，揀些柴火在土坡上生起野火燒來吃。有時性子急，往往燒個半熟就掏出來吃，吃完候小夥伴們便一路屁顛屁顛地回家。因半熟的紅苕吃多了會燒心、打嗝脹氣，一路跑來，那放屁聲此起彼伏，大夥兒嬉笑不停。

在城裡，走在大街上，偶爾飄來烤紅苕的香味，總會把我的思緒帶回到彌漫著泥土氣息的童年。小時候，家裡糧食也不豐裕，母親喜歡把米飯跟紅苕煮一起，可我們兄妹三個經常鬧著不吃紅苕，母親總會語重心長的跟我們說，有紅苕可吃已經是很幸運了。是的，一九六〇年代初的那場大災人禍，正是紅苕、牛皮菜讓我們一家度過了那常常餓死人的饑荒的日子，紅苕算是救了很多人的命，也因此成了許多人生命裡難以磨滅的記憶。

然我終身難以忘懷，甚而有些愧疚的，正是在那段苦難的歲月裡一段往事。一九六〇年代初我正在讀小學。我的班主任老師徐靜茹，是個來自書香人家的，高挑、漂亮、又極為和藹的女人。她家人口很多，且又很有教養，政府每月按人頭配給的粗細糧中，粗糧就是紅苕。她特別喜歡我乖巧聰明學習好，知道我家較貧困，糧食不夠吃，每月發放購糧卷時，就會叫我和母親到她家去，讓她那比我小三、四歲的小女兒「七妹」帶我們去糧店買紅苕。正是這些紅苕，使我們兄妹三人得以安然度過那會奪命的三年，也使我們能順利成長。

十餘年後，一個偶然的機會，我再次見到了她，她依然十分親切地問長問短，我除了向她深深地鞠躬外，也如實告訴她，我在一所中學教書，但因「停課鬧革命」無書可教，便在自學英文。她聽了很高興，主動對我說，你去找你鐘老師（他愛人，舊時華西大學的英語教授），他會輔導你。就這樣我跟著鐘老師學習了一年多。又過了兩年，我所在學校的一位領導，正好與我徐老師家有點沾親帶故，他告訴我，你徐老師說你很不錯，看著你長大，很喜歡你，想把「七妹」嫁給你，要你去她家自己跟「七妹」談。那一晚我激動得第一次失了眠。到了週末，我去見了七妹，跟她聊了會兒，但始終沒勇氣提出那啥的意思來。我們一起上街轉了轉就分手了。不久以後聽說「七妹」到外地工作去了，我就這樣失去了一位「救命恩妻」。但七妹每次帶我去買紅苕的情景，卻永遠珍藏在了我心底。

一九九九那年春節前，我將正在成都七中讀

高二的十七歲兒子送到大巴山，現今屬重慶奉節的一個惡山窮村去體驗生活。那裡窮得讓人心碎，兒子去到的那家裡只有父子兩，一間擋不住風雨的破泥瓦房。所謂家，除了一張破舊的方桌和長凳，一口鐵鍋，一個柴灶就什麼都沒有了。那家父親腿有殘疾，男孩僅比我兒子小兩歲，頭髮蓬鬆，衣不蔽體。更讓人心酸的是，這男孩居然還沒上學讀書，因為家裡沒錢，只能要了一本小學一年級的語文和算術，半截粉筆，在自家的門板上練習個位數的加減法。更讓兒子難以想像的是，大年三十的年夜飯，兒子和那父子倆就守著一大碗水煮紅苕吃，沒有油，甚至連鹽都沒有。「天吶！這可是年夜飯啊！」兒子心裡打著顫。三個人無語地吞咽著，我這個大都市裡長大的兒子強迫自己吃了幾塊，喉頭一整梗塞，難過得吃不下，就倒在那千瘡百孔的破棉絮上睡了……。那碗水煮紅苕永遠存留在他的心底。

烤紅苕

紅苕的吃法有很多種，比如紅苕稀飯、紅苕粑、煮紅苕、蒸紅苕、紅苕乾、砂炒紅苕片等。

上小學的時候，母親每天大早就挑水、劈柴，坐在灶膛前用柴禾燒水、做飯。我總是最後一個起床，洗漱完畢，跑進廚房，用小木棍翻著灶膛裡已燃過的灰白色柴禾堆，扒拉出個已烤熟的紅薯，拿在手上還燙，拍掉塵灰，撕掉薯皮，露出裡面如蜜般的橘紅色，散發著濃郁香甜，等不及垂涎三尺便已狼吞咽下。有時，母親也會往我書包裡塞兩個蒸熟的紅苕說是餓了打個尖，蒸熟的紅苕冷了以後吃特別的香甜。

小時候我自個兒也常在家烤紅苕吃，一般是在燒午飯的時候。當時都用柴火灶，在灶膛的火灰裡埋兩個洗淨了的大紅薯，等一或兩個小時，就差不多烤熟透心了。烤好的紅薯，用火鉗刨出來，還燙手得很，在兩只手中來回拍打，把上面的草灰給拍掉，然後分給弟妹吃。紅苕拿在手裡，那熱氣、那香味就直沖腦門，總在口水流出來之前，把紅薯給掰開，有時是紅紅的，有時是黃黃的，熱氣四溢，香氣濃郁，咬上一口，滋糯沙甜，真是一種美妙的享受。只要沒有烤糊，一般都連皮也吃，那皮又脆又香，綿軟柔韌。有時候我們三兄妹吃完，就發覺大家的嘴上都是一圈黑，臉上也有斑痕，於是嘻嘻哈哈互相指著笑著、才去把臉手擦洗乾淨。有時，父親也從街上買幾個烤紅苕回家給我們兄妹吃，但總覺得沒有自己在家烤的那樣香甜。因為在那紅苕裡，香香甜甜中，還有股無盡的快樂體驗和兄妹情趣。

烤紅苕歷來就是成都人的一種常年間食，尤以冬天為勝。雖然它從來就入不了成都名小吃之流，更登不上大雅之堂，屬於民間小吃中的下里巴人，它少有吆喝，也無招客的旗號，僅以其獨一無二的香甜風味，默默地誘惑著男女老少。然而，它也從來不需要被提起，更不會被人輕易地忘記。

秋天正是農村挖紅苕的季節，秋風裡帶來一陣陣烤紅苕的香味。特別是到了冬季，在寒風冷雨中，在飄著雪花的日子，大街小巷裡那甜甜的略帶糊味的苕香，總會把眼饞的我引到一輛三輪車前。烤紅苕的爐子放在三輪車上連成一體，賣烤紅苕的大爺，頭戴破氈帽子，胸前系著白圍裙，手中拿著火鉗，不斷翻烤著砂爐中的紅苕。那紅呼呼、熱絡絡的香甜味真是誘死人，買一個熱燙的烤紅苕捧在手裡，熱乎香噴，感受最多的分明就是溫暖與滿足。

鄉村中在冬季打霜後，都會把收穫的紅薯放進地窖中儲存起來，那味道就會變的更甜糯。烤紅薯分兩類，一種是白芯紅薯，色白口感較乾，咬進嘴沙沙酥酥的粉末狀，很有嚼頭；另一種紅心紅苕，特別香甜，尤其是那烤出了糖漿，又黑又粘，浸在皮上的更為香甜。

過去，成都的烤紅苕，大多是中午出擔，且以龍泉東山產的紅苕為最佳。這種紅苕皮薄無筋、心紅水分少，烤熟後一股香甜味隨風飄溢大半條街。至今，到冬天也還是一如既往出現在橋頭街口。老百姓有句俗話讚美紅苕，叫做：「花錢不多，吃得熱和」。

成都人對紅苕充滿著紛雜的情感，尤為是對現今五十歲以上，經歷了饑荒歲月的老成都人，更是苦甜交織，有愛又有恨。因此，除吃之外，在成都人過去的生活中，紅苕還可以拿來罵人，如說某人「苕眉苕眼」，就是土裡土氣的意思；農村來的姑娘，或城裡打扮得怪裡怪氣的女人，則稱其為「紅苕花」；罵某人不懂事，便說「你娃兒紅苕屎都還沒屙乾淨」等。外地人一竅不通，滿臉茫然，成都人聽了則忍俊不禁。

紅苕頌

紅苕在四川，儘管有時不幸淪為罵人的言詞，但更多的還是感人的故事。一九三九年冬，馮玉祥將軍到綦江縣視察補訓新兵的工作。當時綦江的縣長姓劉，他得知馮玉祥將軍到綦江視察的消息後，特地置辦了非常豐厚的酒宴，準備為馮將軍洗塵接風。晚上掌燈時分，馮將軍才來到綦江縣衙門口，馮將軍推門進入後看到華麗輝煌的燈光下，餐桌上擺滿了雞鴨魚肉、山珍海味，不覺眉頭一皺說道：「這樣豐盛的宴席，真香呀。劉縣長，這要花費不少的錢吧？」劉縣長不知是何用意，就點頭哈腰地急忙回答：「不知副委員長要來，劉某準備倉促以表寸心，只是盡地主之誼，不成敬意……。」馮將軍一聽，把臉一繃很是生氣地說：「劉縣長，平日裡都說你清廉，今天怎麼就糊塗了？國難當頭前線吃緊，後方艱難，你們在衙門裡卻大吃大喝，還美其名曰為找接風，這不明擺著的是『仗著清明打柳枝』嘛……！」接著馮將軍提高聲調對大廳裡等著準備陪他用餐的縣政府大小官員們說：「諸公都應莫忘國難、莫忘國難當頭呀。你們自己慢慢享用吧！」馮玉祥說完調頭就退出了餐廳。嚇得劉縣長屁顛屁顛緊跟在後面連連道歉。

事後，馮玉祥來到綦江臨江的北街，在一爐攤前買了幾個烤紅苕，專門請來劉縣長共進「晚餐」。據說，劉縣長在馮將軍勤務兵的暗中點撥下，叫人將縣衙餐廳內的豐盛肉食送到了即將開赴抗戰前線的補訓新兵五團營房。馮將軍吃烤紅苕吃得津津有味，他是一個非常愛好寫打油詩的人，他邊吃烤紅苕邊詠出了一首「丘八詩」（打油詩）——烤紅苕，味道鮮，吃了賽過活神仙。官與民，民與官，節約銀子為抗戰。

在成都，還有一款美味小吃「冰糖紅苕」，多作為夜宵。每年新紅苕上市，就是冰糖紅苕熱賣之時。以前成都東門錦官驛，就有一個賣冰糖紅苕的，人稱「馬紅苕」。他精選紅心子紅苕，大小勻稱，去皮排列在鐵鍋中，溜以紅糖、糖清、菜油，使其滿鍋紅苕色彩紅潤金亮，入口細嫩甜爽，亦似冰糖肉泥一般，故稱為「冰糖紅苕」。鄧小平當年在成都上中學時，常讀書至深夜，市面上的飲食店早已關門，馬紅苕便成了他常去光顧之地。幾十年後鄧小平回到成都，住在金牛賓館，還向廚師打聽起「馬紅苕」。當鄧小平不久後再次來成都時，終於如願以償，尚健在的「馬紅苕」又親手為他煮出一鍋紅亮香甜、可口爽心的冰糖紅苕。

到了二〇一〇年，報上一則消息又引起了人們對烤紅苕的關注。「誠聘烤紅苕專員，工資一千六百元+高額獎金。」四川師範大學附近，一個烤紅苕攤點貼出的招聘啟事吸引了路人眼球。該攤點負責人李先生表示，在他們的連鎖店中，熟練的烤紅苕專員可以拿到一千六百多元的月薪，吸引了不少大學生前來兼職。對如此高薪的「烤紅苕專員」，一些大學生的評價是：「牛」。他還說，他們的烤紅苕連鎖店在成都有十多個，在北京、上海、綿陽等地還有分店。連鎖店老闆是個臺灣人，使用的是從臺灣引進的烤紅苕方法，比成都市場上的烤紅苕技術都要先進。李先生拉開烤薯箱，裡面擺有幾十個紅苕，還有個圓形的溫度計。

自招聘啟事貼出來後，每天都會有不少大學生來諮詢，有意者在總店統一面試後，分配到各攤點或分店上崗。李先生說，在五家門店中，每個店有七〇%的員工是大學生。人們還注意到，這個攤點的生意非常不錯。售價三元一個的烤紅苕，幾乎每位路過的女生都人手一個。雖然紅苕售價也比一般的攤點更高，但攤點前的顧客仍然源源不斷。

044
銅井巷素麵

各地的小巷模樣都大致相仿，但或因有一間老字號的商鋪，或有一名老手藝人的駐守，或有一面長滿青苔的城牆，或有一座家族的老宅……，那些小巷在你的心中，在這座城市之間就變得獨一無二。

在現今的錦江區，與王家壩街毗鄰，就有這樣一條小巷，叫銅井巷。因巷子中有一口古井，井沿是銅鑄的而得其名。過去，正是這條小巷的深幽處有一家小麵店，其素麵味美色鮮壓倒了成都所有的素麵館，堪稱成都小吃一絕，而被人們稱為「銅井巷素麵」，銅井巷從此便名聞川西壩子。

以前，成都人大多睡得晚，起得晚。「過午」是老成都人的習慣，即習慣於每天吃兩次正餐，三次零餐。早餐叫吃早點，有湯圓、醪糟蛋、鹽茶蛋、油條油糕、發糕年糕、葉兒粑等，十點左右正式吃早飯；午後一、二點鐘左右開始「過午」，則有素麵、包子、餃子、抄手、鍋魁、涼粉、肥腸粉、牛肉煎餅及各類麵食小吃，到下午四、五點吃正式的午飯；晚上九、十點開始「宵夜」，吃各種糕點、粉子醪糟、三合泥、水果等。由於這種生活習慣，成都飲食行業就顯得很是興盛，各種小吃零食應運而生，也因此而吃出眾多的名小吃來，銅井巷素麵便是其中之一。

●銅井巷一景。

烹壇巾幗陸淑佩

在各種關於「銅井巷素麵」的傳說中，陸少雲是創始人，妹妹陸淑佩則是將其發揚光大。鮮為人知的是，陸淑佩卻是麵館的「原始股東」，也即創始人之一。當時，陸家家境貧寒，直到陸淑佩嫁入馬家，身為兄長的陸少雲一家尚需妹妹接濟。如此為了生計，陸少雲每天都得挑著擔子去賣素麵。

據說當時的華西協和大學（原華西醫科大學前身）的女學生，非常喜歡這味道又香又辣的素麵。她們一邊辣得直吸氣，一邊喊著「好吃」，一擔麵很快就賣完了，讓不少人空腹而歸。所以，很多學生建議：「為啥不開個麵館嘛？」然而，開麵館對於窮苦人家來說可不是一件容易的事啊。

一九二七年，十八歲的陸淑佩出閣了，嫁去的馬家家境殷實，幾年後丈夫馬樸安又當上了國軍軍官。抗戰爆發後，她丈夫不久也被列入出川抗戰的川軍將士名單。川軍將士出川不久，噩耗紛至遝來，讓陸淑佩整日提心吊膽。終於有一天，前線回來的一位營長找到陸淑佩告訴她「馬樸安受傷後在醫院去世了」。陸淑佩得到這個消息時，已是丈夫去世一年多以後。「我當時就止不住地哭……」國難當頭，家難後至，說起這些，不難體會陸淑佩當年心頭的悲苦。彼時她膝下尚無兒女。陸淑佩說，她這輩子印象最深的事情之一，就是丈夫出川抗戰後，蔣介石和宋美齡對包括她在內的抗日川軍將士家屬的接見慰問。

其後，陸淑佩便守寡在家。三十七歲時陸淑佩才再婚並生下獨子羅定洲。其父叫羅渭清，也是一名軍人。一九四〇年代末，羅渭清因「倒賣軍火」被國民政府關押，一九五〇年後不久，重獲自由並與陸淑佩及幼子團聚。一九五三年羅渭清因胃穿孔去世。至此，陸淑佩便和獨子相依為命。

話說哥哥麵館開張後，消息傳到陸淑佩耳中，她決心幫哥哥一把。一九三〇年代，陸淑佩出資，陸少雲出力，素麵館在銅井巷五號開了起來。當年素麵館開張時，眾人聞香尋來的場面，不由憑生幾分感慨。自從有了素麵館，寂靜的小巷頓時變得熱鬧起來。陸少雲苦心經營，銅井巷素麵的火熱場面一直持續到一九五〇年代初，陸少雲夫婦不幸先後因病去世，「銅井巷素麵」戛然而止。陸少雲的兒女也交到了妹妹陸淑佩手中。孰料三年後，陸淑佩的第二任丈夫羅渭清也去世了，只剩下膝下獨子及侄兒女待養。

到了一九五三年，因生計所迫，陸淑佩決定在鼓樓北三街親手再開麵館，店招仍書「銅井巷素麵」。陸淑佩開店時，對於素麵的製作工藝做了大的改進，但最大改造並不在麵上，而在調料上。她對辣椒的選擇十分講究，堅持以六成「二荊條」為主，輔以少量朝天椒及其他品種，且由她親自製作。「要做就要做好。」這是陸淑佩對麵館的要求。陸淑佩手中的銅井巷素麵，色澤紅亮，作料鮮香，軟硬適度，入口爽滑。

當時的美食家對於銅井巷素麵的評價是：麵中所添加的芝麻醬和複合醬油，除了本身的香味外，還具有很好的附著力，將德陽醬油、蒜泥、麻辣味結合於一體，使香味濃郁，入口滋潤，加之麵條煮製得法，撈在碗中利索爽滑，風味突出，口感佳好。如此，陸淑佩憑藉素麵手藝及獨到的風味特色，獲譽「烹鐔巾幗」之美譽。

麵中魁首銅井巷

銅井巷素麵採用細棍麵條，紅醬油、豆油、蒜泥、芝麻醬、紅油辣椒、花椒粉、豬油、蔥花、芽菜等調料，拌合起來是麻辣鮮香、色澤紅亮、滋味豐厚、口感舒爽，吃完了麵碗裡還剩有好多香辣撲鼻的調料，吃客便多要再買個鍋魁蘸著調料吃方覺過癮。這一來，銅井巷素麵便成為四川風味小吃中麻辣風味的典型代表。冬天吃上一碗，會辣得你頭皮冒汗，鼻尖滴水，只想寬衣解帶；若夏天吃一碗，那會逼得周身的暑氣都爭先恐後地從毛孔頭鑽出來，裡外一身甚覺涼悠清爽，更是治療風寒感冒的美味良方。如此，不僅深受平民百姓的喜愛，亦廣受達官貴人、文人墨客的青睞。陸淑佩見每天客人雲集、應接不暇，就把店子遷到華興正街，因地處商業鬧市，人流如潮，名氣更加響亮，生意更是一發不可收拾。

到了一九五八年，銅井巷素麵進入公私合營，獲評「成都名小吃」。昔日的素麵館成為成都飲食公司的一家門市店，陸淑佩成了「門市部主任」。從青羊宮到人民西路，「門市部」再度搬遷。一九六九年，「銅井巷素麵」開始兼營其他小吃，米飯和炒菜，店招也悄然更名「青碧居」。一九七五年前後，陸淑佩退休，「青碧居」也逐漸銷聲匿跡。

一九九一年的一天，一塊寫著「老號銅井巷麵莊」的招牌突現華興上街。麵莊的老闆不再是陸淑佩，而是陸淑佩的兒子，在四川省電力局工作的羅定洲和侄兒吳宇洪，二人分別開了一家店。陸老太的照片則被掛在店內顯眼位置。此時，更像是「顧問」的她不時也來店裡走走，說得不多，但格外留心辣椒和紅油辣子。已九十二歲的陸老太生怕兩個娃娃弄不好，堅持要到店裡查看料理，麵莊依然以紅油素麵和甜水麵等為主力品牌。筆者有幸前去捧場，陸老太親手調了兩碗麵讓我品評，說實話，無論是麵還是老太太都讓我感動得不行。

沉寂了十多年，銅井巷素麵的新生，讓四面八方的老吃客欣喜不已，聞風而至。甚至遠在省外、海外的老吃家得知此音訊也熱淚盈眶，有的不惜千里迢迢借回鄉省親之機，專門前來一享口福。其中之美食家，著名書畫家趙蘊玉先生欣然題匾，畫家李正武先生揮毫贈畫。然而天不遂人願，兩、三

●現今銅井巷口最火爆的是「太婆麵館」。

年後，身為國企職工的羅定州與吳宇洪既要忙工作，又得打點生意，倍感力不從心，兩家店又再一次歇火關門。這款絕世風味的小吃，再次素麵朝天，望客興歎。這一次，恐怕就是永別世間了。

現今，市面上雖有著打銅井巷招牌的麵館，但無疑是冒名頂替，其風味特色自然風馬牛不相及！二〇一〇年，已是一〇一歲高齡的陸老太仍康樂地安享晚年，談及她的銅井巷素麵與甜水麵，老人家只是淡淡地笑了笑說道：「唉，都是過去的事了。」語氣中既含有一絲驕傲，也流露出些許惋惜。

045 饊子／油糕

在川菜之「一菜一格」中，有一種學者們稱之為「響聲菜」的肴饌。所謂「響聲菜」，就是使菜點發出聲響，給人以新鮮、奇異、獨特的感受，為食者帶來意外食趣。像「鍋巴肉片」、「響鈴雞片」便是其典型。然而在四川小吃中，也有這種先聲奪人的民間小吃，以其色愉眼，香戲鼻，味娛舌，聲悅耳，而獨顯其風味特色和吃情食趣，這就是遍及四川各地的麻花、饊子。

饊子

這些在餐桌上或咀嚼時，於色香味形器中先聲奪人的肴饌，在中華食苑中已有一千多年的歷史。早在唐代以前就出現在市肆酒樓。其中最有代表性的便是當時稱之為「寒具」的街邊零食。寒具，廣義上指可冷食的乾糧，狹義為今天仍可見的油炸饊子和麻花。

饊子，是我國一種古老的食品。以糯米粉或是麵粉搓成細繩，挽曲如環，入油鍋炸成金黃色，香酥脆爽，為南北之通食。《名義考》云：「繩而食之，曰環餅，又曰寒具，即今饊子。」俗語有「點心香，月餅美，香香的饊子甜又脆」一說。

饊子古時候稱寒具，兩千多年前我國著名愛國詩人屈原寫的《楚辭・招魂》篇中就有：「粔籹蜜餌，有餦餭兮」的句子。粔籹蜜餌、餦餭是什麼東西？宋代林洪考證：「粔籹乃蜜麵而少潤者」，「餦餭乃寒具，無可疑也」。

蘇東坡更有一生動描述「寒具」之詩：「纖手搓來玉數尋，碧油輕蘸嫩黃深。夜來春睡濃於酒，壓褊佳人纏臂金。」此詩從廚娘「纖手」揉麵做饊子起句，俱體地描繪了炸饊子時的油溫、火候，饊子炸成後嫩黃略深的色澤，和一圈圈像手釧連在一起的「纏臂金」之生動形態。這種饊子，放進嘴裡一咀嚼，立馬在口中發出「嗞嗞、喳喳」的清脆聲響，別有一番食趣。

唐宋時期有人描述當時金陵（南京）街市的饊子更為誇張，「金陵寒具嚼著驚動十里人」，可見其聲音之清脆響亮。明代李時珍的《本草綱目．穀部》中十分清楚地交待說：「寒具即食饊也，以糯粉和麵，入少鹽，牽索紐撚成環釧形，……入口即碎脆如淩雪」，可見饊子麻花的古老非一般食品可與之媲美的。

古人吃「寒具」這種食品，還有一段傳說。古代清明節前二日為民間的寒食節，要歇火三天。晉陸翽的《鄴中記》有「冬至後一百五日為介子推斷火冷食」的記載。說的是介子推曾伴隨公子重耳一起過著流亡生活達十九年之久，在重耳餓肚無食時，曾割股獻君，可謂忠心耿耿。但重耳重新執政為晉文公後，在論功行賞時卻忘記了介子推。為此介子推帶母親去了綿山隱居。晉文公一日忽然想起介子推，親自帶人去綿山尋找，不見其影，遂命令放火燒山，想逼出介子推母子。不料介子推守志不移，不肯會見晉文公，母子雙雙抱木而被燒死。為此晉文公十分悲痛，遷怒於火，下令介子推死前三日全國禁煙火，於是就有了寒食節。三日不動煙火，又吃什麼呢？那就是寒具，它過油炸製，能夠儲存不變質，保持酥脆不綿，是當時最理想的食品。

饊子亦曾有過非常輝煌的身世。早先周朝的大臣一早空腹上朝，要在殿前「先進寒具」。唐宋時期，宮廷皇室、官宦大戶，都把麻油饊子當作珍品賞賜大臣、款待賓客，對此文人墨客多有記載。然而千百年來，麻油饊子更是以它的價廉物美、營養便利而為平民百姓所喜愛。以前，街頭巷尾賣饊子麻花的店攤不少，也都以油條、麻花、饊子、豆漿等大眾化的「四大金剛」為主要的品項。過去女人生了小孩坐月子，還要專門買來饊子和紅糖，用醪糟或開水沖泡來吃，老人們說這對產婦有滋補和催乳的功用。

在成都，麻花、饊子、豌豆糕，是成都人常年的休閒零食，也是傳統的早餐茶點。麻花、饊子原為回民食品，用以待客下奶茶。只有同樣是

油炸的豌豆糕才是成都土產。過去這三樣小食都是提籃售賣，出入於茶社、酒館、煙館、戲院、影院之間。但多數時候還是沿街叫賣：「麻花、饊子、豌豆糕……」小時候，院子裡來了賣麻花饊子的，最興奮的莫過於我們這些小娃兒了，總是想方設法找些牙膏皮子、玻璃餅子、舊書刊等亂七八糟的廢舊物品，就可以拿去換一個或兩個麻花饊子吃。

成都人歷來喜食香脆，麻花、饊子、豌豆糕入口酥香脆爽不頂牙，油而不悶，嚼起來滿嘴「嚓嚓嚓」響很有食趣。以前，成都人早上起來，都慣於到小店去吃碗「油茶饊子」。油茶端上桌，被掐碎的饊子堆成金燦燦的「冒兒頭」，饊子下面是搭配精緻的各類調料，最後才是澄黃色的糊狀油茶。當用細瓷調羹伸入碗內攪拌，一款凸凹有致、多滋多味、脆柔相融、誘人食慾的美餐便可享用了。尤其是寒冬臘月間，一碗饊子油茶下肚既飽了口福，又滋了體福，一整天都覺得很暖和。後來，在酸辣豆花、酸辣粉、豆花麵中也有加饊子的，這也是為了滿足成都人吃香喝辣的傳統習俗吧。

油糕

油糕是成都人的傳統風味小吃，糯米做的，分為方塊油糕、窩子油糕兩種。另外還有油炸豌豆油糕和花生油糕。而窩子油糕，因炸成後形似鳥窩，圓圓的，中間向下凹著，又像一盞小鍋，故又稱為「油錢餅」。「窩子油糕」看上去是色澤金黃，吃來則表皮酥脆、內軟滋糯、油而不膩，細膩的豆沙餡中含有淡淡的香甜味。特別是一大清早街頭路邊，推車擺攤的小販邊炸邊賣，油煙夾著股股香味飄散開來，誘惑著上班的、上學的、趕路的，手裡拿著一兩個，一路吃一路香。通常吃油條如不喝豆漿什麼的，就很難下嚥。但窩子油糕除了油潤外，還有軟糯滋潤的特點，既順口下嚥，又不澀口乾渴。加之便宜方便，所以至今仍是一些老成都人的傳統早點。

再說方塊油糕，雖製作方法一樣，但形與味則卻與窩子油糕迥異。四四方方、金黃油亮，香酥滋糯，味鹹淡麻，屬於椒鹽風味。方塊油糕不是靠餡料提味增香，而是通過調和在糯米飯團中的淡鹽和花椒，通過高溫油炸，把糯米的本味、鹹味與花椒酥麻香味融為一體，故而其風味顯得十分奇特，川菜中稱為椒麻風味。最能讓食者意外的是偶爾咬到其間的一粒花椒，那香香的酥麻味道，在唇舌上舒張開來，使人頓覺精神一爽，在吃香咽麻中享受那獨特的快意。

成都人對方塊油糕和窩子油糕是情有獨鐘的。記得十多年前，我有時晨練運動完後，便要去一小街邊的店坐下，那裡經營的早點往往是方塊油糕、窩子油糕及油條，飲料則是

豆漿，價格都一樣，兩毛錢一個窩子油糕或方塊油糕，豆漿一碗一毛錢。早餐一碗豆漿、總共三角錢就解決問題。那時大多成都人愛油糕甚於油條。不知為何後來做的人少了，油炸攤點只見油條少見油糕。無論從營養角度還是從健康角度，油糕都優於油條，相對含油低，不含明礬等有害物質。只是做起來要稍微麻煩些罷了。

窩子油糕是用糯米蒸熟，揉搓成粗條，揪成小團壓扁，中間包豆沙泥，再捏成圓窩形油炸而成。方塊油糕則在蒸熟後的糯米飯團中，拌合上鹽及少許花椒粒，倒進一個大方木框內壓平，冷卻後切成四方塊，入油鍋炸製成皮色酥黃即可。

過去，窩子油糕和方塊油糕是花會燈會上，與糖油果子三大炮並列的，廣受人們喜食的風味小吃。尤其是小娃娃，一手拿著油糕慢嚼細咽，一手拿只風車車，邊吃邊玩邊看熱鬧。

前兩年，有次帶朋友去崇州懷遠，發現一家鄉下小店，現炸現賣窩子油糕、椒鹽方塊油糕、豌豆油糕等。一下就勾起了我的懷舊情節來。不過現在這東西，成都雖說早晨在街邊臨時小攤子上也可以買到，但看著那黑黑混沌的油，確實又不敢買。而這家的油有股濃郁的菜油香，於是我立馬買了一個紅豆沙的窩子油糕，一口咬在嘴裡油滋滋的，滿口都是糯米的香脆，豆香的酥香，味很濃也不太甜膩。吃著這道地的鄉村風味的窩子油糕，溫馨的記憶也隨之湧現在腦海中……。

046

糍粑

糍粑，是傳統美食，也是過中秋節、春節的一種象徵著團圓、幸福、美好生活的節日小吃。糍粑主要在我國南方地區盛行，且各地打糍粑、做糍粑、吃糍粑的習俗精彩紛呈。

四川地區的的糍粑大多在中秋節前製作，象徵豐收、喜慶和團圓，是中秋節與月餅齊名的必備佳食。對於糍粑的記憶，也是花樣百出，能叫出名字的就有好幾種，白糍粑、紅糖糍粑、涼糍粑、炸糍粑塊、炸雞蛋糍粑、黃豆粉熱糍粑、夾心涼糍粑、烤糍粑等，秋冬還吃醪糟糍粑。夏天四川的涼糍粑尤為好吃，風味別樣，糯軟醇甜，入口涼爽，沁人心脾，是很獨特的風味名小吃。

巴蜀糍粑風俗

對於四川人來說，中秋節、春節總是與美味可口的食物親密相連的。而山鄉人家的「拜月」、「摸秋」，這些神秘有趣的中秋過節儀式，也隨著時事變遷成為許多人的追憶。

在巴蜀，人們把過中秋看成僅次於春節的農曆節日，素有「小年」之稱。中秋節打糍粑，然後就一直要吃到大年鬧元宵，這是千百年來的一種傳統食俗。雖然在大城市裡，這種風俗早已丟棄，但在鄉里人家，樸實厚道的鄉民們仍是藐視奢華、堅守傳統，依然如故釀米酒、殺年豬、推豆花、醃臘肉、打糍粑，來慶祝吉祥、豐收和希望。儘管現今街上什麼都有，餅乾糖果、瓜子紅棗、臘肉香腸等，口袋裡揣一點錢，都可買了回來，簡便省事。但拿鄉里人家的話來說，若什麼都要上街去買，那年味和喜慶也就沒有了。

在四川農村，中秋節雖然也有月餅吃，但不少人家卻仍要打糍粑。用半個月前新收割的糯米，在中秋節前一天，泡在清水木桶中，一天後再把糯米放到一個底部有很多透氣小孔的甑子裡，放上一層乾淨的紗布，大火蒸一個小時左右後，糯米的香味出來了，便將蒸熟的糯米倒在一個石頭打磨成的石臼裡，中間是一個大大的凹洞，有的則放到陶缽裡，就開始打糍粑了。家庭人口比較多的，就會幾個人一起用木槌或一種帶有香味的竹子舂，一邊舂一邊轉著走動，並邊澆冷水邊翻動，還不時發出「嘿呼，嘿呼」的歡樂叫聲。

打糍粑是個技術活也是體力活。翻來覆去打，米粒融合成一攤糯米泥了，糍粑就差不多打好了。被打成的糍粑很黏，打得越久，黏性越

強。香氣熱氣四處亂竄，一旁的小孩子就開始蠢蠢欲動了，瞄準機會在木槌落下前，伸出小手把沾在棰上的糯米團抓下一塊就塞進嘴裡。讓小孩子嘴饞的還有香噴噴的黃豆粉。大人們把黃豆炒熟拌上香料，放到石磨裡磨成粉末，院子每個角落都聞得到那酥香味。趁著大人不注意，貪吃的小孩子早就把盆裡的豆粉掏一些填在嘴裡了，抹得臉上到處是粉嘟嘟的。

待石舀裡的糯米團被敲打得雪白細膩，就可取出放在瓦缸裡，想吃了就扯一團，裹上一旁碗裡的豆粉、白糖或蘸紅糖水吃。不過，糍粑只能放五、六個小時，久了就又冷又硬。所以四川人愛講：「鴨腳板雞翅膀，冷粽子熱糍粑」，說的就是糍粑要吃熱的那個香和甜呢！

在四川農村一些地方，中秋節許多家庭都會攤一個圓圓的「糍粑餅」祭拜月亮，慶祝五穀豐收，祈願幸福團圓。祭月對鄉里人來說是很重要和神聖的一個儀式。八月十五那天，白天祭完祖先，到晚上七、八點月亮很圓時，就是祭月的時

候了。

而在小孩子和年輕人眼裡，祭月顯得很神秘，大人們祭拜時很莊重很虔誠。家庭主婦要把一塊留下來的糍粑攤成直徑有一米左右的圓餅，在院子中央選一個最空曠的地方，擺上木架或者桌子，再於簸箕裡裝上糍粑餅作祭品，旁邊放一些糖果、瓜子、花生、核桃之類的小食物。準備完畢，月亮升起來了，全家老少就向月亮焚香，依次「拜月」，這種祭月儀式叫「敬月華」，把糍粑獻給月亮，既是慶祝秋天的收穫，更是為了感謝上蒼保佑百姓五穀豐登日子安康。

每逢中秋祭月，雖說是大人們的事，但小娃兒們也有他們十分興奮的活動。中秋晚上祭完月後，小孩子們三、五成群，趁著如水的月光，輕手輕腳地鑽進村裡人家的菜地、果園，「偷」摘秋菜和秋果。最高興的是摘到果子，摸來就塞到嘴裡，吃得津津有味，這叫做「摸秋」。「摸秋」在中秋節的習俗中代表幸福吉祥，當然更是小孩子們的樂趣，還帶有一點點刺激。許多菜地、果園的主人家發現了，不僅不會開罵，反覺得自家的果實被摸了秋，是很幸運的事。鄉里鄉親的和睦與歡樂就在那一夜顯現得那麼和諧純真。

巴蜀糍粑食情

「糍粑——買糍粑喔……」每到秋冬時節，街市上也不難見到一些鄉里婦人，挑著熱騰騰的糍粑擔子在人們眼前晃過。她一聲吆喝，小巷院壩頓時就洋溢著絲絲年味。鄉間的糍粑，平凡樸素、資格實惠，就像鄉間的百姓，紮根山野之中，不講究包裝的華美。且鄉間的糍粑看起來圓如滿月，吃起來柔糯酥軟。不像現在的月餅只是講究包裝，徒有其表。但人也奇怪，往往竟願被虛華的包裝所迷惑，所欺騙。

在老家，大抵除夕前半月，家裡的男人和女人們便忙碌起來了。那幾天，「糠——咚！糠——咚……」的搗碓聲終日不絕於耳，一家老小總是圍著石臼轉，舂打得高興之時，興高采烈的大人們竟舞蹈一般哼起了歌謠來：「糍粑香，糍粑甜，鄉里的糍粑香又甜，吃了糍粑好團圓，吃了糍粑好過年！……」我在鄉下的時候，每逢打糍粑便要蹲在石臼旁邊，繞著石臼舂打糍粑的舅舅、舅媽，不時地將沾著舂茸的糯米飯團的木棒取出來，伸到我的嘴邊，讓我抓吃那噴香的米飯，那舂茸的米飯吃起來好香好甜，至今那香香甜甜，滋滋糯糯的味感好像還留在唇邊齒間。

吃糍粑時，還要先將糍粑切成小塊放進燒熱的鍋內燙片刻，那糍粑饃就像魔術般地發漲澎大，蓬鬆酥軟，夾一塊丟進裝滿白糖的碗內，拌幾拌放進嘴裡，細嚼慢咽，香甜美味，好吃極了。那時候，兒時的我們在鄉下還經常見到娶媳婦送親的隊伍，吹著嗩吶浩浩蕩蕩地走過，那抬貨的竹籃裡常常裝著一個碩大無比的大糍粑，至少有米篩般大小，晃晃悠悠地向新郎家走去，隨後跟著的那二十幾臺嫁奩更是惹人眼紅不已。我們常常調皮的在過親的隊伍旁大聲叫嚷著：「新嫁娘，白胖胖，扯蘿蔔，脫衣裳，從中和扯到中興場！」

臨近大年三十，鄉里人家更是忙得一場糊塗，女人們的腳步變得又碎又密，一溜兒趕到市場買回豬肉、香芹、蒜苗、荸薺、黑木耳……洗淨切碎，兌進香料和鹽，加足菜油炒熟，就做成了糍粑的餡。糍粑兌進適量的水，揉搓成圓圓的長條，亮光光的菜刀，嚓嚓、嚓嚓……仿佛一刀切出一個希望，擀成巴掌大的一塊塊皮兒，然後包進餡和喜悅的心情，一個個包餡糍粑就做出來了。通常要在年二十九就把糍粑蒸出來了，孩子們手裡拿著，嘴裡塞著，眼裡的笑和嘴角的油幾乎同時溢了出來，於是屁顛屁顛跑到田壩或竹林盤裡吃著跑著，又唱又叫，一時間惹得是雞飛又狗跳。

爆竹聲中，家家戶戶就要開吃年夜飯了，桌上的菜肴照例很豐盛，臘肉、香腸、炸酥肉、花生米、酸菜粉絲湯、甜鹹燒白、雞鴨兔魚……，但豐盛歸豐盛，蒸熱或用油煎的糍粑卻仍是主食。男人們總是飯桌的主將，尤其在外工作回來的，平時難得一見，這時會主動招呼家人上座，待桌上的酒杯嘩嘩地倒滿歡樂，長輩大喊一聲「喝起！吃起！」於是一家老小夾菜、喝酒、聊天，不久便臉色酡紅、嘴唇油亮，七嘴八舌地說笑打趣，糍粑伴隨著這酒肉笑語，成了另一道可口的下酒菜。

在鄉里的娃娃們最愛吃的還是烤糍粑，烤糍粑的過程最考驗人的性情，性急的人是吃不上的。糍粑得放在微微明滅的炭火上慢慢烘烤，火氣不能太大，要不然外皮烤焦，內裡卻是生硬的；烤時還要不停的翻邊倒面，使它兩面均勻受熱。受熱後的糍粑可不是好對付的，熾熱的糍粑黏著你的手指，燙得人幾乎斷了想吃的念頭。但一想到那入口綿軟香甜，又不得不耐心忍受。糍粑在火氣下漸漸鼓脹，表皮微微隆起，像一個大包子似的糍粑大包就大功告成了。此時將表皮弄破，一股白氣呼地沖出，可見內裡雪白泡鬆，拿在手裡軟乎乎綿柔柔的，心裡馬上騰起一股滿足的快感。

巴蜀糍粑別樣情

在城市裡，像成都吧，過去春節家戶人家置辦年貨，也都要打糍粑、做年糕，除了自家吃外，主要是用來作走人戶（走親訪友）的禮品。

以前城裡人做糍粑，是將打爛的糯米飯從石碓裡摳出來，人們立即圍著方桌，一人扯一坨糍粑捏起來。捏糍粑當然也有技術，熟練的但見兩手翻動，右手指配合左手大拇指和食指，幾捏幾捏，然後右手一擰，一個又圓又白、冒著熱氣的糯米團擺在了桌上。如果不熟練，不但捏不圓，而且半天捏不成一個。捏糍粑時還要不時在手上搽些化豬油和蛋黃，這樣就不會粘手。待糍粑捏好後，將另外一張四方桌翻過來壓在上面，這個時候是小孩子們最快樂的時刻，紛紛爬到桌子上去踩壓蹦跳。待大人將桌子抬開後，一個個薄薄的圓形糍粑呈現在面前。然後孩子們又爭著用蘿蔔刻成的五角星或囍字印章，粘上紅色汁水蓋在糍粑上。這樣，糍粑就算做成了。

打糍粑、捏糍粑是一個需要多人配合的工

作，一般都是幾家人湊在一起打，男男女女，老老少少，笑語喧嘩更加襯托出過年的喜慶氣氛。小孩子們尤喜歡這種場面，你追我趕，你叫我嚷，有吃有玩，好不快活。吃糯米飯、上桌壓糍粑、給糍粑蓋紅印戳，那濃濃的過年味，現今想來真是讓人回味不已啊！。

當然，街市上也有專門的糍粑店。過去成都牛市口糍粑店就是很有名氣的一家。有的人家自己不做的，或做不了的，都會到糍粑店去買。糍粑店早晨賣有紅糖糍粑、白糖糍粑、油糕、豆漿、粉子醪糟等；晚上則賣有醪糟糍粑、掛麵、醪糟雞蛋等。到夏天還會買一種涼糍粑。涼糍粑與三大炮實際上是一回事，只是三大炮是熱吃，涼糍粑是冷吃而以。夏日賣涼糍粑亦是每盤三坨，不裹芝麻和黃豆粉，只是淋上紅糖汁水。涼糍粑入口有股淡淡的涼意和香甜，嚼起來鬆軟滋糯，很是適口。

在川西高原的汶川、茂縣、九寨溝一帶的藏族和羌族人家，還有一種獨特的洋芋糍粑。逢年過節，打洋芋糍粑亦是件很隆重和熱鬧的大事情。「要得吃好飯，洋芋砸糍粑。」無論是生活在艱苦年代還是現在生活相對富裕，當地人都有這種說法。雖然無人考究洋芋糍粑系何人發明，也沒有什麼傳奇故事，但生活在這裡的藏、漢、回、羌各族人民卻世代流傳著吃洋芋糍粑的習俗，並一直延續到今天。

洋芋糍粑的製作工藝既原始又獨特，用像獨木舟式的樺木水槽，把煮好晾冷的洋芋放入槽內用木錘砸製而成。砸洋芋糍粑既要有力氣，又要有技術和耐心。把選好的洋芋淘洗乾淨放入鍋內蓋上蓋煮（或蒸）一小時左右即熟，剝去皮晾冷，放入槽內開始砸。頭三遍慢工出細活，提錘不高以砸爛砸細為准，然後依次將洋芋從槽的一頭砸爛到另一頭，再倒砸回來，重複三個回合洋芋已被砸爛成泥。第四次可稍加力氣，每錘都是乾淨俐落的落槽，隨後的第五個回合，可甩開膀子舉錘過頭落入槽裡，依次推進砸洋芋，直到澱粉、糖等融合成團狀。經過一個多小時的奮戰，清新撲鼻的洋芋糍粑就製作好了。

傳統的吃法是配製「漿水」，用菜油或豬油將農家人自己製作的酸菜在鍋內炒十分鐘，放上鹽、花椒、蒜、蔥、紅油辣椒或青椒，加入糍粑在湯內煮數分鐘，連湯帶糍粑塊盛在碗裡食用。給人以麻辣酸香、細嫩滑膩的感覺。有的時候還可以伴以蜂蜜、炒黃豆粉等，吃來味道鮮美，香甜可口。

「月有陰晴圓缺，人有悲歡離合，此事古難全！」時至今朝四季照常輪替，中秋春節年年如期而至，香香甜甜，滋糯綿軟的糍粑風情，卻早已逝去。現在兄弟姊妹各有其家，糍粑所伴隨的諸多歡樂也被現代生活的烏煙吹得無影無蹤。

047
糖餅兒

自古以來，四川不少地方盛產蔗糖，民間藝人把蔗糖加熱融化，在青石板上滴成一個個直徑約二公分的小圓糖餅，再嵌入竹籤賣給小孩子捏在手上招搖過市，邊玩耍邊含在嘴裡悠悠地吃。

成都人的口語亦也像小吃一樣的生動豐富，就拿著小小的、不起眼的糖餅來說，人們不滿足其圓不溜啾、土里吧嘰的形象，而要賦予它生動活潑的內涵。於是在老老少少的口語中把糖餅叫做「糖餅兒」、「糖妍兒」或者「糖嫣兒」的，很有一點文學性和詩意化的意思。單從糖餅名稱上的小小變化，就可以看出成都人雅緻的品位和怡然悠閒的心態。你瞧，「糖餅兒」聽起來多了一份親柔和溫馨，「糖妍兒」透露出它富有靈性美麗，「糖嫣兒」又展示出它可人的笑靨；不僅如此，尾碼的兒化音更帶有濃厚的地域色彩，給人一種親近感。

成都人對糖餅的喜愛，甚至可以從女人佯嗔罵丈夫的話裡聽出韻味來——你這挨「糖餅兒」關刀的！想想就覺得很有意思，用糖餅做成的關老爺的青龍偃月刀去「砍殺」丈夫，那「砍」得不是血淋淋的，而是甜絲絲的呀。不僅如此，小小糖餅給人的感覺也是另類的，吃進嘴裡的滋味更是細膩而綿長，那種怡然自得的雅趣，肯定要比新新人類在胸前掛一個奶瓶在春熙路上擺「炫酷」強得多。

糖餅情懷

糖餅，在四川地區更普遍的被稱為轉糖餅、倒糖餅。因為糖餅並不僅僅是直接掏錢買來吃那麼簡單。糖餅，又可叫糖畫，但糖畫不可以叫做糖餅，因為二者並不等同。前者是如圍棋子大小，用細竹籤粘上的小紅糖塊，含在嘴裡慢慢吮抿；後者是用紅糖汁澆鑄成的各式各樣圖畫，先供觀賞、玩耍，待快要軟化了，方才一點一點的咬來吃。

糖餅擔子算是小食擔擔中比較大的一種，挑擔的一頭是一小人高的木櫃，黑漆鋥亮。木櫃通常有四、五個抽屜，一格放幾把不同大小黃銅糖刀，一格放削磨光滑的竹籤子，還有一個則放紅糖、飴糖、白糖和色膏等原材料。木櫃頂面是一塊四方黃漆木盤，盤中一個大紅實心圓，被穿過圓心的直線劃分成十幾瓣，每一瓣裡用紅漆描畫有雀鳥、金魚、鼠、兔等，最醒目的是一條長須飄舞、金鱗閃爍的龍。盤心中央立著轉動靈活的竹箭，轉糖餅的這種販售形式也是這款小吃名字的由來。交錢後在畫有花鳥魚蟲的轉盤上，手指輕輕一撥便滴溜溜地轉起圈兒來，待它由快漸慢，最後徐徐停下，箭頭指著什麼圖案，就會得到由那糖汁澆鑄的同樣的東西，最厲害的便是轉到龍了。蝴蝶、小鳥、馬等屬於一般，也有可能只轉到普通的硬幣大小的幾個小糖餅。

糖餅擔子的另一頭，也是小人高，漆得紅亮亮的木箱子，裡面裝著木炭或煤球、引火柴，一個小泥爐終日有火。攤子一擺開，就把火爐移到地上，在紅紅的木箱子上穩穩當當地放好一桌面大小的大理石案板，再把帶柄的銅鍋放在爐子上，調好糖漿，一手拿起金黃燦燦的黃銅糖刀啪啪擊案，脖子一仰就悠揚婉轉地吆喝起來：「糖——餅挑子哎，好戲——呀臺！五分錢你摸一手，一角錢嘛上轉盤，轉到一條大金龍，要你娃兒肩…膀…抬！」

嘴吆喝，手打卦，糖餅師傅已是雙手舞動忙了起來。他先將浸了油的布團在大理石案板上來回一抹，一把黃銅小勺舀滿稠釅香甜的糖汁兒，懸腕輕抖，稀黏的糖漿就大顆大顆滴落在案板上，形成一路圍棋子大小的棕紅透亮的糖餅，再用細竹籤一個個沾上，稍停片刻，糖餅就像塊塊琥珀一般，再用黃銅糖刀輕輕一鏟，就離開了案板，五隻一束，十隻一把地插上案頭上立著的草把上，一簇一簇有如茶色玻璃珠子，在陽光照射下金亮剔透，十分誘人。這時，街邊巷裡的小孩子們已是爭先恐後地跑來，把糖餅擔子團團圍

了起來。有錢的就買上五個十個，美滋滋地吃起來；男孩兒們大多爭著轉竹箭或摸「趙」字。

糖餅攤子

的轉盤旁邊通常都有一個竹簍，裡面裝有寫著趙錢孫李姓氏的小竹牌，如你不願轉糖餅，就摸「趙」字。只要摸到「趙」，就可得到最高數額一百個糖餅或是一條龍，若摸到「錢」字，便有五十個糖餅，以百家姓順序決定糖餅的多少。

記得一九五〇年代末，有次我帶著弟妹在院壩裡圍著糖餅擔子，身上一分錢也沒有，只有眼饞嘴饞的看著別家的娃娃玩著、吃著。忽然弟弟在我耳邊悄聲說：「哥，昨天我看見媽把一個五分的硬幣，從石板縫掉進門口的陰溝頭了。」我一下驚喜起來說：「走，快去找！」三兄妹趕緊跑回家門口，我和弟弟使勁吃奶的氣力，把一塊石板撬起來搬開，大約一公尺深的陰溝裡黑黑的污泥臭氣熏人，我先拿支竹竿小心地刨了刨沒發現，然後一不做二不休順著弟弟指點的大概位置，脫下鞋子，挽起褲腿就跳進陰溝裡，躬著腰在污泥裡小心翼翼地找，過了好一會，真是老天不負苦心人啊，居然找著了，兄弟妹三個一下也喜笑顏開。

從陰溝裡爬起來，趕快洗乾淨手腳，就又帶著弟妹跑去倒糖餅了。因為只有五分錢，不敢去轉糖餅，怕運氣不好轉到個小玩意兒，三兄妹不好分，於是就摸趙字。糖餅師傅拿起竹籮搖得一陣稀裡嘩啦響，我就伸手進去摸，當然誰都希望摸到趙字，憑著感覺手在簍子裡東摸西捏，結果摸到一「孫」字，三十個糖餅，妹高興得跳起來。就這樣一人十個，快快樂樂地吃起糖餅來，心安理得地享受著那香香甜甜的滋味。

在那糖果稀少的歲月裡，能吃上一隻棒棒糖，對我們小娃兒來說已經是很奢華的享樂了，至於奶油球糖之類，那是睡夢中的願望。因此、糖餅就成了唯一可以指望的糖果，糖餅擔擔也就自然而然地進入了我們的童年生活。就美味程度來說，糖餅並不突出，糖餅的精華在於它集合了觀賞性、娛樂性和食用性於一體。參與「轉糖餅」和「摸趙字」的過程以及看藝人們「作糖畫」的過程是最大的樂趣所在。

048 糖畫兒

糖畫對成都人來說是司空見慣，再熟悉不過的了，隨便走進哪個公園，都會看見展示糖畫的攤攤，前面圍了一圈人。做糖畫的人凝神運氣，圍觀的人則是目不轉睛，不斷地發出一聲聲嘖嘖讚歎：「倒得好！」糖畫尤其受到小孩的歡迎，他們吵著要買，要轉一盤，然後拿在手上捨不得吃，輕輕舔一下，又久久地看。有年輕的男女也要一試手氣，如果得了一條龍更是歡呼雀躍。其實他們並不是想要得到什麼，為的是那份快樂的情趣罷了。

糖畫傳說

在幾百年前的明朝時期，民間有一個風俗，每到了新年，上至帝王下至普通百姓，都要祭祀祖先神靈。在祭神的供品中，就有一種用糖製成的豬牛馬雞等動物。用糖做成的供品放不了多久就融化了，後來就改為用紙做供品。而糖畫這種藝術則從供桌上走了下來流於民間。後來糖畫又吸收了皮影、民間剪紙等藝術的造型手法與雕刻技藝，逐漸演變發展為今日的糖畫藝術。

糖畫，還有一個更加生動有趣的民間故事。據糖畫老藝人白世雲、樊德然、黎永成等回憶，相傳唐代四川大詩人陳子昂在射洪家鄉時，很喜歡吃黃糖（蔗糖）。不過他的吃法卻與眾不同，他先將糖溶化，在清潔光滑的桌面上倒鑄成各種小動物或各種花卉圖案，待凝固後拿在手上，一邊賞玩一面邊舔食，自覺雅趣脫俗。

後來陳子昂到京城長安遊學求官，因初到京師人地兩生，只做了一個小吏。閒暇無事時便用從家鄉帶去的黃糖如法炮製，以度閒暇。一天，陳子昂正在賞玩自己的「作品」。誰知宮中太監帶著小太子路過，小太子看見陳子昂手中的小動物便吵著要。太監問明這些小動物是用糖做的時，便要了幾個給太子歡歡喜喜回宮去了。誰知回宮後小太子將糖吃完了，哭著吵著還要，驚動了皇上，太監只好上前如實回稟。皇上聽完原委，立即下詔宣陳子昂進宮，要他當場表演。

陳子昂便將帶去的黃糖溶化，在光潔的桌面上倒了一枚銅錢，用一支竹筷粘上送到小太子手中，小太子立即破啼為笑。皇上心中一高興，脫口說出「糖餅（兒）」兩字，這就是「糖餅（兒）」這一名稱的由來。由此陳子昂便得到了升遷，官至右拾遺。

陳子昂解衣歸里後，為了紀念皇上的恩遇，同時也因閒居無聊，便收了幾個徒弟傳授此技，徒弟又傳徒弟，於是糖餅就流傳開來。糖餅兒生意雖小，但因曾得到過皇帝的賞識，所以生意十分興隆，學的人是越來越多，並且代代相傳直至今朝。

糖畫風采

糖畫，顧名思義就是就是以融化的糖汁做成的畫，它亦糖亦畫，可觀可食。民間俗稱「倒糖人兒」、「倒糖畫兒」或「糖燈影兒」。糖畫分為平面與立體兩種，以銅勺為「筆」、糖漿為「墨」，各種生動的圖案造型在藝人的手下栩栩如生。所用的工具僅一勺一鏟，糖料一般是紅、白糖加上少許飴糖放在爐子上用文火熬製，熬到可以牽絲時即可以用來澆鑄造型了。在繪製造型時，糖畫師傅用小銅勺舀起滾燙的糖汁，在大理石案板上飛快地來回澆鑄，繪畫造型，完成後隨即用小鏟刀將糖畫鏟起，粘上竹籤，插在穀草把上。

初看起來，糖畫是民間藝人的雕蟲小技，但細究起來卻是一門高深的技藝，裡面蘊含了歷史、美術、民風民俗、蔗糖工藝等複雜的元素。製作糖畫跟普通繪畫不一樣。首先，因糖漿降溫後非常容易凝固，所以用糖漿作畫，動作要快。其次，作糖畫相當於連筆劃，每筆之間不能間斷。作畫人用小圓勺舀起銅瓢中的糖汁，以腕力帶動勺子運行，隨意揮灑在光潔的大理石板上，或提、或頓、或放、或收，速度飛快，抑揚頓

挫，一氣呵成。隨著糖液縷縷灑下，不到一分鐘的時間，栩栩如生的飛禽走獸、花鳥蟲魚等形象便呈現在眾人面前。尤其是威風凜凜的遊龍和絢麗多姿的彩鳳，更是令人拍案叫絕。

糖畫的題材有歷史典故、戲曲人物、花鳥蟲魚、飛禽走獸等，以人物和動物的造型最為生動有趣。做糖畫的人是沒有底稿的，畫稿全在他的頭腦裡。他們汲取了傳統皮影製作的特徵及雕刻技法，十二生肖喊來就來，張飛、趙雲、孫悟空、豬八戒、花鳥魚蟲、飛禽走獸，隨著縷縷糖絲的飄灑，便栩栩如生地呈現在你面前，再趁熱粘上一根竹籤便大功告成。小孩舉著騰雲駕霧的飛龍，或展翅欲飛的彩鳳，對著陽光凝望，更是晶瑩剔透，活靈活現，愛不釋手，捨不得吃，只輕輕用舌尖舔一下，又得意地向同伴炫耀，看得人眼饞口也饞。糖畫現在做為一種民間藝術，買糖畫的原因各有不同，十二歲以下的人是因為想吃，十二～二十五歲的人是因為好看，其他人是因為好奇，或者是糖畫喚起了他們童年的回憶。

糖畫風情

人們常見的「糖畫」多是平面糖畫。手藝高超的藝人還會在大理石板上將平面「零件」拼接出風格各異的立體畫來，如自行車、小轎車、飛機、輪船等，極像一件裝飾品，讓人不忍吃掉。甚而還可做一個花籃，先用糖汁做個圓糖餅，再接著倒一個小一點的圓圈，利用兩次糖汁的冷熱不同，一提，立體的花籃筐底就出來了。再加提梁、花卉等，整個花籃不再是平面的糖畫，而是立體的、生動的、豐富多彩的了。

成都大面鋪的連山村是遠近聞名的「糖畫之鄉」。人們常能在街邊看見一群娃兒圍著什麼呼叫著，走攏一瞧，多半是糖畫和一位弓著腰身的糖畫藝人。連山村從兒童到老叟幾乎人人身懷做糖畫的手藝，除花鳥、人物、金龍、花籃、燈籠外，雞、鴨、魚、貓、狗、兔做得活靈活現，一顰一笑、一縱一躍無不逼真和傳神，且顏色金黃光亮，味道香甜不膩，質感脆朗柔滑。幾十年間，有些糖畫技藝超群的，還曾赴香港、澳門地區及日本、西德、法國等國獻藝，名噪海外。其中身懷絕技的葉也福、葉有福兄弟，一九九一年受成都市糖畫協會委託，以「連山糖畫」為主體，用五噸糖，成功製作了一條大金龍在成都春節燈會上展出。

二〇〇七年六月，在成都非物質文化遺產公園的錦江展廳內有一件特殊的立體糖畫。這是國內第一次出現的一條由三噸白糖製成，全長二十公尺、高三公尺的「糖龍」，吸引了眾多遊客的目光。這條碩大的「糖龍」呈騰空狀，周身鱗甲全部由金黃色的糖片組成，栩栩如生、耀眼華麗。而據現場工作人員介紹，「糖龍」的「龍骨」全部由鋼材連接而成，骨架竟長達二十公尺，高達三公尺，整個「糖龍」由二十多位糖畫民間藝人忙碌了十多天才完成。六月的成都，氣候已異常，近似酷暑。不少好奇的遊客心存疑惑：「為什麼這樣的大熱天，『糖龍』不會溶化？」其實，「糖龍」不會溶化的關鍵，就在於糖畫藝人研製出的一套特殊的熬糖技巧。

今年五十二歲的國家級非物質文化遺產糖畫傳人陳良剛出生糖畫世家，八、九歲就跟隨父親學習糖畫手藝，十多歲開始在青石橋擺攤。手藝精湛的陳良剛只要一出現在望江公園，圍觀光顧的大人小孩就絡繹不絕。作為「成都糖畫」的代表性傳承人，近幾年他一直忙著在省內外、國外交流表演，每週只有一兩天在望江公園擺攤。

今年年初，陳良剛把糖畫專用石板和一個小煤油爐搬進了青少年宮，為孩子們表演做糖畫。

陳師傅舀起一勺晶瑩剔透的糖汁，氣定神閒，運腕走勺，幾十秒鐘就變成一隻蜻蜓、一隻蝴蝶，或者一隻栩栩如生的鳳凰。孩子們看得一個個發神，興奮不已，甚至還有孩子纏著陳師傅要學糖畫呢！

就像一切有生命力的民間藝術一樣，糖畫確實有著它特殊的魅力。別看它簡略得只是一個輪廓，但或龍或鳳，或鳥或獸，卻又無不是惟妙惟肖，活靈活現，極生動，極傳神，很能印證「以少少許勝多多許」的藝術境界。那曲折有致的「線條」，即令是細若遊絲，卻也顯得硬朗、堅挺，風骨棱然，頗有些鐵畫的意趣，而那別致、大膽、詭異的造型，則更能讓人聯想到國畫中的大寫意，甚至現代派繪畫的情味。充滿了市井氣息的糖畫，無論是畫本身，還是作畫的過程都是饒有趣味的。因此直到今天，即令是處在通都大邑的一派現代風尚中，糖畫仍處變不驚，孤傲地佔據著他的領地。

近年，在糖畫藝術園地裡，湧現不少新作，其中最耐人尋味的是立體「金龍」和「彩龍」。它們共分頭、身、眉、眼、角、舌和嘴裡銜的寶珠等九個部件，粘合組成之後，既可正視，也可側觀，形象生動，給人一種活潑飛騰的美感。「鯉魚」的鑄型，其過程也饒富興味。鑄手先舀一滴溶糖於石板，接著用按片向外推去，宛如國畫家淡墨一揮，一條薄薄的、透明的「魚身」便形成了。接著再來回運腕，魚的頭、尾、鱗、翅則無不具備。接著再裝點上藻草和水紋，一條活生生的「鯉魚」便告鑄成。其他如妙趣橫生的「猴子打傘背猴娃」，造型洗練的「水牛」和「梅花鹿」等等，均極優美，可以概見鑄手們的手藝，是美好心田綻出的鑄糖美術之花！

成都糖畫還與川劇相結合，體現了糖畫藝人善於觀察和總結生活的特點。他們創作的戲劇糖畫作品，完全就是一折折無聲的川劇摺子戲，其人物和故事情景非常逼真生動，雖沒有鑼鼓絲弦的伴奏，也仿佛載歌載舞。糖畫就是這樣以無聲的形象，給人們留下豐富和美好的願境。

光顧糖畫挑子的當然都是小孩兒，倘有成人跟著，有那份豪氣「定製」大龍的，藝人倒也願意給你畫，不過那價格就貴得叫一般人不敢開口了。孩子們則喜歡轉「盤子」來碰運氣的。糖畫當然可以吃，但很少有孩子拿了就吃，常常是在興高采烈時碰斷了、碰碎了後，才往口裡送，當然也會遺憾好久。糖畫是甜的，而因為上述的原故，它在藝術趣味上又絕無甜俗之嫌，堪稱是一門大俗大雅的藝術呢！別看藝人們作畫時只是信手拈來，一副漫不經心的樣兒，從那勺沿流下的糖線非但疾徐有致，且能在不斷的抖動與舞蹈中表現出鮮明的韻律感來！

糖畫心聲

作為川西壩子的傳統食糖工藝，在幾十年前，其他地方還有一些做糖畫的人，後來都漸漸消失了，只有成都的糖畫得以傳承下來，保留至今。儘管現在從事糖畫行當的人數較過去有所下降，但糖畫的這種魅力逐漸又得到了越來越多人的認可和關注。它已被列入四川省省級非物質文化遺產保護名錄。同時，糖畫藝人的地位也日益提升。在成都平原，以樊德然、蔡樹全、徐淑華為代表的一些民間糖畫藝人即是通過各種形式被認可。

八十七歲的樊德然，曾在成都街頭賣糖畫長達半個多世紀。一九六四年，樊德然就將攤位擺進了當時的花會。沒想到在這裡，樊德然迎來了生命中最難忘的一天。

三月五日，在一群人的簇擁下，樊德然突然發現，為首的那位居然是周恩來總理。周總理一進來，就沿途一個接一個的觀看小攤上賣的東西。一看這情形，樊德然就趕緊熬好糖，想給總理露一手。當周總理來到他的糖畫攤時，他立馬起身鼓掌歡迎，接著又麻利地坐下來，拿起勺迅速給周總理畫了一個壽桃。周總理很仔細地看著樊德然作畫，當他把桃子倒好後，周總理高興地鼓掌。在樊德然看來，雖然這次表演只有幾分鐘，但這段情景卻永遠留在了他的心中。

一九九二年五月，六十八歲的樊德然應邀參加「中法友誼民間藝術代表團」，代表糖畫藝術赴法國訪問表演，並受到當時的第一夫人密特朗夫人的接見，糖畫第一次走出國門就引起了廣泛轟動。

糖畫老藝人高邦金世居郫縣安德鎮老街，一九八三年春天，高邦金懷著對「破四舊」的怨氣和對改革開放的激情，把砸了的攤攤兒重新打理，換上漂漂亮亮的新裝，到郫縣縣城開業。樂得縣文化館鐘館長大力支持，在館門前特為高老

劃了個攤位。無論逢場閒場，只消他舀上溶糖澆鑄，攤兒便圍滿了人，投來親昵的目光，全神盯著高老手上的勺子。那紅纓轉轉兒更是轉個不停，小朋友們越發投入，隨著弓端尖尖指龍得龍指鳳得鳳，得主異常興奮，從插滿成品的草把兒上取下所得，高舉在手，滿臉堆笑，久久捨不得咬它一口。

這年十月中旬，中國美術館副館長曹振峰、中國民間美術博物館籌備組的廖開明來到郫縣與鄧歟就四川民間糖畫藝術座談後，觀賞了高老父女鑄糖藝術。看得客人們駐足良久目不轉睛，博得曹館長不斷稱道：「奇才奇技，難遇難逢！」嗣後不久，中國民間美術博物館籌備組把高老父女鑄糖人人兒的介紹圖文推薦給《新觀察》雜誌發表。

一九八八年美國民俗考察團應邀訪問大陸，在四川郫縣見到高氏父子鑄藝異常驚喜，出奇神往，採訪的、錄相的、攝影的、撥轉盤竹箭轉的，忙了好大一陣。來訪的日本朋友也對高老的

鑄糖技藝十分傾情，讚不絕口。歲月如流，二十年彈指間過去了。如今年過八旬的高老硬朗健康，一臉紅潤。他子女均能繼承父業，照說大可樂享天年，但他仍不忘鑄糖人人兒藝術，常在縣城、公園，人們愛去的農科村或廟會，見到他和子女在那兒擺攤獻藝。

另一位成都糖畫大師蔡樹全，現為四川省民間文藝家協會常務理事。出生於成都邛崍糖畫世家的他，率先把傳統平面糖畫創製成立體糖畫，並且還移植燈彩藝術「糖燈」，在成都燈會、北京荷花藝術節、羊城博覽會上展出長達十餘公尺的「糖龍燈」、「芙蓉孔雀燈」等精彩作品，引起巨大轟動。他還先後在國內各大都市及日本、德國、西班牙、新加坡等地作糖畫表演。其作品及藝術成就在國內外近百家報刊、電視臺作過宣傳及專題報導，且在全國第二屆烹飪技術大賽中榮獲特技獎。蔡樹全被中國民間文藝家協會授予「民間工藝美術大師」，被聯合國教科文組織授予「一級民間工藝美術家」，被中國民間工藝美術家委員會授予「國際民間工藝美術家」稱號。

成都還有一巾幗糖畫藝人徐淑華，是成都溫江柳城鎮人，幼年隨父學藝，經過勤學苦練，成就一身絕技。一九八七年在四川省文化藝術節上，他與來自巴蜀各地數百名高手同台競技，一舉奪魁。其後又榮獲「名工藝獎」，一九九〇年代後，多次應邀出訪香港及日本和北京及沿海地區表演。

二〇〇八年，糖畫被正式列為四川第二批非物質文化遺產的名錄之中，這個曾在川西平原流傳了五百餘年的民間技藝術得以傳承和弘揚起來，展現著它獨一無的藝術風采。

049 羊肉湯

早些年，成都的冬天來得又早又突然，常常是白天還溫暖如春，一夜北風驟至，梧桐樹葉頃刻掃盡，只剩光禿禿的枝幹，人們趕緊穿上冬衣以避風寒。這時，蓉城的羊肉湯館紛紛燃起爐灶（非冬天時賣川菜或小吃），將熱騰騰香噴噴的羊肉湯熬得翻江倒海，滿街的羊肉飄香。在成都眾多的餐館小吃中，專售羊肉湯的店雖不多，但均勻地散佈在四門及市中心，且家家都生意興隆，特別是早晨那更是顧客盈門。

一九五〇年代初，我常跟著父親一大早就去新南門橋頭臨河的羊肉館喝羊肉湯。只見小店門口木架上掛著好幾只紅白相間的已剝皮開膛的整羊，店內店外熱氣騰騰早已座無虛席。老闆與我父親是老相識了，特地親自出面讓顧客擠一擠，給我們父子「鑲座」。父親告訴我，初冬喝羊肉湯，一冬都不會冷。尤其是有時我半夜尿了床，父親更是一大早就要帶我去喝羊肉湯，說是喝了羊肉湯就不尿床了。父親還說，羊肉湯要喝清晨熬好的頭道湯，才又鮮又香又濃，肉吃不吃無所謂，但切不可吃多，因羊肉下肚後要「反脹」，弄壞了脾胃吃不消。那雪白鮮香的羊肉湯是可以反復添加的。羊肉湯要油重，一把碧綠的芫荽配上脂玉般的羊腸煞是好看。父親說，小孩子常喝羊肉湯，長大身體健康，不怕累、不怕冷。我聽下了這些，自然對羊肉湯鍾愛有加，也注入了一絲特殊的情感。以至幾十年來，每到冬天必然要喝羊肉湯。

吃羊肉湯必須配白麵鍋盔，而且要剛出爐的皮酥肉熱的，不然吃趣大減，也可以配上鮮炸的油條吃。直到現在我也保持著父親言傳身教的這一吃法。那時，羊肉湯館都專門配有鍋盔攤子現打現賣，新鮮可口。將白麵鍋盔撕成小塊，在羊肉湯裡一泡，別有一番風味與吃情。一頓羊肉湯喝下來，滿臉通紅，渾身暖和，手腳也不僵了，一上午都舒舒心心、自自在在的。

常言道：冬天到，羊肉俏。尤其是冬至吃羊肉喝羊肉湯，更更是千年不變的習俗。成都人平時都不大吃羊肉，說是吃了燥火。一入冬後卻一反常態，城鎮裡的大街小巷，似乎一夜之間突然就冒出了許多的羊肉湯館，家家門口都擺著一肉架子，倒掛著幾頭紅白相間的整羊肉，有的還在街邊的樹下繫了一隻黑山羊。朝街的大爐灶火焰熊熊，大鐵鍋裡乳白的濃湯翻滾跳躍。一到冬至前後，家家羊肉館都會人滿為患。

在天寒地凍，冷風冷雨的冬天，羊肉湯獨有的濃香，就像一股股魔氣般誘惑著人們不由自主地要去吃一鍋湯香肉美的羊肉湯鍋。那湯裡煮熟了的鮮嫩的羊肉羊雜，那一碟盛著鮮青椒末、通紅的小米辣、豆腐乳汁、香菜、香蔥等蘸料，著實都弄得人心慌意亂。羊肉、羊雜及湯吃喝得差不多了，還可以在湯鍋裡放入蘿蔔、冬瓜、青菜頭、白菜、豌豆尖、粉絲、豆皮等素菜燙食，讓葷素得以平衡。

冬至似大年，以食進補，不離一個「羊」字。一九九〇年代後，成都平原以「羊」為主題的系列節慶活動鋪天蓋地——山羊節、賽羊子、鬥羊、吃羊肉、喝羊湯、烤全羊一時間浸潤著老百姓的味覺、嗅覺、視覺、聽覺。最熱鬧的是「中國．簡陽首屆羊肉美食節」，三十公里串珠式「綠色羊肉」長廊，架起三百口熱氣騰騰的羊肉湯鍋，萬人免費品嘗這饕餮大餐，八萬多隻出欄肥羊供遊客大快朵頤。然後由專家、食客評選出簡陽羊肉湯名店、山羊文化美術攝影展覽、羊業發展論壇、種羊拍賣會等活動，吸引了數十萬人到場。

「成都．大邑悅來麻羊美食風情節」上，千年古鎮演繹著「庖丁解羊」的新義，刀光閃閃，羊肉紛飛，刀至羊解，九十秒鐘解全羊，誕生出「二〇〇三年悅來第一刀客」。

「第五屆双流黃甲牧山麻羊節」上，用一隻羊一口氣可做一〇八道菜肴，蒸、炒、煎、煮、燉、……等「滿羊全席」讓遊客齊享口福眼福之悅。「第四屆金堂黑山羊節」，「羊先生」、「羊小姐」粉墨登場，風采奪目，真可謂「羊羊大觀」。

二十餘年間，每逢冬至前後，人們猶如螞蟻搬家一樣，成群結隊，浩浩蕩蕩驅車前往簡陽、黃甲、大邑等地品享羊肉湯鍋，車流從城裡到城外擁堵二、三十公里，那種瘋狂的吃情，真堪稱世界美食奇觀。

簡陽羊肉湯

簡陽羊肉湯，已經成為簡陽的代名詞。諾大的簡陽，城裡城外到處都有羊肉湯館。簡陽羊肉湯是川西壩子羊肉湯鍋裡的翹楚。在這個小城鎮的旮旯角隅，都可品味到羊肉湯，也許鋪子只有彈丸之地，或許店內陳設破舊骯髒，但每一家都是生意興隆，吃的人從春天排到夏天，再從秋天排到冬天。一鍋羊肉湯端上來，湯頭乳白鮮濃，如同凝脂，羊肉柔嫩化渣，羊雜軟脆柔綿，灑上碧綠的蔥花、香菜、芹菜，光是聞到香味就要把人的饞蟲勾出來。簡陽羊肉湯基本上都沒有蘸醬，永遠是配上一碟拌合著鹽、乾辣椒粉、花椒粉的乾碟子，拈上一片羊肉蘸上辣椒粉，吃進嘴裡是鮮香麻辣，風味濃醇。

簡陽羊肉湯的重點在湯而不在肉。湯汁看起來像牛奶，純白濃稠，不帶一絲膻腥，不似脂膏凝凍般厚重，又比單薄的清湯濃厚。湯裡升騰起白色煙霧，在霜天寒日裡散發出一股凜冽香味。喝一口，這股香味便纏上舌頭，久久難散。「淡妝濃抹難掩香，夜雪封門羊肉湯。」這句詩對簡陽羊肉湯而言是再恰當不過了。

俗話說：羊肉湯滾一滾，神仙都站不穩。每天清晨，許多簡陽市民都要來到遍佈簡陽城郊的六百多家羊肉湯館，等著喝還在鍋裡翻滾的最鮮美的第一瓢羊肉湯。這股羊肉香味，如今已影響到了省內外。許多成都市民和出差經過簡陽的外地客人，幾乎沒有不品嘗最正宗的簡陽羊肉湯得。正是這一碗碗羊肉湯，撐起了簡陽經濟的一片天。

如今，簡陽羊肉湯雖不算個稀罕食物，城市裡也開了不少「簡陽羊肉湯」。然而，再好的羊肉湯廚子，一離開簡陽，做出來的羊肉湯就變了樣。肉不夠可口，湯不夠白，味也不夠美。有人說是因為簡陽特有的「大耳朵羊」，有人說是因為三岔湖的獨特水質」，而我只覺得，簡陽羊肉湯煲出來的是簡陽的鄉土氣味，湯裡蕩漾的是獨有的鄉土人情。沒有了原鄉的水土氣息，這湯怎麼會不變味呢！

簡陽本地土生土長的羊叫「火疙瘩羊」，個頭矮小，但生命力極其旺盛。二十世紀初，宋美齡女士從美國引進努比羊，後棄而放逐龍泉山脈，簡陽的土山羊與其雜交，形成彙集中外品種優勢的「簡陽大耳羊」。簡陽人自豪地說：這是外地羊肉湯無法模仿和替代「簡陽羊肉湯」的正宗之源。

據記載，一九四二年春，蔣介石讓宋美齡利用她跟美國上層關係遊說美國提高對華抗日的軍事援助。宋美齡到了華盛頓後發現，當時生活在美國各大城市的貴婦們都時興用羊奶洗澡，崇尚美體養生的她，也嘗試著用羊奶洗澡，一洗之下她馬上就愛上了這時尚的玩意兒。回國時，她帶了八對美國努比奶羊，為了能長期洗羊奶浴，她還特意選了兩隻公羊以便繁殖。

抗戰勝利後，國民政府遷返南京。宋美齡的努比羊已經繁殖到了近百隻，數量如此之多的羊無法一同帶回南京，她就將這些羊送給了當時的四川農業科學研究院，分配在龍泉簡陽一帶養殖。一九八二年，四川省農科院組成的調查小組對當地羊隻品種進行了普查，一種當地沒有的新品種引起了他們的重視，這些羊生長在簡陽龍泉風景區，耳朵長、鼻子拱、體形高大，體重可達上百公斤。經鑒定，這種叫做簡陽大耳羊的羊種就是美國第三代努比羊的近親，有著相近的血緣關係。它就是當年宋美齡從美國引進，與當地土種山羊雜交後，自成一個品種。這種羊的肉質十分細嫩，是別的山羊無可比擬的。所以，簡陽羊肉湯之所以出名，全托了這大耳羊的福。

簡陽的山羊除了種源優勢外，它的生存環境也是簡陽所獨有的。有專家趣言：簡陽的山羊「吃的是中草藥（綠色山草），喝的是礦泉水（龍泉湖、三岔湖的水）」。用如此得天獨厚的條件下生長的山羊作為主要原料的簡陽羊肉湯，自然湯鮮味美。據說，有位精明的臺灣商人，多次品嘗了簡陽羊肉湯後，將其烹技帶回臺灣，開了家「簡陽羊肉湯店」，想喝一碗正宗道地的簡陽羊肉湯，得掏新台幣一萬元。

簡陽羊肉湯既是一碗湯又是一道菜，既用來下飯也可下酒。用筷子從雪白的湯中拈出一片鮮嫩的羊肉，在辣椒乾碟子裡一蘸，放入嘴裡咀嚼，麻、辣、香、鮮的味道全出來了，再喝一口油而不膩、香味濃醇、熱氣騰騰的羊肉湯，那感覺真是太美了。愛喝酒的，不妨來二兩白酒或一瓶啤酒，用羊肉湯下酒，又是另一種味道。店家只收羊肉錢，湯隨便喝。一般是煮熟的羊肉五十～六十五元／斤，羊雜四十五～五十元／斤，生羊血五元／碗。一個人花二、三十元錢，就能吃得飽飽的，既吃了肉又喝了湯，豈不美哉。

黃甲羊肉湯

成都另一個產羊、吃羊的風水寶地，就是市郊的黃甲鎮。黃甲地處双流縣境內的淺丘區，這裡終年氣候溫和，日照充足，牧草豐茂。早在三國時期便是蜀漢諸葛亮放牧軍馬的地方，附近的一座山也因此被稱作牧馬山。由於這裡優越的自然環境，所產的麻羊也品質優良，其羊毛柔軟不扎眼，肉質則肥腴鮮美，自古以來就是人們喜食的羊肉品種之一。

黃甲鎮養麻羊起源於黃帝，發展於蠶叢，繁榮於當代。蠶叢部落從疊溪遷徙到成都平原後，定居双流。蠶叢最初帶來的山羊品種很多，後來經過長時間的「優勝劣汰」，麻羊這個優質品種以絕對優勢生存了下來。麻羊，因為皮毛呈黃褐色，其間又鑲嵌著勻稱的黑色斑點，所以人們習慣地稱之為「麻羊」；再因為開明王當時的都城在廣都，偶然一夜「自夢廓移」，此後「乃徙成都」，由此又叫「成都麻羊」。

而黃甲麻羊湯鍋據傳也始於三國，盛於清代。今天黃甲的王家場曾是諸葛亮厲兵牧馬之地，麻羊湯鍋曾是將士們強身健體的最佳美食，一年一度的冬至喝羊肉湯，就是麻羊湯鍋鼎盛的標誌。從推車、抬轎等下層勞苦大眾吃的「羊下水」，到沿街叫賣的「羊肉串」，再到端上席面上的麻羊湯，黃甲麻羊湯鍋的形成是一個逐漸演變、逐漸發展壯大的過程。

黃甲羊肉湯鍋以麻羊為原料，羊肉、羊雜、羊骨先入鍋熬煮，然後以濃濃的湯鍋為底，將煮熟的羊肉、羊雜撈起切成片，用涼水沖洗後，再放入湯鍋中燙煮，蘸味碟吃，味碟有香菜、青辣椒末、紅小米椒和香蔥、香菜，還有一樣特別的，就是在碟子裡面加紅豆腐乳，味道更加鮮美。

如今，山梁上只有一條街的黃甲鎮，羊肉餐館一家挨一家。其中集休閒、餐飲、娛樂、會務為一體的羊肉酒樓就有三、四家，上檔次的麻羊生態農家樂也有十多家。發展到烤全羊、回鍋羊肉、虎皮羊腸、龍井羊腎等上百種菜品，以肉質細嫩、味道鮮美、不腥不膻的黃甲麻羊及豐富多彩的麻羊菜肴而享譽蓉城。走進黃甲，談起黃甲與麻羊，每個人都是滔滔不絕，從劉備、張飛屯兵養馬牧馬山，談到黃甲的地名來歷；從羌人引種麻羊到黃甲，到黃甲羊肉湯的由來。即使還沒吃到羊肉，也已品嘗到一份羊文化大餐。「吃羊肉，到黃甲！」特別是冬至前後，到黃甲吃羊肉成了成都市民的首選。自此，麻羊湯鍋「熬製」的麻羊節，成了成都市民神往的地方。

小關廟羊肉湯鍋

全年三百六十五天，除了冬至前後幾天，位於成都市區的小關廟街顯得寂寥與落寞。到了冬至前後，便是小關廟的狂歡節。長不過二百多公尺的小街上，張燈結綵，喜氣洋洋，洋溢在濃郁的節日氣氛中，熱鬧不輸春節廟會。從中午到深夜，小關廟恍若大集市，食客們摩肩接踵，幾百桌羊肉湯鍋散發出蓬勃香氣，燒化了冷風，融化了寒氣，小關廟儼然成為神秘兮兮的羊肉湯鍋的樂土。來自四面八方的男女老少們，為了一個共同的目標，絡繹不絕，前赴後繼，彙聚到小關廟。使得小關廟一大早便要實行交通管制，禁止車輛通行。一到中午，就開始預熱了，各家店鋪就熱鬧非常坐滿了客人。到下午，吃羊肉的熱浪就一浪一浪的從街頭漫過街尾，甚至漫過附近的幾條街面。

傍晚時分，小關廟整條街上，瀰漫著濃濃的羊肉香，經營羊肉的商家索性把餐桌擺上街來，一排排餐桌密密匝匝，浩浩湯湯，數百桌沿街排列開去，如同一條湯鍋流水線，蔚為壯觀。入夜後方是羊肉火鍋大戲的高潮，家家餐館燈火通明，人氣喧騰、熱浪滾滾，五、六百張餐桌，三、四千人大快朵頤，乍以為嚴冬變夏日。晚上九、十點了，人們還在一潮一潮的湧來。據說，每家店鋪在冬至前後這兩、三天，每天都要準備兩千來斤羊肉，僅一天的羊肉消費至少在一百萬元以上。這一天究竟吃了多少隻羊，那就無法統計了。

其實，小關廟街以前本不是以羊肉湯鍋聞名

於世的。顧名思義，小關廟，這條街是與「關」字有聯。「關」，就是三國時期關羽的義子關平，這裡原有一座廟，特地用以紀念關平的。已經有一千七百多年的歷史了。當然隨著歷史的變遷，廟子早已不復存在，只留下了這個名號。也許是潛移默化吧，人們把對英雄的崇敬化作了行動，那就是像英雄豪傑那樣大腕吃肉、大口喝酒。因此，不知道啥時候開始，這條街開始了羊肉湯鍋的大賣場。一年裡，除了冬季生意紅火之外，其他季節，店老闆都是做麵食、麻辣燙等小吃生意，把鋪子撐起，因為只有冬季，人們才會想起這條街，因為它的羊肉湯鍋而朝拜它。

小關廟的羊肉湯鍋，其實是羊肉火鍋，的確很有特色。一鍋白鮮鮮的湯，熱氣騰騰，它是用鯽魚拿紗布包好、豬的棒子骨、羊的棒子骨、羊肉一起煮，有的還添加各種滋補品，羊肉好後撈起切片，湯繼續小火熬，熬得發白，敖得越久越好。客人來了，就上一鍋熬好的羊肉湯，擺好紅辣椒顆粒、香菜、郫縣豆瓣、鹽等調味品。再把事先煮好的羊肉按客人報的斤兩稱出，很多人喜歡吃羊雜，也就是羊腸、羊肚之類的，火鍋燒開，放下已經熟透的羊肉羊雜，立即可食。那味道，用成都話說，就是巴適得很。不，簡直巴適慘了！一時間，熱氣騰騰中，人們吃著碗裡看著鍋裡，不時聊幾個搞笑的段子。也不管旁邊等著就座的客人已經饞涎欲滴，依然故我，慢悠悠的吃著、笑著、聊著，渾身暖洋洋的，那個愜意，簡直無法言說。

二〇一〇年十二月起，隨著一些老街的改造，小關廟這條持續了二十多年的羊肉湯鍋一條街，雖然有所改變，但依舊火爆，繼續一飽成都人的口福。

民間有諺：掛羊頭賣狗肉。此舉歷為世人不齒。但當羊肉成為一種「食」尚，「高掛羊頭」便漸進為一種文化。這種文化從單純的「吃在山羊」，演變到「文化蘊涵在山羊」。羊肉湯，在川西平原上正潑墨書寫著一種文化，一個地域，一方水土的人文風情和景觀。

050 新都金銀絲麵

金絲麵，被金氏世界紀錄評定為世界上最細的手工麵，其最細的手工切麵僅為〇．〇六七公釐，細過一根頭髮絲。二〇〇四年十一月十一～十三日，在美國加州世界著名啤酒之鄉格雷斯通的納巴西谷，「第七屆世界之味國際年會」及「世界之味美食節」上，作為「亞洲風味」主題的特別專案「中國傳統川菜」表演，成為最為精彩，最出風頭的節目。

在四川風味小吃表演專案中，當深得川菜大師、小吃大師張中尤麵點工藝真傳的川菜名師蘭桂均，手持一把長約八十三公分、寬約十六公分的大刀，雄糾糾氣昂昂走進表演大廳時，全場數百人先是一驚，隨之譁然，不知道這位中國大廚是要宰牛還是要殺駱駝。當蘭桂均站在表演中心解說，這把大刀是師爺、師傅留傳下來，用來切麵條的，曾跟隨師父走遍世界各地乃至聯合國，全場更是一邊轟動。

而當蘭桂均表演切麵條時，只見他手持大刀，氣定神閒，手起刀落，隨著手腕的輕輕擺動，分別成為黃、綠、紫、紅的細如發絲的金絲麵及韭菜葉子麵、麻花麵、爐橋麵展現在六百位世界各地烹飪高手面前時，表演大廳頓時鴉雀無聲，人人都目瞪口呆，接著，瞬間爆發出海嘯般的歡呼，雷鳴般的掌聲。

在麵條烹煮調味後，分別盛在一個個土陶青花大碗裡，整齊均勻的麵條上擺放有青菜尖、芽菜、蔥花、花生、肉餡。人們更是激動雀躍，「從未見過這樣美麗的麵條」，「從未見過這樣烹製麵條」。當蘭桂軍從容地舀上一勺紅油林在麵條上時，又引起一整騷動，有人當場問到：「中國菜太油膩，對身體不好」，蘭師傅笑著機敏地回答：「中國菜油多，但胖子少，西方菜油少，但胖子多。」如此巧妙風趣的回答又引得全場一陣笑聲和掌聲。世界名師高廚們開始品嘗時，蘭桂均一句「品四川小吃，有如品法國美酒」的精妙之語，又給人們留下了韻味深長的感受。金絲麵、銀絲麵更突顯了川味麵條的工藝絕活，讓世界為之驚歎。

金銀絲麵之絕

翻開《新都商志．名特篇》，有記載：「新都銀絲麵，根根細如線。製作工藝巧，吃起味更鮮。」這首出自民間的順口溜，俱體地描述了銀絲麵的特色。金絲麵、銀絲麵是以外觀形象定名的手工製作的麵條。「金」指麵條色澤金黃，「銀」則潔白似玉；「絲」，言其細，如髮絲，能數根麵條一起穿針而過。金銀絲麵雖細如發絲，卻是柔韌綿紮，滑爽怡口，鮮香味美，煮時不斷裂、不渾湯，既是精美小吃，又是工藝製品，被譽為「川西一絕」。

金絲麵創於何時何人，無從考證。有說金絲麵源於自貢擔擔麵，創製者是自貢鹽邦食府掌門人李紅凱。李紅凱說，他在北京飯店當廚師時，見許多客人是沖著四川名小吃而來，便萌發了製作更精良四川小吃的想法。幾經鑽研，他以擔擔麵為基礎，逐步發展出細如髮絲、綿而不斷的金絲麵。他詳細描述，一般半斤麵就可擀出寬七十五公分、長四公尺多的薄麵皮，切出來的細麵條，在一個針眼內可一次穿過三十多根。

他還向人們展示了他的驚人技藝：將揉好的麵擀好，擀出的麵皮需要六、七個人同時捧著展示；這張麵皮鋪在報紙上，報上的字竟清晰可見，接著，他運刀如風，一根根細如髮絲的麵條有節奏地列隊而出。隨即，將切好的麵條從一根針眼裡穿過，竟一連穿了三、五根。他擀的金絲麵雖然細，卻韌勁十足，煮後變得晶瑩剔透，絲毫沒有沾膩或斷線。為了驗證，他抓起一把麵條，點燃打火機，居然全部點著了。

所謂「金絲麵」，是以全雞蛋調製麵粉，揉製成麵團，再擀製加工為細麵條，故而根根麵條色澤金黃而得名。現就職於香港某集團公司任總經理，同時擔任香港美食親善大使的李紅凱，花了十七年的時間，用了一百二十噸麵粉，才練就了這一烹飪絕技。

二〇〇七年八月七日，來自成都的六位川菜名廚在臺北國賓大飯店小試身手，展示「金絲麵」製作的刀工絕活與道地川菜技藝，令此間媒體、同業驚豔。成都小吃名廚張寒勇切出的金絲麵精細如絲，使用的卻是刀面約四、五十公分的鵝掌大刀；他一刀刀快速切出的麵絲亦可引火點燃。他說，材料的關鍵在金絲麵是麵粉混合雞蛋做成，且不加水。對於記者關於絕技如何練就的提問，張寒勇說，十八歲高中畢業後專攻麵點，用一年半時間練成。他笑說，不停地練習你也可以做到的。

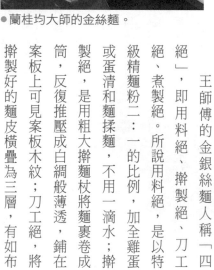

銀絲麵的創製者則是新都特級白案廚師王紹成。他十二歲入廚，拜新都一位人稱「李大案」的白案廚師學藝。由於生性憨厚，勤奮好學，終日勞作在麵案之上，日漸掌握並精通白案技藝。他在金絲麵的技藝基礎上加以提高，只用雞蛋清調揉麵團，碩大麵棍將麵團擀製得薄透如紙，再用一把特製大刀切為細絲而成銀絲麵。

蘭桂均大師的金絲麵。

王師傅的金銀絲麵人稱「四絕」，即用料絕、擀製絕、刀工絕、煮製絕。所說用料絕，是以特級精麵粉二：一的比例，加全雞蛋或蛋清和麵揉麵，不用一滴水；擀製絕，是用粗大擀麵杖將麵裹卷成筒，反復推壓成白綢般薄透，鋪在案板上可見案板木紋；刀工絕，將擀製好的麵皮橫疊為三層，有如布匹，左手平伸橫壓在麵皮上，右手持特製大刀從右至左，刀隨手移，即成細能穿針，著火可燃的麵條；煮製絕，即沸水下麵，浮起即撈，僅約半分鐘，迅速快捷，撈入清湯麵碗，鋪上燙熟的豌豆尖，澆上麵臊即可。金銀絲麵，色澤高雅，麵條精緻，柔韌綿紮，滑爽宜口，味美鮮香，營養豐富，一經品嘗，無不稱道，愛不釋口。王師傅如此博采眾家之長，苦鑽勤練，創製了銀絲麵這一川味代表性工藝麵點。

一九五八年，首次四川省飲食行業烹飪技藝表演賽在成都廣漢舉行，各地名師薈萃，烹鐔高手雲集，八百餘名名師大廚各顯身手，數百種川點小吃爭奇鬥豔。王師傅製作的金銀絲麵以其超群的技藝和風味特色，受到與會者的一致讚賞。

一九八四年，在成都城鄉飲食技術交流大會上，王師傅製作金銀絲麵的現場表演，轟動廚界。其後，他多次受邀到各地表演獻藝，傳經授道。使這一麵點絕技得以傳承。

金銀絲麵之美

一九三〇～四〇年代，金銀絲麵的工藝就已傳到了成都。那時，成都錦江橋東街有家叫「廣興」的小食店，所售的「金絲麵」亦遠近聞名。其主製師傅之製作工藝與新都王師傅如出一轍。亦是全蛋和麵、精心擀壓、切麵精細、煮麵講究、調味精到。尤其是切麵的刀工令人嘆服，其麵如金絲，細柔均勻，數根一束穿針而過。在成都飲食界享有「四絕金絲麵」的美譽。

一九五〇年代，成都少城小餐的川菜大師張

懷俊，亦是製作金銀絲麵的高手。一九二八年，十五歲的張懷俊來到成都長順街的熙和飯館當學徒。該店的白案廚師周亨泰便是作金絲麵的好手，他做的金絲麵，麵絲金黃，每根有兩尺多長，不沾不斷，用火柴一點即燃，從頭燒到尾。周師傅見張懷俊頭腦靈光，身體結實，能吃苦耐勞，為人又本分，便在每天晚上收堂後，點起油燈教他學做金絲麵。一次十多公斤的的麵粉，和麵、揉麵、擀麵、切麵把張懷俊累的鼻塌嘴歪，尤其是那六、七公斤重的大刀，不僅要拿得起來，還要穩當運力，張懷俊硬是將手上的血泡磨成老繭，經過刻苦磨練，最終掌握了金銀絲麵的技藝。張懷俊後來不斷學習，成為飲食行業全能廚師，被譽為「多寶道人」，一直到後來成為川菜大師，其金銀絲麵依然是手中絕活。

一九六〇年代後，另一位著名川菜大師，小吃大師，行業中稱其為「儒廚」的張中尤，一九六一年師從享有巴蜀「麵店狀元」美譽的林家治師傅學習川點技術，深得川味麵點、米點、粗雜糧點心製作技藝之真傳。後又從老一輩川菜大師李德明學習紅案技藝，成為川廚中屈指可數，精通紅白案的佼佼者。金銀絲麵亦是張老師之麵點絕活之一。其後他以紅白兩案之絕技，帶著那把切麵大刀，走遍十餘個國家和地區，並坐鎮聯合國任中國代表團廚師長。以其精緻川點，當然亦包括金銀絲麵，以及精美川菜招待了美國前總統雷根、國務卿基辛吉、聯合國前秘書長德奎利亞爾等十餘位國家元首和貴賓。張老師後來把其紅白兩案的絕技傳給了兩個愛徒，現今的川菜大師，小吃大師舒國重和蘭桂均。前文介紹的蘭桂均在美國之金銀絲麵的表演和那把大刀，便是張老師之真傳。

金銀絲麵，以其素潔高雅，鮮香味醇，精美大氣，而被用作筵宴席點。現今，成都龍抄手以及廣漢的金銀絲麵都堪稱上品。尤其是廣漢小食店的全蛋金絲麵，已有五十多年歷史，採用上等精白麵粉、土雞蛋和微量蘇打攪勻，手工擀薄切細而成。色澤金黃，下鍋即熟，不留筋，不渾湯。以原湯沖調料，放紹子，盛芝麻油，其味甚鮮。一九九〇年代後，金銀絲麵也進入了工業化生產，擺滿了各大超市，雖方便可取，然而吃來卻是索然無味，全然沒有吃手工金銀絲麵的那種享受與感悟。

新都風情

新都，位於成都市北郊，居「天府之國」川西平原腹地，素有「天府明珠」和「香城」之稱。新都歷史悠久，源遠流長。《華陽國志・蜀志》載：「蜀以成都、廣都、新都為『三都』，號名城。」也就是說，早在二千七百年前，新都即與廣都、成都同為蜀國名城。

新都文化發達，人文蔚起，被譽為「文獻名都」。至今，新都尚留下許多名勝古跡，其中最為著名的是中國佛教古剎寶光寺和天府第一湖桂湖。寶光寺始建於東漢，是成都地區規模最大，保存最完整的佛教寺廟。桂湖是具有江南園林風格的公園，因明代狀元楊升庵在此讀書餞別友人寫出名詩《桂湖曲》而得名。新都亦是川菜和小吃繁榮興盛之地，一百年間湧現出了眾多名品佳餚和大師名廚。金絲麵、銀絲麵、葉兒粑、桂花糕、荷葉蒸肉等皆名揚川西。

051 新都桂花糕

「八月桂花遍地開，桂花開放幸福來」，這是耳熟口唱的一首民歌。這裡的八月，是指農曆八月，正值九、十月份。農曆八月，古稱桂月，由此可見八月正是賞桂的最佳時期。

「桂蕊飄香，美哉樂土。湖光增色，換了人間。」郭沫若先生的這十六個字，完整地詮釋了桂花的神奇魅力。在美麗的香城新都，明代狀元楊升庵的故居升庵桂湖即以桂花而聞名全國，是中國五大桂花觀賞地和八大荷花觀賞地之一。桂湖有著四川保存最為完好的荷花原生本地種群，種類達上百種之多。其中桂湖紅蓮堪稱荷中極品，花大色豔，為新都獨有。多年以來，到新都賞荷花、桂花，是成都人休閒消夏、渡秋的傳統盛會，荷花節、桂花節也就成了新都的傳統重點節會。

而桂湖的桂花更是大有來頭，據說最初是由明代狀元楊升庵親手栽種。他「全蜀才華稱第一」、畢生著述達四百餘種，《明文》稱讚他「明世記誦之博，著作之富，推慎為第一。」他一生酷愛桂花，年輕時曾在臨近家門的湖畔，沿堤遍植桂樹數百株，並同自已的愛妻、女文學家黃娥，在這裡度過了幸福的新婚生活。後人為了紀念他們，陸續在湖畔廣植桂樹四千多株，並擴大湖面，在湖裡廣種荷花，把桂湖園林培修成「滿湖荷桂」、「額秀芬香」的香世界，並有一年一度的「桂花會」相沿成習。每年遊園開始，人們便三、五成群，笑顏逐開地向桂花林中奔去，以求先睹為快，飽吸花香為樂。

中秋時節，桂湖園裡五千多株桂花爭芳吐豔，一簇簇小米般大的金桂銀桂掛滿技頭，點綴在綠葉之間，向人們盡吐芳香。在桂湖，不論是行於湖邊，或是行於桂花林彎曲幽靜的小徑，還是坐在樓臺亭閣之中，都能聞到桂花馥鬱的芳香，看到桂花掛技吐香的優美畫面。走在桂花樹下，還能聽到桂花那輕微的綻蕾之聲。碰上風吹來，還能享受到紛紛揚揚飄落的桂花雨，灑落在你的秀髮上，即使回到家了，那頭髮依然還是桂花飄香。

桂湖裡有金桂、銀桂、丹桂、月桂，品種齊全，珍貴高雅。金桂呈黃色，銀桂呈白色，丹桂呈紅色，月桂則是每月開花。而最先開的總是丹桂，就像宮娥彩女，低眉恭候著姍姍遲來的后妃——金桂和銀桂。金桂銀桂開放後，香氣便達到高潮，馥鬱流溢，十里醉人。人們情不自禁地要將鼻孔紮進花蕊裡，飽吮清香。有的還將灑落地上的桂花攬起來，吹掉浮塵，用手帕包起放在衣兜裡，滿載而歸。更有些姑娘將桂花用細線串成小花環、花項鏈掛在脖子上，一路燻香。真如清朝道光年間《桂湖》詩所形容的：「秋色豔湖濱，桂花香滿城。香風吹不斷，冷露聽無聲。撲面心先醉，當頭月更明。芙蓉千萬朵，臨水笑相迎。」

遊人們在賞花遊玩的同時，還可以品嘗到由桂花做成的系列特色食品，如桂花糕、桂花酒、桂花茶等。其中最負勝名的是潔白如玉、清甜爽口、花香濃郁的桂花糕。

桂花糕

人們常用「金風送爽，丹桂飄香」來描繪秋天，紅豔欲滴的

351　新都桂花糕

丹桂花，流光溢彩，芳香馥鬱，的確是觀賞花卉中的珍品。然而，古人也以丹桂花入饌。《海槎餘錄》中記有一名點就叫「丹桂花糕」。「丹桂花采花，灑以甘草水，和米舂粉，作糕，清香滿頰。」

中國人食糕的歷史頗為悠久，早在先秦時期便有類似的食品了。後來，糕的品種越來越多，如「食祿糕」、「棗糕」、「蓬燕糕」、「大耐糕」、「糖糕」、「粟糕」、「麥糕」、「豆糕」、「花糕」、「糍糕」、「雪糕」、「乾糕」、「乳糕」、「五香糕」、「芡糕」、「山藥糕」、「松黃糕」、「沙米糕」、「脂油糕」、「雪花糕」、「軟香糕」、「雞蛋糕」、「茯苓糕」、「三層糕」等等，而以丹桂花作糕的卻不多見。可能是丹桂花很少，一般的地方無法製作吧。由此可以看出「丹桂花糕」是古代麵點中的經典。應當指出的是，宋代・林洪的《山家清供》中記有一例「廣寒糕」，也是用桂花和米粉製成的，但估計是用金桂或黃桂花製成。

每年八月這個時候，慕名到新都桂湖賞花的遊人絡繹不絕。遊人們在賞花遊玩的同時，還喜歡嘗嘗由桂花做成的各式特色食品，如桂花糕、桂花酒、桂花茶、桂花羹、桂花醪糟湯圓等。其中最受喜愛的還是甜美細膩、桂香濃郁的桂花糕。關於新都桂花糕，還有一段優美的傳說。

相傳，桂湖的桂花是新都狀元楊升庵從月宮裡採摘下來的。一天晚上，楊升庵在書房裡睡著了，魁星入夢，問楊升庵想不想上月宮折桂，楊升庵說想。於是魁星便命西海龍王載楊升庵飛上月宮摘桂。到了月宮，楊升庵看見一座宮殿和一株很高大的桂花樹，他努力地爬上去摘下了桂枝後，發現已回到書房。後來，楊升庵進京便考中了狀元。

到了明朝末年，新都縣有個叫劉吉祥的小販，他從狀元楊升庵桂子飄香的書齋中得到啟示，將鮮桂花收集起來，擠去苦水，用糖蜜浸漬，並與蒸熟的米粉、糯米粉、熟油、冰糖、蜜桂花等為製作原料。按適當比例配好，經過蒸、炒、磨、拌、擀、壓、刀切等工序精製而成。該產品具有潔白如玉，清甜爽口，桂香濃郁的特點，裝盒成型出售，取名桂花糕。桂花糕一經推出，便引來人們爭相購買。後來，由當地「天順榮」、「武靈軒」糖果坊將此糕的製作繼承下來，並且不斷提高品質，使桂花糕成了遠近聞名的新都名特小吃。

現今傳統工藝製作的桂花糕仍堅持不加添加任何香料。一九八〇年代前，每到桂花盛開時節，新都縣城的大街上總可看見「大量收購新鮮桂花」的告示。熟糯米粉、新鮮桂花、碎冰糖粒是桂花糕的三大基本元素，用模具壓製成小矩形裝進紙盒即可出售。打開盒子，但見粉白色的桂花糕排成兩列方陣秩序井然地靜臥，小米粒大小的桂花隱隱約約地散落其間，像藝術大師用深黃色的顏料在白色畫布上隨意揮灑出的作品。拈起一塊放到嘴裡，門牙剛領略到糯米粉鬆軟滋糯的質感，舌尖迅即敏感地接受了甜絲絲的訊號，蘊藏於糕粉深處的桂花香味，此刻愈發顯得濃郁，那種莫可言狀的清心花香在口腔裡恣意飄蕩，直沖腦門，幾乎把神經中樞都給香醉了。

中醫認為，桂花有很好的藥用價值。古人說桂為百藥之長，所以用桂花釀製的酒能達到「飲之壽千歲」的功效。桂花性溫、味辛，入肺、大腸經，煎湯、泡茶或浸酒內服，有溫中散寒、暖胃止痛、化痰散淤的作用，對食慾不振、痰飲咳喘、痔瘡、痢疾、經閉腹痛有一定療效。紅糖桂花茶性溫，有暖脾胃、助消化的功能，可以促進食慾；其中紅糖具有益氣養血，健脾暖胃，驅風散寒，活血化淤之效，特別適於產婦、兒童及貧血者食用。因此，脾胃虛寒及脾胃功能較弱的人可以適當喝桂花茶溫胃。桂花還廣泛用於烹飪中的各式菜肴，像桂花山藥，桂花糯米藕、桂花炒雞蛋、桂花魚圓湯等。

052 葉兒粑

不論白日還是夜晚，三百六十五天，每吸一口氣，每喝一杯茶，每吃一種小食，或者是每晚合上雙眼準備入睡，清晨在朦朧中醒來，我們對人生都會有絲絲縷縷的感悟……。

小時候喜愛過年，也總盼望著過年，因為一到快要過年，無論窮富，家家戶戶都要按習俗辦年貨，迎接春節的到來。從大年三十到臘月十五，就是一年中惟有，可以隨心所欲地大吃大喝的時節。醃臘肉、鹽肉、香腸、排骨、豬頭肉以及推湯圓、做醪糟等，有時還要做葉兒粑、米花糖、炒糖果子、炒花生、胡豆等小吃零食。而所有這些，稍大一點的娃娃都是要參與的，幫助大人做這做那，稍一偷懶，大人們就會說：「不好生做，就沒得吃的哈」。葉兒粑就是其中之一。

鄉味濃情葉兒粑

我記得母親最拿手的便是做葉兒粑。葉兒粑原是四川鄉村農家清明節祭祀祖輩和過年時才做的傳統食品，是用粽葉或芭蕉葉、玉米葉包裹的糯米粑。葉兒粑通常是甜、鹹兩種風味，甜的是用吊漿糯米粉子做皮，內包用豬板油炒熟炒香的紅糖、花生、核桃、芝麻等合製成的餡兒；鹹的則包香艾、臘肉碎末、青筍或藕粒、芽菜等用菜油合製成的餡兒。母親做的葉兒粑味道極其鮮美香濃，至今，想起它那香香的味道，我都會垂涎三尺。

記得有次過年前我要出遠門，離家時，都快走到城牆坡上了，母親提著一袋葉兒粑追上來，拉住我的手遞給我，那些葉兒粑鹹味、甜味一應俱全，剛出籠還熱乎乎的。母親叮囑說：「在路上吃點兒，不要餓起肚子……。」接過葉兒粑，我跟母親點點頭，才一回過身眼淚就唰唰地流了下來。

從小到現在我都喜歡吃甜食，如湯圓、粽子、葉兒粑、三合泥、粉子醪糟等。所以每年春節前，母親總要多做些葉兒粑好讓我們兄妹吃到開春。直到一九六〇年代初遇到自然災害，母親打那以後就再也沒有做過葉兒粑了。母親告訴我，做葉兒粑要緊的是糯米和飯米一定要搭配適當，如果全用糯米，則因為太軟太糯而不能成型，還粘手；飯米添加多了又太硬，不柔軟滋糯。一般比例為飯米二份、糯米三份，這樣的葉兒粑才滋糯化渣，不粘手不粘牙，柔潤香美。

葉兒粑餡的甜、鹹兩種心子亦是多變的，依據自家條件和口味喜好。通常甜餡有用炒黃豆粉和砂糖，俗稱豆沙包心，也有用黑芝麻、白糖加橘皮蜜餞的；鹹餡有用臘肉、香腸的，也有用鮮豬肉的，並配上青筍顆、鮮藕渣或紅蘿蔔、香蔥，輔以醬油、香油、花椒等。每個葉兒粑用洗淨的棕葉或橘子葉包裹上籠。蒸熟時，滿屋香風彌漫，讓人心猿意馬垂涎欲滴。

少時我便離家在外，尤其是中年後在國外遊蕩的那幾年，故鄉的家常美味，風味小吃，尤其是母親做的那些，常讓我思念得喉哽胸堵。甚而夜晚半睡半醒之間，也常夢見母親在那簡陋的灶房裡，身繫青布圍腰，挽著袖口做葉兒粑。竹蒸籠熱氣騰騰，黑暗的老屋裡飄逸著股股清香。每逢這時，一放學回家，我總是一頭鑽進廚房守候著，直到吃進嘴裡。

一九八〇年代中期，一次我和妹妹兩家人帶著兩個小孩兒，在成都青羊宮燈會上遊玩，忽然聞到一股葉兒粑的清香，尋香望去，原來是不遠處的懷遠葉兒粑小吃攤，於是我拉住孩子們便去大享了一次口福。到了二〇〇〇年以後，只要一想起懷遠葉兒粑，就讓我心動不已，好幾次和夫人驅車幾十公里到崇州懷遠鎮，一買就是好幾大盒，拿回家當早餐或打間吃。

還記得一九五〇年代後期，我那從部隊轉業，在將軍衙門街成都製藥廠工作的大哥，每月工資三十來塊錢，必須抽出五塊錢幫助家裡。每到他領工資的日子，母親一大早就要叫我出門，到大哥那兒去拿錢。那時剛讀小學不久的我，從新南門步行穿過大半個市區到西門的製藥廠，也就快中午了。我總是站在廠區對面的食堂大門口等著大哥下班出來。每次大哥交給我五塊錢後，都要另外給我五角錢趕公車。這就是為何走那麼老遠的路我也心甘情願的秘密。有了這五角錢有如中了彩一般，我自然不會用來趕車，幾乎是花在兩件事上。一是走到陝西街，有家很有名氣的葉兒粑店，花一角錢，一鹹一甜買兩塊解饞，然後邊吃邊走到人民南路口的新華書店，看會兒書或有喜歡的就用剩餘的錢買一本。記得有次買葉兒粑，排了老長的隊，我找了個排在前面的婆婆幫我買兩個。聽見排在後面的一個中年男人在發牢騷：「嗨呀，給老子天天都排這麼多人，有回都要排攏了，一個買主把最後十個全買了，把他後頭哪個氣慘了，一狠心把手頭的水杯子往地下一摔氣衝衝地走了……。」

風味紛呈葉兒粑

說起「葉兒粑」還有這樣一個典故：相傳在三國時期，諸葛亮帶兵經過四川南部犍為郡的一個小鎮，當時正是梅雨季節，連綿細雨整整下了三個月，諸葛亮兵營裡的糧食大部份都被打濕了。諸葛亮得知後親自視察了糧草大營，結果他發現把被水泡脹的大米和在一起很容易就捏成團了，像麵粉一樣，他命火夫軍士加了些鹽和油在裡面捏成小團放在蒸籠裡蒸。十多分鐘後出籠一嘗，味道還不錯，比麵粉做的饅頭又更勝一籌，只是很粘不容易從蒸籠裡取出。諸葛亮來到帳外意外發現周圍有很多葉子很大的船型植物，放在嘴裡一嘗有一股清香味。他趕緊采了些來包著麵團一起蒸，這次不但味道更香醇而且很容易從籠裡拿出來了。接著諸葛亮還發現冷了的麵團很硬，但放在鍋裡或者火上一烤就軟了很方便食用。於是諸葛亮吩咐全軍將被泡濕的糯米依此法全做成「麵團」，因為有葉子包著所以取名叫「葉兒粑」。當地人們後來也學著做而且不斷的創新，分成了甜和鹹兩種不說，在裡面還加了不同味道的心子。其後當地百姓每逢清明，便要做葉兒粑來祭祀諸葛孔明，並形成風俗承襲下來傳遍巴蜀大地。

四川各地的葉兒粑在做法與風味上雖大同小異，但仍體現出各自的地方特色。有用芭蕉葉或玉米葉，也有用荷葉、蓼葉、粽葉、橘葉等包裹而取名的。也有以形狀得名的，像川南的瀘州、宜賓就叫豬兒粑、鴨兒粑，樂山地方則叫午時粑。但成都卻一直叫葉兒粑。在成都，葉兒粑始終保留著那自然的鄉風鄉味，嫩綠的鮮菜汁與吊漿糯米粉子柔和相融，蒸熟後油綠發光，恍若綠色寶玉，粽葉或芭蕉葉混合著蔬菜汁的特有的清香，讓人心曠神怡，鄉情鄉味撲面而來。

成都珍珠圓子餐廳的葉兒粑是名氣最旺的一家，除了鮮肉、香腸、火腿、金鉤餡心的鹹味葉兒粑，還有玫瑰、棗泥、豆沙、桂花、芝麻、核桃、果仁等甜味品種。

成都東大街另有一家叫聾啞葉兒粑的，由一九三〇～四〇年代一個聾啞人李學明賣出名。他以芽菜肉餡葉兒粑為世人所稱道，色澤蔥綠、鹹鮮細嫩、滋糯爽口、清香宜人。一九九〇年被評為「成都市名小吃」。

一九八三年十一月七～十四日，在北京人民大會堂舉行的中國首屆烹飪技術表演賽中，重慶麵點師李新國，以鴛鴦葉兒粑、牛肉焦餅等六款精美小吃榮獲「優秀點心師」稱號。「鴛鴦葉兒粑」原是瀘州地方風味小吃之一，以七成糯米，三成大米經泡漲後，加少量豌豆尖一起推磨成綠色米漿，吊成糯米粉子做麵皮。餡為鹹甜雙味，鹹餡用臘肉加芽菜做成，甜餡用豆沙芝麻和糖炒製。包成形後，用橘子葉裹裡層，芭蕉葉裹外層，一甜一鹹，成雙成對，呈如意形態，上籠蒸熟後，一個葉兒粑柔糯細滑香甜，一個皮嫩餡鮮，不粘筷、不粘盤、不粘牙，耐咀嚼，並且散發出絲絲柑橘的清甜香味，穿腸難忘。

新都、廣漢的葉兒粑更為有名。名氣最大的是「蓉芳」葉兒粑。新都「蓉芳」葉兒粑採用的是上好五花肉，加新鮮的艾葉精緻加工而成。至今已經待客十餘載，產品更是遠銷法國、美國等歐美國家。

樂山五通、牛華以及犍為的葉兒粑早就是遠近聞名，有近百年歷史，因每天早上十點開堂就座無虛席，顧客盈門，爭相搶購剛出籠的葉兒粑，一過中午就賣空，被當地人稱為「午時粑」。

而成都溫江懷遠鎮得葉兒粑，與其凍糕、豆腐簾子並稱為「懷遠三絕」。懷遠鎮整條大街節次鱗比全是賣葉兒粑、凍糕和豆腐簾子的，遮天蔽日的招牌、廣告令人眼花繚亂。尤其在崇州街子古鎮，每天都擠滿了遊客。而最吸引遊客們的還是「懷遠三絕」。走在古鎮街上、欣賞舊時遺留下來的古樸風情的同時，吃著熱乎香美的葉兒粑、凍糕或麻辣多滋的豆腐簾子，這種休閒時光可不是一般的舒適、愜意，可是會讓你回味很久很久。

葉兒粑，很有鄉味、鄉情的，既鮮香甜美又溫馨怡情。它和大自然相融而生，又和古樸民風親密無間。尤為是新都的艾饃葉兒粑，那野生艾葉獨特的清香，總是讓人如癡如醉，大自然中毫不起眼的小草溶進了百姓人家的小吃之中是令人難以忘懷的。

053 懷遠三絕

崇州市（舊名崇慶縣）地處美麗富饒的川西平原，東距成都三十七公里，位於天府之國的腹心。崇州市懷遠鎮是川西古鎮重鎮之一，早在一千七百年前這裡已是漢原郡的首府，轄漢原、臨邛二縣。現存古鎮建築多為清代和二十世紀初建造，同時保持著四門四大街的格局，古鎮不大，占地僅一平方公里，但縱橫交錯的的二十多條大街小巷佈滿了綢緞鋪、茶行、竹編行、油行、藥鋪……。逢上單日趕集，小鎮熱鬧非凡。人們知道懷遠，大部分亦是因為懷遠的「三編」、「三絕」和街子古鎮。

懷遠「三編」，即藤、竹、棕三項手工編織技藝，懷遠藤編業有二百多年歷史。來到懷遠，採購藤編、竹編、棕編工藝品和日常起居用品，是一件令人感到舒心愉悅的經歷，更令人悅目賞心的是，這些鄉風濃郁的手編民間工藝品，會給你的小家更多的溫馨和美好。

崇州更是一座空氣裡彌漫著美味香風的小吃名鎮，在你優哉遊哉，漫不經心的品吃之中，會讓你吃出難得的幸福的滋味。從駛下高速路的那一刻起，美食就開始包圍著你：臊子獨特、筋道十足的渣渣麵，麻辣鮮香的天主堂雞片，咬一口能吃出柏枝香味的石觀音板鴨，以及湯麻餅，更有名冠巴蜀，打進歐美國超市的——「懷遠三絕」。而品嘗「懷遠三絕」：凍糕、葉兒粑、豆腐簾子更會讓你餘味渺渺，久久難以忘懷。

凍糕、葉兒粑、豆腐簾子，百年小吃從走街串巷到規模化經營，成為當地經濟發展的支柱產業。這三款發源於崇州懷遠古鎮的小吃，百餘年來就有個統一的名字——「懷遠三絕」。

在崇州懷遠古鎮長大的孩子們，忘不了童年時代那聲聲「凍糕、葉兒粑、豆腐簾子」的吆喝，而這三種小吃也慢慢成了懷遠古鎮的代名詞。走進位於崇州、大邑、都江堰三地交界的古鎮懷遠，道路兩旁的飲食店幾乎家家都打著「懷遠三絕」的招牌。到了街口，一幅幅紅底黃字、跨越公路的橫幅，醒目地打出了「唐記」、「黃記」、「竹記」等「三絕」標識，有些橫幅上還專門用其他顏色誇張地標出「曾經接受XX媒體XX次專訪」的字樣。陣陣裹著鮮肉味的柚子葉的清香隨風飄來，循著香氣往裡走，十來家「三絕」店沿街兩側一字排開。各家店紅底白邊的大幅店招迎風招展，上面都清晰地印有自己的品牌、商標和經營者頭像，而「正宗三絕」這幾個字幾乎在每個店招上都少不了。店招下則是堆積如山的葉兒粑、凍糕和豆腐簾子，商家們正在將客人購買的小吃裝進同樣印有店招和老闆頭像的包裝盒內。

每逢節假日，不管天氣熱還是冷，懷遠和街子古鎮每天都擠滿了遊客。而最吸引遊客們的還是這「三絕」——凍糕、葉兒粑、豆腐簾子。走在古鎮街上、欣賞美景的同時，吃著熱乎乎的凍糕、葉兒粑，這種休閒時光不是一般的舒適！

「老闆，來兩個甜的葉兒粑。」「給我拿箱凍糕，再來盒肉餡的葉兒粑」，「哇！這個豆腐簾子，好辣、好麻、好香啊！」……，在街子古鎮上，各個賣凍糕、葉兒粑、豆腐簾子的店鋪周遭都能聽見這樣快樂的叫喊聲，隨處可見喜笑顏開吃著凍糕、葉兒粑，或大包小包的，或提箱拎盒的遊人。

「凍糕」在懷遠已有二百多年歷史。正宗凍糕為大米漿自然發酵，加上品豬油精製而成，入口化渣，滿口清香。「葉兒粑」的歷史則可追溯到西晉時代，前身是家喻戶曉的「菜扁子」。「豆腐簾子」更有有五百多年歷史，可見其美味香風之源遠流長。

凍糕

凍糕，原叫凍饃饃，是鄉鎮人家新春佳節祭祀先祖的節日食品。三十年代，崇州廚師蔣仲宇在原料和技術上加以改進提高，在色香味形上形成了它的獨特風格。蔣仲宇排行老三，且是個麻臉，於是人們就就把它製作售賣的凍糕戲稱為「蔣三麻子凍糕」。

蔣仲宇原本就是崇州懷遠鎮人，一九二七年到溫江一家飯館當學徒，滿師後在溫江「慶發園」飯店參師兩年，一九三二年回到懷遠鎮獨自謀生。起先，他在場鎮上做賣醪糟湯圓的小生意，一家人起早摸黑，辛勤經營，省吃儉用做了兩年下來，手頭有了些積蓄。那年臘月，蔣仲宇帶上家製的凍糕到成都走親戚，親友們品嘗了都誇他做得很好吃，很有風味特色，勸他乾脆做凍糕賣。於是過完年開春後，蔣仲宇就在家中開始是做凍糕。一天他正忙著上籠，家門口來個送春的「春官」，蔣母便送了個凍糕給他吃，春官一看一嘗連誇做得好，一定會生意興隆，財源茂盛。蔣母聽了心中大喜，認為這是春官賜福，財神臨門，是吉祥之兆。

果不其然，蔣仲宇蒸好後的凍糕一擺出去，熱氣騰騰，甜香撲鼻，一下就搶購一空。全家人歡喜得不得了，認為是天助神功，開張大吉大利。蔣仲宇暗自下決心，要把握好風味品質，薄利多銷把凍糕做出名。蔣充分發揮自己所學到的專業廚藝，精心製作，不斷改進，終於由擺攤賣凍糕開成了飯鋪，沒幾年就成了懷遠鎮上少有的包席館子。

俗話說，人怕出名豬怕壯，由於那時袍哥大爺、地痞惡霸估吃霸賒，蔣仲宇一家素來又老實巴交，沒有丁點地方官場的關係，因此，沒做多久就關門歇業了。蔣仲宇一家只好搬到崇慶縣城，在城南米市街重操舊業賣凍糕和葉兒粑。他在製作方法和供應上作了進一步改良，在紅糖凍糕的基礎上，創製了加白糖，豬油、芝麻油、花生油的豬油凍糕。使其成品色澤白亮、滋潤綿軟、富有彈性、鬆泡化渣，油而不膩、香甜微酸、久放不壞。

此外，蔣仲宇還印製了有「蔣三麻子凍糕」字樣的商標，每天的凍糕還特別標明日期，注明：「從購之日起，在三個星期中發現凍糕有酸臭者一律包換。」如此一來，他的凍糕因風味獨特、價廉物美、四季供應、品質保證而廣受歡迎。特別是春節前後，更是供不應求。那時，與崇州接壤的大邑縣，有個聞名天下的大地主劉文彩，年年都要訂購蔣三麻子的凍糕，一訂就是一年，一次付款，分期拿貨。可見其生意之興隆，聲譽之卓著。

一九五五年，蔣仲宇又舉家遷回懷遠，此時，他的凍糕名在物資交流會上受邀展銷，贏得廣泛地讚譽。一九七五年被溫江地區和崇慶縣定名為「崇慶凍糕」。一九九〇年，被成都市人民政府授予「成都名小吃」稱號。

葉兒粑

懷遠的葉兒粑，與成都和新都等地的葉兒粑雖說是「同名同姓」，但在製作與風味上卻又極具崇州的地方特色與風情。是一九二〇年代懷遠一宗姓老人創製，時名「野棉花卷子」，俗稱艾饃饃。採用大米、糯米加適量鮮豌豆混合磨製吊漿，並用柑葉調製皮子顏色，不僅色帶嫩綠，成品光潔明亮，且鄉土風味醇濃，吃來是滋糯爽口，清香柔潤，加上不沾盤、不沾筷、不沾牙的特點，故又叫「三不沾」葉兒粑。其餡有兩種，一是帶四川香腸風味的鹹味，二是帶橘柑清香的甜味。其成品因以柑子葉包裹，其形如耳，故名「葉耳粑」，日後人們叫順口了，便成了「葉兒粑」。

在懷遠最有名的三絕是「唐葉兒粑」。在創建者，八十二歲老人唐明泉的記憶裡，小時候只有要過年時，家裡才會做葉兒粑、凍糕和豆腐簾子，平時偶爾才有貨郎挑著擔子沿街叫賣。「小時候最喜歡聽到『葉兒粑咧』這個叫賣聲。葉兒粑包得有肉，每次都要纏到父母買，可以打下牙祭，安逸得很。」老人講起往事，那滿臉的皺紋也舒展開來，像是把近百年的歷史畫卷一頁頁地翻開。

說到凍糕，老人雙手合攏放到頸邊作睡覺姿勢說：「那個時候的凍糕不像現在的凍糕，只有掬起的手那麼大，以前的凍糕還有個名字叫『枕

頭糕』，有枕頭那麼大。蒸之前要凍上十天半個月才能成型，一大家子人都吃不完一個，所以街面上其實很少能看到。」「而豆腐簾子平時就更難看到了。」唐明泉老人至今都還沒有完全弄明白為什麼只有懷遠的豆子才能做成豆腐簾子，就連隔壁元通鎮的都不行。「三絕」中，凍糕在一九三〇~四〇年代就賣到過四川以外的地方，老人至今收藏著一位叫薊生的詩人寫下的詩歌：「文江名小食，航運舊京都。染黃如金錠，潔白似明珠。呼來盤中品，疑是塞上酥。問君何能而，技藝窮天廚。」

如今年過花甲的唐家第二代傳人唐君展，看著店堂裡二十多個員工嫻熟的流水作業，不斷有過往車輛在門口剎一腳，車上的人下來買走幾盒甚至幾十盒「三絕」小吃，笑得合不攏嘴。現在每天上萬元的銷售額是他從前不敢想像的。特別是春節前這段時間，「三絕」供不應求，唐君展現在惟一遺憾的是自己有些力不從心了，「我都六十多歲了，如果這樣的日子早點來就可以大幹一場了。」

現今，「唐葉兒粑」的第三代傳承人，原本是學醫的唐映雪已從父親唐君展手中接班多年，店鋪規模也從最初的一間鋪面，變成了現在的新、老店並存的十四個鋪。二〇〇六年，唐君展年滿六十歲時，唐映雪開始獨立經營「唐葉兒粑」，正式成為第三代傳承人。曾經羞澀的唐映雪如今已變得十分幹練，將「唐葉兒粑」搞得紅紅火火，她還不斷嘗試著在傳統的豆沙甜餡和鮮肉餡的基礎上，開發其他餡料品種的葉兒粑。她不無自豪地說：「過去『懷遠三絕』在我父親時候可能更多的是一種謀生手段，但對於現在的我來說則是一項事業。」

豆腐簾子

豆腐簾子，可說是懷遠之土特產，始創於明朝成化年間，已有五百多年歷史。由於水土特質的緣故，須用懷遠獨有的「九龍池」山泉水，故而僅崇州懷遠方圓幾公里方能出此獨特美饌。此外，豆腐簾子製作工藝特殊，要採用優質黃豆製作豆漿後，投入適量滷水，使之濃凝，再用刷把攪勻，然後將紗布浸濕，鋪入木匣，一層細布，一層漿汁，濾乾成腐皮。因其狀如門窗布簾，故名「豆腐簾子」。

豆腐簾子有「乾簾」和「水簾」兩種。乾簾是將拆匣取出的簾狀豆腐卷為圓筒，攤晾木匣中，讓其自然生黴發酵，四天左右即可上案，稱為黴簾子。豆腐簾子吃法甚多，鮮簾子、黴簾子都別具風味。黴簾子可油炸、烘、燒、燉、蒸、燜、燴，葷素皆宜。煎炸後烹成魚香簾子、五香簾子、麻辣簾子、果味簾子等，既是旅遊休閒美味，又是筵宴精美小吃和饋贈之佳品。水簾是將拆匣取出的簾狀豆腐直接烹煮，可做成清燉簾子、鮮簾絲等，煎煮葷素皆宜，質地細膩，風味獨具，有雞湯之鮮味，而無雞湯之油膩。近年來，懷遠豆腐簾子廠將簾子用食油炸酥，拌以芝麻、甜醬等香料，密封保存，半年後食用，色、香、味仍如鮮品。

豆腐簾子，不僅風味多樣，口感豐富，由於是大豆製品，富含植物蛋白，加之經由特殊工藝製作，故而營養豐富。如一袋一公斤的豆腐簾子，就相當於瘦豬肉二百五十克、雞蛋三百七十五克、牛奶一千五百克的蛋白含量。故此，近二十年來，懷遠的豆腐簾子銷勢盛旺，行銷中華各地，並出口歐美，東南亞等地。

懷遠「三絕」，川西壩子響噹噹的傳統名小吃。在今天的崇州市，百分之八、九十的餐廳飯館都少不了凍糕、葉兒粑、豆腐簾子這三道絕妙小吃。

靠著世代沿襲、辛勤耕耘的手藝人，懷遠「三絕」走出崇州，傳遍天下，贏得美譽。而今，新一代的「三絕」師傅，也開始了新的嘗試。從成都人民商場到北京西單商場，去冬以來，超市的冷凍食品櫃中，新加入了平日裡只能在小吃店吃到的懷遠「三絕」。從熱食到冷凍，從現做現賣到商場零售，這變化不是小變化，它可是成都眾多名小吃走新路的一個首創和典範。

054 崇州天主堂雞片

「小城故事多，充滿喜和樂。若是你到小城來，收穫特別多。」川西壩子腹地的崇州市崇陽鎮，是一個歷史久遠的小鎮，因為久遠，故事自然很多，但最動人和誘人的，還是美食美味與吃情食趣的故事。「天主堂雞片」便是其中獨具美色美味和風情魅力的故事與地方小吃。

雞片傳說

「天主堂雞片」始創於民國十七年前後。清末民初時，崇慶州的崇陽鎮街頭常有人將雞片裝土陶缽內，沿街叫賣。一九二六年本地人聶福軒首創「大張薄頁、沿盤窩油」的涼拌雞片，在崇陽鎮正東街天主堂側擺攤出售而得。一九三五年，聶福軒又在天主堂附近租了一間破舊小屋開店售賣雞片。由於他的雞片麻辣香香、片張薄大、入口化渣、口感悠長、風味獨特，而被人們稱為「天主堂雞片」，逐漸名揚川西。

天主堂雞片以「天主堂」命名，自然要比一般的「麻辣」或「紅油」、「椒麻」、「怪味」等名字更吸引人的新鮮好奇感。加之，天主堂雞片以「麻」為特色，「辣」為配角，聞其香，品其味，先是股股酥香悠麻繞舌串喉，而後是一股香辣快意蕩漾其間，然後便是香辣酥麻交織融匯，盪氣迴腸，令人周身通泰，快感綿綿。難怪每天那些到天主堂做祈禱的善男信女們，無論怎樣地向神父懺悔，仍經受不住天主堂雞片的誘惑，在上帝的家門口，眼皮子底下大吃豪啖。

如今，天主堂雞片已被聶福軒的傳人馬龍圖先生發揚光大了。在崇陽鎮，馬先生以「天主堂雞片」為品牌，開起了兩家酒樓。天主堂雞片為何歷經八十餘年而不衰？對此，馬先生的說法是：關鍵就在於我們是嚴格按傳統技法在操作。製作天主堂雞片要選生長期一年以下的仔雞。選雞則有四看：

一是看雞足上的小包塊，因為仔雞的小包塊呈圓形，老雞則呈尖形。六至八個月大的仔雞足上，包塊不僅圓，而且小而短，甚至還有未形成包塊的。二是看雞足上的指甲長短，指甲短者嫩，長者老。三要看雞足的皮，皮細者嫩，皮粗者老。四要看雞冠和雞臉是否紅潤。冠紅臉潤者為健康雞，肉味鮮美；而冠烏臉黑者，則多為瘟雞，不能用。

殺雞須從雞頸處橫割一刀，一下就要讓雞血流盡。如果雞血未放盡，不僅雞肉不潔白，還會失去應有的鮮味。拔雞毛之前需先用六十度C的熱水浸燙兩、三分鐘，其間還要不斷地翻動雞身，這樣才可以避免拔毛時弄破雞皮。煮雞的火候很重要，一律冷水下鍋，待大火燒開後，轉小火保持微沸，煮至雞肉熟透為止。煮製的時間：一年養的雞煮約一小時，八個月大的雞煮約四十分鐘。雞煮熟撈出後，要掛在通風處晾一下，然後再做刀工處理。片雞前，應先剁頭，後斬翅，再斬腿去骨，最後取淨肉片成片。片雞的訣竅是：脫骨抽大不抽小，片雞片橫不片順。這是因為脫骨時如果從小處抽，往往會抽爛雞肉；如果順雞肉纖維片，肉就不怎麼化渣。

天主堂雞片用到的調料其實並不複雜，通常只用芝麻醬、紅油辣椒、花椒粉、醬油（當地特產的窩子醬油）和白糖就行了。有一點需要說明的是，芝麻醬並非超市裡售的芝麻醬，而是自製的。芝麻醬的製法是：白芝麻入鍋用小火焙香後，出鍋碾成細末，再用燒熟晾冷的菜籽油調成糊狀。以上調料備齊後，按一定比例對好味汁，澆於盤中雞片上就行了。

雞片風味

有一點你會發現，巴蜀各地大凡涼拌雞塊、雞絲、雞片都要用大蔥，而天主堂雞片卻從來不用，這也是天主堂雞片的獨特之處。如今馬先生除了烹製傳統的芝麻醬紅油雞片外，還開發出了椒麻味、薑汁味、蒜泥味、鮮花椒味等多種味型的天主堂雞片了。

我曾親眼觀賞過馬龍圖師傅的現場操作，一把鋥亮閃光，鋒利無比的菜刀，被他玩得嫻熟自如，一隻黃亮油光的熟土雞隨刀起落，片成幾近透明的雞片，就連雞脖子、雞腦袋。雞爪爪上那丁點雞肉也毫不留情地片了下來，且不帶一點骨渣。馬師傅出神入化的刀工絕技，讓人看得如癡如醉，心悅誠服。

雞肉片好後，整齊地碼在一青花瓷盤中，只見他手拿小勺，沿盤淋上窩油（特製醬油），散上花椒粉，澆上芝麻醬，再淋上紅油，最後撒點白糖、芝麻即成。雞片上桌後自己邊拌邊品嘗，雞片薄大細嫩、極易入味，麻辣鮮香、鹹甜多滋、風味醇厚、吃口極爽，尤其是那麻辣之味，真可說是繞口三日不絕。

「天主堂雞片」有著最麻最有特色的雞片。初初嘗來，就一個麻味，等到雞片安慰了饑餓的胃，才發現那陣麻已經從嘴唇昇華到了舌根，辣只是它的陪襯而已，卻又陪襯得那麼含蓄那麼適當。這樣的雞片怕也是絕無僅有的，說不定，就如此造就了與天主堂雞片的奇緣。

現今的崇州市崇陽鎮，隨著近郊旅遊的不斷升溫，以及崇州、懷遠、街子、崇陽等古鎮地開發，「天主堂雞片」成為各地遊客地最愛。在崇州的文廟街上，孔子的塑像、水吧、酒吧與書店畫廊夾雜在一起，時尚與傳統混搭在一起，毫不顯得突兀，卻有著某一種和諧。最醒目的還是馬師傅以「天主堂雞片」為招牌的兩家酒樓。並還在崇州風光迤邐的「十里河濱長廊」臨江新開了一家天主堂雞片餐廳，亦由馬龍圖親自操刀主理，並供應以雞為特色的各式炒、燒、燉、拌的川味雞肴。並根據馬師傅口述整理的以雞為原料的菜譜亦入選《川菜烹飪事典》。另外，在崇州市的東湖園餐廳的天主堂雞片，亦師承聶福軒，正宗道地、用料傳統，加工調味手法細膩，亦是口碑盛傳。一九九〇年，「天主堂雞片」被認定為「成都名小吃」。

臺灣小吃與四川小吃哪個更贊？二〇〇九年中秋節那天，在華僑城美食展現場，一場名叫「兩岸美食大三通」的PK賽吸引了遊客的眼球。來自臺灣的大廚和四川名廚先後進行了三道小吃製作的比拼：臺灣香蔥油雞VS天主堂雞片，臺式涼麵VS川味涼麵，臺灣冬瓜仙草蜜VS五香油茶。兩岸廚師手藝高超，化腐朽為神奇，很快把最常見不過的食材用令人眼花繚亂的手法製作成了一道道美味小吃。製作完成後，名廚們邀請許多現場的遊客進行品嘗，以分出滋味的高下。

本次參加比賽的臺灣廚師是臺灣故宮的名廚，在宮廷菜品和民間小吃方面都有著深厚的造詣，而四川廚師們也都是星級酒店的名廚，真是旗鼓相當，難分高下。有專家、美食家、電視節目主持人、現場挑選的遊客組成的評判組觀看了兩岸小吃大比拼的全過程，並對小吃進行了品嘗。「怎麼說呢，味道肯定不一樣，但是都好吃，很難說哪個做得更好。」現場一位品嘗者說。「臺灣菜是很有特色的中華菜系，四川菜當然也獨具特色，互相交流嘛！」臺灣大廚池建德先生說。而四川廚師表示，臺灣菜的味感很有特色，如果和川菜互相融合，也許能夠產生一種「新的好味道」。兩位美國遊客品評後則如是說：「中國廚師的烹調功夫像魔術一樣，令人眼花繚亂，而且嘗起來味道非常迷人」。尤對天主堂雞片色香味與咀嚼起來的口感讚歎不已。

055 崇州渣渣麵／查渣麵

近年來，從國家到老百姓都愛講點幸福指數，既為指數，我想幸福大抵就是可以量化的了，那麼「吃」肯定就是其中一項重要的評分專案。尤為是週末、節假日到哪裡去吃？吃什麼？怎麼吃？對於大多數人而言都很是個傷腦筋的問題。然而，對成都的好吃嘴來說卻恰好相反，好吃，是成都人的天性，亦是成都人幸福指數的絕對體現。

成都人男女老少都好像是餓死、饞死投的胎，今生今世非要吃個夠、吃過爽、把上輩子欠缺的全都吃回來。不僅如此，聽成都人擺吃，那也是美味趣味無盡的饕餮盛宴。說的你心慌意亂、口水連連、牙齒打顫。計程車上，交通臺的成都美食每日播報，那飛哥、蘭妹這兩個非本土的男女，一口標準的成都鄉土話直貫耳鼓。尤其是蘭妹，那脆崩崩，憋啦啦的女高音，會讓你雙耳發麻，呆如弱智。她繪聲繪色的介紹與模擬吃的聲響，就像熱辣火鍋、香濃串串、撲鼻燒烤、酸辣豆花、甜糯三大炮……嗲聲焉氣起來，這就像一片白晃晃、亮閃閃、甜膩膩，夾起來還在筷子上顫悠悠，令人口水長淌的甜燒白，恨不得立馬就按她說的去憨吃一頓。

成都人就喜歡這檔節目，這正是體現「幸福指數」高低的趣事。成都人愛說，閉上眼睛隨便往成都以外哪個方向走，不出三、五十里路，就會把你吃得呼兒嗨喲。成都近郊的崇州及懷遠鎮、街子鎮、羊馬鎮就是一處感受「幸福指數」的美食勝地。渣渣麵、查渣麵便是其中之一，讓你樂吃不疲的特色小吃。

渣渣麵、查渣麵發祥於崇州羊馬鎮。被評定為「川西花木之鄉」的羊馬鎮，因羊馬河縱貫全境而得名。羊馬鎮東距成都市中心二十九公里，西距崇州市區五公里，是崇州市的東大門。車出成都西門，一路上便就接二連三地湧現出各式各樣的查渣麵招牌，「正宗」、「最正宗」、「最最正宗」，「老號」、「老字號」隨處可見的「渣渣麵」、「查渣麵」店。開車進到了羊馬鎮，準會嚇得你止步不前，鋪天蓋地、各色各式的店招脹人眼目，這簡直就是活鮮鮮的渣渣麵、查渣麵一條街。

查、渣辨宗

四川崇州羊馬鎮的「渣渣麵」，在川西壩子可謂家喻戶曉。從羊馬鎮到成都周圍的區縣，甚至在北京、上海、深圳、武漢、蘭州等一些大城市，都有打著「渣渣麵」招牌的小食店。多少年來，崇州羊馬的這款知名麵食，究竟是「渣渣麵」還是「查渣麵」，一直讓許多好吃嘴們爭論不休。公說公有理，婆說婆有理，有爭得面紅耳赤的，有對天發誓的，食外之趣油然而生。其實要弄清這個趣名，還得瞭解有關這一碗麵的陳年舊事。

一九七九年，當下鄉知青開始陸續返回城裡的時候，羊馬鎮知識青年王英從農村回到了鎮上老家。為了給返城的知青和鎮上的待業人員解決就業和謀生的問題，鎮辦公室和街道辦研究決定，騰出一間公房，開一個「居民小食店」，經營湯圓、抄手、小麵等。那時剛開張的小食店總共有五名員工，由王英和查淑芳負責。

兩、三年後，小食店分家，王、查二人分別在相鄰的兩個鋪子裡各自開了家小食店。王英

的麵店取名「羊馬麵」，查淑芳的則取名「麥香園」，仍然經營原先哪些品種。由於那時冰箱還是高檔奢侈品，價格高昂且難買到。因此一到夏天，生食品就難以保存過夜，未用完的抄手肉餡就只能用油炒乾，第二天改做麵臊用。這一油酥過的肉臊渣渣，細脆酥香，拌合麻辣麵條吃口十分舒爽，很受食客喜歡，人們就稱之為「渣渣麵」。分家獨自經營後，王英繼續用「渣渣麵」其名，而查淑芳為了有所區別，則順其姓氏，去掉三點水改為「查渣麵」。

「渣渣麵」之所以聞名川西壩子，不僅僅在於它獨一無二的名稱和色香味之口感。大凡吃過的都知道這兩家的渣渣麵獨具風味特色，且免費配搭的自製泡菜，味道口感也很不錯。兩家麵店賣出名後，更進一步增添了清燉蹄花與紅油雞片兩個風味品種，以豐富食客的吃口需求和口味感受。於是，大多食客慕名前來品嘗渣渣麵，都會順便點份蹄花湯和拌雞片，外加一碟泡菜。不僅吃來風味多樣，口感豐富，且價格便宜。於是，一碗渣渣麵、一碗蹄花湯、一盤紅油雞片、一碟泡菜，便自然而然地成了「渣渣麵套餐」，無意中形成了一種獨特的吃法和經營方式。「渣渣麵」的名氣更是如火冒三丈，映紅了川西壩子。

在崇州，人們都知道，查淑芳從麵鍋中撈出了樓房和汽車；王英則從破爛舊居搬進了洋房別墅。但人們也很清楚，她倆都是靠勤勞、靠誠實、靠信譽、靠品質，一步一個腳印，踏踏實實走出來的。雖然起初兩位「渣渣麵」的創始人也曾有過同行相嫉的糾結，查淑芳以「查渣麵」成功註了冊，王英的「渣渣麵」落後一步，註冊未果。但兩家店仍為同源同宗，並且生意長盛不衰，於是，也就生意各做各，有錢大家賺了。

渣渣吃情

查渣麵所用麵條在崇州、大邑、邛崍這一線地方都稱為水葉子麵，麵條與擔擔麵相比要細很多，製作工藝獨特，選上等精麵粉加適量豌豆粉調和，反復揉製，使其製成富有彈性、筋絲綿長，下鍋翻騰一圈即出鍋，麵雖細但麵的筋性很好，柔滑爽口，不會出現吃擔擔麵時，覺得比較哽胃的情況。

查渣麵的臊子選用新鮮肥瘦豬肉剁成肉糜，再用熱油小火炒，說是炒不如說是酥，肥瘦肉末經此一翻炒，就成了又細又脆的香酥肉渣，撒在紅湯或白湯的麵條上，別有一番吃情食趣。所謂白湯，即燉豬蹄、煮雞、熬棒骨的原湯，清鮮淡雅、香醇可口，對從不太吃辣或畏懼麻辣的食客而言，就是鮮香怡口、清爽味美，頗有風味特色的「清湯渣渣麵」；然而，絕大多數食客都會選擇紅湯渣渣麵，紅亮亮的一碗，香辣酥麻、油而不膩，酥脆爽口，像極了川西壩子的辣妹子，多滋多味，風味悠長。

每逢週末和節假日，尤其是小長假，不少人就駕車直奔成溫邛高速公路，在崇州收費站一出路口，撲面而來的是街道兩邊的渣渣麵、查渣麵店鋪。家家店招上都掛出一個個慈祥太婆的大頭照，其中最引人注目的當然是查淑芳大媽的「查渣麵」和王英的「渣渣麵」。只要是這兩家店子，那不太大的門面前就停滿了各種車輛，店裡店外的小桌子、小凳子完全沒有空閒的，只有耐心侯等。

大凡成都人都曉得先點紅湯渣渣麵，再來一隻「優秀前蹄」、外加一盤紅油雞片和一小碟泡菜。其貌不揚的渣渣麵一擺上桌，麻辣香氣直沖鼻眼，待到入口，更覺得一股香辣酥麻的味道滿嘴亂竄，麵條滑爽且勁道柔韌，麵臊酥脆亦香美爽口，小抿一口紅湯，更是風味醇濃、麻辣舒爽，令人朵頤大快。紅油雞片亦是麻辣香鮮，滋味豐厚，雞肉細嫩，入口化渣。待口中的麻辣味彌漫得差不多了，便喝口海帶蹄花湯，吃一塊夾起來忽閃忽閃的性感胖蹄花，淡雅味醇、滋糯香軟、入口即化。麵條、雞片、蹄花都吃得差不多了，紅光滿面，油光水滑了，最後在嚼兩塊泡菜，巴適慘了，頭天泡的，第二天出罈，不澀不生，恰到好處。那微辣酸甜、清爽脆嫩的味道與口感，頓時讓你味覺煥然一新。渣渣麵、雞片的麻辣香味，蹄花的滋糯油潤被泡菜蕩滌得一乾二淨。剎時間又覺腸胃歡愉、食慾重開，但確實又腹滿腦脹，心有餘而力不足也。你在看那一個個男男女女吃得是心滿意足。

而今，渣渣麵、查渣麵早已經走出崇州。在成都的「渣渣麵」少說也有數十家，即便在省外，乃至雪域高原都嗅到羊馬渣渣麵的風味。許多國外的旅遊團隊也慕名而來，甚而還有邀請查大媽、王英到異國他鄉去開分店的。當然囉，你想噻，這兩位忠厚老實的鄉鎮大娘，怎會有那股子膽量和勇氣敢到外國去闖蕩嘛！以成都人的話來說，就是：「說的鬧熱，吃得淡泊，殼子沖大了哈！」

但不可否認的是，渣渣麵作為地方名小吃，曾給發源地——崇州羊馬鎮帶來了繁榮，小鎮上很多人靠賣渣渣麵建起了房子，買了車子、娶上了老婆。由於地理環境的變化，渣渣麵帶來的財富效應一度減弱。今天，擺脫了地理環境變化所造成的困境後，又自發形成了「渣渣麵一條街」，又有了跟當初渣渣麵發源地崇州市羊馬鎮一樣繁榮的景象——出現了不少人專門開著小車，以及旅遊團隊來這個地方，就為吃一碗麵條、一碗燉蹄花、一盤拌雞片了。一碗麵條繁榮一個小鎮的傳奇，現在又看到了復活的跡象，渣渣麵又走上了復興之路。

056 牛肉蕎麵

蕎麥，原為野生作物，現今中華各地都有栽種。蕎麥屬於粗糧，涼性，含有比細糧更豐富的礦物質和維生素；還有普通糧食類沒有的葉綠素和蘆丁（芸香苷）；並有硫胺、膽鹼、煙酸、黃酮、鎂、維生素E和膳食纖維。蕎麥對肝臟、腸道、心腦血管都有保健作用，對高血脂、高膽固醇和糖尿病也有一定的療效，進而成為一種健康食品。蕎麥在中華各地都有不同的吃法。巴蜀地區則多以蕎麥麵粉製作成麵條食用，尤其在川西壩子，各種風味的蕎麵就成了廣受歡迎的特色小吃。其中尤以崇州牛肉蕎麵，邛崍牛肉蕎麵及双流的蕎麵最為著名。

成都蕎麵

蕎麵，通常是用三分之一的蕎麥麵粉，加三分之二的小麥麵粉加工壓製而成。其特點是：綿韌爽滑，清香甘甜，鄉土風味濃厚。在川西民間，經營蕎麵者甚多，尤其是花會廟會期間，更是名品彙集，與擔擔麵、張涼粉、豆花、涼麵等名小吃平起平坐，毫不遜色。由於蕎麵加工特殊，調製講究，非尋常百姓之家可為，加之壓製時帶有表演色彩，特別引人注目，尤其讓小孩和姑娘們感到格外新鮮好奇。這蕎麵既可果腹，又可閒吃，風味獨特，吃口舒展，所以歷來都頗受歡迎。

舊時一首成都竹枝詞描寫得甚為生動：「蕎麵多加辣子紅，內添臊子外加蔥。打杯燒二連天醉，莫怪田翁只恨銅。」據清末傅崇矩所著《成都通覽》記載：「飲食業經營該品種（蕎麵）已有數十年的歷史，至今仍保持傳統操作方法：店鋪門口堆灶砌爐，灶上放置特製木榨杆，用鐵鼎鍋接麵煮麵，招來顧客」。

舊時的成都，蕎麵作為一種間食，挑擔蕎麵通常在午後出門，遊走在大街小巷叫賣：「蕎——麵，吃綠蕎麵囉！」那時，蕎麵擔子比一般的擔擔麵擔子要大得多，油漆成紅黑色。它的特色就在於以古老的傳統方式擠壓麵條，並且是現吃現壓。小販扯一坨蕎麵團放入木製擠壓器內，雙手緊握擠壓木棍使勁下壓，只聽見一串吱嘎嘎之聲，擠壓成的麵條即落入沸騰的開水鍋中，兩、三分鐘即熟。不管客人再多，那怕是一次要兩、三碗，也是一碗一碗的壓。

蕎麵的調味有很多種，川西壩子的人多偏愛麻辣風味，即加醬油、紅油辣子、花椒粉及芹菜花，若喜歡酸辣味的則可加醋，臊子多是筍子燒牛肉餡料，這是成都人的最愛，故而叫做「牛肉蕎麵」。

成都的蕎麵有個較有趣的現象，就是無論過去還是現在，蕎麵都以成都市中心的青石橋為據點，因為青石橋從舊時到現在，一直都是傳統的農副產品交易市場，人潮如流。因此，青石橋也就成了小吃擔子和攤點的風水寶地，並形成了青石橋「美味三絕」的美譽，即酸辣粉、肥腸粉、牛肉蕎麵，幾十年間是成都人吃蕎麵必去之地。

二、三十年前的青石橋，雖破爛骯髒，但每天一大早就是人潮湧動，到了中午時分，便是吃小吃的高峰，那些逛春熙路、鹽市口的大多要到青石橋來吃點小吃。那裡有家開了二十幾年的蕎麵鋪子，要多古老有多古老，最早是由幾張棚布搭成，桌子凳子都很破舊，做蕎麵的器具幾成古董，可是生意卻好得出奇，經常有人站在街沿上吃了一碗又一碗，還有人從北門專門坐十多站公車天天去吃。

青石橋蕎麵的歷史說來話長。解放前，在四川崇州有一對姓周的夫婦在集市裡設攤賣蕎麵，夫榨麵，妻調料。以特製的，有許多細孔的木榨將蕎麵團榨成細麵條，落入木榨下的沸水鍋中，略煮片刻撈入放好調料的碗內，再舀勺牛肉筍子臊了就可以吃了。當時，夫妻倆的蕎麵攤就聲名遠播，人稱「周蕎麵」。若干年後丈夫去世，其妻便率子周永安重開蕎麵店，子榨麵，母配碗，更是名聲四起。後來，周氏弟兄遂分為幾處開蕎麵店，遍及崇州。其中一家則挺進成都，進駐青石橋。二〇〇〇年後，青石橋因改造而大興土木，那家蕎麵館最終未能逃脫消逝的命運，後來新起來的那家「王婆蕎麵館」雖堂面大氣，古香古色，但蕎麵品質和味道感覺並不怎麼樣。

而在商業場背後純陽觀街的一家崇州「余蕎麵」，據說就是原先青石橋那家，味道的確相當不錯，涼拌蕎麵也是別有一番味道，物美價廉。鴛鴦蕎麵很有意思，就是蕎麥麵和粉一起煮，別有一番風味口感。這家還有一個創意，就是蕎麵配搭糖油果子吃，那糖油果子的確做得好，香脆脆的，甜而不膩，臨走前我禁不住再買上一串糖油果子，一路吃來甜甜脆脆的，真是爽翻了！

這家店雖小但名聲很大，據說劉若英曾慕名來吃過，真是愛死了呢。余蕎麵的主要客源並不是逛街的市民，而是商業場的售貨員，以及附近各大辦公大樓的白領。因此，在這條被譽為成都「紅粉街」的地方，漂亮美眉、時髦女郎雲集，男食客們一邊享受美味，一邊觀賞美女，可謂是既享口福，又飽眼福，真正是趣味無盡。

余蕎麵的店堂不大，密密麻麻安滿了座椅，除了味道好，老顧客們認為這裡最大的優點是快，蕎麵下鍋就熟，坐下就吃，幾口吃完就走人。雖然每到中午座無虛席，但幾乎不用等位子，從進店到吃完走人，不過一、二十分鐘。中午一、二點左右，店堂裡的客人可以稱得上是「川流不息」。不過我那天去吃的時候，最讓我感動的是，一個中年男子冒雨開車送九十多歲的父親來吃麵，說父親很喜歡這家的蕎麵，雖然知道老人吃不了大份的，中年人還是堅持給老父親點了個大份。很溫馨，感動同樣作為老爸的我。

崇州蕎麵

前文提到的崇州「周蕎麵」，後來由其子周永安子承父業，在傳統風味地基礎上，改進工藝，使其蕎麵特色更為濃郁，色澤黃綠、軟硬適口、滑潤清爽、麻辣多滋。有麻辣味厚的，有酸辣開胃的，有甘甜微苦的，有清鮮淡雅的，風味多樣，口感豐富，很受食眾喜愛。還有在成都名

氣最大的崇州「余蕎麵」，其老店在崇州城內正東街。

崇州蕎麵採用黑蕎麵粉揉成黃綠的麵團。其特色是大麻大辣、麵條黃黑有筋道、蕎麵香味顯著，更有牛肉和乾筍燒的香辣臊子。在桌上通常有小罐子裝著大蒜，吃的時候剝一瓣生蒜，左一口蒜，右一口麵，還可以單獨加一份臊子和素菜。崇州蕎麵的花椒特別的麻，試過這裡的花椒厲害，會覺得其他地方的花椒一定是回了潮。儘管嘴唇被麻的失去知覺，隨著脈搏一下一下的膨脹，但很多人吃了都說有「上癮」的感覺。

崇州蕎麵分為紅油、清湯、鴛鴦、熱拌和涼拌五種口味。紅油蕎麵是麻辣的帶湯蕎麵，有臊子和切碎的芹菜；清湯蕎麵配料同紅油蕎麵，只是不加辣椒，主要是品吃蕎麵本身的獨特味道；鴛鴦蕎麵是一半蕎麵一半酸辣粉，帶湯，口感獨特，有辣和不辣兩種選擇。蕎麵的口感粗糙厚重，酸辣粉滑爽順溜，兩種口感合在一起非常搭配；熱拌蕎麵是剛出鍋的熱蕎麵瀝去水份，加上

臊子和少許白糖拌成的麻辣味乾麵。由於沒有湯汁，豐富的調料附著在麵條上，口味更加濃烈；涼拌蕎麵則是將熟蕎麵晾涼以後拌以香辣調料和臊子，加了醋的涼拌蕎麵酸酸辣辣，夏天吃來不是一般的爽口開胃，還消暑清熱，涼心爽身。

崇州還有很多著名美味，像老字號湯麻餅，苟家、萬家、三郎、街子等鄉鎮的老臘肉，由山民們手工醃製而成。因為高山氣候的關係，一年四季都可醃製，且經年不腐。醃製出的臘肉質感爽口，噴香化渣，久吃不膩，回味綿長；清光緒年間石觀音場（今觀勝鎮）一周姓大娘創製「石觀音板鴨」，製作工藝集醃、燻、滷於一體，皮色金黃，肉嫩醇香，乾而不硬，油而不膩，沙而不綿，味長耐嚼。那味中有味，味外有味的川西田園鄉景，古樸民風，動人鄉情，更是優柔綿長，久久難以忘懷。

057 邛崍奶湯麵

邛崍，古稱臨邛，位於四川省中部，成都平原西南，邛崍築城置縣已有二千三百餘年，與成都（益州）、重慶（巴郡）、郫縣（鵑城）並稱為巴蜀四大古城，是西漢才女卓文君的故鄉，卓文君和司馬相如演繹的中國經典愛情故事「鳳求凰」就誕生在這裡。「文君當壚，相如滌器」的千古佳話，為這片土地平添了浪漫動人的色彩。

邛崍不僅是一個遊玩、覽勝、避暑的好地方，也是美食聚集的好地方。品種豐富、風格獨特，頗具地方特色。最具盛名的便是奶湯麵、缽缽雞。

在邛崍奶湯麵可謂是家喻戶曉，最受愛戴。以至在邛崍周邊地區，也只有羊馬渣渣麵能與邛崍奶湯麵相提並論。奶湯麵因湯色如奶、味似乳而得名。店家在頭天晚上將新鮮豬骨、豬蹄、香肘、雞骨反復清洗乾淨、入沸水鍋中稍煮片刻，再進行漂洗；然後將骨搗斷，用大火熬燉開，打盡浮沫，改用中小火熬煮。一直熬到清晨，湯由清變白成為香味濃郁的奶湯。此時，一掀鍋蓋，那縷縷的香氣就會撲鼻而來。用這種奶湯伴麵，加上雞絲、酸菜肉絲等臊子，吃來可是非常的鮮香可口。

民國時期，邛崍縣人艾春庭，因身體肥胖，生性隨和詼諧，好與人開玩笑而被戲稱為艾麻子。他經過多年的實踐，創造出了聞名邛崍的「奶湯麵」，人稱「艾麻子奶湯麵」。一九五六年被輕工部評為全國名小吃，並載入「中國食品大全」。一九九〇年代出版的「四川名小吃」艾麻子奶湯麵被列為邛崍唯一名小吃。二〇〇二年八月三十一日，「成都商報」第十五版，在「好吃好喝要轉邛崍」的標題下，以「奶湯麵，非吃不可」醒目標題，向世人強烈推薦了這款邛崍最出名的風味小吃。

奶湯麵一反成都麵條多是麻辣味型的特點，

以清鮮淡雅、香醇味美為特色。調味料與成都麵條少則七、八樣，多則十幾樣調味料相比，更是簡單的不行，僅是胡椒粉和用菜油炒製的食鹽。碗中摻入奶湯，撈入煮好的水葉細麵，加上雞絲或酸菜肉臊，蔥花，吃時伴以醬油和切碎的鮮青辣椒或泡辣椒即可。由於奶湯麵不加紅油辣椒，看上去清醇素雅，故當地人稱之為「清湯麵」。

現在僅邛崍市內經營該食品的就有數百之多。但「艾麻子奶湯麵」的傳承人彭月明在傳統工藝的基礎上，更加精工細作，誠實經營而仍然獨佔鰲頭，名震一方。一位因去臺灣而闊別家鄉四十多年老人，特地到彭月明店吃奶湯麵，食後讚不絕口：「這才是真正的家鄉奶湯麵」。

尤為值得一提的是燉雞奶湯麵，其最大的特點是湯汁香而不膩，麵質有嚼勁。與傳統奶湯麵不同，燉雞奶湯麵所用的湯汁除了採用鮮豬肉、豬骨、豬蹄、香肘等材料外，特別之處就在於添加了老母雞入料熬製。

這種雞都是從邛崍山鄉人家收購的土雞，而且專挑羽毛整潔，大小適中，叫聲宏亮，握在手中掙紮有力的雞。每天淩晨二點，夥計們就要將雞宰殺、洗淨後用水浸泡，再用猛火煮開去除血泡，倒掉血水，重新加入冷水配以慢火熬煮。一直熬到清晨，直到雞肉成絲狀、豬皮煮成豆腐狀。此時一掀鍋蓋，湯由清變白好似奶狀，濃郁香氣撲鼻而來。此外，雞蛋加上等麵粉製作出的水葉麵，柔韌細長、綿軟耐嚼，口感特好，也是燉雞奶湯麵與眾不同的原因之一。

幾十年間，邛崍市民一直把奶湯麵作為價廉味美，營養豐富的早餐食用，這幾乎已成為不約而同的飲食習俗。最妙的吃法是，奶湯麵配缽缽雞，吃一夾鮮美奶香的麵條，夾一片紅亮麻辣的缽缽雞肉，吃得你熱辣辣、麻酥酥的，胃口大開，妙不可言。在寒冷的冬天更會吃得周身發熱，通體舒服。令人驚異的是，這種奶湯麵是能「長」的，起初看來是麵細湯多的一碗，吃了一會兒竟又呈現慢慢的一碗。所以磨蹭的姑娘往往不能吃完一整碗的麵。想到湯麵在肚子裡會

「長」，飽足的感覺讓一天都很精神！

還有一特色吃法，就是這麼一大碗的奶湯麵，配上店家自製，煸炒過的鮮青椒，清香鮮辣；或油炒的泡野山椒，酸辣爽口。兩樣吃食，一清二白，奶湯麵之乳香油潤與青椒的清香鮮辣，一陰一陽，相映成趣。你可根據自己的喜好隨意添加，一口麵，一口脆辣椒，吃的紅光滿面，精神氣爽。民間有句老話：「一邛二雅三成都」。說的是邛崍的少婦特別有韻味；雅安的少女挺漂亮，成都的女子最水靈。這讓人不禁聯想，邛崍很多當地的女人唇紅面白，莫非是這奶湯浸潤出的粉面皎容？

更有甚者，不少邛崍人，尤其是女孩子，走出邛崍後，特別是出了川，生活中感到最傷腦筋，甚或是痛苦的事情，不是工作和愛情，而是為吃不到適口的早餐而煩惱。俗話說的是：「一方水土養一方人」。邛崍土生土長的兒女，怎離得開哺育並伴隨自己成長的親人——奶湯麵呢！

058 邛崍缽缽雞

邛崍缽缽雞從清代流傳至今已有上百年的歷史。是以土陶缽盛放配以麻辣為主的佐料，加上多種調料拌合的去骨雞片，有皮脆肉嫩、麻辣鮮香、甜鹹適中的特色。在吃奶湯麵時配以缽缽雞，一濃一淡、一清鮮、一麻辣，風味特異，別具一格。

缽缽雞來源於四川的邛崍農村，清末民初就已是流行於邛崍的傳統風味小吃。帶有自然、純真、質樸的鄉土氣息，具有麻辣多滋，吃口舒爽，以片計價，食用方便的特點而廣受大眾百姓喜愛。

然而，真正傳統的缽缽雞，並不是現今竹籤串起，盛裝在有各式湯料的土缽盆裡之概念。道地的邛崍缽缽雞，是用一個約三十多公分的土瓦缽，蓋有土碗，碗旁有一小孔，將拌製好的雞片盛在碗內，調料汁水便順孔流入土缽，吃使用筷子夾起雞片，伸進缽內蘸裹調料吃。

以前的缽缽雞是帶骨的，用背篼背起賣，後來被一個叫周福秀的改變了缽缽雞的帶骨歷史。她在賣缽缽雞的過程中不斷的演變，把雞骨全部去掉，這樣讓食者挑選和吃起來更方便，也更爽口。她還把缽缽雞擺在奶湯麵館賣，這樣，奶湯麵的鮮香淡雅配上缽缽雞的紅亮麻辣，紅白相襯，令人視覺愉悅，吃口超爽。加之缽缽雞以片計價，吃多吃少，豐儉由己，美味與價格都是那樣和藹可親，於是，逐漸形成了奶湯麵與缽缽雞套吃之美味絕配。

一九四〇～五〇年代初，川西的大邑、崇州、邛崍等地的街頭巷尾，逢場趕集，都有用土陶盆（當地稱之為缽缽）盛著紅亮、麻辣鮮香的嫩雞塊，幾分錢一坨，調料隨便蘸，大眾稱之為缽缽雞。

大邑「劉氏莊園老公館」中，劉文彩的五姨

太會吃好吃是遠近聞名的，經常會別出心裁的出些難題叫廚師們按著她的意思去做。比如有一道叫「姨太鴨掌」的菜，就是五姨太叫廚師一次選用十幾只鮮活的肥鴨逐一把每一隻鴨放在燒紅的鋼板上，鴨一踏上鋼板便不停地亂跳，一會功夫鴨掌皮被活活燙掉後，鴨掌也變得又厚又大，據說這樣的鴨掌鮮美異常。

五姨太最愛坐轎到街市去閒逛，每每看到長衫、短襟、人群，尤其孩童們在鉢鉢雞盆前，夾著雞塊在調料中慢慢的裹，把頭一低脖子一扭，立即把雞塊送入口中，再抬起頭吸著裹得調料已飽和的雞塊，吃得嘴上一個大紅圈，辣得嘘嘘之聲大作，惹得五姨太停轎看得兩腮唾液不斷外冒，恨不得抓幾塊送入口中，顧及身份和面子只好強忍，回去後久久不能忘懷，即吩咐廚師如法炮製。從此這種民間風味，街頭巷尾的小食源源不斷，被引入「公館」大戶人家餐桌上，登入大雅之堂，從而增添了便宴、席桌上的色彩，調劑了口味單一的無趣，並在不經意中融入濃濃的鄉土飲食文化。

其後，臨邛鎮上的黃維忠在繼承傳統的基礎上，結合當百姓的飲食喜好和口味習慣，作了進一步改良，將熟雞去骨切片，以麻辣為主，再輔以芝麻醬及其它調料，使其滋味柔和，色鮮味美，紅白相間，皮脆肉嫩，微帶甜鹹，麻辣鮮香，入口化渣，拌製好後直接盛入土陶鉢上桌，與奶湯麵配食，那是別具風味，美味之極，食風古樸，佐酒助餐妙不可言。黃維忠的鉢鉢雞在一九九〇年榮獲成都市個體名小吃優質獎，一九九一年被成都市人民政府命名為優質名小吃。

現今邛崍的鉢鉢雞依然風韻猶存、色鮮味美、紅白相間、皮脆肉嫩、麻辣鮮香。當你吃奶湯麵時，用以佐食那是別具風味，堪稱絕妙搭配，美味之極；飲酒時用於佐酒同樣俱佳。在東街漁橋十字路口往右，原老文君酒廠斜對門的秋鉢鉢就很有名氣，不論何時都是顧客盈門。據老闆介紹，鉢鉢雞帶骨的二十元／斤，帶骨烏骨雞二十五元／斤，去骨的三十～三十五元／斤。

「我們選用的全是邛崍本地的土雞，吃起來不油不膩，很爽口，再配上祖傳的調味秘方，味道是不擺了，價格也很實惠，保證吃過一回就絕對會有第二回。」

缽缽雞之演變

缽缽雞是成都近年非常流行的特色小吃，比較出名的如：缽客藤椒缽缽雞、祥和祥缽缽雞等。「缽缽雞」聽名字就覺著很新奇，「缽缽」其實就是瓦罐，運用了疊音詞方式起出的菜名別致而有親切感。紅黃相間的瓷質龍紋仿古罐中，密密插滿了竹籤，吃起來方便而趣致，浸在清可見底的紅湯中的雞塊、藕片、黑木耳被細細地穿在了竹籤上，蘸上店家精心調配的醬料，吃起來果然是別有一番風味，顫巍巍竹籤尖綴著的雞塊在吸飽了湯汁之後，紅亮的湯汁順著雞塊緩緩滑落，芝麻的醇香混合著雞肉的辣味在舌間氾濫，雪嫩的藕片、滑而厚實的木耳，葷素搭配讓人忍不住一串接著一串。

缽缽雞發展到今天，除了可以吃到皮脆肉嫩的雞肉以外，還溶入更多的食料元素，葷素菜品皆可，麻辣、酸辣、五香、火鍋風味等麻辣清淡皆有。因其具有麻辣爽口，食用方便，風味獨特等優點，受到四川地區的民眾廣泛喜愛。有著深厚的歷史淵源。缽缽雞食用方便，多種口味可選擇，配以特色雞湯飯即可休閒品味，亦可權作一餐，而且味道特色鮮美，價格平易近人。

如今，邛崍當地的缽缽雞受樂山和成都串串缽缽雞的影響，不少店家也把雞肉、雞翅、雞肝、雞珺、雞腳、雞心等分別用竹籤串起，浸泡在麻辣、酸辣、鹹鮮、五香等調味湯汁的土陶缽中，以串計價，吃來更為方便隨意，故而備受姑娘小夥們喜愛。

然而，需要說明的是，串串缽缽雞並不是邛崍傳統意義上的缽缽雞。是樂山地區的小販，在樂山美食三絕之一的棒棒雞傳統基礎上演化而成的。樂山缽缽雞，起源於清代末年，流傳於邛崍、洪雅、樂山一帶，之前是把煮熟切片的雞肉

盛放在竹筲箕裡，旁邊放一個土陶調料缽缽，每一片雞肉，雞雞都用一個竹片串好，選好後放入缽中浸泡入味，是當時非常流行的市井小吃。其後改用竹籤，就從一片變成了幾片，缽內配以麻辣為主的佐料，再把串串浸於各種口味的佐料中，食用時自取自食，除味道悠長外更添情趣盎然。

缽缽雞是民間的特色菜肴，單從名字上推敲，也知道缽缽雞的出身不似串串香草率，雖然都免不了用竹籤籤兒串著的命運，但畢竟是雞呀，而且用古色古香缽缽盛著。而那雞，必得要選跑跑雞，為當地的土雞種，敞放於鄉下山腰，一身跑跑肉，嫩香無比，就是骨頭渣渣都是極耐咀嚼的。缽缽裡的湯，是土雞湯，雞湯上飄著的油，是土雞油。至於那串在籤籤上等著下嘴的東西，也多是土雞肉及其雞碎，它們浸泡在雞湯、雞油及最好的芝麻、花椒組成的汁液裡，鮮油淋漓又不失純香。

關於缽缽雞的奇香妙味，這其中還有一個重要的秘方就是藤椒油的運用。藤椒油幾乎就是為調製缽缽雞而生的。洪雅的山丘區，出產一種像藤蘿的野花椒樹，據說其他地方不產這種花椒樹。五、六月的藤椒果，由青而墨綠，玲瓏剔透，掛在樹上都是誘人的。摘來鮮果，盛於陶缽，將熱菜油浸淋，輔以鮮芋荷葉、芭蕉葉遮蔽香氣。這個程序叫「悶藤椒油」，注意是「悶」，而不是「熬」。藤椒油，麻辣不見椒

（麻：花椒；辣：辣椒）。晶瑩翠綠，麻而不膩，清香沁人，甚至能香透一條街。以藤椒油拌和的雞肉，緊跟在奇香後面的，是一股山野的沁人清涼。要是換成花椒油、辣椒油，上火不說，色香味就大不如，而且滿盆都是喧賓奪主的椒味，就根本不能叫「缽缽雞」了。

一般將肉煮熟但不能煮爛，八分火候就行，爾後晾乾切成片，用竹籤分門別類穿成串。肉片是肉片，內臟是內臟，雞腳是雞腳，翅膀是翅膀。放進藤椒油湯裡洗個澡，油光水滑地送進嘴裡細嚼慢咽。盛裝雞肉的缽缽也是可以觀賞的，青花缽為上品。粉紅的肉、青綠的湯、翠藍的缽，層次分明、賞心悅目。

由於缽缽雞的經營特點，使得它的操作方式也十分靈活，可攤可店，可大可小，可在夜市外賣，可開個小店專營，路邊設攤擺點，也可推上小車邊走邊賣，幾元，十多元就可以輕鬆享用。而且缽缽雞的售賣沒有淡旺季之分，冬天食用，則是熱串串，夏天，自然便是冷串串。缽缽雞在成都，葷菜五毛一串，素菜論份賣，鍋底有「芝麻紅味」和「山椒白味」兩種，莫得啥子花裡胡哨的蘸碟，全靠本味出彩。大多姑娘們最愛雞肫和雞腳，一個脆脆的，口感十足；一個去了骨，晶瑩剔透，香辣可口，坐在街邊的矮板凳小桌子上吃東西也很有感覺。吃個幾十串缽缽雞再來碗豆湯飯，可說心滿意足。尤其是在夏天，來點缽缽雞，再來上一碗綠豆稀飯，簡直就是夏天的極至享受。

缽缽雞既可閒吃打間，亦可佐菜下酒，也可作為一餐，消費愜意。這使得缽缽雞在生活節奏不斷加快的今天，尤顯其風味多滋、豐儉隨意、不拘一格，賣者和買家都享有充分地自由，這不正是現今人們所最求的生活品質與情趣麼。

然而，邛崍的奶湯麵配缽缽雞實在叫爽，回想起早上在平樂古鎮古色古香的大榕樹下，橋頭上，白沫江邊來二兩奶湯麵，夾十片缽缽雞，再來上一小碟當地人喜歡的涼拌的清香青椒粒。哇哇！想著都口水長流。

059 彭州軍屯鍋魁

軍屯鍋魁可以說是巴蜀「第一魁首」。別看鍋魁個兒頭不大，其來頭不小，出身不凡。其老家是彭州市軍樂鎮。相傳三國時期，諸葛亮在此屯兵，為瞭解決軍中乾糧，發明了便於攜帶、保存的鍋魁。後傳入民間，經過一千多年的演變，成為今天的軍屯鍋魁。其名「軍屯」並非地名，而是古時軍隊駐紮屯糧之地。

軍樂鎮坐落於彭州什邡公路上，離彭州六公里，距什邡二十八公里，到成都四十一公里。小鎮基本一條獨街，彭什公路穿鎮而過。小鎮朝彭州方向為老街，房屋基本是鋪板房，靠什邡方向為新街，全部是一樓一底的雙層新房。走進鎮上，老遠便聞到了一陣鍋魁香味。

軍屯鍋魁至今已有一千七百年的歷史，到了今天，全國各地均有打「軍屯鍋魁」者，長年在外打鍋魁的達到了五千多人，遍及全國各地，真堪稱是由諸葛孔明傳流下的「鍋魁大軍」，每年打鍋魁的收入達一億多元。

彭州「軍屯鍋魁」又名「酥油千層餅」，做工考究，獨具風格，以色澤金黃、酥脆鬆軟、鮮香味長、鹹淡相宜、細嫩化渣而名揚川西。經過軍樂人民幾代人的改革創新、銳意發展，「軍屯鍋魁」攤點現已遍佈全國，形成口味各異、內容豐富的鍋魁系列。如今「酥鍋魁」又發展了鮮肉鍋魁、椒鹽鍋魁、化絲鹽鍋魁、怪味鍋魁等十多個品種。

其中最有名的「酥鍋魁」，系彭州軍樂鎮周樂全與師父馬福才共同打烤出名。選用優質中麵，拌和適量溫水反復操作，使之軟、硬適度，張拉柔韌。其配料方法亦別具一格，實行起麵（酵麵）與子麵（生麵）隨打隨配的方法。起麵的多少，根據子麵拌和後時間長短而定。子麵時間長，起麵則多配，反之少配。再用撕去表膜的豬生板油、拌上八角、茴香、三萘、花椒、生薑、精鹽等香料，切碎剁茸，抹在拉長的麵皮上，經卷壓擀製成形，上煎鍋煎烤後再放進爐膛烘脆。

後因吃的人多了，按照傳統工藝根本忙不過來，遂改為直接油炸，縮短製作時間，提高效率。周鍋魁煎鍋魁的油，用的是當地土榨菜籽油，清亮淳厚，煎出來的鍋魁活色鮮美，香氣撲鼻，令人垂誕。每個鍋魁一．五元，比起成都街頭的「軍屯鍋魁」略小，但要厚得多，肉餡也要多些，比較厚道。

在諸大個成都，軍屯鍋魁舉目可見，尤其是花會、燈會、廟會及美食節其間，無處不漂遊著那鍋魁的濃香。成都的鍋魁大多與肥腸粉店、涼粉店聯姻，大凡吃肥腸粉、酸辣粉或涼粉，就要買個鍋魁吃，這亦是成都人的一種傳統飲食習慣，人們最喜食的當然還是軍屯鍋魁。在成都，最有名的是劉光茂軍屯鮮肉千層酥鍋魁。他在製作上選用特級精粉，按比例加入雞蛋、菜油、香油揉製成麵胚；餡料則以鮮豬肉、豬油、雞蛋、五香粉等調製，並將過去包餡改為抹餡，吸收了成都鏇子鍋魁螺旋形的特點，通過煎炸、烘烤成熟。因此，他的千層酥鍋魁酥層均勻、油潤鬆泡、風味突出、形色美觀，特別誘人吃情食慾。由於他的煎烤爐特大，一次能有二十餘個鍋魁出爐，食客們美其名曰「鍋魁王」。一九九二年，劉光茂的鮮肉酥鍋魁被成都市政府命名為「成都名小吃」。

軍屯吃情

鍋魁，在過去僅有一條不大街道的軍樂鎮，是一種極為普通的方便食品。距今六、七十年前，那時的素麵館中幾乎隨時都可以一魁在手，軍樂人所稱的鍋魁，一般是指白麵鍋魁。但軍屯鍋魁的花色品種卻是很多的，從形狀看，常見的有圓形、長方形和三角形數種，也有半圓形和卷瓦狀的。除圓形的白麵鍋魁外，也還有椒鹽酥鍋魁（表面粘有芝麻），麵粉中糅合有紅糖的混糖鍋魁，加有蔥、鹽的蔥鍋魁，包有白糖餡的糖鍋

魁，以及包紅豆沙餡的糯米鍋魁和千層酥鮮肉鍋魁。此外，還有油漩子鍋魁，用玉米粉烘烤而呈金黃色的玉米鍋魁等。

軍樂人還賦予了鍋魁許多不同的吃法。白麵鍋魁，因只是麵粉本味，所以往往在鍋魁中夾入其他葷素菜肴同食，像夾入麻辣酸甜的大頭菜絲子或紅蘿蔔絲、青筍絲等。冬天，在剛出爐的熱鍋魁中夾入鄉村中自製的辣沖菜，趁熱咬它一口，那如芥末般的氣體，立即從鼻腔直沖腦際，使你眼淚汪汪、噴嚏連連，那真是風味別樣吃情甚極。假如經濟條件稍好，用家常滷肉切成肥瘦均勻的薄片夾入其中，再澆入鮮熱滷水，吃時其味不厚不膩，肉香與麵香融合，又是另外一種滋味與吃趣。

軍樂人最愛的是白麵鍋魁炒回鍋肉，讓鍋魁吸引回鍋肉的油脂和汁水，那鍋魁吃來真比肉還要香。冬天，軍樂人還喜歡取放了一、兩天的堅硬結實的陳鍋魁，切成棋子塊放入煉熟的豬油中翻炒，然後加入醪糟、白糖、水煮開，這較之軍樂人歷來愛吃的早點粉子醪糟，又另有一番滋味，不僅味甜而兼有油香，且綿軟香甜，入口時就更有慢嚼細咀之樂。

當今軍樂人的飲食習慣和口味，隨著生活水準的提高，鍋魁一物雖未消逝，也是退居好幾線了。但留在人們腦海中點點滴滴的昔日的小鎮故事，小鎮風情的零碎記憶卻是難以忘懷的。作為人們茶餘酒後擺龍門陣的閒話，也能讓人感受到些許人世間的溫情與生命之樂。

軍屯鍋魁節

如今，軍屯鍋魁已成為軍樂鎮的一項當地及經濟發展的重要產業之一。二〇〇四年後，每年都要舉行「鍋魁表演大賽」和「吃鍋魁大賽」，並成為彭州一項重大的「鍋魁文化節」。每逢此時，數萬人趕赴盛會，興高采烈，又是吃鍋魁比賽，又是做鍋魁表演和文藝表演，還免費品嘗上千個香噴噴的鍋魁，硬是巴適慘了，真比過節還鬧熱。賽臺上十餘張條桌一字排開，桌上立著周記、潘記、肖記、李記、王記等鍋魁世家和名家。三十餘位師傅展開絕活，手快如飛，從和麵到烤製竟然有十多道工序，他們做來像耍雜技似的，擀麵、拌調料、煎烤鍋魁……，短短五分鐘內，這些能人就能製作出六～十個既酥鬆又香脆的鍋魁來。

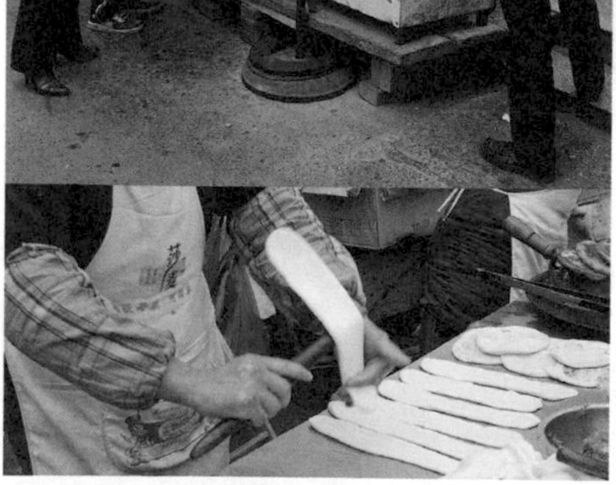

而台下的五位美食專家組成的評委，則按百分比從香、酥、脆、色、味五個方面進行評分，其中香占２０分，酥占１５分，脆占１５分，色占２０分，味占３０分。而且，打鍋魁的速度和尺寸大小等均有要求，不能超過二十五分鐘，每超過一分鐘扣１分，直徑不得小於十二公分。得分最高者為冠軍，並頒發「打鍋魁大王」的桂冠。

在另一角落，吃鍋魁比賽正在緊張進行中，參賽者分成五組打擂。每位參賽者面前都擺著三個鍋魁和一瓶礦泉水。一聲令下，一百多人參賽者中，有的將鍋魁直接揉成碎片和著礦泉水往嘴裡沖，有的直接將三個鍋魁疊在一起狂嚼。每位選手身邊有名負責計時的工作人員。選手們狼吞虎嚥、哽喉打嗝的吃相，引得觀看的人們笑聲不斷。大約一分多鐘後，第一個吃完三個鍋魁的人就產生了。冠軍得主不無得意地說：「我們軍樂鎮的鍋魁特別酥、脆、香，吃起來當然順口。」

二〇〇八年，五月十二日下午一點五十八分，汶川大地震亦讓彭州受到重創，軍樂鎮還是較嚴重受災區。地震發生後，作為「鍋盔冠軍」的潘波，最早想到打些鍋盔免費送到災情更嚴重的桂花鎮去。打鍋盔打了二十多年，熱衷於鑽研鍋盔製作工藝的潘波，當了兩屆鍋盔製作冠軍。

五月十三日，潘波打了二百多個鍋盔送到桂花鎮。很快，「趙鍋盔」、「蔡鍋盔」等好幾個鍋盔攤主也參與到救災送鍋盔的隊伍中，一百個、二百個……那一天到底送了多少鍋盔到重災區，沒有人具體統計。「五．一二後的四十多天，平均每天要打七百多個。」潘波說，「以前每天打的鍋盔大概就是五六百個，現在要忙得多，但收益並沒有增加。本來鎮上要給我們錢，但我們沒要。」潘波覺得這是一名「做鍋盔的」參與救援的最好方式。

隨著救援力量和志願者的不斷到來，特別是五月十八日開始災後重建，軍樂鎮從「施援者」變為「受援者」，來自全國各地的近千名援助者陸續開進。潘波說道：「他們是來幫我們搞重建的，來吃鍋盔能免費就免費。重建的氣氛和場景，正讓這個鄉鎮透出一股新的生命氣息，我的心事並不在多打幾個鍋盔，『鍋盔之鄉』名聲越大，我這個冠軍才更有力量。」說著，潘波拿著一張照片，上面是幾年前慕名而來的幾名美國朋友和潘波的合影，「讓世界都知道軍屯鍋盔，那多巴適！」潘波快樂地笑起來。

軍屯鍋魁，作為一個地方特色風味小吃而香飄全國，這在中華名小吃中並不多見。然而美中不足的是，川西壩子那種特有的打鍋魁的啪啪叭叭，長短間歇，節奏鮮明，頗具表演性和特徵性的，在色香味之外的這一集聲響效果與現場情趣為一體的技藝，沒有得以普遍繼承下來，這不能不說是一個很大的遺憾吧。

彭州風情

彭州市位於成都市北郊三十五公里，歷史悠久，文化燦爛，曾是古蜀國建都立國之地，有史可考的文明史長達四千餘年，至今市境內擁有眾多的名勝古跡，彭州地處成都平原與龍門山脈交接地帶，南部是一馬平川、沃野千里的成都平原，北部是群山爭拱、積雪堆銀的龍門山地。彭州除擁有牡丹之鄉、避暑勝地、宗教文化等特色，還有各種民俗文化節日，如第年舉行一次的牡丹會、蘭花會、風箏會、棒棒會、朝葛仙山等。彭州也有眾多的名優小吃，如九尺板鴨、九尺鮮鵝腸火鍋、軍屯鍋魁、鬍子兔、大傘蒸牛肉、滴油水餃等，這些名吃美食與名勝美景交錯在一起，組成了彭州獨特的自然風景和人文風情。

060 大傘蒸牛肉／鬍子兔

二〇〇九中國國際美食旅遊節彭州分會場活動九月二十六日至十月十日舉行。二〇〇八年五．一二特大地震災後的彭州，擺出了饕餮盛宴，獨具風味特色的軍屯鍋魁，川西風味伊斯蘭名小吃大傘蒸牛肉，麻辣鮮香的成都市名小吃「鬍子兔」，麻辣鮮香嫩的九尺鮮鵝腸火鍋，風味獨特、紅亮酥脆的地方滷品羅萬燙油鵝，以及彭州冷鍋魚、滴油水餃、游湯圓、九尺板鴨等風味名小吃粉墨登場。

大傘蒸牛肉

成都市區有一個大名鼎鼎的「治德號小籠蒸牛肉」，而無巧不成書，就在離市區二十公里的郊區彭州市，出了個遐邇有名的「大傘蒸牛肉」。大傘蒸牛肉是獨具川西風味的伊斯蘭名小吃，由原彭縣天彭鎮北門外回族食堂的回族廚師穆文忠首創。從一九三一年起，穆文忠在彭縣天彭鎮太平街西口設攤賣蒸牛肉，在攤前撐起一把十平方公尺的油布大傘遮日擋雨，「大傘蒸牛肉」由此而得其名。

大傘蒸牛肉與小籠蒸牛肉，雖同是蒸牛肉但蒸法有較大不同。它是川西壩子穿籠蒸牛肉的代表。所謂「穿籠蒸法」就是在大蒸籠中不加裝具，讓料品直接放在蒸格上，蒸氣對穿而過加熱料品。此種蒸法獨到的地方是使蒸氣能充分利用，集中熱力使料品由熟變軟。蒸出的牛肉柔軟滋香，入口化渣，香氣能穿透牛肉，味鮮美而濃醇。由於要使牛肉達到柔嫩香軟的要求，此法蒸製時間多在三小時以上。由於蒸製時間長，下肉要求切塊厚實，一般切成二公分見方塊狀，或再大一點，以便成熟後成形飽滿。選料上用膘肥體壯的黃牛肋條肉，且要有一定的肥度，以便成品滋潤化渣。這與小籠蒸牛肉不能見一點筋纏的選料法大為不同。由於它蒸製的熱力和時間，不僅使筋條變為軟糯的膠質，肥肉也被溶化為牛油而滋潤了牛肉，故而成為一種風格獨具的牛肉蒸製小吃。

大傘蒸牛肉蒸熟後，色澤亮麗，香氣濃郁，肉質鮮美，細嫩化渣，麻辣爽口，回味悠長。還可加紅油、蒜泥、香菜食用。食者可自行選擇，故而深受顧客歡迎，以致於吸引市區顧客專門驅車品嘗。一九九〇年，大傘蒸牛肉參加了首屆四川省食品展覽會，受到許多專家、美食家的好評，獲得了「成都市名小吃」稱號。一九九二年，在四川友好國際觀光年首遊式博覽會上，大傘蒸牛肉倍受外國賓客的交口稱讚。

現在的大傘蒸牛肉在天彭鎮的一條特別不起眼的小巷裡。每天只有三籠，想品嘗得跑快點遲了就沒份了。一般在十一點半以後就賣完了。大傘蒸牛肉八十年風味不變，風光依然，這在川西壩子眾多名小吃中是並不多見的。

無獨有偶，成都近郊還有個天回鎮，天回鎮緊靠青白江的彌牟鎮，而彌牟鎮也是多以回民居多，一直有飼養菜牛的歷史。自來每天宰殺的牛肉主要供應成都市場。這裡有家非常破舊的牛肉館子，據說解放前是座古廟，外觀看很像老成都人常說的偏偏攤子，那時，賣的東西永遠只有三樣：一．五元一份的牛雜碎湯、〇．六元一份的粉蒸牛肉和〇．五元一份的白麵鍋盔。既便宜又好吃。寒冷的冬天喝一碗熱騰騰的牛雜碎下肚，寒氣頓減。再喊幾碟撒滿香菜的粉蒸牛肉，夾上剛出爐的白麵鍋魁，那個香味才叫人暈眩。

老店的老闆每天早早從市場上買回牛下腳

料、牛骨頭和剔骨肉等邊角餘料，洗涮乾淨後碼上香料，做成香噴噴的粉蒸牛肉。牛腸、牛百葉等便和著牛骨用大火熬成雪白的牛骨湯，然後撈起晾在鍋沿上。吃的時候隨手剁幾節，用湯一冒，舀在土巴碗裡端上桌就可以吃了。如果覺得湯腥味重的話，還可以在湯裡面加點香菜顆顆，味道更舒服，湯不夠儘管再添。那肉香、湯鮮混合著白麵鍋魁的麵香真讓人陶醉不已。

這家店的招牌都已經燻得漆黑，看不到字了，昏暗的店堂裡卻仿佛永遠坐滿了食客。油膩膩的方桌，清一色的長條凳；店門口爐灶上架了口大黑毛邊鍋，鍋內煮著發白的牛骨頭，雪白的湯翻煎暴滾地開，只是湯麵鍋裡團團轉的那層黑色浮沫有些令人不舒服；店門口還有一個蜂窩煤爐子，蒸格上矗立幾柱比小飯碗還小的竹製蒸籠。熱氣騰騰的竹蒸籠中是天回鎮的另一道名吃：粉蒸牛肉。

在店裡一邊品吃粉蒸牛肉，一邊觀察著四周的人文景致，你會感覺到空氣中懸浮著煙草嗆人的味道，門口靠著瀝水的雨傘，板凳木框上蹭的泥巴，牆角邊一溜背篼裡裝著碧綠菜葉的紅頭蘿蔔，熟人之間大聲吆喝辦招待的聲音，無不洋溢著川西農村鄉鎮特有的氣息。透過屋頂灰濛濛的亮瓦的光線，遙望著街上冷雨中行色匆匆的路人，在這樣的老店裡閒坐著，看著周圍趕場的鄉民，賣菜的夥計，過路的行人以及慕名趕來的食客濟濟一堂，先來一碗滾燙的牛肉湯驅散寒氣，再來碗大麯酒，然後喊上兩、三碟粉蒸牛肉，慢慢咂、慢慢熨，直坐到日落西山，才帶著一絲醉意高喊：算賬。堂倌只需要點算清楚幾個缺缺角角的碟子就很快報出金額，三、五塊錢就吃得舒舒服服。

對城裡人來講，去天回鎮吃粉蒸牛肉，最安逸的耍法是三月間，先到場鎮外的金華寺進香，轉完小廟子以後，在門前古戲臺下尋張竹椅躺下，放眼四周一片油菜花的金黃，泡杯茶曬點花花太陽，那才叫香啊。然後再慢慢踱到鎮上館子裡在鄉親們中間鑲個桌子討個座，享受一頓鄉壩頭的正宗吃法。你會覺得人生就是如此容易得到滿足。

鬍子兔

鬍子兔，在原彭縣《縣誌》的地方特色美食部分，記載了開明紳士鄒建安一九五一年創製的特色風味名食——麻辣兔塊。鄒建安舊時曾就讀四川大學畜牧獸醫系，喜好烹調，擅做美食。由於他的專業知識，他看准了兔肉高蛋白、低脂肪、易消化、細嫩化渣等特點，運用傳統醃、滷、燻製作工藝，採用多種天然植物香料提味，還兼收並蓄川菜、粵菜風味，精心製作出香滷、甜、麻、辣、鹹多種風味特色的兔塊。尤為是川味兔塊，麻辣香醇，鹹甜多滋，兔肉皮酥、骨脆、肉嫩、色澤紅潤、口感鮮香、五味俱全，恰到妙處。加之鄒建安長有一臉美髯，人們便美其名曰：「鬍子兔」。

鬍子兔選料精良，工藝考究。選用生長五個月左右的兔子，過老、過嫩、過瘦皆不入選。製作時先將鮮生兔用鹽醃、吹乾，煮八成熟後晾放，再用食油炸，最後用微火將冰糖、紅糖、白糖熬成汁，加上生薑、胡椒等多種調料和中藥香料共同炒煉而成。早在一九五〇年代，鬍子兔就遠銷京、津、滬等地，聲譽鵲起。四川省兔業研究協會登門採訪，予以充分肯定。一九八〇年代以來，隨著報刊、電臺的報導，鬍子兔名氣越來越大，先後榮獲「傳統食品獎」和「成都名小吃」的稱譽，並被列入《天府名小吃》和《川味小吃》。

現在，鄒建安的孫子鄒濤繼承祖業，每到傍晚，便在彭州市西大街廣場口擺出「鬍子兔」專攤，熱賣幾十年長盛不衰，各地旅遊者都慕名前來，進行品嘗，並大包小包攜帶回家和饋贈親友。深受八方食者喜愛。

巴蜀風情龍門陣③

賞花觀燈品小吃

早在唐宋時代，作為巴蜀政治、經濟、文化、娛樂中心的成都，就以吃喝玩樂繁榮興盛而名冠中華，並享有「揚一益二」（揚州、成都）之美譽。自那時起，一年十二個月是月月有會，正月燈會，二月花會，三月蠶絲，四月錦緞，五月扇市，六月香市，七月寶市，八月桂市，九月藥市，十月酒市，十一月梅市，十二月桃市。拿現今的話來說，就是每月都有農工商貿交易會。且會期少則一周多則半月，一會接一會，人潮湧動十分鬧熱。尤其是每年春節到元宵的花會與燈會，更是將吃喝遊樂之風推向極致。

花會和燈會

「當年走馬錦城西，曾為梅花醉似泥，二十里中香不斷，青羊宮到浣花溪。」陸遊的這首詩作，寫的正是成都花會盛況。老成都人將看花會稱為「趕青羊宮」。每年到了青羊花會時節，男女老少紛紛從市內和各郊縣趕來匯聚青羊宮二仙庵，只見人山人海、摩肩接踵，大有揮汗如雨，呵氣成雲的熱鬧勁兒。因為春天到了，百花競豔，人們一則是前來觀賞奇花異草，遊春踏青，品嘗花會上的成都風味小吃，購買土特產品；二則是成都人虔信道教者為數不少，春天裡到青羊宮朝拜太上老君，進香祈福，磕頭許願。青羊花會從農曆二月十五始，會期長達一月，儼然是成都平原其樂融融的春日盛會。至今，趕花會、嘗小吃、摸銅羊的經歷，想必仍留存在許多老成都人的記憶中。

花會源於唐宋時期的「花市」、「蠶市」，到五代，在後蜀主孟昶與花蕊夫人的喜好和推崇下達到鼎盛，清朝中葉後便成了以農曆二月十五為期的年度花會，形成既賞花迎春，又是農工商貿的展銷盛會。

大約在一九七〇年代以前，花會燈會一直都

在成都浣花溪的青羊宮、二仙庵一帶舉辦。一來每年農曆二月十五，據民間傳說，這一天是百花仙子的生日，俗稱「花朝節」。到青羊宮趕花會，已是成都沿襲已久的習俗。再者，這一天據說又是道教始祖李老君的生日，人們多要去青羊宮燒香拜祈、許願。加之當時，那一帶田園鄉景繁花簇擁，風光迤邐，桃花、李花、梨花、杏花、櫻花、海棠、杜鵑、月季，以及那成片成片金黃燦爛的油菜花，把個春天點綴裝扮得嬌豔秀麗，生機盎然，真真是個郊遊踏春，吃喝休閒的絕佳時節。故而處於蓉城西郊，田園開闊，流水環繞的浣花溪、青羊宮及二仙庵自然而然成為花會燈會之勝地。

小時候最盼望的除了過年，就是趕青羊宮的花會。在我記憶中，花會絕不亞於過年，因為花會那些好耍、好看、好吃的東西，過年不一定有。所以，每當過完大年，就巴望著要「趕青羊宮」了。那時，我家住在新南門，趕花會就要一直沿著錦江河邊，城牆腳下走到百花潭，這一段路也是夠長的了，倘若遇到「清明時節雨紛紛」，那泥巴土路就走的更艱難，因此常耍賴說走不動了，於是大人就花五分錢雇一輛「雞公車」坐著，「咿咿呀呀」往青羊宮而去。如今想來，坐那雞公車是很不舒服的，顛簸不平的土路，隨時都可能把人顛倒在地，但對小孩子來說既好玩，亦比走路強多了。

花會期間，除了各種名花彙聚，爛漫似錦，來自周邊一百多個鄉縣的土特產、農副產品及手工藝品亦彙聚一堂。各地的民間雜耍、戲曲藝人也設點畫圈獻藝賣唱。其他像看相、測字、算命，以及江湖遊醫、雲遊僧道等五花八門之類亦充斥其間。然而，最為豐盛和熱鬧的莫過那來自天府各地的名食小吃。有竹枝詞描述為證，詞曰：「不必中餐與小餐，庵前食貨好攤攤。豆花涼粉都玩過，再把紅苕撿一盤。」「蕎麵多加辣子紅，內添臊子外添蔥。打杯燒二連天醉，莫怪老漢只恨銅。」當然，花會中最樂不可支還是小孩，大人牽著的、抱著的、騎在肩頭上的、多是一手舉著風車車，一手那著滷肉夾鍋魁或糖油果子等，東張西望，興奮不已。

花會也是男人和女人的情趣所在。偌大個成都可謂是傾城出動，無論達官貴人，還是百姓人家，尤為是平常少有出門參與熱鬧活動的婦女，此時亦無所拘謹顧慮，更是「衣衫都帶麝蘭芬，蛾眉窈窕尤動人。鳳頭小鞋藕絲裙，蓮步細腰輕盈盈。」於是，花會中看人的定然也就多於賞花的。成都人稱之為「洗眼睛」、「瞅粉子」、「飽眼福」。亦有竹枝詞描述曰：「錦里春風二月時，遊人如織汽車馳。怪他多少采花客，不看群花看豔姿。」有竹枝詞甚而告誡曰：「花叢圍繞錦城春，色相原空不是真。寄語少年輕薄者，看花且莫盯佳人。」你瞧，花會之盛景可謂五彩繽紛。這種集賞花迎春、農貿交易、宗教活動、吃喝玩樂為一體，歡樂相融的盛會，絲毫不亞於巴西狂歡節、西班牙鬥牛節，成了巴蜀百姓最為重要的民俗節日而沿襲至今。

巴蜀燈會，其歷史相當久遠。始於秦滅巴蜀，成都建都之時，到了後蜀孟昶和花蕊夫人時，由於他倆崇尚吃喝玩樂，燈會亦也達到極盛並沿襲至今。

花會從早先在成都西郊的青羊宮到現今移至東郊的塔子山公園，燈會不僅依然如故，且更為千姿百態，規模空前。那塔樓、亭臺、湖畔、草坪，花燈似海，燈團錦簇，五光十色，爭奇竟豔。花草鳥魚、飛禽走獸、名人典故、神話傳說，無不栩栩如生、鮮亮活潑。有的像玉樹瓊花，有的似金山飛瀑。荷箭蓮盞，光芒四射；玉壺清水，爽心悅目；飛禽走獸，讓小兒歡呼雀躍，傳說典故，使人津津樂道；更有現代化之戰艦炮艇、衛星飛船、戰機導彈，足使青少年指點江山。再看那湖岸塔邊的珠翠彩燈，倒映在波光流溢的水面，伴著輕盈小舟，衣著光鮮擠擠攘攘的遊人；悠揚樂聲夾著各式小吃的叫賣聲此起彼伏，真如神話仙境一般，令人意蕩神馳，直到把那美味香風吃到嘴裡，方才感知仍在人間。

美味與吃情

花會和燈會不僅是花與燈的會展，也是名小吃的會展。二仙庵樹林的深處，並行搭起臨時竹棚，棚下便是鱗次櫛比的各種小吃攤：都江堰的丁丁糖，仁壽的芝麻糕、蟹黃酥，白家的肥腸粉，新都的桂花糕，懷遠的葉兒粑，唐昌的樟茶鴨，皇城壩的肺片，洞子口的張涼粉，還有鐘水餃、賴湯圓、韓包子，以及糖油果子、三大炮、麻花饊子、脆油糕。每次來逛，肚兒總會裝得圓滾滾的。

這些小吃與平日的名小吃內容不大一樣，這些有的是來自深街小巷的，有的來自郊區鄉縣，味道不像名小吃醇和，往往更野、更濃烈一些，吃的形式也更隨意，可以坐在街邊吃，也可拿在手上邊走邊吃。

記得兒時唱的一首花會燈會的小吃童謠，將成都小吃一網打盡：「一進山門三大炮，湯圓鍋魁真熱鬧，麻辣涼粉好味道，水餃麵條抄手包，好吃要到花會上，辣麻酸甜任你挑。」

童謠中「三大炮」是指打糍粑。賣粑人手扯坨糍粑一甩手，砰、砰、砰三聲，糍粑落入酥黃豆粉簸箕中連滾帶爬，裹滿一身，下手師傅撿起來盛在小碗或盤裡，淋上熱乎乎的紅糖汁，撒撮芝麻即成。三大炮香甜軟糯，不粘牙、不膩口，男女老少都愛吃。

湯圓、鍋魁也是尋常小吃，但花會、燈會上卻薈萃了不少名家。賴湯圓、郭湯圓自然聞名遐邇，亦有醪糟湯圓及醪糟粉子，周邊縣鎮的農家紅糖芝麻湯圓。至於鍋魁那更是名目繁多，花樣百出，有方有圓、有三角、有長條；有白麵、黑麵，混糖、包糖、蔥油、椒鹽、油酥、怪味、鮮肉。鍋盔夾葷素料的亦有：大頭菜絲子夾鍋魁、涼拌三絲夾鍋魁、紅油涼粉夾鍋魁；葷菜的有夾滷肉的、夾拌豬頭肉或豬耳朵的、夾臘肉香腸的、夾兔肉絲的、夾雞絲的，最有名的還是夫妻肺片夾鍋魁，麻辣爽口，鮮香味美。

涼粉的品種也是很多的，黃涼粉、白涼粉、米涼粉、煮涼粉，名氣最大的還是洞子口張涼粉和南充川北涼粉。這兩家都是現做現賣，加工精細，用料精到，麻辣多滋，奇香撲鼻，川妹子、川嫂子們幾乎沒有不愛吃的。

「水餃麵條抄手包」則分別是五種小吃。水餃則以鐘水餃最有名氣，以紅油蒜泥味濃，配上油酥方鍋魁最為對味。而麵條就更是五花八門，品不勝品了。擔擔麵、甜水麵、雞絲涼麵、豆花麵、紅油或白油燃麵、小碗紅湯牛肉麵、罐罐燉雞麵、宋嫂麵、脆臊麵、牌坊麵、銅井巷素麵、金絲麵、銀絲麵、渣渣麵等。抄手，即餛飩，但四川的吃法更為多樣。紅油抄手、清湯抄手以龍抄手為最。但花會燈會上還有來自周邊縣分的名抄手，像過橋抄手、脆臊抄手、牛肉炒手、矮子抄手等。包子則要數韓包子和痔鬍子龍眼小包生意絕好。

花會燈會上其他的小吃更是數不勝數，珍珠圓子、葉兒粑、玻璃燒麥、三合泥、白糕、黃糕、蒸蒸糕、梆梆糕、凍糕，窩子油糕、豌豆糕、花生糕、蛋烘糕，其中最有人氣的是啞巴牛肉焦餅。還有粉類，尤其是酸辣粉、肥腸粉，更是女士必吃的。禽畜肉類名特小吃也多得要把你看花眼，夫妻肺片、紅油兔丁、麻辣兔塊、五香兔頭、小籠蒸牛肉、張飛牛肉、燈影牛肉、天主堂雞片、纏絲兔、張鴨子、王胖鴨等。

花會、燈會上的吃情勝景，就連神仙看了都得流口水。你看那打鍋魁的，不僅敲得乒乒砰砰響，還不時把手中的擀麵棍一甩手扔到半空中，旋轉著落下來，伸手接住又打，十分吸引人，也炒熱氣氛。

再看那涼粉攤子，黑方桌上堆放有長條的白涼粉、黃涼粉、用罐筒鐵皮打上十餘個孔刮下來的鏇子涼粉，方塊的米涼粉，擺滿了十幾個青花瓷碗，紅油辣子、花椒、蒜泥、白糖、味精、醬油、香醋、油酥花生、芝麻、芝麻油、香蔥等十餘種調料誘人流涎。兩三張黑漆小方桌，矮長板凳擺起，吃客你擠他靠排排坐，吃得呼哧呼哧津津有味。有的還高喊一聲：「再來一碗，紅重哈！」。那火熱就如竹枝詞所描述：「黃涼粉白涼粉，紅油辣子多放點，辣呼辣呼有辣呼，嘴上辣個紅圈圈。」有的還買個鍋魁，撕成小塊蘸著剩下的涼粉佐料吃，盡其餘興，極口福之樂也！所以趕花會燈會的人都愛說：「二仙庵，出神仙」，此情，此景，此味，人人都陶醉得成了神仙了。

現今的花會燈會，美食小吃就更多了，不僅薈萃中華各地，包括港澳臺的一些名小吃或流行美食，甚而不泛東南亞、日本、韓國等小吃，吃情勝景更為五彩繽紛。然而，花會燈會的規模與景致雖更宏大，更多彩，但總讓人感覺到有些若有所失，各種吃食固然品種很多，但卻是千篇一律，風味品質更是難恭維，差不多就是個雜七雜八的飲食大賣場，與過去那豐富多滋的風味特色與鮮活生動的民俗風情相去甚遠了。

川南小吃

牛肉蕎麵 邛崍奶湯麵
坨肉 西昌燒烤 邛海醉蝦
峨眉玉米粑 龍抄手 賴湯圓
餅 珍珠圓子 痣鬍子龍
子 豆湯飯 鍋魁王國 蛋
甜水麵 三合泥 滷肉夾
糟 艾蒿饃饃 師友麵 米
怪味麵 華興煎蛋麵 一只
冒菜 麻辣燙 串串香 叮
糖糕粑 糖餅兒 糖畫兒
崇州天主堂雞片 查渣麵
鍋魁 雅安嗟嗟麵 彝家坨
豆腐乾夾絲絲 蘇稽蹺腳牛
擔擔麵 韓包子 郭湯圓
涼粉 小龍蒸牛肉 肥腸粉

鍋魁 雅安嗟嗟麵 彝
腐乾夾絲絲 蘇稽蹺腳
麵 韓包子 郭湯圓
小龍蒸牛肉 肥腸粉
糖油果子 三大炮
鍋燒麥 蒸蒸糕 粉子
豆花與豆花麵 雞絲涼
粉 豆花飯 連山回鍋
芥末春捲 銅井巷素麵
兒粑 桂花糕 懷遠三
奶湯麵 缽缽雞 彭州
邛海醉蝦 樂山豆腐
龍抄手 賴湯圓 鐘水
圓子 痣鬍子龍眼包子
餅 鍋魁王國 蛋烘糕

四

川自來是很休閒的地方，川南更是有著無盡的生活情調。成都——瀘州——自貢——宜賓一線，絕對讓你將川南的自然風光、人文風情、美食美味一網打盡。美景、風情和地方特色小吃融為一體，有如被大自然賦予了靈魂，是那麼鮮活、生動，那麼讓你魂牽夢縈。

宜賓，宜山、宜水、宜人。神州瓊漿，豪情酒海；天下奇觀，風情石海；翡翠世界，詩情竹海；抗戰精魂，博愛李庄；民族瑰寶，古韻夕佳；宜賓，這座三江擁抱的美麗古城總是那樣流光溢彩！三江河鮮、五糧美酒，讓多少豪情壯志化為煙雲；風味小吃、特色佳餚，使多少胭脂粉黛真容顯露。

蜀南竹海一直作為川南風光的象徵而為世人所知，被喻為中國最美麗的竹林之一。竹林隨山勢綿延起伏，迤邐蒼莽，滿眼翠色似一片綠色海洋。奇篁異筠的竹景與富集配套的山水、湖泊、瀑布、崖洞、寺廟、氣象、地質、民居交融，自然生態與歷史人文並重，清風搖曳、竹影婆娑，會讓你心曠神怡。竹海的美食亦如竹海景致一般風情萬種，盡享各式竹肴山珍，竹鄉小吃。

川南，一塊不是天府卻勝似天府的人間樂土！

061 雅安噠噠麵

被譽為成都後花園的雅安，距成都一百二十公里，素有「川西咽喉」、「西藏門戶」、「民族走廊」之稱。走進雅安，你會感到跨入了一塊神奇的土地。傳奇般的悠久歷史，神話般的秀麗山水，豐富多彩的人文景觀、絢麗淳樸的民俗風情。更有「雅女」、「雅魚」、「雅雨」之「雅安三絕」。使她成為一座溫馨而浪漫的小城。

古有詩云：「二水夾明鏡，雙橋落彩虹」，二水環繞的上里古鎮，古橋、古樹、古場鎮，古塔、古洞、古牌坊，再加上清末的宅院、唐代的噴泉盡向世人展示她樸實無華。讓往來遊客漫步石板道，體會歷史的滄桑，信步石橋小溪，領略山鄉風情，獨步古宅大院，感悟小鎮的輝煌沉淪，大榕樹下，一杯香茶，聽老人們講述著數千年間小鎮的喜樂憂傷……。

●雅安上里古鎮。

山清水秀的雅安城，空氣濕潤清新，民風淳樸恬淡，就連滿街的小吃，也沒有特別的講究和豪華的鋪張，總是那樣平易近人，親和有加，風味別樣，讓你吃了以後常戀常想。「噠噠麵」亦是這樣樸實無華，風味悠長。

眾人皆知，蘭州拉麵是用雙手拉出來的，山西刀削麵則是用刀削出來的，四川榮昌的鋪蓋麵是扯出來的，那麼，雅安噠噠麵自然也就是「噠」出來的了。所謂「噠」，在雅安人的口語中就是「摔」的意思，比如說「摔了一個跟頭」，便叫「噠了一跟頭」。所以，「噠噠麵」也就是摔噠出來的麵。

噠噠麵，以製作和風味獨特著稱。通常大師傅把加雞蛋清、鹽及清水的麵粉和好做成麵胚，再來回拉拽成麵條，邊拉扯邊在案板上反復摔打，發出「噠噠，噠噠」的響聲，只見師父雙手把麵，上下舞動，掄、摔、疊、扣自然順暢，一氣呵成。這一「噠」出的寬麵條吃起來尤為筋道，也特別的光亮、滑爽、柔韌，澆上佐以煙筍、野生菌等山珍的紅燒肉、排骨、牛肉、三鮮等餡料，味道鮮美無比，讓人愛不釋口。

吃正宗的噠噠麵，必須是現噠、現煮、現吃。只見噠出的麵條寬厚均勻、光澤滑潤，放入寬湯鍋中大火旺煮，那長長的麵條亦似玉龍蹈海，隨浪翻滾，飄出股股麵香，讓人食不可待。麵煮熟了，撈進碗中，再舀上汁濃味鮮的臊子，足以讓你饞延欲滴，狂吃豪啖。

在上里鎮的日子，不知不覺愛上了噠噠麵。以前在成都是不喜歡這種寬麵條的，嫌它比較硬，吃了脹胃。而在上里，卻吃了兩次噠噠麵，感到那種麵的柔韌滑爽，滋潤和嚼頭，加上燒得入味的大塊紅燒肉或牛肉臊子，綠綠的香菜，吃它個碗底朝天滴湯不留。說來也怪，這麵納入腹中不熱不燥，吃小份的一碗也不會感到饑餓，吃碗大份也不覺胃脹。冬日裡吃了周身暖和，夏日裡吃來又感到開胃清爽。當然，更讓我關注的是噠噠麵的製作，每一碗噠噠麵都是在下鍋烹煮前現場手工製作的，觀其製作，品其風味更是一種非同尋常的美食體驗。

更為有意思的是，在上里早上起來，吃碗嗟嗟麵，到戲臺前，一雅女正在表演嗟嗟麵的製作全過程，唇紅齒白，面若桃花，兩臂輕柔，手似玉蔥，那種美，比當下在影視劇裡矯揉造作的所謂名星強上好幾倍。看著雅女帶舞蹈樣兒的做嗟嗟麵表演，一群群人圍擠上去，不知是在看雅女還是在看做嗟嗟麵。但於我而言，賞雅女，吃嗟嗟麵，真乃神仙皇帝過的日子，自感非同一般的愜意。

二〇〇一年，江澤民視察雅安，品嘗了嗟嗟麵，留下極深印象。回到成都後仍念念不忘，工作人員只得將雅安最有名的蘭師傅請到成都金牛賓館，專門為他再次做了嗟嗟麵。江澤民兩吃嗟嗟麵的故事，讓嗟嗟麵的響聲傳遍了長城內外。從此，嗟嗟麵更是聲名大振，老少皆知。

然而，嗟嗟麵成名於雅安，卻出生在滎經縣，以傳統砂器著名的滎經距雅安三十多公里。據縣誌記載：「民國時期，縣城中的許多麵館多在上午經營手工製作的寬麵，兼賣油餅子，食客大多二者並餐。此種麵食香脆酥口，為大眾喜食的名吃。一度較有名的，有王隆館陶以珍的酸湯寬麵，該麵味出眾。一九五〇年代後，在雅安開業經營手工寬麵。因製作過程中有手嗟之工序，響聲誘人，故被稱為『嗟嗟麵』」。

而在雅安縣誌上，也有關於嗟嗟麵傳入雅安的記載。最早把嗟嗟麵帶進雅安的，則是一個名叫羅序江的人。羅序江祖籍雅安地區滎經縣，自幼家境貧寒，他又是家中唯一的兒子。為給家裡多多找點錢，十五歲就到滎經縣城一家嗟嗟麵館打小工。後來，師傅劉道恩看這娃兒人老實又能幹，就收入門下當學徒。在師傅的悉心傳授下，羅序江得其真傳，掌握了嗟嗟麵的工藝訣竅，從此與其結下不解之緣。

一九五一年，羅序江來到雅安，受邀在一位叫宋玉祥與朋友李藻琴合夥開的麵館主廚，很快有了名氣，生意日日見好。這時，李藻琴提議賣雅安還沒有，家鄉滎經的寬麵，這正合羅序江之意，但又覺得酸湯寬麵名字不好聽，沒得啥賣相。李藻琴又建議，滎經麵是嗟出來的，乾脆叫成「嗟嗟麵」吧！就這樣，嗟嗟麵一經推出，因其名稀奇古怪，製作誇張而帶聲響，麵的風味夠獨特，生意出奇地好，兩個人成天忙得暈頭轉向。於是羅序江又把師傅、師娘請來幫忙，還請了滎經做嗟嗟麵的好手黃昌榮和李紅玉。一時間，他們的「嗟嗟麵館」名揚雅安，人們爭相品嘗，遂成為雅安美食一絕。其後，更成為雅安人早餐之主食，這一食俗一直沿襲於今。嗟嗟麵作為雅安本鄉本土的特色美食，已經深深地融入了雅安人的生活，紮根在這座古城的美好記憶中。而美好還不止於此，羅序江與宋玉祥亦由嗟嗟麵「做媒」喜結連理，白髮偕老。

沒過幾年，麵館經由公私合營，成為「國營嗟嗟麵館」，仍由羅序江主理。他由過去單一的三鮮臊子，陸續推出了燒肉、牛肉、排骨、肥腸、墩雞、鱔魚、海味等多種風味味道的嗟嗟麵，使南來北往的人更為喜愛。儘管以後不少滎經人也來到雅安經營嗟嗟麵，但羅序江的嗟嗟麵仍是食客的首選。到一九八〇年代，隨著四川餐飲業的逐漸繁榮興盛，「嗟嗟麵」亦走出雅安，在四川省第一屆美食節上榮獲金獎。一九九〇年代初，「嗟嗟麵」開始邁出巴蜀，南下深圳，在深圳民俗文化村大展身手，其獨特又帶表演性質的製法與風味，吸引了來自全國各地，乃至海外的萬千客人，更吸引了香港「鳳凰衛視」前來做了專題採訪報導。

二〇〇〇年後，隨著碧峰峽、熊貓基地、上里古鎮等風景名勝的的開發，各地遊客接踵而至，雅安嗟嗟麵瘋狂發展，名店崛起，其間，曾為江澤民做嗟嗟麵的蘭師傅麵館更成為雅安明星。當然其中亦是良莠不齊，魚目混珠。為保住「嗟嗟麵」金牌不倒，雅安飲食公司毅然將這塊招牌送還給羅序江家。羅家的兒女們接過父親手中的金牌和技藝，對「嗟嗟麵」更是倍加珍惜。決心有如父輩們一樣，繼續把這一金牌名小吃傳承下去。

062 彝家坨坨肉

四川西昌，又名月城、衛星城，彝族聚居地，常年溫暖如春。這個被著名作家韓素英女士稱之為「一個同日內瓦一樣讓人流連忘返的地方」，不僅有秀美的螺髻山、衛星發射基地、彝族火把節、盛產多種豐富的菌菇，還有不能錯過的多種美食。難忘在小漁村的湖邊數著星星吃燒烤、醉蝦、彝族坨坨肉、烤小豬，好吃街上鮮美的菌子火鍋、味美的南瓜魚頭、酸香的老鴨湯、麻辣的竹筍雞、多味的羅菲魚……，但最具名氣的還是彝家的坨坨肉。

彝家坨坨肉

聚居涼山的彝族人，至今仍保留著一些古老的飲食習俗，最具特色的是「坨坨肉」與「酸菜湯」。吃坨坨肉，喝酸菜湯，再配上一杯泡水酒，便是一頓豐盛筵席。

彝族在逢年過節，或貴客登門，主人要殺雞宰羊甚至殺豬待客。彝族人殺牲不用刀，殺雞鴨用手捏死，殺豬羊則用木棒捶擊頭部，俗稱「打牲」，或曰「打牛、打羊、打豬」。有趣的是，宰殺之前，主人要請客人先察看牲畜，驗明正身，以示誠意和對客人的尊敬。烹煮時，把剁成拳頭大小的肉塊下鍋燉煮，吃起來又鮮又香，十分可口。因肉塊成坨，又因用手托著吃，故稱「坨坨肉」。

彝族吃坨坨肉的習俗，有著悠久的歷史淵源。歷史上由於外部的侵擾和內部部落打冤家的械鬥，戰事頻繁，民眾經常處於動盪不安的生活之中，煮坨坨肉就比煎炒蒸燒來得快且簡便，還保持了肉特有的原汁原味，香美和營養，因而備受喜愛。

坨坨肉採用牛、羊、豬肉和雞肉或野獸肉等製成，其中最常用的是羊肉和豬肉。彝語「烏色腳」，意思就是豬肉塊塊，也就是坨坨肉。製作坨坨肉的選豬極有講究，要選用按照傳統放牧方式自養的、涼山地方品種「烏金豬」的仔豬。這種豬的肉質很好，非飼料餵養，無污染。因是放養，豬的肌肉較為緊密結實。而豬多以山上的高寒植物為主食，肉質也帶著高山上的醇香，又稱為山豬。彝族同胞認為，尚未發育成熟的仔豬是最聖潔的，用聖潔的仔豬待客來表達對客人的尊重。仔豬肉細嫩而不綿，香美而不膩。彝族人特別忌諱用白毛豬和黃毛豬製作坨坨肉。

去毛和砍塊也特別，屠宰後的豬直接放在地上，在草堆火上燒烤，將豬毛燒光，這時豬皮也燻燒黑了，就將其刮乾淨，直見其皮呈現黃褐色，又再燒刮直到乾淨光潔為止。此時站在一旁也能聞著濃濃的肉香。這就是彝族坨坨肉的前期加工，俗稱燒毛豬。彝族中也有燙肉毛豬的，但以燒毛豬為主。燒刮乾淨後再開膛剖肚，將內臟一一處理，再把整豬砍成幾大塊，有分別砍成方圓形的肉坨坨，大牲畜砍得較大，仔豬肉砍得較小，大的超過三百公克，小的也有一百五十公克。但大多地方款待客人都以大為敬，自家和當地人食用則要小些。

別看坨坨肉簡單，掌握煮肉的火候是關鍵。坨坨肉放入冷水鍋中，煮時要放當地產的一種辛香料，叫木薑子入湯，不再放入其他調料，鍋架在灶上用柴燒煮，煮開後待水面的泡沫消失，打盡浮渣就行了。肉一熟就須馬上撈起，這樣肉才有彈性。

坨坨肉風情

涼山彝族的坨坨肉類似新疆的「手抓羊肉」，小者如拳、大者如碗，不放佐料，氽入清水中煮至六成熟後，再放在竹簸箕之中輕輕撒上一層鹽水沫，吃時佐以小涼山土法醃製的一種乾酸菜湯（有去腥膩的作用），將坨坨肉抓在手上，邊啃邊嚼，由於這種肉做法特別，又不是很肥，吃起來越嚼越香，越吃胃口越開，所以，坨坨肉成為小涼山一道很有名氣的風味菜。

吃坨坨肉的調料看似簡單，但卻非常重要。

彝族人一般在小簸箕中（現在多用瓷盆）拌以鹽就行了，反映出過去物質極大匱乏時的原始飲食習慣，這算是最純正的坨坨肉。但現在也習慣加辣椒粉、花椒粉拌合成麻辣風味；有些地方還用炒的方式在熱鍋中加上各種調味料，以增加香味和口感。但是坨坨肉本身的要求是盡顯豬肉本色，原汁原味，不要太多太複雜的調味品，就是放也儘量少放些。煮肉的湯彝家多放自己醃漬的酸菜，煮沸即成酸菜湯。

有次我在彝家過了彝族年後，帶回一大塊仔豬肉，朋友們都想吃這久負盛的美食。但他們自己烹製時嫌皮上豬毛樁較多，就將皮去掉；又怕不熟，於是煮的時間較長，還放了許多的調料。美其名曰「坨坨肉」，其實依然是城裡人平常吃的紅燒肉了，雖肉還是細嫩鮮香，但卻全然沒有彝家坨坨肉的風味特色。

一位彝族朋友告訴我，他小的時候只有過年才能吃上坨坨肉，現在想吃肉到街上去買就行了，彝家人吃坨坨肉不再顯得非常渴盼，坨坨肉的大小也在變。現在的彝族人吃慣了川菜的風味，坨坨肉的傳統烹製方法與風味特色也在發生變化。同時也反映出彝族人的飲食結構也隨之不斷演化，生活水準亦不斷地在提高。但作為一個少數民族，其民族傳統的飲食習俗的改變與丟棄，是非對錯則各說不一。

彝族逢年過節，婚喜壽宴也有大擺「九斗碗」的習俗。其中第三大碗就是「坨坨肉」。但如今彝家已少有吃坨坨肉了，故而九斗碗中又叫做「墩墩肉」，其做法與坨坨肉完全不同。把帶皮豬肉切成大塊，稍煮後撈出，在鍋中煸炒出大部分油脂，待瀝除多餘的油後，加入各種香料同燒成菜，雖與坨坨肉一樣大塊，但肥而不膩，香美滋糯，很是過癮。事實上已演化為「大塊紅燒肉」了。現今彝家加了辣椒粉、花椒粉、精鹽和蒜米、木薑子調和的「坨坨肉」，多是用來招待慕名而來的遊客們品吃的。

彝族人待客方式很多，若宰殺畜禽待客，又分為「四隻腳杆」（豬、牛、羊），「兩隻腳杆」

（雞）。主人家殺牛、羊、豬、雞，那就有所講究了。一方面以主人家的經濟狀況和承受能力為基礎；另一方面則是視客人的身份而定，客人若是貴客，主人家的身份也高，才會殺牛待客。

煮羊肉時，一種方法是砍成坨坨肉直接煮。

煮熟後撈出拌上鹽和其他佐料就可以吃，稱為坨坨羊肉。另一種方法是將羊肉砍成小坨坨煮「連湯肉」，羊肉要煮熟時，把一塊鍋巴鹽放在火裡燒紅，放進生羊油器皿中，把這樣煉好的羊油，再倒進肉鍋裡，如此。羊肉味更鮮更香。現在鍋巴鹽較少見了，但是要做這種羊肉也不難，只需找一個鵝卵石代替鍋巴鹽，仍是風味依然。

殺雞待客的規格很一般。不論雞大小都砍成十二坨。所以，客人吃雞肉時，千萬不要忘了旁邊還有人。如果吃了三、五坨還不住手，那就在主人家面前現饞相，丟人現眼了。

坨坨肉食俗

值得一提的是，不論殺牛、羊、豬、雞款待客人，所喝的湯都是「酸菜湯」。彝家的酸菜湯，不僅僅限於吃肉時用肉湯煮。平時也以酸菜湯為家常菜，只不過肉湯加豬血、木薑子更為鮮美。酸菜的做法也很簡單，先將新鮮的青菜、白菜或圓根菜洗乾淨，置於鍋內煮成半生半熟，撈出投入木桶內，壓緊澆上「酸水」發酵，一天即成。「酸水」的做法是取磨了豆腐後的「豆膏水」置於木桶內密閉數日而成。一旦成了酸水就可以反復使用。另外，還可以把鮮酸菜撈出來晾乾，做成乾酸菜以備不時之需。「酸菜湯」酸而不澀，清香爽口，開胃健脾。

通常在彝家，當客人吃飽喝足之後，向主人家告辭時，主人家還要將半邊豬頭或羊腿作為奉送客人的禮物。客人不必推辭，接過來說幾句吉祥話，祝主人家大小平安，就可以高高興興地告別而去。

彝族人家的傳統餐具也很特別，獨具彝家特色。上千年前就已借鑒和創造出適合自己生活特點與審美情趣，具有獨特的造型和圖案的漆具。餐具酒具是彝族人日常生活中必不可少的器具，又是一種可供陳列觀賞的古樸典雅民間工藝品。彝族木製漆器用漆樹漿汁為主要原料，彝族色彩有紅、黑、黃三種。彝族人認為，紅色象徵勇敢、熱情，黑色表示尊貴、莊重，黃色代表美麗、光明。紅、黑、黃三色巧妙搭配，間隔使用，無過渡色和混合色，紅的火熱，黑的濃重，黃的豔麗，其圖案來源於自然生活，以日月山水、花鳥、家禽野獸為素材。由此製作的木餐具，美觀、精巧、鮮明，而且還具有耐高溫、耐腐蝕等特點。

一九八〇年代，世界聞名的華裔女作家韓素音訪問涼山，在彝家品嘗了坨坨肉、酸菜湯和蜂糖酒。並仔細參觀了店家的木漆餐具。接待人員怕韓女士接受不了那大塊的坨坨肉，她說：「我早已慕名彝族的坨坨肉，就按彝族人家的規矩做吧。」上菜後，每桌一小筲箕坨坨豬肉和坨坨羊肉，韓素音分別嘗了一塊說：「好鮮好嫩啊！」又喝了一勺酸菜湯，說：「真香，酸得很可口啊！」旁邊的一家姑娘請她嘗嘗彝家的酒，韓女士端起羊角杯喝了一口，感概道：「好香好甜呀！酒裡還加有牛奶？」姑娘們笑答道：「韓奶奶，這是彝家的蜂糖酒！」韓素音又喝了一口，十分快樂，她左右手分別樓抱著彝家姑娘，突然親了親她們緋紅的臉兒。姑娘們則站起身來，一邊跳舞一邊唱起了彝家祝酒歌……。

063 西昌燒烤

西昌火爆的吃喝場面絲毫不輸於以吃聞名的成都。或許可以說，整個西昌就是一座名副其實的「美食城」。尤其是西昌的燒烤更是美名在外。西昌人家大凡有客而至，都要安排去吃燒烤。外地遊客更是慕名前去一品了然。西昌市內有個很大的燒烤廣場，成百的燒烤攤，一到夜晚生意好得不得了，廣場上空煙霧繚繞，香風彌漫，尤其是「火把節」其間，那真是一片火海，燒烤其間，蔚為壯觀。燒烤對西昌人而言，可是接客待友「拿得出手」的一樣特色款待了。然而，對於旅遊者而言，西昌邛海的醉蝦、烤魚，以及彝族人家的坨坨肉、烤乳豬，方才是最具風味風情的特色美食。

在西昌市近郊的邛海，水域達三十一平方公里，是四川省第一高山湖泊。沿湖是清爽恬靜的海濱路，岸邊有樹，樹邊有漁船，漁船上賣著烤魚、烤蝦、烤貝殼肉，原料好，味道自然很不錯。一邊品嘗美味一邊看湖上三、兩小舟如芥，若有若無在水面上浮現，若有興致還可租一艘木舟泛遊，怎一個「爽」字了得！靠山吃山，靠水吃水，西昌人靠著邛海樂吃魚蝦蟹，來了邛海不吃烤魚、醉蝦，就等於白來了，此話真也不假。

邛海烤魚

來到邛海邊，必吃邛海魚。邛海品鮮，可大飽口頤之福。邛海魚類多達四十二種，分屬五目十科。一些魚屬邛海所特有，如邛海鯉、邛海白魚、邛海紅鮊等。一些魚則屬於新紀錄魚類或人工引進魚類，如馬口魚、紅鰭鮊、青鱂、銀魚、武昌魚、短尾高原鰍等。一些魚的學名太過冷僻，本地人也不太在乎，本地人所津津樂道並吃順了口的是鯉魚、鯽魚，鯽魚又分青鯽和大白鯽，是花鰱、白鰱，是青波，是烏棒，是草魚和白條魚，以及後來引入、剛開始時甚為金貴，眼

下卻也尋常的武昌魚等。

魚在西昌，吃法多種多樣。西昌城裡最著名的是花鰱魚頭火鍋，開有幾家大餐館，天天食客爆滿。朋友打賭、請客，開腔閉口，就是「請你吃花鰱魚頭火鍋」，總之是，念茲在茲，百吃不厭，吃上了癮。

邛海邊上最著名的則是南瓜魚。在外地工作的西昌人，逮著點時間回來一趟，就直奔邛海，指著要吃的就是這南瓜魚。一個辣椒粉蘸水，外加香蔥、芫荽，再抖上點金陽青花椒粉，還指明不要雞精，因為這邛海魚味，實在已經太鮮了，完全無需那亂七八糟的提香增鮮的調味品，一旦開吃，魚肉入口，就頭也顧不上抬了。

然而，邛海品魚，最愜意不過的是在邛海邊上，或者泛舟湖上，一邊吃著烤魚，一邊觀賞山水風光，那是何等地悠哉樂哉。站在湖邊，迎面而來的是略帶點涼意的湖風，日頭曬得人全身上下暖洋洋的，面對邛海，置一把圈椅或者躺椅，四肢伸展，仰躺在椅子上，品嘗著系列烤魚。攤上的鯽魚都是現點現殺，兩面抹上濃辣的醬汁，光是那「滋滋」作響的聲音和隨「海風」撲入口鼻的香味就足夠誘人。左手一杯啤酒，右手一串烤魚片，仰頭先嘬嘴飲一口，再呲牙縮唇叼一片——那剛從炭火上拿下來的烤魚片，尚滋滋冒油呢——那份享受啊！

邛海為高原淡水湖，水涼而清澈，馬可・波羅在其遊記中寫道：「碧水秀色，草茂魚豐，珍珠碩大，美不勝收，其氣候與恬靜遠勝地中海，真是東方之珠。」魚兒們在湖中自由生長，每年「開海」之後才能大規模捕魚，絕無「網箱」、「肥水」之憂。

邛海岸邊的小漁村，亦是大大小小的農家樂和密密麻麻的燒烤攤點，吃的品種繁多。烤魚系列有：烤鮮魚（二元／條）、魚排（○・五元／排）、魚肚（○・二元／根）、魚片（○・一元／根），西昌人的口味和重慶的相差不大，喜歡麻辣，但道地的烤鮮魚和成都街邊的燒烤攤的味道比，真是天壤之別。當然，邛海烤魚片的「資深食客」們都心裡有數，烤魚片中的烤魚肚才是真正的佳品。人們弄不懂魚肚腹部的那塊肉，一經火烤會那般脆嫩，簡直嫩如水豆腐，舌

頭一搭就滑溜下去了。此外還有蝦，有蟹，有螺和蚌等都可烤而食之。

而西昌當地「好飲一口」的老百姓們所最為念念不忘的，是用邛海白條魚下酒，每每說起便忍不住地搖頭晃腦，嘖嘖有聲。那白條魚剖好，吊在屋簷下面晾至半乾，然後油炸，撒上點鹽末、花椒粉，再然後，二郎腿一蹺，一杯小酒在手，也不用筷子，就用指尖叼著那魚，抿一口酒，嚼一口魚，真是妙不可言，硬是幸福慘了！

彝家烤乳豬

彝族的飲食文化，有著獨特的民族習俗與風情，更具有大山裡的特有的風味。彝族主要從事農業、畜牧業，喜種雜糧，以玉米、馬鈴薯、小麥、苦蕎麥、大麥為主食；豬、羊、牛、雞、野味和蔬菜是他們主要烹飪原料。彝族多居住在山區或半山區，山中森林茂密，棲息著許多珍禽異獸，出產鹿茸、麂、岩羊、野豬等山珍野味；奔騰於高山峽谷之中的大渡河、金沙江、南盤江、元江等大小河流又提供了魚蝦螺等水產品種。

彝族擅長煮、烤、拌、燒、蒸、燉等。尤其長於羊、鹿等皮毛類動物原料的烹製。彝族人最愛用的調味料有辣椒、木薑子、花椒、鹽巴等。彝家菜的特色是鮮、嫩、脆、香，既有油香味、又不油嘴、不膩心，味美無窮。口味較重，喜好鹹、香、辣、麻、鮮。烤乳豬，也叫烤小豬，是一道彝族獨具特色的風味菜，是最為有名的佳餚美味之一。現烤的乳豬色澤金黃，皮酥肉嫩，爽口可心，熱吃冷吃，香美非同尋常。

關於烤乳豬，還有一個有趣的傳說。據十八世紀英國大學者查理・蘭姆《談談燒豬》一書記載，很久很久以前，一天，一戶人家院子裡突然起了火，火勢兇猛，嗶嗶剝剝，很快就烈焰沖天，把院子裡的東西都燒光了。這時宅院的主人匆匆趕回家，只見一片廢墟，驚得目瞪口呆。忽然一陣香味撲鼻而來，主人循著香味找去，發現原來是從一隻燒焦的小豬身上發出來的。主人看那小豬另一面，皮烤得紅樸樸的。他用腰刀割下一塊嘗了嘗，味道好極了！當然，宅院被燒掉了，他是很傷心，但卻為發現了吃豬肉的新奇方法而欣慰。

烤乳豬的做法是：選一頭十斤左右的健壯小豬，宰殺後刮毛剖腹洗淨晾乾，用專門的長鐵叉從小豬臀部插入，穿透豬骨，直插至豬嘴，讓小豬全身呈扁平狀固著在叉上。燒一堆炭火，炭火上方支有與豬身長短相近的鐵架，將鐵叉上的乳豬橫放在架上，不停地轉動烘烤；當燒烤至豬身冒水汽時，再把豬從架上取下，用紗布將水汽擦乾。然後在豬皮上均勻塗抹稀釋的麵醬、蜂蜜、甜酒汁、花椒等佐料，重置鐵架上勤翻烤，直至整個乳豬的皮呈板栗色，發出濃烈香氣即可。烤乳豬的關鍵，不是在炭火上燒而是烘烤。烘烤時，若發現皮下有膨脹的氣泡，馬上用竹籤插入放氣，才能保證烘烤品質。

烤好的小豬，色澤金黃，香味撲鼻。具體吃法可將小豬切成「坨坨」，蘸佐料食用。也可將整個烤豬放在一個大盤內，另放幾碟蘸水或其他佐料，然後各人拿刀，自割自吃。烤小豬外脆裡嫩，酥香可口，味道鮮美無比。

十多年前，在涼山彝家做客，主人說十四斤左右的當地山野人家養的小黑母乳豬，烤出來特別金黃脆嫩，鮮香味美。看著彝族老鄉在地上挖了個坑就開始烤小豬時還不怎麼敢吃，因為我從來沒見過這種烤法的，半尺長兩指厚四指寬的一塊嫩豬肉，放在火上烤得吱吱冒油，那香味直沖咽喉。烤熟後，彝族老鄉給了我一大塊，我嘗了一下，肉很香，很嫩，當然皮最好吃，烤得透亮，脆脆的，入口化渣，裡面的肉是又嫩又糯又入味。烤小豬味道好的關鍵是提前用香料碼味和上爐慢烤大約三個小時，接著就可以大口喝酒大塊吃肉了。我一時貪吃，幹掉一大塊連著尾巴豬屁股肉後就再也吃不下去了，晚上睡在床上還不斷地打飽嗝，久久難以入睡。西昌彝家的烤小豬兒肉實在很霸道啊！

064 邛海醉蝦

在人們的印象中，四川是沒有海的。如果你這樣想，那就錯了。在四川的涼山地區，中國西昌衛星發射基地附近，就有這麼一個「海」——邛海。邛海並非我們印象中的太平洋或者大西洋，它只是因地質構造運動時，地層發生斷裂而形成的大型湖泊，是四川省第二大淡水湖。當地百姓習慣把湖泊叫「海子」，所以便有了「邛海」這個名字。

邛海，在青山綠水的映襯下，一片浩瀚的波光閃耀在蒼山青野之間，狀若蝸牛，猶如一顆璀璨的明珠閃亮奪目。第一次到邛海的人，一定會被那一泓湛綠的湖水和湖上出塵忘俗的幽靜深深地迷醉。

朝露間的邛海是婉約清雅的，正午時的邛海是光怪陸離的，晚霞中的邛海是色彩璀璨的。陽

光下的邛海，透明而清澈，如明鏡空明；陰霾間的邛海，薄煙霧繞，朦朦朧朧，似少女含羞、娥眉輕鎖。

義大利著名旅行家馬可．波羅在流覽邛海後對其景色大加讚歎，興奮不已，並在其遊記《馬可．波羅遊記》中寫道：「……其氣候與恬靜遠勝地中海，真是東方之珠啊。」原中央大學教授朱契遊邛海後也寫道：「我曾泛舟西湖、鼓棹洞庭、橫絕太湖、登臨鄱陽，覺得洞庭雄闊，鄱陽奇偉，太湖深秀，西子濃妝，邛池淡抹，各有千秋，邛池尤以恬靜見勝。」世界著名女作家韓素音在西昌邛海飽覽湖光山色之後，讚歎不已，將邛海和西昌與瑞士日內瓦湖畔的旅遊名城洛桑相媲美。

再回首，依然靜謐的邛海波光粼粼，讓人不由感歎邛海的博大，神奇的超然力量，當然更會感謝上蒼給我們如此壯麗的美景，讓我們心曠神怡。有道是，邛海歸來不看「海」，山水就像愛人，如畫如詩的山水更是如此。遊歷其間，不

知所以，眷戀不舍，只想頃盡所有去欣賞、去陶冶、去愛戀、去親密……。

邛海醉蝦

在邛海廣闊的湖面上，有許多漁民的小船，只要見到遊船就會簇擁上來向遊人兜售燒烤魚片、湖蝦等。邛海的烤魚、烤蝦麻辣味很重，魚蝦也很鮮嫩。鮮活的蝦，嫩得冒油的魚片，加些作料，慢慢地用碳火烤出來真是羨煞神仙。特別是那巴掌大的蚌貝，香嫩滑脆，很是可口，然而邛海最有名氣的還是醉蝦。

到了邛海，如果沒吃醉蝦的話，會是極大的遺憾。特產於邛海的魚類有邛海鯉魚、邛海白條魚等，同時邛海的蝦蟹質優量大，僅蝦就有白蝦、米蝦、青蝦三種，中華絨毛蟹是邛海僅有的蟹類，俗稱河蟹，是珍貴的餐中上品。到了邛海，無論是在海邊的漁家樂、餐館酒店還是在漁舟遊輪上，都能品嘗到邛海魚蝦蟹的美味。

醉蝦是邛海當之無愧的頭號美味，據說是邛海漁民的一大發明。活蹦亂跳的小青蝦，淘洗乾淨，澆上烈酒，覆鉢一悶，勿需用火，但聞蝦在裡面一彈一跳，撞出鉢體一陣脆響，一會兒響聲漸息，揭開鉢蓋，可見蝦們愛動不動一派醉態，悠然酣睡，濾去殘酒，拌以薑、椒、蒜、醋以及芫荽各種佐料，味稍大一點、猛一點，即可舉箸啖之。

邛海裡出產的小青蝦是醉蝦的唯一佳品。大的蝦一般就水煮剝皮後蘸蘸水吃，小青蝦小不容易剝皮，正好用來做醉蝦。做醉蝦的調料有十幾種：辣椒、生薑、大蒜、白糖、食醋、芥茉、醬油和白酒等。白酒，通常是用本地特製的玉米酒或黃酒，小青蝦很是不勝酒力，一斤蝦倒上五錢酒足以讓蝦們醉得人事不醒了。

撩人的醉蝦上桌了，揭開玻璃缸子的蓋，只見蝦還在噗噗地直跳呢！這時就要毫不客氣地快嘗快品，越活越好吃，蝦若變白了就不能吃了！在紅色的辣椒和綠色的芫荽掩映中的小青蝦通體透明，醉醺醺的。這時把醉蝦吃進嘴裡，鮮美無比，麻、辣、香、鮮……真是令人胃口大開，心醉神迷，吃足了味道，吃足了蝦的營養，更吃出了一種別處難尋的風味。

吃醉蝦還有講究，應連著吃四、五隻才能放下筷，不然會閃了脈、斷了味感，這樣才會越吃越香，越吃越想吃。有豪啖之客最多一人吃上兩斤的，看他用手抓來吃，大口狂嚼，滿嘴嚓嚓聲四起，猶如梁山好漢叫人既敬畏又羨慕不已。

觀賞當地人做醉蝦亦是一種享樂。鮮活蝦用清水洗淨泥沙，剪去蝦槍、鬚、腳，放於玻盤內，然後準備調料，有蔥啊、薑啊、蒜啊這些家常調料，切碎了，還有香菜、水芹菜等一些其他的野菜風格的植物也同樣切碎；接著就把蝦倒進一個大盆子裡，咕咚咕咚地倒進黃酒。蝦子們先是蹦噠亂跳，漸漸就都暈暈沉沉，動作遲緩不怎麼動了——這個步驟和平常吃醉蝦的方法看起來差不多，只不過那大多是用黃酒醉基圍蝦；蝦醉暈了，然後就把切碎的調料撒在蝦上，倒上一層辣椒攪拌成的調料汁，撒上鹽、淋上醋啊、醬油啊等，最後再撒一些芝麻就搞定了。這種用酒、辣椒粉、花椒粉、薑米、蒜米、醬油、醋等調料直接涼拌的蝦，被如此複雜的「酒」「醉暈」後送入嘴裡，那種味道，不是隨便就能品嘗到的。吃的時候，用筷子從辣椒汁下面，綠色的各種野菜調料中拖出一隻醉醺醺的蝦子，因為辣椒和酒醉的緣故本來透明的蝦子沾染上了微紅，直接扔進嘴裡慢慢嚼一下，品出蝦肉最新鮮的嫩滑和香美，而蝦殼上的酒味辣味也會及時的跟進來。

食蝦，自古以來便是國人的一大嗜好，尤以活吃最佳，醉蝦正是如此。將蹦跳不止的活蝦用酒醃製，將酩酊狀的活物點蘸調味吞下，其甘美，自是不言而喻的了。醉蝦第一要訣，就是醉。如果蝦子們喝的是會上頭的裂質老白乾、高粱酒，蝦的頭部就會發黑，身體的肉就會鬆軟；如果蝦子們喝的是路易十三，ＸＯ，那麼醉不了的蝦子會看不起你，會在你的嘴巴裡口出狂言，喋喋不休，最後把你煩死。只有彝家的黃酒、玉米酒才是做醉蝦的絕妙佳品。醉倒了的蝦甚至全身都充滿詩意地在你面前輕輕挪動，那種感覺，就是西廂記裡所寫著的「玉體橫陳，肌如凝脂」。

然而，邛海當地人吃的真正意義上的「醉蝦」，卻不是上述的那樣。現今邛海的醉蝦，很大程度上已成為一款象徵性的「旅遊產品」。人們常說，到了江蘇別忘吃醉蝦，江蘇的醉蝦妙在蝦醉而不死，豐腴柔嫩，而且醉蝦時所用的酒和作料都十分講究。但你若用江蘇的醉蝦去理解邛海的醉蝦，那就會鬧出些笑話來。

其實，邛海真正的醉蝦是不用酒醉的，僅把清理好後的蝦盛在一個玻璃器皿中，放進適量的鹽、白糖、醬油、醋、香油以及當地的辣椒粉、花椒粉、薑米、蒜米、蔥花、香菜拌勻，然後蓋上蓋子，捂約十～十五分鐘，以這種類似川菜怪味的味型，讓小蝦蝦們被那鹹甜麻辣酸的濃郁滋味所辣暈、麻昏而迷醉不醒，這種方法是巴蜀各地最為通用的醃漬之法。但在西昌地區，當地人針對蝦而戲稱為「醉」。當地人久吃醉蝦，其吃法也頗為高明，用舌頭抵住蝦腹，上下牙咬一下蝦脊，「吱溜」一聲，那蝦肉便輕跳入口，而蝦殼依然完好無損。兄弟姐妹們，這才是西昌邛海正宗道地的「醉蝦」！

065 樂山豆腐腦

古人說：仁者樂山，智者樂水。我當還要補一句，則是，凡者樂吃。樂山，山是一尊佛，佛是一座山。那裡有淳樸的風俗，悠閒的老者，憨厚的青壯，美麗的女人，更有豐富多彩，味美多滋，淳樸大方的小吃，像牛華豆腐腦、蹺腳牛肉、牛華麻辣燙、甜皮鴨、缽缽雞、樂山燒烤、黃燜雞、排骨麵、臘肉粽子、砂鍋麵、涼粉、豆腐乾夾絲子、香油米花糖……。我在《食悟一：千滋百味話川菜》中，已向朋友們重點講述了樂山「美食三絕」：嘉腐（西壩豆腐）、江團、漢陽雞（棒棒雞），以及白砍雞、怪味雞。本篇要談的則是樂山小吃。

四川小吃甲天下，樂山小吃名川西，沒吃過樂山小吃，那是你人生的一大缺憾。不知有多少男男女女領略過正宗的樂山風味小吃後便樂吃不疲，許多靚女爽哥每逢週末或節假日，就驅車樂山，不為看大佛，不為遊峨眉，只為吃樂山小吃，享口福人生。

四川人都知道樂山小吃富甲一方，而樂山人心裡卻很清楚，牛華小吃冠樂山，包括樂山有名的麻辣燙、豆腐腦，都以牛華最有名。在牛華這個小鎮上，你隨時都能看到麻辣燙店和豆腐腦店外面停滿各式車輛，都是附近很多地方，包括樂山市中心聞名而來的。二十幾年前，小鎮上就有了一條「麻辣燙街」和「豆腐腦街」，鎮上往少說也有二十多家豆腐腦。每晚熱鬧非凡，成為一道吃情食趣，樂吃樂飲營造出讓人歎為觀止的壯麗景觀。

樂山市五通橋牛華鎮，自古因鹽業而興盛，秦時李冰治水，即在紅岩子鑿井製鹽，清末明初更顯繁榮，牛華鎮因此享有全國四大古鎮之一的美譽。豆腐腦起源於北京，隨後發展到全國。豆腐腦得名於「豆腐如腦子」，不是形容豆腐腦的聰明，而是豆腐腦的細嫩，可謂是初生豆腐不怕嫩。豆腐腦到了一個地方，就會結合當地的民俗、風土，形成一種頗具特色的地方美食。在四川，最具特色的就要數這樂山牛華豆腐腦了。牛華豆腐腦是典型的四川風味，味美味鮮，口感細滑，滋味豐富，尤其以四川的麻辣味為主。牛華豆腐腦配上了大頭菜、酥花生、雞絲等輔料，就成了內容豐富、名揚天下的樂山豆腐腦。

樂山豆腐腦按產地一般分兩種：一是牛華豆腐腦，細嫩爽滑之豆花與粉條合二為一，用芡粉勾汁，澆牛肉臊之香濃，再佐油酥以花生米，吃時若再配上小籠粉蒸肥腸或牛肉，那便是是家常美味之經典。二是峨眉豆腐腦，做法和牛華豆腐腦類似，唯一不同在於加入的是酥肉臊子，豆腐腦中不帶粉條，是純粹的豆腐腦，口感當與牛華豆腐腦媲美。

豆腐腦按配料又分為三種：牛肉豆腐腦，以紅燒牛肉湯滷為主，湯頭濃厚，麻辣鮮香；雞絲豆腐腦，配以新鮮雞絲，鮮香可口，口感清淡；酥肉豆腐腦，以麵粉包小塊五花肉油炸成金黃，放在豆腐腦上，香酥可口，滋潤化渣。這三種豆腐腦按樂山人的習慣吃法都可以再加入粉蒸牛肉和粉蒸肥腸佐食而朵頤大快。

樂山豆腐腦製作方法和傳統意義上的北方豆腐腦有本質的區別。樂山豆腐腦不是以豆花為主，而是以絕對美味的湯汁勾芡而成的湯頭為主。用大頭菜顆粒、醬油、炒黃豆作底，舀上大半碗用骨頭湯勾芡的澱粉濃汁，再用平勺削幾片雪白的嫩豆花放在濃汁之上，讓其漂浮，上面再放上香菜和熟油辣椒，一碗美味可口的樂山豆腐腦就呈現在眼前了。濃白的湯汁上漂浮著雪白的豆花，豆花上深紅的辣椒末配著翠綠的香菜，真是色香味俱全。樂山豆腐腦是滋汁成分居多，就著味道好多吃兩碗也不礙事。按當地人吃法配上粉蒸肥腸或者牛肉、豬肉伴食，更是吃情別樣，風味悠揚。

在樂山人眼中，豆腐腦那麻辣酸香的味兒實在誘人。白的豆腐、綠的蔥、黃的醬醋、豔紅的辣椒，一碗豆腐腦色香味迸發，叫人垂涎欲滴；把油酥黃豆、花生、醃大頭菜粒和酥脆饊子等撒在面上，吃起來真是既滑口，又「嘎嘣嘎嘣」嚼得香脆。數九寒冬吃上一碗自然全身發熱；酷暑天則開胃散熱，周身通泰。

豆腐腦風情

豆腐腦是樂山最具代表性的地方特色名小吃。從小小一碗風味萬千的豆腐腦中，稍一細心，你就會品味出其間的萬種風情來。除了時尚的、簡陋的豆腐腦專賣店、豆腐腦攤攤，更有沿襲了千百年，沿街叫賣的豆腐腦擔擔。特別到了晚上，大街小巷回蕩著叫賣者拉長嗓子的吆喝：「豆——腐腦啊！」那聲音漂浮在夜空，穿破了濃濃的夜霧，輕快地鑽進你的耳膜，一股股溫馨悄然驅散了黑夜的孤寂。喝茶的、打牌的，花上三元錢就可吃上一碗來和腸娛胃。近些年來，豆腐腦的內容越加豐富，除了傳統的樂山素豆腐腦、粉絲豆腐腦和雞絲豆腐腦外，峨眉山的酥肉豆腐腦和牛華的牛肉豆腐腦，也堂而皇之加入了樂山豆腐腦的行列。現在，每到用餐（尤其是中午）時，所有的豆腐腦店都是座無虛席。

自然，作為四川人，最愛的還是豆腐腦融麻辣酸香燙於一碗，麻辣多滋，吃口豐富，鮮香爽口，腸樂胃歡。常有傷風感冒食慾不振者，總在吃得大汗淋漓時對人說「傷風感冒吃豆腐腦最好」。或有年輕女子三三兩兩在豆腐腦店「嘶嘶」地用紙擦嘴，明明已經酸辣得皺眉了，卻還將桌上的陳醋、油辣子往碗裡傾倒，還擠眉弄眼地說「不酸咯！」「沒得好辣」。不怕麻的已被麻得雙唇跳顫了，還尖聲高叫：「老闆兒，加點花椒粉哈！」豆腐腦簡直成了一副刺激味覺的興奮劑！

豆腐腦的製作程序是先點豆花。將豆漿濾好加入適量的石膏或滷水後，入缸凝聚後燜數小時，用微火煨起，使豆腐不糊不苦不澀，便成了一缸白嫩細軟的初生豆花。接著，用一把又薄又圓的鍋鏟，一鏟一鏟地將豆花鏟入用芡粉勾兌好的沸水中，再劃切成小片，讓它們點綴在半透明較濃稠的湯汁中。臨食用時，將一小撮發脹的薯粉撈入竹製漏勺，入沸水中燙熟撈起，放入配有白醬油、紅醬油、紅油辣椒、花椒末、生薑末、芽菜末、榨菜丁、芝麻油等十多調味料的碗中，再把煮沸的豆腐腦盛在碗裡。若是只放蔥花、芹菜葉、油酥黃豆、油炸花仁、饊子的便是素豆腐腦；再加一撮銀線般的雞脯肉絲就是雞絲豆腐腦；若加一勺燒牛肉湯汁就是牛肉豆腐腦。

對於樂山人來說，一碗簡簡單單的豆腐腦是再熟悉不過的美味了，但正是因為熟悉，所以樂山人對豆腐腦的要求卻是一點都不含糊。不但要用料實在、麻辣過癮，更重要的是這個味道要「正宗」，吃上才有感覺。儘管樂山城內打著「正宗豆腐腦店」的招牌為數不少，但其中真正值得稱道的好味道也算不上多。老食客不管從熬的底湯到燒的嫩牛肉，還是從湯之濃稠與溫度，還是佐料的精緻，都能吃出來自牛華的味道——那就是牛肉湯的濃香和豆腐腦的滾燙。有人如是說這樣說，樂山人尤其是牛華人，都是吃豆腐腦長大的。而吃牛華豆腐腦還有句動情的話：吃牛華豆腐腦，以其白頭偕老。

豆腐腦風味

在牛華，確有那麼幾家豆腐腦代表了「道地」和「正宗」。「牛華祝氏豆腐腦」，在小鎮經營的歷史大概有二十多年了，以雞絲豆腐腦、牛肉豆腐腦為主。這家店的豆腐腦製作，烹飪出了經典的老味道，在豆腐腦上澆上一勺用老湯老料熬製，紅亮噴香的牛肉汁水，有點類似牛肉麵的湯頭，但這湯與牛肉的關係相當融洽，牛肉酥爛但很有嚼頭，湯汁油豐卻不膩人，豆腐腦調和均勻，與牛肉湯汁融為一體，層次分明。當它端出來時，面上一堆綠綠的香菜、黃黃的酥黃豆、紅紅的油酥花生和褐色的大頭菜，和諧相間；那黃豆的脆、花生的酥、豆腐腦的嫩滑和著香濃的牛肉汁水再嚼著鹹甜香脆的大頭菜，哇！味道真正是美妙極了。小小的一碗豆腐腦就讓眾多英雄莽漢競折腰，更使美女靚妞拜倒在麻辣酸香的腦花裙下！

「牛華黃孃豆腐腦」，與祝氏一樣擁有悠久的經營歷史，也是不少人記憶中美味豆腐腦的代表，二十多年的經營發展到現在，讓黃孃豆腐腦早已是紅杏出牆名聲在外，不少人就沖著這個招牌遠道而來一品美味。這家豆腐腦的特點是：鮮美滾燙，香辣麻爽，風味獨特，份量十足。好味道總是能夠帶給人最美的享受，在這裡常有成堆的年輕女孩在海吃狂品。吃的是臉蛋緋紅，秀髮掛珠，眉眼發亮，鼻尖滴水，真好似朵朵雨後陽光下燦爛驚豔的花兒，讓人愛憐不已。

相對前兩家老字號的豆腐腦店，麻辣香脆的「何四孃豆腐腦」算是後起之秀了。近幾年來，何四孃豆腐腦靠著誠信經營、選材上乘，烹製出了獨特的好味道，使之迅速得到好吃嘴的喜愛，成為當地無人不知的豆腐腦店。據說，每逢大假還有不少從成都開車趕來嘗鮮的食客。現在何四孃豆腐腦，因其生意火爆已經成為牛華南華宮商業街後來居上的「拳頭」商戶。

還有一家叫「久久豆腐腦」的，女老闆叫王學均，「九九」系小名，她在眾姐妹中排行老九，因此一九八七年初入市便以諧音「久久」為店名。依她的話說，牛華豆腐腦是由太白粉湯汁、紅燒牛肉湯汁、豆花片、粉絲、大頭菜丁、芹菜末、醬油、醋、油辣椒、花椒等調和而成。各家工序雖大同小異，不過配料很是講究，誰家做得精細，誰就出采。這也是牛華豆腐腦的個中秘訣吧。

鎮上另一家也叫「黃孃豆腐腦」的老字號店，才真有好酒不怕巷子深的味道。豆腐腦店開了三十多年時間了，已從黃孃孃變成了「黃婆婆」。這家店在牛華鎮最繁華的地方，這裡不但有集市，還有電影院。要想在黃婆婆這裡吃碗豆腐腦，等不及的人都站著吃。黃婆婆回憶道，三十年前的豆腐腦才幾分錢一碗，加蒸籠牛肉才角把錢，而今豆腐腦每碗二．五元，加蒸籠牛肉都四．五元了，但在很多喜歡追根溯源的食客心裡，牛華豆腐腦總是歷史最長，味道最濃方才是最正宗的。

關於豆腐腦的發源地，牛華人自然說是在牛華，夾江人覺得應該在夾江，而峨眉人呢，往往不無自豪地說：「豆腐腦不是我們這兒發源的，經過我們的改良，它的味道更巴適了！」當然，峨眉豆腐腦主要特點是豆湯黏稠、豆花塊多，雖說不加粉絲，但會撒上一把酥肉在裡面，若再加上兩小籠蒸牛肉，那就近乎完美了。在佐料方面，峨眉豆腐腦與牛華豆腐腦沒什麼太大區別，不過道地的峨眉豆腐腦是不加黃豆，只放香酥花生的。

豆腐腦在樂山人的手裡，千變萬化，無論是牛華豆腐腦，還是峨眉豆腐腦，都能引得外地遊客樂不思歸。不少遊客奔波於樂山的大街小巷，只為了尋找一碗名聲在外的樂山美味豆腐腦，更常有日本、韓國、美國等國的客人不遠萬裡慕名來此品嘗豆腐腦和西壩豆腐。豆腐腦以其獨特的魅力佔據著嘉州人民生活中的重要地位，豐富著燦爛的巴蜀飲食文化和人文風情。

066 豆腐乾夾絲絲

五通橋是四川西南樂山市的一個小城，風光旖旎，鐘靈毓秀，融山、水、樹、橋、城為一體，是一座富有特色的山水園林城市，素有「小西湖」之稱。由於「背靠青山走，綠水城中流」，國畫大師徐悲鴻曾譽五通橋為「東方君士坦丁堡」。岷江、茫溪河、湧斯江從城中穿過，千百年來，青山綠水滋養了五通橋獨特的小城風情。五通橋源自落戶這裡的五通神，且橋多，所以叫五通橋，平時簡稱五通。享譽天下的「樂山美味三絕」嘉腐、雅魚、漢陽雞，這嘉腐，便是巴蜀第一腐，五通橋西壩豆腐。

「西壩豆腐甲天下」是五通橋十多代人創造的驕傲。西壩豆腐的製作被道教老祖陳摶總結為三種：一曰石膏豆腐；二曰泹水豆腐；三曰酸菜汁豆腐。而在「小西湖」畔人們的生活中，豆腐的吃法，已貫穿於人們的日常生活。豆腐夾絲絲（串串豆腐乾）就是其中的一種具有濃郁地方特色的休閒豆品小吃。

豆腐乾夾絲絲，選用的就是泹水豆腐，切塊後放入油鍋炸泡至金黃撈起備用；再用小刀將其剖開一個小口，然後將拌製好的蘿蔔絲子夾在其間，加入調料、淋上甜酸的汁水，黃紅白相間串在一起即可。那麻辣酸甜，綿軟脆爽的滋味，深為吃客尤其是小孩和女士的喜愛。

這種豆腐乾串串通常都是挑起擔擔沿街叫賣。豆腐乾的造型除了四方型，最流行的是三角型。別小看這些路邊小攤，那自家製作的豆腐乾不求華麗，而求經濟美味，雖然選材是很尋常的豆腐塊和蘿蔔絲，卻是清純樸實得讓人感動，美滋美味令人讚不絕口。如此，僅二元錢的豆腐乾串串，常常要排隊等候才能吃到。從口感上講，五通橋的豆腐乾夾絲絲特別香脆，據說這種豆腐乾在油炸烹製時所掌握的火候和工藝特別重要，這也是五通橋豆腐乾區別於其他豆腐乾最大的訣

竅。此外，蘿蔔絲、糖、辣椒、芝麻、花生、醋等輔料的配合也相當微妙。

賣串串的大多為漂亮的中青年女性，在僅有一張書桌大小的攤桌上，一個玻璃櫃中擺放著兩、三個大瓷盤和各種調料，盤中那金黃色的油炸豆腐乾，每個比拇指稍大，白蘿蔔和大頭菜絲絲切得很細，先用少量辣椒粉拌勻，裝在瓷盤備用；精鹽、花椒粉、辣椒粉、白糖、芝麻、紅油辣子，分別盛入小碗；芥末則裝在帶蓋的小瓶裡，醋存於加蓋的大瓦缽中。

攤主把油炸豆腐乾劃開一條口子，然後將白蘿蔔絲、鹽、糖等調料放進一小碗，拌和均勻後再夾入豆腐乾中，並用竹籤子穿起。通常是五個一串，每串二元錢。顧客光顧時，攤主一手拿竹籤，一手舀醋，把豆腐乾淋透，就遞給顧客。

站在一旁的食客，僅是看著這一操作過程，就已是垂涎欲滴了，接過手便迫不及待地一口咬下一個，美滋滋地嚼起來。一剛咽下，另一個又被咬進嘴裡，即便是吃上兩串，也才不過四塊錢，卻是盡情享受了美味與口腹之慾。據攤主介紹，油炸豆腐乾夾白蘿蔔絲絲還可開胃健脾、增進食慾、預防外感風寒哩。除豆腐乾夾絲絲外，有的攤主還把白麵烙成如紙般薄的圓餅，包入調拌好的蘿蔔絲子卷起吃，又是一番風味，當然事實上就是春捲的吃法。在大頭菜上市的季節，有夾涼拌的新鮮大頭菜絲的，上面再澆點糖醋汁，味道真的不擺了。

有的則是推著小車，小車上是一個四面都裝有玻璃的櫥櫃，裡面就是賣豆腐乾的家什。一般在午飯後出來，晚飯後收攤，偶爾還長聲夭夭的叫喝幾聲，十分誘惑人。在五通，無論男女老少吃豆腐乾，都一律站立而食之，或邊走邊吃，成為五通橋一道靚麗的民俗風情景觀。用五通人自己的話說：那油炸的泡豆腐乾，蘿蔔絲子、大頭菜絲子，加上白糖和辣椒，或者芥末，放到賣家調配好的糖醋汁裡一裹，吃到肚子頭，那才叫一個舒服哈！

如此美食心得也真能打動人心的，可惜在成都這個號稱亞洲美食之都的美食勝地，是吃不到的這種豆腐乾夾（當地人念「qia」）絲絲的。脆脆的蘿蔔絲、香香的豆腐乾，加上特製的調料，點上芥末、放上黑芝麻、白糖、淋上甜醋，面上還有花生黃豆粉末，更增添了一種香美，看得人不停地咽口水，立馬就有一種想要狂咬的衝動⋯⋯哇，甜辣甜辣的，加上芥末的沖勁，吃一個就眼淚汪汪，然而卻是從腳跟通泰到腦頂，真的是讓人吃了還想吃。我有位朋友曾經創下一口氣吃了十串的紀錄，直說吃憨了。可是才回到成都沒兩天，一下又莫名其妙地超想吃那油炸豆腐乾夾絲絲來⋯⋯。

067 蘇稽蹺腳牛肉

從樂山往北十多公里，有一三岔路口，一邊通向文化名人郭沫若故居沙灣，一邊通向秀冠天下的佛教名山峨眉山。三岔路口的交點之處有一小鎮，名叫蘇稽。不知是因路口而有了小鎮，還是因小鎮而有了路口，總之，處於名佛、名山、名人之間的小鎮遠近聞名是由來已久的了。

小鎮不大，象川西平原淺丘地帶很多小鎮一樣：縱橫交錯的小巷，木板青瓦的民居。一條清澈的溪水從小鎮中穿過，青石板搭成的小橋橫臥小溪之上，兩邊是川西南丘陵地區常見的吊腳樓和粗壯的黃桷樹。青石橋邊的吊腳樓下多是依水臨街的茶館，茶客憑欄而坐，或近水中游魚，或遠眺對岸村姑浣衣，或呼朋喚友，談古論今，玩牌下棋。溪水清淺，淌過光滑的鵝卵石，一路歡歌而去，在大佛的腳前流入與大渡河、岷江匯合的青衣江中。因為這裡水土肥美，大多女人的水色都很好，粉滋滋的，因而古來就有「蘇稽水口一枝花」之說。

但是，在當地人的眼中，蘇稽的聞名並不在於秀色可餐的女子，而是在於其淳厚的民風和富於地方特色的飲食。蘇稽是一座千年古鎮，有著深厚的民間文化底蘊和悠久的歷史積澱，素有嘉州「魚米之鄉」、「龍燈之鄉」的美譽，有遠銷境外的嘉定大綢、香飄四海的「全牛席」、還有酥脆可口的米花糖……特別是「蹺腳牛肉」，曾一度風靡大半個中華。

蹺腳牛肉傳說

蘇稽雖然是個小鎮，但卻是方圓百里有名的肉牛宰殺基地，宰殺的肉牛來自大小涼山，供應方圓百里及成都的餐館酒樓。在蘇稽本地，最出名的是「全牛席」和「蹺腳牛肉」。蹺腳牛肉則純粹是民間吃食，舉步可見，揮手即吃，味美價廉。然蹺腳牛肉並不是吃牛肉，而是以吃牛肚、牛肝等內臟為主。最初之時，只是因為每日宰殺的牛太多，肉被送往餐館後留下大量的內臟無法處理，老闆便將這些內臟洗乾淨後煮上一大鍋，讓宰殺匠和幫工的人一起吃。雖說都是下人，可吃東西一樣也要講個味道，尤其是像牲畜的內臟，就更需把風味弄得豐厚香濃，吃來方無異味。這樣，在這些宰牛場幫工們的吃口中，蹺腳牛肉的風味日漸完美，漸漸地走出了作坊，成為一種大眾通俗美食。

關於「蹺腳牛肉」的得名有不同的說法，但多數人認可的還是吃時的那種姿勢。據說早期這類賣牛雜碎的小店，只是一些下苦力的人才光顧。店大都很小，店堂內外擺上兩、三張小方桌，幾根條櫈，忙碌了一天的短衣幫們，來上一碗熱氣騰騰帶湯的牛雜碎，一碟蘸水，一碗噴香的米飯，一盤泡菜，吃到酣暢之時，便將一隻腿蹺起，踏在條櫈之上。也有的人即使有座也不願坐下，只是將腳蹺起直接踏在桌下的橫杆之上，老闆也並不在意是否將櫈踏髒。於是，熱騰騰的牛雜湯和極為隨意的蹺起腳吃喝的方式，便成為了這道飲食的招牌。

蹺蹺腳牛肉在蘇稽民間還有不少淒涼而美麗的傳說。一說古時，蘇稽鎮郊周村，有一周姓大戶人家，以宰牛賣肉為生，不僅刀法純熟且精明會算。依當地飲食習慣多視牛雜為不潔之物，常當廢物棄之。周氏感歎每日大堆牛雜棄之可惜，生發食用之心，遂將牛的肚腸肝臟洗淨切片，放入滾沸的薑湯鍋中煮熟後撈起，配以各種佐料拌而食之，五味具全鮮美可口，與成都的「夫妻肺片」有異曲同工之妙，人們爭相品食。

周氏有一女婿名張五，腦袋靈活，看到丈人烹製的牛雜成了食客喜歡的菜肴，相信牛雜湯也大有可為，遂在鎮中峨眉河邊壘灶埋鍋，搭棚設攤，專營牛雜湯鍋。他在傳統湯味基礎上，加入胡椒、芽菜等時鮮佐料，滲入十餘種中藥材熬製成的「精湯」，形成了湯色碧清、香味綿長、牛雜脆嫩、吃法多樣的四大特色。因味道鮮美、價格低廉、四時無忌、老少兼宜，牛雜湯鍋客如雲

集，生意格外興隆。由於條件限制，張五的牛雜湯鍋食攤僅有一張條桌，沒有坐凳，食客只能一腳站地，一腳踏著條桌下的橫檔作翹腳狀品吃牛雜湯，「蹺腳牛肉」因此得名，而張五就被尊為蘇稽正宗「蹺腳牛肉」的鼻祖而揚名。

又有說，在一九三〇年代初，老百姓民不聊生，貧病交加。樂山有位擅長中草藥，精通醫典之術的羅老中醫。此老懷著濟世救人之心，在樂山蘇稽鎮河邊，懸鍋烹藥救濟過往身體虛弱之人。老中醫看到，此湯藥既防病止渴，甚至有些人還連喝幾碗以此沖饑。於是他便乾脆把大戶人家丟棄的牛腸、牛肚、牛肝等洗淨後放入湯鍋中，加入一些香料，結果熬出來的不僅湯味十分鮮美，內臟軟柔化渣，充饑解癆，強身健體。四方民工特意擁來，食者絡驛不絕，至使其河邊湯鍋供給不遐。後來，有人便依著羅大夫的烹熬方法去集市上擺攤叫賣。剛開始，經營者擺一張桌子還沒有凳子，便在桌腳上拴一根繩子，客人蹺著汗腳丫子大口地喝湯，大口地啖牛雜，故而取名為「蹺腳牛肉」，樂山人又稱「湯鍋兒」、「蹺腳兒」或「牛雜湯鍋兒」。

吃情與風情

在蘇稽，蹺腳牛肉的做法大都比較一致，店家都是用一口大鍋（裡面是用牛骨頭熬好的底湯，還有十幾種作料），把牛身上的各部分：毛肚、牛心、牛肝、牛舌、腦花、脊髓、牛筋、牛肉、牛腸、牛鞭等等裝在專用的小竹簍裡，在滾燙的牛肉湯裡來回打個滾燙熟，裝進碗缽，澆上牛肉湯，撒上芹菜或者是芫荽，加上店家自己舂好的辣椒粉，這種辣椒粉是用當地紅辣椒在鍋裡烘乾了，手工在石窩裡舂成細末，加上鹽，這樣做出來的辣椒粉又香又辣，是翹腳牛肉好吃與否的關鍵。

現今的蘇稽的蹺腳牛肉已被改成了湯鍋，湯還是牛骨、牛肉、牛雜熬成的，但牛肉、牛雜都必須是當日現殺的，這樣涮燙起來才鮮嫩爽口。因此，蘇稽的蹺腳牛肉已成為火鍋的一種形式，吃法與風味大同小異。

蘇稽本地人對「蹺腳牛肉」是頗有感情的，正宗的「蹺腳牛肉」是把牛身上各式各樣的東西，什麼都不浪費，全都扔進鍋。蹺腳牛肉的做法最是簡單，卻也有著其獨到之處。把那些各式牛雜全都洗淨，切成碎片，比如說牛肝一塊，長和寬都不能超過二指寬，全都要切成薄片，不能夠太薄，也不能太厚，這厚度最佳就是在二公釐左右。蹺腳牛肉店內都會有一個很大的鍋，裡面放了五、六個簸箕，鍋內放上大料，牛的這些部位分類放入每個簸箕裡，翻滾幾次燙軟就可以食用了。吃的時候蘸上乾辣椒粉，那個辣勁簡直會讓人喊天叫地。內臟燙出來不是綿綿的，而是柔軟帶脆的感覺，湯看上去似乎是清湯寡水，然而喝進嘴裡卻是極鮮香，穿腸難忘。

蘇稽人往往是在尋常巷陌、街邊路口，那些只有幾張年色久遠、藏汙納垢的木桌條凳，卻市聲鼎沸，客打擁堂地小店品吃。樂山市內「蹺腳牛肉」店基本是一街一店，星羅棋佈，格局是當街一口大鍋，老湯翻滾，菜品全是牛身上的，隨燙隨食。吃時一碗白米飯，幾碗蹺腳牛肉，兩、三碟辣椒粉，蹺腳牛肉的綿軟和著鬆軟的白米飯，再就著鮮香的老湯，快感從味蕾中慢慢泛起，蔓延到全身。一般吃蹺腳牛肉，旁邊一定要放碗熱燙的牛肉湯，撒上芹菜香菜，喝一口，香韻無盡。特別要說的是，牛肚、牛腸、牛舌、牛

腦、脊髓、牛腰片等，這幾樣燙出來都特好吃，口感爽呆。如果運氣好，還能吃上牛尾，大大的，柔柔的，啃起的感覺最巴適！

蘇稽鎮上的「馬三妹蹺腳牛肉」或「周老三蹺腳牛肉」，以及樂山城中順城街的蹺腳牛肉味道都很好，因為價格便宜一般三、四個人三、五十元就可吃得心滿意足，所以生意好慘了。一、兩人吃可以要一碗，人多則可要一大鍋，通常一碗三～五元／，一大鍋三十～四十元不等，但邊煮邊吃是別有一番情趣喔！

翹腳牛肉之延伸

二〇〇〇年後，沉寂已久的成都餐飲界突然竄出一匹「黑馬」，打著樂山蘇稽鎮招牌的蹺腳牛肉店一家接著一家，在蓉城攻城掠地，廣設據點，幾成燎原之勢。樸實無華的店面，十來張桌子，人均二十多元的大眾消費，立馬吸引無數食客狂熱的追捧。每一家都食客如雲，去晚了就要耐心等候，生意非常之好。在成都人看來，蹺腳牛肉是以傳統火鍋吃法為基礎，既融合了「連鍋子」的一些特點，又有自已獨到的地方。它的鍋底是加了中藥的白味鍋底，所以不燥不熱，還有滋補的功效。但醮碟一定是要吃有辣味的。調料以蕪荽末、青椒粒、油辣椒為主。仔細品嘗，只覺得牛肚脆嫩、牛筋粑糯，牛肉噴香。配以各種時令蔬菜，吃來毫不油膩，非常柔和爽口。

在毛肚的吃法上，蹺腳牛肉店也有獨到之處。通常吃火鍋，大家燙食「火鍋老三篇」——毛肚時總有點掌握不好火候的感覺。因為毛肚不耐燙，時間稍過，口感就老。要吃到毛肚恰到好處的「脆」不是易事，而蹺腳牛肉店的特色鮮毛肚，是廚師在內堂「冒」好了端上桌，張張鮮脆可口，十分過癮。最特別的是燙食鍋魁，那種口感也是一種新體驗。一吃到它，我就想起了西安的名小吃「羊肉泡饃」。這大概算是川版的「牛肉泡饃」了。

蘇稽蹺腳牛肉還有一種吃法，堪稱巴蜀獨一無二了。一盤滷製的紅豔豔的牛腿肉，連筋帶肉切得薄薄的，每片大約長三寸，寬一．五寸，一片疊一片擺成圓形，盤中央放有乾辣椒絲、蒜片和花椒粒。吃時夾起一片牛肉，放兩、三片蒜片和幾粒花椒，再放幾根乾辣椒絲，然後把牛肉卷起來，送進口中嚼一口，牛肉的鮮香、辣香、蒜香、麻香混合在一起滿口亂竄，說不出是什麼美妙滋味，越嚼味越濃，越吃味越香，倘如是平日裡你滴酒不沾，這時都禁不住要喝兩口，酒香味一入口，那滋味，那美口真是無法以言語來表述了。

蘇稽蹺腳牛肉引得食客青睞的原因，不僅是它獨特可口的味道，還有一個重要因素就是其低廉的價格，人均消費二十多元，是很誘人的大眾消費。普通一家子幾十元錢就可以吃巴適，吃安逸。川廚們發現老饕們對蹺腳牛肉的喜好後，便對湯味料在原基礎上進行改良，牛肉牛蹄、牛鞭牛尾、牛腦牛髓、牛肝牛肚、牛筋牛骨等之類的雜碎全集於一鍋，在調料上，除了原有的大棗、枸杞、當歸、淮山，還增加白果、豆蔻等許多味中草藥，配給著辣椒、野山椒、茴香、八角等，這樣煨製而成的湯，更具美味和營養。如今正宗的蹺腳牛肉的特色已轉為湯鮮味特、牛雜細嫩、香味綿長、滋補強身和美容養顏。

而在我眼裡，蹺腳牛肉湯鍋是四季皆宜的美味，可惜成都人多把它當滋補品來看待，而且深信冬季進補最能強身健體，所以蹺腳牛肉店大都是在冬季生意興隆。這幾年在成都也是大行其道。易姐蹺腳牛肉店便是個中之佼佼者。這是一家臨街的小套房，開了有十多年了吧。我每年都不知要在這裡吃多少回。這家的蹺腳牛肉最提神的是那鍋湯，湯清見底，很清淡的油面上，只能看到少許芹菜、枸杞，用筷子去撈，會發現裡面還有老薑和大蒜。待湯沸後，將煮熟的牛腸、牛肚、牛尾、牛筋等倒入湯中，不一會兒便香濃四溢。蘸料是太簡單不過了，乾辣椒碟最為正宗，只需放一些鹽，便是人間至美。但成都人的傳統吃法，大多會在裡面放些香菜、生鮮青椒和豆腐乳汁，這樣更顯滋味豐厚，口感濃郁。

068

峨眉玉米粑

峨眉山位於四川盆地西南部，地處長江上游，屹立於大渡河與青衣江之間，於峨眉山市西南七公里，東距樂山市三十七公里，是著名的旅遊勝地和佛教名山；有「峨眉天下秀」之稱。也是華夏四大著名佛山之一，集自然風光與佛教文化為一體的風景名勝寶地。

峨眉山有眾多的地方名小吃，鄉土風味極為濃厚，葉兒粑、三合泥、酥肉豆腐腦、老臘肉、玉米粑，任何一種都是無上的美味，令人垂涎。峨眉肉玉米粑即是道地鄉土小吃之經典。它用清香的嫩玉米漿，攙以臘肉碎末，和著麻辣鹽等調料，在鍋內煎烤熟，吃起來又香、又脆、又麻、又辣，還有農家臘肉的香味。而在遊覽上山的路上，隨處可買一碗來站著吃的酥肉豆腐腦，用峨眉山上產的黃豆和山上清純的泉水煮製出綿軟、細嫩、雪白的豆腐腦，加上黃澄澄酥肉、紅亮的辣椒油、碧綠的蔥花，光看就令人食慾大增，吃情高昂。

還有峨眉山上的農家老臘肉，製作工藝特別講究，用上好的豬肉放多種香料和鹽醃製後，再用峨眉山上的柏樹枝和其他果木枝椏燻烤而成，臘肉中不難品到有峨眉山百草的芳香。當然，你要是在峨眉山大酒店、紅珠山賓館等頂級酒店裡，還能吃到峨眉山珍撈飯、峨眉山冷水魚等珍貴佳餚。然而，惟有肉玉米粑讓我刻骨銘心。

峨眉肉玉米粑

峨眉的肉玉米粑是峨眉山上的農民創造出來的經典吃法。因為峨眉山地勢險峻，多是山坡溝谷，平地很少，所以峨眉山的農民以耕作玉米為主，很少有種水稻的，因此玉米也成為了他們的主食。當地還有一首民謠：「太陽出來照山崗，滿坡莊稼行對行。玉米麵糊喝不夠，紅苕洋芋吃不傷（厭）。」

做肉玉米粑，先要把五花肉切粒，玉米粉加水揉好，再加入切好的肉粒、鹽、花椒粉、蔥花調和在一起，然後分成小塊，用手壓成直徑七、八公分，厚約二公分左右的小餅，放在油鍋裡煎，待兩面差不多煎熟後，再把肉玉米粑放到爐膛裡面烤製，大概十分鐘左右就烤好了。由於裡面的五花肉被烤透了，因此剛烤出來的肉玉米粑的油香直往外鑽，吱吱作響，香氣撲鼻，這時候吃是最美味的，咬一口，油滋滋的，一股濃濃的椒鹽味，又香、又脆、又酥、又麻、又辣，伴著蔥香和烤五花肉的香味滿嘴亂竄，真的令人大快朵頤，非常地過癮。尤其是冬天，剛烤出來的肉玉米粑，拿在手裡，黃酥酥、熱騰騰、香噴噴，咬一口「嗤」的一聲，那油氣、熱氣會一直竄到心裡，美味繞舌，寒意立馬就驅走了。但也要小心，太心急了會咬到、燙到舌頭的哦！

玉米和五花肉，從營養搭配來說，也很合理，因此這道小吃在峨眉非常有名，經久不衰，既滿足了口福，又有益健康，是非常不錯的美味。也有用自家的臘肉剁細，拌合玉米粉和少量麵粉調和煎炕的肉玉米粑，多了一種臘肉的香味，吃來又是一種口感。來峨眉的朋友一定要親自嘗嘗，這鄉土氣息極濃，鄉味極醇的肉玉米粑，否則真的是個遺憾了。現在峨嵋山以外賣肉玉米粑的地方不多，原來在峨眉綜合市場有一家老店，賣了幾十年了，生意非常好，但不知道現在還有沒有這家店。

人們常說，冬日少花開，臘月無顏色，但在峨眉山可不是這樣的。峨眉山城裡冬臘月間的街景才好看呢，真的是「臘月臘月，滿城粑葉」。峨眉農家，愛做粑粑，這時，四鄉的鄉民都背來了各種各樣的粑葉在城裡叫賣。有深綠色帶皺的凍粑葉、有油綠色帶金點葉兒粑葉、有墨綠竹葉樣的粽粑葉、還有捆紮米粑用的扇形棕櫚葉。這些粑葉都很新鮮，還帶著峨眉山上的霜露，散發出一股股醉人的清香。

不僅如此，倘若你走到峨眉山腳下，那又是別樣風情別樣味。寒冬臘月裡的山鄉人家，山坡、屋頂青煙繚繞，都在做燻臘肉，做肉玉米粑。燻著的柏枝、樟葉、橘皮，蒸著的粑葉，都揮發出陣陣芳香，你一定會不由自主地向農戶家走去的。

而此時，從早到晚，峨眉城中的大街小巷也都會傳來此起彼伏的叫賣聲：「葉——兒粑囉！」「粽粑粑！」「肉玉米粑——咧！」「涼糍粑！」聲音有高有低，音韻各不相同，有甜美清脆的姑娘聲調，有低沉鬱悶的壯漢聲音，這不禁讓人產生一種想要了解叫賣者此時心情，甚至想去接近他們的欲望。因為，這一賣一買，一品一嘗，也是體驗一次人世間的質樸真情，純情人生……。然而，於我，惟有玉米粑總是令我欲吃不敢。

玉米粑之情殤

玉米粑，是具有濃厚鄉土氣息的鄉村民間美食。尤其是每年五、六月玉米成熟的季節，清香甘甜的鮮嫩玉米做的玉米粑，那是最過癮的了！巴蜀百姓習慣上稱玉米為包穀，但凡在別的地方稱之為「餅」的，川人則叫「粑」，尤其是在鄉村。農村頭一年四季各種粑有很多，像紅苕粑、洋芋粑、青豆粑、南瓜粑、蕎麥粑、野菜粑等。特別是在山鄉地區，因為土質和水源，不能種植水稻、小麥，而以馬鈴薯、紅苕、玉米為主食的窮鄉僻壤，為了生存，總要想方設法把一種糧食，盡可能多變些花樣來吃，於是各種粥和粑就是鄉里人家的首選。

過去，在一年當中，對鄉里人家來說農曆

六、七月的日子最難熬，小春的豌豆、胡豆、麥子已吃完，大春的紅苕、稻米還沒長成，於是夾在中間的玉米就成了主食。然而天天吃、頓頓吃，別說小娃兒，就連大人也受不了。於是，就有了玉米飯、玉米粥、玉米粑、玉米饃、玉米麵疙瘩、玉米糊糊等，而且全都要配著酸菜、泡菜吃。那年月，鄉村裡也就只有這些隨吃隨有的下飯菜聊以度日。

記得一九六一年夏天，母親送我回到老家仁壽鄉下，那時正值自然災害特困時期，鄉下一片荒涼，人們都以野菜、樹葉、草根充饑，真的是餓殍遍野啊！我二哥在縣城裡工作，嫂子在公社食堂做炊事員，鄉村裡是每天集體出工，集體吃飯，一天兩頓，不勞者不得食。所謂「食」，也就是一人一塊巴掌大，手指厚的野菜玉米粑。一天午後，我已餓得猛吞口水，嫂子便把她那份野菜玉米粑拿給我，躲在那破爛食堂的牆角吃，我狼吞虎嚥幾口吃完，方才緩過起來。可當我一出去，卻看見我那三、四歲的小侄女，坐在泥巴牆下，面前擺了張小凳子，上面放著一碗醃漬的青辣椒，一碗涼水。小侄女抓幾根青椒塞進嘴裡，胡亂地嚼幾下，又端起碗喝一大口涼水咽下去。當時我心裡一下像貓抓一樣，趕緊又跑進食堂找嫂子，想再要個玉米粑，嫂子說不行，她那份已經給我吃了，多吃多占要挨批鬥的。

到了晚上，我聽見嫂子在悄悄地哭，進屋一看，我那小侄女躺在破床上，小肚子漲得像個大氣球，臉色臘黃，有氣無力地對嫂子說：「媽，我餓。」我拉做小侄女浮腫的手一下哭了起來。第二天早上，我又聽見嫂子一邊大哭，一邊喊著小侄女，我慌忙跑進去，小侄女臉色已變成紫色，我抱住她，喊她，好一會兒，她才似乎是很吃力地微微睜開眼睛看了下我，就又閉上了，再也沒有力氣睜開。我就這樣眼睜睜地看著她咽了氣。好多年以後，直到現在，只要一看見玉米粑，我心中就有一種罪惡感，總會想，要是當初我把那野菜玉米粑分一半給我侄女吃，她也能頑強地活下來的……。打這以後，我便與玉米粑斷絕了情緣，從此再也不敢吃玉米粑了。

到了一九六六年，原本恰是少年風華正茂，學業有成之時，文化大革命初期的大串聯席捲華夏大地。我們十幾個同學穿上綠軍裝，戴上紅袖章，高舉紅衛兵大旗，要從成都出發步行到北京去見毛主席。走了十幾天，翻山越嶺到了陝西寧強，只靠一個梨子支撐了三天三夜的我終於暈倒在路邊的土坡上，再也無力前行。

我昏昏迷迷地躺在那土坡上，也不知過了多久，依稀聽見一個清亮的聲音在叫我：「哥，哥！你咋的啦？」我使勁睜開眼睛，迷糊中看見一個紮著羊角辮，穿著紅綠花棉襖，胖呼呼的圓臉上印著兩團蘋果紅的小丫頭。我實在無力說話，只是下意識地張了張嘴。那小丫頭一下就明白了，對我說：「哥，你等會兒啊！俺這就來！」說完，轉身沿著乾涸的田埂路一溜小跑，很快消失在黃土盡頭。

約莫過了二十來分鐘，我恍惚又看見那小丫頭從地頭跑來，不一會兒來到我身邊，從懷裡拿出兩個熱熱的蒸饃和兩個梨遞給我說：「哥，你吃吧。」我手捧著那熱騰得，拌合著野菜的玉米饃，也不知乍的心裡一酸，眼淚撲刷刷地流了出來。那小丫頭看著，一邊用衣袖替我抹眼淚，一邊掰下一塊饃輕輕塞進我嘴裡，說：「哥，快趁熱吃，吃了就莫事兒了，啊！」她見我慢慢地吃起來，又說：「俺家沒地方，留不下你，吃了你好趕路哩。」我點點頭，她又說：「天快黑了，你早點上路，俺也要回去了哈。」說完，她起身看了看我，嫣然一笑，轉身就走了，不時回頭向我擺擺手，羊角辮忽閃忽閃地隨著那紅綠花棉襖的跳躍，向著那在煙塵中逐漸西沉的夕陽跑去。

就這樣，憑著那小丫頭給我的兩野菜玉米饃和梨子，我毅然放棄了「長征」，沿途攔車爬回到了成都。之後，過了幾年，因工作關係，常出差到廣元，每當傍晚吃了飯，我都會站在東山上眺望著北方寧強的方向，心裡禁不住要思想，要是再與那小丫頭相遇，沒準兒，她會成為我的救命恩妻。

069 宜賓燃麵

你見過燃燒的花朵嗎？雖說古詩詞裡早就有「日出江花紅似火」之佳句，但這畢竟是比喻。直到見到了梵谷的《向日葵》，總算是親眼領略了「燃燒的花朵」。那麼，你見過燃燒的麵條嗎？巴蜀的名小吃——宜賓燃麵。

宜賓燃麵，那是怎樣地引人遐思的一種麵條啊！潔白如玉的碗中，一團似在噗噗燃燒的火焰，根根麵條紅彤彤、火辣辣，糾纏在一起爭相竟豔。麵中那綠如玉、黃似珀、褐如炭、白似雪的蔥花、花仁核桃末、碎米芽菜和芝麻，春夏秋冬都在「火裡燃燒」，色彩豐富極了，一打照面，就讓你立馬想零距離接觸的欲望。

一筷子燃麵送進口中，剎時間，似乎整個世界的美味都散佈在了的味蕾上。當然，首先是辣辣的火焰舔著你的舌頭，感到一陣通體的灼熱，一種刺激的快感，微微冒汗，嘴裡不由自主地發出噓噓的聲音；而後便是隱隱的麻味，麻和辣連袂，有如風助火勢，火助風威，周身緊繃，讓辣與麻恣意從口舌衝刺到腳跟；與此同時，一股奇香亦如雲卷雲湧，那是碧綠蔥花的「綠香」，花生核桃的「玉香」，芽菜的「褐香」和芝麻的「白香」。

當你味覺神經正細細體味到「香」的那一刻，燃麵的美味就如期而至，充盈著你的肺腑。而也正是在此時此際，你方才感受到，這燃麵之靈魂並不在辣麻，而是「香」，那是怎樣地風情萬種般的香啊！看看山谷道人黃庭堅吧，這位詩比東坡的老先生，在宜賓之時，燃麵助興，五糧煽情，譜出一篇篇用燃燒的液體伴著燃燒的麵條的詩詞情殤。

二〇一〇年後的今天，宜賓的清晨依然是寧靜而祥和的，然而，大街小巷麵館裡的夥計們可不能偷懶睡覺。他們早早起來，打掃店鋪，用大鐵鍋燒開水，準備蔥、芽菜、花生米等佐料，好迎接第一批食客的到來。宜賓麵條的臊子花色也是非常豐富的，有牛肉、肥腸、三鮮、排骨、口蘑、雜醬、乾筋、蹄花、燉雞、辣雞等一、二十個品種，其中最為出名的當然是燃麵了。

當晨曦還沒把籠在城市上空的薄霧驅散，在宜賓的街巷，你經常就會聽見這樣的聲音：「老闆兒，一兩燃麵打盒！」宜賓人大都愛吃麵條，尤其是早晨家裡不動煙火，大人小孩簇擁到大街小巷的小麵館，站的站、蹲的蹲，端著一碗熱騰騰、香噴噴的麵哧溜哧溜吃得賊響、吃得歡欣。家家麵館門口都是香氣四溢、人頭攢動、擁擠不通。老闆不時邊收錢邊扯開嗓門高喊：「一燃一口，提黃！」（即一碗燃麵，一碗口蘑麵，煮硬一點）「一牛一雞，打盒！」（即一碗牛肉麵，一碗燉雞麵，裝在外帶盒裡顧客要帶走）。宜賓大街小巷都有麵館，都是燃麵打頭，率領好幾十種麵條為伍，口蘑、燉雞、酸菜、生椒、京醬、牛肉、丸子、……，弄得你眼花繚亂，吃得你滿嘴噴香，舌頭打結。

許多來宜賓的客人必定要品嘗宜賓燃麵，但往往在賓館飯店裡吃到的是很精緻，卻不一定很道地。真正質純味正的燃麵還是在街頭小巷那些不起眼的小麵館裡。一但知道了這一訣竅，也就滿街亂竄，顧不得體面，隨便找一家小麵館，屈尊大駕，坐在街沿小桌上興致勃勃，保證吃得滿頭大汗，心滿意足！

燃麵的前世今生

宜賓燃麵的前生叫「敘府燃麵」，再前，當地則稱為「油棍麵」，更早又叫「素乾麵」。近百年方才稱作「宜賓燃麵」。到清末民初，這種麵條最早見於合江門碼頭，因那些挑油擔子的挑夫，經常是放下手中聊以充饑的傳統小麵去幹活，幹完活後再回來吃麵時麵已旱乾了，一時找不到開水分解，情急之下往麵裡添些生菜油，把粘接在一起的麵條滋潤開來，誰知用菜油分解開的麵條口感異常地好，油香滋潤，味美爽口，於是在碼頭上口口香傳。後來碼頭邊上賣麵的小販的好奇嚐試發現，用生菜油吃來較澀口，便改用熟菜油做為新品販賣，既廻避掉了生菜油特有的異味，又使麵條油香濃醇，這就出現了最早的「油棍麵」——燃麵的始祖！

話說抗戰爆發，戰事吃緊，北方及江浙的工廠和學校、文化機構大批南遷，成都、重慶和宜賓成為重要的大後方。遷來的學生和教職工和文藝界人士，要嘗風味小吃品土特產，而宜賓滿街都是的「油棍麵」自然吸人眼球。北方和江浙的人對麻辣大都較懼怕，一碗用川辣子和漢源花椒為主料拌出來的油棍麵下肚必然汗如雨下、頭冒青煙、張口結舌、五臟六腑如受火焚！於是，便去掉紅油辣子和花椒，保留花生核桃末、熟芝麻和芽菜，碗底墊豌豆尖，並拿出隨身攜帶的櫻花味之素或佛手味精往麵裡放，再淋上熱豬油，誰知這一淋，麵條發出滋滋聲響，猶如著火燃燒一般，人們高興地稱之為「白油燃麵」。還有北方與江浙人好吃甜味，便在白油燃麵中添加白糖、雞絲或火腿絲，於是又有「白糖燃麵」之說。然而對川人來說，吃麵不放辣椒、花椒，那是不可理喻的，因此，仍要加紅油及花椒粉。為了與前者區別，於是稱其為「紅油燃麵」。但老宜賓人習慣上仍稱「油棍麵」，這一混合叫法一直持續到一九五〇年代以後。後來人們又依據燃麵有無肉餡，分化為「葷燃麵」與「素燃麵」。

燃麵，因「似燃」和「可燃」而得其名。前者如上所述，熱油澆淋，滋響似燃。後者，則因燃麵煮至七八分熟，甩乾水分，再以化豬油、紅油、香油、熱豬油拌合包裹，這樣，由於麵條乾爽、無水份、油脂重，以火點之自然而燃，並不神秘，更無甚麼卯竅可言。當然要達到這一「似燃」與「可燃」的效果，在麵條的加工製作，煮製調味上還是有許多的講究。百多年間，經民間人士和專業大廚的不斷探索與研製，將其歸納為三要素：

一、燃麵的麵條不同於一般機製麵的麵條，麵條要乾爽，得用雞蛋和麵，手工擀製。揉麵時摻進的水份要少，其含水量一般少於機製麵的兩、三成，製成硬實的小水葉麵，這樣麵條煮熟後才有筋力和骨力，用油揉散時亦不會斷節，入口時有滑爽的感覺，細嚼之中還有淡淡回甜的麥麵香味。

二、煮麵條時要大火，以沸水下鍋，待麵條光亮斷生即撈起，用力甩乾水分，使麵條爽滑柔韌，讓油脂和味料能與麵條緊密沾裹上味，同時又利用油脂的可燃性，使麵條具有點火即燃的獨特品性。

三、燃麵調味用料主要是油脂，一般採用芝麻油、紅油和核桃等熬煉而成的熟菜油、熟豬油。用油脂將麵條反復揉撚挑散，使麵條不會互相粘連糾結，然後再加花生核桃碎末、紅油辣子、花椒粉、芝麻油、醬油、芽菜末、蔥花、肉臊即成。

現今的宜賓燃麵品種十分豐富，早已突破了「白油」、「紅油」，「葷燃」、「素燃」之分。以「燃麵」掛名的就有口蘑麵、生椒牛肉麵、肥腸麵、京醬麵、排骨麵、鱔魚麵、牛肉麵、三鮮麵、辣雞麵、雞絲麵等。宜賓還有一款與燃麵並列其名的燉雞麵，選料嚴格、做工精細、色澤奶黃、鹹鮮醇香、吃口爽滑。

然而，燃麵畢竟也是民間創製的，生活就是這樣，個中情趣要靠自己創造，只要有心，簡單的生活也會迸發出新奇美妙的火花。燃麵這個名字的由來，就是因為這道麵色澤油亮，酷似蘸滿油脂的燈芯草，好似能用火一下點燃。古時候的女性將頭發盤起來，就意味著告別了自己生命中的一個不成熟的階段。原本裝在碗中的燃麵，裝盤的時候螺旋盤起，做成甜品似的造型，就好像灰姑娘穿上了水晶鞋，一下變得脫俗、靈動起來。嘗試用你的心靈巧手，烹製出完全屬於你的個性燃麵吧。

燃麵之風華流韻

一九六一年，朱德到宜賓視察工作，品嘗了正宗宜賓燃麵後讚不絕口，給予了高度評價。他說「幾十年來未吃到過這種麵了，希望繼承下來」。一九九〇年十月，宜賓燃麵參加四川省舉辦的「名特小吃」評選活動，一舉奪魁，摘取「四川省名小吃」金獎；一九九二年九月獲得「四川名小吃」稱號；一九九七年十二月，在杭州舉行的首屆全國「中華名小吃」的認定活動，宜賓燃麵被認定為「中華名小吃」。

近二十年間，成千上萬的宜賓人把燃麵推向全國，不少人便身懷絕技闖蕩北京、上海、昆明、廣州、深圳、海南等大城市，東南西北遍地開花，四處燃麵。然而一樣的佐料，同樣的工序和手工技藝，即便是夠格宜賓師傅，到了外地煮出來的燃麵就硬是要變味！結果，錢沒賺到反而把宜賓燃麵的牌子打爛了。

老祖宗亦早就言之，一方水土育一方人。看來這燃麵亦也戀故，是屬於宜賓的，是屬於宜賓人的。慢慢品嘗，慢慢觀賞你手中的那一小碗神奇的麵條，你一定會感悟到，宜賓金沙江、岷江和長江之水，滋養滋潤了宜賓的麵條，使其具有獨特的柔韌爽滑的特質。那拌在麵條裡的小磨香油、花生、核桃，尤其是宜賓特產之芽菜，更是獨具鄉風鄉味，既不可異地而為，更不可取而代之。反正這神奇的燃麵就像個謎，只能細細地品味和感受。

雖是如此，現今的高檔餐廳也常以精製的宜

賓燃麵入席，烘托筵席氣氛。二〇一〇年五月二日至四日，宜賓燃麵亮相上海外灘，受邀參加世界貿易博覽會，外灘中華名小吃展示活動。這次由上海市政府主辦、美國洛克菲勒上海外灘源集團公司承辦的中華美食展示活動，是為慶祝上海世博會的開幕舉行的。來自全國十餘省市的餐飲企業參加了這次活動。宜賓燃麵是經過四月六日至十二日三次品鑒、篩選才被正式確定為五月二日的展示活動之一，也是麵條類唯一參展的地方美食。

參觀這次活動的人員均為政界要人、娛樂界名人和世界五百強企業的總裁及CEO。為珍惜這次來之不易的機會，特選派中國烹飪大師、川菜大師及宜賓燃麵第三代傳人曹祉清以及毛四春、宜賓燃麵館趙素、劉典琴（宜賓燃麵第四代傳人）等人參加此次活動。為確保宜賓燃麵的品質，保持原汁原味。參展人員深入高縣、宜賓縣、翠屏區邱場、菜壩等地，精選所需的花生、芝麻、辣椒、香蔥，對所有醬油、紅油、香油、芽菜進行特製後，將原材料由宜賓空運到上海。同時為宣傳宜賓，參展人員還將長寧竹文化、興文石林以及四川的熊貓以看盤形式予以展示。本次活動三天供應了一千多碗宜賓燃麵，中外朋友無不為之驚歎，樂吃不疲。

當然，宜賓的美食遠遠不只這些。就小吃而言，走在宜賓的街頭，你隨處可見小小的攤點上擺著各種小吃：筠連水粉、涼皮、涼粉、卷粉、臭豆腐、烤肉串、紅橋葉兒粑、附油黃粑等等，讓人看了垂涎欲滴，還有一些特別的地方產品如臭千張、敘府花生、敘府糟蛋、宜賓芽菜等，也受到了大家的喜愛。

每當夜幕低垂，夜市上的小吃攤主們便忙了起來，熙攘的人流中，老老少少，紅男綠女，三、五個一群地坐在一起，品嘗著道地的宜賓小吃，享受著這座悠久古城賦予人們的美好生活，那個真滋味，真如川人所說的：「不擺了！之好吃！」

070 竹海涼糕

可能每個人都有這種記憶——最難忘的美味在童年；或許每個人也都有這種感受——最道地的小吃在小巷。

不是也有句老話：酒好不怕巷子深麼！民以食為天，美味在民間。若是拋卻紛繁複雜，越簡單、越樸實，就越有滋、越有味，也越開心，小吃是這樣，生活亦是這樣。

夏天，人們最嚮往的就是「涼」，歇涼、乘涼、喝涼、吃涼。於是街邊路口的小食小吃攤、小店子就在不知不覺中打出了「涼」字的廣告：涼粉、涼麵、涼糕、涼蝦、涼黃糕、涼糍粑、涼醪糟，以及冰粉、冰汁魔芋、刨冰等一系列冰涼小吃，以自己的涼意冰心，快意著因暑熱而不安的男女老少。

記得兒時在成都，每至夏日蒞臨，最招人喜歡的就是涼糕和涼蝦了。這時，街頭巷尾便多了一種令人快意的叫賣聲：「涼糕——涼黃糕！」涼黃糕是一種特受小娃兒喜愛的涼點，味微酸略甜，拿在手中冰冰涼涼的，吃到嘴裡亦是有股濃濃的冷意，幽涼清爽，質感細膩，清心可口。

涼蝦，則是米漿製品，因其形似小蝦仁而得此名。涼蝦事實上是一種冷飲湯羹，入口微甜，冰涼透心，口感十分清爽，是炎熱天解暑清熱的佳品。售賣涼蝦的擔擔多在午後出門，沿街叫賣：「吃涼蝦囉——涼蝦！」涼蝦以碗計售，有人買時小販便取一小碗，連湯帶米蝦舀一勺在碗裡，再加勺紅糖汁，用小湯匙食用。有的小孩或食者吃一碗不過癮，還得添加一碗，方才覺得身心涼透，暑氣也消退了。

涼黃糕和涼蝦，是純粹的民間鄉土小吃。成都還有一款風味小吃水晶涼糕便要有檔次一些，通常是座店售賣。所謂涼糕，其實是米漿熬製冷卻後加工製成的透明薄片，色澤微綠。夏日裡，將其盛入碗內，淋上紅糖水，透著一絲誘人的涼意。它的綠色來自一種藥草——車前草，是把車前草切碎，放入漲發過的秈米中，共磨成漿，再置於微火上煮，同時進行攪拌，熟後涼冷，再切成薄片即成。因為加了車前草，故而有清熱解暑的功用。但在眾多涼糕中最有名氣的還是蜀南竹海的葡萄井紅糖涼糕。

葡萄井涼糕

如果有人問，有幸觀賞竹海長寧的絕妙風光，最遺憾的是什麼？回答肯定是：「沒有去品嘗双河葡萄井的涼糕。」是的，擁有一千三百多年悠久歷史的双河鎮不僅以古色古香、典雅古樸的古鎮特色聞名四方，其葡萄井涼糕更讓人難以忘懷。

葡萄井涼糕產生時間頗早。相傳漢丞相諸葛亮五月渡瀘，南軍節節敗退，兵臨双河古城，首領孟茯令將士進城嚴守四道城門。蜀軍逼至古城牆下，當時天熱似火，蜀軍兵疲馬乏。此時，魏延獻計，東城有一口名曰葡萄井的奇井，冬暖夏涼，何不動員地方百姓……。孔明聽罷大喜，招見趙雲、馬岱眾將如此一番。翌日，蜀營鑼鼓齊鳴，原來是百姓送涼糕犒勞將士。頓時，蜀營歡聲雷動，軍威大振，而南軍則萎靡不振，被誘人的涼糕饞得心煩意亂。兩天功夫，蜀軍攻進城內，大敗南軍。從此，古鎮涼糕名聲大振。

葡萄井涼糕，形同冰雪凝聚，晶瑩剔透，配上色澤亮麗的紅糖水，白裡透點醬黃，色彩淡而雅致，首先就給了你視覺上的愉悅。聞上去涼糕又是涼涼的、香香的。這乳白微黃的冰涼佳品撩人情思，撥動你心底沈默許久的味覺神經，讓你不由自主地舀起一勺放入口中，輕輕一抿，清涼爽滑、細膩柔嫩；合上雙眼，細細品味，甘醇而幽香。轉眼間，一盤爽嫩的冰涼佳品已經悄然滑落進你的胃中。此時吃情陡升的你經不住要再來一碗！双河鎮城區大街小巷都有出售涼糕的小攤，在沉悶炎熱的酷暑之中，無論是休閒漫步，或是還是在黃角樹下避暑，都可以買上幾份涼糕，和家人、朋友一起清爽，冰涼一夏！

葡萄井涼糕有紅糖味、水果味、麻辣味、酸甜味……，硬是人人見了都嘴饞。當然，最好吃的莫過於被視為經典的紅糖味，也就是當地人叫的紅糖米涼糕。那米黃色的涼糕如乖巧的嬰兒，光溜溜地躺在瓷盤裡，浸潤在一層黏糊糊的紅糖汁中，一眼看過去就心潮湧動，饞蟲甦醒，趕緊舀一勺吃進嘴裡，清清爽、涼悠悠，紅糖甜甜綿綿，涼糕細嫩輕柔，讓五臟六腑都涼透了，讓人神思爽朗。據說，葡萄井涼糕還是一貼解酒的良方呢。

●蜀南竹海。

難怪有人把葡萄井涼糕譽為人間瑤池的美味佳餚。你看那古鎮涼糕一條街，每天不分晝夜總是人頭攢動，比肩接踵，不僅有外地遊人慕名而至，本地居民更是「近水樓臺先得月」。下班或歇息時，信步來到葡萄井，或在井邊、或在涼亭、或在庭院、或在草坪，隨時叫來涼糕，一個二個吃得嘻哈打笑，好不輕鬆自在，那才叫世外桃源的滋味喲！

涼糕原本是極普通的夏日涼品，但在宜賓，只要一加上「葡萄井」三字，身價似乎就會抬高許多，生意自然很好。於是彷彿一夜之間，宜賓城內的涼糕全都是葡萄井的了。葡萄井的涼糕做法與普通涼糕並無兩樣，難得之處就在於做涼糕所用的水。在宜賓市長寧老縣城双河古鎮東門往南，有一溪清淺的活水，這水便是從葡萄井裡流出來的。葡萄井水很特別，双河人就用葡萄井的泉水泡米、磨漿、做涼糕、泡涼糕，於是造就了宜賓這款獨一無二的名小吃——葡萄井涼糕。

葡萄井的傳說

双河這個地方歷來盛產優質稻米，尤其有一種專門適合做涼糕的「貴潮米」。說來也怪，這米煮飯吃一點也不香，還很硬，色澤也不好，但它卻是做涼糕的最佳選擇。其他稻米煮飯很好吃，但做出的涼糕品質和口感就遠不如「貴潮米」了。

再說這涼糕的關鍵字——葡萄井。說起葡萄井，就不能不說千年古鎮——双河。這是個人靈地傑的地方，長寧的八大古景，双河鎮就占了六個。葡萄井就是其中一個，古稱「嘉魚清泉」。據一九九三年版《長寧縣誌》介紹，嘉魚清泉在育水鄉葡萄村，距双河場一公里，又名葡萄井。此井建於宋代，歷朝都加以修葺。泉水出處，石砌方井，石井面積約二十三平方公尺，四周有石欄杆。其水清冽，氣泡群從井底湧出，連珠累累，扶搖而上，狀若葡萄，晶瑩碧透，蔚然奇觀，謂之葡萄井。另據清朝光緒年間進士杜德輿的《輿地紀勝》稱，泉水釀酒甚美，泉水冬暖夏涼，來此避暑納涼者甚多，名小吃涼糕因此而享譽川南。

葡萄井涼糕除了葡萄井水，傳統工藝亦也十分講究。先選出飽滿的「貴潮米」，除去雜質，用葡萄井水淘洗，然後浸泡十小時以上，再用石磨磨成米漿，熬煮時，不僅要把握好火候，且要不停地攪動和加入使米漿凝固的東西。米漿熟後，馬上舀在土缽中冷卻，然後放在流動的葡萄井水中浸泡四小時以上。可以說，沒有葡萄井水，也就沒有双河涼糕了。涼糕製成後，拌涼糕的紅糖同樣不能馬虎。紅糖先要切細後蒸化，再濾渣，然後熬至起糖絲方可。

在双河鎮，最先印入眼簾的是那「双河涼糕一條街」的牌子。轉過街拐一看，一條綠色的街道出現在眼前，一、兩叢翠竹，幾株小葉榕，幾株茂盛的玫瑰；幾盆盆景，一座假山，假山上一股細流，綠色下的竹桌、竹椅，營造出靜謐、休閒，田園的氛圍。這就是葡萄井人家賣涼糕的的不同。走到街上，看著那綠色，那汩汩的流水，你的腳步自然就會停下來，坐在竹林瓜架下，就著竹桌、竹椅，吃上一碗涼糕，那等悠閒，連天上神仙都會羡慕得口水滴答，一幅餓癆像。

在涼糕一條街，儘管各家門前裝點的綠色各有不同。但相同的是每家都有一個用白色瓷磚砌的水池，水池中都引有汩汩流出的活水。早就聽說葡萄井的水是怎樣的涼爽，手剛接觸到水，哇！果然好清涼哦！一股冰涼直入骨髓，全身裡裡外外是乎都涼透了！

双河鎮的人過去只賣傳統口味的紅糖涼糕。近兩年與時俱進，也開發了水果系列味的涼糕：西瓜、蘋果、草莓、檸檬、梨子、鳳梨，以及巧克力、椰奶、玫瑰、紅豆、綠豆等風味的涼糕，甚至還有麻辣、酸甜系列的。尤其是靚妞帥哥們，看到那碗底靜靜躺著的半月形的凝脂，色澤如玉，上面再覆蓋著巧克力味的紅糖汁液，輕輕地舀一勺慢慢送進嘴裡，細膩香甜、甘爽清涼，夏日的暑氣就這樣被清甜溫和的涼糕驅散，那涼意好似讓人置身在倒映著明月的清泉水邊，讓這

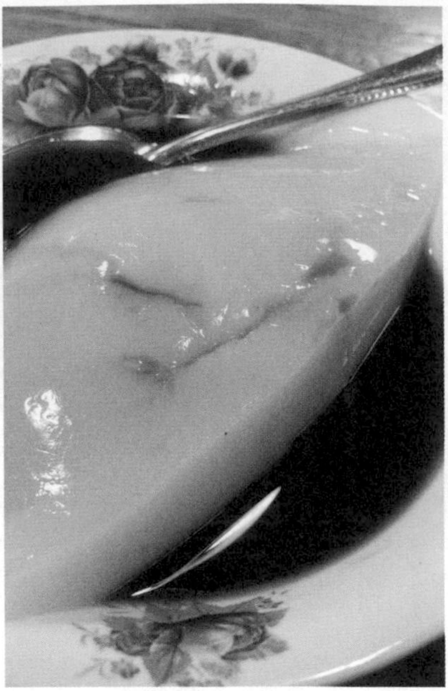

些個小男生、小女生更顯得格外的可愛和靈氣。過去主要在夏季才能吃到双河葡萄井涼糕。現在長寧縣一年四季都有賣。

在双河鎮，最出名的要數「王氏涼糕」。在該縣多次名小吃比賽中，「王氏涼糕」都穩居第一。據說以前，葡萄井有兩家涼糕很出名，其中一家姓曾的涼糕名氣最大。「王氏涼糕」的老闆叫王育泉，他的涼糕技藝就是他父親當年在曾家當徒弟學來的，後又傳給兒子。作為双河鎮涼糕一條街的「街霸」，王育泉無疑是人人崇拜的偶像。雖然双河鎮是涼糕的故鄉，王育泉也只是鎮上百名涼糕商人之一，然而他的涼糕卻佔據了當地七〇％以上的市場份額。小小的涼糕從他的手中走進了宜賓、成都、重慶等地的大小超市。更絕的是双河人還有著較強的守護品牌的意識，他們在涼糕上清晰地印上「葡萄井」三個字，讓每塊涼糕都展示出葡萄井涼糕的品質和風采。

葡萄井，千百年來就是這樣默默地以自己的純淨甘涼，孕育著一代代陪伴自己的双河鄉親，哺育著鄉間那平凡而又非比尋常的涼糕。是的，涼糕是涼涼的，它既涼了人們的身，也熱了他們的心，涼的快意消了暑、降了溫；熱的感受，卻是那藏在心底的對涼糕的敬意與眷戀。

071 宜賓糟蛋

宜賓，這座屹立在長江邊上兩千多年的古老城市，它勤勞的百姓們本著對生活熱愛，用自己的智慧創造了宜賓燦爛的食文化。如蜀南竹海的全竹宴：泡椒竹蛋、雞蛋竹花、火爆竹筍、溜玉蘭片、竹蓀湯、竹筒乾飯、……，遊人爭相品嘗，回味無窮。走在宜賓的街頭，你還隨處可見小小的攤點上擺著各種小吃：柏溪潮糕、葡萄井涼糕、筠連水粉、紅橋葉兒粑、豬油黃粑、臭千張、敘府花生、敘府糟蛋等等，讓人垂涎欲滴，流連忘返。

在宜賓，岷江、金沙江於此匯流而成長江，故而宜賓又被稱為「萬裡長江第一城」。沿岷江西北而去可至四川樂山，沿金沙江向西南而行可抵雲南水富，沿長江東下可達上海。從古至今就

是出川入川的主要航道。過去，通貨的船行到成都府境內後，水面漸漸變寬了，水勢也平緩了。船工們的號子也就更哼得輕鬆和暇意，領號人開始唱起謠調來，這種川江號子十分地生動有趣，把沿江各地的風土人情，特產美食歷歷盡數：

「手提搭帕跑江湖，哪州哪縣我不熟。四川出產多又多，兄弟向你數又數。」

號工們附唱：「我們耳朵癢的很，趕緊張嘴數起來噻，嘿呀佐」。

領號：「隆昌盛產白麻布，自流貢井花鹽出。」水工：「喲喂！喲喲喂！」

領號：「合川桃片保寧醋，金堂柳煙不馬虎。」水工：「喲喂！喲喲喂！」

領號：「夾江白紙好書寫，嘉定曾把絲綢出。」水工：「喲喂！喲喲喂！」

領號：「宜賓糟蛋豆腐卷，柏樹溪潮槽油嘟嘟。」水工：「喲喂！喲喲喂！」

領號：「牛屎編的砂糕當燭用，泥溪板薑辣呼呼。」水工：「喲喂！喲喲喂！」

領號：「內江白糖中江麵，資中豆瓣能下鍋。」水工：「喲喂！喲喲喂！」

領號：「南溪黃蔥乾豆腐，江安曾把玉蘭出水工。」水工：「喲喂！喲喲喂！」

領號：「安寧橋的糟糕搭鮮肉，愛仁堂的香花勝姑蘇。」水工：「喲喂！喲喲喂！」

領號：「納溪泡糖桔精酒，敘永硫磺船運出。」水工：「喲喂！喲喲喂！」

領號：「瀘州有名大麵酒，古藺冬筍土挖出。」水工：「喲喂！喲喲喂！」

領號：「永川豆鼓蒸臘肉，榮昌紙扇有名目。」水工：「喲喂！喲喲喂！」

領號：「江津廣柑品種多，火烤牛肉南川出。」水工：「喲喂！喲喲喂！」

領號：「太和齋米花糖豬油酥，綦江鐵礦多無數。」水工：「喲喂！喲喲喂！」

糟蛋傳說

船工號子中所唱之「宜賓糟蛋」便是川南獨

一無二的土特產。相傳，清同治初年，敘府西門外有一中醫大夫，喜飲窖酒，並作為驅疫健身之方。為了備酒長飲，他每年都要釀製窖酒，還習慣在酒液裡放幾個鴨蛋，以延長窖酒的貯存時間。一次，他發現經窖酒浸泡過的鴨蛋，蛋殼變軟脫落，蛋膜完好，色澤悅目，取之而食，醇香爽口，味道鮮美。於是，他將這個發現告說親友，並共同品嘗，食者皆稱極美。事後，大家又爭相仿製，這就是最早的「敘府糟蛋」。

清同治中期（一八六〇年左右）宜賓市郊菜壩鄉張竹君創製了糟蛋的標準作法，他將鴨蛋浸泡於配好作料的醪糟甜酒汁中儲存一至三年而成。其傳統生產工藝要經過三個階段和十道工序，主要品類有南糟蛋、大眾糟蛋、陳年糟蛋三種。糟蛋的主要特點是：蛋質細嫩柔和、蛋黃殷紅、蛋白橙黃、醇香清幽、油沙可口、食味鮮香、餘味綿長，為佐酒助膳佳餚。

到清光緒一年，敘府糟蛋開始商業生產，品質也有很大提高。民國初年，敘府糟蛋的製作工藝和風味特色基本形成，並具有一定的生產規模。僅「稻香村」、「孫致祥」、「五香齋」、「天福氣」等四家糟蛋作坊，年產量達二十多萬個，產品行銷四川、上海，香港、澳門以及南洋各地。

敘府糟蛋，蛋質軟嫩，蛋膜不破，氣味芳香，色澤光潔，味道鮮美而微甜，入口有酒香。罐裝或瓶裝的糟蛋，先用力旋開蓋子，掏出糟蛋，就可看見浸泡後的糟蛋色澤醬紅，光潔發亮，飽滿完整，幽幽發出一股醪糟香。吃糟蛋可有學問，不能拿著就咬。先要用溫水洗去糟蛋表面的碎蛋殼，輕輕撕去蛋膜。真難想像，經過醪糟浸泡過的鴨蛋，那堅硬的蛋殼泡軟以後已陸續脫落了，蛋殼裡原本流動的蛋清蛋黃此時早已凝固。將它放進乾淨的瓷盤裡，滴入幾滴曲酒，加入適量的白糖和少許的宜賓小磨麻油，用竹筷調勻，靜置十幾分鐘後才能吃。往酒杯裡倒上一杯敘府大麯，用竹筷挑起少許放入嘴中，泯一口曲酒，閉上眼睛，回味一下，只覺糟蛋蛋質細嫩柔和，醇香甘美，鹹甜爽口。

宜賓糟蛋通常裝在一個精緻的玻璃瓶裡，用醬色的醪糟酒浸泡著。有一個裝的，有兩個裝的。外地人可能懂不明白，殊不知這也是敘府糟蛋的特色。其實敘府糟蛋的新奇不只在包裝上，最主要體現在製作工序上。糟蛋主要原料是新鮮鴨蛋，用糯米釀的醪糟作輔料。首先選好新鮮鴨蛋，洗乾淨以後，用一根粗細均勻的竹棍敲打蛋殼，這樣做的目的是使醪糟的香味酒氣更容易跑進鴨蛋裡去。敲打蛋殼既要使蛋破裂，又要裂縫均勻，蛋膜無縫，蛋清蛋黃不溢出。因此這就要求敲蛋師傅的手腕不僅要靈活，而且心要專一。接著把敲好的鴨蛋放入配好了香料的醪糟酒中加以浸泡，時間很長，據商店師傅講，正宗的糟蛋要浸泡三年左右。當然了在浸泡過程中還有許多講究，如醪糟中放入的調料比例要適合，泡蛋的溫度有一定的要求等等。

神奇工藝

糟蛋是中華別具一格的傳統特產美食，以浙江平湖糟蛋和四川宜賓糟蛋最為著名。另外還有陝西糟蛋，但各地糟蛋的工藝卻是各有千秋。

平湖市軟殼糟蛋始於清雍正年間，距今約有二百七十多年歷史，「有中國飲食文化一絕」之美稱，被譽為「天下第一蛋」。乾隆年間得金牌嘉獎，列為貢品。糟蛋作為地方特產具有豐富的文化底蘊，其間有民間故事、文物考證、獨特的工藝、名人字畫、眾多獎牌。

陝西糟蛋卻是採用雞蛋和黃酒酒糟加工釀製而成。傳說是晚清時浙江紹興一個釀酒師傅把這種工藝傳到了陝西。它用料嚴格，工藝講究，成品蛋蛋心呈紅黃色細膩糊狀，無硬心，有蛋香、脂香、酒香等多種香味，味悠長可口、風味獨特。成品蛋宜存放於清涼處，隨吃隨撈，食時去殼，加香油少許，是陝西有名的風味食品。

然而，宜賓糟蛋生產條件更為苛刻，生產技藝要求更高，包括氣候在內的條件，稍有不對，就不能生產出品質合格的糟蛋來。按傳統工藝製作的宜賓糟蛋，以鮮鴨蛋一百二十只計算，需用優質糯米五十公斤（熟糯米飯七十五公斤），食鹽一・五公斤，甜酒藥二百克，白酒藥一百克。糯米要選用米粒飽滿、顏色潔白、無異味、雜質少的。先將糯米進行淘洗，放在缸內用清水浸泡二十四小時。將浸好的糯米撈出後，用清水沖洗乾淨，倒入蒸桶內攤平。鍋內加水燒開後，放入鍋內蒸煮，等到蒸汽從米層上升時再加蓋。蒸十分鐘，用小竹帚在飯面上撒一次熱水，使米飯均勻蒸脹。再加蓋蒸十五分鐘，使飯熟透。然後將蒸桶放到淋飯架上，用清水沖淋二～三分鐘，使米飯溫度降至三十℃左右。

淋水後的米飯，瀝去水分，倒入缸內，加上甜酒藥和白酒藥，充分攪拌均勻，拍平米麵，並在中間挖一個上大下小的圓洞（上面直徑約三十公分）。缸口用清潔乾燥的草蓋蓋好，缸外包上保溫用的草席。經過二十二～三十小時，洞內酒汁有三～四公分深時，可除去保溫草席，每隔六小時把酒汁用小勺舀潑在糟面上，使其充分釀製。經過七天後，將酒糟拌和均勻，靜置十四天即釀製成熟可供糟蛋使用。

選用品質合格的新鮮鴨蛋，洗淨、晾乾。手持竹片（長約十三公分、寬約三公分、厚約○．七公分），對準蛋的縱側面從大頭部分輕擊兩下，於小頭再擊一次，要使蛋殼略有裂痕，而蛋殼膜不能破裂。糟蛋用的罈子事先進行清洗消毒。裝蛋時，先在罈底鋪一層酒糟，將擊破的蛋大頭向上排放，蛋與蛋之間不能太緊，加入第二層糟，擺上第二層蛋，逐層裝完，最上面平鋪一層酒糟，並撒上食鹽。一般每罈裝蛋一百二十只。然後，用牛皮紙將罈口密封，再蓋上竹箬，用繩索紮緊，入庫存放。一般每四罈一疊，罈口墊上瓦楞紙板，最上層罈口墊紙板後壓上方磚。一般經過五個月左右時間，即可糟製成熟。

成熟好的糟蛋，蛋殼薄軟、自然脫落。蛋白呈乳白色嫩軟的膠凍狀，蛋黃呈桔紅色半凝固狀。糟蛋為冷食產品，不必烹調加佐料，劃破蛋殼膜即可食用，味道醇香可口，食後餘味綿綿。

糟蛋是極富營養的一款特色美食。鴨蛋中的蛋白質含量和雞蛋相當，而礦物質總量遠勝雞蛋，尤其鐵、鈣含量極為豐富，能預防貧血，促進骨骼發育。中醫認為鴨蛋有大補虛勞、滋陰養血、潤肺美膚的功效。鴨蛋在酒釀發酵過程中，分解為多種氨基酸，並產生鮮味，此鮮味與醇香、脂香融合為一種複雜的鮮美滋味。糟蛋中的糯米糟富含維生素B群，還能溫暖脾胃，補益中氣。

所以，食糟蛋是回味無窮的享受，又具有營養滋補之功效。全國著名營養學家於若木對糟蛋的獨特風味作了精闢論述，並稱為「昔日皇家貢品，今天百姓佳餚」。如果說，蛋類因其營養成分齊全而稱為全營養食品之冠，那麼糟蛋就自然成為冠中之冠的營養食品。

近百多年間，宜賓糟蛋於一九一五年參加「巴拿馬太平洋萬國博覽會」，獲得了「巴拿馬太平洋萬國博覽會」獎章和獎狀。其後遠銷上海、南京、港澳、南洋等地。其「金鴨牌敘府糟蛋」一九八二年獲四川省優質產品稱號，一九八二年和一九八四年兩度評為商業部優質產品。

072 豬兒粑

豬兒粑和黃粑，是川南地區的名特小吃。以瀘州、宜賓的為代表。一九四〇年代以前，在瀘州還僅有一些小販在偏街碼頭擺攤售賣。這種「豬兒粑」皮厚餡少，鹹味以豆腐乾、芽菜為主，加有少許豬油渣或肉粒；甜味則以紅糖為主，加有少量芝麻，大蒸籠蒸熟，論個售賣。這種豬兒粑個兒頭大，三、兩個就可填滿肚子。

瀘州紅橋豬兒粑

「一個書生白又胖，錦繡文章肚裡裝；姑娘愛他親一口，小夥瞧見口水長。」你能一下猜出這個謎語嗎？不知道吧！告訴你，謎底就是——紅橋豬兒粑。紅橋鎮有一片肥沃的紅土，盛產糯稻，其米質優良，做成的豬兒粑營養豐富，滋潤可口，風味獨特，入口綿紮，米香撲鼻。

抗戰勝利後，江安縣梅橋鎮有個叫李宣吉的人舉家遷到瀘州，在慈善路開了家小食店經營梅橋豬兒粑。經他改良的豬兒粑以小籠蒸製，原籠上桌，每籠十個，有鹹有甜，餡心多種多樣，且皮薄呈半透明狀，柔糯細嫩，餡內重油，卻是不膩不悶，端上桌來，熱氣騰騰，香味撲鼻，透過皮，餡料隱約可見，一個個光潔靚麗，白生生、胖乎乎，極像一堆奶豬兒，故名「豬兒粑」。

一九五〇年代後，梅橋鎮改名為紅橋鎮。梅橋豬兒粑亦也改名為紅橋豬兒粑。一九五八年公私合營被納入小食店，又更名為瀘州豬兒粑。至今紅橋豬兒粑名聲在外，食者慕名而至，常是八方顧客喜盈門，四方店堂無虛席，一邊品嘗，一邊喝茶，優哉遊哉，風味無窮，韻味無盡。而瀘州人很多是就著豬兒粑下稀飯，那早餐硬是吃得香香甜甜，多滋多味的。

在紅橋當地還有一個紅橋豬兒粑的傳說。相傳，在張獻忠「剿四川」後，很多的移民是從廣東、湖南被強行抓來填四川，川南小鎮紅橋鎮也有不少被抓來的湖廣籍移民。這些移民初來乍到，水土不服經常患病，加上兵荒馬亂，連年災難，生活十分困難。看著年關將近，按習俗需敬獻神靈，祈求菩薩保佑。但沒有豬、羊貢品怎麼辦？一位善良的老媽媽別出心裁，將家中僅有一點糯米，用石碓舂成米粉，捏成小豬樣，蒸熟後當「貢品」，呈放在菩薩面前虔誠祈禱，她的一片誠心感動了天地。從此，移民們疾病減少了，紅橋鎮風調雨順，六畜興旺，年年豐收，老百姓過上了安穩的生活。後來，人們競相效仿。據

說，那位把豬兒粑賜給紅橋人民的老媽媽，原來是廣東一帶人們最崇敬的「媽咪娘娘」的化身。

至今紅橋人家招待賓客、過年、相親、挑泥糞、栽秧子、祭祀、獻神靈等都要吃豬兒粑。有些習俗在《江安縣誌》裡還有記載，如《縣誌》記載「辭灶」所說：「舊曆臘月二十三日，俗以一年將終，灶王菩薩要上天庭，向玉帝奏說人間善惡。每逢此節，和尚、道人、道士向各家送『灶疏』，是日各家要燒灶疏，做豬兒粑敬灶，讓豬兒粑粘著灶王口，免其在玉帝前多嘴多舌。一說『敬灶』，請灶王在玉帝前好言幾句。」這一習俗至今在紅橋猶存。

紅橋人做豬兒粑很是有講究，姑娘看親，豬兒粑要做成花狀，象徵聖潔與愛情；祭祀、大年初一、元宵節，豬兒粑則做成「元寶」狀，有「元寶」敬獻之意，還有慶團圓之說；大年初一的豬兒粑還特意裹了一張青菜葉，喻示來年豐衣足食。如果大年初一豬兒粑變成紅色，喻示來年吉兆不祥。招待賓客一般搓成豆角狀、冠狀，表

示對客人的尊敬。紅橋豬兒粑包心大致分為甜味和鹹味兩類，共有三十多種包心，適合南方人和北方人的口味，所以深得八方食客喜愛。

相比黃粑而言，瀘州豬兒粑沒有衣服穿，全然就是一隻只光溜溜的小豬兒，顯得尤為精巧可愛。糯米麵皮裡面亦是甜鹹兩餡，但其用料和風味已是今非昔比。甜餡是用桂花、橘餅、白糖、玫瑰糖、芝麻等炒製；鹹餡則用鮮豬肉、冬筍、冬菇、芽菜、香蔥等調製。尤為是蒸熟後剛出籠的豬兒粑，潔白而有光澤，靚麗奪目，亦如一只只酣睡的小奶豬兒，白白胖胖可愛的不行，讓人很難下箸。後來有人乾脆就把它完全捏成小奶豬兒形狀，點上豬眼及豬唇，更令人忍俊不禁。豬兒粑鹹餡鮮美香濃，甜餡甜香可口，柔軟細嫩，不粘筷、不沾牙的獨特風格，成為令人口服心服的地方名小吃。

如今，熱情好客的紅橋人，經常用豬兒粑招待遠方朋友、來客，就連招商引資、洽談生意，也蒸上一兩籠豬兒粑吃，讓商賈老闆們甜在口裡樂在心頭。因為一籠豬兒粑，活脫脫的象一個「聚寶盆」，象徵著財源廣進。南來北往的司機，遊客也被紅橋鎮豬兒粑店飄出的香風所「勾引」，停車駐足進店叫上一兩籠豬兒粑一飽口福。紅橋豬兒粑的出名，帶動了磕粉（糯米粉的一種）產業的發展。據加工磕粉的老闆估計，紅橋磕粉的年銷售量已近千噸。紅橋鎮政府還要將紅橋磕粉和紅橋豬兒粑產業做強做大，形成產業鏈，帶動當地經濟及飲食文化旅遊業的發展。

宜賓豬兒粑

豬兒粑應該說不為瀘州所獨有，是川南地區的名特小吃。宜賓高縣和珙縣的豬兒粑也以生動味美而廣為人知，其民間有關豬兒粑的故事真是三天三夜也說不完。

在萬裡長江第一城宜賓市的珙縣洛表鎮，有個名小吃，叫磕粉豬兒粑。相傳僰人首領哈大王有個胞弟，名叫阿蛋，天資聰穎，飽讀經書，生來厭惡王權爭奪的腥風血雨、爾虞我詐，一心想做一個自由快樂的人。十八歲時偷偷與一個叫豬兒的民間少女相戀，被父王發現後，責罵阿蛋不成器，並把少女殺了。阿蛋萬念俱灰，來到珙縣洛表連臺山寺出家為僧。怎因塵緣未盡，日夜思念心儀之人。一天夜裡，阿蛋恍恍忽忽夢見豬兒來和他相會，告訴他用糯米放在石碓窩裡搗成粉，做成粑，用來祭奠她，就能把陰陽兩界的情絲粘連起來。阿蛋大喜，第二天一大早就起床，把糯米淘洗乾淨，搗成粉做成粑，並用糖作餡兒，表示甜甜蜜蜜。然後拿去拜祭豬兒。一會兒，一個熟悉的倩影飄飄而至，粑也少了幾個，阿蛋知道剩下的是豬兒留給他的，吃時居然甜潤可口，從此以豬兒的名字命名的糯米粑就在珙縣一帶傳開了，成了這一帶招待貴客的席上佳品。

此後，經過不斷改進，工藝越來越考究，現在珙縣豬兒粑，可謂精雕細琢了。首先要精選沾性好的優質糯米，用涼水浸泡七天七夜，放在石碓裡，以人工用腳力搗成細粉，如果用磨粉機或石磨磨出來的粉，做出來的豬兒粑味道會差得很遠。晾曬或微火烘烤至沒有水份後，用二十度C左右的溫水調和成麵胚，做的工藝要非常精細，粑的形狀也千姿百態，裡邊的餡非常講究，風味也很多。有用飴糖調和芝麻、黑芝麻等做成的；也有用鮮瘦肉、雞肉、冬筍等為主料做成的。用竹蒸籠蒸熟，食用時香醇可口，滋糯香美、回味悠長、味道純正，口感重厚、不沾不膩，同時具有很好的滋陰潤燥、養生益智的功效。

在宜賓高縣、珙縣一帶更有栽秧子吃豬兒粑的習俗，豬兒粑也自然成了高、珙兩縣的特產。

當地人說：「插秧吃豬兒粑是農村的傳統，豬兒粑葉也是在這個時候最清香，吃豬兒粑象徵著水稻豐收，豬兒粑的餡包得越多，就表示水稻顆粒越大、越飽滿」。所以，每到插秧時節，男人們就統統下田，女人則三、五一群在家裡嘻哈打笑地忙著包豬兒粑，就像過節一樣快樂。

過年了，鄉里人家也都要在除夕晚上把事先泡好的糯米磨成漿，再把米漿倒進一大布口袋裡，然後把布口袋紮緊吊掛在屋樑上。初一早上起來，一家人就要樂樂呵呵地做豬兒粑吃。大年初一吃豬兒粑，願望著家裡的日子會越過越好。至今在鄉間還能聽到這樣一首古老的童謠：「張三姐、王九媽，多久沒有回來耍，趕忙泡米推粑粑，耍過三天不留你，送你一籃豬兒粑，天上落的毛毛雨，地下起的稀泥巴，朝前一跟斗，朝後仰巴叉，摔壞了粑籃子，嚇哭了胖娃娃」。

宜賓的豬兒粑與瀘州不同的是，正宗的豬兒粑還要用豬兒粑葉來包，蒸好以後才有葉子的清香，這種香味是其他葉子所不能代替的。豬兒粑葉主要用良薑葉（月桃葉），這種宜賓特產的植物，四季長青，氣味芳香。蒸好的豬兒粑在食用時不但清香撲鼻、味道鮮美、且香醇甜潤、糯軟而不粘牙。宜賓豬兒粑也分鹹餡、甜餡兩種。鹹餡以鮮豬肉、冬筍、香蔥、精鹽等為原料；甜餡以白糖、化豬油、桔紅、桂花糖或玫瑰糖、芝麻等為原料。餡皮的原料，則用八成上熟糯米、二成飯米磨漿吊乾後的粉子。

073 瀘州白糕／黃粑

瀘州，是座歷史古城，舊稱江陽縣，三國蜀漢丞相諸葛亮曾駐屯於此。三江擁抱，雪水純潔，也使瀘州成為天下酒城。烹飪技藝出眾，小吃品種繁多，亦讓瀘州成為烹飪大縣，小吃之城。瀘州老窖、瀘州白糕便是其中一飲一食之經典。瀘州的小吃非常特別，不瞭解的人絕不會想到，這樣一個以麻辣口味為主的城市中，其非常出名的小吃卻是甜香爽口、綿軟細膩的瀘州白糕、黃粑、倫教糕、五香糕以及豬兒粑、窖沙珍珠丸和兩河桃片等，樣樣精美雅致，清香甘甜，極有品味。

瀘州白糕

白糕，在成都又叫發糕、凍糕，在四川很多地方都能吃到。但瀘州的白糕卻因其精緻的做法和獨特的口味，伴隨了瀘州一代代人的成長，讓瀘州人很難再接受其他種類的白糕。大凡到了瀘州，說起小吃，溫婉的瀘州人就會熱情地向你介紹：瀘州白糕，第一名吃，色白如雪，鬆軟細嫩，富有彈性，香甜化渣；清醇爽口易於消化，四季皆宜老少尤喜。甚而會盛情邀請你去品嘗一番，親口感受一下這「牛皮不是吹的，殼子不是沖的」。

瀘州白糕，一百多年間與瀘州人親密無間，相愛甚歡。老年人喜歡它鬆軟可口，易於消化；媽咪喜歡它細嫩香甜，幼兒樂呵；上班族愛它價廉味美，多做早點；小孩喜歡它，純真甜美，閒吃零食。

瀘州人還把它視為「百歲糕」，嬰兒滿周歲時，蒸幾籠白糕以待賓客，祝福娃兒長命百歲。白糕也有作為瀘州一帶的「複山粑」，即在亡人安葬後的第二天分贈親友，以寄託對安息者的懷念。飄泊異國他鄉的遊子，常也在半醒半夢中思念家鄉白糕而悵然。

來到瀘州以後，我很喜歡瀘州這個城市，這裡給人的感覺很舒服，人很誠懇，很純樸，而且最重要的是，瀘州的小吃便宜得讓人驚訝，像這瀘州白糕，一塊錢一兩，一兩有三塊，加一碟鹹菜就一．五塊錢，瀘州當地人大都是一兩白糕、一碟鹹菜，加一碗粥就是一頓豐盛的早餐或晚餐了。

然而，瀘州白糕源於何朝何代，既無文字記載，也沒人做過深入考研。是一款純粹的民間小食。據老人們的記憶，最遲在清代光緒年間，就已有類似的小吃，稱為「黃糕」、「泡粑」、「鴨兒粑」。這種糕，為發酵大米漿與紅糖調勻，蒸製而成，形似剛孵出的小鴨兒，色澤嫩黃，鬆泡微甜。迄今在一些鄉鎮上仍有此小吃。

大約在上世紀初，有人將這種鴨兒粑所用的紅糖，改為白糖，蒸製出來的粑色澤潔白，於是又叫為「白糖鴨兒粑」、「白糕」。那時製作銷售粑的多半是家庭小鋪，蒸出的白糕亦多批發給端簸箕的小販走街串巷或擺攤叫賣。除小商小販經營外，瀘州居家人戶也在逢年過節，小兒滿周歲時做白糕。

到一九二〇年代，瀘州市面上製作售賣白糕的逐漸多起來，其中「三義園」白糕店，以其美嫩香甜，爽口的特點聞名蜀南。瀘州白糕選用上等熟大米、白糖、桂花、豬油為原料，經水泡，石磨磨細以後，用天然的酵母發酵而成，因為是選用上等的白砂糖，本地產的雞蛋蛋清，加入發酵後的米漿裡，使其色白味香，細膩鬆泡，具有滋陰潤肺，補血養顏的功效。

白糕成品形如水杯口，亦似飛碟一般，雪白之中幾點豔紅，映襯出白糕的潔白與純真。剛出籠的新鮮白糕，熱氣騰騰，散發著濃郁的米香，裝在一個嶄新的竹簸箕裡，於視覺、嗅覺、味覺都是一種鄉味、鄉情的極致享受。帶回家的白糕冷了會硬，吃起粉粉的，可以在蒸飯的時候順便蒸熱，也可以在微波爐裡轉一下，總之熱吃的風味感覺很像白糖糕和成都的發糕，不過沒有白糖糕那淡淡的酸味，比發糕、白糖糕綿細，而且帶著一股很奇特的米香，口感很舒服。

在相互競爭中，瀘州白糕的花色品種也隨之豐富，如桂花提糖白糕、豬油雞蛋提糖白糕、櫻桃提糖白糕，以及桂花、豬油、雞蛋清、蜜餞全都用上的特級白糕。於是，白糕從裝在竹簸箕裡沿街叫賣，亦也登入大雅之堂，成為席宴精美小吃。同時，白糕的形狀也不再是單一的圓或扁圓形，而有荷葉、菊花、梅花、海棠、杜鵑等造型；白糕面上還用各色蜜餞裝飾成圖案。

這類白糕，不但格外香甜細嫩，且紅裝素裹，千姿百態，十分美觀喜人。但因售價比普通的價高，市場上並不多見，而是作為席宴精緻小點或饋贈禮品出售。其中只有桂花提糖白糕極受市民歡迎。提糖白糕是在一九五八年納入公私合營的「名食店」後，方才改為瀘州白糕。由於獨家經營，曾是盛極一時。一九八〇年代後，個體經營逐漸恢復，瀘州白糕亦漸遍地開花。瀘州白糕的香甜、潔白、純真也充分展示出瀘州人的溫婉、質樸與熱誠。

如今的瀘州城告別了昔日的坎坷凹凸，離別了低矮房屋，「龍馬大道」上車流如水，城裡高樓聳立。清潔寬敞的街道兩旁商貿繁榮，櫃檯上的名酒，鮮香的特產水果，爆滿的餐館酒樓，那麻辣過癮的水煮肉片、麻婆豆腐、特色火鍋，香味四溢的老薑雞湯、板栗燒雞，桌上的瀘州老窖，讓人一醉忘我。白日的喧囂還未散盡，全城早已華燈溢彩，開始過起熱鬧的夜生活來。站在高處，被霓虹燈渲染的瀘州城在一片繁華之中，人們盡情享受那份悠閒。

「開水咧！」一聲脆響的吆喝，茶館老闆高提水壺，沖茶送水，茶館可是老人們每次必來之地，大家坐在一起，泡上一杯香茗，談天說地。

茶館裡水氣氤氳，彌漫著清新的茶香，老闆可會沖茶絕活，開水高高的似一根線兒地進了茶杯，水還不漫不濺。街上叫賣聲更是熱鬧，「新鮮的白糕！」「豬兒粑呦！」……，長江邊上沿江排開的船上魚火鍋，五光十色，人頭晃動；沿江公園、各種店鋪、小餐館，麻將房、KTV豪邁地宣洩著步行街瀘州夜生活的歡樂。

在瀘州的大街上，美味的本土美食和特產，是這座城市文化底蘊的一種象徵，也是這方水土的一個精靈。無論是白糕、黃粑、豬兒粑，還是街邊的串串香，挑擔叫賣的豆腐腦、葷豆花、燃麵，或是在全國各大城市都能見得到的著名麻辣火鍋。

瀘州黃粑

白糕、黃粑、豬兒粑，被譽為瀘州小吃三絕。雖同為大米製品，卻是色香味風味各異，獨顯風采。在瀘州人的餐桌上，總是少不了黃粑這麼一道點心的。不少的外地客人慕名專門驅車來瀘州品嘗美味的黃粑。黃粑不僅色澤黃潤、味道甘甜，更有一種奇特的香味。黃粑是瀘州城鄉的一種傳統民間小吃，過去要在過年時才吃得上，而且往往是自已家裡做，或者是親朋好友做了送來的，這樣就感覺這東西和其他的小吃有點不一樣了。

瀘州黃粑在川西南民間流傳幾百年至今，是川南百姓十分熱愛的特色小吃之一。黃粑，因甜而不膩，糯而清爽，清香之味沁人肺腑，一直為瀘州人年貨中的首選。一九九〇年代前，每到春節期間，瀘州百姓幾乎家家戶戶都有做黃粑過年的習慣，在集鎮，一排排燈籠把場鎮裝飾一新，一簇簇五彩繽紛的霓虹燈讓一座座樓房煥然一新；三三兩兩的孩童聚集在一起，做遊戲、放鞭炮，歡笑聲、叫喊聲彙集成一曲歡樂的交響曲。在農村，淳樸的村民正忙著殺年豬、包黃粑、做醪糟、貼春聯；三五成群的人們互相邀約著，走街串巷，忙著添新衣、置年貨，幸福的笑容悄悄漫延到每一個人的臉上。此時此際，飄揚於瀘州城鄉上空的奇特黃粑香味，遠遠濃於瀘州老窖的酒香。

黃粑不僅是奇香妙味，還有神話般的美麗傳說。相傳三國時期，蜀相諸葛亮為鞏固蜀漢後方，率軍深入不毛之地，其間在貴州的一場戰役之前，正逢蜀軍埋鍋造飯，飯香汁稠之際，探子來報敵軍已臨陣前，諸葛亮下令出擊。當時正值酷暑難耐之季，火頭軍久等之下，遂將豆漿連同米飯一併置於鍋內，為保其不餿，火夫又往灶中添加了些柴火。此戰窮追敵軍上百里，待蜀軍回營時，鍋中的米飯已結塊存留了快兩天，不餿不酸，士兵們饑餓難耐，爭相而食。當眾將士吃到嘴裡時，感覺此飯食不僅色澤黃潤，且味道甘甜，稱其為「黃粑」。其後，當地百姓紛紛效仿，黃粑就漸漸流傳開來。

後來瀘州城內大白街毛家院有個名氣很響的劉黃粑，這位劉姓老人做出的黃粑格外黃亮香甜。黃粑蒸製好後裝在一新竹筐中，挑擔出門。他一不吆喝二不攬客，只消揭開黃粑的竹筐蓋，那香味便會彌漫整條街，人們只要聞到香味，就知道是「劉黃粑」來了。

瀘州黃粑以水、大米、紅糖、優質糯米為主料，包裹在良薑葉（斑紋月桃葉）裡面蒸製而成。那奇特的香味就來自於它的「外衣」——良薑葉。良薑葉是在瀘州氣候下生長的特有植物，黃粑的香味即是葉內所含的芳香油，故而瀘州人又將其稱為「黃粑葉」。可以說，不在瀘州就吃不到正宗的黃粑。良薑葉獨產瀘州且保鮮期很短，故而黃粑成為瀘州地方名優小吃中惟一走不出去的特產。也正是因為受原材料的制約，才使瀘州黃粑製作的民間工藝一直未外流。這一地域限制和各具特色的民間配方、製作工藝，使瀘州黃粑以其獨特的魅力，佔據中國博大精深飲食文化中的一席之地。據當今瀘州黃粑第一人的林葉素介紹，如今瀘州從事黃粑生產銷售的個體戶約有一百人以上，每到春節期間，他平均每天要銷售八百個左右，最多一天曾高達一、二千個，八○%以上是被成、渝、京、津、滬等地人購走。

當然，宜賓也有黃粑，但宜賓黃粑卻是蒸製成大塊，通常是買主要多少切多少。瀘州黃粑雖很小，但卻很精緻，每個用良薑葉（斑紋月桃葉）包成長寬約六公分、三公分的長方小塊。但用來蒸黃粑的木桶卻令人意想不到的大，大得像只洗澡桶，至少也要兩、三個青壯的男人才抬得起來。

當地人把黃粑也叫黃糕粑，傳統的以糯米、飯米和紅糖為主要原料，良薑葉為輔助材料，現今也有添加了小米、黑糯米、板栗、棗子等製作出了一系列黃粑品種，黃粑可較長時間保鮮。現今瀘州城內到處可見包裝完美的成品黃粑售賣，大包小包，整盒整箱地，作為旅遊食品和饋贈佳品流向大江南北，擺上千家萬戶的餐桌。

傳統的黃粑是沒有餡的，但如今在瀘州最著名的林家黃粑鋪子裡，可以吃到多種口味的：鮮肉餡的、核桃餡的、紅棗餡的……豐富得很啊！瀘州人的黃粑吃法大約有三種：趁熱吃；冷後切成筷頭大小的顆粒，伴同醪糟一起煮熱吃；冷後切成薄片，用油在炒鍋裡煎成兩面黃後趁熱吃。過年過節，一家親友玩到夜深肚餓時，煎上幾個黃粑下肚，那又香又甜又爽口的滋味，真是叫人安逸。

在瀘州，凡是經介紹或是自由戀愛的年輕人，在雙方父母初步同意後，就要定親，擺上幾桌酒席，請吃定親酒。「准親家」的家人來了後，在擺席之前，最重要的一個侍客程序就是要「擺開水」，所謂擺開水就是吃黃粑，因為黃粑是用糯米做成，很粘。吃了黃粑後，這門親事就會像「黃粑」一樣，永遠粘在一起，不分不離了。而且吃完了定親酒，男方還要準備幾十斤的「黃粑」送給女方的父母以及所有的親戚朋友。

074 古藺麻辣雞

古藺位於四川南部邊緣，一個風格獨特、而又充滿傳奇色彩的神秘土地。古藺的山是青幽幽的，古藺的水是清悠悠的，古藺街巷的石板路亦是青溜溜的，空氣裡不時飄忽的花椒香味也是清幽幽的，沒錯，這一定是古藺麻辣雞的酥麻清香。那可是一種麻中帶辣，麻中帶香的美味，正如古藺人所說：正宗不過麻辣，怪異不過椒麻。

古藺麻辣雞是四川省瀘州市古藺縣的地方小吃。在古藺，不管是親朋好友餐聚，還是婚宴壽席，肯定少不了郎酒的芳香，更不可缺了佐酒的佳餚——麻辣雞。這是當地席桌上的一道必不可少的主菜。麻辣雞是古藺人祖祖輩輩研究出來的一種滷製涼拌小吃，以麻辣鮮香著稱。每當逢年過節，古藺的家家戶戶都要準備一隻雄雞公，以自製滷水滷製，再加以特製蘸水，然後邀請親朋好友一起品嘗。後來便演變出了味道怪異，風味獨特的古藺椒麻雞與古藺麻辣雞。

在古藺縣城的大街小巷，到處可見出售麻辣雞的攤點和小店，「聶墩墩椒麻雞」尤其出名，為古藺麻辣雞的正宗。其特點是選料嚴格、工藝考究、香氣撲鼻、肉質細嫩、皮脆脫骨、鹹淡適宜、麻辣得當，凡品嘗者均讚不絕口。喜歡川味的客人來到古藺，都要品嘗一番。

麻辣雞的傳說

出自四川古藺縣的麻辣雞，也是近十來年在味道江湖上叫得比較響亮的一款雞肴。麻辣雞據說在民國初年古藺一個叫聶墩墩小夥，在飯館做跑堂時，偷學了不少廚藝，後來飯館生意紅火，老闆要挑選一人當主管，店裡兩個主要夥計，一個是老闆娘的遠房侄子，另一個便是聰明勤懇的聶墩墩，老闆一時難以定奪。有人便出主意，叫二人各做一樣菜展示廚藝。第二天中午，聶墩墩端出一盤涼拌雞，先是老闆品嘗，再是老闆娘試吃，而後是在做的客人挨個品吃，雞肉一下就吃光了，盤中就剩作料湯汁，飯館裡亦是鴉雀無聲，人們好像還在品味。忽然不是誰拍了下桌子，大叫一聲：「好」，接著一下掌聲四起，聶墩墩就憑著這道涼拌雞而晉身主管。

打這以後，聶墩墩不僅在縣城名聲大振，而且每天都有不少客人沖著他的這款涼拌雞來，一些有名望的貴客，還點名非得要他親手做。由於其涼拌雞，雞肉細嫩、入口化渣、麻辣鮮香、口感舒爽，人們便稱其為椒麻雞或麻辣雞。很快縣城裡各家飯館都學會了做這道菜，但總不如聶墩墩的味美。不久，聶墩墩見人們都專門來吃他的麻辣雞，乾脆就自立門戶開了家專門製作加工麻辣雞的店子，生意自是不言而喻，名氣越做越大，賣出了名，也發了家。

聶墩墩的麻辣雞確實非同一般，首先，古藺農家養雞都是在山上敞養，任其自然生長。聶墩墩大多選用一年期細嫩肉香的仔公雞，打整乾淨後，放入用山中採集的十餘種天然植物香料自製的滷水鍋中，讓滾燙的滷水把雞煮至半熟，然後小火慢滷使滷汁風味慢慢浸透到雞肉中，待整雞變成絳紅色時，便撈起斬成小塊，再從鍋中舀出一小碗滷水，加入醬油、花椒粉、辣椒粉、少量醋及白糖、香油、芝麻調成蘸碟，既可以把雞肉拌合，亦可把雞肉一塊塊蘸著吃，不僅雞肉細嫩化渣，且是麻辣多滋，風味醇厚，味感悠長。

聶墩墩的調味料中有兩樣最為關鍵，一是要用古藺陰山上產的青花椒，炕乾磨製成粉；二是須用古藺產的「一嘬尖」乾紅辣椒炒香後研磨成粉。如此，方才具有椒麻雞酥麻幽香，爽辣舒口的風味特色。同時，還可用花椒粉、辣椒粉、芝麻、精鹽調和成乾碟蘸雞肉吃，又是別樣風味，麻辣鮮香，口感舒爽。

到了一九五〇～六〇年代，在古藺城中，出現了兩家以賣麻辣雞出名的店鋪，第一當然是已留著長鬍鬚老人的聶墩墩的麻辣雞店。其二是一個叫王良宇的店。那時的麻辣雞還論塊售賣，幾分錢就可吃上一塊。多數家庭要到逢年過節方能

痛快地吃上一次麻辣雞。

這時的聶墩墩依然是每日坐在店門口，抽煙、喝茶，有客人提著清理乾淨的雞來，他便在雞身上打個記號，直接扔進鍋中，約定時間來取。前來加工、取雞的顧客除了拿到色豔油亮，鮮香四溢滷雞外，還有配製好的，讓人一聞就口水湧流的滷汁和佐料。小塊的雞肉蘸著調料後，五香麻辣味直往嘴裡邊鑽，既有滷水特有的濃香，又不失雞肉的鮮美，怎一個「爽」字了得！如此，前來買椒麻雞的、來加工滷製的每天是絡繹不絕，聶墩墩的椒麻雞便成為古藺一絕而名揚四方。

後來聶墩墩去世了，但其技藝也傳承下來，他的後人繼續經營著「聶墩墩椒麻雞」的店鋪。雖然縣城裡滿大街都有打著「古藺正宗麻辣雞」的招牌，但「聶墩墩」三個字依然揮發著無盡的魅力。現今的麻辣雞做得越來越精細，在加工滷製，特別是滷水調製上已分成好些個流派，各顯其特，但在選用雞和調味料上仍還是承襲老傳統。作為古藺的一款名特風味小吃，麻辣雞確是佐酒佳品，閒吃美味。不喜麻辣，亦可只品雞，不蘸味碟，同樣是鹹鮮香醇，美滋美味。

椒麻雞的風華

一九九〇年代初，不少古藺人帶著麻辣雞走

南闖北，一時間，古藺麻辣雞遍佈巴蜀各地。儘管脫離了原鄉原土，麻辣雞已或多或少地失去了原汁原味，但其風味與吃法仍讓人們吃趣盎然，不失為一款風味獨特的美味雞肴。然而，不久古藺人便發現，「麻辣雞」在川內，尤其是在成都，並不怎麼吸引人，因為「麻辣」一詞太過普遍，非常之尋常，於是就靈機一動改為「古藺椒麻雞」。果然，這一改革立竿見影，生意逐漸紅火，「古藺椒麻雞」漸成食尚，風靡了整個一九九〇年代。

然而，單就川菜味型而言，「椒麻」與「麻辣」是完全不同的兩種風味味型，「椒麻」只麻不辣，也就是說沒有辣椒的成分。是用乾花椒粒或青花椒，與小蔥葉子剁茸，加川鹽、醬油、香油，以冷雞湯調製成味汁，用以涼拌雞肉、兔肉、耳絲、豬舌、腰片、豬肚等椒麻涼菜。其風味特色是：椒麻清香，鹹鮮味醇。如此，以古藺雞的調味用料和風味特色，麻辣雞則名副其實，改為椒麻雞則是一種誤識和誤導。然而，食者與賣家已是不約而同，也就將錯就錯吧。

隨著時間的推移，現在古藺麻辣雞已經由原來的聶墩墩為源頭分支出了很多流派。有以中草藥和香料味更濃的，沾著佐料吃的傳統改進型麻辣雞，也有不用中草藥香料，只用清水清燉，最後以佐料拌好，碼上兩、三個小時的，後被稱作「白砍雞」，還有在佐料中加入大量雞湯，將雞肉用木棒砸出雞油，再充分浸泡而成的，後被稱「棒棒雞」。

時至如今，古藺椒麻雞僅成都就有大小數十家，有的在農貿市場擺攤設點，有的開專賣店，更有的做成了大型川菜酒樓。其中在華陽中心幼稚園的對面，有一家老字號「蔡小琴古藺椒麻雞酒樓」便是其中之佼佼者。

老闆娘蔡小琴不但會吃，而且還做的一手好菜，還是個

風情萬種的美女。她家的「椒麻雞」可算是把古藺椒麻雞的道地風味和吃法保持的較好的一家。不但古藺原有的鄉野風味蘊涵其中，更有特別的雞肉口感與麻辣鮮香的滋味，讓人過口難忘。

椒麻雞，這一瀘州古藺的傳統地方風味名吃，至今已有一百多年的歷史了。這種特製的滷雞本身不帶麻辣味，「椒麻」精神實際上是隱藏在配套的紅油蘸水和乾碟中。那油光水滑，皮色金紅，散發著沁人心脾的雞肉香，經椒麻調料一拌和，那雞肉的鮮美細嫩，那清香酥麻的味道，叫人忍不住口水滴答。

再說古藺椒麻雞嚴格意義上講，是麻辣雞，那種麻先辣後，麻中帶辣，辣中有麻的風味相互交融。加之本身就已經是滷製過的，帶有濃郁滷香，故可直接閒吃，佐酒助餐。重要的是來自古藺的放山養土雞，肉質非同一般，吃起來既鮮香細嫩，又耐嚼化渣、不塞牙。拿蔡小琴的話說就是：「會吃的人吃『椒麻雞』的蘸水碟」，是的，雞塊在蘸水碟子裡打了一個滾，由黃白色一下變成了金紅色，便成了「椒麻雞」。紅豔欲滴的「椒麻雞」送進嘴裡，那感覺真是百味飄香。那淋漓盡致的鮮麻，帶著濃郁的酥爽，讓唇舌有一股麻醉的快意；雞肉特有的鮮美混合著特製滷料的多滋和濃醇，辣味迅速傳遞到每一個味蕾，椒香四溢讓人欲罷不能，吃了一塊又一塊。

椒麻雞，麻幽幽、熱辣辣得就像四川美女獨有的奔放熱情與溫婉嫵媚，搭上嘴你就知道她的厲害，但吃進口裡方才感受到她的多滋多味，韻味悠長，不由得人常吃常想，越吃越戀……。

075 自貢火邊子牛肉

自貢市是由舊稱「自流井」與「貢井」的兩相鄰鹽城合併而成，是著名的鹽都。所產之鹽，皆由鹽井中汲出鹽水，再送到灶上燒成鹽塊。舊時還沒有機械的應用，所需的勞力，都是由牛來完成的。一眼鹽井視大小須用牛幾頭到十幾頭，甚而大的幾十頭不等。再加上運輸用牛，隨著自流井鹽業的興旺，其牛的數目也蔚為大觀。據史書記載，當時自貢地區常年有牛三萬餘頭，當地人笑曰「街短牛肉多，山小牛屎多」，話雖刻薄，不過也頗為傳神。有人說，自貢的牛不是老死的，不是瘟死的，是累死的，運動得好，所以牛肉特別好吃。也因為牛肉多，所以人們吃牛肉也很講究，更吃出了不少名肴佳饌，像水煮牛肉、清燉牛肉、火邊子牛肉等。

火邊子牛肉的源起

舊時的自貢鹽井，每天都有不少牛活活累死，拉著拉著撲通跪地，眼見就不行了，趕緊鬆開牛套，趁尚未咽氣盡快宰殺，則牛肉和內臟仍然新鮮。鹽工們把牛大卸數塊，再將背脊肉、牛腩等柔軟活動部分的肉旋下來，成巴掌大小的薄片，塗抹上調料，放在熬鹽滷的鍋邊烘烤，待水分蒸發，味道滲入，牛肉溢香，即成充饑果腹的美味，鹽工們稱其為「火邊子牛肉」。

現今的「火邊子牛肉」是選上好的精牛肉除去筋皮網膜，開成一寸多厚、一尺多寬的肉塊，平攤在一塊斜斜的木板上釘好，再用極鋒利的薄口快刀，將牛肉橫向開切成極薄的片子牽開。這開切極為考手藝，要求牽開時厚薄均勻，能隱隱照的過光亮，但又不允許有一點點破漏。然後再將這些牛肉薄片抹上適量的鹽巴和醬油，掛在通風的地方晾乾，再一張一張平攤在可以透氣的大眼篾笆上，篾笆用木梁子托住，下面用燃燒牛屎粑的微火慢慢薰炕，達到酥而不綿，嚼起化渣為度。如果喜歡吃辣味，切碎後拌上一點辣椒粉就可以了。有些飯館喜歡將這種一尺多寬，兩尺多長的火邊子牛肉塗上一層辣椒紅油，掛一張在門面上做招牌，看上去紅豔豔，油浸浸，亮晶晶的，還真令人食指大動呢。在自貢當地人眼中，火邊子牛肉，必須要用牛屎粑烘烤的，吃起來才特別鮮美，要是換成杠炭或者別的什麼烤的話，那味道就差得多了。

自貢民間關於火邊子牛肉的傳說有不少版本。一說火邊子牛肉是「叫化婆」（乞丐）發明的。十九世紀中葉到二十世紀初（在咸豐、同治年間），貢井雷公灘附近的「叫化營」裡，有不少淪落的山西、陝西人，常在火堆旁邊燒烤撿來的牛肉藉以充饑。時間長了他們就變換著法子吃，肉片、肉坨、肉絲，蘸鹽、蘸醬、蘸辣椒粉、花椒粉。「叫化子」都有一根打狗棍，以防要飯的時候被狗咬，另外「叫化子」還有一把片刀用來防身。「叫化子」的片刀鋼火好，非常鋒利，就用片刀把牛肉片成薄片，既便於烤熟，又易於咀嚼消化。

還傳，過去鹽工中有一個叫曾樹根的小夥子，人稱曾二娃，此人機敏過人，其父曾是大安一帶有名的「伙房」（即廚師），專做牛肉。其母曾王氏，勤勞儉樸，善良能幹，持家有方。因家境貧寒，買不起柴火，她見一堆堆牛屎中有許多沒消化盡的穀草和葫豆碴，心想可否用它來當柴火？於是她把又稀又濕的牛屎混合一些粘性較強的黃泥，做成直徑約一尺的圓形簿片，狀似一張大餅，王氏給它們取了一個好聽的名字，叫「牛屎粑」。幾天後，貼在牆上或石壁上的牛屎粑被晾乾，她取回家中試燒，殊不知比煤炭還更容易燃燒，這「牛屎粑」火焰綠幽幽的，灶內不但沒有牛屎的臭味，反而發出一陣陣奇異的清香。她笑了，鹽場內有的是牛屎粑不愁沒有屎燒。

曾二娃也像母親一樣聰明，他常從鹽場背回牛肉，把不成張片的牛肉大刀砍成坨坨，醃進滷水缸裡，將上等牛肉用快刀細心地割成簿片，然後將簿片一張張粘貼在竹篾笆上，放上適量食

鹽，讓其儘快晾乾。待這種簿片牛肉的水氣風乾之後，他想到像燻臘肉一樣，用松枝、花生殼等等微火燻烤，不料牛肉本身缺乏油脂，燻後的牛肉乾總有一股股煙味，口感不好，幾次試驗均不成功，曾二娃感到有些氣餒。

而在一旁觀察的母親提醒兒子說：「你用牛屎粑試試看！」兒子不解地問：「這樣不被燻得臭哄哄的？」母親笑一笑，拉著兒子的手到灶旁，叫他聞聞灶裡發出的氣味，兒子深吸一口，不覺有煙味，只感到一股股清香撲鼻。曾二娃頓時眼睛一亮沖出門去，用幾根木棍釘起一個烤架，把涼乾的簿片牛肉分別架在四周，進屋內用火鉗夾出正燃著的幾塊牛屎粑，放在在架子下燃燒，只見牛屎粑的邊緣發出絲絲綠幽幽的微火，沒有一點煙味，正好烤在簿片牛肉上，約一小時候，曾二娃取下架上差不多被烤乾的牛肉片，用乾淨棕刷上了一層紅油辣子，撒上準備好的香蔥花，把牛肉切成小片，放進嘴裡品嘗，頓覺鮮香出奇，從沒有吃過這麼好吃的東西，母親也覺得其味特別，便分一些給鄰居們品嘗，大家都說

好，人人都叫絕。

由於牛屎粑特殊香味的作用，牛屎粑的邊緣之火，其溫度不高不低，又無任何異味，這是其他燃料做不到的，因此，這種用牛屎粑烘烤牛肉乾的做法傳開了，後來，人們就把它叫做「火邊子牛肉」。

到了十九世紀初（清朝末年），由於自流井、貢井牛肉資源豐富，價格比豬肉便宜不下三成，因此牛肉街應運而生。街不大，長也不過百把公尺，就有幾十家專門殺牛賣牛肉的店子。其中有個鹽工出生的宰牛匠，叫李三星自己開了家既殺牛又賣牛肉的店子。他從鹽場收購那些年輕力壯而被活活累得已半死的牛。這些牛肌肉強健、肉質鬆嫩，他用來烤製火邊子牛肉，特別香美柔軟，細嫩化渣，一經推出就大受歡迎，生意火爆而賺了大錢。於是不少人紛紛效仿，但味道卻始終不如李三星。

當然如此之類皆為傳說，雖不見諸於官書、史料，倒也生動有趣，為火邊子牛肉這款獨特小吃平添了幾分情趣和味外之味。

特色與食趣

源於清．乾隆年代的火邊子牛肉，在清末民初已成為四川名特產，與達縣燈影牛肉、閬中張飛牛肉和成都郫縣的太和牛肉一起稱為「巴蜀牛肉四絕」。火邊子牛肉作為自貢風味小吃，雖與達縣的「燈影牛肉」異曲同工，但火邊子牛肉亦有自己獨具的特色。其刀功奇絕，薄如紙片，異香綿長，極耐品味，味道鮮美而譽滿川內外。

火邊子牛肉，其選料和做工都非常考究。在歷代製作者的精心改良下，既保持了傳統的製作工藝，又在風味特色上不斷改進。後來的火邊子牛肉，僅取其牛後腿上的「鑽子牛肉」（腿鍵肉）開成大張薄片。再將肉片釘在斜倚牆壁的木板上，然後抹少許鹽、醬油、香料粉醃製，接著將肉片鋪在竹笆子上，經曝曬去除水分，掛在通風處晾乾後，再攤於特製的網笆上，下面用乾牛屎粑燃出小火，慢慢地焙烤，同時靠煙子慢慢燻，一直燻到牛肉片散發出芳香，色澤金紅，吃起酥口化渣，不綿不頂牙時，再搽上調製好的辣椒紅油、花椒油、香油即成。這樣用牛糞餅烤製出來的火邊子牛肉，帶有一種清香味。但隨著鹽井逐步機械化後，牛屎粑也就沒有了，而改用杠炭火爐烤製，但就沒有那種特殊的清香味了，口感也差了。

火邊子牛肉是一種加工製作，風味味道都十分特立獨到的牛肉食品，與一般的牛肉干類休閒小吃大相徑庭。它絕對是佐酒的佳餚，但又不宜下飯，當做閒吃零食最顯其妙，不僅牛肉薄脆鮮香，入口化渣，傳統的火邊子牛肉除了肉味本身的香氣外，還有一股草木的清香，讓人越吃越想吃。你看那小孩和姑娘，拿在手裡，一小縷一小縷撕著送進嘴裡，慢嚼細品，既鬆軟又化渣，七滋八味，越嚼越香，吃得悠然愜意，好不自在。

火邊子牛肉幾百年的傳承，在過去大多是家庭或個體小作坊式的傳統工藝製作，雖產量較小，但做得很精細，味道也很精美。現今的機械化大批量產出，風味味道自然大大不及傳統手工。雖是如此，廠家及商場、超市那些包裝精美的火邊子牛肉，作為歷史悠久名聲遠揚的自貢名特小吃，仍然是不少人饋贈親朋好友的首選。自貢火邊子牛肉當今做的好的有「刀刀爽」、「長明」等品牌，袋裝和盒裝的都有，買袋裝的自己吃實惠，買盒裝的送人也能拿得出手。

一九八三年全國醃臘製品評比會上，火邊子牛肉得分最高，被譽為中華民族飲食文化中一絕。一九八八年獲商業部優質產品獎和首屆中國食品博覽會銀獎後再奪巴蜀食品節金獎。中央電視臺也將「火邊子牛肉」收錄為「中國一絕」。臺灣著名藝人淩峰所主持的電視節目「八千里路雲和月」亦以相當篇幅介紹了這一中華獨特美食。火邊子牛肉也被列入為「中國名食辭典」。

076 內江蜜餞

內江，位於天府之國的東南部，坐落在美麗富饒的沱江之濱。正是這二千年來的歷史積澱和民風民俗文化的傳承，內江人的勤奮，方造就了內江「書畫之鄉」、「文化之鄉」、「大千文化」、「體育之鄉」、「蔗糖之鄉」的美名。然而，內江最為享譽華夏的，還是因其盛產甘蔗，擁有白糖、冰糖、蜜餞之「三絕」而獲得的「甜城」之美譽。

甜城的由來，還有一個趣味佳話。說是明朝末年，張獻忠率起義軍攻佔成都後自立為王，特與李自成會聚共商滅明大計。張獻忠以內江蜜餞作為茶點款待闖王。李自成看到五顏六色、光鮮晶亮、精美玲瓏、芳香四溢的果品，禁不住連連品嘗了幾塊，覺得很是香甜可口，別有一番風味，於是問道：「此為何物？」張獻忠回到：「此乃蜜餞也」。李自成又問：「何地所產？」張答曰：「內江」。李自成頷首慨然歎曰：「真甜城也」。如此，甜城之稱油然而生。

甜城之甜，源於沱江兩岸如林似海般的甘蔗。內江方圓幾十里的紅土上，漫山遍野都是成片的甘蔗林。內江甘蔗以皮薄、質脆、味甜、汁豐而稱譽華夏。

單就冰糖而言，是由甘蔗榨汁加工成白糖提煉而成，內江製糖亦有三百多年歷史。冰糖形似冰塊寶石、晶瑩剔透、結晶塊大、色澤鵝黃、味似蜂蜜、甘甜清爽。在內江民間，你會看到大凡在賣冰糖的店鋪，都掛著一幅婦女的肖像，或立有一個牌位，上面寫著「冰糖始祖扶桑之位」。據《中國名食百科》介紹：從前，內江有個大糖坊，掌櫃張亞先家有位名叫扶桑的使女。一天扶桑勞累不堪，饑餓困乏，就從主人家舀了一碗糖水，倒進火爐上的瓦罐中加熱充飢，這只瓦罐剛熬過豬油，但快要熬成時，忽見主人回來了，她倉惶中順手把瓦罐藏入穀糠堆裡，事後一忙也就忘了。幾天後一下想起此事，便取出瓦罐，只見罐中糖漿已凝結成冰塊樣，敲碎一嘗，堅脆純甜，氣味勝過白糖。扶桑以為此是奇觀異事，便告訴了主人和與眾友，大家爭相觀賞，讚不絕口，看這結晶之糖塊與冰塊一般，人們就稱之為「冰糖」。後來一傳開，人們紛紛仿製，就把扶桑視為首創之「冰糖始祖」。

著名將領馮玉祥將軍在《我的生活》中曾寫道：「內江城裡東西街長達數里，幾乎家家鋪子都陳列著冰糖，一塊塊堆成冰山，晶瑩剔透、令人炫目，大塊冰糖有重五、六十斤者，我經過了多少地方，也沒見過這種光景」。

內江大廚則巧用冰糖，創製出一款款名菜與小吃，像冰糖肘子、冰汁燒餅、冰橘湯圓、冰汁番茄等。而內江白糖亦也以其色白如雪、顆粒晶亮、味正醇甜、歷史悠久而享譽中華。內江很多的風味小吃，皆以白糖冠名，如白糖蒸饃、白糖米餃、白糖烤粑、白糖豆糕等。

甜城蜜餞

內江蜜餞，以其色澤鮮亮、香甜味美、果味濃郁、滋潤化渣而享有盛譽。早在唐代就曾作為貢品進獻朝廷。自古就被譽為「蜜餞之鄉」。明朝末年，崇禎皇帝在北京舉行盛宴，就用色香味俱佳的內江蜜餞款待各國公使。

蜜餞在內江，俗稱「煮貨」，製造「煮貨」的糖鋪叫煮貨鋪，亦叫冰桔鋪。蜜餞是白糖的派生產品，也是白糖與水果、菜蔬的共生品。內江蜜餞最初是富人家逢年過節，做壽迎親，款待賓客和茶餘飯後的零食，由家庭主婦掌火，小鍋煮製而成。清光緒年間，水巷子「義貞當號」的朱四婆，開漏棚的劉三婆等，都是家庭主婦煮製蜜餞的能手。後來由於食客稱道，逐漸走出家庭，發展為商品生產，由市面上冰桔鋪和榨桔鋪的大鍋大灶所代替，當時的「銓源老號」就名氣很大。但鋪面作坊的蜜餞仍然不及一般家庭小鍋的口感好。

辛亥年間，內江蜜餞達到全盛時期。因原料和取材不同，有粗細貨之分。主要產地有兩處。一處是東興鎮，以南瓜、冬瓜、蘿蔔、辣椒等為原料，稱為粗貨。主要品種有冰桔南瓜、冰桔蘿蔔、冬瓜條等，生產店鋪數十家，產量較大。另一處是城內的河壩街、東壩街一帶，以四季水果為原料，稱為細貨。主要品種有金錢桔、壽星桔、柚磚、櫻桃、桔餅等。細貨一般保持水果原有形狀，加以飴糖溶泡，色澤光亮，可口化渣，幫助消化，有的還兼有止咳化痰等食療功能，深受歡迎。

一九八二年春，張大千先生在內江的女兒女婿前往臺灣看望父親，當時的內江縣有關方面請他們捎去精心趕製的內江蜜餞，並約請大千先生為即將出版的《內江縣誌》題寫書名。抱病在床的父親看到家鄉的蜜餞激動不已，在女兒攙扶下起床提筆。次年，張大千先生便駕鶴西去。

內江蜜餞與「甜城」美名並駕齊驅，盛極一時，各糖果廠紛紛在傳統的基礎上改進製作工藝，一些中藥材如天冬等也成為蜜餞品種。內江蜜餞成了饋贈親友，孝敬老人的好東西。蜜餞成為內江的著名特產，曾經緊俏得還憑票供應。但到一九八〇年代，隨著現代食品業的發展和人們對食品需求的變化，內江蜜餞日漸淡出視線。傳統蜜餞因為糖分高，被人們尤其是年輕人逐漸疏遠。在二十世紀末到本世紀初，眾多蜜餞廠家逐步退市，目前只剩下私人小廠和家庭作坊。在城區的一些櫃檯內、攤點、推車上，仍可見晶瑩剔透、品種繁多的蜜餞。

蜜餞小吃

內江既是甜城，甜城品甜食，更是別有風味風情。如著名小吃甜品八寶果羹、蜜餞湯圓、蜜餞鍋蒸、蜜餞蛋糕、蜜餞白果糕、蜜餞酥皮餃等。歷史上，劉少奇、朱德、周恩來、陳毅、賀龍、羅瑞卿等曾先後品嘗過各種蜜餞和甜城小吃，如板橋油炸粑、涼蛋糕、川糖果子、涼蝦等，還品嘗了內江人，著名國畫大師張大千創製的一道風味甜食「蜜汁湯圓」。

蜜汁湯圓——以蜜桔餅、蜜櫻桃、蜜天冬、蜜紅棗，輔以白糖、芝麻、豬板油製成餡心，包製成湯圓。口感滋糯、餡心香甜、果味濃醇、怡口爽心。

蜜餞鍋蒸——用米粉、特級麵粉，蜜櫻桃、蜜棗、蜜瓜元、蜜天冬、核桃仁、白糖、化豬油炒製而成。吃來甜香酥糯、油而不膩、果味香美、潤口可心，尤受老人小孩喜愛。

蜜餞蛋糕——以蜜櫻桃、蜜天冬、蜜桔餅、蜜蘿蔔、蜜棗，混合雞蛋、麵粉、白糖、豬板油蒸製涼冷而成。色澤金黃靚麗，鬆泡綿軟化渣，果味濃郁香甜，極受青少年和小孩喜愛。

八寶果羹——蜜櫻桃、蜜冬瓜條、鮮紅橘、鮮梨肉、百合、銀耳，輔以糯米粉、雞蛋清、冰糖煮至而成。色澤豐富美觀，果味香濃甜爽，不僅可口，還具有和胃潤肺，止咳化痰的功用，中老年人猶為喜食。

甜食飄香在甜城的土地上，正如江南才子，著名戲曲家盧前，曾賦曲內江：「內江的泥土、內江的流水都是甜的，猶如糖蜜裹著內江城」。《中國風味菜點》在序言中寫道：「人們都知道四川人愛吃辣麻，殊不知四川人也愛吃甜，四川內江就以製作甜食而著名，有甜城之美名。內江甜品選料之嚴謹，製作之精細，風味之獨特，並不亞於廣東甜點、江浙糕團」。

077 板板橋油炸粑

板橋油炸粑，作為內江民間流行的一種小吃，是將糯米泡軟蒸熟再把糯米飯捏成拳頭大的一個個小團，包進豆沙。豆沙以赤豆為主要原料，摻進食鹽、花椒粉為佐料。然後將糯米團壓成餅狀，投進滾油鍋炸成金黃色即可。其特色是外酥內軟，油而不膩，咀嚼有味，齒舌生香。至今仍然是內江人喜愛的小吃，城區內也有不少店、攤專賣此種油炸粑，熱鍋熱灶，現炸現賣，熱吃口味尤佳。但內江的這一民間風味小吃還有一個響亮的名字叫「朱德粑」。

朱德粑的故事

一九一六年，護國戰爭時期，在內江與隆昌交界的牛棚子一帶的山頭上，護國軍和北洋軍展開一場激戰。這時，從瀘州殺過來的護國軍將士，已是精疲力竭，饑腸轆轆。正在前線指揮作戰的護國軍第十三旅旅長朱德將軍，亦也腹內空空。便命勤務兵去找點吃的。過了半個多時辰，朱德一下聞到一陣油香飄來，勤務兵氣喘鬱鬱地拿著一包金黃扁圓的油炸餅跑來，朱德吃了一個，覺得十分香酥可口，很是滿意，遂問：「這叫什麼？在哪兒搞的？」士兵回答：「油炸粑，板板橋頭有位老漢炸的」。

戰鬥結束後，朱德率部開進內江城，旅部設在內江中學。第二天清晨，街上小販賣「板橋油炸粑」的的叫賣聲傳到朱德耳裡，他一下來了吃情，叫士兵買來了油炸粑。這次他品嘗的尤為仔細，慢嚼細咽，發現這如燈盞窩狀的的油炸粑，原是用糯米飯團搗爛，包的綠豆洗沙，分鹹甜兩味，鹹的是椒鹽味道，甜的是內江特產之紅糖味，兩種皆是外酥內嫩，滋糯香酥，風味別樣，邊吃邊贊：「好吃，真是好東西，很有地方特色，這可是為護國戰爭立了功的油炸粑啊！」。

後來此事一傳開來，當地人感到甚為驕傲，便又把其叫為「朱德粑」。

時隔四十多年後的一九六一年四月十七日，朱德又一次來到內江視察，在椑木鎮一家農戶家中座談時，朱德又問道「板板橋的油炸粑還在做嗎？」當時正是三年自然災害時期，農戶們回答：「因為缺糧，沒有糯米，又沒有菜油，已經好多年沒做了。」朱德略微沉吟了一下說：「這種地方民間小吃，很有特色，還是要想辦法恢復起來嘛！」

一九七三年，內江名廚黃福財被調到北京朱德家中事廚。一與朱德見面，他便問：「你們那內江板板橋油炸粑，現在搞起來沒有哇？」黃師傅不知可否，未能給出一個完滿的回答。然而，從一九一六年到一九七三年，朱德經歷了漫長的五十七年之後，仍對內江板橋油炸粑念念不忘！

油炸粑之傳說

內江椑木鎮板板橋的油炸粑起源於清朝末年，距今已有一百八十多年的歷史。根據記載，當年椑木鎮有一趙姓的大戶人家，每到六、七月綠豆豐收季節，趙大戶都會讓夥計煮綠豆湯來喝。一天，趙家一個夥計一次煮了太多的綠豆湯，由於擔心喝不完浪費了綠豆會被主人責罵，於是他就將這些綠豆利用起來，把煮過的綠豆和糯米一起加工，發明出了油炸粑。等主人回家品

嘗後，對其讚不絕口。從此，這種小吃便在民間流傳，不少文人墨士也對這種食物情有獨鍾，許多內江當地的秀才都慕名前來品嘗，一個有名的秀才劉思亮的吃過後，對其讚不絕口，便取名「油炸粑」。

內江椑木鎮後面有條沱江的支流，河上有座木板橋，人稱板板橋。原本這座不起眼的簡便木橋，可以讓和兩邊的鄉民隨意往來。光緒年間，一個名叫陳松廷的人在橋頭開了一家賣油炸粑的小店，賣出名以後，就被人們稱為「板板橋油炸粑」。以後，它除在店內供零售外，大部分都被批發給小販帶往內江、隆昌等地轉賣，板板橋油炸粑於是就名傳四方了。

其後又有個叫魏國常的小夥，他從十八歲起便隨著老師傅學做油炸粑，學成後繼續在橋頭經營這家油炸粑店，至今已二十來年。一些認識他的人都說他不懂享福，兒子有出息了，他也可以退休享福了，何必天天起早貪黑做這個粑粑掙那麼一點錢。可熟悉老魏的人都清楚，看到天天早上排隊來買油炸粑的客人們吃得津津有味的樣子，便是他覺得最開心的事。但是，現在會製造正宗板板橋油炸粑的人已經很少了。老魏說：一九八〇年代，油炸粑僅賣五分錢一個，油炸店也是一個挨一個。如今，價錢已漲至一元，而油炸店卻僅剩三、四家。現在已經沒有多少人會做正宗的板板橋油炸粑了，願意花工夫學這門手藝的人也沒幾個。他的願望，是想在他退下來後，這門手藝能後繼有人，不要讓這種傳統名小吃手藝失傳了。

還有一位板橋油炸粑的傳人，是現年五十八歲的羅金蓉，椑木鎮東興區的一名普通農戶。從一九七〇年代起她就開始做油炸粑的小生意。三十四年來，羅金蓉不斷琢磨如何製作出大家歡迎的油炸粑。由於她不斷改進製作工藝，她的油炸粑具有油而不膩，香甜酥口的特點，曾被評為內江市東興區首屆美食文化節名小吃。她便給自己的「油炸粑」申請商標註冊。

羅金蓉說：以前我的商標意識、品牌意識也

是很淡薄的。可隨著經營上了規模，我就想，有什麼好辦法能讓消費者區分正宗道地的和別人的油炸粑呢？受到外地一些名小吃註冊商標的啟發，她決定也給自己的油炸粑註冊商標。經過三年多努力，她花了近四千元在國家工商總局註冊了「板板橋」油炸粑商標。「有了商標，很多食客慕名而來，這樣一來油炸粑的銷售量一下就上去了。板橋油炸粑的名氣傳得更大更遠了。如今羅金蓉的小吃店還經營泡粑、葉兒粑等八種民間風味小吃，也一併同時註冊了。

現在羅金蓉的發展決心更大了，如果銷量持續上漲，將來要到外地開設「板板橋油炸粑」連鎖店。為自己做的小吃註冊商標，內江市東興區農婦羅金蓉可以說走在眾人前面。雖然註冊商標花了四千元，但羅金蓉得到的實惠已經是這個數目的很多倍了。

至今，油炸粑仍然是一種深受內江人喜愛的小吃，一種很受民眾歡迎的早餐食品，油炸粑若配上豆漿，那酥脆滋糯和豆漿的清香甘甜，可謂是神仙之早餐。離開家鄉多年的人們每次回到內江，都會念念不忘油炸粑，想著那剛出鍋的油炸粑，外焦裡嫩，看著就流口水。幾乎都要專門來到椑木鎮，享口福吃了不說，還會買上一大包帶走，為的是滿足讓人牽腸掛肚的鄉味與鄉情。

078 芥末春捲

春捲是中華民族的共用美食，看來很平常簡便的春捲，卻有悠久的歷史。我們可以從「五辛盤」找到源頭，五辛盤即盛五種辛辣的菜盤，為道家在魏晉南北朝時所創，後逐漸傳到了宮廷和民間。「五辛盤」到唐代演變為「春盤」。據《四時寶鏡》載：立春那天，唐人要做春餅生菜，稱為春盤。杜甫《立春》一詩說：「春日春盤細生菜，忽憶兩京梅發時。」白居易《歲日家宴戲示弟侄等》詩曰：「歲盞後推藍尾酒，春盤先勸膠牙糖。」所謂春盤，即古代風俗於立春日，取生菜、果品、餅、糖等，置於盤中為食，取迎春之意。皇帝於立春前一日，以春盤並酒賜近臣，民間也互相饋贈。可見，唐宋立春時吃春盤相當盛行，而且製作精巧。春盤在宋時稱為「春餅」，民間於立春日吃餅、伴以蔬菜，成了習俗。

明清時春餅也叫咬春、春捲。那時京津習慣於在立春前吃鮮蘿蔔（尤其是紫色蘿蔔）和餅子，稱為咬春。明清時的春捲已成為民間小食和宮廷名點。清代詩人蔣耀宗和範來宗的《詠春餅》聯句說：「匀平霜雪白，熨帖火爐紅。薄本裁圓月，柔還卷細筒，紛藏絲縷縷，才嚼味融

融」，對「春捲」的描寫精細入微。現在各地，甚至東南亞都有春捲，流行於福建、臺灣的春捲，俗稱「潤餅」，又稱「嫩餅菜」，是一種比春捲更為古老的吃法。「潤餅」並不像春捲那樣油炸才能食用，福建和臺灣一帶的家庭在新年和尾牙以及清明節時會以潤餅皮此來祭祀祖先，之後家族成員圍聚一桌，擺上各式煮熟青菜以及蛋皮白肉等菜式，食用者挑選自己喜愛菜加上花生粉和糖以潤餅皮包裹後食用。

川西春捲

「春到人間一卷之」，川西壩子吃春捲，從杜甫的詩句「春日春盤細生菜」來看，早在唐代就風行了。成都的春捲歷來很有特色，它是用麵粉加水和少許川鹽調製成濕麵團，用「雲板」鍋攤成春捲皮，其餡料多以素為主，紅白蘿蔔絲、青筍絲加煮熟的粉絲，綠豆芽、海帶絲等，用春捲皮裹起裝入盤中，澆上麻辣味汁或酸辣味汁即可食用。春捲吃時麵皮柔韌、綿軟有勁，三絲吃來是清香脆嫩，加之麻辣或酸辣味濃，十分爽口，小孩和女士尤為喜吃。

過去成都的花會和燈會上，到處都是挑擔擺攤賣春捲的小販。巴掌大的春捲皮，包上紅白蘿蔔絲、青筍絲、粉絲、石花等，裹好後一刀兩切，擺在小瓷碟裡，小分兩條，大分四條，放上醬油、香醋、蒜汁、抹上芝麻醬即可。最受歡迎的是芥末春捲，吃進嘴裡一股沖氣直奔腦門，淚水湧流，周身發熱，那種異樣感受很是刺激人。因此，在花會燈會上，春捲常常是供不應求。

川西人家，尤喜在清明掃墓踏青之時，攜家帶小在郊外野餐，春捲便是必不可少的主食。除了卷食「涼拌三絲」等素菜，還卷食蛋炒韭黃、蒜苔肉絲、青椒肉絲、蛋皮肉絲，以及自家的臘肉香腸等菜肴，吃來十分別致。還有吃得更為講究的，則要再加芥末粉、辣椒粉、花椒粉、熟芝麻、花生碎，那更是香慘了。那種強烈的辛辣香味，可使人精神為之一振。尤其是芥末還有健胃、利氣、祛痰、發汗散寒、消腫止痛的作用，食後讓人感到渾身通泰。川人在飲食上自古就有「好辛香、尚滋味」的習俗，而「芥末春捲」恰好充分體現了這一特點，故成為川西名小吃。

春捲餡料雖多是自己動手，各調其味，但烙製春捲皮卻比較麻煩，故而大多在街市上買。大抵是在春節前後，在菜市場，或居民社區，就有些人支個小爐子，上面架一個小小的鍋，把和得很軟的麵團玩弄在手掌中，臨鍋飛旋片刻，再於鍋底迅疾一攤一抹，便攤抹出一張宣紙般薄而柔韌雪白的春捲皮來。宋代詩人陸遊描寫成都小吃的詩句裡亦可看出：「小餅戲龍供玉食，今年也到浣花村」。成都人新春時踏青賞花，喜食春捲，便是此間歷久不衰的歲時食俗之一。

遂寧春捲

在四川遂寧，也有款純粹的民間春捲非常有名，人們稱之為「傷心春捲」，遂寧人叫其為「沖」，也是「芥末春捲」，但卻與成都的芥末春捲完全不同。

這是一種極富遂寧特色的名小吃，是用海帶絲、蘿蔔絲、豆芽、萵筍絲等小菜調和芥末、辣椒、豆瓣醬而成的風味小吃，有酸味、甜味和辣味三種不同的味道。此小吃最特別的地方在於芥末，芥末色澤明黃，味道刺鼻但香濃無比，吃法與常不同，不用碗筷盤碟，用手直抓入口，初嘗者往往吃得淚涕長流，但卻香鮮美口，回味悠長。因其辛辣刺激的口感而帶動鼻腔至全身的通透，遂寧人親切地用方言稱之為「沖」。

前些年，每次來到遂寧市米市街，遠遠地就能看到很多人圍在芥末春捲小攤邊，吃得不亦樂乎。幾乎所有遂寧人都知道這家攤主姓唐，大家都親切地叫她唐婆婆。在她的攤位前面掛著一塊特殊的小黑板，上面貼著一張老報紙——《華西都市報》有著斗大標題《唐婆婆的「傷心芥末」情》，旁邊附著四川名特小吃稱號的銘牌。

遂寧米市街的唐婆婆，倒也是真資格的遂寧名人。她賣「沖」（遂寧人對「芥末春捲」的叫法）的工齡已有四十餘年。雖然遂寧賣「沖」的小攤無數，但就這一家是全遂寧人都公認的好吃。且從老一輩就流傳至今，它的獨特味道流傳在每代人的嘴裡。所以每次去吃都會排好長的隊，運氣差的時候說不定還遇上賣完了的情況。對於外地人來說，吃「沖」絕對是一種不小的挑戰，要有足夠的勇氣與堅強，且還得準備好足夠的面紙才行。

因為那「沖」裡的芥末非同尋常，不是通常的日本芥末，這可是遂寧人獨創的本地黃芥末，味道刺鼻但香濃味美。在薄薄的麵皮加上辣椒、豆豉醬、芥末醬塗勻後放入好幾種絲子，一般是蘿蔔絲、海帶絲、青筍絲等素菜，卷好後再淋上醋即可，接過來直接放進嘴裡，當芥末醬的味道在嘴巴裡、腦殼裡、肚子裡散開，你就該鼻涕眼淚爆流了，因此而叫「傷心春捲」。

每天下午三點，六十二歲的唐克秀婆婆準時將手推車推到米市街口。傾刻間，早已在此等候的數十個男女老少蜂擁而上，將唐婆婆的手推車包圍得水泄不通。「我要五個『傷心芥末』！」「我買十個！」……呼喚聲此起彼伏。到晚上七點收工，唐婆婆手忙腳亂地清理當天收入，嘿，兩角錢一個的芥末竟然賣了好幾百元！「傷心芥末」，原來叫五香芥末春捲，曾於一九九〇年被遂寧市、四川省評為「名特小吃」。雖然它有個比較傷感的名字，但卻給無數土生土長的遂寧人帶來了無盡的快樂。

因此，不僅遂寧城裡人每天來吃，就連從遂寧走出去的遠在綿陽、成都、重慶、深圳等地工作的人，都要想方設法買一些「傷心芥末」通過汽車、火車、飛機帶走。目前，唐婆婆的傷心芥末已經「落戶」到遠至蘭州、西安、攀枝花近至潼南、資陽、綿陽、江油等城市。

唐婆婆現已退休，喜歡吃她做「沖」的人無不感到惋惜，更多的人希望她能夠把這門技術傳承下來，讓這一地方特色小吃發揚光大。這幾十年中，唐婆婆的「沖」的名聲非常大，前來拜師的人也很多，甚至連潼南、攀枝花、綿陽等外地的人都慕名而來。唐婆婆為人也很友好，來的徒弟從來沒有收取過一分錢學費，她也從來不會保留自己的手藝，每一步工序都要親自手把手教。可惜的是，大都學得不太精通，加上現在各種風味獨特的小吃增多，很多都改行做了其他的。於是，「傷心春捲」就快成為甜美的記憶了。

巴蜀風情龍門陣④

夜半風情鬼飲食

一千多年前，杜甫就正兒八經警告世人「少不入川」，意思是說成都太好吃、好耍了，年輕人去不得。所以，連他老先生都不敢住在城裡頭，寧可在郊外搭個茅草棚棚，美其名曰「杜甫草堂」來安慰自己。有朋友三、四來了，自己都不好意思地說：「盤飧市遠無兼味，樽酒家貧只舊醅」，藉故館子遠，只好薄酒小菜辦招待。而時至今朝，大導演張藝謀卻說：「成都是個來了就不想離開的地方。」為啥子？道理明白著，成都是很容易讓人腐化墮落的地方。然而對成都人而言，卻又是最怕出川。北京、上海也好，廣州、深圳也罷，不是怕氣候不適應、水土不服，怕的是找不到好吃的，尤其是到了晚上，更是痛苦得難以忍受，除了燈紅酒綠就是清風雅靜，遠遠的才有小吃夜市，雖也整得鬧熱，卻是千篇一律，難吃得很，只有呆在屋頭空擺龍門陣、打乾喝海（哈欠）、看瓜電視。

成都人，白天是吃耍客，晚上是夜遊神。在外人眼中，成都人都好像可以不睡覺，好像第二天可以不上班，好像沒有家或者有家可以不回去，很晚很晚的深夜，還在外面浪晃著。晃蕩也不是閑晃，需得有吃喝伺候。於是，在巴蜀世間，就有了種美食，黑白顛倒，晝伏夜出，形如鬼魅。這就是鼎鼎有名的成都「鬼飲食」。他們是這座美食之都的夜間幽靈，他們為夜半三更的你帶來最溫馨的饕餮盛宴。

成都人的飲食話語多為形象思維與文學修辭相結合的產物，外地人一般可以根據語境理解其含義。但也有例外，有些跟飲食相關的方言卻叫人一頭霧水，譬如「鬼飲食」，乍聽上去往往讓外地人覺得不可理喻。「鬼飲食」一詞，眾辭書均不載，應是成都的土特產。作為飲食語詞的「鬼飲食」，說明成都人對美食的不懈追求，已到達撼天地動鬼神的境界。顧其名思其義，「鬼飲食」則是僅在夜間現身的陋店小鋪、臨時小攤、流動車車。這些大多沒有營業執照和衛生許可證的飲食商販，成為這個大都市既不允許又不可缺少的一種飲食風情。然而，毋容置疑的是，成都的「鬼飲食」是一個城市人文風情、飲食習俗的一部分，甚而成為這個都市的一道另類風情與景觀。

「鬼飲食」也是有別於花會燈會飲食景觀的一種獨特形式，亦是巴蜀人民黑白人生中的口福之樂。千百年來，這個內陸盆地的農耕民族在日出而作，日落而息的生命律動中，仍醉心於享受那夜幕降臨後的一分輕鬆和悠閒。只要生命不息，亦便享樂不止。這就是被古人稱之為「樂國天府」的子民們的生活屬性。

鬼飲食之情與趣

舊時成都的夜似乎特別悠長，這種感覺既與成都這座歷史名城特有的舒緩節奏有關，又似乎與那時城內電燈用得極省儉相聯。街燈遠遠地、高高地才有一盞不說，店鋪內燈泡的瓦數也不大，一條條街道在暈黃的光照下，顯得幽深寧靜。此時，你若因事未吃晚飯，或晚飯吃得不夠好不夠飽，你便會信步走出家門去尋宵夜，而這在成都確實也是再方便不過的。仍和一條街頭巷尾，往往都有一家掛著電燈的湯圓擔子，或點著油燈的油茶湯擔子，燈火迎人，老闆的招呼與熟絡的微笑同樣喜納人。無論是坐在簡陋的條凳上邊等候邊與老闆閒聊，一邊欣賞老闆揉捏湯圓、沖兌茶湯，一邊打量燈火闌珊的街市夜間景色。輕輕吹去剛端上來的湯圓或茶湯冒出來的騰騰熱氣，從容啜品甜食，乃至慢慢喝完一碗湯圓開水，其間都是一種愉快的時光消磨，天邊的夜就在這怡情的消磨中悄然漸逝。

記得兒時在鄉下，每當夜幕垂下，圓月當空，繁星閃爍，田地裡蟲飛蛙鳴的時候，在泥牆茅屋的門邊，我坐在家婆的腳上，一邊神經兮兮的聽著她講鬼怪精靈，一邊吃著她剝出的花生、核桃。回到城裡，亦也時常在燈光昏暗的院壩裡，繞膝在母親身邊，吃著瓜子、花生，聽大人們講述那些支離破碎的鬼龍門陣。院外的街巷不時傳來清脆的梆子聲，悠揚的叫賣聲——「醪糟——湯圓！」「糍粑呃——涼糍粑！」這熟悉而常讓人心動的叫賣聲，吆喝著春之溫馨、夏之涼爽、秋之清新，冬之暖意。聞其聲，嗅其味，常使人口舌生津，肚腸難安。

到了讀中師，成都第二師範學校期間，雖說是「少年不知愁滋味」，卻也時常在夜深人靜時與同寢室的學友翻牆出校門，奔到北門大橋邊，或是東郊的沙河，吃碗紅油素麵、酸辣粉、粉子醪糟、烤紅苕、葉兒粑什麼的。有時，包裡沒錢，就掏出存留的糧票，非要換點滷排骨或滷豬腳，小攤販見是窮學生可憐兮兮的，也就答應了。那美味香風一入口，白日的煩悶功課、人事紛擾隨之化為空氣，在縷縷熱氣和慢嚼細咽中，悠哉遊哉地享受著黑夜裡的口福人生。

立業成家之後，更是妻唱夫和，時有難眠之際又穿上衣服出門尋覓「鬼飲食」。甚而寒冬臘月亦是妻心動，我行動，起床到樓下的小攤買把串串香，伺候著孩兒他媽心滿意足後方才安然入睡。幾十年人生，從乳臭未乾到鬢髮灰朦，與這「鬼飲食」相依相隨，親密無間。

鬼飲食之鬼與食

鬼飲食源於何時，起自何地，似乎無人去做過深如考證，成為千古夜之謎、鬼之謎。雖說其他的都市，也有吃喝之夜景，點綴著人們的飲食生活，但形象而生動，甚至多少有點令人疑惑的稱之為「鬼飲食」的，恐怕僅有巴蜀之人吧。

鬼飲食，其實在巴蜀百姓的概念中意味著兩個意思，一是點明時間。一般都市裡可供人們宵夜的小飯館、麵食店、小食鋪和燒臘攤點，大多在傍晚就打烊收堂。於是九、十點鐘後，行人漸稀的街頭巷尾，或戲院、電影院、歌舞廳以及旅館、酒店門口，特別是各大學周邊，幽靈般閃現的鬼飲食攤點便出現在人們的眼簾中。推車的、挑擔的，不時敲打出「梆梆」、「叮噹」聲或吆喝聲的遊擊小販，如鬼影子般悄然遊蕩在大街小巷。而「鬼飲食」的夜店也不聲不響地點亮了燈火，熱鬧起來。

其二，鬼飲食也特指一類夜間飲食與情景。傳說中的大鬼小鬼們，也只有在夜深人稀時方才敢出來享受人間煙火，鬼也有鬼生活，也要吃吃喝喝。於是，人們便把夜晚娛樂遊蕩之人，稱為「夜遊神」、「夜貓子」，而夜遊神吃喝之飲食自然稱為「鬼飲食」。

這種以方便快捷、味美價廉為特色的小食小吃，大抵是鍋兒、火爐一架，案臺安好，各式食物調料放起，幾張小桌小凳擺妥，一盞油燈或汽燈忽悠忽閃，如同「鬼火」，便開始挑逗著夜遊神們的食慾吃情了。不經意間，一幅都市夜的飲食風情畫卷也靜悄悄地舒展開來。

過去大抵有五種「夜不收」的夜遊神，一是看完戲或電影漫步回家的人；二是在房舍或茶園裡搓麻將打牌的人；三是一些上夜班或加晚班的人；四是那些談情說愛的情侶們；五是各大學裡的寒窗苦讀的學子。賣「鬼飲食」的生意人多半瞄準的都是這幾路夜遊神那張好吃之嘴和包裡的鈔票。於是在下午時分，就早早地備足原料，待到臨近夜黑，便精神抖擻，滿懷信心和希望地推車挑擔出門了……。

成都人向來講究實在，大都不太喜歡到堂而皇之，所謂有檔次的場所，尤為是享受自由自在閒吃閒喝之快樂時。舊時的成都，那些拉車的、扛包的、做手藝活的，到了晚上歇了工，就愛在街頭巷尾找一小館子，要上一兩碟冷菜，多是花生米、豆腐乾之類，要有餘錢，也會豪華一次，切上一小盤豬尾巴或者豬拱嘴，然後二三兩老白乾優哉遊哉一夜。還有一些更窮的人，連這樣的小館子也沒錢去，於是就到路邊小攤吃點鹽水青豆、素麵、花生米之類，喝杯低檔燒酒。在一盞昏暗的燈光下，再窮也要悠閒的成都人，依然要從中品嘗出生活的滋味。

這種閒適、平和、自在，也讓許多有錢的、有文化的、有地位的人覺得安逸舒適。這樣便有了一些像模像樣的夜宵店，專供那些看了夜戲散場後、打完牌、過足煙癮，來了精神的有錢的太太老爺、公子小姐們，享受千年古都的良辰美景。於是乎，昔日叫做「鬼飲食」的成都夜小吃，自然就更加地紅火，那人氣之旺，把悠悠閒閒的漫漫長夜，鬧得風生水起，滿城溢香。

鬼飲食的花樣繁多，品種不少，過去常有紅油素麵、臊子麵、抄手、酸辣粉、肥腸粉、帽節子；亦有醪糟湯圓、粉子醪糟、油茶湯、沖

米糖開水、涼粉涼麵；還有烤粽子、蒸蒸糕、葉兒粑、蛋烘糕，以及提籃叫賣的麻辣或五香兔頭、滷雞翅，滷鴨腳、雞腦殼、鴨脖子，油酥鵪鶉或麻雀，鍋魁夾滷肉、肺片夾鍋魁，冬季還有牛肉蘿蔔湯鍋、羊雜湯等。這種鬼飲食通常要持續到第二天黎明時分方才收刀檢卦。

白天不懂夜的黑

「鬼飲食」蘊涵著深厚的文化因素。最為愜意的是「無言獨喝寡酒，月如鉤」——看似消沉，卻在百無聊賴中透出一絲怡然志趣。須知喝寡酒也得以物質條件為基礎，在月影婆娑的夜晚，一邊自斟自飲，一邊輕聲哼唱憂鬱的小曲，也是自得其樂的一種生存狀態呢。

現今的鬼飲食，更有了麻辣燙、串串香、缽缽雞、冒菜、老媽蹄花及各種燒烤；夏季又是冷淡杯、夜啤酒、夜火鍋的天下。在河邊、橋頭、休閒廣場，沿街順路一字擺開，長大案板上琳琅滿目的各種吃食，小至鹽水毛豆、油酥花生、五香豆乾，大至各式葷素涼菜、滷菜，以及炒田螺、炒小龍蝦和乾鍋、燒烤、手提串串，外加蛋炒飯、醉八仙、八寶粥、湯圓、水餃、甜羹等。

近二十年間，成都的「鬼飲食」創造出了一個又一個神話般的美食奇觀。從早先成都市郊的舒燉肉、舒蹄花、王炟肉，到後來紅火得映紅了蓉成夜空的半邊橋老媽蹄花。尤其是那跑堂的小二一聲又一聲，曲頸向天歌般的高喊：「再來只優秀前蹄」的吆喝，不知鼓舞了多少善男信女的食情吃趣。

再有從玉林的華興煎蛋麵、王梅串串香，到肖家河之劉記烤魚、眼鏡燒烤；從牛市口的蹺腳牛肉、怪味麵，到北書院街的三哥田螺、明婷飯館的豆腐腦花，街邊上少則十餘桌，多則幾十桌，香風美味、辣麻酸甜在夜空中肆意飄蕩，杯盞交錯，吃喝之聲不絕於耳。特別是三哥田螺之三嫂子，十幾年如一日，脆生生地招呼，甜咪咪地笑容，總是挨桌一手散煙，一手給你點燃，那種親切友善包你去了一回有二回。你會感受到，像三嫂子這種女老闆，即便是在聯合國，也必定會是風車斗轉、吃香喝辣的。

「鬼飲食」中還有值得一題的是紅遍成都，遊蕩在大街陋巷的「手提串串」。大多是一部小三輪，甚或是自行車，一個蜂窩煤爐子、一盆火鍋滷料、一大袋穿著各種葷素食料的竹簽子，隨走隨賣、隨買隨停，過路行人選好簽簽，放進火鍋底料中稍一煮燙，拿在手裡便邊走邊吃，或騎著車、開著車一路吃去。

這樣的「鬼飲食」，二十多年間，從大街深巷到東西南北的「鬼飲食」街、九眼橋、彩虹橋的美食不夜城，在層出不窮、前赴後繼的「夜遊神」們的簇擁下，不少「鬼飲食」一不留心就做成了餐飲大戶，從小攤小販華麗轉身為餐館酒樓之總經理、董事長。當然，亦也有不少的「鬼飲食」淺入淡出，說不見就不見了的。但終歸是一到夜半三更，定會有新的「鬼飲食」一茬茬地冒出來。鬼飲食流溢出人們與鬼爭食的膽氣豪情，宣洩出對權位富貴、腐敗貪婪、人事紛繁、社會壓力、生存之重的一種藐視，在多般無奈之中盡情享受著普通之人的簡約生動的生活情趣。這也是麥當勞、肯德基、星巴克之類永遠都不可能征服的巴蜀飲食之「鬼食魂」。

巴東重慶小吃

牛肉蕎麵 邛崍奶湯麵
坨肉 西昌燒烤 邛海醉蝦
峨眉玉米粑 龍抄手 賴湯圓
焦餅 珍珠圓子 痣鬍子龍
子 豆湯飯 鍋魁王國 蛋
甜水麵 三合泥 滷肉夾
糟 艾蒿饃饃 師友麵 米
怪味麵 華興煎蛋麵 一只
冒菜 麻辣燙 串串香 叮
糖糕粑 糖餅兒 糖畫兒
崇州天主堂雞片 查渣麵
鍋魁 雅安嗟嗟麵 彝家坨
豆腐乾夾絲絲 蘇稽蹺腳牛
擔擔麵 韓包子 郭湯圓
涼粉 小龍蒸牛肉 肥腸粉

鍋魁 雅安嗟嗟麵 彝
腐乾夾絲絲 蘇稽蹺腳
麵 韓包子 郭湯圓
小籠蒸牛肉 肥腸粉
糖油果子 三大炮
鍋燒麥 蒸蒸糕 粉子
豆花與豆花麵 雞絲涼
粉 豆花飯 連山回鍋
芥末春捲 銅井巷素麵
粑 桂花糕 懷遠三
奶湯麵 缽缽雞 彭州
邛海醉蝦 樂山豆腐
龍抄手 賴湯圓 鐘水
圓子 痣鬍子龍眼包子
鍋魁王國 蛋烘糕

巴東，即四川東部，主要是指原四川省所轄的重慶市、萬縣市、涪陵市、廣安市和黔江地區。一九九七年原四川省重慶市、萬縣市、廣安市、涪陵市和黔江地區劃出成立了重慶直轄市。因此，如今四川省內仍稱達州、巴中二市為川東，也是鄧小平的故鄉。

川東一帶的傳統風味美食多以大麻大辣，風味醇濃為主，以重慶火鍋、辣子雞、沸騰魚、口水雞等為代表。川東小吃已不亞於川西壩子，色香味形風味多樣，精彩紛呈，雖沒有川西小吃的精緻，但卻體現了川東地域的粗獷豪情，展現出一種自然、淳樸的山鄉情調。

079 榮昌鋪蓋麵

在巴蜀，男人們大都曉得一個簡單的生活道理：媳婦不是萬能的，但若是娶了個連麵都不會做的媳婦，卻又是萬萬不能的。一九九〇年代，巴蜀大地忽地冒出一款名叫「鋪蓋麵」的麵食，一下讓川中的媳婦們傻了眼。因為這麵，不用機器不用刀，全憑雙手扯出來的，非得身強體壯，否則只好望麵興歎。

第一次聽說鋪蓋麵三個字，還想像了一番，麵做成鋪蓋樣來吃，確實也很霸道。我是很喜歡吃麵條的，平日裡大魚大肉吃多了，聽說那兒有好吃的麵食一定要去品嘗一番，特別是手工擀製的麵。鋪蓋麵的種類很多，湯非常鮮，麵很大一張，薄厚適中，頗有嚼頭。最值得稱道的是，鋪蓋麵裡面的豌豆，軟軟的，沙沙的，很入味。然而可怕的是生意那個紅火喲，經常都要排隊候等，或者就只有坐在路邊吃。我尤為喜歡那牛肉鋪蓋麵和酸菜肉絲鋪蓋麵。牛肉雖說不多，但味道燒得不錯；酸菜鋪蓋麵，帶有酸菜肉絲淡淡的生清油香味兒，上面雖有油珠兒，然而湯底卻仍清淡。要是在炎炎夏日，胃口不太好的，叫上一碗酸菜鋪蓋麵可謂爽之又爽啊。

初次看到乒乓球大小的麵團，在扯麵師傅手中輕柔地扯成薄如蟬翼的大麵皮，心中又是驚奇，又是佩服。去的次數多了，慢慢地也就看出些門道來。麵，自然必須是又軟又筋道的，事先和好放在一旁備用，需要煮麵時取來，麻利而又熟練地像甩飛餅一樣，「甩」成一張直徑約二十公分的餅，最薄處幾乎可以是透明的。再說鋪蓋麵這三個字的氣勢，也足以讓一個饑寒難耐的人生出多麼美好的想像。鋪蓋，溫暖又厚實，把自己包卷在裡面，舒舒服服地進入夢鄉。而這像鋪蓋一樣的麵，裹著美妙的配料和細軟的豌豆，吃起來讓人感覺這世間再也沒有別的麵可吃了。

在成都北門大橋橋頭的「北大鋪蓋麵」，對

面是巴蜀火鍋第一品牌的皇城老媽，然而這老媽穿金戴銀，其人氣卻不如這平民家的鋪蓋麵熱鬧。吃上這個麵需要依次拿號排隊，透過帶著焦慮渴望，有不斷吞著口水的男女，可以看見廚房門口的一婦女和三個小夥子如同晾床單一樣在扯一塊巨大的麵皮，鍋裡的水一直都是咕嘟嘟的沸騰著，麵皮扯好後便甩進鍋裡煮，只需三五分鐘就可以出鍋。鋪蓋麵的調輔料看似簡單，卻也讓人眼花繚亂。道地的鋪蓋麵輔料主要有兩種，一種是煮熟了的豌豆，一種是肉油渣。豌豆需是又炽（因同趴）又糯，入口即溶；油渣須是肥而不膩，咬在嘴裡，酥脆淳香。豌豆是要墊在碗底的，然後是麵皮把它完全蓋住，就像給小娃兒蓋鋪蓋一樣，因此叫成「鋪蓋麵」。

然而，鋪蓋麵要扯成「鋪蓋」，麵團必然是要筋性柔韌，否則便會扯成「爛棉絮」，就不能當「鋪蓋」用了。通常除選用上等麵粉外，和麵時要加鹽和雞蛋清，花大力氣反復揉壓，這樣，麵皮既柔韌又滑爽，且還有一定底味。其次便是製湯了，湯是用豬棒骨和老母雞經通宵慢火熬製出的，香鮮濃醇；再者大白豌豆泡軟發脹後，煮至黃澄香酥、軟而不爛。

鋪蓋麵通常有雞雜鋪蓋麵、牛肉鋪蓋麵、雜醬鋪蓋麵、排骨鋪蓋麵、肥腸鋪蓋麵、酸菜肉絲鋪蓋麵任選，點食率最高的還是雞雜和牛肉鋪蓋麵。只見三張鋪蓋躺在紅湯裡，上面堆著切碎的燒雞雜，夾起一張鋪蓋放在嘴裡一咬，滑軟又彈牙的麵皮，充分吸收了濃濃的醬香和雞雜的鮮美，與熱辣鮮香的湯融合在一起，看著、聞著、吃著，大腦瞬間一片空白，只想擺脫地球的引力循著那滋味飄走。一口一口吃下去，慢嚼細品，感覺像跟美豔絕倫的女子在熱吻，久吃不膩，讓人心曠神怡，只想把這「鋪蓋」裹在身上，讓「她」一直像這樣溫暖著身心。

扯出來的富裕村

現位於重慶西部，與四川交界的榮昌，原是個四方聞名的窮鄉僻壤。沒什麼山水風光，也無獨特的經濟環境，卻很有幾樣不錯的小吃：羊肉湯鍋、黃涼粉、滑肉、泥鰍、小羅滷鵝等。榮昌鋪蓋麵便是其中惟一走出榮昌，風風火火闖九州的絕美小吃。無論是重慶本地還是全國各地的「榮昌鋪蓋麵」館，其老闆大多來自同一地——榮昌縣雙元街梅石壩村，人稱「鋪蓋麵村」。走進村裡，你會驚訝的張口結舌，那一棟棟小洋樓會無聲地告訴你，這些都是賣鋪蓋麵掙錢蓋起來的。二十餘年來，在這個村有六〇％的村民在全國各地開麵館賣「榮昌鋪蓋麵」。一碗小小的鋪蓋麵，硬是把梅石壩村三百多戶農民「扯」成了小老闆。籌資三、五萬元開個鋪蓋麵館，一年下來掙個二十、三十萬還蠻輕鬆的，這在村裡早已是十分平常，見慣不驚，沒人會羨慕或嫉妒。但每每說起「鋪蓋麵」，村民們就總會帶著感激的心情提起一個人，他就是梅石壩村賣鋪蓋麵的祖師爺——已於前兩年去世的林昌元。

人約在一九八〇年代末期，林昌元不滿於承包田地帶來的那點極不穩定又很微薄的收入，跑到縣城的姐夫蘭海榮那裡學做鋪蓋麵。蘭海榮是一家國有企業的退休職工，解放前就在縣城賣過鋪蓋麵。林昌元學成手藝後在縣城開了一家麵館，三年後他率先在村裡將土坯房換成了一樓一

底的洋樓房。那時候，農村富餘勞動力正向城市湧流打工求生。如此，林昌元的麵館便廣收徒弟，本村的鄉親優先。因為榮昌實在是太窮，祖祖輩輩都窮怕了，他想讓大家都能多找點錢改變現狀。林昌元的兩個兒子也子承父業，早在十多年前就在重慶渝中區、南岸區開設麵館，後來在重慶城和榮昌縣都擁有了房產。至於父親和他們自己這些年裡帶出了多少徒弟，而徒弟又帶出了多少徒子徒孫，他們都說「多得很，不可能統計得出來」。同時，梅石壩村民在相互傳幫帶中，也將鋪蓋麵這門手藝逐漸傳播開來。

但可以見到的事實是，自一九九〇年代初，鋪蓋麵挺進重慶、成都，熱鬧巴蜀始，於今已是遍佈華夏大江南北，長城內外。可以說國內任何一個城市，都必有「榮昌鋪蓋麵」。梅石壩村的三百多個鋪蓋麵館老闆，榮昌有六千多人在外地做鋪蓋麵生意。大部分都身裹「鋪蓋」走出榮昌，闖蕩四方，近至重慶、成都、四川各地；遠至新疆、東北、江浙、兩廣。據保守估計，僅梅石壩村鄉親在全國各地創下的鋪蓋麵年產值就高達千萬元。一碗麵就這樣富裕了一個村、一個鄉、甚而一個地區，堪稱巴蜀一大經濟奇跡。

080 燈影牛肉

燈影牛肉這款盛名天下的風味小吃，在巴蜀大地有兩家，且都享有盛譽。一是達縣的燈影牛肉，是重慶燈影牛肉。前者不僅歷史悠久，還是來歷非凡；而後者雖說是資歷較淺，但也有著令人感動的故事。此外，還有一款鮮為人知的成都韓記果味燈影牛肉，只是其經歷和聲譽都遠不如上述二位，而屈居紅塵，悄然地散發著特有的芳香。但追根尋源，重慶、成都這兩款燈影牛肉，其實都出自達縣燈影牛肉這一名門望族。

達縣燈影牛肉

相傳西元八一五年，差不多距今一千二百年，唐朝傑出詩人元稹，因得罪宦官和宮廷官僚而遭貶為通州（達縣）司馬。到任第二年，通州遭遇旱災，莊稼歉收民生艱難。元稹便微服私訪，暗察民情，以便賑災濟民。一日，時已黃昏，元稹勞累疲乏饑渴難耐，就進路邊酒肆歇息充饑。店家即以山酒和烤製極薄的牛肉干奉之。元稹見烤牛肉金紅靚麗、體薄張大、透明如紙，便舉於燈前，燈影隱約可見，元稹讚歎不已。再一試嘗，酥脆化渣、麻辣鮮香、味感悠長，以之佐酒，真是妙不可言。元稹興趣大增，遂問店家此才叫啥，店主回道：「承蒙厚愛，此乃小可私家自製，有姓無名，還請大人命名以贈」。元稹舉起一片放在燈前，自言自語道：「色紅片薄，燈照透影，酷似民間皮影戲，就叫『燈影牛肉』，甚妙」。隨即詳細詢問了其製作之法，回衙後口授家廚仿製。自此，燈影牛肉便與元稹結下一生之食緣，時常以此佐酒、賦詩，並以此饋贈當時成都之著名女才子薛濤和詩壇及官場好友。於是，燈影牛肉之名不脛而走，進而身價倍增，其後成為歷代宮廷貢品。至今亦不失為佳話美談。

當然，燈影牛肉是否出自唐代，尚無證可

考。權且當作一個美麗傳說吧。但據達縣燈影牛肉廠資料記載，清光緒年間四川梁平縣有一姓劉的小販，是專做醃臘燒滷的廚人。最初，他製作的五香牛肉，片厚肉硬，很費咀嚼，且易塞牙，故而銷路不暢。後來劉氏日思夜想，逐步加以改進，將牛肉切得又大又薄，先醃漬入味，再上火烘烤，賣時還淋上香油。這樣製作出的牛肉酥香可口，在市場上大受歡迎。劉姓商人生意日漸興隆，並因此而發家致富。其他人見有利可圖便紛紛仿製，燈影牛肉就逐漸名揚四方。

一九二七年，達縣一富人請人專製了三十大罐的燈影牛肉罐頭送到成都青羊宮花會展銷，結果榮獲銀質獎章。燈影牛肉一下在四川遐邇聞名，成都善廚者競相仿製。到一九四〇年代，成都一位叫韓慎齋的老師傅創製出了麻辣燈影牛肉和果味燈影牛肉，而名噪江湖，成為成都風味名小吃。

一九五〇年代後，燈影牛肉的用料和製法在一代代技師和廚師的不斷提煉與改進中，形成了相應的規範和技術標準，歷經十八道秘傳工序手工製成，色香味形絕佳，達到出神入化的境界。

燈影牛肉首先選料需採用黃牛後腿部淨瘦肉，不沾生水，除去筋膜，修理整齊，片成極薄的大張肉片。將肉片抹上炒熱磨細的鹽，卷成圓筒後放在竹筲箕內，置通風處晾去血水。其後把晾好的牛肉片鋪在竹筲箕背面，置木炭火上烤乾水氣，接著入籠蒸半小時，再用刀將肉切成長一寸五、寬一寸的片子，重新入籠蒸半小時取出晾冷。另用鐵鍋將菜油燒熟，放生薑片和花椒少許，油鍋挪離火口使其緩緩炸香，十分鐘後再把鍋放置火上，撈去生薑、花椒。然後將牛肉片均勻抹上醪糟汁再下油鍋炸，邊炸邊用鏟輕輕推動，待牛肉片炸透，即將油鍋挪離火口，撈出牛肉片。鍋內留熟油，加入五香粉、白糖、辣椒粉、花椒粉炒香，下牛肉片炒勻起鍋，最後加熟芝麻油，調拌均勻晾冷即成。其後又此基礎上，創製出了燈影牛肉絲和燈影牛肉干兩個品種，與燈影牛肉一併成為「燈影三絕」。

早在一九〇五年燈影牛肉就已獲巴黎國際食品博覽會金獎，一九八八年又榮登大陸首屆食品博覽會金獎榜首。一九九六年亞特蘭大奧運會主席團一次訂貨就是八十八噸。每位教練、運動員與工作人員僅能平均品享三罐。燈影牛肉的鼎盛時期，是一九八〇年代中期到一九九〇年代初。那時，位於達州市朝陽路小紅旗橋的達縣燈影牛肉廠內工人上千，每天全國各地來買燈影牛肉的車排起了長龍，產品仍舊是供不應求。之後燈影牛肉亦進入國際會議中心、金茂大廈、世貿中心、波特曼、香格里拉大酒店等銷售制高點，贏得大上海廣大顧客的青睞。

一九八〇年代，燈影牛肉被指定為人民大會堂和釣魚臺國賓館的國宴用品。在大陸紅極一時之際，燈影牌牛肉在國外也享有極高知名度。國家領導人曾在出訪中，不時將燈影牛肉作為禮品贈送給外國友人。燈影牛肉，當之無愧地成為達

州最耀眼的明星品牌。

二〇〇五年九月七日，成都沙灣國際會展中心，中國天府食品博覽會重要活動之一的「老川東燈影牛肉節」隆重開幕。「中國第一燈影牛肉」現場拍賣把氣氛推向了高潮，眾多買家對長一・二公尺、寬一・八公尺、薄約〇・五公釐的這一燈影牛肉極品展開了激烈競爭。最後，一位來自重慶的企業老闆以一・二萬元人民幣競買成功。燈影牛肉再一次展現了它特有的迷人風采。

重慶燈影牛肉

一九三一年，在重慶國泰電影院門口的路邊上，有一個掛著「亮油壺」賣夜市的小攤子，經營者是來自內江的鐘易鳳、嚴文治夫婦。鐘易鳳當時還是位年輕漂亮，心靈手巧的少婦，為了幫助從事飲食行的丈夫，便從內江遷到重慶。夫妻倆晝夜辛勞，精心研製出片薄似紙，紅潤透亮，麻辣香美，滋味濃醇的燈影牛肉。入夜時分，便放在玻璃櫃中，點上一盞油燈，倆人提籃挑擔沿街叫賣，後在國泰影院旁定點售賣。食客只要嘗過，便會愛不釋口。如此口碑四傳，生意日漸興旺。當時上海《新民晚報》有位記者尤其喜食她們的牛肉，稱其牛肉「香濃味醇，利口醒胃，最能代表川味神韻」。他見這麼好的牛肉，這樣好的生意，竟連塊招牌都沒得，於是就做了塊一尺多長的黑漆金字小招牌送給他們，取名「老四川」。鐘易鳳夫妻倆就把這「老四川」的招牌掛在攤子上，這下名正味順，生意更是愈加興隆。後來鐘易鳳夫婦積積攢了些錢，便在重慶八一路開了家正兒八經的「嚴記牛肉館」，仍掛牌「老四川」。以「三肉」，即滷牛肉，滷牛肚，燈影牛肉享譽重慶。

再說鐘易鳳夫婦製作的燈影牛肉，亦因其薄如紙，紅潤透亮，麻辣鮮香，風味綿長而廣受讚譽。這款牛肉美食，要經過醃烤蒸炸數道工序，又以秘而不宣的特製香料調味，故而成品紅亮奪目，香氣襲人，遇齒立碎，諸味四溢，繞口三日不絕。

小說《紅岩》及電影《烈火中永生》中都有這樣一段扣人心玄的情結。解放前夕，地下黨通知當時重慶市委負責人甫志高轉移，甫之老婆尤為鍾愛老四川的燈影牛肉，甫為了給妻子告別，專程前去老四川買了牛肉給妻子送回去，沒想到因耽誤了時間而被國民黨特工抓獲，進而叛變，導致了許雲峰，江姐等不幸遇害。

一九五八年朱德來重慶，在老四川用餐，品嘗了燈影牛肉後讚不絕口：「普通原料做出了不普通的味道，廚藝了不起！」其後，周恩來、鄧小平亦到老四川喜嘗了燈影牛肉。一九六五年，柬甫寨西哈努克親王到老四川吃了牛肉佳餚後讚歎：「牛肉能做出如此美妙的菜肴，簡直不可思議，太神奇了！」

日前，燈影牛肉的主要產地是達縣和重慶，兩地產品不斷發展從而各有千秋。有位美國畜牧專家曾說，燈影牛肉既是一種別有風味的美食，又堪稱是一種奇妙的工藝品，如能保證供應，在國際市場上的價格完全可以比現在的出口價提高四～五倍。但重慶燈影牛肉至今仍由老四川獨家經營，因一直是手工製作，故產量有限。然而達縣燈影牛肉的情形就比較悲哀了。

據達縣燈影牛肉原廠方領導和老職工講，一九九〇年代以後。由於燈影牛肉手工加工技藝一度洩密，導致周邊不少加工燈影牛肉的工廠遍地開花，極大地衝擊了正宗的達縣燈影牛肉。這不僅使燈影牛肉名氣下降，而且成為達縣燈影牛肉廠破產的主要原因。

同時，為追求一時利益，胡亂出租「燈影」品牌商標和牌子，也是造成燈影牛肉沒落的重要因素。每年只要交納幾萬元，就可以租賃「燈影」牌子，自己開作坊生產。甚至連成都和重慶都有人來租牌子。他們大多擯棄傳統手工藝技藝，採取機械生產，不僅工藝假，甚至連材料也大為遜色。如此，使得大量品質差的燈影牛肉進入市場魚龍混雜。

達縣燈影牛肉就此走向歷史上前所未有的衰

敗。到二〇〇八年底，為保住這個百年品牌，不得不將「燈影牌」商標掛牌拍賣；標價二〇〇．五萬元，但無人問津，次年，又降為一〇〇萬，仍是名落孫山。如此輝煌的燈影牛肉淪落到這步田地，真是讓人大跌眼鏡。曾經香飄四海，如今面臨消亡的「達縣燈影牛肉」到底何去何從？人們拭目以待。

081 重慶小麵

在重慶人心目中，惟有重慶小麵是難舍難棄，三天不吃便心神難安。

「老闆，來二兩小麵喲！」許多重慶人早上一起來，抹一把臉，收拾停當，然後就在附近的小麵攤要一碗麻辣小麵——油辣子辣椒、薑蔥花生、蒜泥麻油、醬醋鹽糖、……等，就著剛起鍋的小麵加上這十幾種調料，再澆上熬得濃白了的骨頭湯，濃郁的香味和熱辣勁足以讓人一下子就興奮起來。「滋溜、滋溜」幾聲，二兩素麵下肚，咂咂嘴，心滿意足的鑽進紅塵鬧市。

大凡說到重慶，人們多半會想到的火鍋、美女、打黑掃黃、大唱紅歌什麼的。但在重慶人心中，火鍋、美女加小麵，才是重慶的三張招牌名片。重慶人對重慶小麵的熱愛不亞於火鍋。從早到晚，那小麵攤子都是格外紅火。儘管堂子裝修的不好，甚至沒有堂子，擺在馬路邊、巷子口，幾張破桌子，幾個塑膠凳，一個大油桶改作的大灶，一大一小倆口鍋，幾個洗碗的塑膠桶，案板上擺起一堆堆、一排排碗、調料與麵條，再加一口熬湯的小灶，便就「來的都是客，全憑嘴一張」了。

而此時那些慵懶散漫的美女、靚妞們，也不會去顧及自己的淑女形象，埋著頭只管吃著那個香哦，粉臉桃腮，香汗滾滾，神采飛揚；西裝革履的紳士、先生們放下公事包，鬆鬆領帶，呼啦…呼啦，三下五除二，就把一碗重慶小麵連湯帶麵吃個碗底朝天。麵攤前、街邊邊、男女老少、白領藍領、棒棒軍、農民工、小學生等等，三教九流，形形色色的人聚在一起，無高低貴賤、沒有貧富之別，為的就是這一碗麻辣重慶小麵。形成了重慶山城最為經典的飲食風情景觀之一。

麻辣小麵

所謂小麵，就是麵條不放任何澆頭，只有作料拌合的麵條。起源於舊時走街串巷的擔擔麵。這種無餡料或臊子的麵，重慶人稱為「小麵」，成都人則叫做「素麵」。重慶小麵和傳統小吃擔擔麵不同，在用料上麵條不講求寬、窄、粗、細，只要是新鮮的水麵就行，吃客可根據自已的喜好任意選擇，細的、寬的或韭菜葉的都悉聽遵便。紅油辣子、花椒粉、蔥花、芽菜、醬油、蒜水、薑末、豬油、香油、芝麻醬、酥黃豆、酥花生……等十多種佐料打進碗裡，外加半瓢熬得雪白的骨頭湯，麵條起鍋前，燙幾匹萵筍葉子或豌豆尖，熱乎乎一碗捧手上，用筷子挑轉挑轉，那熟悉的香味伴著麻辣熱氣直逼你喉嚨，一時間，五官興奮，毛髮聳立，吃情高漲。

賣小麵的以婦女為多，這行當是小生意，不需多大的體力，加之天天在家侍候老少爺們，最知如何配料才好吃。幹這行，可說是專業對口恰到好處。一口大鍋熬一大鍋湯水，一個門板，攤上幾十味調料，細眉細眼的婦人，勤腳快手的操持，就這麼簡簡單單紅紅火火地開了張！在生意好的時候，那配調料的手就像雞啄米似的，點得飛快，讓人眼花繚亂，真算是重慶一絕！以這些調料為基礎，加上一勺㸆得溜粑的白碗豆，就叫豌豆麵；或加一勺紅燒牛肉，又叫牛肉麵；也可以加一勺碎肉臊，俗稱臊子麵（當然，價格也就高一點）。若你是特能吃辣的人，別忘了向老闆呼一聲：「老闆兒，吃得辣喲！」配料的人自然會重重地放上一大勺油辣椒。不想吃得太辣的人，則說：「少放點兒辣椒哈！」配料的人就將辣椒酌減。也有不吃辣的，喊一聲：「清湯！」那就是真資格的清湯寡水，一點麻辣椒都不沾。尤其是你聽見有人細聲細氣沖著老闆喊：「老闆兒，來碗小麵，一兩，麻辣重點哈！」這必定是專門來過麻辣小麵癮的重慶妹兒。說到麻辣，外地人往往會想到重慶火鍋。其實，就道地的重慶人來說，一碗熱騰騰辣呼呼，調料齊全的麻辣小麵，囊括了重慶火鍋的全部味型。重慶人，火鍋少不了，這麻辣小麵也不可缺！

重慶賣小麵的食店很多，但味道好的麵檔卻也屈指可數。有名的麵攤俏得很，就只賣中午一餐，從上午十點到下午兩點，要想吃就得趕早，過了這時刻就沒這味啦。因此，只要是一開張，立馬就客來人往熱鬧非凡。重慶較場口有家麵攤，是個六十有餘的老太婆開的，連個招牌都沒得，每天中午人太多，圍得見不到攤位；還有南坪南城大道喜悅酒店旁邊的石頭欄杆上，有一家小麵攤攤，二個下崗女工賣的小麵、牛肉麵，那熟油辣子硬是香慘了，還可多花一塊錢加個金黃焦香煎荷苞蛋吃，用重慶人的口頭話說，那就是：「哎呀！這家小麵才是糾起哦，簡直是不擺啦！」

重慶人骨子裡碼頭習氣難改，或許是地域個性使然，對那些中規中矩的堂館，手腳還不知怎麼放，這二、三元錢的買賣就沒那麼多的講究，只要味好就行！要的就是這個味，要的就是這個自由自在，粗獷豪放，要的就是這種去偽存真，一絲不掛。一頭紮進味裡，什麼都拋在腦後啦！淑女、靚仔、大款、農夫、官員、小民就這麼捧著碗蹲在地上，站在路邊，忽哧忽哧吃得大汗淋漓，有滋有味。食罷，抹抹嘴揚長而去。

小麵情懷

二〇〇七年重慶關於飲食有兩條重要新聞：一、因物價上漲，重慶小麵不約而同地由二・五元／二兩調整到三元／二兩，此消息經報社記者廣泛採訪證實上了當地晚報的頭條；二、重慶網民自發在網上列出「重慶小麵五〇強」候選名單，眾網民參與評選，消息也上了各大媒體醒目版面。到二〇一〇年，「重慶小麵五〇強中，排名第一的是「老太婆攤攤麵」。

位於陋街深巷中的「老太婆攤攤麵」，蓬頂上搭的是塑鋼棚子，十多張木質小餐桌，由於正值午餐時間，麵攤裡擠滿食客，沒有空座。還有不少人站在旁邊等待，麵攤外的空地上還停了四、五輛食客的小車。收銀機旁，一位老太太正手腳麻利地收錢記賬，兩名年輕男女則負責打作料，一群人忙得熱火朝天。「她家的麵就是好吃，我都吃了好多年了，現在搬家了還經常回來吃。瞧！那位收錢的老太太就是麵攤老闆，在這十多年了，附近居民都認識她。一天營業額五千元。」一位老年食客如是說道。

這位老太婆老太太滿頭黑髮，六十八歲，名叫廖光淑，開辦這家麵攤已經十三年。更令人咋舌的是，居然還打開她的「官方網站」，其主頁上共有「風味介紹」、「麵點展示」、「加盟培訓」等多個網頁鏈接。網站對自家小麵的風味介紹是：對於重慶人來講，重慶小麵是山城市井生活中的一個重要符號，「老太婆攤攤麵」有十多年歷史、具有「麻、辣、鮮兼備，色、香、味俱全」的鮮明重慶特色，讓人一吃難忘，久吃不厭。看了老太婆的「官方網站」，我感歎不已，這賣小麵的人生也可以是很精彩的！

事實上對外地人而言，當火鍋、美女、夜景成為重慶的三大名片愈加燦爛之際，重慶人須臾難離的小麵卻依然像寒酸小媳婦那樣躲進背街小巷裡，它無意與名媛們爭靚鬥妍，卻讓成千上萬的男人與女人吃得酣暢淋漓。在重慶人心目中，只有火鍋和小麵，才是真正的重慶美食。自一九七〇年代中後期，這樣的麵攤攤如雨後春筍冒出來，至今仍在山城的坡坎一角，街頭巷尾遍地開花。就像規劃設計好的一般，它們的基本形象大同小異：通常占巴掌大一塊地方，早先是廢汽油桶糊的灶，燒蜂窩煤或煤球，現改燒瓦斯；灶上的大鍗鍋，水燒得翻翻漲，旁邊擺一張堆佐料的案板，案板上椒紅碗白、蔥青筷黃。

再看吃麵的崽兒們，人還沒走得攏就高聲武氣喊起來：「老闆兒，二兩，紅湯。」或「三兩，提黃！」麵一端到面前，把袖子一挽，滋溜滋溜地就往嘴裡送。誰要是還顧及吃相，保准會有人私語：「那崽兒，假打，假斯文咯！」其中常有一、二個莽娃兒，打起個光胴胴，吃得那陣仗哦，簡直就像是在翻江倒海，呼嚕呼嚕的吞咽聲三、五公尺外也聽得見。因此，重慶人把這類吃客稱為「麵娃兒」。但凡真正的愛吃小麵的麵娃兒，是從不講究場合的，有座則坐，無座則站，如果連站的地方也沒有，就捧了碗蹲在街沿坎坎上，對腳下的下水道、陰溝視而不見，照樣吃得河翻水翻。在熱烈的氛圍中，麵娃兒們還發揮語言天賦，造就了很多術語，如「少青」、「重青」，「青」指菜葉子，前者是說少放點菜，後者則相反；「提黃」是說吃硬點，「少麻」指不要花椒，「乾溜」則指不加湯等等。這些麵娃兒的術語與小麵本身，生動地勾勒出重慶小麵的一風一俗。

而由重慶出發遠行的遊子們，無論他在天之南海之北，抑或異國他鄉，故鄉的小麵在他心中始終佔有一席之地。是啊！小麵作為重慶人的最愛，你從少年到青年再到壯年，沒吃他三千碗，至少也吃了三百碗，它伴隨著你成長，融入了你的喜怒哀樂，不但讓你的腸胃舒服巴適，更有一種靈氣，深入到你的骨髓，讓你欲罷不能、難捨難棄。你要麼每天、要麼隔一天就得去吃上一碗。你也許並不認同這裡面有多少文人們說的「文化」，只知道吃了心頭才舒服，安逸。於是你便有了這小麵的「千千情結」。在一個以米飯為主食的西南山城，絕大多數重慶人唯一認可的麵食只有小麵。恰如義大利著名作家伊塔洛・卡爾維諾所說，「城市的每樣創新，都會影響天空的樣子。」「飲食，會改變一個人對城市的記憶。」想來也的確如此。

082 山城小湯圓

凡大山大河，好山好水總能養育出一方美食和一幫「好吃狗兒」。重慶的美食、美景、美女構成了山城獨特的風景線。對於外人來說，重慶最不可思議的一點就是，一個名不見經傳的山村小店，竟然可以雪藏著一道月黑風高的江湖菜。往往食客在菜單上斟酌一盞茶的功夫，就被這些稀奇古怪，甚而令人心驚膽戰的菜名謀殺於無形。像辣子雞、口水雞、少婦潑辣雞、沸騰魚、大刀耳片、……，稍不留意，便名噪江湖，蕩漾中華。

很多重慶人都還記得，一九六〇年代，重慶八一路好吃街有一家非常出名的餐飲店，叫「山城名小吃」。人們之所以記得這家店，是因為當時重慶的餐飲名牌「山城小湯圓」就出自這家。那時候，店裡有一個不起眼的小姑娘，每天默默地在店裡做著各種雜活，很少有人注意到她的存在。誰知幾年之後，這個不起眼的小徒工竟成了陳氏小湯圓的傳人，成為山城名小吃的老大，她叫鄧采妹。鄧采妹的湯圓做到一九八〇年代，市民們經常排著長隊等著品味她的手藝。而到了一九九〇年代，她憑著自己做湯圓的絕技，竟然在奧地利維也納打開了中國小吃的市場，把山城小湯圓賣到了歐洲這個世界著名的音樂之鄉。

重慶湯圓花樣很多，有大湯圓、小湯圓、掐掐湯圓、開水雞蛋湯圓、油醪糟湯圓、五彩水果湯圓等。然而，湯圓霸主，幾十年來，依然非「山城小湯圓」莫屬。

小湯圓之風韻年華

一九四八年的秋天，戰亂、失業、貧困、民不聊生等，亦如烏煙瘴氣籠罩著山城重慶。抗戰時由杭州流落來渝的余國華、陳秀卿夫婦，因工廠倒閉而失業。余系大學畢業，曾多年任江西一家銀行的總裁辦主任。抗戰時期隨老闆遷到重慶，在長壽麵粉廠當業務主任。一九四九年上半年，老闆去了臺灣，發遣散資費黃金二兩。余失業以後，一家老小生計艱難，萬般無奈之下，就憑藉家鄉江浙一帶喜食甜食，以及自己多次去過滬蘇閩粵等地，對甜食小品的瞭解，便折去一兩黃金，在重慶保安路擺了個小攤子，做家鄉杭州的粉團小湯圓賣。這種湯圓是鄉村最原始的做法，用簸箕把糯米乾粉子旋轉滾動成粉團，既不搓也不包餡。雖很鄉土，但卻很不合重慶人的口味，沒賣幾天就維持不下去了。余氏夫婦只得八方求人，最後帶著禮信去求教當時重慶最出名的凌湯圓。

經凌湯圓指點後，夫妻二人便開始學做包心大湯圓。他兩承襲凌家湯圓製作精細、用料講究的傳統，生意倒也立住了腳。但畢竟不過是一般的大湯圓，外觀與餡心並無獨到之處。那時，滿城到處都有賣這種湯圓的，在那樣的時局下，競爭就顯得異常激烈，隨時都有被擠垮的可能。余氏夫婦也很有心，他兩琢磨：大湯圓個頭雖大，經濟實惠，但不精緻，一口吃不完，糖汁就要流出來。這對於那些有錢的「斯文人」，特別是塗脂抹粉搽口紅的太太小姐來說，吃起就更不方便。如果把湯圓做小些，精緻些，一口一個，豈不更好？

於是，他們抱著試一試的心情，做成大湯圓每碗五個，小湯圓則十個，在小湯圓的餡心配製上，特別從「香」上下功夫。誰知小湯圓始一推出，就十分吸人眼球，招來不少好奇者，品食後均讚不絕口。於是口口相傳，慕名而來的食客一天天多起來。余氏夫婦乾脆就停做大湯圓，專心賣起小湯圓。不久便名噪山城，竟成為重慶小吃一絕。

俗話說得好：運氣一來，擋都擋不住；人若倒了霉，樹葉子落下，都要打個包。余氏夫婦的小湯圓越做越精美，形如龍眼、玲瓏小巧、麵皮白嫩、餡心香甜、皮薄餡豐、晶瑩透明，吃來是香甜、柔糯、滋潤、爽口，且甜而不悶，油而不膩，深受男女老少喜愛，被人們稱為「玻璃湯圓」。人們蜂擁而來，特別是年輕男女，除了品吃湯圓，還別有用心。

原來，隨著生意紅火，包湯圓的人手緊缺，余氏一家老小便全體出動搓湯圓。他家有個初長成的女兒，年方二八，那長得之乖喲，就像小湯圓一樣，白皙細嫩、粉臉桃腮、小巧精美、聰明伶俐，練出一手搓湯圓的絕技。她手腳麻利、動作嫻熟，搓的湯圓滾如玉珠，大小均勻，其速度之快，平均每分鐘要搓出二十餘顆，且姿態又十分地優雅動人。

小女兒生性羞澀，雖不愛言語，卻也總是面帶甜甜的微笑。如此，只要她一出現，當街一坐，總招來很多好色之男男女女，老人們喜她乖巧，年輕人愛她之美豔，女人們喜她可愛。此情此景，余氏夫婦倒也樂得乘勢招呼安座，應酬生意。就這樣，小湯圓之「湯圓西施」就名冠山城，生意可興隆得招架不住。

不久，余氏夫婦便買下一間鋪面，簡單裝修一下，就開起店來。因祖籍杭州，店名也就取為「杭州小湯圓」，並請了一位杭州籍專事小吃的陳姓廚師，品種也從單一的小湯圓，增加了花生漿、八寶飯、芝麻糊、珍珠圓子等。就這樣，余氏的杭州小湯圓，在那時經濟蕭條、百業凋敝的情形下，以它獨特的風味品質，獨佔鰲頭，奪得了一席生存之地。陳姓廚師後來看見小湯圓生意如此紅火，也就紅杏出牆，獨立門戶了。

一九五〇年後，余氏的杭州小湯圓經公司合營而成為國營企業，仍由余氏夫婦主理。鑒於杭州雖是湯圓之鄉，但並無這一風味小吃，小湯圓的真正誕生地是重慶，因此，遂更名為「山城小湯圓」，其後還被收入中日合編的《中國名菜集錦》，被認定為《中華名小吃》，且從小攤子上一躍而進入豪華酒樓，成為高檔席宴中的重點小吃佳品。

重慶風情

人們在欣賞大自然山水風光是常說：「有山無水不秀，有水無山不壯」。山城重慶被兩江環抱，三面瀕水。城在山上，水環山城，山高水低，居高臨下，自成天然。依山而建的街衢，回巒旋峰，立體擎天。山水相連，江山相映，山即是城，城即是山，給人以強烈的立體印象。

人們說重慶最美的是夜景，站在重慶市區最高處的鵝嶺公園的兩江亭上，整個山城盡收眼底。夜幕降臨的山城，燈光勾勒出山城的輪廓，錯落有致，流光溢彩，把一個大山之城照射得火樹銀花，華光四射，重慶成了一座五彩璀璨的不夜之城。

重慶美食風情是叫人歎為觀止。人們常說：「飲食是鄉情，是故鄉的靈魂。」凡是遠離故土的人，總忘不了故鄉那些叫人嘴饞的美食。重慶的川菜獨具特色，自成一格，獨顯其味，使五湖四海的人一吃就刻骨銘心，終身難忘。尤其是名聲遠播的「重慶火鍋」，既讓人望而生畏，又誘得人口饞心癢，許多海內外遊客說：「到重慶不吃火鍋，情趣就失掉一半」。

解放碑是重慶市中心的繁華商業區，最吸引人的當屬「好吃街」了，那條街雖然不長，確有著眾多重慶特色的飲食，有豪華氣派的大飯店、也有工薪階層的小飯館、更多的則是臨街小鋪面經營的特色小吃。這些小吃店有個共同特點，沒有桌椅板凳，顧客買了便走，拿著便吃，所以在這條街上吃東西不用顧及吃相，因為人人都是這樣，邊逛邊吃。這裡的小吃品種眾多，花樣百出，什麼重慶小麵、雜醬酸辣粉、川北涼粉、擔擔麵、山城小湯圓、葷豆花、燈影牛肉、串串香……。應有盡有，令君口福盡享，歡樂開懷！

083 酸辣粉

在巴蜀小吃中，有好幾款美味，可真稱得上是女士的專利美食，像涼粉、涼麵、甜水麵、麻辣兔頭、酸辣粉、肥腸粉、串串香等，都是靚妞、美女、時尚女郎們閒逛、遊耍、購物，尤為是談情說愛，好吃、喜吃、必吃的風味小食。非但如此，且從豆蔻少女，吃到花樣年華；從時尚女郎，吃到半老徐娘，一輩子依戀不舍，津津樂道，一往情深。其中特別是「酸辣肥腸粉」更讓她們魂牽夢縈。倘若離川外出，無論是三、五天，還是一年半載，回到成都第一件重要事情就是要吃肥腸酸辣粉，且得一口氣連吃兩碗，方才痛解那牽腸掛肚好久的思念與吃情。在女士們中有句頗有趣味與幽默感的話語：「吃黃燜魚翅，還不如吃酸辣粉絲」，以此來洗刷和嘲笑哪些炫富擺闊的草樣富婆。

重慶酸辣粉

重慶的酸辣粉與成都酸辣粉不同的是，帶有肉臊，不僅有雜醬，還有排骨、牛肉、雞雜等酸辣粉，且更辣、更麻、更香，不辣得你淚水、汗水双流，甚至捶胸跳腳，就不算是道地酸辣粉。正宗的重慶酸辣粉也有很多的講究的。不然為什麼說重慶的酸辣粉好吃，酸辣粉可是出自於重慶呢？據重慶的酸辣粉師傅講，酸味，除了用醋而外，還要用酸菜、泡菜，這酸菜和泡菜也都是有學問的。

重慶人也愛吃肥腸酸辣粉。其製作和一般酸辣粉略同，把豌豆粉或紅苕粉泡脹下鍋後，再加入青嫩的豌豆尖和若干節切成寸把長、早已煮熟的豬大腸。那打底的湯，因加入了棒子骨、牛油、豬心肺等慢慢熬過，連湯帶粉、肥腸一起盛到碗中，呵，那味道安逸慘了。不少酸辣粉、肥腸粉的小店小攤前，吃粉的似乎永遠都是女客的天地，「老闆，冒碗素粉，味道要大喲！」「搞快哦，老闆兒，給我冒碗葷粉」的聲音清脆嘹亮，此起彼伏。

肥腸粉葷而不膩，鮮香可口，又經得餓，冒上兩碗粉，可頂一頓午飯。但這肥腸粉卻是吃得說不得，說了會竄味。重慶崽兒吃肥腸粉還愛說「你給老子又在整『大使館』哈？」整啥子「大使館」？外鄉人聽了會莫名其妙。熟人釋疑：「你吃的肥腸，是豬兒排泄大便的腸管，俗稱大屎管。」老闆娘在一旁沒了好氣，道：「去去去，吃不來就走，別把話說得這麼齷齪咯。」

酸辣粉是重慶美女的最愛，其地位等同於火鍋。窈窕美麗，心高氣傲的重慶女子特好吃，尤好酸辣粉和火鍋兒。滿街頭的酸辣粉和滿城空氣中的火鍋味，就是為她們準備的。如果你初來乍到，會被重慶整條街整條街、一個接一個的酸辣粉店、小火鍋店弄得眼花繚亂。看看哪家衣著光鮮的靚女多，就往那裡紮，准沒錯，包你口福、眼福盡享。尤其是解放碑的「八一街」，你時常可以看到衣著時尚的粉子，在路邊站著、蹲著，無所顧忌的吃著酸辣粉，吃完了，把嘴一擦，然後掏出小鏡子，當街補起妝來，三、五分鐘之後，又變成了一位驕傲的淑女！

午間，那些出入高級辦公大樓的白領麗人，身上還穿著套裝，卻照樣鑽進街邊小店，管他三教九流，環境雜亂，要一碗酸辣粉守在攤邊，然後「呼呼哈哈」不歇氣地一通海吃，直吃得嘴唇鮮紅，口裡咝咝地往外面吹氣，一張俊俏的臉頓時紅潤起來。要不就是幾個女子拿著端著，嘻哈打笑，旁若無人地邊走邊吃。如果你以為她們吃這麼燥辣燥麻的食物會影響皮膚，那你就錯了。因為每天出門，不是爬坡就是上坎，重慶妹兒而很少有那種肥胖臃腫的，個個身材姣好，天生好吃香喝辣，使其越吃皮膚越好，個個白裡透紅，水靈細嫩。重慶妹兒漂亮聰穎、伶牙俐齒，熱情豪爽，有情有義，有膽有識，確實讓人愛之心切，又敬而遠之。她們這種愛恨分明、敢愛敢恨、熱烈潑辣、外剛內柔的鮮明性格無疑與其嗜好麻辣酸香的飲食環境有著千絲萬縷的關係。

在重慶酸辣粉中，辣，仿佛是一種銷魂蝕骨

的癮；酸，則讓人酸得四肢癱瘓；麻，更是讓記憶瞬間喪失，卻唇齒留香。對重慶妹兒來說，麻辣酸香那簡直就是哈利波特魔法般的誘惑。妹兒們朋友三、四姐妹一夥，嘰嘰喳喳，嘻哈打鬧地在「八一街」鑽小巷尋攤攤，去痛吃酸辣粉。與成都一樣的是，重慶大街深巷除了小店賣酸辣粉外，還有不少地攤也在賣粉。夜幕剛一拉開，馬上就有人搬出火爐灶具、桌椅板凳，開始熱賣酸辣粉了。酸辣粉的街舞表演也悄然展開。

你看那老闆兒抓幾根碧綠翠嫩的豌豆尖墊在竹漏瓢底部，再抓一把泡得發脹的紅苕粉蓋在上面，將竹漏瓢伸進開水鍋，翻燙三兩分鐘後倒入放有多種佐料的碗中，淋上臊子，嘿嘿！一碗的酸辣粉就端上桌了。不少重慶靚妞稀裡嘩啦整完一碗後，往往會咂著被辣椒油染得血紅的嘴，興致盎然地高喊：「老闆兒，再冒一碗！」此時，你便是不吃，只看看這幫美女個個吃得「嗖嗖嗖」、「滋溜滋溜」的，一副恨不能把舌頭都吞下去的豪情，就可感受吃重慶酸辣粉，是一件何等快意的美事！早些年，劉德華有首流行港澳臺及大陸的歌叫「忘情水」。在巴蜀大地，亦有碗風靡大中華的粉叫「忘情粉」，讓你吃了神情恍惚，忘乎所以。

成都酸辣粉

再說成都酸辣粉，酸辣粉原本是道地的鄉間小吃，很早以前就流傳於巴蜀民間。它取材於手工製作的紅苕粉，味以突出酸辣為主而得名。後來經過不斷的演變和調製而正式走上街頭，成為大街小巷的一種特色風味小吃。其粉絲應該說是一種純天然粗糧食品，由紅苕澱粉、豌豆澱粉按最佳比例調和，依鄉村傳統手工技法拍打、漏製而成。酸辣粉分為兩種：一種為「水粉」，即用紅苕澱粉自己調配製作的；另一種為「乾粉」，即加工成粉條狀的乾粉條。由於用乾粉條製作酸辣粉較為簡易方便，一般店家都採用乾粉的製作方式。而「水粉」的調製操作就相對麻煩些。但專業粉店，尤其是老字號任然堅持手工現做現賣的粉條，吃起來風味口感自然就大不一樣了。

此外，煮粉的湯很關鍵，通常要用豬骨及油脂厚重的肥腸熬製，其湯須是濃白似乳、香鮮味醇，煮好的肥腸切成細節，撒在調好底味，經燙冒熟的粉絲上，再撒些許花椒粉、榨菜顆顆、酥花生、酥黃豆及芹菜花、蔥花。

「酸辣粉」由於價廉物美，長期以來一直深受人們的喜愛，其特點是「麻、辣、鮮、香、酸，油而不膩」，素有「天下第一粉」之美名。酸辣粉在許多人眼裡，不算什麼特別，純粹的草根美食。只要你走在大街上就能見到各式各樣的酸辣粉小店。這種名不見經傳的小吃，歷經歲月考驗，飽受大眾歡心，如今已悄然成了巴蜀城鄉長盛不衰的風味流行美食之一，影響著男男女女每一位愛吃酸辣粉的食客，在其生長的歲月中，留下了難以忘懷的印記。尤其是近十多年，酸辣粉以迅雷不及掩耳之勢狂掃北京、上海、南京、武漢、廣州、深圳，風靡全國，成了家喻戶曉、老少皆喜的精典美食，尤使中華美女小妞們為之瘋狂。

酸辣粉之魅力，在其粉絲的口感和酸辣之風味。點上一碗酸辣粉，在第一口試吃酸辣粉之後，你會驟然甦醒，那油亮的紅湯，香酥花生、酥脆黃豆、蔥花、香菜，裡面半透明的紅苕粉相互糾纏、嫩滑勁道、柔韌有餘地泡在那辣香濃郁的紅油辣子、酥麻麻的花椒粉所調合的酸香濃醇肉骨湯中，吃在嘴裡上躥下跳，歡樂起舞。稀裡嘩啦一掃而光，連湯帶水喝個一乾二淨，嘖嘖嘴巴，方才嘘嘘地換幾口大氣。再看看周圍的男女食客，老少爺們，幾乎個個被辣得七竅生煙，麻得稀裡糊塗，酸得神魂顛倒，卻又專心致志地「埋頭苦幹」。尤為是那些小美女、小帥哥，吃的眼淚花花，鼻涕橫流，依然不肯罷手。此情此景，尤其是在盛夏的日子或是風寒感冒，吃上一碗酸辣粉，身上的每一個毛孔都會迫不及待地打開，鬱藏了一天的暑氣煩悶全都發散出來了，那是一種形容不出的舒服、清爽與快意。

084

重慶葷豆花

豆花、火鍋、泡菜被譽為巴渝美味三絕。尤其是豆花，更被視為飲食大觀園中的一朵奇葩。因占長江、嘉陵江之水利，重慶的豆花歷來是得天獨厚，創製出了如北碚豆花、河水豆花、過江豆花、渾漿豆花、高豆花等著名品牌，如今又來了款「葷豆花」。

葷豆花顧名思義就是輔有葷料的豆花。但這並非是什麼新奇的東西。葷豆花自來便有，像火鍋豆花、三鮮豆花、燉雞豆花、什錦豆花等，都是過去很有名的品牌豆花。在成都，還有款搭配白肉片及蔬菜的豆花連鍋，以及酸辣雞絲豆花、酸辣臊子豆花等。在一九九〇年代後，曾一度風行巴蜀的葷豆花，實際上也就是過去豆花火鍋的翻版。

這種葷豆花，通常是灶頭上放一個類似平底鋁盆的豆花鍋，端上來的時候已經配好菜。一般素菜有白菜、蘿蔔、馬鈴薯片、芋頭片、冬瓜片、筍絲、苕粉、海帶、粉絲等，葷菜有肉片，肝片，腰片、蟹肉，丸子、午餐肉、火腿腸等。當然如果菜不夠還可以單獨加。待鍋裡湯被燒到翻滾的時候就可以燙食了。吃時先要蘸些調料，在重慶調料一律叫「油碟」，一般是香油加蒜泥或辣椒醬，以及醋、椒鹽調和而成，口味輕重隨客人自己調節。如所有的煮菜一樣，葷豆花好吃與否關鍵在於湯的品質，所以家家湯不同，其風味就各有所長。

巴山葷豆花

巴山葷豆花及大巴山的葷豆花。據傳是一位叫惲二哥的人創製的。此人原是重慶北碚區近郊一菜農，後在沙坪壩開了一家豆花火鍋店。惲二哥待人熱情大方，說話風趣幽默，平時愛講點「葷笑話」，由此被朋友們戲稱為「葷二哥」。其實，惲二哥並不是那種好色貪腥的「爛人」，而

葷豆花的發明也純屬偶然，那是惲二哥在一次與惲二嫂吵架時偶然得來的。

一天快到中午的時候，天突然下起了瓢潑大雨，惲二哥的火鍋店裡頓時擠滿了人，但卻沒有一個是顧客。等到雨下小了，這些人才一撥一撥地相繼散去。這時，又來了幾個和惲二哥要得好的「毛根朋友」。二哥忙叫二嫂點火、上菜招待客人。惲二嫂見當天中午一點生意都沒得，卻還要招待幾個「白吃客」，心裡的氣就不打一處來。只見她發氣地把牛肉片、豬肉片、火腿腸、筍片等一古腦地倒進了湯鍋裡，嘴裡還嘰嘰咕咕地抱怨著男人：「一天到晚不幹正事，只曉得餵這些白吃白喝的。像今天這樣的生意，山都要遭你吃垮，娃兒開學又要交學費了，我才不管哩。」惲二哥看到老婆不給面子，還要耍「人來瘋」，一下就變臉大怒，拿起炒瓢就去追打惲二嫂，惲二嫂見狀也「橫」了，抓起放在旁邊的豬油罐罐便向惲二哥潑了去，惲二哥見勢不妙，一閃身避過了，半罐子豬油卻倒進了豆花鍋裡。

來的朋友見狀，慌忙上去勸架，弄得惲哥臉上青一陣、紅一陣怪不好意思，只好強裝笑臉地對大家說：「你們莫為我這不懂事的婆娘慪氣，來來來！喝酒的喝酒，不喝酒的喝飲料。唉！真是對不起哈，湯裡頭丟進了菜，豆花裡又倒進了豬油，只有將就吃。」朋友蔣三說：「葷二哥，不麻煩你了，我們經常來，惹得二嫂生氣，今天我們還是回家去吃吧。」惲二哥聽大家說要走，臉上便有些掛不住了，忙說：「大家都是毛根朋友，今天為我老婆慪氣值不得。來了又要走，就是不給我面子，以後我還啷個見人嘛。」眾人見狀，只好將就坐下來吃加了豬油的「葷豆花」。

誰知這鍋葷豆花因為加了豬油，吃起來口感特別細嫩滋潤，再加上各種葷素料一鍋燴，其味更為鮮香，風味也更加獨特。張三的女朋友嘗後不禁大喊：「惲二嫂，你發明的葷豆花硬是好吃噢！快點來嘗噻，莫慪氣，要是鬧凶了離了婚，二哥先去申請專利發了財，找個比你還年輕漂亮的老婆，你後悔都來不及咯。」李四的「堂客」用餐巾子抹了一把汗，取笑道：「謹防我把李四一腳蹬了，嫁給你男人哈。」大家你一言我一語的把惲二嫂說得破涕為笑。這時張三的女子一把將二嫂拉了過來，往她嘴裡夾了一筷子菜，惲二嫂一嘗，精神頓時為之一振，隨即嘻嘻哈哈地大吃起來。

此後，惲二哥和二嫂就推出這種葷豆花，很快就口碑四傳出了名。因價位便宜，葷素皆有，風味尤好，更是得到眾多過路司機，以及附近一些大專院校學生的喜愛。從此每天到惲二哥店裡吃葷豆花的人都川流不息。惲二哥為了滿足食客的要求，又到市中區開了一家葷豆花店，店一開生意同樣紅火，令附近的生意人眼熱不已，紛紛上門偷經學藝，甚至當面請教做葷豆花的秘訣。由於惲二哥生性豁達，樂於助人，他也毫無保留地將自己的經驗介紹給了眾人。不多久，解放碑附近幾條街上也都紛紛掛起了「葷豆花」的招牌。惲二嫂再也不跟惲二哥吵架慪氣了，掙到

錢了啥子都好說，一天到黑跟惲二哥形影不離，就好像棵粘粘草一般親密無間。

川南葷豆花

其實，葷豆花最早出現在川南瀘州。始於敘永縣江門鎮。據傳，這「葷豆花」為一老婦無意烹製而成。農家做飯大多要用陳年泡青菜煮盆湯。一次老婦煮飯，湯快煮好了，她忽然想起中午還吃剩有一碗豆花和幾片臘肉，便順手倒進湯中，又見桌上有朵孫子從山上砍柴摘的雞樅菌，也扔進湯裡。吃飯了湯盆一上桌，鮮香撲鼻，誘人垂涎，再把豆花蘸料吃，格外香美，一家人吃得你爭我搶不亦樂乎。以後老婦便按此法做豆花，很快名聞四鄰。因豆花裡有肥瘦臘肉，人們稱之為「葷豆花」。其後，在流傳中逐漸成為川南特色風味小吃。

然而，江門葷豆花的歷史，可追溯到夜郎故國江門寨，因其美容美體最適合女性食用，故又稱「女兒菜」。早在漢代，古人利用滷水做凝固劑的條件發明了豆腐，三國時期，豆花的製作技術被完全掌握。川滇黔邊百姓在漫長的生活中，將豆花和常年食用的酸菜煮在一起招待客人，人稱「一鍋熟」，這便是葷豆花的雛形。明代文學家楊慎謫戍雲南永昌衛，三十年間多次往返江門品味豆花煮酸菜的美味。吳三桂反清稱帝，途經江門，下令隔河祭拜九鼎山寺，其祭品中就有酸菜煮豆花。

葷豆花興盛於江門，除了因為它是美食佳餚外，還因為它承載了江門人們的和諧文化。今日，坐歇江門峽，凝聽永寧竹鳴，品味豆花幾碟，仍能感受到江門古鎮似水墨畫中的小景，溢滿詩韻，處處自然和諧。

江門九鼎山是川南著名的佛教聖地，寺廟沿山而建。舊時，山上禪房清幽、石碑林立，香客如流。明代時期，九鼎山寺廟設豆腐席，供僧人和信徒食用，隨著時間推移，佛家素豆花流傳民間派生而成葷豆花。葷豆花是民間生活傳承佛教飲食文化的產物，其包含的佛家元素融入到江門鎮百姓生活中，承載著江門人民師法自然、樂天而安的文化思想。

一九七〇年代末期，位於三二一國道上的江門場上僅有幾家賣豆花飯的小館子，前來吃飯的主顧大都是雲南、貴州往返於成都、重慶的貨車司機。一天晚上，有雲南司機因忙著趕路錯過了吃飯時間，來到江門場已是晚上十點來鐘了，餐館多已關門。好不容易才找到一家正準備打烊的小飯館，無奈店裡的東西已經賣得差不多了。小飯館姓沈的女老闆靈機一動，便將當天賣剩的一小撮酸菜用豬油炒一炒，加湯煮沸後再將僅有的幾小塊豆花、幾片蘑菇、幾片肉片一道煮成一小盆雜燴湯端上桌子，那意思就是讓司機湊合著對付一頓。饑不擇食的司機狼吞虎嚥地吃完飯後覺得心滿意足，便好奇地打聽菜名，聰明伶俐的沈老闆脫口而出，豆花向來都是素吃的，既然沾了葷，就叫他葷豆花吧！這便成了現代版的江門葷豆花。

誰也不曾想到，從這以後，路過江門的司機們紛紛來到這家小飯館點名要吃酸菜葷豆花，女老闆這才發現原來這盆大雜燴裡大有名堂，於是用心思做起了酸菜葷豆花。這就是後來風靡巴山蜀水的瀘州酸菜葷豆花。

其後，隨著做葷豆花的越來越多，葷豆花的製作工藝也不斷出新，形成了一套完整的製作手法：選豆、浸豆、磨漿、煮汁、沖花、炒酸菜、下原湯、煮料、調味。與此發展的還有葷豆花的蘸水。俗話說：「吃豆花就是吃蘸水」。葷豆花的蘸水在長期探索中，形成了油酥辣椒、糍粑辣椒、鮮椒味碟、麻醬味碟、蒜泥味碟、香油味碟等種類，生菜油、木薑油、香麻油等不同風味讓豆花的口感更加豐富，食者可根據自己的喜好自行調製。

葷豆花製作上，火候考究，張弛有度。豆類食品大體可分為豆漿、豆腐腦、豆花、豆腐、豆腐乾等，按製作火候而分，豆花處於中間，汩水下得太快太多則成為豆腐，反之則成為豆腐腦。江門葷豆花看似細嫩，實則綿紮，且入口即化，絕無殘渣。

再者，葷素相容，寬和為本。葷豆花可供煮的原料較多，如牛肉、羊肉、海鮮及各種時令鮮蔬，豐儉由客人自便。江門葷豆花綜合了江門山泉水、飽粒黃豆、老罈泡酸菜、鮮菇的素味和土雞湯、精肉、大骨汁的葷味，其葷素相容、湯質互生，淡濃交合，故而諸味紛呈，深受喜愛。

想想看，一大鍋活色生香的肉菜在冒著熱氣的湯裡翻滾，伸筷下去夾一點放在油碟裡蘸上調料，放入口中，一陣鮮香滑爽，令人口舌生津，胃口大開。一張小小的桌子，四方四個人，八根筷子在一個鍋裡攪動，那熱氣騰騰的同吃一鍋菜，還有誰能說自己與其他三個人不是熟得到家了呢？與火鍋相比，葷豆花可能少了些麻辣的大氣，菜品的奢華和喧囂的熱鬧，但卻多了不少平和、親近與自然。

現今，江門葷豆花品牌店在江門鎮境內有十八家，在省內城市有八家，在外省市有十八家。江門葷豆花以其鮮嫩可口、清淡味美、葷而不膩、營養豐富，獲得了瀘州市「熱菜銀獎」、市非物質文化遺產專案等諸多榮譽，它成了江門鎮餐飲業中的知名品牌，儼然是江門鎮的代名詞。

085 毛血旺

生活中，像豬血、鴨血、雞血、羊血這些動物血原料，含有豐富的蛋白質，含鐵量亦很高，並以血紅素鐵的形式存在，且脂肪含量少，易於人體吸收消化，可起到補血、利腸通便的作用。凝固成形的動物血，在形態、口感及烹飪特性，都和豆腐很相似，故有些地方有稱其為「血豆腐」。不過巴蜀地區的人習慣叫它「血旺」，這大概是源於以前殺年豬，血色紅、血液旺，故謂之「血旺」吧。

好食動物血及血旺菜肴，在中華各地都有體現，川渝兩地就有著名的「毛血旺」、內江有椑木血旺、蒲江囉嗦血旺、洪雅陳血旺、平樂孫血旺、……，湖南則有龍球豬血、邵陽豬血丸子、醴陵熗豬血、永州血鴨，雲南辣血旺，貴州腸旺麵，東北地區的血腸，以及藏族、彝族、苗族的灌血腸等。

重慶毛血旺

毛血旺是川菜家常菜之一，又是一道風味小吃，以豬血或鴨血為主料，毛血旺的烹飪多以煮、燒為主，口味多屬麻辣味和酸辣味。毛血旺，據說起源於重慶沙坪壩磁器口古鎮。舊時，水碼頭舟楫如林，商賈往來，熱鬧非凡，古鎮磁器口由此而占盡了一江的靈氣。有一毛姓小店的血旺在碼頭上賣出了名，故而稱為「毛血旺」。

其後該店雖歇了業，但「毛血旺」卻流傳了下來。很快成重慶名小吃。後來遍地開花，又衍伸出很多吃法來。

另有一說，傳民國初年，重慶磁器口有一姓王的屠夫每天賤價處理賣肉剩下的雜碎，他的媳婦王張氏覺得可惜，於是當街支起賣雜碎湯的小攤，用豬頭肉、豬骨加豌豆熬成湯，加入豬肺葉、肥腸，放入老薑、花椒、料酒用小火煨製，有客人來吃就舀出一小碗。後來在雜碎湯裡，王張氏又放了些新鮮豬血旺，沒想到這種血旺越煮越嫩，鮮香味美。因為這種「血旺」不同於市場上賣的方塊成型，看上去光滑細嫩的「血旺子」，是新鮮豬血快速凝固而成，故而較顯粗糙雜碎，所以稱之為「毛血旺」。「毛」是重慶方言，就是粗糙、爛雜的意思。其實，這種雜碎加血旺煮成湯鍋的吃法，原是嘉陵江船工和縴夫們的最愛，因為沒錢吃不起大肉，只好吃這種「血旺雜碎」，後來流傳到了市井，作為一種廉價風味小吃流傳開來。

如今，毛血旺已引領川菜大軍席捲了大江南北。麻辣誘惑對傳統的毛血旺進行了改良和創新，將其湯汁紅亮、麻辣鮮香、味濃味厚的特點不斷發揚光大，是道值得一嘗為快的巴蜀名食。

目前「毛血旺」事實上仍保持著「血旺大雜燴」的傳統製作與吃法，只是輔料和配料更加豐富多滋。成渝兩地到處都有毛血旺賣，但輔料卻是五花八門，各有各的不同。最常見的有：毛肚、酥肉、黃喉、牛百葉、鱔魚、肥腸、午餐肉、金針菇、黃豆芽、苕粉、青筍、大白菜等。也有放海參、魷魚等海鮮的，把毛血旺提高了一個檔次。還有的川菜館毛血旺裡面居然放鵪鶉蛋、小麻花的，真是別出心裁，隨心所欲，想到什麼放什麼。

毛血旺雖然屬於「大雜燴」，但也應該是雜而不亂，不應該什麼東西都往裡面放，有些東西並不適合。有的卻能增色添香，像酥肉和苕粉吧，酥肉是用肥瘦相連去皮的豬肉切成片，碼味後裹上全蛋糊和濕芡粉，在油鍋中炸出來的，顏色金黃、香味濃郁、外酥內嫩；苕粉是用紅薯粉製作而成，具有不糊鍋的特點，吃起來軟綿柔韌、爽滑可口，就是很好的搭配。

毛血旺中的主要角色血旺，首推鴨血，次為豬血。但市場上豬血多而鴨血少，大多鴨血都是用血粉調兌的，不是太嫩易碎，就是太老起蜂窩眼，口感很差。太嫩的鴨血，就像吃嫩豆腐一樣，入口即化了，還沒充分享受到美味的感覺就沒了；太老的鴨血一嚼就成顆粒，而且很綿木難以下嚥。真正做得好的鴨血，久煮不爛，吃起來滑嫩爽口。

毛血旺最關鍵的還是在湯料上。熬得一鍋好的底湯，燒出來的毛血旺才能達到麻辣鮮香細嫩燙的特點。如果湯不好，再好的原材料也是枉然。毛血旺汁水的熬製也並不複雜：將乾辣椒和花椒用油炒酥香後打成粉末待用；鍋炙好放油，用薑蔥爆香，下豆瓣醬用小火煸炒，炒時加入用開水泡過的八角、桂皮、草果、香葉、小茴香、白蔻和拍碎的大蒜；待豆瓣炒至翻沙，香味突出時倒出來；鍋中另放入牛油（沒有牛油用豬油也可以），加花椒、薑、蒜米炒香，放入炒好的豆瓣醬，摻入清湯，根據個人口味放入乾辣椒或辣椒粉，燙開後稍煮，打去料渣，就可以用了。毛血旺的風味多是麻辣火鍋風味，因此，不少家庭自製毛血旺，多用火鍋料加棒骨湯，這就更加簡而易行。

湯汁熬好後，就可以燒毛血旺了。將黃豆芽、金針菇、苕粉等用開水煮後盛於大碗中墊底；毛肚或牛百葉用開水稍燙後放於黃豆芽上面；鍋中倒入汁水，放入飛水後的鴨血、酥肉、午餐肉、肥腸等喜歡吃的東西，調入白糖和香油，用小火煮三～五分鐘，勾薄芡倒於裝黃豆芽的碗中，撒上蒜泥。鍋中再放油用乾辣椒節和花椒爆香後淋於蒜泥上，放入蔥花和香菜節即可。按此方法燒出來的毛血旺，味道好極了，不僅不比外賣的差，且吃來更衛生更放心。

南瓜橋血旺

二〇〇〇年前後，一款來自內江椑木鎮南瓜橋的毛血旺，硬是把一個大成都逗得瘋瘋顛顛，吃情狂熱。市民百姓、名師大廚、酒樓老總，甚至周邊縣市的食客蜂擁而至，爭相品味這款名不見經傳的鄉鎮毛血旺。這款毛血旺，片張薄大、鮮嫩香美、麻辣多滋、風味悠長；巴掌大小的血旺，拈起來在筷子上忽閃忽閃，不垮不掉，吃進口裡卻是細嫩滑爽、柔綿鮮美，麻辣酸香，多滋多味，農家風味濃郁；吃完血旺，再用那紅亮、鮮香的湯汁燙白菜、煮粉絲，或燒豆腐、煮餃子、下麵條、泡米飯，那才是美死人。一時間，南瓜橋毛血旺風靡成都，但卻是獨家買賣，無人能仿製追風，被人們稱為「毛血旺一絕」。

這款毛血旺的首創者是來自內江椑木鎮的林五，時年四十八歲，早先以殺豬為生。椑木鎮是內江地區生豬屠宰的主要場鎮。林五眼見每天那新鮮的豬血白白流掉，十分可惜，便動了做血旺的念頭。起初，他用自來水泡製，但品質口感總覺不好。後發現屠宰場附近有口叫「響灘子」的水井，其水質清澈甘甜，就用來泡製血旺，結果是大出意外，泡製出的血旺質地柔韌、綿軟細嫩、滑爽勁道、久煮不老。林五喜出望外，便以鄉村人家慣常的燒法，以泡辣椒、泡薑、泡青菜為輔料，用豬雜、豬骨熬製的湯料燒製成酸辣毛血旺、麻辣毛血旺、魚香毛血旺，以及血旺雜片、血旺魚片等系列毛血旺菜品，一下在椑木鎮一鳴驚人。不久，高速公路通車後，來往的車輛大多要在椑木鎮吃午飯，林五毛血旺不僅生意奇好且名揚四方。林五靠血旺發家致富的事實，震驚了椑木鎮，幾乎是一夜之間，整個椑木鎮一下變成了毛血旺鎮，成為一張享譽巴蜀的美食名片。其後，林五的女婿吳新健與妻子一道，把毛血旺店從成都開到了重慶、北京，奏響了一首川菜毛血旺之風情歌謠。

086 夜火鍋

夜火鍋，重慶人又叫「小火鍋」，與重慶火鍋雖同出一轍，但卻是兩個完全不同的概念。夜火鍋完全沒有火鍋店、火鍋酒樓那樣的堂皇大氣，那樣的正式規範，那樣的中規中矩，當然更沒有那樣的出手闊綽。每當夜幕降臨，華燈初上，山城重慶大街小巷的人行道邊，屋簷之下，甚而廢棄的涵洞、防空洞裡，「夜火鍋」便齊呼呼地擺了出來。講究點兒的牽上一串串五光十色的彩燈，支起一張包裝布篷帳，就像一間間簡約的野外酒吧。一般的則撐起一張塑膠頂篷，周圍用各色花布一圍，也算是一個營業間。更為簡單的只三兩張桌子一擺，鍋灶放起，菜籃藍排開，便是一個露天火鍋攤。講究的也好、簡易的也罷，「夜火鍋」總是那麼生意興隆，食客如流，常年盛旺。

「夜火鍋」的食客，大多是年輕人，有少男少女談情說愛的；傍晚出來散步的休閒者；夜班的「上班族」；省得回家弄夜宵的棒棒軍、農民工，打平夥者，以及許多慕名而來的外地遊客。真就是圍一爐鮮香，擁親友呢喃，自由自在，無拘無束；吃鴨腸毛肚，喝啤酒飲料，吹天南地北，打情罵俏、情趣橫生；那壯男虔生們，豪情蕩漾，光著膀子，揮汗如雨，啤酒一瓶一瓶地灌，張開嘴嘶聲力竭地吼：「老闆！再來份兒毛肚兒！」「老闆！再來一箱啤酒！」看著有漂亮妹兒，要麼眼珠子就定了神，要麼就指指說說不停，惹得妹兒柳眉一立，杏眼圓瞪，櫻桃小口一開，就發飆：「看啥子！指啥子！我臉上有火鍋豆嗦？」如此等等，真是有道不完的樂趣，享不盡的休閒。

「夜火鍋」不僅滿布市內街頭，而且遍及重慶市郊各區縣集鎮。它豐富了山城市民的夜生活，更為山城增添了一道獨特的夜景。夜火鍋給人的印象總是：場所簡陋，氣氛熱烈。好吃嘴們總是晝伏夜出，因為晚上這樣的「蒼蠅」食店要比白天多。夜晚，坐在大小排檔的方桌前，空氣涼爽濕潤，氣氛嘈雜鬧熱，讓人很容易興奮，忘記時間，享樂才是第一要義。有人說，這是與重慶人具有的巴渝文化遺風，生性剛烈耿直有關。說來這重慶人也真怪，這火鍋，不僅嚴冬臘月受人喜愛，即使是炎熱的盛夏也被人看好。據食客們現身說法：暑天痛吃「夜火鍋」，全身大汗後再沖個涼，一身疲乏和炎熱頓消，睡得安逸舒服、踏踏實實。所以每到夜晚，整個山城就是夜火鍋的大賣場。

火鍋源於川江的船工。重慶兩江的船工們，一天勞作下來疲勞不堪，為了圖個簡便實惠，喜將各種菜肴一鍋煮熟，佐酒下飯兩得其便。加之他們常年在水邊操作，潮濕浸骨，故好食辣椒、花椒、胡椒，藉以祛風除濕，因此而形成「麻辣燙」的特點，這便是重慶火鍋的雛形。爾後它從江上登陸，經過長期改革和演變，成為現在登上大雅之堂的山城火鍋，風行全國，飄香四海。如今它又從那些豪華的廳堂走了出來，「返璞歸真」回到了街頭巷尾，河壩、橋洞、院落。

火鍋不夜情

夜火鍋的經營者，由於投資少、效益好，因而發展很快，競爭也日益激烈。這樣經營者們便盡力以價廉物美招徠顧客。「夜火鍋」傳統菜料有毛肚、鴨腸、黃喉、泥鰍、鱔魚、耗兒魚、火腿腸、午餐肉等，講求一個「麻辣燙，鮮嫩脆」的口感，同時還有豐富的素菜：藕片、馬鈴薯、白菜、菠菜、冬瓜、蘿蔔、血旺、粉條、豆皮、豆腐等，凡能上桌的菜皆可下鍋，先葷後素，揮油提味，讓人進入熱辣鮮香美妙境界。

若是初到重慶，更是容易被夜火鍋或小火鍋那種招牌所困擾、所蠱惑：三拖一、五拖二……，還有甚麼一拖三帶空調。弄死也不明了那「拖」是怎麼一回事。不過吃一次你就心知肚明瞭：葷菜三塊！素菜一塊！分量充足，空調開放！好個耿直的重慶人，用區區三個字，就道明了火鍋店的消費層次與水準，童叟無欺，讓你寬心的海吃海喝去也！

尤其是到了週末，那些學生娃兒，靚妞美眉一堆堆紮進了店，也不在乎桌面、地上油油的，垃圾遍地，依然歡聲笑語，嘰嘰喳喳，好吃就行。原本店家已經是鍋底免費三拖一了，有的還自帶雞爪子、火腿腸、金針菇這些東西去燙，擺明了就是不讓老闆賺錢。甚至有的三、五個姐妹兒朋友邊吃邊聊就是好個小時，最後結賬，三、五十元錢！老闆連煤氣費都不夠！小女生們要減肥嘛，全吃的素菜啊！我看見老闆的臉色都變綠了，要是他一早發現這些女娃兒打算這樣吃法，估計早就轟人走了。還有那種在鍋裡放井字格的小火鍋，可以是素不相識的陌生人，同坐在一桌，同燙一鍋，一人一格，你燙你的，我燙我的，AA制個吃個爽，親近而有距離，這真是和諧共處的生動展現。

二〇〇四年十月十六日晚上，在有重慶「外灘」之稱的重慶南濱路，一場近千桌的夜火鍋盛宴把入夜的山城帶入繁華熱鬧之勝境。一萬多名海內外嘉賓和重慶市民坐在一起，共同品嘗重慶夜火鍋的獨特魅力。萬人品嘗重慶夜火鍋活動是第五屆中國美食節暨首屆重慶國際火鍋文化節的重頭戲。來自重慶市的近七十家餐飲企業聯手奉獻了九百餘桌火鍋。上萬人同席共燙火鍋的壯觀場面，還是有史以來第一次。在長達五百多公尺的火鍋長陣中，無論是外來的客人還是重慶本地人，無論是三三兩兩相約而來，還是單身前往，毛肚一燙，酒杯一碰，三、五句閒聊，彼此之間便稱兄道弟。小孩子夾起長長的鴨腸仰天入口；對筷子不甚熟悉的外國人情急之下卷起袖口，一手一支筷子如刀叉一般操作起來，「打撈」菜品之神態真也如大熊貓憨態可掬。

「每次我來重慶，都跟接待我的朋友說，完全沒必要吃高級餐廳，吃火鍋就挺好。」國內資深電視節目主持人楊瀾和丈夫，陽光媒體、紅岩資本集團創始人吳征，竟然也是重慶夜火鍋的資深粉絲。曾經有一次開會到晚上十點過，在他的要求下，朋友和他一起找了一家街邊夜火鍋吃，感覺「味道還真的不錯」。當然，他們吃的是檔次較高的夜火鍋了。

二〇一〇年九月三日晚上十點二十五分左右，身穿紅色T恤、黑色布鞋的馬雲率領阿里巴巴眾高階主管，出現在夜色濛濛的臨江門，選擇了在露天燙火鍋。不吃麻辣的他，開始要的是鹹鮮味火鍋，後來在朋友們和部下的蠱惑下，居然也就橫下心來品嘗重慶道地的麻辣火鍋。眼下，重慶的三大名片便是火鍋、美女、夜景全聚在一起了。

087 涪陵油醪糟

發源於貴州烏蒙山區而得名的烏江，奔騰千里在涪陵與長江相會。兩江交融，滋潤著乾渴的涪陵大地。然而，與十餘年前筆者去涪陵采風相比，顯而易見的是，人類文明的過度開發使得長江兩岸景物慘不忍睹，江水渾濁不堪，如同一位蒼涼枯槁的老婦。與之形成鮮明對比的，是烏江那四季清澈的江水，滋潤著沿岸峽谷大山的陽剛之魄，收納著流域內汩汩河水的陰柔之氣，一路靜靜地淌來，讓人心曠神怡，給處在紅塵煎熬的人們以一絲心靈的撫慰。江水的清澈明淨，是烏江的最顯著的特點，難怪唐代大詩人白居易面對烏江，寫下了「雨後天連碧，秋來澈底清」的讚美詩句。也正是這江，這山，孕育出了涪陵人似山如水般的胸襟和情懷，孕育出了名揚世界的涪陵榨菜，令巴蜀傾情的油醪糟來。

涪陵油醪糟

川東涪陵人家，質樸而熱誠，大凡有親朋好友或客人到訪，主人家總少不了要送上一句話：「稀客哈！吃碗開水再走噻。」外鄉人一聽會心生困惑，吃啥子開水？而當地人一聽，便禁不住會口舌生津，再急再忙都要把這碗「開水」吃了才走。原來川東人家的這碗「開水」，乃傳統民間風味小吃，叫「涪陵油醪糟」。它是將化豬油下鍋燒熱，下醪糟、黑芝麻粉、核桃仁、油酥花生仁、瓜仁，剁茸的橘餅、蜜棗、桂花炒香，然後加清水燒開舀入碗中。你只有吃了方知巴渝人家這碗「開水」之美妙。更有盛情的還打入兩個荷包蛋，那安逸會讓你想念一輩子，並體悟到涪

陵人家這道特色濃郁，風情別樣的民間小吃，稱之為「開水」的卯竅和幽默。

相傳在春秋時期，巴國定都涪陵，涪陵當地居民對巴王及王公大臣無以為孝，便以自製的米酒（醪糟）進貢巴王朝，不料，巴王及王公大臣們品過這香甜的醪糟酒之後，讚不絕口，美不勝收。後經輾轉遷都，醪糟的製作技術被帶出兩江流域，得以廣為傳開，成為中國最為普及、最為古老的醪糟之一，引無數文人墨客醉滿史冊。

據載涪陵「豬油醪糟」，始創於一七九九年，清嘉慶四年，《涪陵辭典・名小吃》（三〇二頁）中載有：「西元一七九九年春節，時值川東白蓮教戰亂期間，一鶴游坪富紳人家到涪陵城避亂，又喜添人丁。親朋好友前來道喜祝賀，主人吩咐煮湯圓招待客人，由於客人眾多，搓湯圓根本來不及，廚子便將供太太「坐月子」吃的醪糟煮雞蛋，再加了些湯圓芯子給每位客人吃。客人們吃後讚不絕口，急忙問是什麼東西，廚子情急之中答曰：油醪糟煮荷包蛋。從此，涪陵滿城競相效仿。」就有了涪陵豬油醪糟的起源之說。

如果說醪糟為全國所熟知與共有，而油醪糟，卻是涪陵的特產，為涪陵所獨有。其獨到特色在於涪陵的這種醪糟，有特別多的豬油、核桃仁、芝麻、花生仁、橘餅丁、瓜片、碎蜜棗、桂花等輔料，而且香味獨特。故而才特意把油醪糟冠上涪陵二字，稱「涪陵油醪糟」，民間又叫「豬油醪糟」，俗稱「吃開水」。

涪陵民間，尤其是山鄉人家都會做油醪糟。製作油醪糟，糯米要經過篩選，漏去糠皮碎米，穀稗雜物，粒粒飽滿。蒸煮火候恰當不老不嫩，酵母一定是當地名家所製，發酵不遲不早。這樣醪糟狀若白棉，團而不散，香氣濃郁。然後，再將上好的核桃、芝麻，酥脆之後的花生、瓜片、棗泥、橘餅等輔料搗碎，以上等豬板油煎炒，直至基本失去水分，然後以甕盛裝，自然封存，越年不腐。

過去，由於物資緊缺，只有春節等重大節日才做油醪糟，為客人奉上一碗油醪糟湯圓或油醪糟雞蛋，顯得主人熱情、好客。現在則不分時令了，想吃就做。當然，農家院落來客時，主人熱情地奉上一碗油醪糟的風俗還是依然保存的。

記得在涪陵城內高筍塘圓環處，有一家專賣涪陵油醪糟的店，厚重的黑色門扁上，蒼勁的「涪陵油醪糟」幾個字十分醒目，門匾下方，一隻大的土罈子便裝的是油醪糟，濃香撲鼻，一層飄浮的豬油下邊，黑芝麻碎、花生碎、核桃碎等隱約可見，而掐成小粒的白湯圓也微微探出身來，黑白相間，秀色可餐，倘若你是如饑似渴，吃情橫生，一口猛喝下去，定會「啊」地一聲吐出來，殊不知，那油醪糟因一層熟豬油蓋著，下面滾燙得很，一不留神，就會燙傷舌頭的。

風華油醪糟

說到涪陵油醪糟，涪陵人家都會提到一位人物，她就是涪陵「油醪糟女傑」袁朝輝。袁家是涪陵家喻戶曉的油醪糟世家。據袁宗亨（袁朝輝的爺爺）回憶，他母親從大哥，涪陵名廚袁光恒那裡討得油醪糟的做法與配料方子，常在家裡做給大人小孩吃。後其大女袁宗蓮嫁到城裡冉贊元家，又從母親那裡討得了袁氏油醪糟的方子，繼續在家裡做。到一九八〇年代中期，袁家在涪陵江東定居下來，因無職業，便在家中炒製油醪糟去賣，以貼補家用。其後經堂兄袁金生（時為華西樂的主廚、涪陵油醪糟獲四川省名特小吃的主理者）親手指點，便掌握了油醪糟的製作精髓。一九九〇年代，袁王氏帶著女兒袁朝輝，在涪陵中山路電影院擺夜攤兒，靠賣餃子和油醪糟為生。不久以後，便成了涪陵飲食界的兩大品牌，一是享譽全城的「霸王餃子」，二是「袁朝輝牌油醪糟」。

從與母親一起擺夜攤學製油醪糟開始，聰明靈巧的袁朝輝，跟著母親天天炒製油醪糟，已達到了更臻完美的程度，把油醪糟這一傳統手工藝的配料、程序、炒製方法與熬製火候，爛熟於心。通過多年夜攤市場和霸王餃子餐館商業經營所累積的往來客人的品鑒與好評，她漸漸發現老祖宗傳承下來具有兩百多年歷史的油醪糟，不僅具有深厚的文化歷史根基，也有非常好的商業前景，於是，就以自己的名字，在二〇〇三年，註冊了涪陵第一個油醪糟商標——巴王牌油醪糟，在第五屆中國美食節上，榮獲了「中華名小吃」稱號，二〇〇六年創建了袁朝暉牌油醪糟，在二〇〇八年「中國名點」獲最高美食榮譽。

袁氏油醪糟一直按家傳製法，取優質糯米，用清水浸泡一至二小時，淘淨去水蒸熟，然後涼水冷卻，再拌以醪麴裝入瓦缽，保持在一定溫度中發酵。一至二天即成醪糟；然後，取鮮豬板油入鍋，待油溫升至二、三成時，放入醪糟、白糖、碎黑芝麻、碎核桃仁、碎花生仁、橘餅丁、瓜片、碎蜜棗、桂花等熬煮，煮至沸騰時，即起鍋裝入瓦缸，油醪糟即成。食用時，鍋中摻入少量清水燒開，舀入油醪糟，加糖煮開後即可食用。可與雞蛋、小湯圓、糍粑塊共煮，甜淡因人而異，吃法頗多，風味紛呈。

為了保護油醪糟的傳統製作手工工藝，沿襲涪陵傳統豬油醪糟的文化精髓，把油醪糟這一涪陵特有的傳統產業做大做強，改變家庭手工作坊的原始生產方式，二〇〇九年，袁朝輝在涪陵的洗墨路，建立了重慶市涪陵奇聖食品有限公司，成為涪陵區唯一通過了大陸ＱＳ質量認證的油醪糟產品，把傳統手工工藝的製作流程標準化。

二〇一〇年六月十四日上午，作為上海世博會指定禮品的袁朝輝牌油醪糟，帶著涪陵人民的濃情蜜意，三輛貨運卡車裝載著五千二百件價值三十萬人民幣的袁朝輝牌油醪糟產品，從涪陵洗墨路齊聖食品公司粉墨出行，沿江而下，直奔上海世博園。

誕生于西元一七九九年清嘉慶四年的涪陵油醪糟，距今已有二百一十多年的歷史。作為涪陵油醪糟繼往開來的傳承人，袁朝輝在歷時十三年的求索中，不僅讓袁朝輝牌油醪糟成為了享譽涪陵的一個文化和美食品牌，也先後榮登了「中國名點」、「中華名小吃」、「中華名優產品」等華夏美食最高榮譽殿堂。

088 廣安桐葉粑

廣安市在四川省東部。東南連接重慶，北接達州、南充。廣安歷史悠久，有記載的文明史可追溯到三千多年前。宋開寶二年取「廣土安輯」之意，設廣安軍，廣安因此而得名。廣安巴文化底蘊深厚，民俗民風獨特，遺存至今的「下里巴人」、「巴渝舞」、「竹枝舞」、「滑杆抬么妹」、「嶽池燈戲」等民間藝術具有濃厚的川東民俗文化特色。

鄧小平的故居位於廣安城北協興鎮牌坊村，距城區約七公里，座東朝西，小青瓦屋面，農家三合院，翠竹環抱，是川東民居的典型代表。現在展出的各種文物，真實地反映了鄧家當時的生活原貌。

廣安的名特小吃亦很豐富，頗具特色。嶽池米粉羊肉、牛肉、雞肉、鱔魚、肥腸、燉雞、豌豆等多種，色香味俱全；鴛鴦蒸餃、歐抄手、紅鼻子抄手味道獨特；烘糕、油麻圓、焦餅甜而不膩，芳香撲鼻；糟蛋既有醪糟的純味，又具鴨蛋的特點，蛋黃尤其爽口；珍珠粥、竹筒飯、桐葉粑清香宜人，營養豐富，是不可不食的佳品。

桐葉粑

桐葉粑是廣安地區的一種有名的民間鄉土小吃。時下，一些過去被認為是粗賤雜糧食物，在人們追求綠色天然的食潮中，突然大受人們青睞，桐葉粑就是其中之一。川東一帶盛產油桐樹，漫山遍野都是，是大陸地區著名的油桐生產重地。

桐葉粑經過山鄉人家奶奶、婆婆、大嬸、大娘們的手，她們就像打扮自己的女兒一樣，打扮得漂亮滋潤，就像清純質樸的桐子花兒，味美香甜。隨著改革開放和市場經濟的興起，不知何時，在城市裡，也冒出了不少桐葉粑，大街小巷不時傳來一陣陣叫賣聲：「買桐葉粑嘍！新鮮的桐葉粑，又香又甜的桐葉粑……。」看著那些衣著時髦的城裡人，爭先恐後、津津有味地吃著家鄉的桐葉粑，心裡總是美滋滋的。

用桐葉包著的玉米粑粑，直接把山野裡真正的清香帶進了城鎮。我試過待桐葉粑涼了，放進柴火灰裡煨著，等到樹葉烤枯了，黃橙橙的玉米粑粑又添上了香香的脆皮兒，就著一豌金燦燦的「玉米糊糊」，那種「原生態」的綠色天然味道，一口，就足以讓你心曠神怡

記得上中學的時候，有天放學回家，遇見一位中年婦女，背上背了個竹背簍，手裡挎著個竹籃，上面蓋著一塊深藍色的細花布，下面冒出絲絲熱氣。有幾個路人停住了腳問賣的是甚麼，那鄉村婦女說，是新鮮的桐葉粑粑，說著還揭開花布，展示給他們看。那幾個人都很好奇，於是紛紛掏出錢來，各買了幾個桐葉粑。正是中午，我的肚子怎經得如此這般的誘惑呢，於是也拿出一毛錢，買了一個嘗嘗，也緩解一下肚中的饑饞。

咋一看吶，那小小的桐葉粑實在是很不起眼，不像包子、點心那般色香味美。可一吃起來，味道卻不同尋常，淡淡地酸味中，有一絲甜味和桐葉的清香。吃到一半，也剛好品出些味來，結果肚子裡的饞蟲卻按耐不住，大動干戈起來，我連忙又掏出一毛錢再買一個，直到全吃進肚裡，方才把饞蟲安定下來。從此，桐葉粑也在我心中留下了美好的印象。

回家後聽母親講，山村裡滿山上都是油桐樹，每年五、六月，油桐樹的葉子綠油油的，十分茂盛。這時也是鄉里青黃不接，缺糧的季節，

剛收穫的新麥子便成了農家的主食，於是家家戶戶就要蒸桐葉粑粑了，而且一整就是一大簸箕，儲存起來隨吃隨取。

後來，母親見我喜歡吃，就托人讓鄉下的親戚送了一大袋桐葉糍粑。看著那一個個用淺綠色桐葉包裹，棱角分明的桐葉粑，我早已垂涎三尺，急不可耐地剝開一個，美滋滋地品嘗起來。故鄉的桐葉粑可算得上是一種獨特的美食，它既可以當飯吃，又可以作為點心。如果桐葉粑放久了，變成了硬邦邦的東西，你可以放在火上烤，亦或用油炸起吃，那香噴噴、甜絲絲的感覺，真是令人回味無窮。桐葉粑，清香溢人，這樣的鄉土食物，簡單純樸，拿在手裡，竟有些捨不得入口，它是勾人的。一瞬間，就會幽幽地想念鄉村青綠的麥苗，四月繁盛的梧桐花，牛背上吹口笛的牧童——這些不止一次地駐留在我人生的夢景中，久久不願離去。

桐葉情

一九九七年，我去川東一帶采風，自然對桐葉粑懷有深深的情趣。我對這種純粹的巴蜀民間風味小吃懷著一種莫名的敬意，因此桐葉粑的山鄉風情更讓我感動不已。

在川東任何一個鄉鎮，你都會看見，那青石板路的小巷、歪歪斜斜的吊腳樓、家家推開小窗就能俯瞰大江東去的別樣山景；那原生態的、吃後能足以讓你不知所以，而風味各異的各種粑粑和傳統小吃，還有蒼涼而悠遠的叫賣聲；那擔水漢子們黑裡透紅的肩頭、挑磚女人身披的棗紅色方巾；那不時吼得震天響的川東號子；更有那板車大軍上坡時埋頭弓步拉車的沉重，與下坡時飛快地沖下去，雙腳還要像蜻蜓點水式地調控方向的驚心動魄……；這種種情境，活脫脫構成一幅小城素描。

清晨，小街小巷，坡坡坎坎上擠滿了匆匆來去的行人，各種各樣的「粑粑」是人們裹腹充饑的早點。最有特色的是「桐葉粑」、「玉米粑」、

「葉兒粑」了，在竹蒸籠裡任由一縷縷白色蒸氣牽到了小街上，成為孩子們擋不住的誘惑。一個個粑粑，那香透著甜，彷彿帶著花朵的芬芳，熱乎乎地捧在手裡，男孩女孩們都揣得很小心，從那邊角上輕輕她咬一口，那滋味和場景真叫人刻骨銘心。

到了山鄉裡，卻又是一番景致與風情。夏收時節，鄉里的孩子們就開始嚷著要吃桐葉粑。一入夜，鄉戶人家的農婦就忙乎開來，在盆裡添上水，加上酵母發起麵粉；或是剝了剛掰下的嫩玉米，在石磨上磨成稀糊狀，盛在瓦缽中，做好做桐葉粑的準備工作。第二天早起，盆裡和缽裡的麵粉玉米漿便發酵了，漲成滿滿的一盆兒，還冒著絲絲氣泡呢！主婦便一邊往盆裡缽裡撒上炒熱的芝麻黃豆粉，一邊回頭吩咐孩子上山摘桐樹葉，孩子歡快地答應一聲，撒腿就往村後的山坡上跑。片刻功夫就摘回一大捧綠幽幽的桐樹葉。農婦從中選出了齊整、稍老的葉子，用清水洗淨，然後一張張取出，熟練地挽成一個個小小的葉兜兒，一勺勺的把稠稠的麵粉和玉米漿舀進去，再包裹上葉子，折疊成一個個三角形的粑，放進竹編的蒸籠內，約半個小時蒸熟，桐葉粑就好了。吃的時候，只需提著細長的葉梗，慢慢揭掉桐葉，輕輕咬上一口，又柔又軟，又香又甜。如果再蘸上一小碟自家新釀的菜花蜜，那滋味就真是幸福生活比蜜甜了。

那一個個桐葉粑做得很精緻，小巧玲瓏，另有麥麵粑、玉米粑，還有包餡粑、糯米粑，品種非常豐富；形狀也由過去單一的三角形變成了方形、菱形和圓形等各種形狀。夏秋兩季，村子裡家家戶戶都做桐葉粑吃。鄉親們上山幹活，上街趕場，自己就拎上一串桐葉粑餓了充饑。孩子們上學讀書，書包裡往往也裝著一串串桐葉粑，中午不回家就作午餐用。

桐葉粑是季節性的小吃，一年內也難得吃上幾次。除了傳統的佳節，平時要是有遠道來的貴客，桐葉粑便成了送人的好禮物。在川東地區，農曆三月初一算一個傳統節日，據說這一天是「田神爺」的生日，鄉親們在這一天殺豬、煮酒、舂糍粑，以此來祭祀「田神爺」，保當年風調雨順、五穀豐登。過完節，吃完粑粑，農民們便忙著耕田種地了。再一次就是農曆端午節和中秋節，這時女人們前夜便將桐葉粑舂好、蒸好，等待在外地工作的親人回來團聚，然後快快樂樂地坐在一起吃粑粑，吃團圓飯。

這時，倘若你回到家裡，你必定是急不可待地掀開鍋蓋，隨著一縷縷熱氣的升騰，伴和著一股清淡的桐葉香味，如果你不怕燙手的話，從鍋裡拿起一個香噴噴的桐葉粑，慢慢地撕開桐葉，呈現在你眼前的是一個油光發亮的墨綠色元寶，輕輕地咬上一口，「滋——」滿嘴的清香滲入心底，吃了一個還想一個。母親或奶奶、婆婆在一旁甜咪咪地微笑著提醒你慢點吃，別燙著嘴巴。就是這樣，在桐葉粑的甘甜清香中，又飄逸出濃郁的鄉風和親情。

川北小吃

牛肉蕎麵 邛崍奶湯麵
坨肉 西昌燒烤 邛海醉蝦
峨眉玉米粑 龍抄手 賴湯圓
焦餅 珍珠圓子 痣鬍子龍
子 豆湯飯 鍋魁王國 蛋
甜水麵 三合泥 滷肉夾
糟 艾蒿饃饃 師友麵 米
怪味麵 華興煎蛋麵 一只
冒菜 麻辣燙 串串香 叮
糖糕粑 糖餅兒 糖畫兒
崇州天主堂雞片 查渣麵
鍋魁 雅安嘡嘡麵 彝家坨
豆腐乾夾絲絲 蘇稽蹺腳牛
擔擔麵 韓包子 郭湯圓
涼粉 小龍蒸牛肉 肥腸粉

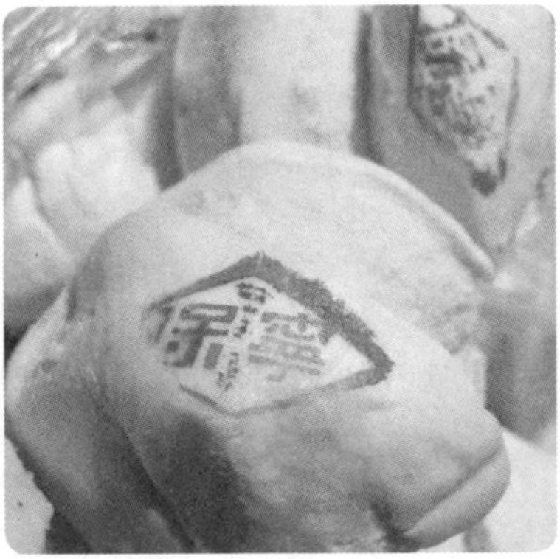

鍋魁 雅安嘡嘡麵 彝
腐乾夾絲絲 蘇稽蹺腳
麵 韓包子 郭湯圓
小龍蒸牛肉 肥腸粉
糖油果子 三大炮
鍋燒麥 蒸蒸糕 粉子
豆花與豆花麵 雞絲涼
粉 豆花飯 連山回鍋
末春捲 銅井巷素麵
粑 桂花糕 懷遠三
湯麵 缽缽雞 彭州
邛海醉蝦 樂山豆腐
抄手 賴湯圓 鐘水
子 痣鬍子龍眼包子
鍋魁王國 蛋烘糕

四川省北部地區，廣義上是指川北行署專區暨綿陽專區所轄區域，包括川北中心城市綿陽市以及廣元、南充、遂寧、巴中等地。

其中南充歷史悠久，西元前二〇二年漢朝漢高祖劉邦設安漢伊始，是一座擁有二千二百多年建城歷史的歷史文化名城，被譽為嘉陵江畔的一顆璀璨明珠，聞名遐邇絲綢之都，久負盛名水果之鄉。中國優秀旅遊城市，國家園林城市，四川省交通樞紐城市，成渝經濟區北部中心城市，川東北經濟、文化、交通、商貿和資訊中心，享有「川北心臟」，「川北重鎮」之稱。南充榜上有名的傳統名小吃不下三十種，總數在一百二十種以上。最具名氣的是川北涼粉、順慶羊肉粉、馬癩子牛肉等傳統名小吃

089 南充川北涼粉

尋蹤溯源，川北涼粉創於蜀漢，興於明清，盛於一九五〇年代。

相傳早在蜀漢時期，安漢縣（今南充市）嘉陵江中渡口碼頭，在漁舟貨船之間，沙丘卵石之上，有兩個涼粉棚：大棚姓薛，人稱薛涼粉；小棚姓謝，名叫謝涼粉。大棚經營冷吃鏇子涼粉，小棚經營熱食片子涼粉。兩家涼粉冷熱有別，風味各異，但都一樣的綿軟細嫩，麻辣鮮香，爽口宜人。後來，兩家人長久相處，情誼深長，薛家婆媳與謝家父子兩情相悅，喜結良緣。其涼粉絕技亦合二為一，統歸謝涼粉之牌號。如此緣分，一時間在安漢傳為佳話，謝涼粉隨之名噪四方。據說巴西郡（今閬中）太

守張飛巡視安漢，對謝涼粉喜愛有加，備受封賞，成為蜀國劉備御前貢品。謝涼粉方擠身城中鬧市，大展身手。當然這只是民間之傳說而已。

到清末宣統年間，南充有個農民叫謝邦祿，從小愛吃涼粉，逢場趕集，都要去吃一碗擔擔涼粉。久而久之，老謝就想自己也來做涼粉生意。他下定決心，到處收集做涼粉的資料，拜師學藝，經過幾年的勤學苦練，終於學成了一套製作涼粉的技術。他集眾家之長，補自己之短，在用原輔材料上很講究。

老謝沒有用大米作原料，他採用的是南部江北的優質豌豆，用山泉井水，把豌豆泡得不硬不軟，再用石磨慢慢推漿，過濾，提取澱粉；然後經過精心攪製，熬製出來的豌豆涼粉，色澤嫩黃、品質細膩，口感柔嫩，筋力綿軟，清香宜人。涼粉可切塊、切條、鏇子打絲，迎刃自如。

老謝製作的涼粉調料也很講究，取西充山南的辣椒調製紅油，用潼川豆豉秘製成醬。拌料時再輔以花椒粉、蒜水、薑水、蔥葉、冰糖等。如此，其涼粉麻辣多滋、醬香濃郁、鮮香味濃、吃口豐厚，配上鬆脆酥香小鍋魁，風味尤為獨特。

每天早上老謝就挑擔到城邊嘉陵江渡口一帶叫賣，來往過江客商和販夫走卒之流，都喜歡吃他的涼粉。因南充地處川北之中心，是巴蜀北上出川必留之地，故而人稱「川北謝涼粉」。後來，老謝製作豌豆涼粉的技術流傳到了南充各地，「川北涼粉」遍地開花，成了南充的特色小吃，受到各地食客的青睞。

直到一九九〇年代，南充模範街的原國營涼粉店，仍由謝家第四代孫子主製。一九八五年，筆者在南充吃川北涼粉，一碗六分錢，加上三分錢一個鍋魁，即可把涼粉連同調料一掃而光，吃個半飽還要不了一角錢。因此，隨時都是饞蟲潮湧，老饕頻顧，車水馬龍，門庭若市。

其後，另有一鄉里人陳洪順，悉心研究謝涼粉製作工藝，取其所長並加以改進，使涼粉製作工藝得到進一步完善。他選用新鮮白豌豆用小磨磨細，精心控制熬製火候。所作之涼粉色澤潔白、質地柔嫩、筋力綿軟、明而不透、細而不斷，調料配味，更具匠心。不久，陳涼粉便名揚川北一帶。「川北涼粉」更加名聲顯赫。其後，南充儀隴人朱德、羅瑞卿回南充視察工作時，鄉里人家請他們品嘗川北涼粉，吃後讚不絕口，朱德還說：「四川的名小吃，要數南充川北涼粉最有味！」

經過一代一代人的精心提煉，是川北涼粉最終形成以黃白二種為特色；味道也分為兩種，一種是酸辣味：由辣椒、花椒、生薑、蔥葉、冰糖等摻合製作的紅油，以及精選大蒜搗製的蒜泥，並有香醋。色、香、味俱全，紅辣味醇、鮮香爽口；另一種不加醋，但使用豆豉泥，紅油照舊，但更辣。川北涼粉的突出特點是麻、辣、略甜並與蒜泥配合，主要是在「吃調料」。創立於一九二〇年代初的成都名小吃「洞子口張涼粉」便是受川北涼粉的影響，直到如今，成都洞子口張涼粉依然是黃白涼粉加煮米涼粉為特色，但香辣度仍不及川北涼粉。

一九四〇年代，遂寧縣也有個擔擔涼粉，叫王光南。他賣的涼粉以質地細嫩、滋糯綿紮、麻辣鮮香而廣受歡迎。後來賺了錢，就在遂寧城內天上街買了間鋪面，專店經營，因遂寧被稱作小川北，故亦有老饕贈名為「川北涼粉」。一九五〇年代後，王光南又把涼粉生意遷到了重慶，取名「天上來涼粉店」，後來又改回「川北涼粉」，於是就有了重慶川北涼粉之說。

味醉百年

過去賣涼粉，多是挑著擔兒賣，或在街邊，或在十字路口，擔兒一放，四面八方的顧客就來了。現在店子裡只賣成品涼粉，吃辣、吃酸，自己加佐料拌。纖細透明的涼粉晶晶亮亮的，搭配上一大勺紅紅的辣椒油，鮮明的視覺刺激，聞一聞就好有食慾。一大夾一大夾的吃，既熱辣又涼爽，別有一番風味！就算不吃辣的朋友，也可以試一試不加辣椒油的，放上一大勺複合醬油與豆豉醬，一樣美味。

兒時在川西鄉村，看到親戚家逢年過節大都要做涼粉。鄉里人家的屋簷下都有個大石磨，做涼粉前，先把石磨清洗乾淨，然後把泡好的大米用石磨推磨成米漿。通常需要兩個人來一起完成，一個用手握住上扇石磨的磨把，緩緩地順時針旋轉，另一個就陸續地把大米混合著水一勺一勺地從磨眼裡灌進去，就跟推豆花一樣，乳白色的米漿慢慢地就從上下石磨的咬合處滲出來，通過石磨的導流槽彙聚到桶裡。

推磨完了，就把米漿倒在鐵鍋裡，用旺火熬沸，然後以小火煨熬，並用一木棒在鍋中不斷攪動，以免米漿黏鍋燒糊。這時把事先準備好的石灰水緩緩注進鍋中，不斷攪動使米漿均勻調和，慢慢凝固，接著用小火再熬一下，同時繼續攪動以防糊鍋。當用鍋鏟挑起一點米漿，其濃粘度恰好處在似滴非滴狀態，並在罐上很快凝結時，表示火候已到應及時舀出盛在瓷盆中，讓其自然涼透後即可。鄉里人愛吃涼拌涼粉，不僅方便，且是最開胃下飯的一款小菜。一般將涼粉切成薄條或小方塊，然後依次放入紅油辣子、蔥花、蒜米、花椒粉、醋、醬油、白糖這些作料，一份麻辣酸甜、鮮香可口的涼拌米涼粉就可佐酒助餐了。

百餘年來，巴蜀各地的涼粉遍地飄香，然而，在華夏最為知名的還是「川北涼粉」。但「川北涼粉」這塊牌子卻早在一九九四年就讓重慶小洞天飲食集團公司註冊了。原生地南充便失去了這一金字品牌。作為名揚天下的百年老字號品牌，南充人李華和前夫馮攀二〇〇三年創下「川北涼粉」總店時，就一心想把這塊牌子做大，二〇〇四年她和馮攀離婚後，多次到重慶打探，欲贖回「川北涼粉」這塊牌子。此間亦曾有成都、南充等多家餐飲企業和商家前去商洽，最高轉讓價出到了二十五萬元，均未能打動重慶的「小洞天」。但李華鍥而不捨，五下重慶，用誠心感動了對方，最終該集團選擇了南充人李華，並以二〇萬元低價出讓了商標所有權。同年十二月，工商部門正式對「川北涼粉」商標註冊進行變更。如此「川北涼粉」終於在流落他鄉多年後有榮歸故里，李華也成為「川北涼粉」的新一代掌門人。

現今，即便在成都，除了本土的洞子口張涼粉，便就是川北涼粉了。在成都的周邊古鎮，或者在錦里、文殊坊、寬窄巷子古街，這些客流量大的旅遊休閒地，你總不難看到到川北涼粉的身影。它們雖然沒有南充本地那麼道地，但火辣的滋味還是十分誘人。尤其是在夏天，當一碗清爽透亮、紅豔香醇的川北涼粉，配上一個外酥內綿的小鍋魁，擺在你面前時，任由你是鐵石心腸，哪怕變形金剛，也難能抵擋得住它的美味誘惑。

090 順慶羊肉米粉

「筒子骨頭湯嘍……！」「熱騰騰、辣呼呼的羊肉粉嘍……！」在上了點歲數的老南充人心裡，這樣綿遠悠長的叫賣聲，曾是他們心中溫暖的記憶。

南充擁有源遠流長的飲食文化，既博采各地小吃的精華，又兼收各民族小吃的風味。其中要數順慶羊肉粉歷史悠久，製作精細，是南充聲名最顯的名特小吃之一，也堪稱川東北乃至川渝地區米粉的「開山鼻祖」。

早在清代，順慶羊肉粉就聞名遐邇，當時城裡就有羊肉粉館十餘家，最有名的要數朱明清在二府街開設的「朱老拱粉館」。朱明清生於一八七四年，談起這位已故老人，大多上了歲數的老南充人內心情愫翻動，「敬仰得很」。

據傳，朱明清在楊家羊肉粉店學徒期間，深得楊氏羊肉粉真傳。以後他在二府街口（現正府街）自開羊肉粉店，並研製出一套製作羊肉粉的獨特技藝。「寓味於湯，調味於料」，在粉湯和作料上獨具特色：粉質細而綿軟，餡清香而無腥臊，湯色乳白而滾燙，料配製考究，口感味美。特有的色香味，考究的配料調味，讓朱老拱羊肉粉店開業不久便風靡全城。因南充市是原順慶府治所，順慶羊肉粉便由此美名四傳。此後，南充人吃粉喝湯成風，順慶羊肉粉成為南充人不可或缺的早餐。特別是寒冬時節，食後微汗溢出，尤為心舒身暖。

歷經百年的風雨歷程，順慶羊肉粉不僅走出了南充，美名四傳，其經營品種也不斷創新。除傳統的羊肉粉外，增加了牛肉粉、雞肉粉、鱔魚粉、三鮮粉、什錦粉等品種。順慶羊肉粉是由米粉（以大米製成的熟米粉）和羊肉湯、餡料，配上考究的佐料而成，具有粉鮮、餡鮮、湯鮮三鮮特色；米粉綿軟，餡味清爽，豪無腥膻之味，湯色乳白而滾燙。尤在數九寒冬，食一碗羊肉粉可發熱冒汗，大有驅寒祛濕，治療感冒之功效，南充人到了冬季幾乎每天必食一碗羊肉米粉來暖體養身。

據粗略統計，南充早上的喝粉族有十萬之眾。南充市大街小巷米粉館鱗次櫛比。市民們不單早餐，連午餐、晚餐、夜宵也吃米粉，有的「粉館」甚至二十四小時營業。除了南充，四川還沒有哪個地方的米粉館是這樣多，這樣盛旺，沒有哪個地方的人這樣愛吃粉。南充米粉還派生出肥腸米粉、酸菜米粉、牛肉米粉等品種，然而「順慶羊肉粉」儼然傲笑江湖，穩座頭把交椅。「順慶羊肉粉」是南充十大名吃之一，在華夏，與名揚四海的「廣西桂林米粉」齊名。

順慶羊肉粉，分為製粉和冒粉兩大工藝。製粉工藝是一直遵循傳統，用大米浸泡打成米漿，過濾製成坨粉擱置一天，再做成球體坨子，上籠旺火蒸至半熟，晾冷後搗碎後重新拌勻，然後做成筒狀坨子放入漏粉瓢內，用手反復拍打，壓成粉絲入熱水鍋內，淘洗乾淨理順成米粉，就製作成了；然後是製湯，將漂洗淨血水的羊骨、豬骨、鮮羊肉入湯鍋內，加花椒、生薑、胡椒粉，旺火燒開，撇去浮沫，把煮熟的羊肉撈出，橫筋切成小薄片做成餡子，若用羊雜則更為鮮美。留在鍋中的骨頭繼續熬煮三至四小時，便成原湯。舀入大鍋內燒開，用以冒粉；順慶羊肉粉冒粉，是將米粉漂在清水盆裡，待客人來時，冒粉師傅抓一把米粉放入竹絲漏子，在滾湯中冒熱，倒在碗裡，添上原湯，舀一勺羊肉餡子，放上少許鹽、胡椒粉、芫荽，淋上紅油，一碗熱嚕嚕、香噴噴、美滋滋的順慶羊肉米粉就準備好讓你朵頤大快了。

湯開粉落幾春秋

剛端上桌的一碗湯色奶白，紅油浮面，味道鮮美，滾燙香醇，無腥無膻的羊肉米粉，香氣四溢，迎著上升的霧氣輕吹一口，用親吻戀人般的輕柔，咀嚼脆而不硬的米粉，細嫩香美的羊肉，那種溫馨直入心脾和肢體，一碗喝下去周身通泰，精神氣旺，好不舒爽。無論冬夏，你都會對那碗熱辣鮮美的羊肉米粉留戀不已，也許，那風情留給你的印象比米粉還更深沉。

順慶米粉是獨一無二的。我曾在成都大街小巷搜尋過多次，希望能找到它在這個「亞洲美食之都」的芳影。但我只是在過去的老長順街發現過一家，味道還算比較道地，但隨著後來的拆遷，亦也就不知去向了。

「順慶羊肉粉」美名四傳，竟也成為綿陽地區的著名小吃。近百年以來，南充人與順慶羊肉

粉結下了不解之緣，形成了早餐吃米粉的習慣。經歷了百年更迭之後，南充羊肉米粉昔日的輝煌已離散在了歲月的記憶中。一句「無可奈何花落去」的惋惜與怨歎，似乎最能反映人們的心境。

那時候，「順慶羊肉粉」冒粉的湯熬得雪白，純正的羊肉香很遠就撲鼻而來。原「順慶粉館」大師傅談及怎樣才能做出正宗的南充羊肉米粉時說，熬湯必須用羊骨頭，豬骨、牛骨都熬不出那個味；油料、香料要買好的，摻了假的便宜貨出不了那種香味；米粉品質也很講究，否則口感就差了。雖然這樣做成本太高，但若品質上乘還是能吸引消費者。「大師傅」還說，烹調技術是確保「色香味」的關鍵。比如原料劑量、加料時間先後、掌握火候等等，都應形成規範的標準操作流程。這些都是南充羊肉米粉要考慮和亟待解決的問題。

有人認為，以順慶羊肉粉為代表的南充米粉業落得如此尷尬的境地，與「順慶粉館」的沉浮不無關係。第三代掌門人馮秋林在市模範街開的

「順慶粉館」，早在二〇〇三年四月前就因「其身體欠佳，需要休息」和「房租偏高，生意做不走」而關門停業。

年後，三十歲的市民唐英從順慶區財貿辦手中租用「順慶羊肉粉」這一金字招牌，又在市模範街另起爐灶，開起了一家高檔次的「順慶粉館」總店。後「順慶粉館」總店又因房租上漲等種種原因被迫歇業，告別了人氣旺地的「黃金商圈」，遷到濱江大道與延安路之間的「江天美食園」重新安家。但依然是上氣不接下氣，終於二〇〇七年六月三十日關門停業。

二〇〇七年十月二十四日早晨，隨著「劈劈啪啪」的鞭炮聲，備受市民關注的，蝸居百年的川北名特小吃「順慶羊肉粉」粉館重新開業，不少市民喜滋滋地走進館堂，品嘗正宗「順慶羊肉粉」。新開張的順慶羊肉粉館位於南充市延安路的江天花園「美食一條街」。南充的空氣中，終又飄悠著了羊肉米粉的芳香，外來賓客，均以品嘗順慶羊肉粉為一大享受和樂趣。

091 綿陽米粉

綿陽米粉有著一千八百多年歷史。相傳三國時，蜀主劉璋與剛入川的劉備相會於涪城（綿陽）東山，劉備早就聽說四川人擅長烹飪，就提出品嘗當地美食。劉璋就說：「聞此山中一人家，其婦善烹飪，祖傳以大米磨漿，製成絲，輔以雞魚肉等自製餡料，開水燙熟即食，湯鮮味美，百里名盛。」然後，劉璋命令手下將這名婦人請上山來現場烹製這道奇妙的美食。還沒上桌，劉備及眾將就聞到一股鮮美香辣的味道。一上桌，一幫人誰也不顧，狼吞虎嚥就吃了個精光。這碗米粉一下肚，劉備頓時來了精神，手下眾將士一個個也都神采奕奕。再眺望窗外，水肥稻豐、牧笛聲聲，劉備禁不住撫掌感慨：「富哉，今日之樂乎，美味也！」

現今在綿陽，無論是清晨還是深夜，在大街小巷，街道兩旁都有米粉店，綿陽的空氣中無時不飄遊著米粉的香風美味。米粉對於綿陽人來說，已經不僅僅是一碗早餐那麼簡單了，可以說已經成為一種文化。你光看每天早晨那些米粉店門口站著、蹲著吃米粉的，排著隊買米粉的，就可以知道綿陽人有多喜歡米粉了，早餐吃米粉，已成為綿陽特有的都市風情。

米粉，在雲南、桂林也都是一大特色，尤其是稱之為「過橋米線」的雲南米粉。綿陽米粉與雲南米線雖有相似之處，但又不是一回事。相似之處在於它們都是用大米做原料，且都如麵條般形狀。不同的是雲南米線是將熟透的米線放入滾燙的雞湯捂熱後食用，而綿陽米粉是用竹漏勺，將米粉在開水鍋中「冒」熱，盛在碗中，再將湯料、餡料澆上後食用。

從味道上，二者都有鮮香滑爽的共性，但由於米粉比米線細，所以更要入味些。米粉由於快捷（「冒」一碗也就十幾秒鐘）、價廉（兩、三元錢就讓你撐個飽）、耐餓（可管半天不餓），所以成為綿陽人普遍的早餐主食。

綿陽米粉分清湯和紅湯兩種，清湯主要有雞湯、三鮮、筍子、豌豆等；紅湯主要為燒牛肉和燒肥腸，風味各異。紅湯，湯紅而不辣，但也有很辣的，吃一口管叫你麻辣得喊救命。因此一般粉店都有微辣、中辣、特辣之分，以個人喜好咎由自取。

綿陽米粉在川北地區影響極大，川北許多地方的米粉都很有名，像南充、廣安的米粉，廣安嶽池縣更有「米粉一條街」。綿陽米粉據說有「四大家族」其中的「開元米粉」和一家叫「胖子米粉」的味道特別出眾，是許多食客每到綿陽的必吃之美味。「胖子米粉」在綿陽市政府對面的通安巷，每天一大早在這裡吃米粉的食客就把小店坐得個滿滿當當，很多沒座位的，就只好端著碗或站或蹲在街邊，一樣吃得有滋有味。這種風景，不論春夏秋冬四季都如此。「胖子米粉」有牛肉、肥腸、雞雜、三鮮等口味。

綿陽人吃米粉不是一般化的講究，完全可以說是一種「民以粉為天」的經典藝術。在綿陽人看來，米粉湯料很關鍵，也是賣不賣錢的亮點。通常湯料有：肥腸、牛肉、雞湯、豌豆和筍子，前三個是主要的湯料，後面兩個可以說是搭配型的湯料。你在要湯料的時候可以只要其中一種，也可以搭配起來。綿陽人吃粉所創造出的一些經典搭配有：肥腸＋牛肉，又叫「對澆」，這種搭配可以同時體驗最經典的兩種湯料；肥腸＋豌豆，肥腸的盪氣迴腸，豌豆的婉約，同時匯聚在一碗米粉中，吃完米粉後，碗中剩下的豌豆讓你回味無窮；牛肉＋筍子，牛肉乾香，筍子鮮嫩，再配上米粉本身的細滑，呵呵，想著都流口水；還有肥腸（牛肉）＋雞湯，這個搭配主要為一些不能吃太辣的客人準備的。而清湯米粉中則有：雞湯、筍子、三鮮等，皆是湯汁清澈，油光見底，鹹鮮清淡。米粉泡在湯中，加上雞塊或竹筍、海帶等，還可依口味加酸菜或香蔥，吃來又是一番風味。

米粉戀情

說實在話，我吃綿陽米粉多年了。因工作關係常去綿陽，對綿陽城的米粉，大凡聽說比較有名的，像開元米粉、永華米粉、拱橋光富米粉、胖子米粉、鮮米粉，以及早期的劉米粉等，我都逐一嘗遍。然而，在我眼中綿陽城真正好吃的米粉卻在深深的街巷裡。

綿陽舊城有一條古老的小街，這條小街緊鄰緩緩流淌的涪江水，故名順河前街。這裡有家毫不起眼的小店，便開在這古樸簡陋的小街邊。小店很小，小得只有三張條桌，大部分食客都端著大碗公，蹲著或站在店外的街沿邊。門楣上一塊匾額，上書「順河米粉」四個字，老闆娘四十來歲，顯得十分的精神、利索。八年前，我在不經意中偶爾路過這裡，見街邊的這家小店門前排了一條長龍，便忍不住好奇，一打聽，說是排隊吃米粉。我想這真奇了，綿陽城大小米粉店有三千餘家，從來就沒見過吃碗米粉還值得花此等工夫的。

基於好奇，於是我就跟著排隊，好不容易端上一碗，紅湯，二兩，牛肉與肥腸對澆，一大碗。屋內一大筲箕香菜和著蔥花隨你放。米粉吃進嘴裡，我方才明白為什麼這麼多人就好這一口。看那湯，濃而不糊，瞧那肉，軟而不爛，嚼在嘴裡，肥腸與牛肉那獨特的香味滿口躥，真所謂：綿陽米粉揚天下，順河米粉蓋綿陽。

常吃常想，一來二往，我同老闆娘一家逐漸熟悉起來。老闆娘的娘家姓吳，婆家姓胥，綿陽城早期最有名的米粉店「胥米粉」就出自她家。那時候的米粉，是前堂開店，後屋為作坊，現加工現下鍋，整個過程食客一目了然。不像現在，都是乾粉，一般店家買來後只需在水中浸泡發脹就行了。

老闆娘性格直率，快言快語，由此也時常得罪了一些顧客，老食客瞭解其個性，往往一笑了之，過路食客就免不了要爭執幾句也就罷了。

即或這樣，這米粉店的生意還是出奇的好，除味道鮮美，又地處人氣極旺的要道外，這兒的米粉貨真價實、分量足也是十分重要的原因。聽老闆娘說，這店鋪是她家的私產，無須繳納房租，成本自然低，於是湯料就擱得較重。我想，她說得很實在，也很誠懇。

有年冬天，眼看快過年了，旁邊的綜合市場分外熱鬧，每天一大早，熙熙攘攘全是置辦年貨的人流。這家老闆娘也在小店門前掛上新做的蠟肉香腸。我慢悠悠地吃著米粉，無意中對老闆娘順口說了句：「你家做的臘肉香腸一定好吃哈」。老闆娘一聽，一下來勁兒了，立馬放下手中的湯勺說：「你等一下，我送點給你」。我還沒有回過神，她蹬蹬蹬跑上樓去，轉眼間手上就拿著一大包用舊報紙裹著的臘肉和香腸，塞到我

手中說拿回去嘗嘗。這下可弄得我受寵若驚，怪不好意思，我說這哪行啊？她說什麼行不行？嫌做得不好？我說不是這意思，她說哪是啥意思。我說這太多了。她說：「嗨，就憑你在我這兒吃了這麼些年的米粉，送你點香腸蠟肉，拿回成都過年吧。我只好說：「那就謝謝了，老姐。」她樂呵呵地一笑：「嗨！這還差不多，喊聲『老姐』，這就千值萬值了」。

又過了三、四年，一樣去到綿陽，下車第一件事就是去看看那老姐，去吃那思想已久的米粉。誰知到了哪兒，已是面目全非，老街變成了新街，小街變成了大街。有段時間，那「順河米粉」和老姐消失得無影無蹤，我連問了好幾個人，都搖頭而去……。所幸，近日無意間走到那已變得寬闊的大街，赫然發現熟悉的排隊人潮，原來是那曾經失落的「順河米粉」。

綿陽風情

綿陽自古有「蜀道明珠」、「富樂之鄉」之美譽，位於四川盆地西北部，距成都約一百公里。綿陽歷史悠久，人傑地靈。古名「涪城」、「綿州」，自西元前二〇一年漢高祖設置涪縣以來，已有二千二百多年建城史，歷來為郡、州治所，因城址位於綿山之南而得名「綿陽」。這裡，不僅誕生了中國歷史上最偉大的詩人李白，同時，還是人文始祖黃帝的元妃——絲綢之母嫘祖的故鄉，中華民族建立第一個國家——夏王朝的締造者、治水英雄大禹的誕生地。

綿陽的川菜是出了名的，與成都的川菜算得上是最具代表性的。華夏八大菜系之八大金剛中的川菜第一人，中國烹飪大師、川菜大師史正良先生，便是綿陽土生土長的名師大廚。但是在川菜風行於大江南北的現在，川菜已經算不上是綿陽的特色了，更有特色和風情的應該是綿陽的街頭小吃。

綿陽的小吃種類多、味道好而且價格便宜。綿陽出名的小吃有：綿陽米粉，梓潼酥餅、梓潼片粉、梓潼鑲碗，菜豆花、席涼粉、罐罐湯、罐罐雞、余媽媽鍋魁等。

092 江油燒肥腸

閬中往西，有一座古城——江油。現屬綿陽市的江油北魏時建縣，比閬中晚了八百多年。但要論名氣，江油不輸閬中，因為江油出了一個中國歷史上大名鼎鼎的詩人，被譽為詩仙的李白。李太白賦予了江油這座城市無限榮耀，其才情橫溢，放蕩不羈，也為這座城市增添許許多多浪漫的色彩。

大約在一千二百八十三年前的一個秋天，一位二十五歲，風華正茂，躊躇滿懷的青年才子正是從這裡出走江油，遠遊出川、足跡遍及華夏，從此再也沒有回來，至晚年落泊客死安徽當塗。他，就是以「斗酒百篇」之詩酒，醉了整個唐朝，名冠中華歷史之詩仙李白。李白當年臨別江油，揚帆嘉州，滿懷深情地寫下了「峨眉山月半輪秋，影入平羌江水流，夜發清溪向三峽，思君不見下渝州。」告別故鄉之詩篇。

在江油有一座幽靜閒適的小鎮，名為「青蓮」，鎮裡有一個更為幽雅的小院，名叫「粉竹樓」。一千多年前，這裡住著位美麗聰慧的女主人，她每天將洗臉的胭脂水粉潑灑在院裡，久而久之，院裡的竹子竟然生出一層撲粉來，宛如粉面佳人，故而人稱「粉竹」。粉竹樓的女主人有一個好聽的名字叫「月圓」，月圓的哥哥便是李白。不知道是不是這個原因，李白一輩子都喜歡月亮，寫了很多有關月亮的詩歌，其中的一首在後世廣為流傳——「床前明月光，疑是地上霜，舉頭望明月，低頭思故鄉」。而到遲暮之年的李白常常卻也是「舉頭望明月，低頭思故鄉」，他不無憂傷而深情地寫道：「蜀國曾聞子規鳥，宣城還見杜鵑花。一叫一回腸一斷，三春三月憶三巴」，悲涼的思鄉之情催人淚下。儘管雲遊四海，名震天下，在他心裡，故鄉江油卻始終是他魂牽夢繞的地方。

江油主城區以中壩鎮為主，城區不大，生活

和商業區域集中分佈又相互毗鄰。市區建築風格統一為典型四川民居，而且還融入不少原木本色的唐代元素。城中有河「昌明」貫穿而行，每當夜幕降臨，河畔茶館燈火熠熠，居民們在這泡上一壺好茶，再要上一碟毛豆、花生，且看、且聽、且食、且飲，優哉遊哉，不亦樂乎。

江油，因李白而聞名於世。江油，也因燒肥腸而堪稱一絕。「潤燥補虛老少宜、鹹鮮味美數肥腸」。走過路過江油城，若不吃上一碗燒肥腸，不僅算是白來了，好客的主人也會覺得很是過意不去。

腦滿腸肥話吃情

多年前看重慶方言劇時，看到一道菜名叫「一不怕苦，二不怕死（屎）」，端上桌才知就是『苦瓜燒肥腸』，真是令人忍俊不禁。然而到江油，你會發現，讓江油人津津樂道，號稱江油一絕的竟然是燒肥腸。然而當你一看一品之後，便會茅塞頓開，悟出個中奧妙來。

江油的燒肥腸，確非川中其他肥腸可以與之媲美。它將川菜的麻辣鮮融入到了肥腸的香嫩脆中。剛出鍋的紅燒肥腸，色澤紅亮，味道香醇，鹹鮮爽口，咀嚼化渣，吃情食趣，妙不可言。普通的燒肥腸是𬊈（音同趴）而入味，但江油燒肥腸卻是脆嫩多滋，既有彈性又有嚼勁，麻辣濃香，回味悠長。按照當地人的習慣，吃燒肥腸時，一碗醋湯或蘿蔔湯是必不可少的，醋湯開胃，蘿蔔湯解油膩。先喝醋湯，再吃肥腸，然後吃上幾塊蘿蔔，最後用肥腸湯汁泡飯。不知不覺間一大碗的甑子飯就已下肚，咂咂嘴，似乎還意猶未盡。

吃慣了牛奶麵包和雞蛋的我，從來沒想過早飯可以這樣吃，一碗白米乾飯就一碗紅亮亮、油滋滋的燒肥腸。但江油的人們就是這麼吃的。特別是男人們，幾乎每天早上就吃燒肥腸加白米飯，據說這樣才能負荷他一個上午的體能加腦力的消耗。看著他們吃得如此坦然，那般豪放，讓我疑心自己有些西化了的早餐，是否有點不符國情鄉風，於是我也狠下心來捨身一試。

江油的肥腸真是又肥又香，十元一大碗，實實在在的紅油泡著。早上起床我通常不太有食慾，但看著肥腸小店裡人頭攢動，大快朵頤的樣子，就是厭食症患者也會忍不住食指大動。前一天晚上吃的也是肥腸，據說是當地最美味的關肥腸。這家肥腸店據說是方圓幾公里生意最好的一家。看著無論老弱病殘，一概挽袖大幹肥腸的場面，讓我這個曾經的肥腸愛好者，也禁不住吃情蕩漾。

當然，對不吃肥腸的人還有幾種選擇來下飯，肉丸湯和鹹燒白。理論上一個地方的飲食文化絕對可以追根溯源，但我想像不出基於何種理由，這裡的人對肥腸這麼偏愛，這是在巴蜀其他地方不多見的。成都人也有喜吃肥腸的嗜好，若與江油人比，那真是小巫見大巫了。大凡在江油大街小巷上看到的飯館，沒有以肥腸冠名的絕對人丁稀少、門可羅雀。在江油待了兩天，進食的肥腸之多，早已讓我腸肥腦滿，昏昏然而不知所以了。

江油紅燒肥腸有形色氣味脆滑燙七個特色。正宗江油紅燒肥腸用料考究，腸內油脂清除得一乾二淨，平行切為三公分左右的腸節，放入鍋中慢燒；燒好的肥腸有如一個個優雅的蝴蝶節呈放在碗中，讓人賞心悅目；肥腸上色容易清色難，燒製好的肥腸要既入味，又能保持腸體的白嫩就更難了，只有清洗乾淨、用料考究才沒有花腸、灰腸等雜色腸段；好的紅燒肥腸氣味香純，絕對沒有異味摻雜其中。最簡單的辦法是含一塊肥腸嘴巴微張，作深呼吸，讓氣流由口腔經鼻孔呼出，有無異味一試便知，且肥腸入口，味鮮美香濃，油而不膩，舌尖口齒充滿香味，讓人食之回味悠長。

聽當地店老闆講，只有選用絕對新鮮的肥腸，才能做出脆嫩而富有彈性的紅燒肥腸。肥腸的脆度和嫩滑是其他食材所難以達到的，這就是大凡吃過江油肥腸的人，難免都要牽腸掛肚的原由。江油燒肥腸的另一大突出特點是脆，腸節入口，皮脆耐嚼，越嚼越香，且脆而化渣；吃完肥腸後，湯色仍然紅亮不渾濁，少見料渣漂浮，吹開面上油層，用肥腸湯汁泡米飯，其味道真是令人叫絕。

但是江油的燒肥腸不是大菜的吃法，不像你下館子點個菜，「老闆兒，整個乾煸肥腸！」然後，服務員給你現做一盤上來。江油的燒肥腸是道地的小吃吃法，它是早就燒好了，一大銻鍋一直在加熱，熱氣騰騰，香味撲鼻，服務員站在灶台邊拿起一個大瓢不時的攪，那個紅油在肥腸周圍一蕩一漾地，嘿嘿，看到口水就溜了一身！客人來了就一碗一碗的點。江油的餐飲和小吃特色，完全可以說就是肥腸的天下。除了紅燒肥腸，還有豆花肥腸、尖椒肥腸、拌肥腸、蒸肥腸、爆肥腸、肥腸湯、滷肥腸等，款款味道巴適，價格都不貴，館子裡的也跟街邊小吃店差不多；環境雖然簡陋，但店家卻很熱情，服務也很貼心，會吃得心滿意足的。

江油肥腸有名堂

漫步江油城區，幾乎每條街道都有一家肥腸店。這些肥腸店大多以店主的姓氏命名：趙肥腸、錢肥腸、孫肥腸、李肥腸、關肥腸、宋肥腸……只有兩家除外：「江油肥腸」和「太白肥腸」。儘管其他的肥腸店都號稱「百年老店，絕對正宗」。不過，江油「好吃嘴」的味蕾是誰也騙不了的，大夥兒把江油所有的肥腸店都吃了一遍後，公認：最正宗的是一向低調的「江油肥腸」，最新潮的是開張不久的「太白肥腸」。

在江油，以李白的字號太白命名的公園、社區、學校、店鋪、廣場、街道、橋樑等滿目皆是。江油肥腸也不甘被邊緣化，於是也有家叫「太白肥腸」的店。「太白肥腸」位於曲裡拐彎的太白巷，是一個小店。店子前半部分是店堂，後半部分是廚房，廚房後面是天井，清洗肥腸就在天井裡進行。店堂兩邊靠牆各放四排長方形的餐桌，是個標準的家庭庭院式肥腸店，倒是別有一番情致。

「太白肥腸」店子雖不起眼，但很整潔，加上味道好，所以儘管巷子深，大家還是喜歡到這兒來吃。每天從早上八點開門到晚上十點打烊，都是座無虛席。我問老闆馬渭龍：「你們生意這麼好，為啥子不到太白廣場、太白公園、太白橋、李白大道等熱鬧地段去開店？」馬渭龍笑而不答，顯得神秘兮兮的。

「太白肥腸」的主廚梁友山曾在「江油肥腸」幹了二十多年，早把「江油肥腸」的絕技學到手了。據他講，江油紅燒肥腸出自三國末年。當時蜀國宮廷腐敗，後主劉禪在成都整天尋歡作樂，聲色犬馬，不理朝政。魏國征西將軍鄧艾翻越摩天嶺攻打江油關時，江油的守將是馬邈。好吃肥腸，還經常自己動手燒製得一手好肥腸，故而人們私下裡稱他為「馬肥腸」。當時，魏國兵臨城下，馬邈認為蜀國氣數已盡，加上魏軍是江油守軍的數十倍，沒有必要拿自己和江油全城軍民的身家性命作無謂的犧牲，就開關納降。江油一丟，成都沒了屏障，蜀國很快滅亡。馬邈也因此留下了千古罵名，免遭屠城之災的江油百姓更是恨之入骨。從此家家做肥腸，家家吃肥腸，都在想像中是在嚼「馬肥腸」的肉。久而久之，紅燒肥腸就成了江油的特色小吃。

鄧艾進入江油後，常以征服者自居，動輒殺人，弄得民怨迭起，人們更加怨恨「馬肥腸」。鄧艾知道馬邈擅烹肥腸後，就叫馬邈給他做一頓肥腸吃。馬邈知道此去凶多吉少，就把烹製肥腸的秘方交給兒子，讓他出逃，並叮囑他：「日後不可為官，開一肥腸店度日即可」。馬邈把肥腸

烹製好後，屈膝呈給鄧艾，鄧艾卻「嘩」地潑到地上喂狗，那狗吃後很快死了。鄧艾大怒一刀劈了馬邈。從此馬鄧兩家世代結怨，嚴禁兩姓通婚……。後來馬邈的後代重回江油開起了肥腸店，為避嫌就沒叫「馬肥腸」，而叫「江油肥腸」。然而鮮為人知的是，「太白肥腸」店主馬謂龍，正是當年鎮守將軍馬邈的後裔。

馬渭龍原本想把肥腸的祖傳技藝秘授給女兒馬麗，但一個新潮時尚姑娘說甚麼也不接受。見女兒對烹製肥腸不感興趣，就一心想找個喜歡烹製肥腸的女婿，把這延續了一千七百多年的絕技傳下去。經考察，主廚梁友山的外甥鄧古泉成了最佳人選。一年後，鄧古泉跟馬麗在太白大酒店喜結良緣，「太白肥腸」也更名為「江油肥腸」旗艦店，距今已有一千七百多年的歷史的「馬肥腸」也隨同那把古老銅勺一樣傳承下來。

093 埋砂酥餅

「李白故里」江油市，是川北的一顆亮麗明珠，該地有一款古樸小吃「彰明埋砂酥餅」，當地人稱為「薄脆子」，因其做法別致、色澤金黃、香酥可口，而一直深受人們喜愛。這一小吃已有一百二十年的歷史了。

提起江油，很多人都知道。說到埋砂酥餅，不少遊吃天下的驢友也有品嘗，但若問到彰明鎮，恐怕就鮮有人知了。詩仙李白卻與彰明有段很深的淵源。李白年輕時，曾被招募作過彰明縣的小官吏，並有一首李白作的五言絕句《謝令妻》流傳於世：「素面倚欄鉤，嬌聲出外頭。若非是織女，何必問牽牛。」這首詩是李白少年時的一段趣事。

一天，李白牽牛從縣衙門口經過，恰值縣令之妻斜倚欄杆，觀賞田園景致，見李白牽牛過堂

前，頗覺掃興，於是怒斥之餘，還非要縣令加以責問。李白當時便以這首詩回應了驕橫的縣令妻子。不料，縣令聽了此首絕句，非但沒有責難李白，反倒為他的從容對答，寓莊於諧，才思敏捷而折服。事後，縣令要李白陪他一道攻書、宴飲，吟詩作賦。此事在當地傳為佳話，足見李白少時便是才氣不凡。

江油彰明縣坐落在涪江河畔，而「埋砂酥餅」之「砂」，便取自涪江河壩上的沙灘做傳熱介質，把餅埋在炒熱的沙子裡炙烤酥脆而得其名。彰明所在地域為川北，是川陝通道之重鎮，歷來多受西北飲食習俗的影響，像如今川北不少的名小吃，米粉、涼皮、蒸饃、燒餅等。埋砂酥餅亦源於陝西咸陽的「石子饃」，只是比其更為精細，靈秀。

這種以沙或石子傳熱來烹製食物，是祖先流傳下來的一種古老的烹食方法。四處可見的「糖炒板栗」，實則就是砂炒，只是在把砂子加熱時，放入了少許糖水，受熱後散發出一股焦糖香味。此外，還有「砂炒胡豆」、「砂炒苕片」、「砂炒花生」、「砂炒瓜子」等，川菜中還有用熱砂來發製海參、蹄筋、響皮等乾貨。

彰明埋砂酥餅，以其酥香爽脆的特色和獨特製法，成為廣受歡迎的名小吃。在彰明甚至江油的街巷中，每天清早一見亮，做餅的案桌邊總是圍滿了人，耐心等候取餅。炙餅的鍋內散發出陣陣襲人的熱氣和麥麵香味，翻餅時那砂子、鍋鏟和餅子之間發出的沙沙聲，師傅擀麵、扣餅胚時，擀麵杖及打案板的啪啪聲，竟好像成了清晨街市的協奏曲，響亮而清脆，使人感到振奮，忘卻了排隊候等的煩躁不安。

那白白的麵胚在黑亮亮的沙子中，由白漸變到淺黃、橙黃，直到金黃色。此時，一股股酥香飄忽，剛出鍋的酥餅散發著濃濃的麥麵香、甜香、油香，誘得人心慌意亂，饑腸咕嚕。拿在手裡滾滾燙燙的，兩手不停翻動，送到嘴邊輕輕一咬，翻出令人快意的嚓嚓聲，酥脆得很。彰明埋砂酥餅趁熱吃，便是外酥內柔，綿軟香美，淡甜可口。

埋砂酥餅雖說帶有濃郁的鄉土特色，但在製作上還是十分講究和精到的。通常要經過「製砂」、「製餅胚」、「炕餅」三個技術環節：

製砂，是指要篩選從河灘取來的砂子，用綠豆大小的粗砂洗淨，倒入平底鍋中加熱，分數次加進菜油不斷翻炒，至砂粒黑亮光滑方可，且砂量宜多不宜少。

製餅胚，麵團分成兩塊，一塊加酵麵、�城（小蘇打）及糖揉和均勻，另一塊麵團加菜油揉製成油酥麵；兩種麵胚分別揪成小坨，將發酵麵壓成扁圓，包入一份油酥麵，再擀成長薄片，由內向外卷成筒狀，豎立從中切開，酥口朝外，扭成旋餅狀，擀開後折成正方形，再擀再折，反復五六次，最後擀製成長方形薄餅，兩面粘上芝麻即成。

炕餅，把製好的河砂加熱至滾燙後，把上半層平推開，將胚餅放在砂子上，再將推開的砂子覆蓋在餅胚上，炕約五分鐘，再以上法翻面復炕，使其受熱均勻，待餅炕至熟透金黃時，即出鍋成埋砂酥餅。

「埋砂酥餅」那獨特古樸的製作方法，金黃酥脆又極富鄉土風味，是其他燒餅、烤餅、鍋魁一類無可比擬的。彰明埋砂酥餅，是絢麗多姿的巴蜀小吃中一朵奇葩，花雖小，卻吐露出巴蜀小吃的所蘊含的秀美與靈氣，自然又不乏溫馨可人的鄉風、鄉味與鄉情。

094 梓潼三絕

梓潼在綿陽市西北五十六公里，因「東倚梓林，西枕潼水」而得名，這個縣在古金牛道的南端，也是成都平原與川北山地的交接處。從這裡向北地勢越來越高，向南地勢低下，一馬平川，直達成都，故有「陂去平來」的稱呼。梓潼歷來被視為是古蜀道南端的一顆耀眼明珠，尤以七曲山為勝。

七曲山大廟相傳為晉人張亞子的祀廟，歷經一千餘載，廟內供著一位帝王打扮的神像文昌帝君。傳說帝君系天上文曲星下凡，專管人間功名利祿。故歷來文人學士、仕官儒生都要頂禮膜拜，是他們祈求功名的聖地。七曲山大廟的「應夢仙臺」，相傳還是唐明皇得夢之所。現今仍存的樓閣寺殿，集元、明、清三代建築之精華為一體。山中古柏蒼翠，遮天蔽日，一派蕭然之意，幽雅神秘。七曲山文昌殿側，翠雲廊風雨橋下，蒼蒼鬱鬱的蜀道古柏，掩映著文昌帝鄉，七曲山大廟的殿堂樓宇，也掩映著一面透亮玻璃窗，窗邊滿桌擺放的便是梓潼美食三絕：片粉、鑲碗與酥餅。

梓潼片粉

梓潼土地肥沃，物產豐富，自然生成和歷史形成的名食特產較多，素有「五穀皆宜之鄉、林蠶豐茂之里」的讚譽。其中梓潼片粉便載入《中國食典》，梓潼酥餅更是歷代貢品。梓潼片粉是流傳在川北的一道名吃，即巴蜀涼粉的另類形式和吃法。其色澤透綠，口感清爽，深得食客喜愛。梓潼境內丘陵起伏，盛產綠豆，其色碧綠無雜。相傳明清時期，凡逢七曲山大廟會，當地即有以綠豆為原料製作片粉售賣。

據傳，清光緒年間，梓潼東壩一位仇姓廚師，在為人做席的長期實踐中，不斷總結經驗，經多次實驗而創造出這一美肴。他總結出做片粉的原料，應採用優質綠豆、豌豆、紅苕澱粉為主料，其中以綠豆為最佳。其做法是，按照民間傳統工藝，配以清甜井水，泡發、磨製、熬漿，精工細作。綠豆片粉，則以綠豆澱粉、韭菜汁加工製作而成；豌豆片粉，當用豌豆澱粉加菠菜汁調製而成；而紅薯片粉，需用紅薯澱粉加青菜汁調製。三種片粉色香味及口感均各有其特色。

通常的做法是把澱粉與菜汁中的自然色素相融合，稀釋成漿，舀入平底圓形金屬鍋內蕩平，放入沸水鍋中擺動數下，待粉漿凝結成薄膜狀，將平鍋提出放入清水冷卻，然後起出平鋪在桌上，照此分法碼一～三寸高，用刀切成寬約一寸的長條，吃時再一片一片撕開，薄滑透明，故稱片粉。

梓潼片粉，以綠豆片粉為例，色澤綠如翡翠，質地細嫩綿紮，柔滑而富彈性，光潔而層次分明；食時兌料亦多有卯竅，當地百姓多以麻辣酸沖之風味為主，澆以豆豉醬汁、窩油、高醋（濃醋之意），紅油辣椒、香油，大蒜、薑末、芥末等，觀之綠波輕漾，食之麻辣沖香，嚼之柔韌爽滑，咽則清幽涼爽，實在是讓人盪氣迴腸。

又因只有用梓潼之水做出的片粉才有如此筋力，抖之不斷，食之柔軟，故成梓潼一絕。

梓潼片粉是當地街頭隨處可見，餓了打個尖，饞了香個嘴的傳統小吃。初看，真不敢相信這東西是可以吃的，綠茵茵的一堆放在那兒，色澤鮮豔、晶瑩剔透。一碗片粉不過二、三塊錢，老闆娘熟練地把製好的大塊片粉按客人要求，撕成大小不一的條狀，加入熟油辣子和花椒油，滴點醋，少許蒜泥，講究的再放幾顆炒好的乾黃豆，拿筷子拌勻，哇，一片還沒入口，口水就要流出來了，辣乎乎，麻酥酥，酸溜溜，涼悠悠，嚼起來還有股韌勁，趕口得很哦。

然而最令人心醉神怡的，還是在七曲山大廟品嘗梓潼片粉。那莊嚴、雄偉、幽深莫測的道觀宮殿，青煙繚繞，翠柏挺拔，讓人不僅僅是發思古之幽情，更暈暈眩眩彷彿置身在千古世間。而八仙方桌，青花瓷盤中那長片長片，幽綠幽綠纏結在一起的片粉，不染塵俗的半透明綠意，可比神仙洞府的仙枝碧葉。「蜀道翡翠」一名，並非翠雲廊古柏的專屬，在我看來，潤碧如梓潼片粉，即為另一種風格的「翡翠」。翡翠之上，再灑以淺綠的蔥花和油紅的調料，有如一幅嬌豔含羞的唐宋仕女圖映入眼簾，誘人下箸，餐其秀色。那質地爽滑且有韌性的片粉，柔嫩、滋糯、麻辣、微酸、涼口、清心，只要一入口即成相思之物。

梓潼酥餅

梓潼酥餅，俗稱「薄脆子」。其發源地是梓潼許州，故又稱許州酥餅。主要以小麥精粉、化豬油、白糖、芝麻等為原料，採用傳統工藝和獨特配方製作。舊時用木炭火，現採用電烤爐烘烤而成，具有形如滿月，色澤淺黃，光澤明亮，酥紋均勻清晰，香而酥脆，入口化渣，回香淡雅等特點。

其品種也由過去單純的甜味，發展為檸檬、香蕉、椒鹽等八種，老幼皆宜，久食不厭，有盒裝套裝，規格各異，富麗精美，被譽為食中佳味，饋贈上品，梓潼經典美食之一。

酥餅原本是梓潼的一種鄉間小吃，以前，這種餅不是隨時都可以品嘗到的，只有農閒時才能吃到。特別是到了盛夏，農民忙完了地裡的活兒，閒時用新磨的小麥粉做出的酥餅特別好吃。在鄉村，差不多家家戶戶的女孩都會做。這在過去幾乎是梓潼鄉間的一種習俗。女孩們之所以要學會做酥餅，是因為怕嫁人後說她是「下不了廚房」的懶女人。

梓潼酥餅製作歷史也十分悠久，相傳早在漢代就有酥餅了，司馬相如與卓文君寄居梓潼時，就常以酥餅伴酒吟詩，因此有「金樽美酒香酥餅，相如彈琴醉文君」的古詩句。唐代天寶年間，據傳唐玄宗李隆基入蜀時，途經梓潼上亭鋪，地方官員以酥餅貢奉，玄宗嘗之讚不絕口，後上貢朝廷，逐成為「貢餅」而揚名天下，並稱之為貢餅。

梓潼鑲碗

鑲碗，又叫香碗，始見於文昌家宴及廟會祭祀。唐明皇入蜀嘗之，盛讚不已。其後廣見於鄉間田席，是九大碗中之頭菜。亦為綿陽地區紅白喜事之必備菜品。鑲碗因選料精良、刀工細微、製法神秘，非廚品高潔、廚藝精練者難承其技。通常採用豬之寶肋五花肉，輔以豆粉、蛋清，清油、香油、藥料、香草等於鍋中炸烙煎炒，製至三成熟；又以竹筍、木耳、香菇、黃花、魚肚、金鉤、魚翅、扇貝為鋪墊；以瀘州青花細瓷缽或威遠素白粗陶缽盛之，放入青絲竹籠蒸上半日方成。近觀，其色如凝脂蒼玉，其形玉潤珠圓；嘗之，其香濃郁清醇，其味豐腴綿長，有龍安酥肉、東坡肘子之大風。故與帝鄉臘肉、西壩片粉、潼江無鱗魚號稱「四絕」。

近年間，中國川菜第一人，綿陽廚壇高人史正良大師，在總結傳統鑲碗製法的基礎上，對其不斷提煉、昇華，創新出「菠餃鑲碗」、「海味鑲碗」、「雙喜鑲碗」、「白汁鑲碗」等菜式，進一步豐富了這款地方名菜的風韻魅力。十餘年前，史大師曾親自動手，為我演示了梓潼鑲碗的傳統工藝，成品雍容豐滿、亦如大家閨秀，湯汁清香鮮美，食料豐富多滋，滋潤爽口，鄉土風味濃醇，品嘗間，頗感其香風雅韻非人間所有。

誠然，鑲碗在巴蜀各地的「八大碗」、「九斗碗」之田席或壩壩宴中皆有，但梓潼鑲碗尤以選料精廣、製法別致、工藝複雜、技術難度大而著稱，譽為「梓潼三絕」之一，實為名不虛傳。

如果說，梓潼片粉是清秀嫵媚，梓潼鑲碗則雍容雅麗。據說，鑲碗最初是一宮廷御膳所創製。明朝世宗年間，總督京營戎政官員仇鸞，因被奸臣所害，隨帶家小及家廚逃至梓潼避難定居，並改姓喬，此菜便流傳至民間。由於肴出宮廷，鑲碗的外表頗費心考究，濃筆重彩，大有皇宴之風。上席即置於正中央，碗形如寶蓋，堂而皇之，氣定神閒。

碗缽中，以蛋清、蛋黃、肉末等分層鑲嵌而成的鑲碗，呈塊狀疊加，紅肉居上，鑲嵌著白、黃雙邊，層次分明，色彩協調，形制精美。尤其是那抹蛋黃金邊，明麗高貴，不無矜持地流露出幾分尊榮。但出身皇家的鑲碗既入民間，也不乏隱者的低調。清蒸之後，熱熱的鑲邊肉塊，斜斜地泊於漂著油花蔥花的羹湯之上，一副悠閒而又清淡的模樣。細品鑲碗之味，則鬆軟柔和，清香鮮美，口感溫婉。

095 閬中白糖蒸饃

元曲《誠齋樂府．豹子和尚自還俗》劇中有「馬回回燒餅十分大」之語。回族入川後傳承了先輩的飲食習俗，並長期與漢、羌、彝、藏、苗等民族和諧相處，在飲食文化上引進了很多品種，吸收了各民族的烹飪經驗，又頑強地表現著自己的個性，閬中白糖蒸饃就是一個典型的食物活化石。

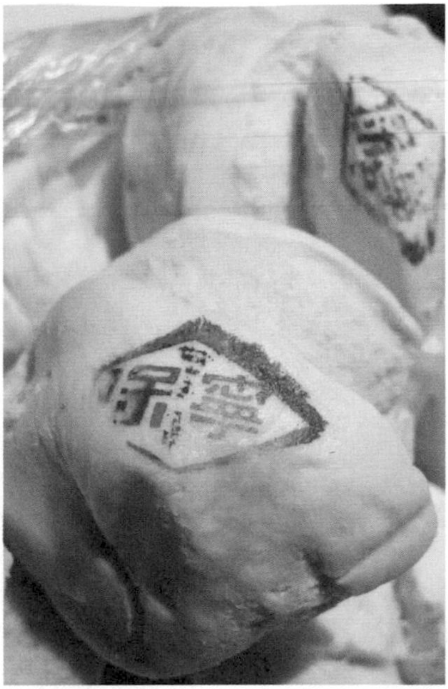

一年四季，每天清晨朝暉初起，一聲聲「白糖蒸……饃！」的叫賣聲，從閬中許多鄉鎮的街道上傳來，在晨霧中悠悠揚揚。三三兩兩的購買者擁到三輪車前，爭先恐後地購買。閬中古稱保寧，蒸饃歷時久遠。早在蜀漢虎將張飛鎮閬七年間，所轄軍中皆以蒸饃為主食。其饃碩大，形若童枕，故稱「枕頭饃」。軍士行軍作戰，便於攜帶，以刀切片食之也方便。後人為紀念張將軍，便將蒸饃取名「將軍饃」。唐宋時，閬中學子尋幽苦讀，也常以蒸饃充饑，孕育出了尹樞、尹極、尹樞、陳堯叟、陳堯咨四個狀元。於是，蒸饃又有了「狀元饃」的傳說。

唐代閬中人尹樞、尹極兄弟。去京城趕考，臨行攜帶老母準備的白糖蒸饃做旅途乾糧。這蒸饃色白如雪，味襲桂花，熱吃耐嚼不粘，柔和綿軟，甘甜不膩；冷食酥散爽口，唇齒生香，餘味悠長，眾趕考學子爭相品嘗。其後，金榜題名，尹樞喜中狀元，一時間，長安城便盛傳才子、美食之佳話，便將白糖蒸饃稱為「狀元饃」。

清乾隆初年，移居內地的回民哈公奎深闇閬中蒸饃技藝，融入西北祖傳胡餅耐存的秘訣，創製了保寧白糖桂花蒸饃。他以上等白麵、白糖、桂花為原料，發酵不用純鹼而是在適當氣溫下培植自然酵母，既保持了麵的清香，又生出純正的麴香，加上桂花汁後，更是獨具特色。蒸饃出籠芳香濃郁，色白如雪，柔和綿軟，熱吃嚼而不粘，冷吃酥而爽口。

民國十五年修的《閬中縣誌》載：「川中之麥皆花於夜，邑中之麥有獨花於午者，故其麵特佳。舊志云：麵惟保寧最知名。取南麥碾細，用重籮篩之，白如乾雪，蒸為饅首，名曰蒸饃。遠行者攜至千餘里外，雖外黴內燥，去其黴，以水浸之，縱隔數月，蒸之移時，而色香如故。」閬中白糖蒸饃，因其色味俱佳，久存不腐而名聲大噪，代代相承，保寧蒸饃鋪亦因此生意紅火長達數百春秋。

蒸饃風情

一九四四年，著名大畫家豐子愷在閬中辦畫展，他不僅留連於琅嬛福地的閬中山水，而且對閬中地方名特小吃頗為青睞，評價很高。當時的滿漢全席、張飛牛肉、松花皮蛋、蒸饃、油茶等都一一品嘗，興之所至，詩興大發：「錦屏山下客留連，蒸饃油茶勝綺筵。他日五湖尋范蠡，夜船剪燭話當年。」

一九五〇年代，西北一位知名教授、詩人慘遭厄運，其家侄特別帶上他小時喜食的家鄉蒸饃去探望。他感激零涕，自己留點吃外大多分送給了好友。後有兩饃遺留在篋中，三年後偶然發現，完好如初，色澤依然，蒸而食之，竟與鮮饃無異。

如此種種傳奇佳話，可見閬中白糖蒸饃色香味頗具名氣。這無疑要歸功於原材料的獨特優異，以及做工手法的天然精道。一九一二年，該地醋坊老闆田福順，以乾饃吸足保寧特醋，再曬乾磨粉製成保寧乾醋而一舉奪得巴拿馬萬國博覽會金獎；民國二十五年（一九三六）《四川月報》將保寧蒸饃列為閬中八大土特產品之一，排名第四；一九九〇年，保寧蒸饃躋身於四川二十二種名小吃金榜。

在漫長的歲月中，閬中白糖蒸饃最有影響的，曾有古城東大街的「王切麵」蒸饃和「新世界」的劉蒸饃、羅蒸饃等老牌號。各家之蒸饃技藝與秘方代代承傳。如今去到閬中，亦隨處可見當地居民做成各種形狀的蒸饃。如二龍戲珠、吉慶鯉魚、塔形壽桃、飛禽走獸等，但多數為四角微翹的船形小蒸饃或兩瓣形的小蒸饃。為有別於其他店家樹立自己的品牌，較有名氣的店家都會用紅色的食用色素在蒸饃上戳上本店的菱形印章。甚而至今，閬中鄉下大凡建房立屋，還要「拋梁饃」，祝壽作壽桃、婚宴作回禮等習俗。

無論何種形態的閬中蒸饃，由於其獨特的製作工藝與其他同類食品製作方法迥然不同，而使其味香甜，色白如雪，口感綿軟，耐運耐存；冬天放三個月，夏天放七天，春秋放一個月，其色不變、其味不敗，回籠再蒸，口感如初。閬中蒸饃吃法也是多種多樣，風味紛呈，蒸煎煮烤炒，水煮、油炸、咖啡泡，蒸饃都不散不垮，還可以切成小塊當作小湯圓下鍋。閬中蒸饃既無饅頭的鹼澀味，也無麵包的乳酸味，口感清新爽美。

閬中人通常最愛的吃法，一用鍋蒸，時間不要太長，等蒸饃完全鬆軟了即可，吃起來清香滿口，回味無窮；二是在火上慢慢地烤，等蒸饃烤出了一層黃色的硬殼就可以吃了，這樣烤出來的白糖蒸饃表面硬脆，內部酥軟，堪稱極品。老人、小孩都很喜歡，不少人早餐、夜宵都以蒸饃為食。外來客人也多購買以作饋贈品。

在閬中蒸饃中，閬中市蒸饃廠生產的保寧牌蒸饃的品質最為上乘。因生產保寧蒸饃需特殊的水質，保寧蒸饃只能在閬中生產。保寧蒸饃以前幾乎沒有主動離開過閬中。外地人出差或旅遊閬中，總要捎上一兩袋保寧蒸饃回家，與家人共用這華夏獨一無的特色美食。

閬中風情

閬中古城隱藏於川北的山巒深部。《說文解字》中說：閬，門高也。——閬中山如高門，故名閬山；嘉陵江流經閬山，故名閬水；城在閬山閬水之間，而名閬中。著名詩人杜甫遊覽了閬苑名跡，寫下大量讚美閬山閬水的詩章「閬州城南天下稀」感歎閬中山水的秀美。悠悠的江水，從幾千年以前流過來，又流到幾千年以後，執著地流向一個不可知的未來時空。

閬中古城有著「三國血脈」、「唐朝的筋骨」、「明朝的肌膚」。即蜀漢之血雨腥風，唐朝之風流軼事，明朝的風花雪月。歷朝歷代，這裡都名人輩出，有委婉的故事，動人的傳說。知道閬中，緣於它古老厚重的歷史。這個倚臥在嘉陵江中游的小城與山西的平遙、雲南的麗江以及安徽的歙縣被合稱為中國四大古城。

離成都三百餘公里，這座以山水與城市的形狀命名，有二千三百年歷史之古城閬中市，在源遠流長的歷史長河中，境內聚居著漢、回、蒙、滿、苗、彝、壯、侗、水、黎、布依、高山、納西等民族，彼此休戚與共，和諧相處，成就了獨特的人文風情和飲食文化，被譽為中國名特小吃之鄉而遠近聞名。但凡有深厚人文積澱的地方，其市街的美食也必定會有「不走尋常路」的風味特色。故而，閬中美食素有「八怪」之稱，「張飛牛肉燻黑賣，白糖蒸饃紅章蓋，男女吃醋不爭風，窯壓清酒飄四海，奉國大米做豆腐，油茶饊子趕早臺，涼麵套勺熱臊子，出爐鍋魁夾涼菜」。

「八大怪」並非是閬中美食的全部，閬中的飲食無比清晰而深刻地詮釋著這座歷史古城無比深厚的文化遺韻。人生在世，吃遍天下未免是一種奢望。但是，能夠品嘗到人間的一部分特異而古老的美食，也算是口福不淺，足以讓人欣慰了。

096 張飛牛肉

在川北各地，到處都可見可聞三國蜀漢的文物古跡和傳說軼聞。閬中更是一座蜀漢古城，軍事要塞。在閬中，三國故事家喻戶曉，特別是張飛。閬中人民對這位古代英雄的愛戴隨處可見——進城的路口處，就赫然一座立馬挺矛、怒目圓睜的塑像。悠悠千載歲月，歷經滄海桑田，閬中人仍然把張飛將軍視作這座古城的守護神，張飛已然是他們心目中的偶像與圖騰。

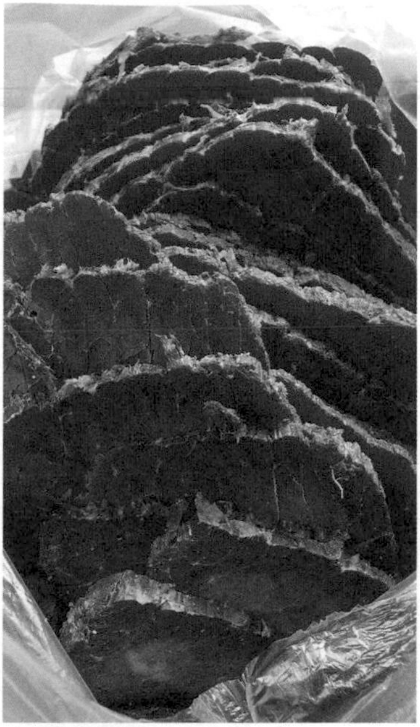

張飛在這裡做了整整七年太守，閬中得益於張飛的實在是太多，閬中人民豈能忘懷啊。世人只知張飛勇猛粗獷，只有閬中人才知道，他愛民如子、治理有方、勸課農桑、發展生產。閬中在張太守當政時，進入了前所未有的興旺發達的階段。閬中人怎麼不愛戴這樣的父母官。只有來到閬中，細細遊覽閬中的張飛廟，你才能充分感受到張飛人格的豐富多彩。他決不單是一個舞臺上的黑臉勇者，也是一個虛懷若穀的智者，一個上善若水的仁者——臉黑心紅。為了紀念，人們把

當地的一種黑皮紅肉的煙燻滷牛肉，命名為「張飛牛肉」，且千百年來，世世代代的閬中人口口相傳著一個個美麗動人的傳說。

牛肉佳話

相傳，劉、關、張三人在桃園結拜兄弟時，曾大擺酒席，為有可口的下酒菜，張飛把他多年製作牛肉的方法說出來，供廚師製作。原來，張飛不僅是一位屠夫，還是一名烹飪好手，他滷製的牛肉味道十分香美可口。宴席開始，弟兄們一邊飲酒，一邊吃牛肉，猜令劃拳，好不高興。都稱：「張飛牛肉好吃！張飛牛肉好吃！」蜀漢建立之初，張飛隨諸葛亮沿長江溯流而上，一路攻城掠地，拿下江州（今重慶），巴郡盡為蜀土，而後他又受任巴西（今閬中）太守，率重兵鎮守於閬中。他在閬中指揮的一次重大戰役，便是大敗南侵的曹魏名將張郃，大獲全勝後，張飛更是以煙燻滷牛肉犒勞將士。此次戰役，為他可圈可點的戎馬生涯寫下了一筆華章。張郃一敗，曹魏隨即退守河南，漢中巴郡從此便成了穩固的蜀國疆土。

沿襲歷史而稱的「張飛牛肉」，名副其實的原因至少有三：一是張飛好飲，嗜酒如命，甚至最後也死在酒上，而滷牛肉下酒當然是絕配了，這很符合張飛的飲食邏輯，所以燻滷牛肉可以張飛命名；二是有史書記載，說他確實每每征戰獲勝，便喜歡用一種經過特殊滷製的牛肉犒賞將士，這很可能就是現在「張飛牛肉」的雛形，只是工藝尚未完全成熟；三是張飛牛肉一如張飛本人的形象，面黑心紅，黢黑皮面下，切開則是一片紅肉。這種牛肉乾而不硬，潤而不綿，紅潤鮮亮，味道鮮美。一嘗之下，鹹淡適宜，回味綿長。一般的滷牛肉難免塞牙夾齒，而張飛牛肉卻是咀嚼化渣、老幼皆宜，細細品，慢慢咽，可謂色香味俱佳。

張飛品牌

閬中是一座回漢雜居的城市，老回民在逢年

過節時會製作醃牛肉（類似漢族的臘豬肉），做好後為防止腐爛，人們在牛肉表面塗抹鍋底煙灰防腐。這種醃牛肉被人們稱為「保寧乾牛肉」或者「風乾牛肉」，為地方名特小吃。一九八〇年代，閬中縣牛羊肉加工廠一個名叫王正秋的人，負責推銷這種乾牛肉。在一次酒局上忽然想到，乾牛肉名字太一般不好宣傳，若改成「張飛牛肉」這個名字，不僅大有說頭，且一定很吸引人。果然，張飛牛肉一推出，迅速被人們所接受。其後更有不少商家為「張飛牛肉」杜撰出一些故事來增加它的賣點。

張飛牛肉是具有濃厚回民風味的特產，表面為黑棕色，切開後鮮紅的肉質紋絲緊密，不乾不燥、不軟不綿，食之鹹淡適口，鮮香味美，閒吃閒品，伴酒佐餐，均為佳餚。張飛牛肉在清代乾隆年間就遠近馳名，已有二百年歷史，民國時期在成都「勸業會」上又曾被評為「上等食品」。自此聲譽更佳。其實早在一九四〇年代就獲得成都工業協會優質產品銀獎。一九九八年獲中商部優質產品獎，首屆中國食品博覽會銅獎。

張飛牛肉分生、熟兩種。一種叫「風乾牛肉」，是選上等腿筋肉，用鹽硝、花椒醃壓入缸一月，出缸後用柴火燻成褐黃色，然後掛在當風處吹晾，乾至七八分時，再入缸密封，以待食用。另一種叫「熟乾牛肉」，系選用上等好肉，切成一斤左右方塊，去掉筋膜，加食鹽和香料浸醃；然後反復用力搓揉，將其中血水擠盡，使肉質鬆酥入味，再裝入土缸內，密封缸口；夏季四天左右、冬季半月出缸，然後用「百草霜」（俗稱「鍋煙墨」）將肉面塗黑，用烈火沸水煮四、五小時，出鍋晾乾，即熟乾牛肉。一般人們說的「張飛牛肉」就是這種熟乾牛肉。

熟乾牛肉雖表面有一層鍋煙黑色塗料，是製作中為了防腐和襯托肉質紅亮鮮美，既不會汙口也無害處。食用時，切乾牛肉的「刀法」也很講究。要從牛肉絲紋處橫向下刀，越薄越好。這樣切開的乾牛肉，看起來好看，吃起來鮮嫩。老幼啖食，無塞牙傷齒之弊，且營養豐富，強筋壯骨。一直是閬中人饋贈親友，野餐旅遊，宴席配盤，雅飲佐酒的必須。

二〇〇〇年後，張飛牛肉隨著閬中全力推廣旅遊產業而大步走出閬中。在成都、重慶乃至全國各地，知名旅遊景點，以一位身著古裝戰袍、鬚髯如戟、手持長矛的黑臉張飛為標誌造型而為世人皆知，閬中張飛牛肉因此而名揚海內外。

作為四川知名休閒美食品牌，近十年間，張飛牛肉大張旗鼓地打造省外銷售管道，西安、北京、上海、廣州、深圳、香港、澳門等專賣店陸續粉墨登場。二〇〇四年，斥資數億元整體收購閬中保寧醋的中糧集團，轉而又盯上了「張飛牛肉」這一知名休閒美食品牌。

而與此同時，一家風險投資公司，亦也看好「張飛」的巨大影響意欲投資。耗費近兩年多的時間，中糧集團對保寧醋的併購專案大功告成。但雖經幾度艱苦談判，「張飛牛肉」這塊「香肉」，卻依然沒能落進中糧嘴裡。閬中人認為，與大型國有企業中糧集團相比，「張飛牛肉」雖是民營企業，但在公司運作中的自由度要高很多。如果張飛牛肉引進風險投資資金，通過其運作，也有獨立上市的可能。但不言而喻的是，「張飛」在閬中人的心中是神聖不可玷污的，豈能讓他流入他人之手，飄泊異地他鄉呢！

「今天在現場看到川劇，聞到新鮮的麻辣香，感到好親切噢！」二〇一〇年六月六日上午十點，四川．成都大廟會在臺灣高雄市文化中心開始預展，聞訊趕到現場的民眾紛紛盛讚四川成都大廟會。高雄市民林女士姐妹專程結伴趕來參加大廟會，她們說：「提到四川成都，腦子裡馬上浮現的就是高雄到處都有的麻辣香鍋，麻辣兩個字幾乎已經成了四川成都的符號。」兩姐妹品嘗了「三大炮」、「蒸蒸糕」、「天主堂雞片」，而黑臉的「張飛牛肉」最令她們難忘，吃過之後還和黑臉張飛合影留念。

張飛及其牛肉，在千百年後，又迎來和面臨著一個劃時代的發展機遇。這牛肉與張飛一樣，是川北，更是閬中人心目中的鎮山之寶。

097 牛肉熱涼麵

熱涼麵，一聽名字，就覺得怪兮兮的，既是涼麵，為何又熱呢？涼麵，北方叫冷麵，是將麵條煮熟後晾冷，再加輔料、調料拌和著吃。大凡一到熱天，巴蜀各地都有各種風味的涼麵現市。涼麵吃來是涼爽清幽，可口怡身，尤其是在暑熱天氣，更是消暑開胃的一道很舒服的時令小吃。然而，閬中的熱涼麵卻是獨一無二，稀奇古怪。所謂「熱涼麵」，其實就是涼的麵條加熱燙的臊子，閬中人又叫「旱涼麵」、「牛肉臊子熱涼麵」。有外地食客又將其戲稱為「糊塗麵」。何又為「糊塗」呢？這還得從揚州八怪之鄭板橋那句古今傳頌的名言「難得糊塗」說起呢！

據民間所傳，清乾隆年間，閬中伊斯蘭聖地巴巴寺阿訇赴揚州購畫，為寺內潛花廳增輝添景，巧遇鄭板橋而喜得《墨竹圖》。鄭揮毫作畫

時，善做清真美味的阿訇，特地烹製滷牛肉臊子熱涼麵致謝，鄭品食後連讚美極妙極，並詢此為何麵，阿訇隨口答曰「糊塗麵」，鄭聽後仰天笑歎：「真乃難得糊塗矣！」於是便有了「糊塗麵」這段佳話。

閬中熱涼麵的顯著特點，是此麵製作極講章法，首先，麵須擀得薄如白綢，切得細似香籤，煮在鍋裡隨湯起舞，熟而不軟，柔而不斷，麵條撈上案板，淋些香油，以竹筷挑起翻抖降溫，眨眼間便成了金黃蓬鬆的「旱涼麵」。

然後以新鮮黃牛肋條、筋頭肉切成拇指大小的塊，加清油、豆瓣熵乾水氣，與菜油、花椒、蔥薑、醬油、豆瓣、八角等香料炒出香味，掺牛骨湯，加香菌、黑木耳等，小火烹至軟爛，起鍋以純豌豆粉勾二流芡、做成稀滷牛肉臊子汁。

吃時，先在碗底放些在滾水中打過的嫩韭葉、黃豆芽、芹菜嫩尖，然後撈上涼麵，加入調料，特別是炒香的乾辣椒粉，再淋上熱臊子汁拌勻。吃來熱而不燙，溫而不涼，麻辣鮮香餘味悠長，且四季適宜，老少喜愛，讓人吃了過口難忘，穿腸留戀。

抗日戰爭時期，閬中作為重鎮要塞，美國著名空軍飛虎隊，常在閬中機場起降，他們慕名品嘗了熱涼麵，飽享口福之後贊聲不絕，高豎拇指連誇「Ｔａｓｔｙ」。每次離開還用軍用飯盒帶走，回到成都時，盒中的牛肉臊子還是熱的，吃得基地裡的美國官兵滿堂喝彩。

現今，閬中大多中老年人，如果哪天早晨沒去吃閬中最有特色，也是最具名氣的「唐涼麵」，就會一整天都覺得腹中寡淡寡淡的，少了點什麼。而許多成都、重慶遊客在吃過了閬中的熱涼麵後，大都要伸著碗高叫：「老闆，加一元錢的『糊糊』」！（牛肉臊子汁）

閬中的牛肉臊子熱涼麵，應該說還是名副其實的「濃情牛肉麵」，那濃濃的肉滷、濃濃的麵條、濃濃的味道，還有濃濃的古風鄉韻。當一碗正宗的閬中牛肉熱涼麵端上桌時，你會感到驚奇，沒湯沒水的，就是臊子糊糊。再一看，每根麵條細圓細圓的，都拌有香油，黃亮亮的挺有精神，感覺特別有嚼勁。用筷子一翻動，香美撲鼻，那醬紅的滋汁、金黃的麵條、綠油的香菜、白淨的豆芽、清翠的韭菜、褐色的蘑菇，真是五顏六色、風味紛呈的一碗極品麵條。

麵碗的旁邊，桌上還放有一小碗細紅的辣椒粉，一壺上等保寧香醋，一碟子蒜泥。因為麵裡除了臊子與配料，事先沒有放作料的。你可依自家的口味喜好，舀一勺辣椒粉，或倒些香醋，加點蒜泥，一陣攪合各種濃濃的味道就飄溢出來，正是這三樣簡簡單單的調味料，濃妝淡抹般地把這碗牛肉麵點綴得千滋百味，風情萬種，讓你愛不釋口常吃常戀。

不像別的地方，早餐多是稀飯饅頭、豆漿包子。閬中人的早餐就好這樣一碗濃味濃情的牛肉熱涼麵。每天清晨霧靄朦朦，路燈尚明，街上的牛肉麵館就已忙碌起來，老闆、夥計們穿梭與店前店後準備開賣早堂。而上班的、上學的，此時此刻也三三兩兩光顧來了。有人還沒走到店子就要喝起來：「老闆，二兩！」然後淡定地坐等牛肉麵上桌。老闆也高叫一聲：「來嘍！」便動作麻利地拿碗、挑麵、夾菜，然後從一口大鍋中，那咕嚕咕嚕冒著熱氣的牛肉臊子湯羹，舀一大勺淋在麵上，再重重地舀一勺煨透了的牛肉上去就端麵上桌。老道的食客，一般是先深深地吸一口牛肉、香菜及湯汁的濃香美味，再用筷子把香菜翻到碗底，接著倒幾滴香醋，舀一兩勺辣椒粉，再來勺蒜泥，不慌不忙地翻攪均勻，方才「唏——籲」吸上一口黏糊糊的湯汁激發吃情，這才算是舒舒服服地品享到了牛肉臊子熱涼麵的精髓。

熱涼麵是回、漢居民共同喜歡的傳統小吃，閬中人家都會做。只是家戶人家製作涼麵大都用料節儉，味道適中就可，遠不及閬中城裡「唐家牛肉館」的熱涼麵正宗道地。「唐涼麵」單憑那濃郁的味道，就會把一條街都給香了，聞起來很是令人垂延欲滴，更不用說吃在嘴裡的那種奇特香美的風味，麻辣多滋的味道，滑爽的口感。因此，唐涼麵作為閬中人之口福，就自然是聞名遐邇了。

「唐家牛肉館」的店堂並不寬敞，但那張結實厚重的擀麵案板卻是大得出奇。特聘的麵點師傅姓雍，人長得牛高馬大，他搓、揉、擀、切麵的技藝十分高超，動作嫺熟而又快慢有節，周身肌腱凸起，用力沉穩老道。案板上堆得像雪山樣的麵團，在他靈巧有力的雙手和擀麵杖的運動下，不一會兒功夫，便神奇地變成了一匹白綢似的麵皮，且是厚薄均勻、極有韌性。

雍師傅切麵用的刀更是非同尋常，其刀長一尺五、寬四寸有餘，刀口鋒利，寒光閃爍。他切起麵來運刀如風，又快又准。切出的麵用手一摟一抖，全成了一根根細如香棍般的麵條，整整齊齊、根根分開，完全可以和如今之及切麵機比美，然而無疑遠比機器切出的麵條柔韌爽滑，口感道地。

店老闆唐大娘說：「師傅擀麵功夫無人可比，不僅麵條粗細均勻合適、很有勁道，而且下鍋不糊湯、不斷節、入口滑爽有嚼頭，是做涼麵的最合適的麵條」。有趣的是說到高興處，大娘還唱起一首兒歌：「雍師傅，會擀麵，擀的麵，像刀片，切的麵，像絲線，下在鍋裡團團轉。爹一碗，媽一碗，案板底下藏一碗。隔壁貓，打破碗，找麵找得四處竄」。

雍師傅麵條切好後，就輪到唐大娘夫婦煮麵拌麵了。夫妻二人配合相當默契，猛火燒鍋，沸水下麵，緩緩攪動，打去浮沫，待麵條浮起即撈出晾在案板上。然後一邊用一把大蒲扇扇涼，一邊淋上少許香油，同時用一雙長竹筷子挑起麵條，不停地翻抖，眨眼間，一大堆色澤黃亮，蓬蓬鬆鬆的涼麵就成了。一根根細長的涼麵，柔中有筋、手抓不斷、筷挑不爛、清香四溢，真是十分誘人。

因是牛肉館子，唐家的涼麵牛肉臊子，也是其獨家特色。牛肉是當日宰殺的黃牛肉，肉質格外鮮嫩；勾芡則用純豌豆粉，潔白細膩；就連涼麵鋪底的綠豆芽，也是細小乖巧，放進開水中稍

燙斷牛，那是又嫩又脆又香。唐涼麵的牛肉臊子製作十分精細，先把牛肉切成指頭般大小的丁塊，入熱油鍋中腩乾水汽，再加剁細的郫縣豆瓣炒香，下薑米、蔥末、精鹽、醬油、八角、三奈、小茴香、花椒、橘皮等炒出香味，再放入香菌、黑木耳等合炒，上色入味後，摻進適量清水小火煨熟軟，最後摻入牛骨熬製的原湯，燒開後勾稀釋芡粉成糊狀。此時，你看那臊子，紅亮鮮香，濃稠味美，真是香死個人哩！

說起這碗唐涼麵，或是牛肉熱涼麵，在閬中只賣早上與晚上，時間不對可是嘗不到。而唐涼麵因用料考究，製作精細而色香味濃烈鮮美，一年四季備受大眾喜愛，閬中人更使其為閬中獨一無的美味小吃。無論日常家居，還是宴請親朋，唐涼麵都是必不可少的，因為它是閬中人眼裡的驕傲。的確也是，一旦走出閬中，你在哪裡還能吃到這樣正宗的牛肉臊子熱涼麵呢？恐怕留給你的只是那難忘的美味追憶了。

098 酸菜豆花麵

酸菜是川北地區一種極普通的方便食料。過去川北有「酸菜紅苕半年糧」的說法，那是因為當時川北人民的生活貧寒，酸菜紅苕幾乎成了當地人的主食。至今仍記憶猶新的是在廣元的那些日子，山裡人家那煮熟的大塊紅苕，還有從瓦罈子裡抓起來的，有很多泫絲絲，酸得驚牙的酸菜。它不是做酸菜魚那種泡酸菜，也不是北方人用大白菜醃的酸菜。閬中民間的酸菜有其獨特的酸香味和口感，總是令人回味無窮。尤其在物質極為匱乏的年代，酸菜更成了那時人們解決饑餓，度過荒年的必備食品。閬中人家房前屋後的空地裡都種滿了青菜，有的則每隔幾天就會采一大捆青菜葉回來，擇去老葉並用清水洗淨後，放入開水鍋裡煮至七分熟時，撈出來放到木缸或瓦缸裡焖兩、三天，這樣就做成了酸菜。

閬中百姓大多愛用這種酸菜來煮稀飯，清香微酸，開胃解渴；用來煮湯，則酸香可口，消暑解乏。閬中人就是用這酸菜做出了酸菜豆花、酸菜豆花麵、酸菜肉絲麵、酸湯肥牛、酸菜魚等膾炙人口，經久不衰的名食佳餚。

酸菜豆花麵，在古城人們的心中，有著揮之不去，藕斷絲連的縷縷情結。相傳清朝初年，保寧府（閬中舊稱）下新街住著一戶喪姓人家，喪家家境貧寒，靠做酸菜賣度日。當時的保寧府是南北水陸碼頭，下新街又緊靠嘉陵江邊，行船的船工、搬運的腳夫、買賣東西的農民，都要歇腳吃飯，因勞累疲乏，大多都喜歡帶酸菜味道的飯食，一來開胃提神，二來便宜。喪家便試著用自家的酸菜做成臊子，添在煮好的麵條上，供那些下苦力的人食用，這就是最早的——酸菜麵。由於喪家的酸菜較有名，其酸菜麵亦因價廉味美而廣受歡迎，生意逐漸興盛起來。

其後，傳到喪文喜這一代，這娃兒特別的心靈手巧，他在酸菜臊子的製作上下了一番功夫，做得更精細，風味更香濃。開發了價廉物美的酸菜豆花。他做豆花不用滷水來點，而用酸菜的酸水點製豆花，結果點出的豆花特別的鮮香。隨後他又反過來用豆花水煮酸菜，再加進豆花、薑米、蒜苗、蔥花，便做成了清香爽口，風味別樣的酸菜豆花。其後又把肉臊放進酸菜豆花中，就成了酸菜臊子豆花。喪文喜把這一新創製的酸菜臊子豆花放在煮好的麵條裡，吃來格外酸香味美，風味多滋，爽口爽身，結果每天來吃酸菜豆花麵的是越來越多，人們亦口口相傳，酸菜豆花麵便成了閬中的鄉土風味小吃。當地居民、學生、商人，南來北往的客人，甚至官吏都特別喜愛這款風味獨特的麵食。成都和重慶來閬中的鉅賈、大亨也多以此麵作宵夜。甚至有些在北京、南京做大官的閬中人，一時想得心慌發癢，還派專機前來購買，搞得十分誇張。

據傳，後來還有一位叫桑心的精明女人，在古城開了家獨具特色的「桑記清湯素麵」。她用上等的金黃色酸菜和著雪白豆花，精心烹飪成十分美味的菜湯，添加在煮好的寬麵條碗裡，便成了酸菜豆花麵。一碗麵條裡，酸菜、豆花、豬油、辣椒油、蔥花、麵條，勾引著人們的食慾，吃起來酸味香濃、豆花細嫩、寬麵上口、湯味鮮美，色香味都相當地動人。且因其實惠價廉而受到城鄉百姓的普遍歡迎，生意十分火爆。桑心也由此出了名，成了古城酸菜豆花麵、酸菜豆芽麵、酸菜系列麵食品牌的代名詞。有人亦順著桑心的名字戲稱為「傷心麵」。

酸菜麵是以酸菜豆花作臊子和手工麵條做成的。酸菜用上好醃漬青菜做成。經過多次淘洗，切成細絲，加菜油、花椒粉、生薑、胡椒粉炒製，然後加豆花水用文火煨燉，煮出的湯呈白色，所以有人誤以為是雞湯。吃麵時再放上豆花臊子，放芫荽、蒜苗、椿芽、紅油等即可。實際上，一碗純正的酸菜麵所花工本，比肉臊子還麻煩，也還貴得多！酸菜麵的特點是酸香爽口，開胃爽身，尤其是吃多了油膩，來碗酸菜麵，你會感到有番特別的滋味。酸菜豆花麵，冬天吃來熱

●閬中古城。

燙暖身，到夏天，暑熱煩悶，胃口不佳，吃碗酸菜麵，拿四川話說，那才叫安逸得板咧！

閬中的居民，老老少少好像一輩子都離不開酸，守著華夏最好的香醋不說，一日三餐還少不了酸菜。但是，閬中人吃酸菜豆花麵添加調料時，一般都不加醋，否則酸味壓過鮮香，就失去本味，難怪當地有「酸菜加醋，正事不做」的民俗諺語。

現今，隨著吃的東西越來越豐富，酸菜豆花麵逐步淡出了人們的胃腸。而今，古城只有少數的家庭式的酸菜麵館存在。酸菜豆花麵又重新回歸到了居民和鄉里人家。有時，也作為古城的名特小吃出現在酒樓賓館裡，讓客人品嘗、領略一下川北小吃的古風鄉韻。

對我著這個「外鄉人」而言，想起酸菜豆花麵，自然地就想起了閬中四合院麵館小院中的縷縷陽光、鏤空的木窗櫺、金黃色的四方木餐桌、臨街川流不息的人群、動作利索且熱情好客的閬中鄉姑、心滿意足的胃腸，然而，再也沒有了桑心的影子，她成了這古城酸菜豆花麵的遙遠回憶……。

099 劍門酸菜豆花稀飯／肉煎餅

走出閬中，穿過翠雲廊神秘的千年古柏大道，向北走十來公里，便是著名的天下第一關劍門關了。劍門關不僅以天下雄關聞名於世，劍門豆腐一樣為南來北往的遊人傾倒。

劍門豆腐古稱「三國豆腐」，因其豆腐製作技術源於三國時期而有此說，距今已有千餘年歷史。如今，三國豆腐已經成為當地的特色產業，依託劍門關和三國文化打起了豆腐牌。現場演繹三國故事，扮演三國人物售賣豆腐，舉辦豆腐國際文化節，評選豆腐西施等。二〇〇三年九月二十八日製作的劍門「豆腐王」，經認定入選金氏世界紀錄，成為世界公認的最大、最重、品嘗人數最多的豆腐。

三國豆腐最大的特色是每一道豆腐菜都蘊涵著三國文化，如桃園三仁豆腐、周瑜水師、火燒赤壁、草船借箭、水淹七軍、八陣圖、燈籠豆腐、懷胎豆腐等。豆腐採用炒、炸、溜、燒、燉、蒸、汆等烹調方法，可製作出二百多個品種的菜肴。而製作豆腐的黃豆顆粒大、色金黃，再加上質地純靜，清涼甘甜的「劍山石泉」泉水，製成特色獨具的劍門豆腐。

劍門豆腐來源於民間，來自川北老百姓的日常生活。在劍閣、廣元一帶，老百姓常年都有吃豆漿稀飯與酸菜豆花稀飯的習慣。百姓人家一般是在頭天晚上將黃豆用清水侵泡，第二天早上把泡脹的黃豆在青石磨上磨出豆漿，用紗布過濾，在鍋裡煮沸後，舀去泡沫後下米，待米煮得八成熟，再下煮熟的紅豆，稍待片刻，便成了川北人家可口的豆漿稀飯。

酸菜豆花稀飯的做法是，豆漿要過濾，在鍋裡燒開後，用當地酸菜水點鹵，成綿絮狀，稍稍用土碗在鍋裡壓一壓，然後再下米，待米煮到五成熟，再下嫩豌豆米，嫩玉米米，嫩胡豆米，或者煮熟的紅豆，經急火煮後，豆花塊帶雲朵狀，再加入經炒香的青黃酸菜絲，就成了酸菜豆花稀飯。劍門山區百姓人家招待客人便多以酸菜豆花稀飯，配上臘肉煎餅，這便是最盛情最熱誠的款待了。

劍門豆腐雖好，但好的豆腐在巴蜀大地已有不少，豆花稀飯肉煎餅方才是劍門一大鄉土特色，是一款過目難忘，穿腸留戀的風味美食。川北農家點製豆花多用老酸菜水，故而豆花特別鮮美香醇。肉煎餅則是用前一年冬天醃製的五花老臘肉，切成薄片，均勻地裹上一層麵粉糊，放入柴草燒熱的鐵鍋中小火慢煎、炕，使臘肉油汁浸透麵餅，吃來是又香又脆、不焦不糊；豆花稀飯則加蔥花、韭菜花拌和，豆花稀飯肉煎餅這一巴蜀最為獨特，也最為鄉土的吃食，真可謂是美味佳餚。

在劍閣縣，一進城，空氣中便飄來肉煎餅與豆花稀飯的獨特香味，誘得人食慾惡翻、口水潮湧，慌忙不迭落座店堂，眨眼功夫一盤圓如滿月，直徑寸把、油亮金黃，尚在「嗞嗞」咋響的肉煎餅便呈現在面前，肉煎餅是用劍門山鄉農家自製的臘肉製成，形狀以圓為優，而且透明。夏天，也有用茄子當肉，煎成「茄餅」。隨煎餅之後，一大碗嫩閃閃、香噴噴，拌有香菜、薑米、蒜汁、乾辣椒末、花椒、花生仁、紅小豆的豆花稀飯，又讓你神魂蕩漾；喝上一口豆花稀飯是辣、麻、鮮、香、酥、嫩、燙；再輕咬一塊肉煎餅，嘎嘣脆，那一瞬間嘴角流出一股濃烈的臘肉的香味，那熱氣、香氣、鮮美，真是從口裡竄到腳跟，五臟之舒爽，你不留戀終生才怪哩！不慚愧地說，吃遍巴蜀大地風味美食的我，卻從未吃過如此美口，舒心的鄉味小吃——豆花稀飯下臘肉煎餅。這美味、這鄉風，真真是土到家了。

一九五〇年代，朱德、鄧小平、楊尚昆視察四川，一進劍門關便立馬品嘗了這酸菜豆花稀飯和臘肉煎餅。這三位四川老鄉吃得笑顏逐開，當即對當地領導指示，對柏翠雲廊和酸菜豆花稀飯、臘肉煎餅這些獨具地方特色的東西，應好好保護和發展。但要想吃到鄉風鄉味和鄉韻濃醇的豆花稀飯肉煎餅，還得到鄉里人家，那才叫個味道長啊！

100 廣元女皇蒸涼麵

女皇蒸涼麵又叫「夫妻米涼麵」。有這麼一個傳說，相傳唐朝高宗時，工部尚書武士之女武媚娘（武則天原名），十四歲時，就被唐太宗選入宮中為才人。當時因君命難違，她不得不離開她自小青梅竹馬的情郎哥常劍峰。武媚娘在幼時讀書之餘，常和劍峰一起遊河灣，而河灣渡口有一家刀削麵店，他們每次渡河過灣，總要到麵店吃上一碗。因此與店老闆混得熟了，經常邊吃邊談論麵食的製作，一段時間後也對此有了較深的瞭解。

後來，他們想夏天要是能吃一種米涼麵該多好。於是便和麵店師傅一起試驗，終於用米漿研製成了一種柔軟可口、綿韌不粘的米涼麵。媚娘和劍峰高興得抱成了一團，削麵店師傅

●廣元皇澤寺。

見此情景，便打趣這一對小情人：這麵不如就叫「夫妻米涼麵」吧！恰巧這天又是媚娘的生日，夫妻米涼麵就這樣誕生了。後來，這家麵店真還把這當回事，大大方方地賣起：夫妻米涼麵來，成為當地人人愛吃的特色小吃。

之後媚娘去了京都長安進了宮，雖然她與常劍峰終未成夫妻，但夫妻米涼麵卻被流傳下來。後來武媚娘當了女皇帝，還念念不忘「夫妻米涼麵」，每逢生日，必命御廚給她烹製一碗食用，這樣一直到她的天年。為紀念她，人們邊改稱為「女皇蒸涼麵」。

蒸涼麵選用上等大米為原料，淘洗乾淨後用清水浸泡一天，再加1／10的大米飯，然後磨成適度稀漿，放入有炒布的蒸籠蒸熟。蒸熟後倒在抹有香油或菜油的案桌上，晾冷後折疊切成細絲即成米涼麵。這種涼麵耐嚼、爽口，吃法多樣，最普通的吃法是：碗內放涼麵，加入醬油、香醋、紅油辣椒、香油、白糖、花椒粉、蒜泥等調料，攪拌後有酸甜麻辣香五味，風味十足。

應該說，廣元才是四川真正出米涼麵的地方，這種涼麵在四川其他的地方都是做不出來的。曾有人在外地試過，但口感極差，幾經試製，蒸出來根本成不了形，一切就散，於是再無人敢提要在廣元市外做出米涼麵來。至於什麼原因誰也說不清楚，有人猜測說可能是因為廣元的水質跟其他地方不一樣，或是廣元產的稻米特別，再或就是個中還有點啥不為人知的卯竅吧。

廣元的小吃館子有百分之九十都是以賣米涼麵為主打，在廣元早上起來吃米涼麵配酸菜豆花稀飯，已經成為大多數人的生活習慣。涼麵辣得人臉紅嘴發麻，稀飯酸的人稀裡糊塗，但男女老少仍吃得有滋有味，如果隔上幾天不吃，就覺得渾身不自在。在外面工作多年的廣元人，一回到家鄉最要想吃的，就是米涼麵和酸菜豆花稀飯。不少在外面闖蕩的廣元人，走的時候什麼都可以不帶，但一定要買幾斤蒸米涼麵拿上。因為，這涼麵實在是太好吃了！且出了廣元就再也找不到女皇蒸涼麵了。

其實，廣元的米涼麵最早是從陝西漢中那邊傳過來的。一九五〇年代到七〇年代，這個時期館子裡賣米涼麵的沒有現在這麼流行。那時，很多家裡都自己做米涼麵。一九八〇年代後，米涼麵館子就逐漸多了起來，而且越做越好，越做越精。廣元人可以很久不吃肉，但不能幾天沒有米涼麵吃。每年春節放假那幾天，凡是開著的涼麵館子，那肯定生意好得不得了，人人都心甘情願地排著隊等涼麵吃。

在日常生活中，廣元人的龍門陣也少不了與涼麵和酸菜豆化稀飯有關。在街上或公車上，你會聽到幾個美女在討論哪裡的涼麵味道巴適，哪裡的酸菜豆花稀飯做的道地。廣元人幾乎人人都是吃米涼麵的專家，那家的味道如何，不用動筷子心裡都有數。然而，吃酒吃菜，各人喜愛，每個館子自然也都有自己的老食客，尤其是早上，那更是一道感人至深的吃情景觀。

在廣元，不僅小吃獨特，就連廣元人說到小吃的話語，亦也與眾不同。在廣元人眼中大米做的才叫米涼麵，其他地方的涼麵則叫擔涼麵。在四川很多地方，都是以兩計算，即便是同樣在川北的綿陽，吃米粉也是一兩二兩的叫。但在廣元，很多小吃類都以碗的大小論之，大碗、小碗、小小碗，紅湯、清湯。更有吃要臊子的麵、粉類，廣元人總愛問：你是要辣子的，還是不要辣子的？客人則搞不懂，大叫什麼有辣子，什麼沒有辣子嘛。而在川內其他地方，則是問要紅湯還是清湯。在廣元，蒜水是涼拌菜或者涼麵之類東西所必須的，而且加很多。但在四川的其他城市只是搭個味而以。外地的涼皮、涼麵、涼粉是少不了要蔥花，廣元的涼麵則通通不放蔥花。廣元的酸菜是酸菜，泡菜是泡菜，酸菜是醃漬的起很多泫絲，泡菜則是完全泡在鹽水裡，製法與風味不盡相同。如此等等，廣元之與眾不同盡在不言中，你如細心去體驗，那可是情趣無盡。

成都有家賣廣元米涼麵的，雖都是在廣元做好了運來的。但仍比起廣元的味道還是要差點的咯。有人說，這是水土不服的緣故。廣元人就是

愛吃米涼麵，愛吃酸菜豆花稀飯。如果你到了廣元，那是一定要嘗嘗廣元的米涼麵和酸菜豆花稀飯喲！再聽聽廣元人，尤其是女孩子那抑揚頓挫，婉轉優雅的語音語調，你就會恍然大悟，為什麼當年才十四歲的武媚娘，就把大唐皇帝迷惑的暈頭轉向。但你真正需要明白的是：過了廣元，再往北走就出了川，告別了天府蜀地。再說吃，就再也不是千滋百味的川菜，萬種風情的小吃了哈！那裡是秦隴菜了哦！

廣元風情

廣元，古稱利州，是陝、甘、川三省接合地，素有川北門戶之稱。也是中國歷史上唯一的女皇帝——武則天的誕生地。廣元地處川北嘉陵江上游，還未進到城裡，在江邊最先引入眼簾的就是其標誌性古建築，為紀念武則天而專修的鳳凰樓。此樓位於廣元市鳳凰山公園山頂，乃劍門蜀道風景名勝區重要景觀。形似鳳凰，回首南望，象徵武則天眷念故土之鄉情。

廣元歷來是進出四川的必經之路，古話說「少不入蜀，老不離蜀」。千百年來，無數的巴蜀兒女從這裡走出四川，邁向各自的人生之路；當他們踏上歸途時，這裡青山綠水無不讓每一個川人露出會心的微笑，這就是廣元，每一個四川人或許都會經過的地方。當年，李白路過此地時曾留下「蜀道難難於上青天」的千古名句。

廣元優越的自然環境，孕育很多知名的天然產品，歷來有劍門七絕一說，他們是劍門豆腐、青川黑木耳、青川白龍湖橄欖油、米倉山茶葉、朝天核桃、蒼溪紅心獼猴桃、蒼溪雪梨。廣元既處於川陝甘交界之處，在飲食風俗和飲食習慣上必然要受北方兩省影響。體現在廣元小吃上尤為明顯。像核桃餅、蒸涼麵和酸菜豆花麵被譽為「廣元小吃三朵花」。

核桃餅選用上等核桃仁，再加適量的芝麻磨成漿狀，再把椒鹽塗抹在發酵麵上，做成茶杯口大小的圓餅，放入爐中烤熟即成核桃餅。若擀成薄片烘烤，稱為「薄脆」。「核桃餅」鬆脆酥香、色澤金黃、十分可口。

蒸涼麵選用上等大米為原料，這種涼麵耐嚼、爽口，吃法多樣，最普通的吃法是調入酸、甜、麻、辣、香五味的各式調料，攪拌後川味十足，涼麵辣得人臉紅嘴發聲，但吃得有滋有味。

酸菜豆花麵與閬中酸菜豆花麵相類，酸菜豆花麵，是在碗內放紅油，湯中和著麵條，再放入酸菜、豆花，其味道清香可口。酸菜豆花麵對胃酸少的人有治療作用，還有解油開胃的功能。

後記

繼《食悟（一）——千滋百味話川菜》後，《食悟（二）——萬般風情在巴蜀小吃》，歷經幾十年飲食人生之感悟，十餘年之八方求索，三百六十五個日夜之敲打，終於嘔心瀝血，將此碎玉修補成器，了今生宿願。故特將此書奉獻並報答從小帶著我泡茶館、座酒館、品小吃的父親；對每日操勞、費盡心機、弄菜做飯，養育我成長的母親。

十餘年來，雖得行業賞識，編導拍攝《中國川菜》、《今日川菜》；掛銜省烹協副秘書長，參與《四川省志．川菜志》編撰。但作者既非專家，更非學者。自侃為專家中之業餘，業餘中之專業。雖如是，仍將此書作為對四川省烹協、《四川烹飪》雜誌的一個回報；對巴蜀各地大師名廚的致謝。

這裡還要特別感謝臺北賽尚圖文事業有限公司及總編蔡名雄先生對本書編輯和出版發行的通力支持與辛勤勞作。將本書的品質與品位提高到了一個更好的層次。

向東

2011年七夕月夜
於蓉城蝸居

乐山烧烤

國家圖書館出版品預行編目資料

食悟・萬般風情在巴蜀小吃／向東 著. --
初版. -- 臺北市：賽尚，民 101.02
面； 公分. --（書食館；05）
ISBN 978-986-6527-26-5（平裝）
1. 飲食風俗 2. 四川省
538.782 100026263

書食館 05

食悟・萬般風情在巴蜀小吃

作　　者／向東
發 行 人／蔡名雄
主　　編／蔡名雄
攝　　影／蔡名雄
出版發行／賽尚圖文事業有限公司
106 台北市大安區臥龍街 267 之 4 號
電　　話／02-27388115　　傳　　真／02-27388191
劃撥帳號／19923978　　戶　　名／賽尚圖文事業有限公司
網　　址／www.tsais-idea.com.tw
賽尚玩味市集 http://tsiasidea.shop.rakuten.tw
封面設計／BEAR
電腦排版／帛格有限公司
總 經 銷／紅螞蟻圖書有限公司
台北市內湖區舊宗路二段 121 巷 28 號 4 樓
電　　話／02-27953656　　傳　　真／02-27954100
製版印刷・科億印刷股份有限公司
出版日期／2012（民 101）2 月初版一刷

I S B N／978-986-6527-26-5
定　　價／NT548 元

書食館系列讀者支持卡

感謝您用行動支持賽尚圖文出版的好書！
與您做伴是我們的幸福

讓我們認識您
姓名：____________
性別：□ 1. 男　□ 2. 女
婚姻：□ 1. 未婚 □ 2. 已婚
年齡：□ 1.10~19 □ 2.20~29 □ 3.30~39 □ 4.40~49 □ 5.50~
地址：□□□ ____________
電子郵件信箱：____________
電話：(日) ____________ (夜) / 手機 ____________
職業：□ 1. 學生 □ 2. 餐飲業 □ 3. 軍公教 □ 4. 金融業 □ 5. 製造業 □ 6. 服務業
□ 7. 自由業 □ 8. 傳播業 □ 9. 家管 □ 10. 資訊 □ 11. 自由 soho
□ 12. 其他 ____________
（請詳填本欄，往後來自賽尚的驚喜，您才接收得到喔！）

關於本書
您在哪兒買到本書呢？
連鎖書店 □ 1. 誠品 □ 2. 金石堂 □ 3. 何嘉仁 □ 4. 新學友
量販店 □ 1. 家樂福 □ 2. 大潤發 □ 3. 其他 ____________
一般書店 □ ____________ 縣市 ____________ 書店
□ 1. 劃撥郵購 □ 2. 網路購書 □ 3.7-11 □其他 ____________

您在哪裡得知本書的消息呢？（可複選）
□ 1. 書店 □ 2. 網路書店 □ 3. 書店所發行的書訊 □ 4. 雜誌 □ 5. 便利商店
□ 6. 超市量販店 □ 7. 電子報 □ 8. 親友推薦 □ 9. 廣播 □ 10. 電視
□ 11. 其他 ____________

吸引您購買的原因？（可複選）
□ 1. 主題內容 □ 2. 圖片品質 □ 3. 編排設計 □ 4. 封面設計 □ 5. 內容實用
□ 6. 文字解說 □ 7. 使用方便 □ 8. 作者粉絲

您覺得本書的價格？
□ 1. 合理 □ 2. 偏高 □ 3. 偏低 □ 4. 希望定價 ____________ 元

您都習慣以何種方式購書呢？
□ 1. 書店 □ 2. 網路書店 □ 3. 劃撥郵購□ 4. 量販店 □ 5.7-11
□ 6. 其他 ____________

給我們一點建議吧！
____

填妥後寄回，就可不定期收到來自賽尚圖文的出版訊息與優惠好康喔！

請沿虛線剪下，謝謝！

廣告回信
台北郵局登記證
台北廣字第 2066 號

10676
台北市大安區臥龍街 267 之 4 號 1 樓
賽尚圖文事業有限公司收

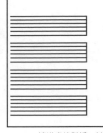

請沿虛線對折，封黏後投回郵筒寄回，謝謝！

食悟

萬般風情在巴蜀小吃

請沿虛線剪下，謝謝！